Lothar von Seltmann

Miluscha

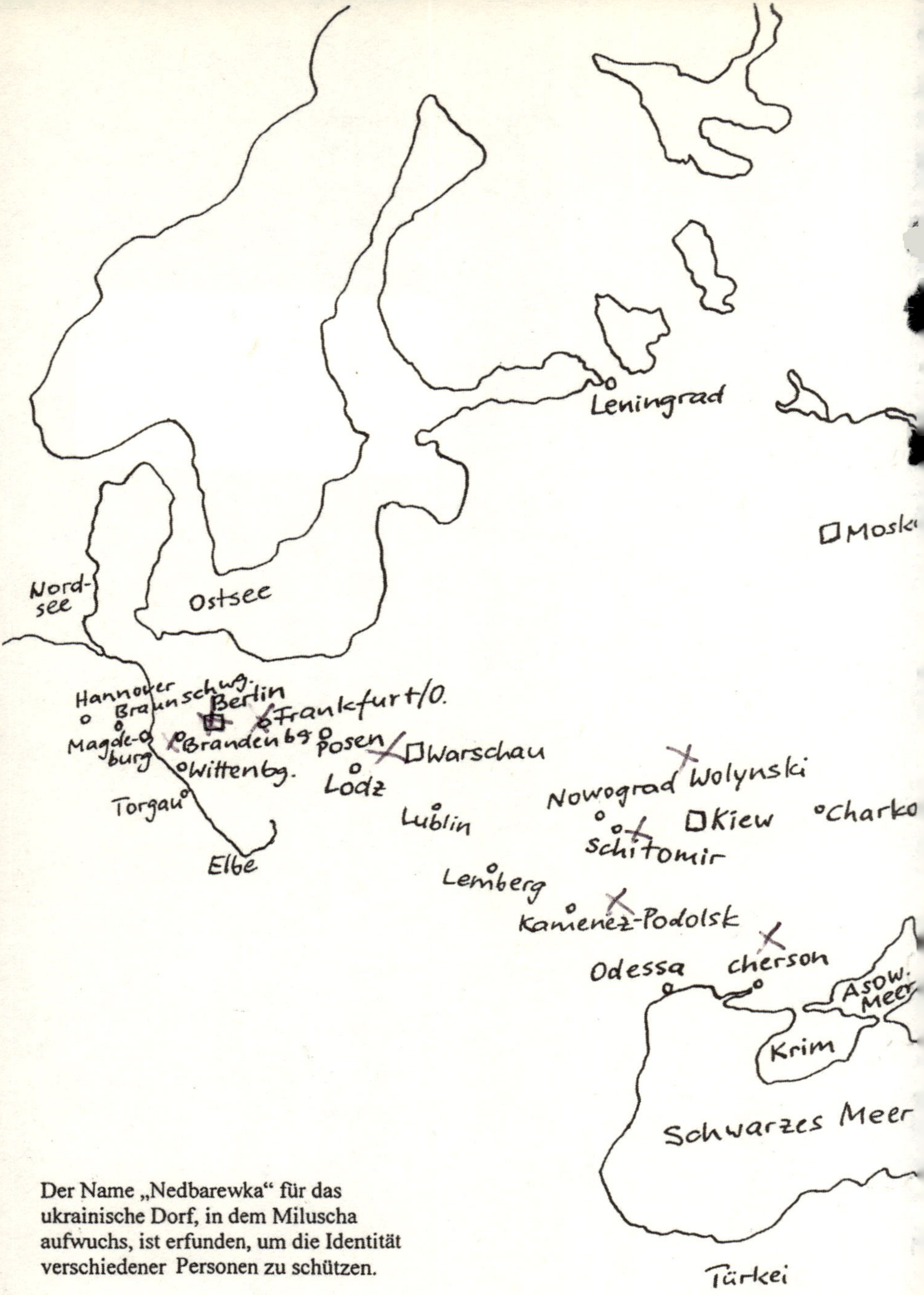

Der Name „Nedbarewka" für das ukrainische Dorf, in dem Miluscha aufwuchs, ist erfunden, um die Identität verschiedener Personen zu schützen.

500 km

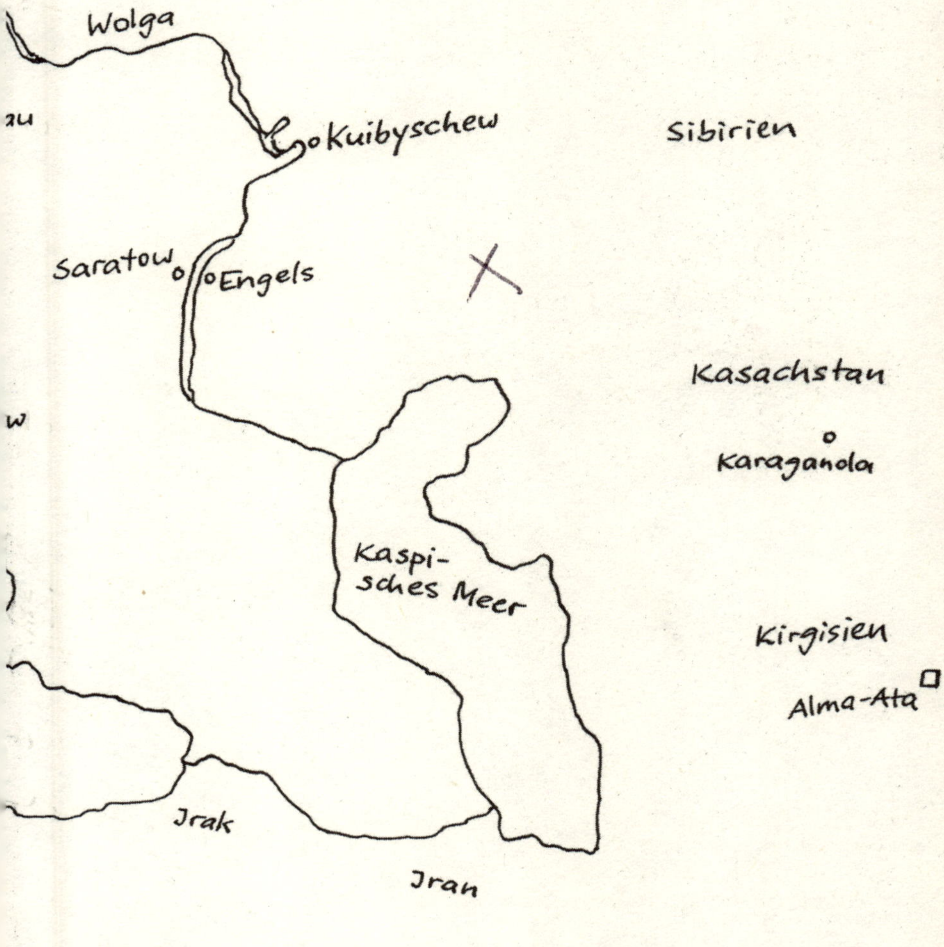
Wolga
Kuibyschew
Sibirien
Saratow
Engels
Kasachstan
Karaganda
Kaspi-
sches Meer
Kirgisien
Alma-Ata
Jrak
Jran

Lothar von Seltmann

Miluscha

Im Herzen die Heimat

Ein Stückchen wahres
Leben und Erleben.
In dankbarer
Erinnerung!
Miluscha

Okt. 2011

SCM Hänssler

SCM

Stiftung Christliche Medien

1. Auflage 2011 (7. Gesamtauflage)
Der vorliegende Titel erschien zuvor bei SCM R.Brockhaus
unter der ISBN 978-3-417-24828-9 und setzt sich zusammen
aus den beiden Einzelbänden »Miluscha« (ISBN 978-3-417-24688-9)
und »Du bist nicht allein, Miluscha« (ISBN 978-3-417-24703-9).

SCM Hänssler im SCM-Verlag GmbH & Co. KG · 71088 Holzgerlingen
Internet: www.scm-haenssler.de; E-Mail: info@scm-haenssler.de

Umschlaggestaltung: LineDesign Ursula Stephan, Wetzlar
Bilder im Innenteil: Familie Beer
Druck und Bindung: FINIDR, s. r. o. Tschechien
Printed in Tschechien
ISBN 978-3-7751-5348-5
Bestell-Nr. 395.348

INHALT

I. Teil

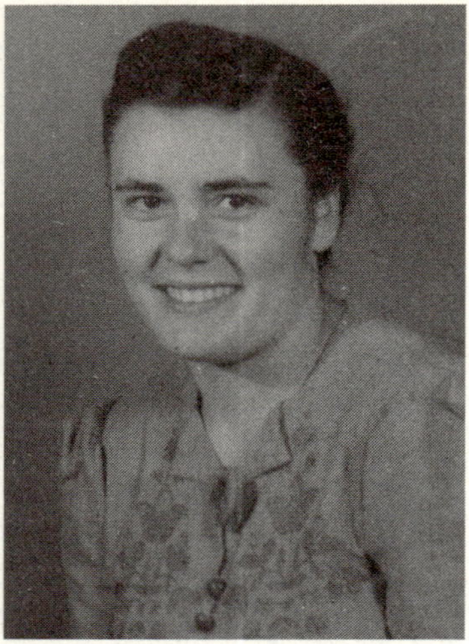

Miluschas Vater, Karl Beer, als junger Mann (links oben). Miluscha mit 18 Jahren (rechts oben). Die Familie in der Nähe von Cherson/Süd-Ukraine, wo sie Zwangsarbeit leisten mussten. Miluscha auf dem Schoß des Vaters (unteres Bild).

Miluscha und ihre beiden Brüder Hugo (links) und Erhard.

Miluschas und Hugos Taufe in Schitomir/Ukraine, am 1. Aug. 1942.

Das Heimatdorf

Nedbarewka – ein wolhynisches Dorf in den Weiten der Ukraine, im Großraum Schitomir, westlich von Kiew, umgeben von großer Feld- und Wiesenflur, die im sanft hügeligen Gelände immer wieder von kleinen Birken- und Mischwäldern unterbrochen wurde.

Nedbarewka – ein Straßendorf, eigentlich ein Doppel-Straßendorf, denn ein kleiner Fluss trennte den Ort über mehrere Kilometer in zwei Teile, die durch Brücken und Stege miteinander verbunden waren. Wohl fünfhundert Einwohner lebten auf ihren weit auseinander liegenden Höfen, je nach Reichtum verschieden groß und die Gebäude mit Stroh, Holzschindeln oder auch mit Blech gedeckt, umgeben von großen Obst- und Gemüsegärten und der zugehörigen Feldflur, die sich weit nach hinten erstreckte. Die Menschen waren fast ausschließlich Deutsche, einige Juden und wenige Ukrainer. Die meisten waren Bauern und Landarbeiter, dazu gab es einige Händler und Handwerker wie den Schuster Hirsekern und den Tischler Patt. Auch ein Arzt war da, der zugleich Zahnarzt und Apotheker war. Doktor Mand behandelte einfach alles, und für jede Krankheit und für jedes Zipperlein wusste er eine Tinktur zu brauen oder eine Salbe zu rühren.

Nedbarewka – das war die Heimat. Hier lebten die Beers, seit sich die Vorfahren, aus dem Ostpreußischen kommend, unter Zarin Katharina der Großen in der Region niedergelassen und einige von ihnen mit anderen Menschen aus verschiedenen deutschen Gegenden ein Dorf gegründet hatten, zu dem natürlich auch ein Schulhaus gehörte.

Letzteres lag etwas abseits von der Dorfstraße auf einer kleinen Anhöhe und war seit 1915 der Wohn- und Arbeitsplatz des Lehrers Karl Beer und seiner Familie. Die Schule mit dem einen Klassenraum war flankiert vom Wohngebäude der Lehrersfamilie und von Stallungen und Scheunen der zugehörigen Landwirtschaft. Im Hof des Anwesens befand sich ein Ziehbrunnen, der das Wasser für Mensch und Vieh spendete. Das Vieh des Lehrers bestand aus einem Pferd, zwei Kühen, ein paar Schweinen, einigen Hühnern und Enten.

Das alles war umgeben von etwa fünf Hektar Obst- und Gemüsegarten und Ackerland für den Anbau von Kartoffeln, Roggen, Weizen und Futtergetreide, dazu ein bisschen Wiese zum Heuen für den Winter.

Pappelreihen säumten die gut fuhrwerksbreite Auffahrt zu diesem Kinderparadies, zu dem auch die beiden kleinen Teiche gehörten, die sich unten an der Dorfstraße rechts und links der Allee befanden. Im Sommer wurde in ihnen gebadet, und im Winter konnten sich die Kinder des Dorfes oft monatelang auf dem Eis tummeln, wie sich auch der Schulhügel vorzüglich als Gelände zum Schlittenfahren eignete.

Hier auf dem Hügel pulsierte seit einigen Jahren das Leben der Familie Beer mit dem Schulbetrieb und der zu versorgenden Landwirtschaft. Bis diese Zeit 1933 eine jähe Unterbrechung fand und später dann auch ihr Ende.

Aber bis dahin dauerte es noch zehn ereignisreiche Jahre. Und Miluscha musste ja auch erst einmal geboren werden.

Goldener Oktober

Nun hat jede Geburt ihre eigene Vorgeschichte. Die Vorgeschichte der Geburt Miluschas nahm ihren Anfang an einem wunderschönen Oktobersonntag des Jahres 1923. Bäume und Sträucher standen in voller Pracht des bunten Herbstlaubes. Die Wiesen leuchteten im matten Grün des letzten Grases, gesprenkelt vom blassen Violett unzähliger Herbstzeitlosen, zwar giftig, aber doch schön. Zwischendrin an vielen Stellen das Braun der abgeernteten Kartoffel- und Rübenfelder.

Die Luft war erfüllt vom Duftgemisch verglommener Kartoffelfeuer, pflückreifer Äpfel, frisch umgepflügter Ackerböden, satt blühender Astern und anderer Herbstblumen, auf denen tausende Bienen und andere Insekten summten, als wäre es die letzte Gelegenheit des Jahres, Nektar zu ernten. Selbst die Vögel sangen heute noch einmal, so als hätten sie alle für diesen Tag ein besonderes Konzert einstudiert. Die vom fast wolkenlosen Himmel strahlende Sonne verbreitete milde Wärme und gab dem Tag etwas besonders Festliches.

Ein Sonntag, wie aus dem Bilderbuch, unbeschwert und heiter.

Den beiden Menschen, die sich bereits eine Weile schweigend in der großen Stube des Lehrerhauses gegenüberstanden, war es freilich nicht ganz so leicht ums Herz. Der Tag hatte schon sein Gewicht, und die Entscheidung, die die beiden heute öffentlich vor der versammelten Gemeinde und vor dem Pastor besiegeln wollten, lag schwer auf ihren Schultern und Seelen.

Ein wenig förmlich wirkte die Frage schon, mit der der große, dunkelhaarige und schnauzbärtige Mann das Schweigen beendete: »Bist du wirklich bereit, Elsa Lohreder, mich alten Mann zu heiraten und zugleich die Mutter meiner Kinder zu werden?« Mit tiefem Ernst und doch großer Zärtlichkeit schaute Karl Beer der jungen Frau in die Augen, deren Hände er fest in den seinen hielt. »Noch kannst du zurück.«

»Nein, Karl Beer«, – die Antwort klang ähnlich förmlich –, »ich will nicht zurück und ich bin bereit, deine Frau zu werden und deinen Kindern eine gute Mutter.«

Fest erwiderte die kaum Zweiundzwanzigjährige den Blick des um gut einen Kopf größeren Mannes, der ihr Vater hätte sein können. Leise, aber bestimmt kam ihre Antwort: »Und denk nur nicht, ich heiratete dich nur deshalb, weil ich gegenüber meiner Schwester ein Versprechen einzulösen hätte. Nein, ich mag dich wirklich, und ich hab dich lieb, Karl Beer.« Die letzten Worte der jungen Frau klangen fast ein wenig trotzig.

Der Mann nahm seine Schwägerin in die Arme, drückte sie fest an sich und gab ihr einen Kuss auf die Stirn. »Es ist schon gut, mein liebes Elschen, ich weiß, dass du mich lieb hast, und du weißt, dass ich dich inzwischen genauso liebe, wie ich Emilie geliebt habe. Und ich weiß auch, dass du meinen Kindern eine gute Mutter sein wirst. Du bist es ja eigentlich schon lange. Sie sind doch schon wie deine eigenen Kinder geworden, seit du dich um sie kümmerst und sie versorgst. Und wer weiß«, der angehende Ehemann nahm Elsas Kopf zärtlich in seine großen Hände, »vielleicht schenkt Gott den dreien ja auch noch ein Geschwisterchen.«

Über Elsas hübsches Gesicht huschte eine leichte Röte und sie entzog sich seinen Händen. »Wir müssen hinaus. Draußen wartet der Wagen und in der Kirche warten Pastor Uhler und die Gemeinde.«

Hand in Hand traten die beiden Hochzeitler vor das Haus und in die strahlende Herbstsonne. Niemand war mehr auf dem Hof. Sie waren wohl alle schon vorausgefahren, um das Brautpaar vor der Kirche im wenige Kilometer entfernten Hainau zu empfangen. Um den sechsjährigen Georg, die vierjährige Olga und Klein-Waldemar kümmerten sich liebe Frauen aus der Gemeinde.

Vor dem Haus wartete Hans, der Sohn des Schuhmachers Hirsekern – gelegentlich half er mit seiner Frau Lenchen schon einmal in der Schullandwirtschaft, besonders wenn Not am Mann war –, mit der Kutsche, einem kleinen Einspänner, mit dem schon viele Brautpaare von Nedbarewka nach Hainau zur Kirche gefahren waren, um dort in Anwesenheit der Gemeinde den Bund fürs Leben zu schließen und sich den Segen Gottes zusprechen zu lassen.

Hans hatte die Kutsche geputzt und mit frischem Grün geschmückt und dazu eine saubere Decke auf den Sitz gelegt. Das Pferd – es hieß bei den Leuten auf dem Schulhügel nur »Brauner« – hatte er frisch gestriegelt und in seine Mähne eine leuchtende Schleife gebunden. Er selbst hatte seinen besten Anzug aus dem Schrank genommen und sich dem Ereignis gemäß gekleidet.

Karl half seiner Elsa auf die Kutsche hinauf. Das war nicht schwer. Da musste kein Rüschenrock gerafft und gehalten und hineingezwängt werden. Die junge Braut, eher klein und etwas rundlich, trug nur ein schlichtes Kleid in hellen Farben und einen dazu passenden Hut. Auf ein aufwendiges Hochzeitskleid hatte sie bewusst verzichtet. Und neben Karl in seinem dunklen Dienstanzug sah sie auch so hübsch und adrett aus. Den Umhang, den sie über dem Arm trug, brauchte sie jetzt nicht umzulegen. In der Sonne war es noch warm genug.

»Wir sind soweit, Hans. Du kannst fahren«, gab der Bräutigam dem Freund der Familie auf dem Bock das Zeichen. Still und in sich gekehrt saßen die Brautleute auf ihrem Gefährt, das gemächlich vom Hof und die Allee hinunter rollte. Fest hielten sie sich bei den Händen.

Das war schon ein denkwürdiger Tag heute ...

In den letzten Jahren war es Karl Beer häufig selbst gewesen, der mit Genehmigung der Kirche gewissermaßen als Pastor des Dorfes Trauungen durchgeführt hatte, wenn der Weg nach Hainau nicht möglich war oder wenn Pastor Uhler nicht herüberkommen konnte, um die Amtshandlung im Schulhaus vorzunehmen.

Für heute hatte Karl Beer natürlich seinen Freund und »Amtsbruder« im Nachbarort gebeten, den Dienst zu übernehmen. Gerne hatte der zugesagt, einen würdigen Gottesdienst vorzubereiten, hatte er doch schon viele Jahre Anteil genommen am Geschick der Beerschen Familie, die zuletzt durch die Tuberkulose der Hausfrau und Mutter großes Leid erfahren hatte.

Freilich hatte Elsa seit der Erkrankung und noch mehr seit dem Tod ihrer Schwester mit allen Kräften versucht zu arbeiten, zu ordnen, zu pflegen und zu versorgen. Sie war aber doch nur die Haushaltshilfe gewesen und die Tante der Kinder.

Das sollte sich heute ändern. Heute sollte mit der Heirat von Karl und Elsa ein neuer Lebensabschnitt beginnen. Der Vater würde wieder eine Frau und eine Mutter für seine drei Kinder bekommen. Wen die fast dreißig Jahre Altersunterschied störten, den sollten sie stören. Wenn nur die beiden sich selbst in ihrer Entscheidung einig waren. Sie hatten sich lange geprüft und auch vor Gott gefragt, ob das der richtige Weg für sie sei. Sie waren sich schließlich darin einig, dass Gott ihre Entscheidung bestätigte und mit ihnen war.

So heiter und fröhlich, wie dieser Oktobertag sich zeigte, so heiter und fröhlich wünschten sich die beiden ihre gemeinsame Zukunft.

Der Einstieg in die neue Zeit sah auch schon recht gut aus. Da war dieser strahlende Herbstsonntag. Und da war diese herrliche Kulisse, die die beiden vorfanden, als sie mit Hans und der Kutsche in die Dorfstraße Richtung Hainau einbogen. Viele Dorfbewohner warteten dort mit ihren Fuhrwerken, die sie zu Personenfahrzeugen umgerüstet hatten, um ihren Lehrer und seine junge Braut zum Traugottesdienst zu begleiten. Sie waren also noch gar nicht vorausgefahren. Und auf dem ersten Wagen befanden sich auch die drei Kleinen. Sie mussten doch auch dabei sein an diesem denkwürdigen Tag ihrer Eltern.

Georg und Olga wären wohl am liebsten in die Kutsche umgestiegen, und die Frauen hatten Mühe, sie zu beruhigen und auf später zu vertrösten. Klein-Waldemar, erst wenig älter als ein Jahr, wusste natürlich noch gar nicht, was hier heute geschah.

So bewegte sich also eine fröhliche Karawane von Nedbarewka nach Hainau, um dort einen ernsten und doch auch fröhlichen Traugottesdienst mit einer großen Gemeinde in der gut gefüllten Kirche zu feiern.

Drei Stunden später bewegte sich eine ebenso fröhliche Karawane wieder zurück ins Dorf. Die Menschen waren noch beeindruckt von Pastor Uhlers Predigt über die beiden Worte aus Josua 1, Vers 5 und 6: »Ich will dich nicht verlassen noch von dir weichen. Sei getrost und unverzagt!« und aus dem ersten Petrusbrief, Kapitel 5, Vers 7: »Alle eure Sorge werfet auf IHN, denn ER sorget für euch!« In den Ohren hatten sie wohl auch noch den mächtigen Gesang vom Ende des Gottesdienstes: »Großer Gott, wir loben dich, Herr, wir preisen deine Stärke ...«

Jetzt auf der Heimfahrt saßen Georg und Olga zwischen ihrem Vater und ihrer neuen Mutter, und Elsa hielt den Jüngsten auf ihrem Schoß, wie im vergangenen Jahr so häufig. Nur dass die Familie jetzt wieder eine richtige Familie war.

Am Fuße der Allee, die hinauf auf den Schulhügel führte, hielt Hans die Kutsche an. Die vielen Wagen der Dörfler fuhren an den Brautleuten vorüber, in aufrichtiger Mitfreude noch einmal winkend und gratulierend und Glück und Segen wünschend.

Nachdem das letzte Fahrzeug vorbeigefahren war, lenkte Hans Hirsekern die Kutsche in die Allee hinein und fuhr unter den nur noch spärlich belaubten Pappeln hinauf auf den Schulhügel und damit die »junge« Familie auf dem hinteren Sitz gewissermaßen hinein in eine neue Zeit ...

Ob diese Zeit einen so strahlenden Verlauf nehmen würde, wie es dieser herrliche Tag zu verheißen schien? Wie auch immer, Karl Beer und die junge Elsa, nun seine Ehefrau, wussten sich mit den Kindern und ihrer gemeinsamen Zukunft in Gottes Händen geborgen und gut aufgehoben. Gott würde bei ihnen sein, und er würde für sie sorgen!

Miluschas Geburt

Einige Jahre waren inzwischen ins Land gegangen. Die drei Kinder aus Karl Beers erster Ehe hatten tatsächlich inzwischen ein Geschwisterchen bekommen.

Wohl ein Jahr nach der Hochzeit brachte Elsa Hugo zur Welt, ein strammes Kerlchen, das seinem Vater wie aus dem Gesicht geschnitten war. Mit seinem ruhigen Wesen, das er auch von seinem Vater mitbekommen hatte, machte er seinen Eltern viel Freude. Und die drei »Großen« hatten Hugo gerne und lieb in ihren Kreis aufgenommen. Elsa musste schon aufpassen, dass Hugo von seinen Geschwistern nicht allzu sehr verwöhnt wurde.

Freilich war durch die größer gewordene Familie nun auch das Pensum der täglichen Arbeit für Elsa erheblich gewachsen. Im Stall und auf den Feldern konnte sie kaum noch mitarbeiten. Die Anforderungen in Haus und Familie füllten sie völlig aus.

Wie gut, dass Hans und Lenchen Hirsekern immer wieder auf den Schulhügel kamen, um dem Dorflehrer und der viel beschäftigten Mutter bei der Arbeit zu helfen und den beiden manchen Handgriff abzunehmen.

Denn Karl Beer lag die Hausarbeit überhaupt nicht. Er hatte auch ohnehin genug mit dem Unterricht zu tun und damit, nach den Schulgeschäften das Vieh zu versorgen und Stall und Scheune in Ordnung zu halten. Immer wieder musste er auch selbst mit hinaus aufs Feld, auf die Wiese und in den Obstgarten, um Hand anzulegen. Schließlich lebte die Familie von den Erträgen der Landwirtschaft. Gehaltszahlungen gab es noch nicht. Das Einkommen musste erwirtschaftet werden. Nur blieb dem Lehrer dazu nach einem normalen Schultag nicht viel Zeit. Vormittags vier Stunden Unterricht für die Klassen drei und vier, nachmittags vier Stunden für die Klassen eins und zwei.

In der hellen Jahreszeit blieben dann schon noch ein paar Stunden, aber im Winterhalbjahr wurde es bereits dunkel, wenn der Nachmittagsunterricht gerade zu Ende ging.

Freilich verlegte der sehr naturverbundene Lehrer den Unterricht so oft wie möglich nach draußen. So lernten die Kinder des Dorfes in den Sommermonaten, außerhalb der langen Ferien natürlich, sehr viel Praktisches über die Arbeit im Garten, auf dem Feld, im Stall und auf der Weide. Dadurch wurde natürlich auch schon mancher Handgriff durch die Schulkinder erledigt, wobei der Lehrer immer sehr darauf achtete, dass niemand in seinen Kräften überfordert wurde.

Im Winterhalbjahr lernten die Kinder dann, was der Mensch sonst zum Leben braucht, wie Lesen, Schreiben und Rechnen. Das war bei einigermaßen großem Fleiß in vier Schuljahren zu schaffen. Wer mehr lernen wollte, musste weiter nach Hainau oder nach Schitomir zur Schule gehen. Dort ging es in den Schulen bis zur siebten Klasse oder auch noch weiter.

Etwas anderes wurde auch sehr gepflegt und das in allen Jahreszeiten: Das war das Singen und Musizieren. Der Lehrer hatte im Unterricht – ob drinnen oder draußen – immer seine Geige dabei, und bei jeder passenden Gelegenheit sang er mit den Kindern weltliche und vor allem geistliche Lieder. Das war ihm wichtig, dass auch mit dem geistlichen Lied das Gemüt geformt würde.

Wenn die Arbeit in der Schullandwirtschaft gar zu dringend wurde, gab es neben Hans und Lenchen Hirsekern auch noch andere Leute im Dorf, die zur Hilfe bereit waren. Manchmal kam auch Hilfe von der Familie von Marie, einer Schwester von Elsa. Loskes – wie sie hießen – bewirtschafteten einen der größten Höfe von Nedbarewka.

Karl Beer sprach einigermaßen gut Englisch, Polnisch und Russisch. So brachte er diese Kenntnisse und seine Fähigkeiten, zu formulieren und zu verhandeln, Streit anzuhören und zu schlichten, ein und stellte seinen Rat in vielen Lebensfragen zur Verfügung. Fast täglich kam irgendjemand aus dem Dorf ins Lehrerhaus hinauf, um seine Hilfe in Anspruch zu nehmen. Und selten ging jemand den Schulhügel hinunter, ohne dass ihm geholfen worden wäre.

Die Leute von Nedbarewka mochten ihren Lehrer. Viele verehrten ihn wegen seiner ruhigen und freundlichen Art, in der er selbst mit den größten Hitzköpfen umging. Selten erlebte ihn jemand böse oder zornig. Viele schätzten auch seinen geistlichen Rat, den er immer wieder aus einem tiefen Glauben schöpfend weitergab. Nicht nur in den Andachten, die er sonntags oder auch an einem Abend in der Woche im Schulraum anbot – in Absprache mit Pastor Uhler, wenn der nicht selbst von Hainau herüber kommen konnte –, sondern auch in persönlichen Gesprächen. Es war ihm viel daran gelegen, dass die Menschen des Dorfes im Glauben lebten und im Glauben wuchsen. Die Zeiten würden schlechter werden. Wer dann keinen inneren Halt hatte …

Andernorts war der Druck der kommunistischen und atheistischen Regierung der Sowjetunion nämlich schon spürbar, seitdem Jossif Wissarionowitsch Stalin der mächtigste Mann im Staat geworden war und mit eiserner Hand regierte. Hier in der Region Schitomir ließ man die Leute noch in Ruhe. Sie konnten noch ungestört als Deutsche leben und sich als Christen versammeln. Wer weiß, wie lange noch.

Der Winter 1927/28 war ein Winter wie die meisten im Land. Seit Ende Oktober lag die Flur unter einer dichten Schneedecke, und die Temperaturen blieben einige Grade unter dem Gefrierpunkt. Die Arbeit in der Schullandwirtschaft war reduziert auf Stall und Scheune. Karl Beer war jetzt häufiger im Haus und hatte mehr Zeit für seine Kinder und für seine Frau. Aber Elsa brauchte seine Hilfe jetzt auch häufiger, war sie doch wieder schwanger. Um die Jahreswende sollte ihr zweites Kindchen zur Welt kommen. Die Hausarbeit fiel ihr zunehmend schwerer, und so musste Karl ihr das eine oder andere abnehmen, zum Beispiel Feuerholz aus dem Schuppen in die Wohnung tragen, die Fußböden putzen, die Wäsche im großen Holzzuber auf dem Waschbrett schrubben, sie nach dem Spülen in der Scheune zum Trocknen aufhängen und später auch wieder hereinholen. Auch wenn ihm solche Arbeiten gar nicht lagen, tat er sie doch um seiner Elsa willen gern.

Die Arbeit für den Unterricht ließ er bis zum Abend, wenn die Kinder in ihren Betten lagen und Ruhe in der großen Stube eingekehrt war. Dann saß er beim spärlichen Licht einer Petroleumlampe in seinem großen, Leder bezogenen Lehnstuhl am Schreibtisch, um Hefte durchzusehen, Arbeiten zu korrigieren und den nächsten Unterricht vorzubereiten. Elsa saß in seiner Nähe und hatte immer irgendeine Handarbeit zu tun, wie das so ist, wenn vier Kinder einigermaßen gut angezogen sein und in der Kälte des Winters nicht frieren sollen. Dann war ja auch bald Weihnachten, wofür es vieles vorzubereiten galt. Und irgendwann in den Tagen danach sollte das Kind geboren werden. Dafür gab es noch einiges zu stricken und zu häkeln.

Manchmal, wenn Elsa müde und abgespannt und ein wenig bekümmert schien, setzte Karl sich ans Harmonium und spielte und sang seiner Frau ein paar Mut machende Strophen wie diese:

»Wenn des Feindes Macht uns drohet
und manch Sturm rings um uns weht,
brauchen wir uns nicht zu fürchten,
stehn wir gläubig im Gebet.
Da erweist sich Jesu Treue,
wie er uns zur Seite steht
als ein mächtiger Erretter,
der erhört ein ernst Gebet.«

Oder auch:

»Was dein Herze auch bewegt,
ob sich Schmerz, ob Wonne regt,
flieh zu Jesus früh und spät,
mach aus allem ein Gebet.«

Danach stand Karl wohl für eine Weile hinter ihrem Stuhl, hielt ihr die Schultern und strich ihr über ihre vollen, dunklen Haare. »Du sollst dich nicht bekümmern, Elschen, sei getrost und unverzagt. Gott wird sorgen.«

Es war in den ersten Januartagen. Elsa spürte die ersten Wehen, die bald in immer kürzeren Abständen auftraten und auch immer heftiger wurden. Dann hielt sie sich ihren Bauch und stöhnte leise auf. Die Kinder sollten nichts merken. Aber was sollte sie tun? Karl war mit Waldemar zum Unterricht der ersten beiden Klassen im Schulhaus, Hugo saß auf einer Decke in seinem Laufstall, spielte mit Holzklötzen und brabbelte vor sich hin. Die beiden Großen, Georg und Olga, saßen am Esstisch und waren mit Schulaufgaben beschäftigt. Sie schienen Mamas Zustand nicht zu bemerken.

Als wieder eine heftige Wehe kam und Elsa den Schmerz nicht unterdrücken konnte, schauten die beiden von ihren Arbeiten auf.

»Mama, ist dir nicht gut?«

»Nein, Kinder, mir ist nicht gut. Georg, zieh dich rasch an und lauf zu Mutter Kühn. Sie soll bald kommen. Ich glaube, es ist nicht mehr lang bis zur Geburt. Aber zieh die warmen Sachen an. Es ist kalt draußen.«

Georg tat sofort, wie die Mutter ihm aufgetragen hatte. Bald schon stand er dick vermummt in der Tür. »Ich gehe, Mama.«

»Ja, geh rasch, mein Junge. Beeil dich bitte und halt dich nicht auf. Es wird auch bald dunkel.«

»Halt, warte!«, rief sie dem Jungen noch hinterher. »Sag auch Lenchen Bescheid. Sie soll bitte rasch kommen!«

»Ja, Mama, mach ich. Ich bin schon weg, und ich komme auch sofort zurück.«

Über Mittag hatte es frisch geschneit, und es flogen immer noch einzelne Flocken. Georg griff den Schlitten, der in diesen Tagen immer vor der Haustüre stand, eilte ums Haus und fuhr so schnell es im Neuschnee ging den Schulhügel hinunter. Unten angekommen stellte er das Gefährt an eine Pappel und lief zu Fuß weiter. Die Hebamme, die im Dorf nur Mutter Kühn hieß – wie vielen Kindern sie in Nedbarewka zum Leben verholfen hatte, konnte sie wohl selbst kaum sagen –, wohnte auf der anderen Seite des Dorfbaches einen guten Kilometer aufwärts. Der Weg zu ihr führte bei Hirsekerns vorbei, die auf dieser Seite des Baches wohnten. Georg öffnete dort nur die Haustüre und rief in den Flur: »Lenchen, musst kommen. Die Mutter braucht dich!«, und schon war er wieder auf der Straße. Hoffentlich hatte die Frau den Ruf auch gehört.

Bald hatte der Junge das Haus von Mutter Kühn erreicht. Er klopfte hastig an die Türe, die auch bald geöffnet wurde.

»Mutter Kühn!« Ganz aufgeregt war Georg und auch ein wenig außer Atem. »Mutter Kühn, musst dich beeilen. Das Kind will kommen. Die Mutter weht schon.«

»Willst wohl sagen, die Mutter hat schon Wehen. Aber komm rein, mein Junge. Wärm dich einen Moment auf, bis ich mich fertig gemacht habe. Auf dem Tisch steht auch noch ein Bratapfel. Den darfst du derweil essen. Dann bist du gleich auch wieder frisch für den Heimweg.«

Georg hatte kaum genug Zeit, die gezuckerte Köstlichkeit zu essen, da stand Mutter Kühn schon in Mantel und Mütze mit ihrer Tasche in der Tür.

»Komm, Georg, wir gehen. Wenn die Mutter schon Wehen hat, müssen wir uns wohl beeilen. Manchmal kommt so ein Kind ganz rasch auf die Welt.«

Die beiden beeilten sich, so gut es eben für einen Zehnjährigen und eine fast Sechzigjährige bei den Schneeverhältnissen ging.

Als sie die Allee des Schulhügels hinaufstapften – Georg hatte jetzt seinen Schlitten natürlich am Seil –, kamen ihnen die rund vierzig Jungen und Mädchen der ersten beiden Schulklassen johlend und jauchzend entgegen. Elsa hatte wohl doch ihrem Mann Nachricht gegeben, und der hatte seine Schulkinder ein paar Minuten früher als sonst nach Hause entlassen.

So war es tatsächlich. Karl war bereits aus dem Schulhaus herübergekommen und hatte seiner Frau gut zugesprochen. »Wirst sehen, mein Elschen, Gott sorgt.«

»Ja«, konnte Elsa nur zurückhauchen, und dabei krümmte sie sich unter dem Schmerz der nächsten Wehe.

Lenchen Hirsekern war aber auch schon da und kümmerte sich um die Vorbereitung des kommenden Ereignisses. Sie hatte inzwischen ein paar zusätzliche Petroleumlampen angezündet, damit es auch hell genug war in der Stube. Dann richtete sie die Wiege und die Säuglingswäsche her, so dass Mutter Kühn gleich an ihre Arbeit gehen konnte.

Jetzt nahmen Karl und Lenchen die Kinder und gingen mit ihnen in deren Schlafkammer, um sie dort zu beschäftigen und abzulenken. Während der Geburt sollten sie doch nicht in der Stube sein. Alle setzten sich auf die Bettkanten und legten wie selbstverständlich die Hände ineinander, als hätten sie die Worte des Vaters schon erwartet: »Kinder, jetzt ist ein Gebet für Mama nötig, damit Gott alles gut macht.«

Und dann ging alles ganz schnell. Mutter Kühn hatte Elsa kaum in der großen Stube auf die Liege gebettet – in der Elternschlafkammer war es zu kalt und zu dunkel – und Tücher und warmes Wasser bereitgestellt, da schrie die Gebärende zweimal laut vor Schmerzen auf. Dann folgte auch schon ein etwas verzerrter, aber dennoch erkennbarer Jauchzer der Befreiung und Freude. Und auch das kräftige Stimmchen des Neugeborenen wurde im Nebenraum deutlich gehört und mit leisem Jubel registriert. Laute Beifalls- und Begeisterungsbekundungen ließ der Vater mit Rücksicht auf Mutter und Kind nicht zu.

Also, Miluscha war da.

Eigentlich hieß sie Emilie, nach Karls erster Frau; so hatten es die Eltern vorher festgelegt. Alle würden das Mädchen ohnehin nur Miluscha nennen. 49 Zentimeter groß war das Kind und 3850 Gramm schwer, mit kohlrabenschwarzem Haar und sonst allem dran. Zwar noch ein bisschen runzlig, wie Neugeborene zu sein pflegen, aber das würde sich ja bald geben.

Wie groß war die Freude beim Vater, als er nach einer angemessenen Weile, in der die Hebamme die doch arg erschöpfte Mutter und ihr Neugeborenes versorgt hatte, seine Frau in die Arme schließen konnte. Er tat es zärtlich und voller Inbrunst: »Danke, mein liebes Elschen! Und Dank an den Vater im Himmel!«

Groß war die Freude auch bei den Kindern, als sie zum ersten Mal das neue Schwesterchen anschauen durften, das inzwischen friedlich schlafend in seiner Wiege lag, kaum dass das Gesichtchen zu sehen war.

Und groß war die Freude auch bei der Hebamme, die dankbar registrierte, dass wieder einmal eine Geburt ohne nennenswerte Komplikationen abgelaufen war.

Lenchen, die sich auch herzlich mit ihrer Freundin mitfreute, kamen freilich dabei ein paar Tränen der Wehmut, weil ihr dieses Glück bisher versagt war.

Karl Beer erhob sich schließlich, nahm seine große Bibel vom Schreibtisch und begann zu lesen. Er hatte einen Psalm Salomos aufgeschlagen: »Siehe, Kinder sind eine Gabe des HERRN, und Leibesfrucht ist ein Geschenk.«

Er unterbrach sich selbst, blätterte in dem heiligen Buch ein paar Seiten zurück und las dann weiter, diesmal von David: »Lobe den HERRN, meine Seele, und was in mir ist, seinen heiligen Namen! Lobe den HERRN, meine Seele, und vergiss nicht, was er dir Gutes getan hat.«

Wieder nach ein paar Augenblicken des Schweigens las der Vater zum dritten Mal, nachdem er näher an die Wiege herangetreten war.

Diesmal las er nicht aus den Psalmen, sondern aus dem vierten Buch Mose einen Text, den er schon oft gesprochen hatte und den er eigentlich auch auswendig hätte sagen können. Aber vielleicht befürchtete er, in seiner inneren Erregung den Text nicht zu Ende sprechen zu können. Und so las er denn über seinem jüngsten Kind den Segen Aarons:

> »Der HERR segne dich und behüte dich; der HERR lasse sein Angesicht leuchten über dir und sei dir gnädig; der HERR hebe sein Angesicht über dich und gebe dir Frieden.«

Eine feierliche Stille hatte sich über den Raum gelegt. Selbst von den Kindern war nichts zu hören, nicht einmal ein Flüstern. Alle waren sich wohl des Ernstes dieser Minuten bewusst.

Schließlich brach Karl Beer die Stille ab: »Und jetzt dürfen wir ein fröhliches Abendessen einnehmen und ein bisschen feiern. Wir haben alle eine Stärkung nötig und verdient. Lenchen, du kennst dich aus. Deck uns den Tisch. Georg und Olga können dir dabei helfen.«

So geschah es dann auch. Es wurde ein fröhliches Mahl am großen Tisch. Die erschöpfte Mutter auf ihrer Liege und den Säugling in seinem Bettchen störte es nicht, dass die Tischrunde verhalten laut war. Jeder war einfach glücklich und dankbar.

Bis die größeren und kleineren Kinder schließlich in den Betten lagen und Mutter Kühn und Lenchen endlich das Haus verlassen und sich durch die kalte, klare Winternacht auf den Weg nach Hause gemacht hatten, waren ein paar Stunden vergangen, Stunden der Freude, der Dankbarkeit und des Familienglücks.

Karl Beer saß noch eine Weile bei seinem Elschen. Ohne viel zu reden, hielt er ihr einfach die Hand und strich ihr über das Haar.

Er befahl Mutter und Kind noch einmal der Gnade Gottes. Dann sorgte er dafür, dass das Feuer im Herd über Nacht nicht ausging, und löschte die Lichter bis auf eins. Ganz dunkel sollte es in der Stube nicht werden, denn Klein-Miluscha würde sich sicher bald melden.

Schließlich legte der Vater sich auch ins Bett. Wer weiß, wie unruhig die Nacht werden würde. Und morgen war wieder Schule. Gut, dass Lenchen gleich in der Frühe wieder zur Hilfe auf den Schulhügel kommen wollte.

Dunkle Wolken

Sommerzeit, Ferienzeit. In diesen Julitagen war Karl Beer Landwirt. Jetzt widmete er sich dem Vieh, den Feldern und Wiesen. Hier konnte er die größeren seiner Kinder um sich haben. Sie fassten ja auch schon kräftig mit an, gerade in diesen Tagen, wo es darum ging, das Heu mit dem Rechen immer wieder zu wenden, abends auf Kegel zu häufen, es morgens mit der Gabel wieder auseinander zu streuen und es wieder zu wenden, bis es genügend getrocknet war, um es einzubringen.

Auch die Kleinen – Hugo war inzwischen vier und Miluscha schon anderthalb Jahre alt – konnten mit draußen sein. Sie liebten es, auf dem Hof zwischen Hühnern und Enten zu spielen oder auf dem Feld und der Wiese. Und es gefiel ihnen, wenn sie dann abends am Brunnen in den großen Zuber steigen konnten, um den Schmutz des Tages abzuwaschen.

Die ganze arbeitsfähige Familie war auf der Heuwiese zwischen Schulhügel und benachbarter Mühlenanhöhe beschäftigt. Vater, Mutter, Georg und auch schon Waldemar waren dabei, das gut getrocknete Heu auf lange Reihen zu rechen, damit es nachher in die Scheune gefahren werden konnte. Hugo und Miluscha spielten zwischen den Großen und hatten ihren Spaß, wenn sie über die fertigen Mahden steigen konnten. Dabei lag Miluscha mehr auf der Nase, als dass sie auf ihren strammen Beinchen stand.

Nur Olga fehlte. Die Mutter hatte sie ins Dorf geschickt, damit sie beim Kaufmann Nähgarn und Knöpfe holen sollte. Am Abend wollte Elsa einige Arbeitskittel in Ordnung bringen. Wenn die Tochter zurück war, sollte sie auch auf die Wiese kommen. Beim Zusammenrechen des Heus konnte sie dann gut noch helfen. Lange konnte sie eigentlich nicht mehr ausbleiben.

Schon vom Hof her hörten die Heuarbeiter das Mädchen rufen. Heftig winkte sie schon von weitem mit beiden Händen. Irgendeine wichtige Sache schien sie mitzubringen und möglichst bald loswerden zu wollen.

»Papa, Papa!«, rief sie schon vom Wiesenrand her. »Ich soll vom Bürgermeister ausrichten ...«

Olga blieb bei ihrem Vater stehen, der ihr ein paar Schritte entgegengekommen war, und holte erst einmal tief Luft.

»Was ist, mein Kind?«, beruhigte der Vater das aufgeregte Mädchen.

»Also, ich soll vom Bürgermeister ausrichten, dass heute Abend bei ihm in seiner Mühle eine Versammlung ist, wo du dabei sein sollst. Es wär ganz wichtig, und du musst unbedingt kommen.«

»Und er hat dir sonst nichts dazu gesagt?«

»Nein, nur dass es um ganz was Wichtiges geht.«

»Und die Versammlung ist nicht wie sonst bei ihm zu Hause?«

»Nein. Herr Blum hat es zweimal gesagt, dass die Versammlung in der Mühle ist. Und du sollst nicht vor neun Uhr kommen, eher später. Du hättest es ja nicht weit, hat er noch gesagt.«

»Danke für die Nachricht, Oluscha. Geh jetzt hinüber und hilf der Mutter und deinem Bruder, das Heu fertig zusammenzurechen. Ich will derweil den Wagen holen.«

Merkwürdig, dachte Karl Beer, eine Versammlung erst nach Einbruch der Dunkelheit und dann in der Mühle. Die große Windmühle friesischer Bauart stand wenige Minuten vom Schulhügel entfernt auf einer anderen Anhöhe. Sie gehörte einem der Brüder Blum, dem wohlhabendsten Bauern im Dorf, der zugleich der Bürgermeister war.

Irgendetwas war wohl im Gange. Ob das etwas mit der Schule zu tun hatte und den Neuerungen, von denen er gehört hatte? Der Deutschunterricht sollte reduziert werden; es sollte Russisch als Pflichtfach eingerichtet werden; der Religionsunterricht sollte eingeschränkt werden; alle Schüler sollten zu Pionieren gemacht werden ... Sein Bruder August, der in Hainau Schuldirektor war, hatte ihm neulich einmal von solchen Dingen berichtet, die den Deutschen an der Wolga von der Regierung in Moskau bereits zur Auflage gemacht worden seien. Sollten diese Bestimmungen jetzt auch hier im Wolhynischen eingeführt werden?

Dem Lehrer war es, als liefe ihm trotz der Sommerhitze ein kalter Schauer über den Rücken. Es war klar, er würde zu der Versammlung gehen. Und die Aufforderung, erst nach Einbruch der Dunkelheit zu kommen, hatte sicherlich auch ihre Bedeutung.

Aber jetzt musste erst einmal das Heu eingefahren werden.

Wenig später kam Karl Beer mit dem Braunen vor dem Leiterwagen auf die Wiese gefahren. Georg kletterte auf den Wagen, um das Heu, das der Vater ihm mit einem Dreizink anreichte, zu verteilen und festzudrücken. Elsa und Waldemar besorgten das Zusammenrechen der Heureste. Olga konnte sich jetzt ein wenig um die Kleinen kümmern.

Als der Wagen hoch genug gefüllt war, fuhr der Vater mit dem Ältesten auf den Hof, um das Heu in der Scheune wieder abzuladen. Zwei weitere Fuhren würde es wohl noch geben. Elsa ließ die Kinder auf der Wiese zurück und ging hinter dem Wagen her. Sie wollte Kaffee und Kuchen für eine Pause holen. Im Freien auf der Wiese würde die Pause besondere Freude machen.

Das Abladen ging den Männern recht schnell von der Hand, zogen Vater und Sohn das Heu doch nur vom Wagen. Auf den Heuboden konnte man es morgen noch hinaufreichen. Die beiden waren bald gemeinsam mit Pferd und Wagen wieder auf der Wiese, und Elsa war mit dem Verpflegungskorb auch wieder da. Jetzt wurde sich erst einmal gestärkt, nachdem der Vater ein Dankgebet gesprochen hatte.

Es war ein schönes Bild, die ganze Familie dort auf der Wiese im Kreis sitzen zu sehen bei Kaffee, Saft und Kuchen. Eine richtige Idylle.

»Kinder, keine zu lange Pause«, mahnte der Vater nach einer Weile. »Es muss weitergehen mit der Arbeit. Schaut mal dort an den Horizont. Die Wolken deuten auf ein Gewitter hin. Ehe das hier ankommt, sollte das Heu doch möglichst unter dem Dach sein. Es wäre zu schade, wenn es da noch hineinregnen würde. Also ran ans Werk!«

Das Arbeitstempo wurde ein wenig erhöht, und so war die nächste Fuhre schnell beladen und dann auch bald in der Scheune versorgt. Die letzte Fuhre konnte geholt werden. Aber da war die Sonne bereits hinter den ersten Wolken verschwunden und Wind kam auf.

Die letzte Fuhre war noch nicht lange abgeladen, Pferd und Mensch waren kaum in Stall und Haus, da begann es auch schon, zu donnern und zu blitzen, und der Wind fegte heftig über den Hof und das Land, zauste die Bäume und wirbelte die liegen gebliebenen und die unterwegs verloren gegangenen Heureste durch die Luft.

Zunächst regnete es nur wenig, doch bald goss es in Strömen. Wie gut, dass das Heu trocken in der Scheune lag.

Nur kurz dauerte das Unwetter. Schaden hatte es keinen angerichtet. Und als der Regen etwas nachgelassen hatte, durften die Kinder auch wieder hinaus und sich nass machen lassen. Welche Freude die Kinder dabei hatten! Das sparte außerdem die Dusche und das Zuberbad am Brunnen.

Gegen neun am Abend – um diese Zeit war es hier im Osten bereits fast Nacht – machte Karl Beer sich auf den Weg zur Mühle. Was Hannes Blum wohl für Neuigkeiten mitzuteilen hatte?

Ob das Gewitter am späten Nachmittag wohl ein Zeichen war für ein ganz anderes Gewitter, das sich nordöstlich von hier zusammenbraute und bald über Region und Dorf hinwegfegen würde? Und wenn, welche Schäden würde es anrichten?

Karl Beer überkam ein Anflug von Bangigkeit, als er mit diesen Fragen die frisch gemähte Wiese überquerte, deren Heu schon eingebracht war. Doch er verscheuchte diese Gedanken rasch. Stand doch über seinem Leben und dem der Familie die göttliche Zusage: »Sei getrost und unverzagt!«

Nach wenigen Minuten Weg hatte der Lehrer sein Ziel erreicht. Als er die Mühle betrat, hörte er rufen: »Komm herauf. Wir sind auf dem Körnerboden.« Das war ja noch geheimnisvoller! Warum war das Treffen nicht unten im Mehllager? Der Raum war doch viel größer.

Karl begab sich die Stiege hinauf. Im Schein einiger Petroleumlampen saßen ein paar Männer des Dorfes, die alle zum Gemeinderat gehörten, aber auch zwei Bauern, die zu den Großen zählten.

»Gut, dass du da bist«, begrüßte Bürgermeister Blum den Angekommenen. »Es geht auch um dich in den Dingen, die auf uns zukommen.«

»Sagt mir, was los ist«, forderte Karl die Anwesenden auf. »Ich hoffe nicht, dass sich meine Ahnungen bestätigen.«

»Wahrscheinlich wird es noch viel schlimmer kommen, als du ahnst«, gab Hannes Blum zurück. »Ich hatte heute unangenehmen Besuch. Ein Verwaltungsoffizier aus Kiew. Und ich weiß nicht, ob der noch irgendwo in der Gegend herumspioniert. Deshalb unser Treffen hier in der Mühle. Bis auf die große Wiese ist mir der Kerl mit seiner Knatterkiste nachgefahren, um seinen Brief loszuwerden. Hier, das ist der Wisch.« Hannes Blum zog umständlich einen Brief aus einem braunen Umschlag.

»Nun sag schon, was drin steht«, forderten die Männer ihren Bürgermeister auf.

»Nichts Gutes«, seufzte der hörbar auf. »Die Zeiten ändern sich. Neue Regierungen, neue Gesetze, neue Bestimmungen. Und nichts, was uns hier gefallen könnte.«

»Halt nicht so eine lange Vorrede, Hannes. Davon werden die Nachrichten nicht besser«, mahnte August Loske, der Schwager von Karl Beer.

»Gut«, seufzte der Bürgermeister noch einmal auf. »Es geht in der Hauptsache um die Schule und den Unterricht und zum anderen um unsere Höfe. Also um unsere Kinder und um unsere Familien.«

Ein Raunen ging durch den Kreis der Männer, und Hannes Blum bat um Ruhe.

»Nach den Sommerferien muss unsere Schule umorganisiert werden. Ab der Klasse drei muss in russischer Sprache unterrichtet werden. Weil das unser geschätzter Lehrer nicht leisten kann, wird uns ein Lehrer aus der Hauptstadt geschickt. Ein Russe natürlich, den wir irgendwo einzuquartieren haben. Der Deutschunterricht wird dafür gekürzt, und ...« – der Bürgermeister zögerte, wohl, um der folgenden Aussage ein größeres Gewicht zu geben – »der Religionsunterricht ist ersatzlos zu streichen. Außerdem wird es untersagt, irgendwelche Themen zu behandeln, die von deutscher Kultur und Zivilisation handeln oder auch nur danach riechen.«

»Ich habe es geahnt!« Karl Beer war sehr betroffen von dem, was er da gehört hatte. »Ich habe es geahnt. Aber mit mir ist eine solche Umstellung nicht so ohne weiteres zu machen.«

»Was denkst du zu tun?«, fragte einer der Männer, der gleich drei Kinder im Unterricht der Dorfschule sitzen hatte.

»Ich werde den Behörden einen Brief schreiben und mitteilen, dass ich selbst Russisch spreche, was ja auch die Wahrheit ist. Und dann werde ich schreiben, dass es also nicht erforderlich ist, einen Russischlehrer aus der Hauptstadt hier aufs Land zu schicken. Wir kämen da schon allein zurecht. Und ich werde diesen Brief in Russisch schreiben. Das wird Eindruck machen. Natürlich das alles nur, wenn ihr einverstanden seid. Wie ich dann meine Schule führe, wird hoffentlich so bald keiner kontrollieren.«

Karl Beer hatte diese Worte sehr fest gesprochen, aber im Innersten war ihm nicht ganz wohl dabei. Ob solch ein Brief wirklich Eindruck machte und Erfolg hatte? Aber er wollte es versuchen.

»Natürlich sind wir einverstanden, wenn du das so machst, Karl. Schreib den Brief bald, damit er auch bald ankommt bei dieser Moskau-Bande. Wir lassen uns nicht einfach so von denen in den Sack stecken.«

Der so gesprochen hatte, war der Tischler, Johann Patt, der zweite Bürgermeister, der zwar seinen Beruf beherrschte, der aber manchmal ein wenig hitzköpfig sein konnte und nicht immer in vornehmer Art mit den Leuten umging. Seine Frau wusste davon das lauteste Lied zu singen.

»Gut, Karl, wenn du denkst, das geht so, dann schreib den Brief. Wir werden sehen, was er bewirkt«, sagte der Bürgermeister auf seine ruhige Art. Dann wurde seine Stimme erregter. »Das andere Kapitel trifft uns wohl noch härter. Es geht um unsere Höfe und um unser Land.« Blum brach ab, als hätte er Schwierigkeiten weiterzusprechen. Er atmete tief und schwer ein.

»Der russische Staat will sein Kolchoswesen auch in unserer Region durchsetzen, wie er es andernorts schon getan hat. Zwischen Nedbarewka und Nikolaital soll gebaut werden. Was das für uns bedeutet, zumindest einmal für die, die auf dieser Seite des Baches ihr Land haben, muss jedem klar sein.«

»Und was bedeutet das für uns?«

»Diese Frage kannst auch nur du stellen, Schuster«, regte sich August Loske auf. »Du hast nicht viel Land, brauchst ja auch nicht viel. Und außerdem liegt dein Land auf der anderen Seite, die zunächst wohl gar nicht betroffen ist.«

»Ruhig, Männer, Aufregung hilft nicht weiter«, versuchte Karl Beer zu besänftigen.

»Hast du auch hierzu einen Vorschlag?«, fragte ihn der Bürgermeister.

»Ich weiß nicht. Überraschend kommt mir das alles nicht. Mein Bruder August in Hainau hat schon im Frühjahr einmal von solchen Sachen gesprochen. Die Hainauer werden übrigens wohl die gleiche

Post bekommen haben. Also, ich denke, wir sollten auch dieser Entwicklung vielleicht ein Stück zuvorkommen. Kolchose bedeutet für die, die das Land haben, Enteignung. Die Russen fackeln da nicht lange. Vielleicht sollten wir ihnen anbieten, dass wir hier in Nedbarewka eine Genossenschaft gründen. Die ist dann so etwas Ähnliches wie ein Kolchosbetrieb. Wir tun unser Land auf dem Papier zusammen, bearbeiten es gemeinsam, rechnen gemeinsam ab, und so weiter.«

»Und was ist mit denen in Nikolaital?«, wollte einer wissen.

»Nun, die müssten da mitziehen, möglicherweise in einer gemeinsamen Genossenschaft.«

»Ich werde morgen einmal hinüberfahren«, schlug Hannes Blum vor, »und mit dem Bürgermeister dort sprechen. Wahrscheinlich hat er den gleichen Brief bekommen. Vielleicht können wir die Entwicklung ja tatsächlich noch ein paar Jahre aufhalten.« Und direkt an Karl Beer gewandt fragte er: »Du wirst doch dann auch diesen Brief schreiben?«

Die Antwort war, wie sie jeder erwartet hatte: »Selbstverständlich. Und auch in Russisch. Gib mir Nachricht, wann ich es machen soll.«

Es ging noch eine Weile hin und her unter den Männern dort auf dem Körnerboden der Blumschen Mühle. Und leicht war es ihnen allen nicht gerade ums Herz, als sie endlich gegen Mitternacht ihren Heimweg durch die Dunkelheit suchten. Der Moloch Russland hatte sein Maul aufgerissen und war bereit, alles zu verschlingen, was nicht seinen Kommandos folgte. Das war den Männern allen klar.

Jeder fühlte es, dass sich hier eine Entwicklung vielleicht verzögern ließ, nicht aber aufhalten oder gar verhindern. Und jeden bedrängte in seinem Innersten wohl schon die Frage, wie das alles werden würde und wie die Zukunft ihres Dorfes und seiner Leute wohl aussehe.

Als Karl Beer nach Hause kam, lag seine Frau schon im Bett. Aber sie war noch wach.

»Du hast schlechte Nachrichten, mein Lieber, stimmt's?«, fragte sie ihn, als er zu ihr unter die Decke kam.

»Ja, mein Elschen, schlechte Nachrichten. Aber lass uns morgen darüber sprechen. Nach der Nacht ist der Kopf wieder etwas klarer.«

Der nächste Morgen zeigte sich wieder von seiner schönen Sommerseite. Die Kinder konnten draußen sein, sich beschäftigen und spielen. Nachdem Karl das Vieh versorgt und noch einiges auf dem Hof gerichtet hatte und nachdem Elsa die Stuben in Ordnung hatte, setzten die beiden sich auf die Bank unter dem großen Apfelbaum, und Karl erzählte seiner Frau mit wenigen Sätzen, was möglicherweise auf ihn als Lehrer des Dorfes zukam. Das Stichwort Kolchose erwähnte er nicht.

Elsa wollten die Tränen kommen über dem Gehörten und über dem Leid, das sich ergeben könnte.

Sofort versuchte Karl sie zu trösten: »Nicht bekümmern, mein Liebes, Gott wird sorgen!« Er drückte die junge Frau fest an sich und sagte ihr dann, was er vorhatte.

»Ich werde jetzt den Brief an die Schulbehörde in Kiew aufsetzen, danach fahre ich nach Hainau, um die Sache mit August und Friedrich zu besprechen und den Brief auf den richtigen Gebrauch der russischen Grammatik prüfen zu lassen. Dann fahre ich noch bei der Post vorbei. Zum Abend werde ich wieder hier sein. Wenn du irgendetwas aus Hainau brauchst, sag es mir. Ich bringe es dir mit.«

Karl ging ins Haus, um seinen Brief zu formulieren. Elsa kam ein wenig später nach, um sich um das Mittagessen zu kümmern, das heute früher als sonst eingenommen werden musste.

Gleich nach dem Essen spannte Karl Beer das Pferd vor die Kutsche.

»Papa, darf ich mitfahren?«, bettelte Georg. »Ich kann doch dann auf den Braunen aufpassen, wenn du mit den Onkeln sprichst.«

»Das ist keine schlechte Idee«, gab der Vater zurück. »Frag Mama, ob sie dich für irgendeine Arbeit braucht. Wenn nicht, dann komm rasch, damit wir keine Zeit verlieren.«

Mit einem Jauchzer kam der Elfjährige aus dem Haus, die Mütze in der Hand und eine leichte Jacke über dem Arm. »Mama sagt, ich darf mitfahren. Und ich soll gut auf dich aufpassen.«

Schon saß er neben seinem Vater auf dem Bock und los ging die Fahrt.

Elsa, Miluscha auf dem Arm und Hugo an der Hand, konnte den beiden gerade noch ein »Gott behüte euch!« nachrufen, ehe sie unter den Bäumen der Allee aus dem Blickfeld kamen.

In Hainau traf Karl seine beiden Brüder im Haus von August an. Die drei führten miteinander ein langes und ernstes Gespräch über die Lage, die sich nun auch für die Region Schitomir anbahnte. Auch in den anderen Gemeinden hatten die Bürgermeister Post bekommen. Die Briefe, die Kuriere überall abgeliefert hatten, klangen alle gleich. Und sie erzeugten überall die gleiche Unruhe unter den Leuten und die gleichen Befürchtungen für die Zukunft.

Die drei Männer waren sich einig darin, dass die Entwicklung, die sich gegen alles Deutsche und gegen alles Christliche richtete, nicht aufzuhalten sein würde, weil es niemanden gab, der sie hätte aufhalten können. Die Nachrichten aus dem Wolgagebiet waren zu eindeutig. Da war von Enteignung die Rede, von Verhaftung der Männer, Vergewaltigung der Frauen, von Trennung der Familien, Verbannung und Deportation. Nein, das waren keine guten Aussichten für die kommenden Jahre.

»Und dennoch«, sagte Karl. »Ich werde den Brief abschicken. Und auch später den für unsere Bauern. Vielleicht kann ich wenigstens Zeit gewinnen für andere Lösungen.«

»An was für andere Lösungen denkst du?«, fragte Friedrich.

»Nun, für die Schule hoffe ich, dem Sowjetstaat entgegenzukommen, wenn ich, wie geschrieben, den russischen Unterricht anbiete. Ihr habt meinen Brief ja für gut befunden. Vielleicht wäre das auch für andere Schulen eine mögliche Lösung. Viele von unseren Kollegen sprechen doch Russisch. Ihr könnt euch ja auch einmal umhören, wie andere denken. Und in der anderen Sache kann der eine oder andere vielleicht sein Land verkaufen, ehe es enteignet wird, und dann nach Deutschland zurückkehren. Es wird hier auch Bauern geben, die niemals an eine Auswanderung nach Deutschland denken würden, weil sie noch länger in diesem Land sind als wir. Die würden ihre Höfe vielleicht gerne vergrößern. Vielleicht gibt es aber auch in der großen Sowjetunion noch Gebiete, die der Moloch übersehen hat. Ich für meinen Teil werde schon einmal Kontakt mit meinem Freund Paul Schröger in Cherson aufnehmen. Wenn die Luft in Nedbarewka wirklich nicht mehr zu atmen ist, könnten wir in die Südukraine gehen. Aber ich denke, das sind alles noch ungeschriebene Blätter.«

»Deine Worte in Gottes Ohren, lieber Bruder«, beschloss August das Gespräch. »Grüß deine liebe Elsa und auch die Kinder.«

»Ja, tu das«, schloss Friedrich sich an. »Und wir wollen uns und die Unsrigen täglich der treuen Fürsorge Gottes anbefehlen.«

»Ja, so ist es. Gott wird für uns alle sorgen, Brüder.« Mit diesen Worten und einem herzlichen Händedruck für die beiden verabschiedete sich Karl und verließ das Haus.

Georg hatte derweil treu auf den Braunen aufgepasst, der mit seinem Hafersack vor dem Maul am Zaun angebunden war, und sich dabei mit ein paar Jungen unterhalten, die er von früheren Fahrten nach Hainau her kannte.

Diese Burschen ahnten noch nichts von dem Unheil, das sich für die Deutschen der Region am Horizont abzeichnete. Sie sollten ihre Kinderjahre unbeschwert verleben, solange das eben ging.

Karl Beer wäre es am liebsten gewesen, Georg hätte ganz still neben ihm auf dem Kutschbock gesessen. Er hätte so gerne weiter nachgedacht über die Lage und über die Konsequenzen für seine Familie. Aber der Mund des Jungen stand nicht still. Eine Frage folgte der anderen, und immer wieder wusste der Vater Antworten, die den Jungen in Erstaunen versetzten.

»Ich möchte auch so klug werden wie du, Papa, und so groß und so stark.«

»Na, das werden wir dann sehen, mein Lieber. Wenn du immer fleißig lernst und wenn du immer kräftig mithilfst im Haus und im Garten und auf dem Hof, dann könnte das was werden.«

Noch während er so sprach, ging dem Vater die Frage durch den Kopf, ob wohl Georg überhaupt eine Chance für eine solche Entwicklung hätte. Und was wohl dann aus seinem Elschen und den anderen Kindern werden würde, vor allem aus Miluscha, die ihm ganz besonders nah war.

Wie hatte er seiner Frau heute Morgen noch gesagt und Trost zu geben versucht?

Nun sagte er sich selbst: »Nicht bekümmern, Karl Beer, Gott wird sorgen!«

Ja, daran wollte er festhalten, wie es auch immer werden würde mit der Schule und der Familie. Auf jeden Fall würde er zunächst einmal die Antwort der Schulbehörden aus Kiew oder auch aus Moskau abwarten und erst danach handeln.

Als die Familie abends wieder vereint am Tisch saß, war dem Vater nicht anzumerken, dass ihn schwere Fragen belasteten. Er hatte sie auch ein Stück weit abgeben können und freute sich jetzt, mit seinen großen und kleinen Lieben Abendbrotgemeinschaft zu haben.

Nach dem Dankgebet wollte Karl seinen Kindern schon eine gute Nacht wünschen, als sie ihn von allen Seiten bedrängten. »Papa, es ist ein so schöner Abend. Wir wollen noch ein bisschen vor dem Haus unter dem Apfelbaum singen. Das haben wir so lange nicht mehr gemacht.«

Olga war die Wortführerin der anderen. Die stimmten sofort ein. »Ja, Papa, nimm die Geige.«

»Ja, Papa, bitte singen!«

»Singen, singen, singen.« Das war Klein-Hugo.

Miluscha drehte sich bereits in der Stube im Kreis und sang, in ihre kleinen Hände klatschend: »Lei la, lei la, lei la.«

Die Eltern mussten nun doch lachen ob dieser Kinderwünsche und der musikalischen Aufforderung ihrer Jüngsten. Und so stand denn der Vater auf, nahm seine Geige von der Wand neben dem Schreibtisch, wo sie immer ihren Platz hatte, und dann gingen alle freudig hinaus.

Das wurde ein fröhliches Singen. »Konzert ist heute angesagt im frischen grünen Wald ...«, »Geh aus, mein Herz, und suche Freud ...«, »Und wieder blühet die Linde ...«, »Die beste Zeit im Jahr ist mein ...« und viele andere Lieder klangen über den Hof.

Inzwischen wurde es dämmrig, und der Vater mahnte: »Nun muss es genügen, Kinder. Zum Schluss noch das schöne Abendlied von Matthias Claudius.« Und alle sangen es aus vollem Herzen, soweit sie es denn konnten, bis hin zu der Strophe, die auch des Nachbarn gedachte:

»So legt euch denn, ihr Brüder,
in Gottes Namen nieder,
kalt ist der Abendhauch.
Verschon uns, Gott, mit Strafen
und lass uns ruhig schlafen
und unsern kranken Nachbarn auch.«

»Und jetzt gute Nacht, alle meine Lieben«, verabschiedete der Vater das kleine Völkchen. »Ihr Großen helft der Mutter, die Kleinen ins Bett zu bringen. Ich gehe noch den Tieren gute Nacht sagen.«

Jedes der Kinder bekam noch einen Gute-Nacht-Kuss. Klein-Miluscha umarmte der Vater noch besonders innig, und dann verschwand die Familie im Haus.

Karl Beer machte seinen abendlichen Rundgang über den Hof und durch den Stall. Dabei ging ihm wieder durch den Kopf, was denn wohl aus dem allen werden würde, wenn ...

Aber er sagte es sich selbst noch einmal mit Nachdruck: »Nicht selbst sorgen, Karl Beer, alles liegt in Gottes Händen!«

Badefreuden und Kinderleid

»Mama, dürfen wir baden gehen?«, rief Olga von draußen durch die offene Haustüre in die Stube, in der Elsa mit irgendetwas beschäftigt war. »Es ist so schön warm, und es sind schon viele Kinder am Teich.«

»Fragt Papa, ob er es erlaubt«, kam es zurück.

»Papa ist aber nicht da. Den können wir nicht fragen.«

»Nun gut, dann geht. Aber seid bitte vorsichtig, und passt vor allem auf die Kleinen auf.« Elsa war immer ein wenig ängstlich, wenn sie die Kinder nicht in der Nähe wusste.

»Keine Bange, Mama, wir passen schon auf, dass nichts passiert.«

»Und wir nehmen auch den Zuber mit. Damit können wir gut Boot fahren.« Dieser Vorschlag kam von Georg, der den Holzzuber bereits auf den kleinen Handwagen gewuchtet hatte.

»Aber Miluscha lasst ihr hier; die kann im Hof spielen.«

»Oh, schade, wir wollten sie doch so gerne über den Teich fahren«, bedauerten Georg und Olga fast einstimmig.

»Nein, Kinder, das ist mir doch zu gefährlich«, bestand die Mutter auf ihrer Entscheidung. »Vielleicht kommt Papa ja mit Miluscha an den Teich, wenn er wieder da ist.«

»Au, das wäre fein. Sag ihm, er soll unbedingt mit Miluscha kommen. Das gibt einen Spaß!« Und weg waren Georg, Olga und Waldemar mit dem Handwagen.

»Ihr habt Hugo vergessen«, rief Elsa den Kindern nach.

»Angeschmiert, angeschmiert!«, riefen die fröhlich zurück. »Der sitzt im Zuber.« Und dann waren sie wirklich weg und bald mit ihrer Fracht am Teich, wo sie sich gleich den anderen Kindern des Dorfes zugesellten.

War das ein Spaß, sich halbnackt oder nackt ins Wasser zu stürzen, darin zu toben, den Zuber zu schieben, dessen Besatzung ständig wechselte, sich dann wieder auf der Wiese zu tummeln mit Spielen aller Art!

Miluscha hatte den Auszug ihrer Geschwister offenbar gar nicht registriert. Sie spielte derweil im Hof mit Eimerchen und Schaufelchen, mit Sand und Steinen, mit Hölzchen und Stöckchen. Die Kleine war da sehr genügsam. Wenn ihr eins der Hühner zu nahe kam – das Federvieh auf dem Hof lief immer frei herum und war durch die ständige Nähe zu den Menschen sehr zutraulich –, dann lief sie ihm hinterher und hatte ihren Spaß, wenn die Tiere gackernd davonstoben.

Elsa schaute immer wieder einmal aus der Tür, um nach ihrer Jüngsten zu sehen. Und wenn sie sie dann spielen sah, ging sie beruhigt wieder in die Stube.

Dann hatte sie wohl irgendwie die Zeit vergessen und eine längere Weile nicht nach draußen gesehen. Und als sie dann schaute, erschrak sie heftig. Wo war Miluscha? Das Kind war nirgendwo zu sehen.

»Miluscha, Miluscha! Wo bist du?«

Aufs Höchste erregt lief Elsa ums Haus, lief um die Scheune, schaute die Allee hinunter, lief in den Garten, auf die Obstwiese. Miluscha war nicht zu finden. Und auf ihr Rufen bekam die Mutter keine Antwort.

Elsa geriet schier in Panik. »Die Jauchegrube!«, schoss es ihr durch den Kopf.

Welch ein Glück, der Deckel auf der Grube war geschlossen. Elsa atmete tief durch. Aber wo konnte das Kind nur sein?

Da erst bemerkte sie, dass die Schweine in ihrem Pferch Krach machten, wie sie es sonst um diese Tageszeit nicht taten. Es war ja nicht Fressenszeit.

Elsa lief eiligst und in fast panischem Schrecken um den Stall herum und – blieb für Sekunden wie erstarrt stehen. Sie wusste nicht, ob sie lachen sollte oder sich entsetzen. Saß doch das kleine Ding im Pferch mitten unter den Schweinen und war damit beschäftigt, Futterreste aus dem Trog zu angeln und zu verspeisen. Und das schien ihr auch noch zu gefallen.

Elsa stürmte in das Gehege, so dass die Schweine in den hintersten Winkel flohen, und griff sich das Kind. »Miluscha, Kind, was machst du? Du kannst doch nicht bei den Schweinen spielen und dann auch noch ihr Futter essen.«

Miluscha schien das Eindringen der Mutter in ihr augenblickliches Reich nicht zu gefallen. Sie schrie und sträubte sich gegen ihren Griff. Sie wäre wohl lieber noch ein wenig im Schlamm sitzen geblieben und hätte weiter von den Pellkartoffelresten gegessen. Aber alles Schreien, Sträuben und Zappeln half nichts. Die Kleine musste mit.

»Wie schmutzig du bist und wie du stinkst! Mama muss dich erst einmal waschen und dir andere Sachen anziehen.«

Elsa trug das Kind bis zum Brunnen, darauf bedacht, dass sie ihr eigenes Kleid nicht auch noch beschmierte. Dann zog sie Miluscha aus und setzte sie in den Trog am Brunnen, der immer mit Wasser gefüllt war. Wie gut, dass die Sonne das Wasser erwärmt hatte. Frisches Brunnenwasser wäre zu kalt gewesen für das notwendige Bad.

Das gefiel dem Kind ausgezeichnet. Hier im Wasser zu plantschen, ließ das Erlebnis bei den Schweinen rasch vergessen.

Dann kam der Vater auf den Hof. Er hatte nach dem Weizen sehen wollen und auf dem Weg Hannes Blum getroffen. Das Gespräch mit dem Bürgermeister hatte ihn dann länger aufgehalten, als es ihm selbst recht war.

»Was macht denn ihr beide da? Ein Bad im Trog am hellen Nachmittag?«

Elsa erzählte ihrem Mann, warum das notwendig war.

»Na, nur gut, dass die Schweine friedlich geblieben sind«, kommentierte Karl den Ausflug der kleinen Tochter. »Schweine können auch anders. Aber wo sind die Großen?«

»Im Badeteich. Sie würden sich freuen, wenn du noch für eine Stunde zu ihnen hinunterkämst. Du sollst mit ihnen baden und Bottich fahren.«

»Wie? Die haben den Bottich mit hinuntergenommen?«

»Ja, Georg und Olga haben ihn auf die Karre geladen, dann haben sie Hugo hineingesetzt, und dann sind sie ab, die vier.«

»Na schön, dann mache ich den Kindern die Freude und gehe noch für eine Weile hinunter. Ich nehme Miluscha mit. Du kannst dich derweil ein wenig erholen von dem Schrecken der letzten halben Stunde.«

Der Vater sprach's, nahm sich Miluscha, nackt wie sie war, und eilte mit raschen Schritten ums Haus und die Allee hinunter. Elsa hatte gerade noch ein großes Handtuch von der Wäscheleine ziehen und es ihm über die Schulter werfen können. »Das Kind wird nachher frieren. Wickle es gut ein, wenn du zurückkommst.«

Miluscha auf dem Arm ihres Vaters jauchzte vor Freude. Das liebte sie, beim Vater zu sein, auf seinem Schoß zu sitzen oder von ihm getragen zu werden, seinen Bart zu streicheln und die Ärmchen um ihn zu schlingen.

Unten am Teich gab es ein großes Hallo. »Papa, Papa!« »Herr Lehrer, Herr Lehrer!« So scholl es durcheinander aus vielen Kehlen.

Ihren Lehrer liebten sie alle. Auch die, die noch gar nicht zur Schule gingen. Sie lernten von ihren älteren Geschwistern schon, den Lehrer zu lieben. Und die Eltern unterstützten ihre Kinder darin.

»Hallo, Kinder, hier bin ich«, begrüßte Karl Beer die Meute der Jungen und Mädchen, die ihn alle freudig umringten. »Ich muss doch mal sehen, ob auch noch niemand untergegangen ist und ob ihr auch alle fleißig das Schwimmen übt.«

»Tun wir, Herr Lehrer, und wer noch nicht schwimmen kann, dem bringen wir es bei. Dann brauchen Sie es nicht mehr zu tun.«

Er hatte Recht, der Sohn vom Arzt. Den meisten Kindern des Dorfes hatte der Lehrer das Schwimmen beigebracht, und nur unter den Älteren, die noch nicht bei ihm in der Schule gewesen waren, gab es Einzelne, die das Schwimmen nicht gelernt hatten.

»Holt mal den Zuber ans Ufer«, gab Karl Beer den Kindern den Auftrag, und schon stürzte die ganze Meute ins Wasser. »Ich möchte Miluscha hineinsetzen.«

»Sie müssen auch hinein, Herr Lehrer.«

»Ja, wir fahren den Lehrer über den Ozean.«

»Schiff ahoi!«

War das eine fröhliche halbe Stunde! Der Lehrer mit seinen eigenen Kindern im Dorfteich zum Baden, dazu eine große Schar seiner Schüler.

Wie lange mag das noch so möglich sein?, schoss es dem beliebten Mann durch den Kopf. Wenn erst die russischen Lehrer hier sind, geht das wohl alles zu Ende. Also, so lange es geht, wollten sie miteinander fröhlich sein und füreinander da sein.

»Kinder, für mich muss jetzt Schluss sein und für meine Kinder auch. Wir müssen hinauf. Und ihr anderen wart wohl auch lange genug hier. Morgen ist wieder ein Tag. Die Eltern werden auf euch warten.«

Ohne zu widersprechen verließen alle das Wasser, zogen sich an bzw. um oder griffen auch nur ihre Sachen und gingen nach Hause.

»Papa, hilfst du uns den Wagen ziehen?«, bettelte Georg. »Die Allee rauf ist der Zuber doch ein bisschen schwer.«

»Eigentlich muss der den Zuber bergauf ziehen, der ihn auch bergab gebracht hat«, antwortete der Angesprochene. »Aber ich will mal nicht so sein. Setzt Hugo und Miluscha in den Bottich. Und dann gehen Georg und Olga an die Deichsel, und Waldemar und ich werden hinten schieben. Ihr werdet sehen, wie leicht wir das Ding nach oben kriegen.«

Beim Abendbrot erzählte Elsa den Kindern ihr Erlebnis mit Miluscha und den Schweinen. Dafür erzählten die Kinder vom Nachmittag am Teich. Dabei gab es für alle viel zu lachen.

»Gehen wir morgen wieder gemeinsam zum Teich, Papa?«, fragte Waldemar. »Das war so schön heute.«

»Wir müssen sehen, was morgen zu tun ist. Ich denke schon mal, dass wir beginnen können, den Weizen zu mähen. Zum Vergnügen im Teich wird keine Zeit bleiben. Wir müssen das Baden morgen wohl an den Brunnen verlegen.«

»Oh, schade«, waren sich die Kinder einig. »Muss das morgen sein mit dem Mähen?«

»Bleibt auch keine Viertelstunde?«

»Abwarten, Kinder, vielleicht bleibt eine halbe Stunde übrig. Je nachdem, wie weit wir mit dem Weizen kommen. Ich kann's euch aber nicht versprechen.« Damit beendete der Vater das Gespräch und mit einem Dankgebet dann auch die Tischgemeinschaft und den gemeinsamen Tag.

Dann war der Sommer vorbei. Die Getreideernte war eingebracht und lag in der Scheune. Gedroschen wurde später, wenn draußen nichts mehr zu tun war. Jetzt stand die Kartoffelernte auf dem Programm. Und die einzubringen, war überwiegend die Aufgabe von Elsa und den älteren Kindern.

Ihr Mann war wieder voll mit dem Schulbetrieb beschäftigt. Hier hatte sich gottlob bisher nichts ändern müssen. Die Schulbehörden hatten sich noch nicht auf Karl Beers Brief hin gemeldet. Allerdings hielt der Dorflehrer vorsichtshalber eine Unterrichtsstunde Russisch pro Woche. Wenn einmal eine Kontrolle käme, konnten die Dritt- und Viertklässler Anfangskenntnisse in der neuen Sprache nachweisen.

Zeit für die Feldarbeit blieb Karl nicht mehr sehr viel. Also war das Elsas Aufgabe, auch wenn Kartoffeln hacken nicht die rechte Frauenarbeit war. Aber bei der Lehrersfamilie ging es eben nicht anders. Nachmittags mussten Olga und Waldemar der Mutter helfen. Georg kam dazu, wenn er aus Hainau zurück war, wo er inzwischen in der Schule von Onkel August die fünfte Klasse besuchte. Aber bis dahin war es schon Nachmittag.

Hugo und Miluscha mussten natürlich mit aufs Feld. Sie konnten ja nicht ohne Aufsicht auf dem Hof bleiben. Und in den Unterricht konnte der Vater sie nicht mitnehmen.

Wie gut, dass der Boden einigermaßen locker und wenig lehmig war. So machte das Kartoffelausmachen mit der Hacke nicht so sehr große Mühe. Und weil die Ernte offenbar gut zu werden schien, machte es sogar Spaß. Dennoch musste sich Elsa immer wieder einmal aufrichten und ihren Rücken strecken.

Olga und Waldemar lasen fleißig die Kartoffeln auf. Wenn die Kinder einen Korb gefüllt hatten, schütteten sie die Erdfrüchte in einen Sack, der zum Hof hin am Feldrand stand.

So ging das eine ganze Zeit, bis Georg dazukam. Er brachte für sich Hacke und Korb mit. Schließlich war er schon groß und stark genug dazu, das Werkzeug zu bedienen.

»Schön, dass du kommst«, begrüßte Elsa ihren Ältesten. »Waren wir nicht schon fleißig?«

»Das wart ihr wirklich«, lobte der Junge Mutter und Geschwister. »Aber wenn ich jetzt mal noch loslege …«

»Gib nicht so an, Bruder«, stoppten die beiden anderen seine Rede. »Wir werden sehen, wie viel du schaffst.«

»Ja, ihr Meckerer, das werdet ihr schon sehen.« Und dann schwang Georg die Hacke, als wollte er heute noch mit dem ganzen Feld fertig werden.

»Junge, nicht so stürmisch«, mahnte die Mutter. »Du musst ein bisschen aufpassen, dass du nicht zu viele Kartoffeln zerschlägst und beschädigst, wenn du in den Boden hackst. Sieh mal, du musst die Hacke hinter einem Strauch ansetzen und dann den Strauch nach vorne ziehen. Dann geht das besser.«

»Gut, Mama. Ich versuch's so.« Und tatsächlich, nach der Hilfestellung klappte die Arbeit schon besser.

»Wer liest denn meine Kartoffeln auf?«, fragte der Junge dann und blickte zu den Geschwistern hinüber.

»Mach du das mal selbst«, reagierte die Mutter, »das ist besser für dich. So strengst du nicht nur deinen Rücken an. Und du weißt auch nachher genau, wie viele Kartoffeln du geerntet hast.«

»Darf ich die dann auch allein essen?«

»So weit kommt's!«, rief Olga ihm zu. »Welche Kartoffeln sollen denn dann die Eltern essen? Die heben ja gar keine auf.«

Plötzlich schreckte Elsa hoch. »Wo sind denn Hugo und Miluscha? Die beiden haben doch eben noch drüben am Feldrand gespielt? Hugo läuft doch sonst nie weg.«

Das tat der Junge wirklich nicht. Im Gegenteil, er hing meist seiner Mutter am Rockzipfel, dass es ihr oft lästig sein musste, weil es die Arbeit behinderte. Und so war Elsa froh gewesen, dass der Junge ihr tatsächlich einmal nicht zwischen den Beinen herumkroch.

»Georg und Oluscha, lauft doch einmal hinüber zum Wald, weit können die beiden nicht sein.«

Sofort warf Georg die Hacke weg und Olga stellte den Korb beiseite. Quer über das Feld sprangen sie dem Wald zu.

»Hugo, Miluscha, wo seid ihr?«, riefen sie ein um das andere Mal. Sie liefen ein Stück in den Wald hinein. »Hugo, wo seid ihr?« Allmählich wurden sie ärgerlich.

Und dann kam es kläglich aus einem Gestrüpp zurück. »Hier im Strauch. Luscha kann nicht laufen.«

Um die Mutter zu beruhigen, rief Georg laut: »Wir haben sie!« Und schon waren die beiden Großen bei den Kleinen.

Da saßen sie auf dem Waldboden neben einem Birkenstamm, den irgendwann ein Sturm umgeworfen hatte. Miluscha wimmerte leise vor sich hin »Weh, weh«, und der sanfte Hugo saß neben ihr und wusste wohl nicht, was er tun sollte.

»Was habt ihr gemacht?«, fragte Olga den Jungen ein wenig vorwurfsvoll.

»Nichts gemacht«, gab der Vierjährige zurück. »Nur auf den Baum geklettert. Luscha ist runtergefallen, hat sich wehgetan, hat geweint.«

»Und warum bist du nicht gekommen und hast uns gerufen?«, fragte jetzt Georg.

»Luscha wollte nicht alleine bleiben.«

Georg wandte sich Miluscha zu und wurde richtig zärtlich dabei: »Wo tut es denn weh? Zeig es mir.«

Die Kleine zeigte auf ihren linken Fuß. »Weh, da weh.«

»Sie wird sich den Fuß verstaucht haben«, diagnostizierte Georg.

»Vielleicht hat sie ihn aber auch gebrochen?«, überlegte Olga. »Auf jeden Fall müssen wir sie nach Hause tragen.«

Das taten sie dann auch. Georg nahm seine kleine Schwester auf die Arme, und die ließ es sich gerne gefallen. Olga nahm Hugo an die Hand.

Am Waldrand kam ihnen die Mutter entgegen. »Was ist passiert?«, fragte sie aufgeregt.

»Och, nicht viel«, versuchte Georg sie zu beruhigen. »Miluscha ist gefallen und hat sich den Fuß irgendwie verletzt. Vielleicht müssen wir sie zum Doktor bringen, damit der nachschaut.«

»Und Hugo?«

»Der hat nichts. Der hat nur neben ihr gesessen und mit ihr gelitten. Der wäre nicht einmal gekommen und hätte Bescheid gesagt.«

»Luscha ist gefallen und hat sich wehgetan. Luscha wollte nicht alleine bleiben«, rechtfertigte sich der kleine Kerl.

»Ist ja schon gut, Junge. Aber wenn ich dir noch einmal sage, dass du beim Feld bleiben sollst, dann tust du das auch. Verstanden?«

»Ja«, gab der so Gemaßregelte kleinlaut zurück.

Die Mutter streichelte ihrer Kleinsten liebevoll die Haare und die Wange. »Es wird alles wieder gut. Georg bringt dich zu Papa. Und Papa bringt dich zum Onkel Doktor. Der macht dein Bein wieder heil.«

An Georg gewandt sagte Elsa: »Für dich ist das Kartoffelnhacken wohl zu Ende. Bring bitte Miluscha zum Schulhaus. Papa kann sie dann gleich zu Doktor Mand tragen. Wir müssen noch eine Weile weiterarbeiten.«

Als wollte er etwas wieder gutmachen, fing Hugo gleich an, Kartoffeln aufzulesen und in Georgs Korb zu legen.

»Fein, mein Kind, dass du das auch schon kannst«, lobte ihn dafür die Mutter, nahm darauf wieder die Hacke in die Hand und arbeitete weiter.

Als es anfangen wollte zu dämmern, legte Elsa die Hacke aus der Hand und streckte ihren Rücken: »Jetzt ist es genug für heute. Wir räumen zusammen. Die Hacken lassen wir auf dem Feld liegen, und die Körbe können auch hierbleiben. Morgen ist ein neuer Tag. Dann haben sich unsere Körper auch wieder erholt. Danke, Kinder, dass ihr so gut geholfen habt!«

»Und was ist mit den Kartoffelsäcken? Nehmen wir die mit?«, fragte Olga.

»Nein, die wird Papa nachher noch holen. Die sind für uns zu schwer.«

Karl Beer war derweil mit seiner Miluscha bei Doktor Mand. Der hatte nur eine Prellung am Fuß festgestellt, die bald ausgeheilt sein würde. Die Salbe, die er für das Kind mitgegeben hatte, würde zur Heilung beitragen. Nur sollte Miluscha ein paar Tage nicht herumlaufen.

Na, das würde etwas geben! Miluscha und stillsitzen?!

Die Fleißigen vom Kartoffelfeld waren am Brunnentrog noch damit beschäftigt, den Kartoffeldreck abzuwaschen, als Karl Beer mit seiner Kleinen auf den Schultern zurückkam. Die Nachricht, dass der Fuß nicht gebrochen war, löste Freude aus. Aber ob es gelingen würde, den kleinen Wirbelwind für ein paar Tage stillzusetzen, das bezweifelten zunächst einmal alle.

»Wir binden sie einfach auf einem Stuhl fest«, schlug Waldemar vor.

»Wir wickeln den Fuß dick ein und stecken ihn in Papas Stiefel. Damit kann sie nicht laufen.« Das war Olgas Vorschlag.

Und Georg ergänzte: »Wir binden sie einfach immer jemandem auf den Rücken. Dann braucht sie nicht zu laufen und kommt doch überallhin.«

»Wir werden sehen, wie es wird«, beendete der Vater die Liste der Vorschläge. »Einer muss mir Miluscha jetzt einmal abnehmen, und dann müsst ihr euch um sie kümmern. Ich werde noch die Kartoffeln holen. Georg, gehst du bitte noch einmal mit. Dann haben wir die Säcke schneller aufgeladen, und die Karre fährt sich zu zweit leichter.«

»Und du, mein Liebes«, nahm Karl seine doch ein wenig erschöpfte Frau kurz in den Arm, »du machst uns etwas Gutes zum Essen. Wie wäre es mit Bratkartoffeln und Speck und Ei?«

»Au ja, das wird lecker«, war der einhellige Kommentar der Kinder.

»Gut, dann müsst ihr mir aber auch noch ein wenig helfen.«

Olga trug Miluscha in die Stube, setzte sie in das Hochstühlchen an den großen Tisch und holte Papier und Stifte zum Malen. So war das Kind versorgt und die Mutter hatte die Hände frei, das Abendessen vorzubereiten

Das Hochstühlchen wurde für die nächsten Tage der Aufenthaltsort für Miluscha. Und sie ertrug es zum Erstaunen aller recht tapfer, dass sie nicht durch die Stube oder über den Hof laufen konnte, die Hühner und Enten zu jagen oder die geliebten Schweine zu besuchen.

Der Stuhl musste natürlich auch mit auf das Kartoffelfeld. Ihn hinzutragen besorgte der Vater, ehe er in den Nachmittagsunterricht ging. Dem Mädchen machte es sogar Spaß, von hier oben alles zu überblicken und dabei auf dem vorgebauten Tischchen mit irgendetwas zu hantieren. Ihre Stifte runterzuwerfen, machte ihr am meisten Freude; Hugo durfte sie ihr dann immer wieder aufheben. Bis das dem Jungen dann doch zu bunt wurde und er sich weigerte, diese Beschäftigung weiter zu betreiben.

Nachdem Miluscha gemerkt hatte, dass da alles Schimpfen und Schreien nichts half, gab sie sich jedoch zufrieden. Und dann kam es sogar vor, dass sie auf ihrem Hochsitz einschlief. Für die Mutter eine große Erleichterung bei ihrer Kartoffelernte-Arbeit. Miluscha konnte keine Dummheiten machen, und Hugo würde allein sowieso nichts Besonderes unternehmen. Er hatte wieder Gefallen daran gefunden, die dicken Kartoffeln aufzulesen. Die kleinen ließ er gerne den Geschwistern.

Folgenschwere Post

Das Schuljahr war ganz normal verlaufen, und auch das neue hatte bisher ganz normal begonnen. Karl Beer hatte in seinen Stundenplänen keine wesentlichen Änderungen vorgenommen, weil er auch keine neuen Weisungen von oben bekommen hatte. Der Religionsunterricht fand weiterhin statt. Die Stunde Russisch wurde regelmäßig durchgeführt. So konnte es eigentlich noch ein wenig weitergehen.

Auch für die Bauern war es ruhig geblieben. Ein ganzes Jahr lang hatte niemand etwas gehört von der Einrichtung einer Kolchose in der Flur zwischen Nedbarewka und Nikolaital. Aber vielleicht war es nur die Ruhe vor dem Sturm.

Jetzt, im Spätsommer 1932, überschlugen sich die Ereignisse. Die Nachricht schlug in den Dörfern ein wie ein Blitz aus heiterem Himmel: Jeder deutsche Bauer musste seinen Landbesitz über einen Hektar hinaus innerhalb eines Vierteljahres der von den Russen bereits eingesetzten Kolchosverwaltung überschreiben. Alles Feldgerät für die Landwirtschaft, abgesehen von Handwerkszeugen, war abzugeben. Alles Vieh über eine Kuh und ein Schwein hinaus und über eine geringe Anzahl von Federvieh war der Kolchose zu übereignen.

Nicht benötigter Wohnraum war der Kolchosleitung zur Einweisung von anzusiedelnden russischen und ukrainischen Landarbeitern zu überlassen. Erntevorräte waren zur Verfügung zu stellen, wenn die Scheunengebäude fertig gestellt waren.

Alle arbeitsfähigen Jungen ab vierzehn Jahren und alle Männer wurden zu Bauarbeiten an den neuen Gebäuden verpflichtet und dazu, später auf der Kolchose zu arbeiten. Der Beginn der Bauarbeiten würde noch mitgeteilt. Die Kolchose sollte im nächsten Frühjahr ihre Arbeit aufnehmen.

Dies waren nur die wichtigsten der Anordnungen, die ein arrogant auftretender junger russischer Beamter in Uniform dem Bürgermeister und seinem Gemeinderat überbrachte. Und er blieb mit seiner Begleitung so lange im Dorf, bis er sicher sein konnte, dass jeder Haushaltungsvorstand davon Kenntnis erhalten hatte.

Der Beamte ließ auch keinen Zweifel daran, welche Konsequenzen eine Nichtbeachtung der Anordnungen zur Folge haben würde: Wer sich nicht freiwillig beugte, musste mit Zwangsmaßnahmen rechnen. Wie die aussahen, das musste er nicht beschreiben. Das wusste jeder, der vor den Nachrichten aus anderen Regionen die Ohren nicht verschlossen hatte.

Jetzt hatte der Moloch Russland also doch auch über der Region Schitomir sein Maul aufgerissen, um alles zu verschlingen, was nicht russisch war oder sich dem Russischen beugen wollte.

Nedbarewka war wie gelähmt von dem, was sich da anbahnte. Fast jedes Haus war ja betroffen. Keine Familie konnte sich ausnehmen. Auch der Arzt nicht, denn er war Deutscher; auch der Schuster nicht, wenngleich er nur wenig Land besaß. Da spielte es gar keine Rolle, ob jemand auf dieser oder jener Seite des Baches wohnte, ob er zehn oder fünfzig Hektar sein Eigen nannte, ob er drei oder sieben Männer über vierzehn zu seinem Hausstand zählte.

Im Dorf folgte eine Versammlung der anderen, und nicht nur die Männer des Rates tagten, sondern alle Familienväter saßen in wechselnden Besetzungen immer wieder zusammen, um zu beraten, was zu tun sei.

Dabei waren die Meinungen sehr verschieden. Sie reichten vom »Nur über meine Leiche« bis hin zur völligen Ergebenheit in ein unabwendbares Schicksal. Da waren sehr kämpferische Töne zu hören, aber auch solche, die jetzt schon Resignation deutlich machten. In manchen Häusern nahmen die Überlegungen für eine Rückkehr nach Deutschland oder eine Auswanderung in ein anderes Land konkretere Formen an.

Über eins waren sich alle im Klaren: Nedbarewka würde innerhalb kürzester Zeit ein völlig anderes Gesicht bekommen.

Wenn es bei den Anordnungen der russischen Obrigkeit so bleiben würde, wie es mitgeteilt war, konnte die Lehrersfamilie noch einigermaßen in Ruhe bleiben. Vier Hektar Land abgeben, das wäre nicht das Schlimmste. Auf den Braunen, auf eine Kuh und auf ein paar Schweine zu verzichten, das wäre zu verkraften. Das würde ja auch weniger Arbeit bedeuten, wo doch inzwischen Tabea geboren und der Haushalt also noch einmal gewachsen war. Wegen der Arbeit auf der Kolchose brauchten sich die Beers auch keine Gedanken zu machen. Karl war ja nicht Bauer, er war Lehrer. Und Georg, der Älteste, war zum Glück in einem Alter, dass ihn die Anordnung noch nicht betraf. Was allerdings würde im nächsten Jahr sein? Dann würde Georg auch vierzehn sein.

Karl sprach wohl jeden Tag mit Elsa über die Dinge, und auch mit Georg konnten sie schon darüber reden. Olga und Waldemar bekamen zwar auch mit, dass irgendetwas in der Luft lag, das die Eltern bekümmerte, aber sie machten sich darüber noch keine Gedanken und beschwerten ihre jungen Herzen damit noch wenig.

»Wir müssen abwarten, Karl, und vertrauen«, versuchte Elsa ihren Mann immer wieder zu beruhigen.

»Ja, du hast Recht. Und Gott sorgen lassen«, gab er dann in der Regel zurück. »Für mich ist es auch wichtiger, dass ich noch unterrichten darf und auch ab und zu die Bibelstunde halten.«

Eines Spätnachmittags hatte sich die Lehrersfamilie gerade vor dem Haus im Schatten des großen Apfelbaumes zum frühen Abendessen versammelt, als seltenes Motorengeräusch alle aufhorchen ließ. Das Geräusch wurde lauter und kam offenkundig näher.

Karl sah sein Elschen an. »Da ist wohl nichts mit Essen. Jetzt, mein Liebes, müssen wir stark sein«, sagte er, wohl ahnend, wer und was gleich kommen würde. »Ihr hört, Kinder, wir bekommen Besuch. Und sicher solchen, der uns gar nicht gefällt. Seid bitte alle ganz zurückhaltend und doch freundlich; aber lasst mich alleine reden.«

Und dann bog das lärmende Fahrzeug auch schon um die Hausecke. Zwei Männer in braunen Uniformen, lederne Motorradmützen auf dem Kopf, Handschuhe an den Händen, Pistolen am Gürtel, saßen auf dem Motorrad und im Beiwagen.

Alle Blicke wandten sich ihnen zu. Die Kinder rückten doch ein wenig zusammen. Männer in solchen Uniformen hatten sie noch nie gesehen.

Karl stand auf und ging den beiden entgegen. Der Fahrer der Maschine stieg ab und blieb neben seinem Gefährt stehen, die rechte Hand betont hinter den Gürtel geschoben, dort, wo die Pistole steckte.

Der im Beiwagen war wohl der eigentliche Kurier. Er schwang sich aus seinem Kasten, kam ein paar Schritte auf den Lehrer zu, nahm Haltung an und grüßte militärisch kurz. »Ich suchen Lehrer von Nedbarewka«, sprach er scharf und mit einem harten Akzent.

»Da sind Sie hier richtig. Ich bin der Lehrer. Beer ist mein Name. Und das ist meine Familie«, antwortete Karl und wies auf seine Frau und die Kinder, die sichtlich eingeschüchtert und jetzt dicht zusammengedrängt um den Tisch saßen. »Was kann ich für Sie tun?«

»Ich haben Brief von Schulregierung. Sie sofort lesen und Kenntnis bestätigen.« Der Mann zog seine Handschuhe aus und nahm einen braunen Umschlag aus seiner Tasche.

»Sollen wir nicht lieber ins Haus gehen, damit ich den Brief dort lese?«, bemühte sich Karl, freundlich zu sein.

Scharf kam es zurück: »Njet, hier lesen! Wir nicht betreten Haus von Deutsche.«

»Entschuldigung«, beeilte sich Karl zu sagen. »Darf ich Ihnen denn wenigstens hier draußen einen Sitzplatz anbieten und etwas zur Erfrischung?«

»Njet! Sie lesen Brief und schreiben, sofort. Wir nicht viel Zeit.«

Der Offizier, oder was er auch immer war, wurde ungehalten. Es war ihm offenbar unangenehm, diese Sache vor der ganzen Familie erledigen zu müssen, und er wollte sie wohl so schnell wie möglich hinter sich bringen.

Karl nahm den Umschlag entgegen, zog das Schreiben heraus, faltete es auseinander und setzte sich dabei auf den Rand des Brunnens.

Elsa zog es derweil vor, die Kinder zu nehmen und mit ihnen nach hinten in den Garten zu gehen. Ins Haus gehen mochte sie jetzt nicht. Hätte sie ihren Mann noch beobachten können, hätte sie gesehen, wie ihm die Farbe beim Lesen aus dem Gesicht wich und wie seine Hände zu zittern begannen.

Karl bemühte sich, vor den Männern ruhig zu bleiben und sich seine Erregung nicht anmerken zu lassen, während er das Schreiben noch einmal las. Dann erhob er sich schwer und ging auf das Haus zu. Dabei wandte er sich an den Uniformierten, der schier unbeweglich und ohne eine Gesichtsregung immer noch auf der gleichen Stelle stand, die Tasche unter dem Arm und die Handschuhe in der Hand, während sein Fahrer, eine Zigarette rauchend, lässig an seiner Maschine lehnte, immer noch die Hand in der Nähe der Pistole.

»Ich gehe nur kurz hinein, um die Empfangsbestätigung zu unterschreiben. Ich bin sofort wieder zurück.«

»Stoj!«, stellte sich der Uniformierte Karl in den Weg. »Nicht hinein! Hier ist Stift, hier schreiben!« Als hätte er Angst, der Briefempfänger könne vielleicht anstatt eines Schreibwerkzeuges eine Waffe aus dem Haus holen und er müsse um sein Leben fürchten.

»Bitte, wie Sie wollen«, gab Karl kurz zurück und setzte sich an den Tisch unter dem Apfelbaum. Jetzt musste der Russe sich doch von seiner Stelle bewegen und ihm den Stift reichen. Was er auch tat, wenngleich nur mit offenkundigem Widerwillen.

Karl unterschrieb die Empfangsbestätigung und gab sie mit dem Stift dem Kurier zurück. Der steckte beides hastig in seine Tasche, deutete einen militärischen Gruß an, streifte sich die Handschuhe über und schwang sich in seinen Beiwagen. Sein Fahrer saß bereits auf seinem Sitz, trat die Maschine an und knatternd fuhren die beiden vom Hof.

Karl Beer ging eilig ins Haus und in die Stube, wo er sofort ans Fenster trat, um zu sehen, ob die beiden Russen auch wirklich wegfuhren. Er sah sie gerade noch am Ende der Allee in Richtung Hainau abbiegen.

Tief atmete der Lehrer durch und verharrte dann reglos vor dem Fenster. Sein Blick ging ins Nichts und seine Gedanken waren wie gelähmt.

Nachdem das Motorrad den Hof verlassen hatte, war Elsa mit den Kindern zurückgekommen, hatte ihnen aber gesagt, sie sollten noch eine Weile draußen bleiben.

Als sie in die Stube kam, stand Karl immer noch unbeweglich am Fenster, schaute sich auch nicht nach seiner Frau um, blickte nur mit ziellosem Blick hinaus. Sein Gesicht erschien grau und fahl, es wirkte wie versteinert. Der Inhalt des Briefes, den er mit verkrampfter Hand hielt, musste ihn erschüttert und zutiefst getroffen haben.

Heftigst erschrocken ging Elsa zu ihm. »Was ist, Karl? Was steht in dem Brief?«

Ihr Mann antwortete zunächst nicht. Er nahm nur seine Frau mit heftiger Erregung in den Arm und drückte sie an sich.

»Bitte, mein Liebster, sag mir, was los ist«, drang Elsa in ihn.

»Es ist vorbei«, antwortete er mit tonloser Stimme. »Kein Unterricht mehr, kein Gottesdienst mehr. Jede öffentliche Tätigkeit ist mir ab sofort verboten.«

»Und warum?«, fragte Elsa mit einem leisen Aufschrei.

»Weil ich Deutscher bin und«, er zögerte ein wenig, »weil ich Christ bin. Für Leute, wie wir es sind, ist jetzt hier kein Platz mehr. In Stalins Pläne und in sein Regierungsprogramm passen wir nicht hinein mit unserer deutschen Denkungsart und unserer christlichen Lebensweise.«

»Und was gedenkst du zu tun? Was wird jetzt mit uns, und was wird mit den Kindern?«

»Ich weiß es noch nicht«, seufzte er auf. »Gott muss uns den Weg weisen. Aber hier können wir wohl nicht mehr lange bleiben. Unterricht ist mir ab sofort verboten. Die Schule darf ich nicht einmal mehr betreten, und unser schönes Haus werden sie wohl bald anderen geben. Es werden neue Lehrer kommen, und die müssen ja irgendwo wohnen.«

»Und wovon sollen wir leben? Sollen wir denn verhungern? Wollen die uns denn alle umbringen? Was haben wir denn den Russen getan, dass sie so mit uns umgehen?«

Elsa begann heftig zu schluchzen. Es schien, als wollten ihr die Beine versagen. Sie setzte sich in den Lehnstuhl und barg ihr Gesicht in ihrer Schürze.

»Musst nicht weinen, mein Elschen«, versuchte der sonst so starke Mann sie zu trösten. Dabei hätte er jetzt selbst jemanden gebraucht, der ihn hätte trösten können. »Gott wird uns einen Weg zeigen. Ich bin sicher. Sei nur ganz ruhig. Noch müssen wir das Haus ja nicht verlassen, und noch haben wir ja auch Vorräte. Und noch sind uns ja auch der Garten und das Kleinvieh nicht genommen. Komm, mein Liebes, es muss weitergehen. Die Kinder werden gleich hereinkommen. Sie möchten ihr Essen haben. Hol es zum Aufwärmen herein.«

Elsa wischte sich mit der Schürze die Tränen aus den Augen und von ihrem Gesicht. Wortlos erhob sie sich, holte das Geschirr von draußen herein und begann, sich im Küchenbereich der großen Stube zu beschäftigen. Wie sollte das alles nur werden? Und wenn sich dann auch noch ihre Ahnung bestätigen würde, dass ein weiteres Kind ... »Gott, bitte nicht!«, ging es ihr durch den Kopf.

Karl Beer setzte sich an seinen Schreibtisch und ordnete die Schulhefte, die er zur Korrektur bereitgelegt hatte. Er brauchte sie nicht mehr durchzusehen. Er würde sie an seine Jungen und Mädchen zurückgeben. Wie die wohl reagierten, wenn er sie am nächsten Morgen wieder nach Hause schicken musste? Oder ob gar morgen schon ein neuer Lehrer ankäme? Im Schreiben stand nichts davon, wann das sein würde. Aber möglich war schließlich alles. Und seine Geige, die im Schulraum lag? Und seine wertvollen Sammlungen? Und seine Bücher?

Aber der Bescheid hatte ja nur ihm verboten, den Schulraum zu betreten. Auf jemand anderes traf das Verbot wohl nicht zu. Er würde Hans bitten, ihm die Sachen aus dem Klassenraum bzw. dem Lehrmittelzimmer zu holen ...

Karl räumte die wenigen Schulbücher, die er in der Wohnung hatte, ins Regal und zog dann aus einer Schublade eine Landkarte der Ukraine heraus. Er breitete sie vor sich aus und studierte sie aufmerksam.

Inzwischen waren die Kinder hereingekommen. Olga trug die kleine Tabea auf dem Arm und hielt die vierjährige Miluscha an der Hand. Alle drängten sie an den Tisch, die kleineren auf die Bank, die größeren auf ihre Stühle. Olga setzte Tabea in das Hochstühlchen und wandte sich dann der Mutter zu. Das Mädchen hatte sehr wohl gemerkt, dass der Besuch der beiden Russen nichts Gutes zu bedeuten hatte. Mamas Gesicht war verweint, und Vater war seltsam schweigsam mit dieser Landkarte beschäftigt.

Olga fragte ihre Mutter leise, was denn nun eigentlich los sei.

»Lass nur, Kind, es ist schon gut. Ich denke, Papa wird euch gleich etwas zu sagen haben. Deck bitte hier den Tisch.«

Georg und Waldemar waren gleich an den Schreibtisch getreten und schauten ihrem Vater über die Schulter.

Der saß noch immer über die Karte gebeugt. Doch dann erhob er sich und kam mit schwerem Schritt an seinen Platz, setzte sich und sprach ein Dankgebet für die Mahlzeit, die die Mutter rasch aufgewärmt hatte. Gerade, dass die beiden Jungen sich auch hatten setzen können.

Die Mahlzeit verlief fast schweigend. Irgendetwas Schwerwiegendes lag in der Luft, das selbst die Kleinen zu spüren schienen, deren Plappermäulchen sonst kaum zu schließen waren. Sie brauchten heute nicht ermahnt zu werden, beim Essen still zu sein. Die Großen waren ohnehin wie gelähmt.

Dann wischte Karl Beer sich den Mund ab, räusperte sich umständlich und begann zu sprechen. »Ihr Kinder, ich muss euch etwas sagen, auch wenn ihr Kleineren das noch nicht verstehen könnt.«

Aufmerksam richteten sich aller Augen auf den geliebten Vater.

»Seitdem die beiden Männer mir vorhin den Brief gebracht haben, darf ich nicht mehr Lehrer sein. Ihr könnt euch denken, dass ich darüber sehr traurig bin. Ich darf keinen Unterricht mehr halten und die Schule nicht mehr betreten.«

»Warum denn nicht, Vater?«, fragte Olga ganz erschrocken. Und Waldemar ergänzte vorsichtig: »Haben wir dann schulfrei?«

»Und was ist mit mir? Kann ich weiter nach Hainau gehen?«, wollte Georg fast gleichzeitig wissen.

Und Miluscha meldete sich ganz erschrocken: »Papa, deine Geige.« Sie wusste genau, dass Vaters Geige im Schulraum lag, wenn sie nicht an der Wand hing. Und der Platz war leer. Das war für sie wohl das Schlimmste, dass der Vater nicht mehr Geige spielen sollte.

»Keine Angst, Miluschakind«, tröstete der Vater seine Zweitjüngste. »Die Geige kommt schon wieder.« Und an die anderen gewandt fuhr er fort: »Wie alles wird, das muss sich erst zeigen, Kinder. Ich verstehe das alles auch nicht. Aber wir sind Deutsche. Und wir sind Christen. Und die Russen wollen uns nicht mehr in ihrem Land haben. Sie unternehmen alles Mögliche, um uns zu schaden.«

»Was haben wir denen denn getan?«, fragte Georg empört.

»Ich weiß es auch nicht, Georg. Wir haben ihnen ihr Land urbar gemacht und bestellt, wir haben ihnen viel Kultur und Religion gebracht. Wir haben eine funktionierende Verwaltung aufgebaut. Wir haben dem russischen Volk nur genützt und niemals geschadet. Aber Stalin und seine Regierungspartei sehen das offenbar anders. Sie kennen Gott nicht und den Heiland Jesus Christus erst recht nicht, und sie hassen alles, was nicht russisch ist. Und sie verachten alle, die nicht so denken wie sie.«

»Aber was wird dann morgen?«, fragten Georg und Olga fast einstimmig.

Der Vater zögerte einen Moment mit der Antwort. Dann sagte er: »Du, Georg, gehst wie gewohnt nach Hainau. Du wirst sehen, was dich da erwartet, ob Onkel Friedrich und Onkel August nicht auch solch einen Brief bekommen haben, und du wirst dann schon das Rechte tun. Olga und Waldemar bleiben halt im Haus oder auf dem Hof, bis die sowjetischen Behörden einen neuen Lehrer schicken.«

Nach einer kurzen Pause ergänzte er: »Ich gehe gleich noch zum Bürgermeister und unterrichte ihn über die Lage. Dann werde ich Hans bitten, dass er meine Sachen aus dem Schulhaus holt. Und dann«, wieder zögerte der Vater, »dann werde ich noch einmal Kontakt aufnehmen mit meinem Freund Paul in Cherson. Vielleicht weiß er doch inzwischen, wo und wie es für uns weitergehen kann.«

Georg und Olga hakten fast gleichzeitig ein: »Deine Sachen aus dem Schulhaus können wir dir doch holen. Wir dürfen doch da rein.«

»Das ist lieb von euch, ihr beiden«, entgegnete der Vater. »Aber das möchte ich nicht von euch erwarten. Hans könnte sich im Notfall für sein Verhalten besser verteidigen als ihr. Ich möchte nicht, dass ihr in Gefahr kommt dadurch, dass ihr mir helfen wollt.«

Ein wenig schmollend gaben die beiden Großen nach. Aber Vaters Antwort war ihnen deutliche Weisung, der sie sich nicht zu widersetzen wagten.

»Aber jetzt, Kinder, machen wir erst einmal Schluss. Vater kann noch beten, und dann geht es bald in die Betten, auch wenn es noch nicht so spät ist. Wer weiß, was morgen sein wird, und dann sollten wir alle ausgeschlafen sein.« Elsa war es, die so das Gespräch beendete. Karl sprach dann noch ein Gebet, in dem er nicht nur für die guten Gaben dankte, sondern auch das Geschick der Familie in die guten Hände Gottes legte.

Und noch eins tat der Vater: Er setzte sich ans Harmonium – blitzschnell saß Miluscha auf einem seiner Knie, wie sie das immer tat, wenn der Vater das Instrument spielte – und intonierte das alte Paul Gerhardt-Lied:

»Befiehl du deine Wege und was dein Herze kränkt
der allertreusten Pflege des, der den Himmel lenkt.
Der Wolken, Luft und Winden gibt Wege, Lauf und Bahn,
der wird auch Wege finden, da dein Fuß gehen kann.«

Freilich war seine Stimme beim Singen nicht so fest wie sonst, und auch Elsa hatte ein wenig Mühe, die Strophe zu Ende zu bringen. Nur Miluscha krähte unbekümmert dazu, wie sie das immer tat, wenn in der Familie gesungen wurde.

Spät kam Karl Beer von seinem Besuch beim Bürgermeister zurück. Die beiden Männer hatten die neue Lage ausführlich besprochen und verschiedene Möglichkeiten des Verhaltens erörtert. Auch die, es anderen gleichzutun und das Dorf zu verlassen. Aber wohin? Nach Deutschland? Auswandern in die Vereinigten Staaten von Amerika oder nach Kanada? Sie waren hier so verwurzelt, dass er sich nicht vorstellen konnte, der Heimat den Rücken zu kehren. Manche deutsche Familie der umliegenden Dörfer hatte Haus und Hof bereits verlassen. Es hatte auch schon die ersten Verhaftungen gegeben, weil Menschen sich den Anordnungen der neuen russischen Behörden widersetzt hatten. Und man munkelte sogar schon von Erschießungen ...

Elsa saß am Stubentisch, mit einer Handarbeit beschäftigt, als Karl hereinkam. Er berichtete seiner Frau nur weniges von dem, was er erfahren und was er mit Hannes Blum besprochen hatte. Er wollte sie nicht noch mehr beunruhigen, als sie es ohnehin schon war.

»Und, was willst du tun?«, fragte Elsa, zu ihrem Mann aufschauend, als der ihr liebevoll über die Haare strich.

»Ich werde Paul noch einmal schreiben, ob er für uns einen Platz in Cherson oder in der Nähe weiß«, antwortete Karl und setzte sich an seinen Schreibtisch. Er zündete eine weitere Lampe an, um seinen Brief bei besserem Licht schreiben zu können.

Wenig später faltete er das Blatt zusammen und steckte es in einen Umschlag: »Ich hoffe, Paul antwortet mir bald, und dann werden wir wohl diesen Ort verlassen. In der Region Cherson sollen die Verhältnisse besser sein als hier im Wolhynischen.«

»Glaubst du denn, dass das so lange noch gut geht, bis du Antwort bekommst?«, fragte Elsa vorsichtig. »Sollten wir nicht lieber schon einmal anfangen, das Nötigste zusammenzulegen, was wir für uns mitnehmen müssen?«

»Ich weiß nicht«, Karl schien einen Moment nachzudenken. »Aber vielleicht hast du Recht. Lass uns erst darüber schlafen und die Sache vorher auch noch einmal ins Gebet nehmen. Vielleicht gibt uns Gott ein Zeichen, was das Richtige ist.«

Der nächste Morgen war so grau und trüb wie die Stimmung in der Familie. Das Frühstück verlief beinahe wortlos. Dem Vater schien die Tischandacht, die auch heute wie selbstverständlich dazugehörte, schwer zu fallen und das Morgengebet kam ihm nicht so leicht wie sonst über die Lippen. Der Einzige, der das Haus verließ, war Georg. Freilich wusste niemand, was den Jungen in Hainau erwarten würde.

Auf dem Schulhügel blieb es still. Es hatte sich wohl schon herumgesprochen, dass der Unterricht ausfallen musste, weil der geliebte Lehrer ihn nicht mehr halten durfte. Kein Kind war die Allee heraufgekommen.

Karl Beer schickte Olga zu Hirsekerns, damit Hans käme und seine Sachen aus dem Schulhaus holte. Miluscha freute sich am meisten darüber, dass die Geige danach wieder an ihrem Platz hing.

Gegen Mittag kam Georg aus Hainau zurück. Als er in die Stube stürzte, sah ihm jeder sofort an, dass irgendetwas sehr Schlimmes passiert sein musste. Der Junge schien völlig aufgelöst, und er war wohl den ganzen Weg vom Kirchdorf bis nach Hause gerannt. Völlig außer Atem war er kaum zum Sprechen in der Lage. Dann brach es aus ihm heraus: »Denkt euch, der Pastor ...«

»Der Pastor? Was ist mit Pastor Uhler?«, drang der Vater sofort in den Jungen.

»Den Pastor, abgeholt haben sie ihn und seine Frau und die Tochter. Auf den Friedhof geschleppt haben sie die drei ...« Georg brach ab, als wolle und könne er das Ungeheuerliche nicht aussprechen.

»Was haben sie? Sprich weiter, Junge!«

»Sie haben sie erschossen, einfach erschossen und dann liegen gelassen.« Georg brach schluchzend zusammen. Eine solche Nachricht zu bringen, war zu viel für ihn gewesen. Lähmendes Entsetzen erfüllte den Raum, nur Georgs Schluchzen war zu hören. Elsa hatte den Ältesten inzwischen in ihre Arme genommen und versuchte, ihn zu beruhigen.

»O Gott, was soll das werden?«, seufzte Karl Beer auf. »Was hat die Pastorsfamilie denn verbrochen? Ich fasse es nicht. Gott, erbarme dich.«

Dem großen Mann flossen die Tränen über das Gesicht, und das Schluchzen erfasste alle Familienmitglieder. Selbst die Kleinen weinten mit, obwohl sie sicher nicht begreifen konnten, worum es ging.

Nach einer ganzen Weile des trauernden Entsetzens hatte sich der Vater als Erster wieder gefasst. »Das ist ein schlimmes Zeichen. Aber es ist ein Zeichen. Wir werden Nedbarewka verlassen, und zwar so bald es geht.«

»Was denkst du?«, fragte Elsa zurück, immer noch den Großen in den Armen haltend.

»Übermorgen«, bestimmte Karl Beer den Reisetermin. »Heute und morgen brauchen wir zum Packen. Übermorgen fahren wir früh nach Nowograd Wolynski und von dort mit der Bahn nach Cherson. Das Weitere zeigt sich.«

»Juhu, wir verreisen! Juhu, wir verreisen!«, begeisterte sich Miluscha gleich.

»Freu du dich, mein Kleines«, strich der Vater seinem Liebling über den Kopf. Wie konnte die Kleine auch begreifen, worum es eigentlich ging.

»Aber was nehmen wir mit?«

»Wie kommen wir nach Nowograd Wolynski?«

»Wohin fahren wir dann eigentlich?«

»Können wir packen helfen?«

»Was ist mit den Tieren?«

»Und was ist mit unseren Möbeln?«

Die größeren Kinder fragten fast gleichzeitig.

»Langsam, Kinder«, bremste der Vater die Flut. »Wir müssen jetzt alle ganz ruhig sein und gründlich nachdenken, was im Einzelnen zu tun ist. Und dann müssen wir eins nach dem anderen erledigen. Aber mit Gottes Hilfe wird das alles gehen.«

So stellten die Kinder ihr Fragen rasch wieder ein. Nur Miluscha konnte ihre Begeisterung nicht so rasch bremsen und jubelte weiter: »Juhu, wir verreisen!« Ihre ältere Schwester Olga bedeutete ihr, still zu sein. Was das Mädchen dann, einen Schmollmund ziehend, auch befolgte.

Nachdem Karl Beer dann noch ein paar Anweisungen an Elsa und an die größeren der Kinder gegeben hatte, verließ er selbst das Haus. »Ich gehe noch ins Dorf einiges erledigen. Ich denke, ich bin in zwei Stunden wieder da.«

Am übernächsten Tag sehr früh am Morgen fuhr Hans Hirsekern mit seinem Wagen beim Lehrerhaus vor. Nur er, sein Lenchen und der Bürgermeister waren informiert. Der Auszug der Lehrersfamilie sollte möglichst ohne viel Aufsehen erfolgen. Rasch wurden Kisten und Koffer aufgeladen und die kleineren Kinder dazwischengesetzt, damit sie während der Fahrt auf der holprigen Straße nicht herunterfallen konnten, jedes mit einem Stofftier im Arm als Seelentröster. Dann stiegen auch die Großen auf und zuletzt Elsa.

Karl Beer blieb noch zurück, als der Wagen sich in Bewegung setzte. »Ich komme nach. Wenn ich über die Wiesen gehe, hole ich euch bis zum Wald wieder ein.«

Er brauchte wohl noch ein paar Augenblicke zum Abschiednehmen. Es war, als ahnte er, dass sein Auszug aus Nedbarewka ein endgültiger war. Um die Tiere, um Stall und Scheune und um die restliche Ernte würden Hans und Lenchen sich zunächst kümmern. Die zurückgelassenen Möbel würden die beiden bei sich in die Scheune stellen. Der Schulhügel würde ja wohl in absehbarer Zeit wieder bewohnt sein. In den Dörfern umher waren die ersten neuen Lehrkräfte zum Teil mit Familien bereits angekommen. In Nedbarewka würde diese Frage auch bald geklärt sein.

Kurz bevor der Wagen den Wald erreicht hatte, holte Karl Beer seine Lieben ein. Wortlos setzte er sich vorn neben Hans. Sich noch einmal nach dem Schulhügel und dem Dorf umzuschauen, war ihm zu schwer. Sein Blick ging jetzt nur nach vorn: Cherson – was würde die Familie dort erwarten, welche Wohnung, welche Arbeit, welches Auskommen?

Nur eins war tröstlich: Gott war auch in Cherson. Christus war in Cherson derselbe wie in Nedbarewka, der Auferstandene, der Lebendige und der Gegenwärtige. Und auch dort würde er für sie sorgen.

Auf der Kolchose bei Cherson

Tagelang waren die Beers mit der Bahn unterwegs, bis sie endlich nach mühsamer Fahrt ihr Reiseziel Cherson an der Dnjepr-Mündung erreichten. Mehrere Male hatten sie umsteigen müssen. Nicht immer hatten alle acht Personen Platz im gleichen Wagen gehabt, so dass sie sich für ein paar Stunden hatten trennen müssen. Je länger die Reise dauerte, desto ungeduldiger waren die Kinder geworden. Der Reiz des Besonderen war bald verflogen und wachsendem Unmut gewichen. Die Fragen »Wann kommen wir endlich an?« und »Wo fahren wir eigentlich hin?« wurden immer häufiger gestellt. Dem sonst so geduldigen Vater gingen zuletzt die Antworten und die Ideen aus, mit denen er seine Kinderschar beschäftigt hatte. Da waren dann auch das Geigenspiel und das Singen nicht mehr gefragt.

Auch die Mutter war bis an die Grenzen ihrer Belastbarkeit gekommen. Ging es ihr doch wegen ihrer neuen Schwangerschaft ohnehin nicht gerade zum Besten.

Und dann endlich die Ankunft in Cherson.

Alles war anders, als der Freund Paul Schröger es seinerzeit beschrieben hatte. Er selbst war in der großen Stadt im Süden der Ukraine nicht zu finden, so viel sich Karl Beer auch bemühte. Niemand Bekanntes war da, der Rat und Hilfe gewusst hätte, wie es für die achtköpfige Familie weitergehen könnte oder sollte. Die deutsche Kolonie, von der der Freund berichtet hatte, existierte offenbar nicht mehr. Und damit waren auch die Wohn- und Arbeitsmöglichkeiten dahin, die sich Karl Beer den Nachrichten seines Freundes zu Folge versprochen hatte. Also keine deutschen Nachbarn, keine Schule, keine Gemeinde. Die Enttäuschung war groß.

Stunden verbrachte der geplagte Vater mit Behördengängen und Verhandlungen um Wohnraum und Arbeit und Auskommen der Familie, während Elsa mit den Kindern in einem Nebengebäude des Bahnhofs mehr hauste als lebte und nur mit großer Mühe das Völkchen bei Laune halten konnte.

Ein Glück, dass Karl Beer die russische Sprache beherrschte. Das führte dann doch dazu, dass er nach Tagen schließlich eine Einweisung nach Wischnewka bekam. Dort stünde ihnen ein kleines Haus zur Verfügung; die Vorbewohner seien im Sommer gestorben und deren Sachen befänden sich noch alle in den Räumen. Die dürften sie als ihr Eigentum ansehen und benutzen.

Wischnewka? Den Namen dieses Ortes hatte niemand von ihnen zuvor gehört. Dann tröstete aber schon die Information, dass dieses Dorf nicht weit vor der Stadt liegen sollte, im südukrainischen Weizenanbaugebiet, und dass es dort Wohnraum und Arbeit gab.

Aber wie dorthin kommen mit Frau, sechs Kindern und einer Menge Gepäck?

Die Lösung für dieses Problem stand zum Glück schon im behördlichen Bescheid: Die dortige Kolchose hatte den Wohnraum. Sie brauchte dringend Arbeitskräfte und stellte ein Transportfahrzeug zur Verfügung.

Das kam dann schließlich nach einem weiteren Wartetag und bestand aus einem großen Lastwagen, der von einem freundlichen, schnauzbärtigen Ukrainer gefahren wurde, der sich nur knapp mit Piotr vorstellte und ansonsten die russische Sprache anscheinend kaum beherrschte. Zumindest war er recht mundfaul.

Dafür war der Mensch aber sehr hilfsbereit. Er wuchtete die Koffer und Kisten auf die Ladefläche und hob auch die Kinder hinauf. Elsa durfte mit Tabea ins Führerhaus einsteigen, während der Vater mit den anderen Kindern es sich im Freien zwischen den Gepäckstücken bequem machte. Für die Kinder war die Fahrt endlich wieder etwas Erfreuliches und Aufregendes und für Miluscha ein ganz besonderes Vergnügen. Durfte sie doch auf dem Schoß und in den Armen ihres Vaters sitzen.

Nachdem alle Gegenstände und alle Personen untergebracht waren, ging es nun quer durch die weitläufige Stadt hinaus aufs Land. Und das war so platt und flach, dass man bis übermorgen sehen konnte, wie eines der Kinder sagte. Dazu schien es in dieser Gegend keine Bäume zu geben. Jedenfalls waren nirgendwo welche zu sehen.

»Öde Gegend«, murmelte Georg einmal vor sich hin. »Nur Felder, keine Wälder, kein Wasser. Hier ist es nicht schön.«

Nach etwa zweistündiger Fahrt über Straßen der unterschiedlichsten Qualität, so dass die Fahrgäste zuweilen ganz schön durchgeschüttelt wurden, kam der Transport dann endlich in Wischnewka an, einem Straßendorf, das die Landarbeitersiedlung einer riesigen Weizenkolchose war. Die befand sich einen kurzen Weg abseits der Durchgangsstraße.

Kaum jemand im Dorf nahm Notiz von der Ankunft und vom Einzug der neuen Mitbürger. Die Leute waren entweder alle bei der Arbeit auf der Kolchose, oder aber sie interessierten sich wenig für Veränderungen in ihrer Siedlung.

Der LKW hielt vor einer schlichten Lehmhütte, wie es hier eine ganze Menge gab, die eine neben der anderen auf beiden Seiten der einzigen Dorfstraße etwa im Zehnmeterabstand giebelständig aufgereiht waren.

Hier also sollte die Familie in der nächsten Zeit wohnen. Und auf der Kolchose sollten alle arbeiten, die arbeiten konnten, also die Eltern und auch zumindest Georg und Olga. So wollte es der Bescheid der Behörden in der Stadt. Die Familie würde schon sehen, wie das alles gehen könnte.

Georg und Olga sprangen als Erste vom LKW, und auch Waldemar schaffte den Abstieg allein. Karl Beer reichte Miluscha und Hugo von der Ladefläche, so dass Piotr sie auf den Boden stellen konnte. Dann reichte er dem Fahrer die Gepäckstücke an, der Kisten und Koffer neben der Straße auf den Boden absetzte.

Elsa war inzwischen auch ausgestiegen und mit Tabea auf dem Arm auf das Haus zugegangen, das sie ein wenig zögernd betrat. Noch in der Eingangstür blieb sie stehen. Was sie da vor sich hatte, ließ sie laut aufseufzen.

Einen einzigen Raum hatte sie vor sich, gefüllt mit stickiger Luft, offen bis unter den niedrigen Giebel, an den langen Seiten mit je einem gardinenlosen Fenster versehen, durch die kaum das Tageslicht hereinfiel. Der Fußboden bestand nicht aus Dielen, sondern schlicht aus Lehm. Es gab eine Feuerstelle, die man kaum als Herd bezeichnen konnte. Dazu einen Tisch, der für acht Personen viel zu klein war und um den herum nur ein paar schiefe Hocker standen. Dann stand dort ein klappriger Schrank, und an einer Wand war ein Bord befestigt. Betten gab es keine. Den hinteren Teil des Raumes konnte man offenbar mit einer Art Vorhang vom vorderen abtrennen.

Tief durchatmend drehte Elsa sich nach ihrem Mann und den Kindern um, die noch damit beschäftigt waren, das Gepäck vollends abzuladen und dann Piotr zu verabschieden.

Mit lautem Lärm fuhr der LKW davon und Karl kam auf die Hütte zu. Die Kinder folgten ihm, als wollten sie dem Vater den Vortritt ins neue Haus lassen.

Karl bemerkte natürlich sofort den erschrockenen Gesichtsausdruck seiner Frau. »Ist es nicht gut, Elschen?«

»Gut?«, gab diese leise zurück. »Nicht gut. Das ist so anders als in Nedbarewka. Komm, sieh selbst.«

»Ja, es ist anders. Wir sind nicht mehr in Nedbarewka«, bestätigte Karl. »Aber hier können wir wenigstens leben und brauchen keine Angst vor Repressalien zu haben.« Und nachdem er einige Augenblicke den einzigen Raum der Hütte angeschaut hatte, fuhr er fort, und dabei war ihm gar nicht sehr wohl: »Es wird schon gehen, mein Liebes. Wir machen es uns so schön wie möglich. Und die Kinder werden auch zurechtkommen. ›Raum ist in der kleinsten Hütte für ein glücklich liebend Paar!‹«

»Sagt Schiller oder so jemand. Aber der brauchte nicht mit acht Personen …«

»Elschen, wir wollen nicht unzufrieden und undankbar sein«, unterbrach Karl seine Frau. »Wir haben ein Dach über dem Kopf. Wir werden Arbeit haben und unser Auskommen. Gott hat doch gesorgt gegen unseren Zweifel und den Kleinglauben der letzten Tage. Du wirst sehen, er wird weiter für uns sorgen.« Und nach ein paar Augenblicken: »Jetzt sind die Reisestrapazen erst einmal zu Ende. Und die Hütte werden wir uns einrichten und gestalten, so gut es geht. Und dann werden wir uns auch wohl fühlen.«

Inzwischen drängten sich die Kinder in die Tür und in den Raum. Ihr Schweigen vor dem, was sie da vorfanden, war allerdings bezeichnend. Sie wagten wohl nicht, ihrem Vater zu widersprechen. Aber Begeisterung war ihnen nicht abzuspüren.

Miluscha war dann die Erste, die die neue Situation kommentierte. »Hier ist ja kein Bett. Wo soll ich schlafen?«

Dieser Frage der Kleinen folgten viele Fragen der älteren Geschwister. Alle hatten sie wohl das Lehrerhaus in Nedbarewka vor Augen und verglichen dort mit hier.

»Kinder, habt Geduld«, mahnte der Vater und beendete den Fragenschwall. »Es wird alles werden. Wenn wir gemeinsam zupacken, dann werden wir es uns auch hier wohnlich machen können. Ihr Großen fasst jetzt bitte an, damit wir das Gepäck von der Straße bekommen.«

Elsa setzte sich erst einmal auf einen Hocker, während Karl mit den Kindern die Gepäckstücke ins Haus holte. Derweil erkundete Miluscha mit Tabea das Gelände hinter dem Haus.

Nach einer Weile kam sie mit der Puppe unter dem Arm und der kleinen Schwester an der Hand in die Hütte. In ihrer anderen Hand hielt sie ein paar Kartoffeln.

»Wo hast du die denn her?«, fragte Elsa ihr Kind ganz erstaunt.

»Aus dem Garten. Hinten ist ein Garten. Papa freut sich bestimmt.«

Und wie der sich freute! Er ließ sofort alles liegen und stehen und eilte hinaus, um sich den Garten anzuschauen. Die ganze Familie folgte. Tatsächlich. Es gab einen Garten, und der war sogar recht groß, nur sehr ungepflegt. Das war ja auch kein Wunder, wo doch seit Monaten hier niemand gewohnt hatte.

Karl Beer atmete tief durch und schickte ein spontanes Dankgebet gen Himmel. Zu hungern brauchten sie also nicht. Die Vorbewohner hatten wohl im Frühjahr noch Kartoffeln gepflanzt, die sie nun ernten konnten. Gartenwerkzeug war wohl irgendwo aufzutreiben. Vielleicht ja auf der Kolchose. Oder ob sich in dem kleinen Verschlag an der Rückwand des Hauses noch Geräte befanden? Rasch sprang Georg hin, öffnete die schmale Tür und tat einen kleinen Jauchzer. »Hier sind Geräte! Zwei Hacken, eine Schaufel, eine Spatengabel und noch so ein paar Sachen.«

Karl Beer schickte ein zweites Dankgebet gen Himmel. Er nahm sein Elschen in den Arm: »Siehst du, auch hier hat Gott vorgesorgt. Also nicht bekümmern, mein Liebes.«

»Aber woher bekommen wir Wasser? Ich habe noch nirgendwo einen Brunnen gesehen«, gab Elsa zurück.

»Und wo ist ein Klo? Ich muss mal«, ließ Olga sich hören.

Die Antwort kam überraschend von jemandem, der dazugekommen war, ohne dass die Familie das bemerkt hatte.

»Ich bin Anna Glaser«, streckte die Frau den Beers ihre Hände entgegen. »Willkommen in Wischnewka. Jetzt sind wir wenigstens nicht mehr die einzigen Deutschen im Dorf.«

Das Letzte klang wie ein deutliches Aufatmen der Frau, die zur Begrüßung der Neuankömmlinge hinters Haus gekommen war.

»Das Klohäuschen steht im Hof vom Nachbarhaus. Hier haben immer zwei Häuser ein gemeinsames Klo. Und das Nachbarhaus steht eh leer. Die Leute haben wie viele andere auch in der Folge der Dürrekatastrophe im vorigen Jahr die Gegend verlassen und sind in die Stadt gezogen.«

Das gab ein freudiges Begrüßen und gegenseitiges Vorstellen und auch schon Verabreden zum näheren Kennenlernen. »Übrigens, das Dorf hat nur zwei Brunnen. Auf jeder Straßenseite einen. Beide liegen etwa in der Mitte des Ortes. Dort könnt ihr alles Wasser holen, das ihr braucht. Wenn ihr keinen Eimer habt, bringe ich euch einen vorbei.«

»Nicht nötig«, bedankte Georg sich für die anderen. »Ich habe im Schuppen Eimer stehen sehen.«

»Gut so. Wenn ihr sonst etwas braucht – wir wohnen im vorletzten Haus auf der anderen Seite. Ihr seid jederzeit herzlich willkommen.« Anna Glaser sprach's und war so rasch wieder verschwunden, wie sie gekommen war.

»Anna, wo bekommen wir Strohsäcke her für die Betten?«, rief Karl Beer der Frau noch nach.

»Wir haben noch ein paar in Reserve«, rief die Frau zurück. »Die könnt ihr euch fürs Erste holen.« Wozu die drei Großen dann auch später auf den Weg geschickt wurden.

Zum Eingewöhnen und Einrichten blieben der Familie Beer nur wenige Tage, ehe der Arbeitsalltag begann. Sie nutzten die Zeit, um das Haus wohnlich zu machen und den Garten ein wenig auf Vordermann zu bringen. Und auch, um sich in der Nachbarschaft zu orientieren. Die anderen Dorfbewohner waren alles Russen und Ukrainer, die den Neuen eher Misstrauen entgegenbrachten, als dass sie offen für Begegnungen gewesen wären.

Piotr wohnte mit seiner Familie auch in der Siedlung; es waren freundliche Leute, aber doch sehr reserviert. Nach Feierabend war jeder mit sich selbst beschäftigt.

So blieben den Beers nur die Glasers mit ihren drei Kindern, die schon alle auf der Kolchose mitarbeiten mussten. Wenigstens ein paar Leute gleicher Sprache und ähnlicher Denkungsart. Schade, dass sie nicht ebenfalls Christen waren, mit denen sie auch geistliche Gemeinschaft hätten pflegen können.

Nach wenigen Tagen gingen Karl, Georg und Olga morgens zur Arbeit auf das Gelände der Kolchose. Dort wurde ihnen dann jeweils ihre Arbeit zugeteilt. Dabei wurden die Kinder meist in den Stallungen beschäftigt, während der Vater mit hinaus ins Gelände musste, wo die Arbeit auf dem harten, ausgetrockneten Steppenboden alles andere als leicht war. Wie gut, dass sie sich alle drei in russischer Sprache verständigen konnten. Das erleichterte manches.

Elsa brauchte nicht auf die Kolchose mitzugehen. Der Hinweis auf ihre Schwangerschaft bewirkte Freistellung von der Arbeit. So konnte sie zu Hause für die Kinder da sein und sich auch nach Kräften um den Garten kümmern. Bei manchen Dingen konnten Waldemar und Hugo schon helfen, vor allem beim Wassertragen. Für sie gab es hier keine Schule.

Miluscha hielt sich gerne im Freien auf und erkundete mehr und mehr das neue Reich. Dabei nahm sie Klein-Tabea meist mit und bezog sie in ihr Spiel ein. Spielzeug fand sich immer und überall. Und außerdem hatte sie ja ihre Stoffpuppe Luscha, die sie seit dem Auszug aus Nedbarewka kaum einmal aus der Hand gelegt hatte. Zudem war das Wetter immer schön. Jeden Tag schien die Sonne vom meist wolkenlosen Himmel. Dabei ging immer ein leiser Wind, so dass die spätsommerliche Wärme als angenehm empfunden wurde.

Aber es blieb nicht Spätsommer. Es wurde Herbst und es wurde Winter. Und der brachte Schnee und Kälte und den ersten Mangel an Nahrungsmitteln. Bezahlt wurden die drei landwirtschaftlichen Hilfskräfte mit Naturalien. Wo hätten sie auch Geld ausgeben können. Der Weg in die Stadt war ohne Fahrzeug weit, und eine Mitfahrgelegenheit gab es ganz selten. Aber die Lebensmittel, die die Familie zur Versorgung von der Kolchose erhielt, waren knapp bemessen, so dass Elsa sehr einteilen musste. Ihr Garten hatte auch nicht so viele Vorräte gebracht, dass damit ein Winter zu überstehen gewesen wäre. Dazu bekamen die Beers zu wenig Brennstoff zugeteilt, so dass vor allem Elsa und die kleineren Kinder in der Hütte oft frieren mussten. In den Nächten konnten sie sich alle wenigstens gegenseitig wärmen, denn die ganze Familie musste ja zum Schlafen dicht an dicht liegen.

Aber noch eins plagte die Familie zuweilen ganz gehörig. Das waren unliebsame Mitbewohner, die sich in den kalten Monaten immer wieder einstellten. Dabei waren es nicht die Läuse, die gefährlich waren. Ihnen konnte Elsa durch entsprechende Wäsche und Haarpflege immer wieder schnell beikommen.

Die Ratten waren die viel gefährlicheren Gäste. Und ausgerechnet die so tierliebe Miluscha war das Opfer.

Wieder einmal hatte sich ein solches Vieh in die Hütte verlaufen, war durch irgendetwas angelockt worden und unbemerkt ins Haus geraten, wohl als die Tür für einen Moment geöffnet war, während die Kinder schon hinter dem Vorhang auf dem Stroh lagen.

Das Tier musste wohl gleich nach hinten gelaufen sein, um sich im Stroh zu verbergen. Dabei geriet es in Miluschas Haarpracht und blieb darin hängen. Das kleine Mädchen geriet in Panik wie noch nie zuvor in seinem Leben. Es schrie vor Entsetzen und Angst, als ob es die ganze Siedlung alarmieren wollte.

Sofort sprangen die Eltern herbei, konnten im Dämmerlicht der Stube zunächst aber gar nicht erkennen, was eigentlich los war. Miluscha schrie und schrie um ihr kleines Leben. Und je mehr sie schrie, desto wilder gebährdete sich das Tier, das sich ja ebenso in Todesnot befand.

Schließlich gelang es Georg, der sich auch schon hingelegt hatte, die Ratte zu greifen. »Ich habe sie, ich habe sie!«, rief er ein ums andere Mal. Fest drückte er mit den Händen zu, bis die Ratte sich nicht mehr bewegte. Dem Jungen war es gelungen, sie zu erwürgen.

Miluscha schrie immer noch, denn noch hing das Tier in ihren Haaren. Tabea schrie inzwischen mit, angesteckt von der Panik ihrer Schwester; die anderen wirkten wie gelähmt vor Entsetzen.

»Kannst jetzt ganz ruhig sein, meine Miluscha«, versuchte der Vater seinen Liebling zu trösten. »Die Ratte ist tot. Georg hat sie erwürgt. Sie tut dir nichts mehr und den anderen auch nicht.«

Das Mädchen ließ sich nur schwer beruhigen.

»Du musst noch einmal den Kopf ganz ruhig halten. Ich muss das Tier aus deinen Haaren herausschneiden.«

»Meine schönen Haare«, jammerte Miluscha jetzt erneut. »Ich will nicht, dass du meine Haare zerschneidest.«

»Kind, es geht nicht anders«, wurde der Vater ein wenig streng.

Inzwischen hatte Elsa eine Schere gegriffen, dazu die Lampe. Sie reichte die Schere ihrem Mann und hielt ihm das Licht etwas näher. Mit ein, zwei Schnitten war das Untier aus Miluschas Wuschelfrisur gelöst.

»Ich lege das böse Tier vor die Tür. Ratten meiden den Ort, an dem sie tote Artgenossen finden. So werden uns andere Ratten wohl in Ruhe lassen.«

Nachdem Miluscha sich wieder frei bewegen konnte, wurde sie auch wieder ruhiger, wenngleich sie immer noch schluchzte und vor sich hin wimmerte. Dabei trauerte sie jetzt wohl mehr ihrem Haar nach, als dass sie immer noch im Bann des Überfalls war. In den Armen von Olga, die sich inzwischen zu ihrer kleinen Schwester gelegt hatte, schlief sie dann doch ein, und es wurde wieder still in der Hütte.

Als der Winter sich seinem Ende zuneigte, stellte sich bei den Beers die Krankheit ein. Lange Zeit waren sie alle einigermaßen gesund geblieben. Jetzt begann es mit leichten Erkältungen, Husten, Schnupfen, Heiserkeit. Es steigerte sich zur hartnäckigen Bronchitis und wurde zur Lungenentzündung. Über Wochen lag immer wenigstens ein Familienmitglied krank. Einer steckte den anderen an. Sie wohnten eben sehr beengt.

Elsa hatte alle Hände voll zu tun, mit den einfachsten Mitteln dagegen anzukämpfen. Einen Arzt zu Rate zu ziehen, war schier unmöglich. Der hätte aus Cherson kommen müssen. Und ob der sich für eine deutsche Familie auf den langen Weg gemacht hätte?

Gut, dass es die Glasers gab, die manchmal mit Hausmitteln aushalfen. Und gut, dass Elsa bei ihrer fortgeschrittenen Schwangerschaft einigermaßen bei Kräften blieb. Eine Triefnase war das Einzige, was ihre Hausfrauen- und Schwesternarbeit leicht behinderte.

Von den Kindern erwischte es Tabea am schlimmsten, von den

Älteren den Vater. Bis in den Mai hinein dauerte diese schwierige Zeit. Aber mit der erwachenden Natur kamen dann auch die Kräfte langsam wieder.

Und es kam Erhard, ein Winzling von Säugling. Der Junge war sehr schwach, er erbrach häufig die Muttermilch. Elsa hatte größte Angst um den Kleinen.

Sie selbst hatte die Geburt gut überstanden. Und den Eltern war es erschienen, als hätte Gott sie vor den Winter- und Frühjahrskrankheiten bewahrt, um ihr die Kräfte zu schonen für die veränderte Zeit. Und die war schon sehr stark verändert.

Georg und Olga waren ganz wieder hergestellt und bei Kräften, so dass sie täglich zur Arbeit gehen konnten, was sie zudem einigermaßen gerne taten. Den beiden gelang es auch, unter den anderen Kolchosarbeitern, vor allem unter den Arbeiterinnen, solche zu finden, die ein Herz für die Mutter und den Säugling hatten und die Familie heimlich ein wenig zusätzlich versorgten.

Der Vater hatte mehr und mehr Mühe, seiner Arbeit nachzukommen. Alles wurde ihm zunehmend schwer. Und wenn er am Abend ins Haus kam, legte er sich oft sofort hin, weil er einfach keine Kräfte mehr übrig hatte. Karl Beer veränderte sich mehr und mehr. Der sonst so starke und frohe Mann wurde lethargisch und niedergeschlagen. Wenn er in der ersten Zeit in Wischnewka trotz der veränderten Lage und der vielen Einschränkungen und Schwierigkeiten doch immer wieder die Geige aus dem Kasten genommen hatte, um mit seiner Familie zu singen und zu musizieren, wenn er doch mit guter Regelmäßigkeit die Familie zur Hausandacht versammelt hatte – zunächst hatten sich zu seiner großen Freude die Glasers sogar ab und an dazu einladen lassen, später dann jedoch nicht mehr –, so passierte das alles jetzt immer seltener.

Die Andachten beschränkten sich immer häufiger auf Lesung und Gebet. Zu mehr schienen die Kräfte nicht zu reichen. Manchmal gelang es der kleinen Miluscha noch, ihren Vater dazu zu bewegen, ihr etwas vorzuspielen und mit ihr ein Lied zu singen. Aber immer öfter bettelte das Kind vergeblich, und dann war die Kleine immer sehr traurig.

Elsa hatte alle Mühe, ihren Mann immer wieder aufzumuntern. Sie war es jetzt, die Stärke bewies und daran erinnerte, dass Gott versprochen hatte zu sorgen und dass er sein Versprechen noch immer gehalten habe.

Nur eins konnte auch Elsa nicht, sie nicht und die Familie auch nicht: dem Lehrer die Schule zurückgeben, die man ihm genommen hatte, und ihm die Gemeinde ersetzen. Das alles fehlte Karl Beer sehr. Und dieser Verlust machte ihm innerlich mehr zu schaffen, als er selbst zuzugeben bereit war. Auch hier durfte er nicht Lehrer sein und sich nicht als Christ offenbaren. Er war mit seiner Familie nur geduldet und nicht geliebt und anerkannt. Da gab es auch keine Perspektive, die ihn aufgerichtet hätte. Das Prophetenwort aus Jesaja 40: »Die auf den HERRN harren, kriegen neue Kraft, dass sie auffahren mit Flügeln wie Adler, dass sie laufen und nicht matt werden, dass sie wandeln und nicht müde werden«, erreichte ihn schier nicht mehr. Elsa erinnerte ihn oft genug daran, dass Gott seine Leute diese Erfahrung immer wieder machen lässt. Aber Karl kam über ein müde gesprochenes »Du hast ja Recht, mein Liebes, ich will ja auch daran festhalten« kaum noch hinaus.

Der südukrainische Sommer schleppte sich dahin. Wochenlang wolkenloser Himmel, kein Regen, nur Trockenheit, die sich auch in Elsas Garten hinter dem Haus übel bemerkbar machte. Da war kein Wachstum an Früchten und Gemüsen. Sie würden für den nächsten Winter kaum etwas ernten können. Wasser aus den beiden Dorfbrunnen herbeizuschleppen war auch nicht möglich. Das Wasser wurde für die Versorgung der Menschen gebraucht.

Was Wunder, wenn die Gedanken bei Großen und Kleinen immer häufiger nach Nedbarewka gingen, wo die Witterungsbedingungen wesentlich günstiger waren, wo es Johannisbeeren gab, Stachelbeeren und Erdbeeren, wo Äpfel wuchsen und Birnen und Pflaumen, wo der Garten Gemüse gab und das Feld Kartoffeln. Und wo Menschen waren, mit denen man reden konnte. Hier war alles so anders, so bedrängend, so hoffnungslos.

Karl Beer ging es kräftemäßig etwas besser, und er konnte seiner Arbeit wieder regelmäßig nachgehen. Aber sie bereitete ihm keinerlei Freude mehr.

Elsa kam zu Hause zurecht, auch wenn Erhard immer noch sehr anfällig und schwach war. Die anderen waren wenigstens wieder gesund und bei Kräften, und sie hatten es gelernt, sich mit wenigem zufrieden zu geben.

Wenn ihnen das einmal nicht gelang, erlebten sie, dass die Eltern härter geworden waren. Der Umgangston in der Familie war nicht mehr so sanft wie in früheren Zeiten, sondern rauer und befehlender. Die Bitte hatte der Anordnung Platz gemacht. Umarmungen und zärtliches Streicheln und Liebkosen wurden seltener. Miluscha war wohl die, die das alles am meisten vermisste, und wenn sie wieder einmal bei ihrem Vater auf Ablehnung stieß, verkroch sie sich traurig in eine Ecke des Schlafbereichs oder auch nach draußen hinter das Haus. Ihre kleine Seele konnte die Veränderung nicht begreifen.

Im September nahm das Leben der Beers in Wischnewka dann eine dramatische Wende. Vor einigen Tagen hatte es zu regnen begonnen, und es regnete tagelang ohne Unterbrechung. Es schien, als gäbe der Himmel alle Wasser auf einmal frei, die er fast drei Jahre lang in dieser Region zurückgehalten hatte.

Karl Beer war auf der Kolchose einer Transportgruppe zugeordnet worden, die Weizen in den Hafen von Cherson zu transportieren hatte. Das geschah mit einigen LKWs, die täglich mehrmals unterwegs waren. Ein paar Mal war der Mann abends völlig durchnässt nach Hause gekommen. Eine starke Erkältung hatte sich eingestellt. Dennoch war Karl weiter zur Arbeit gegangen.

An einem Nachmittag brachten Georg und Olga ihren Vater nach Hause. Er war kaum noch in der Lage, seine Füße voreinander zu setzen. Er hatte offenbar hohes Fieber. In der Hütte sank er völlig entkräftet auf sein Strohlager. »Ich kann nicht mehr! Gott, erbarme dich und sei mir gnädig.« Dann fiel er in einen ohnmachtsähnlichen Schlaf.

Elsa erschrak bis ins Innerste. Sie bettete ihren Mann auf das Strohlager und versorgte ihn erst einmal mit kalten Umschlägen und Wadenwickeln.

»Wisst ihr«, wandte sie sich an ihre beiden Großen, »ob heute noch ein Transport nach Cherson geht?«

»Piotr fährt wohl noch einmal hin«, wusste Georg.

»Gut, Kinder. Lauft zur Kolchose zurück und schaut, ob er noch da ist. Fragt ihn, ob er euch nach Cherson mitnimmt. Fahrt mit und sucht einen Arzt. Wenn ihr einen gefunden habt, bittet ihn, sofort herzukommen. Es steht nicht gut um euren Vater.«

Die beiden machten sich sofort auf den Weg. Hoffentlich war Piotr noch nicht unterwegs.

»Und du, Waldemar, lauf rasch zu Anna und frag sie, ob sie herkommen kann. Miluscha und Tabea, ihr seid ganz brav und schaukelt Erhard, damit er ruhig bleibt.«

Karls Husten wurde rasch schlimmer, das Fieber stieg. Manchmal schien er wie im Delirium. Dann sprach er laut wie im Unterricht oder wie vor der Gemeinde. Dann wieder schien er zu beten oder er redete unverständliches Zeug.

Elsa wechselte immer wieder die feuchten Tücher, um ihrem geliebten Karl Kühlung und Linderung zu verschaffen.

Anna kam mit Waldemar und brachte ein Glas mit Teeblättern mit. »Brau diesen Tee. Der wird ihm gut tun. Ich weiß auch sonst kein Mittel, das hier helfen könnte.«

»Hier kann wohl nur Gott helfen«, sagte sie noch, wobei sie Elsa kurz in den Arm nahm. Dann verließ sie das Haus wieder.

Elsa goss den Tee auf und versuchte, ihn dem Kranken einzuflößen, was ihr aber kaum gelang. Dann kniete sie mit ihren Kindern um das Lager des Mannes und rang um Fassung und Kraft. »Herr, Gott, erbarme dich und hilf!« Ja, wenn Gott hier nicht ein Wunder tat …

Es war schon dunkel draußen, als Georg und Olga zurückkamen. Piotr hatte die beiden tatsächlich noch mitnehmen können, und sie hatten in Cherson auch einen Arzt gefunden. Der hatte nach intensivem Drängen und Bitten der beiden Kinder versprochen, am nächsten Morgen nach Wischnewka herauszukommen. Heute ginge es nicht mehr. Aber sein Besuch sei nicht billig.

Die Nacht verlief sehr unruhig, wenngleich der Vater schlief. Die Kinder zum Glück auch, sogar Erhard war recht ruhig.

Elsa konnte keinen Schlaf finden. Sie rang um Fassung und Kraft. Sie musste doch jetzt stark bleiben, auch um der Kinder willen.

Die beiden Großen mussten auch an diesem Morgen zur Arbeit und konnten der Mutter bei der Pflege des Vaters und der Versorgung der jüngeren Geschwister nicht zur Hand gehen.

Die beiden waren kaum aus dem Haus, da erwachte der Kranke schweißgebadet. »Elschen, mein Liebes, wo bist du? Wo sind die

Kinder?«, hauchte der Vater kaum hörbar. »Es steht nicht gut um mich. Das ist wohl die letzte ...« Die Stimme versagte ihm, und er fiel wieder in einen ohnmachtsähnlichen Schlaf.

Wenig später war von draußen Motorengeräusch zu hören, das vor dem Haus abbrach. Der Arzt kam herein, grüßte nur kurz, sah sich den Kranken an, fühlte den Puls, horchte Herz und Lunge ab, schaute sich die dick geschwollenen Beine und Arme und den aufgedunsenen Leib an und schüttelte nur stumm den Kopf.

»Hier ist keine Hilfe mehr möglich«, sagte er dann leise zu Elsa. »Sie müssen jetzt sehr stark sein und an Ihre Kinder denken. Er hat nur noch wenige Stunden.«

Wenngleich der Arzt ukrainisch sprach, verstand Elsa doch, was er ihr gesagt hatte. Als Antwort nickte sie nur mit dem Kopf und hauchte ein »Danke für Ihr Kommen«.

Der Mann packte seine Geräte in den Koffer und verließ, nur noch kurz grüßend, den Raum. Nach Bezahlung fragte er nicht. Das Elend in der Hütte hatte wohl sein Herz gerührt.

Elsa blieb mit den Kindern und dem sterbenden Mann allein.

Karl Beer lag schwer atmend auf seinem Lager, meist dämmerte er nur so dahin. Viel konnte seine Elsa nicht mehr für ihn tun. Den Schweiß abwischen, ab und an die zersprungenen Lippen feuchten, dem geliebten Mann die eingefallenen Wangen streicheln, ihm die Hand halten und das Gefühl vermitteln, in seinen letzten Stunden nicht allein zu sein.

Am Nachmittag bedeutete der Sterbende seiner Elsa, sie möge ihn etwas aufrichten und alle Kinder an sein Lager bringen. Karl schien hellwach. Auf seinem Gesicht lag ein merkwürdiger Glanz in einem sanften Lächeln. Mit schwacher, aber doch klarer Stimme nannte der Vater seine sieben Kinder alle noch einmal deutlich mit Namen. Mit letzter Kraft hob er seine Hand zum Segen für seine Lieben. Seinem Liebling Miluscha strich er sogar noch einmal übers Haar.

»Sorgt nicht, sorgt nicht, für euch wird gesorgt. Der Vater im Himmel bleibt!« Das waren seine letzten Worte. Dann fiel sein Arm schwer auf die Decke, und sein Kopf sank nach hinten ins Kissen.

Karl Beer hatte seinen letzten Atemzug getan und seine Augen für immer geschlossen.

Hatte Elsa sich bisher mit großer Kraftanstrengung noch einigermaßen beherrschen können – jetzt brach sie in ihrem Schmerz zusammen. Laut weinend nahm sie den toten Mann in ihre Arme und dann ihre Kinder. »Karl, mein lieber Karl ... Vater im Himmel, was nun ...?«

Nachdem sie sich eine Zeit lang ihrem Schmerz hingegeben hatte, raffte sie sich auf. Es musste doch jetzt etwas geschehen. Gleich würden die zwei Großen von der Arbeit kommen. Der Leichnam konnte nicht lange in der Hütte bleiben. Es musste ein Sarg her. Karl sollte doch nicht wie die meisten Toten hier in der Gegend nur in Tücher gehüllt in die kalte Erde gelegt werden.

So war es auch schon immer sein Wunsch gewesen, hatte er doch in seinem Dienst in Nedbarewka manchen Dorfbewohner zur letzten Ruhe bringen müssen und es nie ertragen wollen, wenn kein Sarg da war.

Elsa nahm ein Leintuch aus der Kiste und deckte den Toten zu.

Wenig später hörte sie die großen Kinder kommen. Sie ging ihnen an die Tür entgegen. Sie brauchte gar nichts zu sagen. Die beiden wussten sofort, was geschehen war. Und wieder brach der Schmerz aus allen heraus. Auch die Kleinen weinten mit und wollten sich kaum beruhigen lassen. Die tapfere Frau versuchte besonders die drei Kinder, die nach der Mutter nun auch ihren Vater verloren hatten, zu trösten, was ihr allerdings nur schwer gelang.

Dann hatte sie die Kraft dazu, ihnen zu sagen, dass der Vater vor seinem Tod auch sie gesegnet hatte und dass Gott der Vater der Witwen und Waisen war und bleiben würde.

Später verließ Elsa mit Georg die Hütte, um auf der Kolchose wegen Brettern und Nägeln zu fragen, damit eine Kiste gezimmert werden konnte.

Es war nicht einfach, den Wunsch erfüllt zu bekommen. Aber dann gelang es der tapferen Frau doch, das Begehrte zu erhalten. Und Piotr und Franz Glaser und noch ein paar Männer waren sogar bereit, ihr die traurige Arbeit abzunehmen und einen Sarg zusammenzunageln, den Leichnam hineinzulegen und ihn am nächsten Abend nach der Arbeit zum Friedhof zu tragen.

Auch Anna kam und ein paar andere Frauen aus der Siedlung, um der Witwe mit ihrer Kinderschar ihr Mitgefühl auszudrücken und sie zu trösten. Schöne Zeichen der Anteilnahme der sonst so reservierten russischen und ukrainischen Frauen. Sie taten Elsa wohl, aber sie vermochten nicht, ihren Schmerz zu lindern. Den musste sie alleine tragen und dazu noch helfen, dass die Kinder die Situation verkrafteten.

Vor allem Miluscha brauchte starke Zuwendung. Die Kleine wollte vom Lager ihres toten Vaters und vom schlichten Sarg gar nicht weichen. Sie saß und saß, hielt nur ihre Luscha im Arm und weinte leise vor sich hin. »Papa, lieber Papa.«

Der Friedhof bei der Kolchose war nur ein grob abgestecktes Feld, nicht vergleichbar mit dem Friedhof in Nedbarewka. Die Männer, die Karl Beers letzte Bleibe zusammengenagelt hatten, hatten auch die flache Grube geschaufelt. Wie war Elsa so dankbar dafür, dass ihr selbst und den Kindern auch diese Arbeit erspart blieb.

Und so wurde denn die grobe Kiste hineingestellt und mit der ausgehobenen Erde abgedeckt. Am Grab standen nur diese wenigen freundlichen Männer und die paar Frauen der Siedlung, die auch schon im Haus ihr Beileid bekundet hatten. Und Elsa mit ihren sieben Kindern. Ein Bild des Jammers. Georg und Waldemar mussten die Mutter stützen, obwohl den Jungen selbst die Knie zitterten. Olga hielt Miluscha und Tabea an den Händen, die beide wohl kaum begriffen, was hier eigentlich vorging. Anna Glaser hielt den kleinen Erhard auf dem Arm, der von seinem Geschick am allerwenigsten ahnen konnte.

Welch traurige Beerdigung! Kein Pfarrer, kein Gotteswort, kein Trostlied, kein Gebet! Nur die innerlichen Gebete, die die Witwe und ihre Kinder in ihren Herzen beteten, Gebete der Klage, des Schmerzes, der Trauer, aber auch der Hoffnung und Zuversicht. Wie hatte doch der Vater vor der Abreise aus Nedbarewka gesagt: »Gott ist auch in Cherson. Christus ist auch in Cherson derselbe, der Auferstandene, der Lebendige, der Gegenwärtige.«

Elsa verstand diesen Weg des Vaters im Himmel mit ihrer Familie nicht. Aber wer konnte schon die Wege Gottes verstehen und wer sollte von ihm dafür Rechenschaft fordern?

Das war es, was die immer noch junge Mutter – sie war gerade dreißig Jahre alt – doch in den folgenden Monaten in ihrem Innersten tröstete. Gott würde ihr durchhelfen und ihr zeigen, wie es weitergehen sollte mit ihr selbst, mit den dreien, die nun Vollwaisen waren, und mit ihren eigenen vier Kindern.

Wieder zu Hause

Die ersten Tage nach Karl Beers Beerdigung waren schlimme Tage. Das Leben der Restfamilie war wie gelähmt. Vor allem Elsa war nicht mehr sie selbst. Sie ließ sich gehen in ihrem Schmerz und sprach kaum mit ihren Kindern. Der Tod des geliebten Mannes hatte sie bis ins Tiefste erschüttert und in eine Depression gestürzt. Alles Licht war aus ihrem Leben gewichen. Im Haus tat sie kaum das Notwendigste und überließ die Kinder weitgehend sich selbst, gerade dass sie sich um Erhard kümmerte, wenn Olga nicht im Haus war.

Sonst überließ sie ihr die Pflege des Kleinsten, hockte selbst stundenlang draußen an Karls Grab und weinte, klagte, haderte mit Gott und der Welt und fragte ein ums andere Mal: »Gott, warum ... was soll nun werden ...?«

Die beiden Ältesten hatten kaum Zeit zum Trauern. Sie mussten zur Arbeit, was wohl auch gut war. Waren sie so doch ein wenig abgelenkt von den veränderten Lebensbedingungen der Familie. Abends waren sie dann sehr darum bemüht, ihre Mutter zu trösten und aufzumuntern und die Dinge zu tun, zu denen sie im Augenblick nicht in der Lage war.

Miluscha war wohl die von den Kindern, die den Vater am meisten vermisste. Immer wieder saß sie im Schlafteil der Hütte, dort, wo der Vater zuletzt gelegen hatte, hielt ihre Luscha im Arm und schluchzte in sich hinein. Tabea war es dann oft, die sie aus ihrer Trauer herausholte, denn sie verlangte nach einem Spielgefährten.

Waldemar war mit Hugo meistens draußen. Die beiden beschäftigten sich im Garten und im kleinen Schuppen. Das war ihre Weise, mit der Trauer fertig zu werden.

Nach vielleicht einer Woche oder auch zehn Tagen war es dann, als würde es plötzlich heller in der Hütte. Elsa hatte wieder ein paar Stunden auf dem Friedhof verbracht. Als sie zur Hütte zurückkam, war sie sichtbar verändert. Als hätte sie alle Depression an Karls Grab abgelegt.

»Kinder, kommt herein!«, rief sie ihnen zu, die alle hinter dem

Haus im Garten waren und sich dort beschäftigten. »Ich mache uns etwas zu essen.«

Wenig später saß die ganze Familie um den Tisch, Klein-Erhard natürlich in seinem Körbchen daneben, und es lag sogar so etwas wie Heiterkeit über der Szene.

»Wisst ihr, Kinder, als ich vorhin an Papas Grab war, da sah ich ihn so vor mir, und ich hatte den Eindruck, er schaut mich ganz traurig an, als wollte er sagen: ›Was machst du, mein Liebes? Hockst da herum und trauerst und vernachlässigst die Kinder. Das Leben muss für euch doch weitergehen. Um mich musst du dir keine Sorgen mehr machen. Mir geht es doch jetzt gut.‹ Und so ist es ja auch. Euer Vater muss nicht mehr leiden.«

»Ist Papa jetzt im Himmel?«, unterbrach Miluscha die Mutter.

»Ja, er ist ganz sicher im Himmel bei Jesus, dem Heiland. Und wir sind hier auf der Erde, und für uns muss es jetzt ohne ihn weitergehn.«

»Auf der Kolchose haben sie mich heute gefragt, ob du jetzt für Papa zum Arbeiten kommst. Sie brauchen noch jemanden im Stall«, berichtete Georg. »Ich habe dann gefragt, wie das gehen soll bei unserer großen Familie. Da haben sie mir gesagt, du brauchtest nur am Vormittag zu kommen. Nachmittags könntest du zu Hause sein.«

Elsa atmete tief durch: »Dann muss es wohl so gehen. Dann muss ich Erhard erst fertig machen. Und Waldemar muss danach auf den Kleinen aufpassen, bis ich wiederkomme. Er ist jetzt der Größte zu Hause, wenn wir anderen weg sind.«

»Ich kann auch schon aufpassen«, rief Miluscha dazwischen. »Ich bin auch schon groß.«

»Auf mich braucht keiner aufzupassen«, ließ der stille Hugo sich vernehmen. »Ich passe selbst auf mich auf.«

Jetzt huschte sogar ein Lächeln über das Gesicht der Mutter. »Ja, ihr beiden seid auch schon groß. Aber du, Miluscha, musst dann auf Tabea aufpassen, und ihr beide müsst lieb zusammen spielen.«

Olga, die neben ihrer Mutter saß, die eigentlich ja ihre Stiefmutter war, nahm sie in den Arm. »Schön, Mama, dass du wieder lachst und wieder Mut hast. Jetzt wird es für uns auch wieder leichter.«

»Und dann muss ich euch noch eins sagen«, setzte Elsa ihre Rede fort. »Ich hatte das Gefühl, Papa würde zu mir sagen: ›Geht zurück nach Nedbarewka. Geht wieder nach Hause. Die Kinder müssen wieder in die Schule gehen. Sie müssen etwas lernen. Hier ist es für euch allein nicht gut. Dort droht euch nicht solche Gefahr wie mir.‹«

»Das wäre was«, meinten Georg und Olga fast gleichzeitig. Und die anderen warfen dazwischen:

»Juhu, zurück ins Schulhaus!«

»Dann können wir wieder im Teich baden.«

»Dann gibt es auch wieder Äpfel und Birnen.«

»Ja, und richtiges Gemüse aus unserem Garten.«

»Können wir dann wieder zur Schule gehen?«

»Wann fahren wir ab?«

»Wie kommen wir wieder nach Nedbarewka?«

»Ob Hans uns wieder in Nowograd Wolynski abholt?«

Elsa musste ihre Kinderschar bremsen. »Langsam, langsam. Das wird alles seine Zeit brauchen. Erst werde ich um Genehmigung bitten müssen, dass wir zurückfahren können. Ich muss mich erkundigen, wie das gehen kann. Ich habe doch noch nie einen Brief an die Verwaltung geschrieben.«

»Das schaffst du schon, Mama«, machte Waldemar ihr Mut. »Georg und Olga können doch auch schreiben. Die können dir helfen.«

»Und du, Hugo, kannst in Nedbarewka endlich auch in die Schule gehen und das Schreiben richtig lernen«, gab Georg zurück.

»Und wer kümmert sich um Papas Grab?«, fragte Olga plötzlich dazwischen.

Sofort wurde es ganz still. »Ja, Papas Grab.« Die Mutter zuckte ein wenig zusammen. Und dann liefen doch wieder ein paar Tränen über ihr Gesicht. »Wir werden es zurücklassen müssen. Mitnehmen können wir nur die Erinnerung an einen lieben Mann und guten Vater.«

»Und Papas Geige«, bestimmte Miluscha. »Papas Geige muss auch mit.«

»Ja, Kleines, wir werden sie mitnehmen.« Elsa schluckte. »Aber jetzt müssen wir den Tag beschließen, wie Papa es immer gemacht hat, als er noch gesund war. Da hat er immer aus der Bibel gelesen und gebetet. Jetzt muss ich es tun.«

Und Elsa las Verse aus dem 68. Psalm:

»Singet Gott, lobsinget seinem Namen!
Macht Bahn dem, der durch die Wüste einherfährt;
er heißt HERR. Freut euch vor ihm.
Ein Vater der Waisen und ein Helfer der Witwen
ist Gott in seiner heiligen Wohnung,
ein Gott, der die Einsamen nach Hause bringt,
der die Gefangenen herausführt,
dass es ihnen wohlgehe.«

»Das ist ja wie für uns geschrieben«, staunte Olga.

»Ja, du hast Recht. Wie für uns geschrieben. ›Gott sorgt‹, hat Vater zuletzt gesagt. Und darauf wollen wir vertrauen.«

Dann betete Elsa, wobei es den Kindern auffallen musste, dass es der Mutter sehr schwer wurde. Aber sie schaffte es. Und sie war sich sicher, dass der Abschiedssegen des Mannes wirken würde. Ja, Gott würde für sie alle sorgen.

Wochen gingen ins Land. Sogar Monate. Das veränderte Leben funktionierte einigermaßen. Die Kinder kamen vormittags zurecht, wenn die Mutter zur Arbeit auf der Kolchose war. Die schwache Gesundheit des kleinen Erhard hatte sich etwas stabilisiert. Die anderen blieben von neuer Krankheit verschont. Die Nahrungsmittel reichten auch, um immer einigermaßen satt zu werden. Schnee und Kälte des Winters verkrafteten sie.

Allerdings wuchs die Ungeduld der großen und kleinen Beers. Die Behörden in Cherson ließen sich viel Zeit mit der Antwort auf Elsas Ersuchen, nach Nedbarewka zurückkehren zu dürfen.

Als der Bescheid endlich im frühen Frühjahr 1935 kam, war der Jubel groß. Das Papier war sehr genau und ausführlich gefasst. Es enthielt das Datum, wann die Reise losgehen sollte. Und es enthielt die Genehmigung, alles mitzunehmen, was die Familie mitnehmen wollte. Es sollte ein Viehwagen zur Verfügung stehen, der bis nach Nowograd Wolynski gefahren würde, so dass ein Umsteigen vermieden werden könnte.

Eine Woche hatten die Beers Zeit, ihre Sachen zu packen, Kisten und Koffer wieder zu füllen und Bündel zu schnüren. Und dann hieß es Abschied nehmen von dieser unwirtlichen Gegend und von den wenigen Beziehungen, die die Beers hatten knüpfen können.

Wie bei der Ankunft damals war es auch jetzt wieder Piotr, der mit seinem LKW die achtköpfige Reisegesellschaft nach Cherson brachte. Und Anna Glaser fuhr mit. Beide halfen auch noch, das ganze Gepäck umzuladen und den Waggon einigermaßen wohnlich herzurichten. Die Fahrt würde sicher wieder mehrere Tage dauern.

Anna schien der Abschied schwer zu fallen. Fehlten ihr und der Familie in Zukunft doch wieder die deutschen Gesprächspartner.

Aber Elsa und ihre Kinderschar waren glücklich, als sich der Zug dampfend, stampfend und pfeifend endlich in Bewegung setzte. Es ging nach Hause! Es ging wieder nach Nedbarewka! Gott hatte tatsächlich wieder für sie gesorgt.

In Nowograd Wolynski, von wo die Familie seinerzeit auch abgereist war, konnte Elsa einen Fuhrmann auftreiben, der bereit war, die junge Frau mit ihren sieben Kindern und dem umfangreichen Gepäck mit seinem LKW über Land zu fahren.

Unterwegs mischte sich in die wachsende frohe Erwartung dann doch ein wenig die Frage, was sich alles verändert hätte, wer die Rückkehrer begrüßen würde, ob wohl noch alle Dorfbewohner da seien, wo sie denn Wohnraum bekämen, was wohl aus der Schule geworden sei …

Als der LKW das Wäldchen vor dem Dorf durchfahren hatte, fiel die erste deutliche Veränderung gleich ins Auge.

»Da schaut!«, rief Olga als Erste. Sie musste fast schreien, um das Motorengeräusch des LKWs zu übertönen. »Auf dem Schulhügel steht ein neues Haus.«

»Und was für ein Kasten«, fügte Waldemar an.

»Das wird eine neue Schule sein, die die inzwischen hier gebaut haben«, vermutete Georg. »Und zwar mitten rein in unseren Obstgarten.«

»Die schönen Apfelbäume sind alle abgeholzt. Wenn das Papa sehen könnte.«

»Ob wir hier wieder in die Schule gehen können?«

»Ich will aber nicht in die Schule!«, rief Hugo.

Dieser Protest erregte sofort Widerspruch. »Du willst wohl dumm bleiben!«

»Willst du nicht endlich das Lesen und Schreiben lernen?«

»Was werden die wohl für Lehrer haben?«

»Das alte Schulhaus steht aber noch. Da, jetzt kann ich es zwischen den Pappeln durch sehen.«

»Und das Lehrerhaus auch.«

»Ob wir da wieder wohnen können?«

»Und die Teiche sind auch noch voll Wasser.«

»Hattest du gedacht, die wären ausgetrocknet?«

So ging es hin und her zwischen den Größeren auf der Ladefläche.

Elsa, die mit den Kleineren im Führerhaus saß, bat den Fahrer, sie zu Loskes Hof zu fahren. Bei ihrer Schwester Marie war wohl am ehesten die Möglichkeit, zunächst einmal unterzukommen. Was würde das für ein Schock sein für die Verwandten und die anderen Leute im Dorf, wenn sie erfuhren, dass ihr geliebter Lehrer nicht mit zurückkehrte!

Marie war gerade dabei, die Hühner zu füttern, als der LKW in die Hofeinfahrt einbog. Das Federvieh stob laut gackernd auseinander, und die Bäuerin ließ vor Schreck den Eimer mit den Körnern fallen. Was sollte das denn werden?

Und dann blieb ihr schier die Luft weg, als sie die jungen Leute auf der Ladefläche gewahrte und Elsa im Führerhaus erkannte. Rasch sprang sie herzu, um ihrer fünfzehn Jahre jüngeren Schwester beim Aussteigen zu helfen.

»Elsa, was macht ihr denn hier? Wo kommt ihr her? Was für eine Überraschung!« Marie suchte nach Worten. Und dann brauchte sie erst einmal keine mehr. Dann hielt sie ihre Schwester in den Armen, die ihre Tränen nicht mehr zurückhalten konnte. Wieder zu Hause in Nedbarewka! Aber als Witwe und mit drei Waisen und vier Halbwaisen.

Marie hatte Mühe, die Situation einzuordnen. »Was ist mit Karl?«, wagte sie schließlich zu fragen.

Elsa löste sich aus der Umarmung und atmete tief durch. »Karl? Er hat seine Ruhe in ukrainischer Erde. Kein Kampf mehr, keine Not mehr. Im Oktober mussten wir ihn begraben.«

Diese Nachricht wirkte auf Marie wie ein Schock. Alle Farbe wich aus ihrem Gesicht und ihr Körper zitterte. Dann nahm sie ihre Schwester wieder in die Arme. »Du Ärmste, was musst du mitgemacht haben«, brachte sie nur hervor. »Und deine armen Kinder.«

Die waren inzwischen alle ab- bzw. ausgestiegen. Olga hatte Erhard aus dem Führerhaus gehoben und hielt ihn auf dem Arm. Sitzen konnte der gerade Einjährige so eben mal, an Laufen war noch gar nicht zu denken.

Miluscha war bereits auf Geflügeljagd gegangen. »Juhu, hier gibt es Hühner!« Georg musste seine kleine Schwester gleich zur Ordnung rufen. Sie war so glücklich, dass sie sich endlich bewegen konnte.

Nachdem Marie ihre Neffen und Nichten alle begrüßt hatte, wandte sie sich an den Fahrer, der schon ein wenig ungeduldig schien: »Wir laden das Gepäck erst einmal hier vor die Scheune, damit wir Sie entlassen können.«

Das war dann alles bald getan, und der Mann verließ mit seinem lauten Fahrzeug wieder den Hof.

»Ihr könnt natürlich erst einmal hier bei uns bleiben«, schien die Schwester Elsas Gedanken gelesen zu haben. »Später werden wir schon etwas finden für euch. Ich hab da sogar schon eine Idee. Aber da muss ich erst zum Bürgermeister.«

»Gibt es den noch?«, fragte Elsa.

»Ja, unseren Hannes Blum gibt's noch. Er ist immer noch Müller, und Bürgermeister ist er auch noch. Aber viele andere sind nicht mehr da.«

»Und wo sind die?«

»Zurück nach Deutschland, hinüber nach Amerika, bei Nacht abgeholt. Im Dorf sind nur noch die, die sich der neuen Ordnung gefügt haben und die nicht aufmüpfig geworden sind.«

»Und Lenchen und Hans?«, wollte Elsa jetzt wissen. »Was ist mit denen?«

»Die beiden sind noch da. Die werden überrascht sein, wenn sie nachher von der Arbeit kommen, genauso wie mein Andreas und die Kinder.«

»Von der Arbeit?«

»Hast du nicht den großen Gebäudekomplex gesehen, drüben Richtung Nikolaital? Die haben die Kolchose aus dem Boden gestampft, in kürzester Zeit, genauso wie das neue Schulhaus. Die waren in wenigen Monaten mit Bauen fertig. Und dann kennst du ja die Bedingungen, denen wir uns stellen mussten. Uns ist nur der Hof geblieben, der Garten hinter dem Haus, eine Kuh, ein Schwein, die paar Hühner.« Nach einer Atempause fügte sie hinzu: »Aber es geht, wir können damit leben. Und für euch wird es auch reichen. Später sehen wir weiter. Jetzt gehen wir erst einmal rein, und ich mach euch was zu essen. Die Kinder werden Hunger und Durst haben.«

Es war tatsächlich eine Riesenüberraschung für Schwager Andreas, als er Elsa und die Kinder vorfand. Und auch für ihn war es eine erschütternde Nachricht, dass Karl nicht mehr lebte.

Hans und Lenchen Hirsekern ging es nicht anders. Da war einerseits die Freude über das Wiedersehen, andererseits die Trauer um den Freund und das Mitgefühl mit der Freundin und ihren Kindern. Dass Erhard dazugekommen war, hatten sie alle nicht gewusst. In der ganzen Zeit der Beers in Wischnewka war weder hier noch da Post angekommen. Da gab es am Abend vieles zu erzählen vom Geschick der einzelnen Familien.

Später genossen es Elsa und ihre Kinder, endlich einmal wieder in richtigen Betten zu schlafen.

Am nächsten Tag sprach es sich wie ein Lauffeuer im Dorf herum, dass Elsa Beer zurückgekommen sei und dass ihr Mann in ukrainischer Erde läge. Die Betroffenheit unter den Deutschen, die Karl Beer ja alle gekannt und erlebt hatten, war groß und das Mitgefühl mit seiner Familie ebenso.

Nachdem Hannes Blum die Nachricht erhalten und den ersten Schrecken darüber überwunden hatte, machte er sich auf den Weg, um Elsa und ihre Kinder zu begrüßen und ihnen seine Anteilnahme auszudrücken, wie es manche aus dem Dorf bereits getan hatten. Aber der Bürgermeister brachte zudem einen guten Vorschlag mit.

»Wie wäre es, Elsa, wenn du mit deinen Kindern wieder auf den Schulhügel ziehst? Die neue Schule braucht noch jemanden, der da oben alles versorgt, die Räume sauber hält, die restliche Landwirtschaft macht, den Garten bewirtschaftet, das ...«

Elsa unterbrach den Bürgermeister gleich, indem sie begeistert zustimmte. »Wieder in der alten Wohnung sein, das ist das Schönste ...!«

Jetzt musste Hannes Blum sie enttäuschen: »Eure alte Wohnung, das geht leider nicht. Die ist nicht mehr frei. Da ist der neue Direktor drin. Sager heißt er. Aber das alte Schulhaus steht leer. Der Unterrichtsraum könnte euer Wohnraum werden. Und der Raum, in dem Karl seine Sammlungen hatte, eure Küche. Beide Räume haben einen Kaminanschluss. Das müsste doch gehen.«

»Und ob das geht! Nur wieder hinauf auf den Schulhügel. Wir werden da bestens zurechtkommen. Und wir werden alles tun, was von uns erwartet wird«, stimmte Elsa dem Vorschlag sofort zu, und ihre Kinder brachen in ein Freudengeheul aus. Zurück auf den Schulhügel! Dass das wieder möglich war. Wer hätte das gedacht!

War das ein fröhliches Unternehmen, als wenige Tage später Elsa Beer mit ihren Kindern im alten Schulhaus auf dem Schulhügel einzog!

Der Lehr- und Lernmittelraum ließ sich gut als Küche einrichten. Ein passender Herd hatte sich im Dorf schon gefunden. Regale und ein Schrank, die Geschirr und Küchengerät aufnehmen konnten, waren noch vorhanden.

Im großen Schulraum fanden die Möbel reichlich Platz, die bei Hirsekerns auf der Scheune untergestellt waren. Dazu bekam Elsa ein paar Betten geschenkt und auch das zugehörige Bettzeug. Was wollte sie mehr? Es stimmte wieder einmal: Gott hatte für sie gesorgt.

Am Abend saß die Familie um den alten großen Tisch herum – Erhard lag auf einer Decke auf dem Boden – und feierte die Rückkehr an den geliebten Wohnplatz. Was machte es, dass es nicht das Lehrerhaus war. Dass sie überhaupt auf dem Schulhügel sein konnten, wog den Verzicht auf die alte Wohnung auf.

Miluscha hatte darum gebeten, in Papas Lehnstuhl sitzen zu dürfen. Aber für heute hatte die Mutter diesen Wunsch abgeschlagen. Maulend musste sich die Siebenjährige fügen. Der Stuhl blieb heute unbesetzt.

Wenn da nicht dieser leere Platz gewesen wäre, den der Vater früher eingenommen hatte, es wäre sicher noch fröhlicher zugegangen ...

Nach dem ersten Abendessen im neuen Heim las die Mutter ihren Kindern die Verse aus dem 103. Psalm:

»Lobe den HERRN, meine Seele,
und was in mir ist, seinen heiligen Namen.
Lobe den HERRN, meine Seele,
und vergiss nicht, was er dir Gutes getan hat ...«

Dazu las sie zwei Verse aus Psalm 146:

»Der HERR richtet auf, die niedergeschlagen sind.
Der HERR liebt die Gerechten.
Der HERR behütet die Fremdlinge
und erhält Waisen und Witwen
und kehrt zurück den Weg der Gottlosen.
Der HERR ist König ewiglich,
dein Gott, Zion, für und für. Halleluja!«

Inbrünstig dankte Elsa Gott dafür, dass sie mit ihren Kindern wieder nach Nedbarewka hatte zurückkehren können und nun sogar wieder auf dem Schulhügel wohnen konnte. Karls Abschiedssegen blieb nicht ohne Wirkung.

Für die Beers begann eine neue, ausgefüllte Zeit. Vormittags gingen die Kinder ins neue Schulhaus in den Unterricht. Georg und Olga besuchten die sechste Klasse. Sie sollten doch einen Schulabschluss erwerben. Dazu mussten sie halt noch zwei Jahre gehen, auch wenn sie in ihrer Klasse die weitaus ältesten Kinder waren. Waldemar besuchte die fünfte Klasse, Hugo wurde in die zweite und Miluscha in die erste Klasse aufgenommen. Tabea und Erhard waren bei der Mutter, die sich um die beiden und um Haus, Garten und Schullandwirtschaft kümmerte. Fast so wie früher.

Nachmittags kam dann als zusätzliche Arbeit dazu, das Schulhaus mit dem angebauten Turnsaal zu reinigen. Für die junge Frau war das ein großer Pflichtenbereich, den sie nun Rektor Sager gegenüber zu verantworten hatte. Da war nicht mehr der liebende Ehemann, der

Verständnis hatte und der auch selbst mit Hand anlegte, wenn es einmal nicht so recht ging.

Rektor Sager und seine drei Kollegen waren natürlich froh über die Entlastung, die Elsa für sie bedeutete. Vor allem der Schulleiter zeigte seine Dankbarkeit für die Hilfe immer wieder einmal, indem er die Nähe der vaterlosen Familie suchte. Er bewunderte die junge Frau, wie sie ihre Situation meisterte. Ob Elsa Beer für ihre große Familie nicht irgendwann wieder einen Mann und Vater brauchte?

Bei der Arbeitsfülle auf dem Schulhügel und im neuen Schulhaus mussten auch die Kinder kräftig mit anfassen. Jedes bekam seinen Bereich zugeteilt, auch Hugo und Miluscha. Sie halfen der Mutter meist, die Klassenräume zu putzen und die Lehrerpulte und die Schülertische zu reinigen.

Auch gehörte es zu ihren Aufgaben, darauf zu achten, dass die kleinen und großen Tiere des Hofes nicht in den Garten gerieten, wenn sie frei auf dem Gelände und der angrenzenden Wiese herumlaufen konnten.

Einmal passierte es dann. Der Braune – es gab ihn noch – und sein Stallgenosse, ein braunweiß geschecktes Pferd, grasten frei laufend auf der Wiese. Schwer war die Aufgabe eigentlich nicht, die die beiden Kinder hatten. Sie brauchten nur dafür zu sorgen, dass das Gartentor geschlossen blieb. Aber wer sollte es denn öffnen, wenn nicht sie selbst? Über den Zaun würden die Pferde schon nicht springen. So etwas war noch nie vorgekommen. Nur, Hugo und Miluscha blieben nicht allein. Da kamen ein paar Klassenkameraden, die mit den beiden spielen und auch die Pferde hüten wollten.

Miluscha kam der Besuch gerade recht. Nur still im Gras sitzen und aufpassen, das lag ihr gar nicht. Also schlug sie vor: »Wir spielen Fangen.«

Das allerdings konnte nicht gutgehen. Die kleine Meute vergaß sich bald bei ihrem Spiel. So tobten sie auch durch den Garten. Und das Tor blieb dabei natürlich offen.

Dem Braunen und seinem gescheckten Genossen entging das nicht. Flugs waren sie im Garten und ließen sich die Möhren schmecken und auch den Salat und das Gemüse. Solche Delikatessen bekamen sie schließlich sonst nie.

Als die Kinder das Unglück bemerkten, war es zu spät. Die beiden Pferde gehorchten ihnen nicht, so viel sie sie auch aufforderten, den Garten zu verlassen. Und sie am Halfter hinauszuziehen ging auch nicht. Die Pferde waren stärker.

Jetzt wurde den Kindern doch angst und bange. Die Spielgefährten verabschiedeten sich bald. Mit den Konsequenzen der Unachtsamkeit oder des Ungehorsams der Beerschen Kinder wollten sie nichts zu tun haben. Hugo und Miluscha blieben allein mit ihrer Not. Das würde etwas geben, wenn die Mutter gleich mit den älteren Geschwistern vom Feld kam.

Derweil vergnügten sich die beiden Pferde genüsslich an den Gartenfrüchten. Vor Freude stießen sie sogar das ein und andere Wiehern aus.

Das wiederum ließ Georg auf dem Feld aufblicken. Von weitem sah er, was passiert war. Sofort warf er sein Werkzeug aus den Händen, rief nur zu den anderen hinüber: »Die Pferde sind im Garten!«, und lief, so schnell er konnte, um zu retten, was zu retten war.

Er hatte keine Mühe, den Braunen am Halfter zu nehmen und aus dem Garten und gleich in den Stall zu führen. Der Gescheckte kam von allein hinterher. Aber welchen Schaden hatten die beiden Tiere angerichtet!

»Na wartet, ihr beiden Nichtsnutze«, schimpfte Georg. »Was glaubt ihr, was Mama euch erzählt, wenn sie gleich heimkommt!«

»Wir haben keine Schuld«, versuchte Hugo sich zu rechtfertigen. »Die anderen haben das Tor offen gelassen.«

Miluscha sagte gar nichts dazu. Sie murmelte nur vor sich hin: »Blöde Pferde.«

Wenig später kam Elsa mit Olga und Waldemar vom Feld. Tabea und Erhard zogen sie im Handwagen hinter sich her. Die Mutter sah sich die Bescherung im Garten nur kurz an, sagte aber zunächst gar nichts dazu.

Das Gericht folgte dann nach dem Abendessen, das sehr still verlaufen war. Nicht einmal Erhard und Tabea hatten sich hören lassen. Und Hugo und Miluscha schon gar nicht. Das Gewitter, das in der Luft lag, hatte den beiden Sündern schier den Appetit vergehen lassen.

Nach dem Essen stand die Mutter vom Tisch auf und zitierte ihre beiden in eine Ecke des Raumes. Hugo ließ die Schläge mit dem kurzen Riemen ohne Widerspruch über sich ergehen. Miluscha wehrte sich und versuchte, sich dem Griff der Mutter zu entwinden. Das brachte ihr ein paar Schläge mehr ein.

»Warum ich euch gestraft habe, muss ich euch wohl nicht mehr erklären«, fügte Elsa mit strenger Stimme den Schlägen hinzu. »Beim nächsten Mal seid ihr gehorsam. Vorläufig gibt es keinerlei Spiel mit anderen Kindern. Und für heute ist für euch der Tag zu Ende. Gute Nacht.«

Den so Gemaßregelten blieb nichts anderes übrig, als sich in die Betten zu legen. An Schlaf war natürlich noch nicht zu denken, denn der Hintern brannte beiden ganz schön. Aber das zu zeigen ließ vor allem Miluschas Stolz nicht zu.

Mutters Auftrag auf dem Schulhügel war doch umfangreicher, als das zunächst ausgesehen hatte. Und da brauchte sie immer wieder die Hilfe ihrer Kinder. Die neuen Lehrer nutzten die Hausmeisterin allerdings auch zuweilen aus, wenn sie sich von Elsa sogar noch ihre Hemden waschen und bügeln ließen.

Dazu kam, dass die Hilfe ausblieb, die Elsa früher ab und an von Lenchen Hirsekern bekommen hatte. Die war jetzt täglich wie die meisten Dorfbewohner auf der Kolchose und hatte dadurch sehr wenig Zeit, die alte Freundschaft zu pflegen.

Im Winter galt es, die Räume der Schule zu heizen. Das brauchte viel Holz, das gehackt und gespalten werden musste, damit es in Körben ins Haus getragen werden konnte.

Einmal kam es vor, dass Miluscha den Ärger ihrer Mutter ganz spontan zu spüren bekam. Das kräftige Mädelchen sollte Holz für einen Klassenraum aus dem Schuppen holen. Das war eigentlich die Aufgabe ihrer Brüder, und sie hatte das bisher noch kaum zu tun brauchen.

Holz holen mochte sie überhaupt nicht gerne. Vor allem wenn es schon dämmerte, mied sie den Schuppen, wenn es eben ging. Hinten im Hof befand sich nämlich auch der große Kompost- und Abfallhaufen. Und dort waren im Herbst einmal Ratten aufgetaucht. Georg hatte sie gesehen. Wenn Miluscha »Ratten« hörte, fiel ihr immer sofort das Erlebnis in Wischnewka ein.

Also, der Schuppen war ihr nicht ganz geheuer, und deshalb verweigerte sie den Auftrag. »Das Holz kann Hugo holen!«, sagte sie bestimmt.

Der Satz war noch nicht ganz verklungen, da spürte sie die Antwort der Mutter schmerzhaft in ihrem Gesicht. »Ich weiß, wer Miluscha und wer Hugo heißt«, war der Kommentar zur Ohrfeige. Miluscha musste gehen. Ihr blieb keine Wahl, auch wenn Hugo, der über der Sache gerade hereinkam, sich anbot: »Ich kann doch ...« Mutters Auftrag blieb: »Miluscha geht!«

Und sie ging, grollend und vor sich hin schimpfend, ihren Zorn mühsam in ihrem kleinen Herzen zähmend.

Eins war Miluscha allerdings nie: nachtragend. Sie war ihrer Mutter wegen solcher Maßregelungen nie lange böse. Dafür hatte sie sie viel zu lieb, und sie ahnte wohl auch etwas von der Schwere des Loses, das die Frau durch den Verlust des Mannes getroffen hatte.

Das Lebenslos der Mutter war noch zusätzlich erschwert dadurch, dass Erhard immer wieder krank war und einfach nicht anfing zu laufen. Überallhin musste er getragen werden. Das machte Elsa großen Kummer.

Zum anderen neigte der kleine Blondschopf Tabea mehr und mehr zu Krämpfen. Immer wieder traten solche Anfälle auf, die dem Kind die Kräfte raubten. Dann musste sie sehr rasch ein Medikament bekommen, das den Krampf löste.

Doktor Mand, den es im Dorf auch noch gab – schließlich mussten die Kolchosarbeiter bei Gesundheit gehalten werden –, hatte schließlich sehr nachdrücklich darauf bestanden, das Kind nicht länger ohne Aufsicht zu lassen und das Medikament immer dabei zu haben. Aber es ließ sich nicht vermeiden, dass Tabea zuweilen für kurze Zeit allein war.

Einmal musste Elsa dringend zum Einkaufen ins Dorf. Erhard nahm sie mit. Die Geschwister waren in der Schule, und Tabea blieb nur für eine knappe Stunde allein in der Wohnung.

Als die Mutter schier außer Atem zurückkam, fand sie das Mädchen völlig verkrampft und mit dem Tod ringend auf dem Boden liegen. Da war keine Hilfe mehr möglich. Das sofort verabreichte Medikament schlug nicht mehr an.

Tabea starb wenig später in ihren Armen.

Während Elsa noch weinend und klagend und sich selbst Vorwürfe machend mit ihrem toten Kind im Arm auf den Dielen saß, stürmte Miluscha in den Raum. Jäh wurde sie in ihrem siebenjährigen Leben zum zweiten Mal mit dem Tod konfrontiert. Erst der über alles geliebte Vater, jetzt die jüngere Schwester. Das war sehr viel für ihre kleine Seele.

Die Auseinandersetzung mit dem Leid der Mutter und der Trauer in der Familie ließen Miluscha reifen und machten sie belastbarer, als Kinder ihres Alters gemeinhin sind.

In der Folge wurde die Mutter in ihren Gefühlen härter und in ihrem Verhalten noch strenger. Aufmucken gegen Aufträge und Widersprechen gegen Anordnungen blieben selten ohne sofortige Folgen. Dabei handelte die Mutter den drei Großen gegenüber großzügiger als gegenüber ihren drei leiblichen Kindern, die ihr geblieben waren. Sie sah da wohl eine andere Verantwortung für die drei Vollwaisen. Miluscha spürte diesen Unterschied, und sie hatte damit zu kämpfen. Dennoch war ihre Frohnatur immer wieder stärker als das, was sie negativ empfand und was ihr kurzzeitig Mühe machte. Sie liebte ihre Mama weiterhin, und sie liebte auch Oluscha, Georg und Waldemar. Hatten sie doch alle den gleichen Vater.

Wenn der doch nur noch da wäre ...

Um ein Haar hätte es im Winter einen weiteren Trauerfall gegeben. Gottlob ging die Sache hier gnädig aus.

Es war kalt geworden und es hatte geschneit. An den schulfreien Nachmittagen tummelten sich viele Dorfkinder am Schulhügel und benutzten den Hang zu den Teichen hinunter als Rodelbahn. Das war in jedem Winter so gewesen.

Erhard, inzwischen dreieinhalb Jahre alt, stand endlich sicher auf seinen Beinen. Man konnte ihm nicht mehr anmerken, dass er erst seit einem knappen halben Jahr laufen konnte. Der Junge war zu einem richtigen Wirbelwind geworden, als müsste er alles nachholen, was er durch seine späte Entwicklung bisher versäumt hatte.

Er tat es den anderen Kindern also nach, auch seinen Geschwistern. Mit Freude und Begeisterung fuhr er mit seinem Schlitten den

Hang hinunter und blieb dabei auch immer schön auf der Bahn, die am Teich vorbeiführte. Der war inzwischen zugefroren, aber das Eis war wohl noch nicht dick und fest genug, dass man es gefahrlos betreten konnte.

Deshalb gab es auch die eindrückliche Mahnung der Lehrer für die Schulkinder und der Eltern für ihre Kleineren: »Die Teiche dürft ihr auf keinen Fall betreten. Das Eis hält noch nicht!«

Auch Elsa hatte ihre Kinder deutlich gewarnt. Bisher war auch immer alles gut gegangen.

Zum wiederholten Mal fuhr Erhard nun mit vielen anderen den Hang hinunter. Dabei kam er im unteren Teil plötzlich aus der Spur und fuhr stracks auf den Teich zu. Ein Aufschrei ging durch die, die das Missgeschick mitbekamen und das Unglück kommen sahen.

Und dann passierte es. Der kleine Rodler bekam sein Gefährt nicht zum Halten und fuhr geradewegs auf das Eis. Das brach, und der Schlitten mitsamt seinem Fahrer verschwand im Wasser.

Zum Glück befanden sich ein paar ältere Jungen im unteren Bereich des Hanges. Sie sprangen sofort hinzu und ins kalte Wasser, erwischten Erhard auch tatsächlich am Kragen seiner Jacke und konnten ihn herausziehen.

Der kleine Kerl hatte lediglich ein bisschen Wasser geschluckt, war aber bei Bewusstsein. Der Schreck saß ihm ganz schön in den Gliedern, und er schrie und heulte fürchterlich. Dabei zitterte er am ganzen Körper vor Nässe und Kälte.

Rasch zogen ein Paar Kinder ihre dicken Jacken aus, wickelten den Durchnässten hinein und schleppten ihn auf den Hügel ins Schulhaus. Miluscha versuchte dabei, ihren Bruder zu beruhigen. Er solle doch nicht das ganze Dorf zusammenschreien. »Es wird schon alles wieder gut. Du kommst in ein heißes Bad und dann ins warme Bett. Wirst sehen, dann ist wieder alles in Ordnung.«

Elsa erschrak fast zu Tode, als ihr Jüngster hereingebracht wurde. Zugleich schickte sie ein Dankgebet zum Himmel für die gnädige Bewahrung bei diesem Unglück. Nicht auszudenken, wie anders es hätte ausgehen können. Die Erkältung, die mindestens folgen würde, ließ sich auskurieren. Und der Schlitten konnte im Frühjahr aus dem Teich geborgen werden.

Die Konsequenz auf dieses Ereignis folgte natürlich zwangsläufig: Für den kleinen Rodler eine gehörige Tracht mit dem Riemen, dazu vorläufiges Rodelverbot für alle, nach dem Motto »mitgegangen, mitgefangen, mitgehangen«. Da half auch kein Protest von Miluscha und Hugo. Vor allem von Miluscha, die diese Strafe für sich nicht einsehen konnte. Mamas Wort galt. Punkt! Wehe dem, der es gewagt hätte, das Verbot zu übertreten!

Behördenwillkür

Glückliche Jahre in Nedbarewka. Miluscha konnte sie so richtig genießen, auch wenn sie viele Einschränkungen erfahren musste. Denn neben der Schule und der vielen notwendigen Hilfe für die Mutter gab es wenig Freiraum für Spiel und Spaß, wie sie eigentlich in die Kinderzeit hineingehören.

Aber wenn es Freizeit gab, dann wusste Miluscha sie immer mit vielen Dingen zu füllen, die ihr Freude und Vergnügen bereiteten. Sie liebte die Natur in all ihren Erscheinungsformen, Pflanzen und Tiere. Sie konnte sich freuen an der Biene auf einer Blüte, am Gänseblümchen auf der Wiese, an den Wolken am Himmel, an den rotbackigen Äpfeln am Baum, am Regentropfen, der in eine Pfütze fiel. Sie nahm Bilder und Geräusche wahr, die andere gar nicht zu sehen oder zu hören vermochten. Sie war ein glückliches Kind trotz der Begegnung mit Tod und Leid und anderen schweren Dingen, die die junge Seele verarbeiten musste.

Gott hatte vorgesorgt und dem Mädchen eine gesunde und kräftige Natur gegeben. Und eine Fröhlichkeit, der schwerste Belastungen letztlich nichts anhaben konnten.

Die politischen Umwälzungen im sowjetischen Riesenreich waren in letzter Zeit ein wenig an den Leuten auf dem Schulhügel vorbeigegangen. Wohl hatten sie das ein oder andere Mal mitbekommen, wenn russische Miliz im Dorf gewesen war zu Verhören und auch zu Verhaftungen. Aber es hatte sie nicht selbst getroffen.

Was aus Onkel Friedrich und Onkel August und ihren Familien in Hainau geworden war, wusste niemand genau zu sagen. Sie waren eines Tages wie viele andere nach Nowograd Wolynski bestellt worden. Danach hatte sich ihre Spur verloren.

Auch aus Nedbarewka wurden immer wieder Leute abgeholt, von denen man danach nichts mehr erfuhr. So ging es zum Beispiel dem gerade zwanzigjährigen Ewald Loske. Seine Eltern, also Miluschas Tante Marie und ihr Mann Andreas, waren vor wenigen Wochen beide kurz nacheinander gestorben. Ihnen konnte man nichts mehr anhaben. Also hielt man sich an den ältesten Sohn Ewald, verhaftete ihn unter einem Vorwand und nahm ihn einfach mit.

Als Elsa von seiner Festnahme erfuhr, griff sie spontan ein Brot und eine Decke und eilte sofort hinunter an die Dorfstraße. Vielleicht konnte sie ihrem Neffen noch etwas Gutes tun.

Miluscha sprang der Mutter nach. Und so erlebte das Mädchen mit, wie der Vetter auf einem offenen Wagen abtransportiert wurde. Die Mutter hatte ihm gerade noch das Brot und die Decke zuwerfen können, als der Wagen vorbeifuhr.

»Wohin fahren die mit Ewald und den anderen Männern?«, wollte Miluscha wissen.

»Ach, Kind«, seufzte Elsa auf. »Wer weiß das schon. Die machen doch mit den Deutschen, was sie wollen.«

»Müssen wir auch irgendwann wieder hier weg?«, fragte das Mädchen, als die beiden die Allee hinaufgingen.

»Das weiß nur Gott, was aus uns einmal wird. Freuen wir uns über jeden Tag, den wir noch hier sein können, ohne dass wir bedrängt werden.«

»Und Georg und Waldemar? Werden die auch abgeholt?«

»Das möge Gott in seiner Güte verhüten, mein Liebes«, gab die Mutter zurück. »Wir wollen besser gar nicht an so etwas denken.«

Und doch dachte Elsa immer wieder daran, wie sie ihre drei Stiefkinder vor einem immerhin möglichen Zugriff der russischen Behörden bewahren könnte. Sie fühlte sich Karl gegenüber in besonderer Weise verantwortlich für seine drei Kinder, denen sie jetzt seit fast dreizehn Jahren die Mutter ersetzen durfte.

Da kam ihr im Sommer 1937 die Tatsache zu Hilfe, dass per Dekret alle deutschen Schulen zu schließen seien. Deutscher Unterricht musste stark reduziert werden und war nur noch an russischen Schulen erlaubt. Das Lehrerschicksal von Karl Beer traf nun Rektor Sager. Er zählte als Funktionsträger jetzt auch zu den gefährdeten Personen. Deshalb zog er es vor, seine Arbeit ganz aufzugeben. Wenige Tage, nachdem er den Erlass erhalten hatte, packte er seine Koffer und reiste mit unbekanntem Ziel ab. Sein Kollege Koch blieb als einziger deutscher Lehrer zurück. Er würde den übrig gebliebenen Deutschunterricht allein übernehmen können.

Für die drei älteren Beer-Kinder gab es in der Region also keine

Möglichkeit mehr, eine weitere Schullaufbahn auf den Volksschulabschluss aufzubauen. Deshalb schrieb Elsa ein Gesuch an die Verwaltungszentrale in Schitomir mit der Bitte, den drei Vollwaisen eine Ausbildung am deutschen Lehrerbildungsinstitut in Engels in der Wolgarepublik zu erlauben und ihnen die Reise dorthin zu ermöglichen.

Schon nach vier Wochen kam die Antwort: Die drei durften reisen. Entsprechende Ausweise waren dem Bescheid bereits beigelegt.

So wurden bei Beers in Nedbarewka also wieder einmal Koffer gepackt. Georg, Olga und Waldemar machten noch eine Runde durchs Dorf, um sich von ihren Freunden und Bekannten zu verabschieden. Wer wusste schon, ob es in den unsicheren Zeiten ein Wiedersehen gab?

Im alten Schulhaus feierten sie am Tag vor der Abreise der drei noch ein Abschiedsfest. Rechte Freude wollte dabei freilich nicht aufkommen. Denn wenn das Reiseziel auch bekannt war, ging die Fahrt doch in eine unbekannte und unberechenbare Zukunft. Und das Empfinden aller war eher so, als sei dieser Abschied ein Abschied für immer.

Elsa war froh, dass sie den dreien die Erinnerung an den Segen ihres Vaters mitgeben konnte und dazu die Botschaft des Psalms 121:

»Ich hebe meine Augen auf zu den Bergen,
von welchen mir Hilfe kommt.
Meine Hilfe kommt von dem HERRN,
der Himmel und Erde gemacht hat.
Er wird deinen Fuß nicht gleiten lassen,
und der dich behütet, schläft nicht.
Siehe, der Hüter Israels schläft noch schlummert nicht.
Der HERR behütet dich;
der HERR ist dein Schatten über deiner rechten Hand,
dass dich des Tages die Sonne nicht steche
noch der Mond des Nachts.
Der HERR behüte dich vor allem Übel, er behüte deine Seele;
der HERR behüte deinen Ausgang und Eingang
von nun an bis in Ewigkeit.«

Alle bekräftigten das Amen, mit dem die Mutter ihre Worte abschloss. So würde es sein: Gott würde sorgen und segnen.

Ja, er würde es tun, wie er sie vor wenigen Wochen zweimal besonders geschützt und gesegnet hatte. – Was war passiert?

Elsa hatte Hugo ins Dorf geschickt, ein paar Sachen einzukaufen. Als der Junge zurückkam, winkte er schon in der Allee fröhlich mit der einen Hand. In der anderen trug er ein Paket. Es war ihm auf der Poststelle ausgehändigt worden. Post löste immer Freude aus im alten Schulhaus, weil sie so selten war. Und ein Paket ganz besonders, weil das noch seltener war.

Das Paket war von Onkel Albert aus Deutschland gekommen, von Elsas Bruder. Lange hatten sie von ihm nichts gehört. Umso größer war die Freude.

Am Abend, als die Familie vollständig war, wurde ausgepackt. Das war ein richtiges kleines Fest. Was da alles zum Vorschein kam: Zucker, Salz, Reis, Schokolade. Lauter Dinge, die hier schwer zu bekommen waren. Anlass für ein zusätzliches Dankgebet.

Vor dem Schlafengehen verstaute Elsa die Kostbarkeiten in einer Lade im Sockel des Kleiderschranks. Auf die Frage, wieso sie das tat, hätte sie sicher in dem Augenblick keine Antwort gewusst. Die bekam sie dafür ein paar Stunden später.

Die sieben Beers lagen im tiefen Schlaf, als es mitten in der Nacht heftig an die Tür klopfte. »Aufmachen, sofort aufmachen!«, tönte es fordernd von draußen.

Erschrocken wurden Elsa und die Kinder wach.

»Was ist das, Mama?«, fragte eines.

»Kein guter Besuch«, vermutete die Mutter. »Ihr verhaltet euch ganz still, Kinder. Und habt keine Angst. Gott ist bei uns.«

Es klopfte wiederholt sehr heftig.

»Ich komme ja schon!«, rief Elsa nach draußen. Sie warf sich rasch einen Umhang über und öffnete die Tür.

Ein russischer Polizist drängte sofort an ihr vorbei in den Raum. In den Schein seiner Lampe hielt er ein Papier. »Befehl für Durchsuchung!«, kommentierte er barsch. »Licht machen!«

Elsa drehte den Docht der Petroleumlampe höher, so dass es im Raum heller wurde.

»Mehr Licht!«, kommandierte der Mann. Georg war es, der die Anordnung befolgte und rasch zwei weitere Lampen anzündete.

Die Kinder verhielten sich ruhig.

»Ihr aufstehen! An Tisch setzen!«, befahl der Mann den anderen fünf, die gehorsam sofort aus ihren Betten sprangen und sich auf die Bank setzten. Miluscha erwischte Papas Lehnstuhl. Hier fühlte sie sich sicher.

An Elsa gewandt forderte der Russe: »Hier leuchten!«

Nun ging der Mann von einem Bett zum anderen, riss das Bettzeug herunter, drehte die Matratzen herum und schaute unter die Betten. Er öffnete alle Truhen und riss den Inhalt heraus. Er fand jedoch nicht, was er suchte.

Als er den Kleiderschrank öffnete, blieb Elsa für einen Moment das Herz stehen. Aber sie blieb äußerlich ganz ruhig. Der Uniformierte schaute in jeden Winkel, in dem man etwas hätte verbergen können. Er fand nichts.

Das ärgerte ihn offenbar, denn er schimpfte leise vor sich hin auf das deutsche Pack, das ausgerottet gehöre. »Diesmal gut. Später anders.« Mit diesen Worten verließ er das Haus und fuhr dem Geräusch nach mit einem Motorrad davon.

»Was wollte der Mann?«, fragte Miluscha leise.

Die Mutter bedeutete ihr, ganz still zu sein. Noch war das Motorengeräusch zu hören. Dann nach einigen Momenten hatte es sich gänzlich entfernt.

»Was hat der gesucht?«, wiederholte das Mädchen.

»Ich weiß es nicht«, antwortete die Mutter immer noch fast flüsternd. »Aber ich kann es mir denken. Irgendjemand muss den Russen gemeldet haben, dass wir ein Paket bekommen haben. Und das hat er gesucht.«

»Vielleicht hat mich ja auch jemand gesehen, als ich das Paket nach Hause gebracht habe«, vermutete Hugo.

»Wie gut, dass er die Schublade übersehen hat«, freute sich Olga.

»An der Stelle war der vielleicht blind«, kommentierte Erhard.

»Das kann sein, Kinder. Aber ich glaube eher, Gott hat ihm die Augen zugehalten, so dass er die Schublade gar nicht sehen konnte. Wir sollten ihm dafür sehr dankbar sein.«

»Kann ich wieder ins Bett gehen? Ich bin müde.« Der Jüngste gähnte herzhaft.

»Du kannst, mein Junge, nur müssen wir erst ein bisschen Ordnung machen.«

Das geschah dann auch. Die drei Großen halfen kräftig mit, und nach einigen Minuten krochen alle wieder in ihre Betten. Die Mutter löschte die Lampen und legte sich auch wieder hin. Das war ja noch einmal gut gegangen!

Aber die würden wiederkommen, davon war Elsa überzeugt. Wen die einmal auf der Liste hatten, der war nirgendwo mehr sicher vor ihnen. Vor allem waren auch die beiden Jungen jetzt in Gefahr. An solchen Burschen hielten sich die Russen jetzt auch gerne schadlos, wie die Verhaftung des Neffen schon bewiesen hatte. Hoffentlich kam der Bescheid wegen des Lehrerbildungsinstituts bald.

Aber zunächst musste Elsa erfahren, dass sie selbst den Behörden ein Dorn im Auge war.

Irgendjemand hatte beobachtet und gemeldet, dass Elsa Mutter Kühn besucht hatte, die seit einiger Zeit kränkelte und gar nicht mehr gesund werden wollte. Elsa verehrte die alte Frau, die ihr bei den Geburten von Hugo, Miluscha und Tabea beigestanden hatte. Warum also sollte sie sie nicht einmal besuchen?

Zwei Tage später kamen die Russen gleich zu dritt nachmittags mit einem PKW vorgefahren. Elsa war mit ihren drei Kleineren in der Stube, die drei Großen waren auf dem Feld.

»Sie Elsa Beer?«, fragte einer, der offenbar der Kommandant der Truppe war. »Sie verhaftet. Mitkommen!« In der Hand hielt er ein Papier, wohl den Haftbefehl.

Elsa erschrak bis ins Mark. »Was habe ich denn ... Das geht nicht. Sehen Sie doch meine Kinder ...«, versuchte sie sich zu retten.

Sie bemerkte in ihrem Schrecken nicht, dass Miluscha aus der Stube huschte. Die Männer beachteten es offenbar auch nicht.

»Kinder sind alt genug. Sie mitkommen!« Der Befehl war eindeutig. Da half auch nicht das Protestieren und Schreien ihrer beiden Jungen, die sich mutig vor die Mutter stellten oder sich an ihren Rock hängten und sie festzuhalten versuchten. Der Uniformierte stieß sie rücksichtslos zur Seite, auch den kleinen. Er nahm Elsa fest in den

Griff, und draußen waren sie. Der ganze Auftritt hatte nur wenige Augenblicke gedauert.

In der Stube zurück blieben zwei hilflose Jungen, zwölf und noch nicht fünf Jahre alt. Hugo sank auf einen Stuhl und verfiel in dumpfes Schweigen. Erhard kniete auf dem Boden, trommelte mit den kleinen Fäusten auf die Dielen und heulte laut auf: »Mama, Mama!«

Miluscha rannte derweil, so schnell sie konnte, hinaus auf das Feld, wo sie die drei Großen wusste.

Schon von weitem rief sie: »Die Mama! Schnell! Sie haben die Mama abgeholt. Kommt schnell! Vielleicht könnt ihr noch helfen.«

Georg, Olga und Waldemar ließen alles stehen und liegen und rannten nach Hause. Sie kamen natürlich zu spät. Das Auto mit den Polizisten und der Mutter war längst weg und die Allee hinunter. Jetzt war guter Rat teuer.

Zunächst mussten sie sich erst einmal selbst beruhigen und ihre eigene Wut besänftigen. Dann mussten sie ihre jüngeren Geschwister beruhigen, die das Geschehen nicht begreifen konnten. Sie selber konnten es ja auch nicht. Und schließlich mussten sie überlegen, was jetzt zu tun sei.

Georg entwickelte eine sehr kühne Idee: »Waldemar und ich fahren denen nach. Sie werden Mama nach Schitomir bringen. Da bringen sie alle erst hin. Und dann holen wir Mama zurück.«

»Du bist wohl wahnsinnig!«, fiel Olga ihrem Bruder ins Wort. »Dann geht es euch wie Ewald. Die kassieren euch gleich mit ein. Und dann?«

»Das werden die nicht tun«, widersprach Georg, als wäre er sich seiner Sache völlig sicher. »Die können uns nichts vorwerfen.«

»Und können die Mama was vorwerfen?«

»Eben nicht. Deshalb holen wir sie zurück. Machst du mit, Bruder?«

»Natürlich mache ich mit. Das sind wir Mama schuldig«, stimmte Waldemar sofort zu. »Oluscha spielt hier die Hausfrau und kümmert sich. Wir sind schon weg.«

»Und spätestens übermorgen wieder da, mit Mama«, ergänzte Hugo.

»Eure Worte in Gottes Ohren«, versuchte Olga noch einzulenken.

Weiteren Widerspruch ihrer Schwester ließen die beiden jungen Männer nicht zu. Hugo und Miluscha hätten ohnehin nicht widersprochen. Welche Gefahr das Unternehmen in sich barg, konnten sie beide noch nicht einschätzen. Und Erhard verstand gar nichts von dem, was die Großen da vorhatten.

Wenig später machten sich Georg und Waldemar auf den Weg. Fünfundzwanzig Kilometer lagen vor ihnen und ein Vorhaben, das eigentlich unmöglich zu realisieren war.

Aber bei Gott ist bekanntlich das Unmögliche möglich, und wem er hilft …

Die beiden Jungen erreichten noch am Abend Schitomir. Und sie fanden sogar das Gebäude, wo man ihre Stiefmutter zum Verhör festhielt.

Am nächsten Morgen – irgendwo hatten sie sich für die Nacht zum Schlafen hingelegt – bekamen sie Einlass in die Präfektur und sogar Zugang zu der Verhandlung gegen die Mutter. Und dann gelang es den beiden tatsächlich, den Vorwurf zu entkräften, ihre Mutter sei eine Betschwester und sie hielte heimlich in den Häusern Bibelstunden.

Der Einsatz der beiden »Spezialanwälte« für ihre Stiefmutter machte offenbar großen Eindruck auf die Vernehmungsbeamten. Und die Jungen erreichten tatsächlich, was sie selbst kaum für möglich gehalten hatten: Elsa durfte gehen. Sie bekam lediglich eine strenge Verwarnung, sich an die Gesetze des Landes zu halten, auch an die zur Religion.

War das eine fröhliche, ja fast ausgelassene Rückwanderung ins heimatliche Dorf!

Wie gut hatte Gott doch wieder für sie gesorgt. Er hatte deutlich seine Hände im Spiel gehabt. Ohne seine Hilfe wäre die Befreiungsaktion nicht gelungen. Darin waren sich alle einig.

Diese Ereignisse gingen Elsa noch einmal durch den Kopf, als sie mit ihren drei leiblichen Kindern lange dem Zug mit Georg, Olga und Waldemar nachwinkte, bis er, eine lange Rauchfahne hinter sich herziehend, hinter einer Streckenbiegung verschwunden war. Sie war sich sicher, dass sie ihren drei Stiefkindern den richtigen Weg geebnet hatte.

Und es tröstete sie bei allem Abschiedsschmerz, dass die drei ihr wiederholt gesagt hatten, sie hätten von ihrer leiblichen Mutter nicht mehr Liebe und Zuwendung erfahren können, als Elsa ihnen entgegengebracht hatte, trotz der Strenge, die zuletzt an der Tagesordnung war. Das hatte ihr wohl getan und sie beruhigt. Hätten Georg und Waldemar sonst den mutigen Befreiungseinsatz gewagt? So eine Aktion riskiert man nur für einen Menschen, den man liebt. Ihr Herz war voll Dankbarkeit für die drei und für Gottes Hilfe in den gemeinsamen Jahren.

Merkwürdig war es dann am Abend schon, im kleinen Kreis um den großen Tisch zu sitzen und auf einmal drei leere Bettplätze zugleich zu haben. Aber auch daran würden sich alle rasch gewöhnen. Und wie Elsa ohne die Hilfe der drei Großen die Arbeit bewältigte, das würde sich auch erweisen.

Deportation

Ein gutes Dreivierteljahr war ins Land gegangen. Elsa Beer kam mit der Situation der verkleinerten Familie einigermaßen zurecht. Ihre drei Kinder mussten halt noch mehr helfen, das Schulhaus und den Turnsaal regelmäßig zu heizen und zu reinigen, die eigene Wohnung in Ordnung zu halten, Menschen und Vieh zu versorgen. Die Zeit für Kinderspiele war für Hugo, Miluscha und Erhard noch weiter reduziert, was vor allem das Mädchen immer wieder zum Widerspruch reizte, ja zuweilen auch aus der mütterlichen Ordnung ausbrechen ließ. Die jeweils folgenden Strafen nahm sie dann trotzig auf sich und behielt ihre strenge Mama doch lieb. Bei aller Mühsal war diese Zeit dennoch eine glückliche für die vaterlose Familie.

Einmal im Monat kam Post von Georg, Olga und Waldemar. Die drei waren gut in Engels an der Wolga angekommen. Sie fühlten sich wohl im Institut und lernten gern. Und sie waren sicher. In keinem Brief hatte bisher etwas gestanden von Unterdrückung oder Behinderung oder gar Gefahr für die Deutschen an der Wolga.

Elsa freute sich bei jedem Brief neu darüber, dass sie den drei ältesten Beer-Kindern den Weg in die weitere Ausbildung erwirkt hatte. Karl hätte sicher seine Freude daran.

Ja, ihr lieber Karl. Der fehlte doch immer wieder sehr. Ihr selbst und auch ihren Kindern. Vor allem fehlte er Miluscha. Sie vermisste ihren Vater am meisten; seine sanfte Stimme und seine Liebkosungen. Sie vermisste das Geigenspiel, das Singen, das Scherzen mit ihm. Die Mutter war mit der Zeit und ihren Entbehrungen hart geworden und manchmal sogar kalt. Wer konnte das nicht verstehen?

Vaterlos aufwachsen – das war nicht gut. Der Gedanke, ihnen einen neuen Vater zu geben, hatte Elsa nur für wenige Momente beschäftigt. Damals, als Rektor Sager um sie geworben hatte. Ihre eigenen Bedenken und Einwände waren gestützt worden von dem heftigen Widerstand, den in der Hauptsache Miluscha geleistet hatte. Rektor Sager könne nie ein solcher Vater werden, wie der eigene es gewesen war, und sie wolle keinen anderen Vater.

Elsa hatte den Antrag des Rektors zurückgewiesen. Heute war sie sich mehr denn je sicher, dass sie es richtig gemacht hatte. Wo war Sager jetzt? Ob er noch lebte? Vielleicht war er auch irgendwo in einem Arbeitslager?

Ewald Loske hatte aus einem solchen Lager in Archangelsk geschrieben, hoch im Norden am Weißen Meer gelegen. Der Neffe lebte also noch.

August 1938. Es waren Ferien. Da machte die Schule weniger Arbeit, der Garten und die Landwirtschaft dafür umso mehr. Bei dem sommerlichen Wetter spielte sich auch das Familienleben viel im Freien ab.

So auch an jenem folgenschweren Mittwoch. Es war angenehm warm draußen. Ein leiser Wind strich durch die Bäume. Ein paar Vögel ließen sich hören. Bienen summten in der Linde. Die Luft duftete nach Sommer und reifem Getreide. Das Federvieh lief gackernd im Hof umher. Die beiden Pferde weideten unter den Obstbäumen, angebunden, damit sie nicht übermütig würden.

Elsa saß mit den Kindern vor dem Haus beim Essen, als wieder einmal Motorengeräusch von der Allee her die Mittagsidylle störte. Die vier am Tisch schauten sich an, als wollte jeder zugleich sagen: »Das hat nichts Gutes zu bedeuten.«

Dann bog das Motorrad in den Hof ein. Der darauf saß, ein russischer Polizist, stellte seine Maschine nur kurz ab, überreichte Elsa einen Umschlag, stieg wieder auf und fuhr davon. Keine Silbe hatte er gesprochen. Nur einen unheilschwangeren Brief abgeliefert.

Mit zitternden Händen öffnete Elsa den Umschlag, auf dem auch wirklich ihre Adresse stand, und zog einen blauen Zettel heraus. Er war auf Russisch geschrieben, mit einem dicken Stempel versehen und einer unleserlichen Unterschrift.

»Kinder, nun ist es soweit«, konnte die Mutter nur hauchen. Alle Farbe war aus ihrem sonst immer etwas rosigen Gesicht gewichen, und schwer fielen ihr die Hände in den Schoß. »Wir müssen fort.«

Miluscha nahm ihr das Schreiben aus der Hand und las den Text laut vor. »Sie haben sich am kommenden Sonntag zur Verschickung nach Sibirien bereitzuhalten mit Gepäck, das Sie tragen können. Schitomir, den ... Unterschrift.«

»Oh, Gott«, sagte Elsa mit tonloser Stimme. »Auch das steht in deiner Hand.«

»Und was müssen wir jetzt tun?«, fragte Miluscha.

»Packen«, antwortete die Mutter. »Packen und Abschied nehmen. Diesmal wohl für immer. Von dort ist bisher keiner zurückgekommen.«

Damit herrschte für eine Weile Schweigen am Tisch. Essen mochte keiner mehr, außer Erhard, der sich noch einmal den Teller füllte. Er konnte die Schwere des Augenblicks noch nicht ermessen. Hugo und Miluscha begriffen da schon eher, was auf die Familie zukam.

»Aber Mama«, versuchte Miluscha schließlich Elsa aufzumuntern, »wir reisen doch gemeinsam. Wir werden doch nicht getrennt, wie die das bei anderen Familien schon gemacht haben.«

»Ja, Kind, das ist richtig. Und das ist auch gut so. Nicht auszudenken, wenn ich wieder allein hätte gehen müssen wie im vorigen Jahr. Was wäre dann aus euch geworden?«

»Und jetzt haben wir auch keinen Georg und keinen Waldemar, die uns da wieder rausholen«, meinte Hugo.

»Nein, Kinder, die haben wir nicht. Und wie gut ist es, dass die drei in Sicherheit sind.«

»Und was machen wir jetzt?«

»Wir können nur alles in Gottes gute Hände legen. Denkt an Vaters letzte Worte in Wischnewka.«

»›Sorgt nicht‹, hat Papa gesagt«, erinnerte sich Hugo. »›Sorgt nicht. Für euch wird gesorgt. Der Vater im Himmel bleibt.‹«

»Ja, das waren seine Worte. Und die gelten dann auch in Sibirien«, ergänzte Elsa. »Und nun müssen wir packen. Wir dürfen mitnehmen, was wir tragen können. Und wir können sicher viel tragen.«

»Ich kann auch schon tragen, Mama«, meldete sich Erhard mit vollem Mund. Der Jüngste war immer noch mit dem Essen beschäftigt. Er ließ sich vom Ernst der Lage nicht den Appetit verderben.

»Klar kannst du schon tragen. Du kriegst auch dein Bündel.«

Elsa schrieb noch am selben Tag einen Brief an die Kinder in Engels. Sie sollten doch über das Geschick der Familie informiert sein. Denn auch die Frage war nicht zu beantworten, ob es in Zukunft irgendwo eine Begegnung und ein Wiedersehen geben konnte.

Miluscha musste den Brief dann gleich zur Poststelle bringen, damit er möglichst bald mitgenommen würde.

Die nächsten Tage waren ausgefüllt mit Aussuchen, Bereitlegen, Wieder-Weglegen, Einpacken und Wieder-Auspacken aller möglichen Dinge. Elsa bemühte sich, so günstig wie möglich zusammenzustellen, was sie mitnehmen wollten und konnten an Bettzeug, Haushaltsgerät, Lebensmittelvorräten und so weiter, dazu ein paar unverfängliche Bücher und ein wenig Spielzeug. Die Deportation barg ja eine Fülle von Unbekanntem. Und da war es gut, für viele Eventualitäten vorgesorgt zu haben.

Miluschas Wunsch, Papas Geige mitnehmen zu dürfen, damit sie ein Erinnerungsstück hätte, musste die Mutter allerdings ablehnen. Das Instrument wurde sowieso nicht mehr gespielt, und es war einfach hinderlich. Anderes mitzunehmen war wichtiger. Das musste die Zehnjährige schließlich auch einsehen.

Am Samstag stand alles bereit. Die Transportfähigkeit der Bündel und Koffer war genügend getestet und genau auf die vier Personen verteilt. Die unfreiwillige Reise gen Osten konnte beginnen. Tröstlich für alle: Auch dort war Gott der Herr.

Nachmittags machte die Mutter mit den Kindern einen Abschiedsgang durchs Dorf. Auf der einen Seite des Baches ging's hinauf, auf der anderen zurück. Unterwegs Halt bei Hirsekerns, beim Bürgermeister, bei Mutter Kühn, beim Arzt, bei den drei übrig gebliebenen Loskes-Kindern. Alle waren sehr betroffen über die erneute Trennung der Beers von Nedbarewka, und es floss manche Träne. Auch auf den Friedhof gingen die vier noch einmal, wollten sie doch ebenso am Grab von Tabea Abschied nehmen.

Auf dem Schulhügel machte Miluscha dann noch eine Runde durch alle Gebäude und Räume, die sie betreten konnte. Durch das Schulhaus, in dem sie drei Jahre lang fleißig und gut gelernt hatte, durch den Stall, wo sie oft die Pferde und Kühe versorgt und den Mist nach draußen transportiert hatte. Sie verabschiedete sich von den geliebten Schweinen und fing auch noch einmal ein Huhn ein, um es auf den Arm zu nehmen und zu streicheln. Sie warf sogar noch einen Blick in den ungeliebten Holzschuppen. Wer würde wohl im nächsten Winter das Holz in die Schulräume schleppen und wer würde die großen Öfen heizen?

In der letzten Nacht im alten Schulhaus vermochte keiner von den Beers so recht zu schlafen, ausgenommen wieder Erhard. Der war weit weg und träumte von der großen weiten Welt, in die er reisen durfte. Unbekümmertes Kind!

Sehr früh mussten die vier aufstehen, sich für die Reise anziehen, noch ein wenig frühstücken, um dann pünktlich am Fuß des Schulhügels für die Abholung bereitzustehen. Es war eine traurige Karawane, die sich da zur frühen Stunde die Allee hinunterbewegte.

Von Hainau her kam bald ein Fuhrwerk, das die vier abholen sollte. Rasch war das Gepäck aufgeladen, und jeder fand seinen Platz.

Elsa erschien die Situation ähnlich der von vor einigen Jahren. Nur war es nicht Hans, der sie an die Bahn fuhr, sondern ein Fremder. Und heute ging es auch nicht nach Nowograd Wolynski, sondern nach Schitomir. Aber auch heute gab es niemanden am Weg, der ihnen zum Abschied noch einmal gewunken oder einen Gruß zugerufen hätte. Und heute gab es keinen Karl, der am Rand des Eichenwäldchens zugestiegen wäre.

Ehe der Leiterwagen ins Wäldchen hineinfuhr, wandte Miluscha sich noch einmal um. Sie winkte dem verschwindenden Dorf zu, der Blumschen Mühle, dem Schulhügel, den Teichen, dem Paradies ihrer Kindheit, die mit dieser Reise ihr endgültiges Ende fand. Als wollte sie sagen: Macht's gut. Es war schön bei euch.

Was mochte sonst im Kopf dieses Kindes vorgehen? Was in den Köpfen ihrer Mutter und der beiden Brüder? Die Möglichkeit, Nedbarewka doch einmal wiederzusehen, hatte jedenfalls niemand in seinen Gedanken.

Elsas Gedanken waren mit der unmittelbaren Zukunft beschäftigt. Gab es in Schitomir neue Verhöre? Waren sie die Einzigen, die reisen mussten? Wurde das Gepäck akzeptiert? War im Zug Platz genug? Viele Fragen drehten sich in ihrem Kopf. Aber auch der Gedanke an Karls letzte Worte kam immer wieder. Das machte die Frau innerlich ruhig und getrost.

Die Abfertigung in Schitomir verlief recht problemlos. Es gab nur eine kurze Befragung der Mutter auf der Präfektur und eine Belehrung, wie sie sich mit ihren Kindern auf der Reise zu verhalten hätte.

Das Gepäck wurde nur oberflächlich kontrolliert, aber nicht untersucht. Gott sei Dank! So blieb vor allem Karls Bibel unentdeckt.

Dann bekam Elsa einige Papiere ausgehändigt und wurde mit ihren Kindern zum Bahnhof geschickt. Dort wies ein Bahnbediensteter – ob seine Freundlichkeit wohl ein Zeichen seines Mitgefühls mit den Zwangsreisenden war? – den vieren ein Abteil in einem bereitstehenden Zug an, in das sie mit ihrem Gepäck gerade so hineinpassten. In anderen Abteilen wurden andere Leute untergebracht, die offenbar das gleiche Schicksal getroffen hatte wie die Beers. Der Heimat mit Gewalt entrissen, verfrachtet in eine unbekannte Zukunft.

Dann ging irgendwann die Reise los. Zunächst in Richtung Kiew, später weiter nach Moskau. Immer in dem gleichen Waggon, der auf verschiedenen Bahnhöfen einfach an andere Züge angehängt wurde. So brauchten die Reisenden wenigstens nicht ständig umzusteigen.

Moskau! Hier war erst einmal Endstation.

Das bedeutete aussteigen und mit allen Personen und mit Sack und Pack auf dem Bahnsteig warten, bis eine Weisung kam. Und die ließ auf sich warten.

Nach ein paar Stunden kam endlich eine russische Bahnbeamtin und forderte die Reisenden auf, ihr zu folgen. Ein großer Wartesaal im Bahnhofsgebäude wurde die Herberge für die nächsten drei Tage. Schlafpritschen standen an den Wänden entlang, und in der Mitte des Raumes sahen sie einige Tische mit Stühlen drum herum. In der großen Halle gab es Toiletten, wo sich die Leute auch einmal waschen konnten. Versorgt würden alle aus der Küche der Bahnhofskantine, wurde ihnen gesagt. So waren die angekündigten drei Tage des Wartens auf die Weiterfahrt gut zu bestehen.

Elsa schlug in einer hinteren Ecke das Lager für sich und die Kinder auf. Zwei Pritschen standen ihnen zur Verfügung. So musste keiner von ihnen auf dem Fußboden schlafen. Bettzeug hatten sie für zwei Betten. Sie waren es ja gewohnt, zu zweit in einem Bett zu liegen.

In ihrem Inneren dankte Elsa Gott von Herzen dafür, dass er auch hier schon für sie gesorgt hatte. Wie gerne hätte sie mit den Kindern gemeinsam ein Gebet gesprochen. Aber das war zu gefährlich. Es ging ihr so wie wohl allen Zwangsverschickten. Besser, sie vermieden alles, was ihre Lage hätte verschlimmern können.

Am nächsten Morgen kam die Bahnbeamtin von gestern mit einigen Milizionären in den Wartesaal. »Kontrolle. Halten Sie Papiere bereit und zeigen Sie Gepäck!«, rief sie in den Raum, nachdem sie sich mit einer Trillerpfeife in dem Stimmengewirr Gehör verschafft hatte.

Elsa setzte sich mit dem Kleinen auf eine der Pritschen. Erhard drückte sich eng an sie. Hugo und Miluscha beobachteten interessiert die Gepäckkontrollen.

Hier musste jemand ein Bündel aufschnüren, dort ein anderer einen Koffer öffnen. Bei einigen nahmen die Männer ein Buch in die Hand, blätterten es durch, behielten es wortlos ein oder gaben es zurück. Welche Bücher die Männer behielten, konnten die beiden leider nicht sehen. Warum sie andere Gegenstände beschlagnahmten, konnten sie sich nicht erklären.

Endlich hatte sich die Gruppe der Kontrolleure nach hinten durchgearbeitet. »Aufstehen!«, herrschte einer von ihnen Elsa und den Jungen an. Einer der Milizionäre nahm das Bett auseinander, wo sie gesessen hatten. Ob er vermutete, die Frau hätte sich auf verbotenes Gut gesetzt in der Hoffnung, dass es nicht entdeckt würde?

Die Gruppe zog bald ab, und Elsa atmete auf. Wieder schickte sie ein inneres Dankgebet zum Himmel. Die zweite Pritsche war unkontrolliert geblieben. Karls Bibel war erst einmal wieder gerettet. Gott hatte ihr stilles Gebet erhört. Dann ertönte wieder die Trillerpfeife.

Die Bahnbeamtin hatte etwas mitzuteilen: »Sie haben Ausgang bis abends 18 Uhr. Sie bekommen von mir Papier für Metro, Straßenbahn und Bus. Sie haben Möglichkeit, Moskau sehen. Heute und morgen. Nicht vergessen, persönliche Papiere mitnehmen. Auf jeden Fall sehen Mausoleum Väterchen Lenin bei Kreml. Gepäck ist hier sicher. Ich wünsche guten Tag in Moskau.«

Die Leute im Saal trauten ihren Ohren nicht. Sie durften den Bahnhof und das Gelände verlassen und sich frei bewegen. Zwei Tage lang sich frei bewegen!

»Mama, wir dürfen in die Stadt, in die große Stadt Moskau«,

jubelte Miluscha, die nach den Tagen im engen Waggonabteil für jedes Abenteuer zu haben war.

»Was ist Metro?«, wollte Erhard wissen.

»Das ist so was wie eine Eisenbahn, die unter der Erde fährt«, belehrte ihn Hugo. »Die gibt es erst seit ein paar Jahren.«

»Dann möchte ich Metro fahren«, wünschte sich Erhard, »und das Mausloch Lenin sehen.«

»Das Mausoleum sehen, heißt das, Kleiner«, verbesserte ihn Miluscha.

»Mama, bitte, lass uns gehen«, drängten die beiden Großen jetzt gleichzeitig.

Die Beers waren die letzten, die sich ihren besonderen Ausweis abholten, ehe sie sich auf den Weg in die Stadt machten.

Als sie am späten Nachmittag zurückkamen, waren sie alle todmüde. Was hatten sie nicht alles gesehen und erlebt! Häuser, so groß, dass man alle Häuser und Hütten von Nedbarewka in ein einziges hätte hineinstecken können; breite, gepflasterte Straßen mit besonderen Wegen auf beiden Seiten für die Menschen; stinkende und lärmende Autos, große und ganz große; Omnibusse, die voll gestopft waren mit Menschen; Straßenbahnen, die mit elektrischem Strom angetrieben wurden, den sie aus Drähten in der Luft holten; Gaslaternen, die abends und nachts die Straßen beleuchteten; Menschen und immer wieder Menschen – dass es so viele Menschen gab, die in einer Stadt wohnten! –; die riesigen unterirdischen Bahnhöfe der Metro und dann diese Züge, die wie von Geisterhand gefahren sich unter der Erde bewegten!

Beim Einsteigen wäre Miluscha beinahe in der Türe eingeklemmt worden, weil sie zu viel zu sehen hatte und nicht schnell genug ihr zweites Bein mit in den Zug genommen hatte. Aber die Sache war noch einmal gut gegangen.

Als die vier nach einer Stunde Wartezeit in der Menschenschlange endlich im Mausoleum den aufgebahrten, einbalsamierten Staatsführer Lenin sahen, wurde ihnen doch etwas merkwürdig ums Herz. Sie sahen plötzlich in ihrem Inneren einen anderen Toten vor sich, der vor wenigen Jahren in ihrer eigenen Hütte aufgebahrt gelegen hatte. Und es ging ihnen wohl die Frage durch den Sinn: »Karl, warum bist du nicht mehr da?« Oder: »Papa, wie gerne hätten wir dich noch bei uns.« Für Erhard war es freilich das erste Mal, dass er einen Toten liegen sah, und er konnte damit nicht viel anfangen. Was wohl auch gut war.

Allmählich füllte sich der Wartesaal der Deutschen wieder. Alle kamen sie zurück. Gleich gab es etwas zu essen, und dann konnte die Nacht beginnen. Wie gesagt, nicht nur die Beers waren vom Besuch in der Stadt todmüde.

Aber dann war doch nicht an Schlafen zu denken. Denn was sich da unerwartet ereignete, war unfassbar.

»Mama, schau!«, rief Miluscha plötzlich und ließ ihren Löffel in den Teller fallen, aus dem sie gerade eine Brotsuppe aß. Beinahe hätte sie sich verschluckt. »Schau, da ist Waldemar!«

»Kind, du siehst Gespenster«, gab Elsa zurück, ohne von ihrem Teller aufzuschauen.

»Nein, ich sehe keine Gespenster. Da ist Waldemar. Dort an der Tür spricht er mit einer Frau. Der fragt nach uns.«

Miluscha sprang auf, wobei sie ihren Stuhl umwarf, und sprang ihrem Bruder entgegen. »Waldemar! Bruder! Hier sind wir!« Und dann lagen sich die beiden schon in den Armen.

Inzwischen hatte auch Elsa begriffen und kam den Geschwistern entgegen. »Waldemar, Junge, wo kommst du denn her? Wie hast du uns gefunden? Wie schön, dass wir uns treffen.«

Jetzt drängte sich auch Erhard dazu, um seinen großen Bruder zu begrüßen.

Waldemar erzählte. Vor zwei Tagen war Elsas Brief in Engels angekommen. Der musste Flügel gehabt haben! Dann hatten die drei Geschwister im Institut überlegt, was sie tun könnten. Da sie ahnten, dass die Deportationstransporte für die Deutschen alle über Moskau gingen, wagten sie den Versuch, die Lieben in der Hauptstadt zu treffen. Georg und Olga hatten aber nicht fahren können. Also hatte Waldemar sich noch am selben Tag allein von Saratow aus auf den Weg gemacht. Vor einer Stunde war er angekommen. Er hatte sich dann gleich erkundigt, ob irgendwo eine Gruppe Deutscher untergebracht sei, und so hatte man ihn auf diesen Wartesaal verwiesen. Und jetzt war er da.

Ihre Freude war unbeschreiblich. Es gab so vieles zu erzählen, dass es spät wurde, bis die Beers endlich zum Schlafen kamen.

So machten sie sich dann am nächsten Morgen zu fünft auf den Weg durch die Stadt. Vorher aber ging Waldemar in die Abfertigungshalle des Bahnhofs, um herauszufinden, welche Strecke der Transport weiter nehmen würde.

Er erfuhr, dass es zunächst weiterginge nach Kuibyschew. Das war günstig. Auf dieser Strecke konnte er gut mitfahren und seine Familie begleiten. Von Kuibyschew aus gab es dann eine Bahnlinie nach Saratow, und Waldemar konnte leicht sein jetziges Zuhause wieder erreichen.

Der dritte Moskauer Morgen brach an. Sehr früh holte die Trillerpfeife den letzten Schläfer aus seinen Träumen in die Wirklichkeit. Die hieß: »Um acht Uhr nehmen Gepäck und gehen an Gleis 15. Dort Zug steht nach Kuibyschew. Dort Sie bekommen Anweisung. Ich wünsche gute Reise.«

Für die nächste Etappe mochten die fünf Beers diesen Wunsch der freundlichen Bahnbeamtin gerne hören. Aber für später?

Daran dachte jetzt freilich niemand. Waldemar war da und fuhr die nächste Strecke mit. So waren sie für einen Tag oder länger noch zusammen.

Der Waggon, in dem der Familie Platz zugewiesen wurde, hatte leider nur Großraumabteile. So waren sie nicht unter sich, sondern mussten den Raum für das Gepäck und die Sitzplätze, vor allem die Fensterplätze, mit anderen teilen. Aber wenn alle ein wenig zusammenrückten ... Sie waren doch eine Schicksalsgemeinschaft. Da fiel das Einschränken nicht so schwer.

Zwei Tage dauerte die Fahrt bis in die mächtige Industriestadt an der Wolga. Gleich nach der Ankunft erkundigte sich Waldemar nach einem Anschlusszug nach Saratow. Und er hatte Glück, der Zug fuhr schon in einer Stunde.

Also hieß es Abschied nehmen, jetzt wohl für eine unbestimmte Zeit.

»Behüt dich Gott, mein Junge, und vergiss uns nicht. Und grüß ganz lieb Georg und Olga. Nimm sie für mich in die Arme. Schade, dass sie nicht mit hier sein konnten.«

Noch ein paar letzte Umarmungen und Händeschütteln, dann musste Waldemar endgültig gehen. Er winkte noch ein paarmal zurück und war bald in der Menschenmenge auf dem Bahnsteig verschwunden.

»War das schön, dass Waldemar uns besucht hat und bis hierher mitgefahren ist«, sagte Miluscha.

»Schade, dass er nicht noch ein bisschen weiter mitfahren konnte«, fügte Hugo hinzu. Und Erhard wollte wissen, warum sie denn nicht mit dem Bruder nach Engels fahren konnten.

»Ja, Kinder, schön war's und zum Danken. Jetzt ist es leider wieder traurig. Unsere Reise geht in eine ganz andere Richtung als die eures Bruders. Aber wir vier sind wenigstens weiter zusammen.«

»Und Waldemar hat Georg und Olga.«

»Recht hast du. Die drei halten genauso zusammen wie wir.«

Lange stand der Zug im Bahnhof von Kuibyschew. Endlich gab es eine Lautsprecherdurchsage in deutscher Sprache. Die Stimme gab Anweisung, auszusteigen und mit allem Gepäck auf einen bestimmten Bahnsteig im Güterabfertigungsbereich zu kommen. Dort stünde der Zug für die Weiterfahrt bereit. Man möge sich beeilen.

Also bekam jeder wieder sein Bündel aufgepackt und seinen Koffer in die Hand, und dann ging es zu der angegebenen Stelle. Dort stand ein Zug. Und was für einer.

»Das sind ja lauter Viehwagen!«, empörte sich Miluscha. »Sind wir denn Kühe oder Schafe?«

»Bist du wohl still!«, maßregelte Elsa ihre Tochter sofort. »Willst du uns in Schwierigkeiten bringen?«

Das wollte das Mädchen natürlich nicht. Und darum schwieg es auch gleich wieder.

Aber Miluscha hatte Recht. Es waren Viehwagen. Und in jedem befanden sich offenbar einige Tiere. Das Blöken von Schafen und das Muhen von Rindern war nicht zu überhören. Und der Geruch, der in der Luft lag, war auch eindeutig. Nur ganz vorne hinter der Lokomotive schien es ein paar Personenwagen zu geben.

Am letzten Wagen des Zuges stand ein Uniformierter mit einer Liste in den Händen. Die deutschen Männer, Frauen und Kinder mussten sich anstellen und dann einzeln oder wie sie zusammengehörten an dem Mann vorbeigehen. Der fragte nach dem Namen, schaute in seine Liste und nannte dann die Nummer des Wagens, in den die betreffenden Menschen einsteigen sollten.

Es war ein richtiges Getümmel auf der Verladerampe.

»Familie Beer«, sagte Elsa, als sie an der Reihe waren.

»Wagen sieben«, bekam sie zur Antwort.

»Von vorne oder von hinten gezählt?«

»Wagen sieben, vorne.«

Die vier Menschen gingen weit am Zug entlang, bis sie den Wagen Nummer sieben erreichten. Die große Schiebetür stand offen und man konnte hineinsehen. Der hintere Teil des Waggons war leer. Im vorderen lagen vier Rinder, gemächlich wiederkäuend.

»Ein Viehwagen, sogar mit Kühen drin, und gleich vier Stück«, rümpfte Miluscha die Nase. »Da kann man uns vier Hornochsen ja dazupacken.«

»Bist du wohl still!«, herrschte die Mutter sie an. »Vielleicht bist du noch dankbar, dass wir mit diesen Viechern zusammen sein können. Hugo, klettere hinauf, damit wir dir das Gepäck anreichen können.«

Hugo tat es und nahm das Gepäck ab. Dann reichte er der Mutter selbst die Hand und half ihr hinauf. Miluscha hob Erhard hinauf und kletterte dann selbst hinterher.

»Sauberes Quartier«, sprach sie mehr zu sich selbst, als dass sie jemanden angesprochen hätte. Aber Elsa hatte die Bemerkung wohl verstanden. Und ehe die Tochter sich besinnen konnte, hatte sie sich eine kräftige Ohrfeige eingefangen. »Damit dir das Schimpfen für die nächste Zeit vergeht!«

Miluscha hielt sich die Backe und verzog sich in die letzte freie Ecke. Am liebsten hätte sie laut losgeheult. Aber das ließ sie dann doch lieber bleiben.

Sie richteten sich den Reise- und Wohnraum für die nächsten Tage einigermaßen her. Sitzgelegenheiten hatte der Wagen keine außer auf dem Boden. Aber zum Liegen bot er Platz genug. Fenster zum Hinausschauen hatte er auch nicht. Es gab lediglich vier Lüftungsluken, in jeder Wagenhälfte zwei, die über Kopfhöhe angebracht waren. Wenn man da hinausschauen wollte, musste man sich irgendetwas unter die Füße nehmen, das auch das Gewicht einer Person tragen konnte.

»Da draußen liegt eine Kiste neben der Rampe, genau unserem Wagen gegenüber. Die scheint leer zu sein. Ob wir uns die hereinholen können?«

Miluscha hatte sich nach der Ohrfeige wieder gefasst, und sie war es, die diese Idee hatte. Dazu meinte sogar Elsa, dass das vielleicht nicht schlecht sei. Denn gar nicht einmal hinaussehen zu können, das wäre schon schlimm. Außerdem gab es da oben auch schon einmal frische Luft, wenn der Geruch der Tiere im Wagen zu mächtig werden sollte.

»Ich springe noch einmal hinaus und tue so, als gehöre die Kiste zu unserem Gepäck«, schlug Miluscha vor. »Und du, Hugo, nimmst mir das Ding ab.«

»Meinetwegen«, stimmte die Mutter zu. »Aber sei vorsichtig.«

Das Mädchen sprang noch einmal aus dem Wagen auf die Rampe, auf der immer noch Betrieb herrschte. Es waren noch nicht alle Leute mit ihren Habseligkeiten eingestiegen. Aber es standen auch nicht mehr viele in der Reihe. Miluscha griff die leere Kiste so, als wäre sie schwer. Das kluge Kind hielt sie auch so, dass man die Öffnung nicht sehen konnte. Mit offenbar großer Kraftanstrengung reichte sie das Ding ihrem Bruder, der die Kiste sofort zum anderen Gepäck in die Ecke stellte – mit der Öffnung nach unten.

Die Kiste war tatsächlich stabil genug, einen Menschen zu tragen, und wenn man sie auf die Längsseite stellte, konnte man bequem aus der Luke sehen. Nur für Erhard war sie immer noch zu niedrig. Na, da musste eben der Kleinste immer einmal für eine Weile bei einem seiner Geschwister auf die Schultern steigen.

Weil im Waggon nichts mehr zu ordnen war, setzten Miluscha und Hugo sich dann in die Türöffnung. So konnten sie verfolgen, was draußen geschah.

Die Rampe war jetzt leer, und der Mann mit der Liste war in ein Gebäude auf der anderen Seite gegangen.

Von der Lokomotive ertönte ein lautes Pfeifsignal.

Dann kam der Mann mit ein paar anderen wieder auf die Rampe. Die Männer begannen, die Waggontüren zu schließen. Die beiden Kinder erhoben sich, um nicht im Weg zu sitzen.

Und dann war auch Wagen sieben an der Reihe. Krachend fiel die Schiebetür in ihre Verriegelung, die sich nur von außen öffnen ließ.

Im Inneren war es dämmrig. Einzige Lichteinlässe waren die vier Luken. Die ließen nicht viel Helligkeit herein.

»Jetzt sind wir richtig im Gefängnis«, kommentierte Miluscha die Veränderung.

»Kind, das sind wir doch sowieso. Dass wir bisher so komfortabel gereist sind, war nicht selbstverständlich. Wir wollen dafür dankbar sein.«

An Elsas Tonfall war zu spüren, dass sie bemüht war, die Kinder, vor allem Miluscha, wieder zu Laune zu bringen. Die Ohrfeige vorhin tat ihr Leid. Das Mädchen hatte ja doch eigentlich Recht.

»Und wann macht mal jemand die Tür wieder auf?«, fragte Hugo.

»Keine Bange, mein Junge, das Vieh muss ja immer wieder mit Wasser und Heu versorgt werden. Also müssen wir wenigstens einmal am Tag irgendwo stehen bleiben. Und dann wird auch die Tür geöffnet.«

»Und wenn ich mal muss?«, war Erhards Sorge.

»Dann hockst du dich dahin, wo die Kühe auch hinmachen«, antwortete Miluscha. »Anders geht es nicht.« Dabei schauderte ihr schon ein wenig. Die Toilette mitten in der Wohnung!? Schlimm!

Nun dauerte es nicht mehr lange, bis sich der Zug nach ein paar kräftigen Pfeifsignalen in Bewegung setzte. Auf zu neuen Zielen. Und die lagen nach einer Aussage, die Elsa zufällig im Vorbeigehen mitbekommen hatte, nicht in Sibirien, sondern im südlich gelegenen Kasachstan. Der Name der Stadt Alma-Ata war gefallen. Aber war es nicht letztlich egal, wohin die Reise ging? Heimat konnte das Ziel so oder so nicht sein. Und es erforderte hier wie da die Gewöhnung an neue Lebensumstände, und hier wie da musste gearbeitet werden. »Es steht bei Gott«, sagte sich Elsa immer wieder. »Und er wird sorgen!«

Unterwegs auf der wohl zweiwöchigen Reise war es dann wirklich so. An jedem Tag hielt der Zug an irgendeinem größeren oder kleineren Bahnhof. Dann wurde auch am Wagen sieben die Tür geöffnet. Die Menschen durften aussteigen, konnten eine »richtige« Toilette aufsuchen und sich an einer Wasserstelle waschen. Sie wurden versorgt, meist mit einer dünnen Suppe und mit Brot. Das war doch besser als gar nichts.

Während der Aufenthalte wurden die Wassertanks der Lokomotive neu gefüllt, und es wurde Kohle nachgeladen.

Das Vieh bekam Wasser und Heu, der Mist wurde aus dem Wagen entfernt und ein wenig frisches Stroh hineingegeben.

Es waren immer die gleichen Männer, die diese Arbeiten verrichteten. Sie waren wohl ständige Begleiter des Vieh- und Menschentransportes und genossen den Luxus der vorderen Personenwagen.

Mehr und mehr schlossen die Beers Freundschaft mit den vier Rindern. Mit solchen Tieren umzugehen war ihnen ja ohnehin nicht fremd.

Die Kinder gaben ihnen die Namen Alma, Berta, Cäcilie und Dora und »unterhielten« sich mit ihnen. Sie nahmen es ihnen bald auch nicht mehr übel, dass sie Gestank produzierten. Ihre Nasen hatten sich bald daran gewöhnt. Im Gegenteil, die vier Menschen waren sogar froh über die Wärme, die die friedlichen Hornviecher produzierten und mit der sie vor allem nachts den Wagen heizten.

Deshalb beteiligten Hugo und Miluscha sich dann auch gerne an den Stallreinigungs- und Viehfütterungsarbeiten. Mit den »Stallburschen« hatten sie sich sogar ein wenig angefreundet, auch weil sie russisch sprechen konnten.

Von ihnen erfuhren die Beers, dass die Rinder in der Nähe von Alma-Ata ausgeladen würden. Sie seien für neu angelegte Kolchosen bestimmt.

Etwas anderes gehörte jetzt zum täglichen Programm: Elsa erzählte ihren Kindern biblische Geschichten. Vor allem solche von Gottes Nähe und Hilfe durch den Heiland Jesus Christus, Wundergeschichten, Heilungsgeschichten. Am häufigsten erzählte sie die Geschichte von der Sturmstillung, davon, dass Jesus mit im Boot ist, auch wenn das den Sturm zunächst einmal nicht aufhält. Aber Jesus braucht nur ein Wort zu sprechen, und der Sturm muss sich legen.

Hier konnte Elsa noch vom Heiland reden, denn die Rinder würden nichts verraten. Am Reiseziel würde das nicht mehr möglich sein. Da durfte nicht mehr fromm gelebt werden, mit Bibellesen und Beten. Nur der Kopf durfte sich dann an Biblisches erinnern, und das Herz durfte beten. Der Mund musste schweigen, zur Sicherheit und damit sie zusammenbleiben durften. Darum war es wichtig, dass der Kopf auch etwas zum Erinnern geboten bekam.

Weit war der Weg bis zum Ziel der Zwangsverschickten. Entsprechend lang war die Fahrt. Die Menschen hatten sich gewöhnt an das rhythmische Tak-tak, Tak-tak, Tak-tak, Tak-tak der Wagenräder, wenn sie über die Schienenstöße fuhren, an das gelegentliche Pfeifen der Lokomotive, an den Rauch, der zuweilen durch die Luken in die Wagen drang, an das Reiben der Wagenkupplungen, an das Quietschen der Bremsen, wenn der Zug sich einem Haltepunkt näherte, an den Wechsel von Tag und Nacht in ihren rollenden Unterkünften und an dieses und jenes auch noch.

Irgendwann an einem frühen Morgen quietschten wieder einmal die Bremsen. Wiederholt ertönte ein langes Pfeifsignal.

Miluscha war im Nu hellwach und stieg sofort auf die Kiste, um hinauszuschauen.

»Was siehst du?«, fragten die anderen.

»Wenig«, antwortete sie. »Plattes Land und ganz weit weg Berge.«

Nach einer kurzen Weile – der Zug war zuletzt nur noch Schritttempo gefahren – meldete das Mädchen ein paar kleine, niedrige Gebäude und Menschen, fremd aussehende Menschen, und Kamele, jawohl, Kamele, solche mit zwei Höckern.

Der Zug hielt an. War dies das Ziel? Mitten in der Wildnis?

Es sollte sich bald herausstellen, dass hier zumindest die Endstation für die Menschen im Zug war. Wenigstens für viele von ihnen.

Kasachische Steppe

Lange stand der Zug mit dem Vieh und den deutschen Menschen auf diesem Einödbahnhof, wenn dieser Haltepunkt überhaupt als Bahnhof bezeichnet werden konnte. Es gab zwei Gleise, aber keinen Bahnsteig dazwischen. Es gab auch keinerlei Rampe. Außer den wenigen Gebäuden und einigen Lagerhäusern gab es hier nichts, was auf eine menschliche Ansiedlung schließen ließ. Das Ganze machte eher den Eindruck einer Karawanserei, eines Umschlagplatzes für Güter, die mit der Bahn angeliefert und in ein fernes Hinterland transportiert wurden. Deshalb auch die vielen Kamele, die an dem einzig erkennbaren Brunnen standen oder lagerten. Nicht einmal einen Namen hatte dieser »Bahnhof«. Zumindest war nirgendwo ein entsprechendes Schild zu sehen.

Einen Ausschnitt des Schauplatzes konnten Miluscha und Hugo sehen, wenn sie abwechselnd auf der Kiste standen und durch die Luke schauten. Und wer gerade oben war, musste den anderen beschreiben, was draußen vorging. Denn innen waren nur viele neue Geräusche zu hören, Stimmen und vor allem fremde Sprachen.

Endlich tat sich draußen etwas. An den Geräuschen war zu hören, dass die Türen der Wagen geöffnet wurden. Auch am Wagen Nummer sieben.

Die Sonne des Vormittags fiel herein, so dass das Licht fast blendete. Und Wärme drang in den Wagen, eine ganz andere Wärme als die, die bisher im Wagen geherrscht hatte. Eine Art frische Wärme, der man die Kühle der Nacht noch abspüren konnte, frei von dem Geruch nach Rindern und Kuhmist.

Zwei schlitzäugige Männer mit Schnauzbärten in freundlichen Gesichtern schauten in den Wagen herein. Die beiden Kirgisen bedeuteten Elsa und den Kindern auszusteigen. Das Gepäck könne liegen bleiben. Sofort sprangen Hugo und Miluscha hinaus. Einer der Männer hob Erhard herunter, der andere half Elsa.

Die meisten Insassen der anderen Wagen standen bereits draußen auf dem harten kasachischen Boden und reckten erst einmal ihre steifen Glieder.

War das die Endstation oder würde es von hier aus noch weitergehen?

Die Einladung zu Tee und Fladenbrot, ausgegeben unter dem Vordach eines der niedrigen Bahnhofsgebäude, schlug niemand aus. So ergab sich die Gelegenheit, wieder ein paar Sätze miteinander zu reden. Das erleichterte auch das Warten darauf, was denn nun werden würde.

Mit den freundlichen Kirgisen und Kasachen zu reden war allerdings schwierig. Aber mit Gestik und Mimik gelang es, sich ein wenig zu verständigen.

Einige der ständigen Begleiter des Vieh- und Menschentransportes standen ein paar Schritte abseits und waren mit irgendwelchen organisatorischen Dingen beschäftigt. Sie verglichen immer wieder ihre Listen und verhandelten lebhaft miteinander. Andere taten ihre Arbeit und versorgten das Vieh.

Miluscha und Hugo mochten diesmal allerdings nicht dabei helfen. Sie interessierten sich mehr für die mächtigen Trampeltiere. Faul vor sich hin dösend lagen sie auf dem Boden, andere standen ebenso dösend an der Tränke und warteten wohl auf ihre Wasserration. Die meisten von ihnen trugen Traggestelle auf ihren höckerigen Rücken, die wohl darauf warteten, beladen zu werden.

Keins von den Kindern hatte jemals ein solches Tier leibhaftig gesehen oder war ihm gar so nahe gekommen, dass es sein Fell hätte streicheln können. Sie kamen aus dem Staunen nicht heraus. Und die meisten Kamele ließen sich die Nähe der Kinder auch geduldig gefallen. Andere waren da unhöflicher. Sie hielten die Kinder durch Murren und gelegentliches Spucken auf Distanz. Denen machte es dann natürlich Spaß, die Tiere zu reizen, damit sie noch mehr spuckten.

Mehrere Männer waren dabei, die dunkelbraunen, großen Tiere mit Wasser zu versorgen, das sie an dem Ziehbrunnen – ähnlich dem damals in Wischnewka – aus der Tiefe holten.

Konnten die Kamele saufen! Zwölf Eimer zählte Miluscha für ein einziges Tier. War da eine Menge Wasser nötig!

»Die kriegen ja auch erst in ein paar Tagen neues Wasser«, belehrte Hugo seine Schwester.

»Ob man sich mal draufsetzen darf?«, wollte Miluscha wissen.

»Ich setz mich da nicht drauf«, wehrte Hugo gleich ab. »Das ist mir viel zu hoch. Schau doch mal, das ist doch so hoch wie fast zwei Männer. Und außerdem ist das bestimmt sehr wacklig da oben.«

»Ich würde aber gerne mal ein bisschen auf so einem Kamel reiten«, gab Miluscha zurück.

Als hätte einer der Männer das Mädchen verstanden, lud er die Kinder ein, eines der Tiere zu besteigen. Hugo wandte sich sofort ab und ging ein paar Schritte zurück. Andere Kinder taten das Gleiche. Ihnen war die Sache nicht geheuer.

»Lass das sein«, warnte Hugo seine Schwester. »Dir wird schwindelig da oben. Du fällst da runter. Mama wird schimpfen.«

»Na und?«, bekam er zur Antwort. »Ich hab keine Angst.« Ob sie diesen Satz auf das Kamel bezog oder auf die Mutter, wurde dabei nicht so recht deutlich.

Miluscha und Roland, ein etwas älterer Junge, gingen mutig vor und ließen sich von dem Kasachen zwischen die Höcker setzen. Der Mann gab ein Kommando, und sofort erhoben sich die Tiere auf die Hinterbeine. Dabei stießen sie merkwürdige, grunzende Töne aus.

Beinahe wäre Miluscha tatsächlich vornübergestürzt, wenn sie sich nicht mit den Händen krampfhaft im zottigen Fell festgehalten hätte. Und als ihr Tier dann die Vorderfüße aufstellte, wäre sie beinahe nach hinten gefallen. Roland erging es auf dem anderen Kamel nicht besser. Auch er biss die Zähne zusammen und ließ sich seine Angst nicht anmerken.

Miluscha tat einen Schrei. War das nun ein Jauchzer oder ein Angstschrei?

Jedenfalls hörte Elsa den Schrei ihrer Tochter. Entsetzt kam sie herbei.

»Mama, schau mal! Ich reite ein Kamel!«, rief Miluscha begeistert.

Elsa fand das gar nicht gut und wurde gleich böse. »Miluscha, was fällt dir schon wieder ein? Komm sofort herunter!«, forderte sie in strengem Ton.

Der Kasache, der sein Tier ein paar Schritte am Zügel führte, legte ihr beruhigend die Hand auf den Arm und sagte etwas, das wohl bedeuten sollte: »Keine Bange, gute Frau. Hier passiert schon nichts. Gönnen Sie dem Kind doch den Spaß.«

Dann gab er dem Tier wieder ein Kommando. Es blieb sofort gehorsam stehen und knickte knurrend seine Vorderbeine ein. Miluscha fiel nach vorne. Die Mutter hielt die Luft an und schlug die Hände vor dem Gesicht zusammen. Dann knickte das Trampeltier die Hinterbeine ein, und das Mädchen fiel wieder nach hinten. Aber es hielt sich tapfer zwischen den Höckern fest.

»Schön war das!«, jauchzte Miluscha, als sie wieder festen Boden unter den Füßen hatte, obwohl sie befürchten musste, von der Mutter gemaßregelt zu werden.

»Nie wieder so etwas!«, sagte diese nur in scharfem Ton. »Und jetzt kommst du mit.«

Wollte sie Strengeres vermeiden, musste Miluscha wohl oder übel mitgehen. Jeder konnte ihr deutlich anmerken, dass ihr das gar nicht behagte. Warum musste Mama einem die Freude an solchen Dingen immer wieder vermiesen?

Dem Mädchen blieb nichts anderes übrig, als schmollend von ferne zuzusehen, wie Roland ein paar weitere Runden reiten durfte und wie andere Kinder jetzt auch den Mut fanden, es ihm nachzutun.

Es wurde Nachmittag und ganz schön heiß. Dabei regte sich kaum ein Lüftchen. Ob es in dieser Region mittags immer so heiß war? Komisch, dass die Leute trotzdem so dick angezogen waren und auch in der Mittagshitze den Kaftan und den Filzhut nicht ablegten. Die schützten wohl auch gegen die starke Sonneneinstrahlung.

Während die Menschen auf dem Einödbahnhof immer noch oder schon wieder ihren Tee tranken und Fladenbrot aßen, nahm eine andere Sache die Aufmerksamkeit hauptsächlich der Deutschen in Anspruch.

Aus der Ferne war ein Zugsignal zu hören. Dann war auch bald eine dünne Rauchfahne zu sehen, und wenig später rollte ein Güterzug auf dem zweiten Gleis in den »Bahnhof« ein. Dieser Zug hatte in offenen Kastenwagen anscheinend Getreide geladen und war nur von ein paar Männern begleitet.

Jetzt kam Bewegung in die Geschichte. Die Begleiter des Zuges aus Kuibyschew, die eine ganze Weile in einem der Gebäude verschwunden waren, traten heraus und sprachen gleich mit ihren Kollegen vom anderen Zug. Dann kam einer auf die Gruppe der deutschen Zwangsreisenden zu. »Alle Leute bis Wagen 20 einsteigen. Andere bleibt hier. Zug geht in wenige Minute.«

Jetzt war natürlich jedem klar, warum es hier den langen Aufenthalt gegeben hatte. Dieser »Bahnhof« war wahrscheinlich auf weiter Strecke die einzige Möglichkeit, zwei Züge aneinander vorbeizuführen. Außerdem sollte der Reisezug hier geteilt werden.

Irgendjemand fragte, wo es denn noch hinginge.

»Vielleicht 350 Kilometer Nord weiter in Kasachstan auf Strecke Karaganda. Morgen Mittag Ende von Reise. Andere Wagen geht mit neue Zug Richtung Alma-Ata.«

So war das also. Während die Reisenden der genannten Wagen ihre Plätze wieder einnahmen, wurde der Zug hinter dem Wagen 20 auseinander gekoppelt. Der hintere Teil blieb zurück, als sich der vordere Teil des Zuges dampfend und pfeifend in Bewegung setzte.

Elsa setzte sich gleich auf ihr Lager und schloss die Augen. »Noch einen Tag, Kinder, dann sind wir da, wo wir die nächste Zeit verbringen werden. Aber das dürfen wir wissen, Gott ist auch schon da, wenn wir ankommen.«

»Ob es da bei Karaganda oder wie das heißt auch so platt ist wie in der Gegend bei dem komischen Bahnhof?«

»Ob da auch solche Schlitzaugen wohnen?«

»Was bekommen wir für ein Haus zum Wohnen?«

»Was müssen wir arbeiten?«

»Gibt es da eine Schule?«

Solche Fragen und noch viele andere gingen zwischen den Beers hin und her. Je näher das Ziel rückte, desto stärker wuchs die Spannung.

»Ist egal, Kinder, was kommt. Wir müssen es nehmen, wie es ist. Alle in diesem Zug müssen es so nehmen. Aber wir nehmen es aus Gottes Hand. Und er wird auch da für uns sorgen. Und jetzt versucht zu schlafen. Der neue Tag könnte anstrengend werden.«

Die letzten Stunden der Reise waren alle viel länger als die früheren. So schien es den Beers wenigstens. Immer wieder stand einer von ihnen auf der Kiste, um zu sehen, ob nicht in dieser ebenen Gegend irgendein Hinweis auf eine Siedlung oder ein Dorf oder eine Stadt zu sehen wäre. Und dann war es Miluscha, die ausrief: »Ich sehe Kühe, viele Kühe.« Sofort musste sie ihrem Bruder Platz machen, der natürlich auch sehen wollte.

Erhard verlangte, auf die Schultern genommen zu werden. Er wollte auch die Kühe sehen. »Da sind Leute, Kinder sind da, die die Kühe hüten«, meldete er von seinem Ausguck.

Eine Siedlung entdeckte dann wenig später Hugo, als er wieder einmal hinausschaute. »Das sind aber erbärmliche Häuschen, die da stehen. Ob da vier Leute Platz drin haben?«

»Keine Bange, mein Junge«, versuchte Elsa ihn zu beruhigen. »Platz ist in der kleinsten Hütte, auch wenn viele darin leben müssen. Sie müssen nur miteinander auskommen können.«

»Da haben wir ja wohl keine Probleme«, bestätigte Miluscha. »Wir sind den engen Raum doch schon gewohnt.«

Wenig später hielt der Zug mit quietschenden Bremsen in einem Bahnhof. Und bald schon wurde die Tür geöffnet. »Hier Ende. Aussteigen«, forderte ein Uniformierter die Beers auf.

Die kamen wie alle Mitreisenden der Aufforderung nur zu gerne nach. Endlich war diese Reise zu Ende. Endlich irgendetwas, was zu einem Zuhause werden konnte. Heimat würde das hier sowieso nie werden. Wie könnte es auch.

Die beiden Großen sprangen zuerst aus dem Wagen, hoben dann Erhard herunter und nahmen der Mutter das Gepäck ab. Jeder belud sich mit dem Seinen und reihte sich in den kleinen Menschenzug ein, der dem Bahnhofsgebäude von Konkretow zustrebte.

So hieß dieser Ort wohl, denn der Name stand auf einem Schild neben den Gleisen. Aber ein großer Ort war das sicher nicht, denn in der Umgebung des Bahnhofs standen nur wenige Häuser, dafür aber eine ganze Reihe Lagerschuppen. Offenbar für Getreide. Das konnte jeder erkennen, der die Gelegenheit hatte, einen Blick auf die Landschaft zu werfen. Getreidegegend mit hohem Steppenanteil.

Zunächst bekamen die Ankömmlinge wieder etwas zu essen und zu trinken und Gelegenheit, eine Toilette aufzusuchen, wenn die Einrichtung diesen Namen überhaupt verdiente.

Und dann gab es eine kleine Überraschung: Das russische Bahnpersonal verabschiedete sich von den Reisenden, die sie nun gut zwei Wochen lang seit der Abfahrt in Kuibyschew begleitet und betreut hatten. Die freundlichen Männer waren offenbar keine fanatischen

Anhänger des neuen Systems. Sie taten halt ihre Arbeit. Immer wieder hatten sie Mitleid mit den Verschickten gezeigt.

Die wurden dann von Landsleuten willkommen geheißen, die wohl schon früher hierher verschickt worden waren und sich erfreut zeigten, dass sie Zuwachs bekamen. Der Wortführer hieß Johannes Gehrke. Er hatte sich durch seine guten Kenntnisse in der Landwirtschaft zum Vorarbeiter einer kasachischen Kolchose hochgearbeitet und war offenbar so etwas wie der »Bürgermeister« oder Kontaktmann der weit verstreuten deutschen Kolonie.

Sollte man nicht besser sagen Strafkolonie?, ging es Elsa durch den Kopf. Nur, wofür eigentlich wurden sie alle bestraft? Für ihr Deutschsein? Für ihr Christsein? Für ihr Menschsein? Oder wofür? Ob das überhaupt jemand so recht wusste?

Johannes Gehrke hielt eine kurze Begrüßungsrede, in der er den Neuankömmlingen Mut machte, die vorgefundene Situation anzunehmen. Die meisten Erwachsenen und die älteren, arbeitsfähigen Kinder würden zunächst in Kolonnen beschäftigt, deren Aufgabe es war, neue Häuser zu bauen. Es würden in den nächsten Wochen weitere Transporte mit Deutschen erwartet, und die brauchten dann ja auch Wohnraum. Bezahlt würde die Arbeit nach Leistung in Naturalien und in Rubel. Für die Kinder gebe es leider keine Schule und auch keine Möglichkeit, Unterricht einzurichten. Das sei schlicht nicht erlaubt. Kinder, die nicht arbeiten könnten, müssten irgendwie betreut werden. Es gebe ja auch einige Erwachsene, vor allem ältere Menschen, die nicht arbeiten könnten und die dann die Betreuung übernehmen müssten.

Als die Fragen der Neuankömmlinge zunächst einmal beantwortet waren, ging Johannes Gehrke die Liste durch, die er von den Russen erhalten hatte, und teilte jeder einzelnen Familie oder Personengruppe mit, wo ihre Behausung bereits auf sie wartete.

Elsa Beer und ihre Kinder bekamen eine neu errichtete Hütte zugewiesen, die etwa einen Kilometer vom Bahnhof entfernt in einem kleinen Weiler lag, der erst seit kurzem bestand und weiter im Aufbau begriffen war. Zum Weiler gehörten bisher nur wenige Häuser, ein Brunnen und eine Latrine. Daneben gab es ein größeres festes Gebäude, in dem eine russische Familie wohnte, so eine Art

Aufseherfamilie. Dort gab es auch so etwas wie einen Laden für Kleinigkeiten des täglichen Bedarfs. Für den, der Geld hatte.

In den gleichen Weiler wurden auch Roland und seine Mutter und seine Schwester Laura eingewiesen, die wenig älter war als Erhard. So machten sich die beiden Familien bald auf den Weg, ihr neues Zuhause zu finden und sich einzurichten.

Da war nur nicht sehr viel einzurichten. Zwei völlig leere, kleine, fensterlose Hütten aus Lehm warteten auf sie, kaum zwei Meter hoch unter einem flachen, strohgedeckten Giebel auf quadratischer Grundfläche, vielleicht drei mal drei Meter groß. Kein Stuhl, kein Tisch, kein Bord, kein Bett, nichts, was einen Raum in der geringsten Weise als Wohnraum kennzeichnen konnte. Elendsquartiere, gegen die die Hütte damals im ukrainischen Wischnewka eine Villa war.

»Gefängniszelle, eine richtige Gefängniszelle«, ging es Elsa durch den Kopf und ihr kamen die Tränen.

»Das ist ja schlimmer als ein Stall«, kommentierte Miluscha die Behausung. Sogar der sonst so stille Hugo ließ sich zu einer abfälligen Bemerkung hinreißen: »In dieser scheußlichen Höhle sollen wir wohnen?«

Nur Erhard sagte nichts. Er hockte interessiert vor einem Ding, das wohl eine Kochstelle sein sollte, auch aus Lehm gebaut, mit einer Metallplatte als Deckel. Vor diesem Ding sollte er noch oft hocken, um während der kalten Jahreszeit den Chefheizer der Familie zu spielen.

Irgendwie gelang es Elsa mit den Kindern dann doch, ihre Habseligkeiten unterzubringen, so dass noch Platz blieb, sich auf den Boden zu hocken, um eine bescheidene Abendmahlzeit einzunehmen.

Wie gut, dass Miluscha die Kiste aus dem Eisenbahnwagen mitgeschleppt hatte. Sie hatte auf keinen Fall auf dieses nützliche Ding verzichten wollen. Und jetzt konnte es als Tisch dienen.

Wie gut auch, dass Topf und Kessel mitgenommen waren, und ein paar Becher und Teller. Stroh und Steppengras zum Heizen gab es draußen genug.

Und wie gut auch noch, dass wenigstens eine Petroleumlampe da war, die ein wenig Licht gab. Nachschub für die Flamme würde es hoffentlich im Russenladen geben. Am Tag hatte Licht nur die

Möglichkeit, durch die offene Tür hereinzukommen. War die Tür geschlossen, war der Raum dunkel. Und im Winter würde man die Tür unmöglich offen stehen lassen können.

Auf so engem Raum wie hier hatten die Beers noch nie leben und auch noch nie schlafen müssen.

Die Kinder waren an diesem ersten Abend am neuen Ort zwar schnell eingeschlafen, Elsa brauchte jedoch lange, bis sie endlich Ruhe fand. Zu viele Gedanken und Fragen schwirrten ihr durch den Kopf. Warum das alles so sein musste, wie das alles werden sollte, wie sie denn hier mit den dreien überleben sollte ...?

Immer wieder versuchte sie, sich den Segen und die letzten Worte ihres Karl ins Bewusstsein zu holen. Aber das war ihr noch an keiner Stelle so schwer gefallen wie hier. Würde Gott wirklich für sie sorgen? Warum ließ er das alles zu? Was hatten die Deutschen nur verbrochen, dass die Russen so mit ihnen verfuhren? Warum mussten auch die Kinder das alles schon erleiden ...?

Die Kinder empfanden die neue Situation zunächst einmal gar nicht so schlimm. Da gab es so viel Neues und Interessantes, was sie in den nächsten Tagen erlebten. Und das Arbeiten war ihnen nicht fremd. Mit anderen Kindern zusammen machte es zuweilen sogar Spaß.

Roland und seine Schwester Laura in der Nachbarhütte hatten es da schon schwerer. Sie hatten in der Stadt gelebt und kannten Landarbeit genauso wenig wie ihre Mutter. Die litt unter der Situation noch mehr als Elsa, der es bald zur Aufgabe wurde, diese Frau zu trösten und aufzubauen. Dabei wurde ihr eigenes Leid und die eigene Mühsal kleiner und unbedeutender. Ihr kam auch die Erfahrung von Wischnewka zugute, wenngleich die Bedingungen dort besser gewesen waren als hier.

In den nächsten Wochen mussten Elsa und Sophie Weller, so hieß die Mutter von Roland und Laura, beim Hausbau helfen. Der Dorfrusse hatte die Leitung des Unternehmens und die Aufsicht. Er zahlte am Ende einer Sechs-Tage-Woche den bescheidenen Lohn aus. Selbst Hand anlegen tat er allerdings nie.

Der Weiler sollte um einige Hütten erweitert werden, weil ein neuer Transport von Deutschen angekündigt war. Die Menschen mussten dann ja irgendwo wohnen können. Die Arbeit war schwer.

Das Baumaterial wurde einfach aus dem harten Boden gewonnen, mit dem Spaten quaderförmig ausgestochen, einige Tage zum Trocknen ausgelegt und dann aufeinander geschichtet. Damit die Lehmquader aufeinander hielten, wurden sie mit feuchtem Lehm aufeinander gesetzt und gegeneinander verschmiert. Die dünnen Sparren für das Dach wurden angeliefert. Das Stroh für die Bedachung musste von den Getreidefeldern geholt werden, die allerdings einige Kilometer vom Weiler entfernt waren.

Für die Frauen, die diese Arbeiten zehn Stunden am Tag unter der kasachischen Sonne verrichten mussten, war das Knochenarbeit, die stark an die Kräfte ging. Aber sie hatten keine Wahl: Sie mussten alle ran. Weniger Leistung hieß geringere Bezahlung und schlechtere Versorgung.

Nun war Elsa stark und hatte schon immer schwer arbeiten müssen. Sie kam auch einigermaßen zurecht mit den Normen, die von der russischen Aufsicht gesetzt wurden. Dadurch reichte es hin, vier Mägen einigermaßen zu füllen.

Sophie dagegen kam kaum zurecht, sich selbst und ihre beiden Kinder über Wasser zu halten. Manchmal half Elsa da noch mit einem Brotkanten nach. »Brich dem Hungrigen dein Brot« war doch eine biblische Weisung. Wenn sie auch nicht darüber reden durfte, aber es zu leben konnte ihr niemand verwehren.

Die größeren Kinder mussten sich um das Stroh für den Bau kümmern, auch wenn ihre Leistung kaum gewertet wurde. Sie mussten die Bündel auf dem Rücken herbeiholen, denn irgendwelche Wagen oder Karren standen nicht zur Verfügung.

Kleinere Kinder hielten sich in der Regel in der Nähe ihrer Mütter auf. Väter gab es hier kaum. Nur ein paar ältere Männer, die arbeiten mussten, was ihre Kräfte noch hergaben.

Als nach ein paar Wochen die Hütten standen, gab es für die Erwachsenen als neue Aufgabe, die Steppe urbar zu machen. Nur mit Hacke und Spaten, ohne irgendeine maschinelle Hilfe, musste der harte, ausgetrocknete Boden umgebrochen und zerkleinert werden. Die Leistung wurde nach Quadratmetern gemessen. Die Bezeichnung Knochenschinderei beschrieb die Sache nur wenig.

Bei dieser Arbeit konnten die Kinder nicht helfen. Sie war einfach zu schwer. Dafür mussten sie Brennstoff für den Winter sammeln. Der bestand im Wesentlichen aus zwei verschiedenen Materialien: aus Kuhmist und Stroh.

Den ganzen Tag waren Roland, Erhard und Miluscha unterwegs, oft weitab vom Weiler, um in der Steppe auf den Weideflächen bei den Rinderherden Kuhfladen zu sammeln. Waren diese schon trocken, konnten sie in Körben gesammelt werden. Waren sie frisch, wurden sie in Eimer gefüllt. Der frische Kuhdung wurde später beim Haus mit klein geschnittenem Stroh vermischt, zum Trocknen ausgelegt und dann aufgestapelt und mit Stroh abgedeckt. Diese »veredelten« Fladen brannten länger als die natürlich belassenen.

Wenn dann die Arbeitszeit auf den neuen Flächen gegen Abend vorbei war, ging es für die meisten Leute bei den eigenen Hütten weiter. Denn jeder Bewohner hatte die Erlaubnis, sich selbst einen Garten urbar zu machen. Wer das tun konnte, war ein bisschen besser dran als andere. Konnte er sich doch im Frühjahr ein paar Kartoffeln und ein bisschen Gemüse zur Bereicherung des kargen Speiseplans anpflanzen.

So auch bei Elsa. Wenn sie todmüde heimkam, gönnte sie sich und ihren beiden Brennstoffsammlern kaum Ruhe. Stück für Stück wurde das »eigene« Land kultiviert, damit es zur Verfügung stand, wenn der lange kasachische Winter vorüber war.

Und der kam Ende Oktober. Bis dahin hatte es noch nicht einen Tropfen geregnet, solange die Beers in Konkretow waren. Jetzt zog von Norden her die Kälte ins Land und setzte sich für Monate fest. Schnee brachte der Winter kaum. Irgendwann im November legte sich eine dünne Schneedecke auf das Land. Sie blieb bis nach Frühlingsanfang liegen.

Aber die Kälte machte den Leuten mehr und mehr zu schaffen. Das Feuer im Herd musste den ganzen Tag brennen, damit es einigermaßen erträglich in der Hütte war.

Erhard, der Fünfjährige, wurde zum »Brandmeister« erklärt. Er hatte in den kalten Zeiten seinen Platz vor dem Herdloch, damit beschäftigt, die Flamme am Brennen zu halten.

Auf dem gefrorenen Boden draußen war bald keine Rodungsarbeit mehr möglich. Und keine Arbeit hieß auch kein Lohn. Bittere Zeiten brachen an, und das wenige bisher verdiente Geld reichte nicht weit. Die täglichen Mahlzeiten wurden immer karger, die Suppe wurde immer dünner und die Brotration immer geringer. Zum ersten Mal lernten die Beers, was Hunger war. Elsa litt furchtbar unter der Situation, vor allem wegen der Kinder, die von Woche zu Woche, von Tag zu Tag unleidlicher wurden, weil sie einfach nie satt wurden, weil sie wegen der Kälte nicht lange nach draußen konnten, weil es in der Hütte so eng und so dunkel war...

Die Nächte waren am ehesten zu ertragen, wenn die vier dicht aneinander gedrängt unter ihren Decken lagen und sich gegenseitig wärmten. Elsa freilich fand den wenigsten Schlaf. Die Sorgenlast war einfach zu schwer. Und einen Ausweg aus der Not – wo sollte es ihn geben? Ob Johannes Gehrke einen wusste?

Eines Nachts beschloss sie, den »Bürgermeister« aufzusuchen und ihm ihre Not zu sagen. Vielleicht wusste er Hilfe. Und sie wollte auch gleich ein gutes Wort für die Wellers einlegen, deren Situation noch dramatischer war.

Schon früh in der Morgendämmerung machte Elsa sich auf den achtzehn Kilometer langen Fußweg zur Kolchose, in deren Nähe der »Bürgermeister« wohnte. Sie traf Johannes Gehrke auch an und konnte ihm ihr Anliegen vortragen. Und er hatte eine Lösung, die helfen konnte, die Lage für beide Familien ein wenig zu entspannen.

Am Nachmittag war Elsa wieder zurück und erzählte ihren Kindern, was sie mit Johannes Gehrke besprochen hatte.

»Gleich morgen geht Miluscha mit Roland zu Gehrkes. Die beiden können dort wohnen und arbeiten. Bei Gehrkes im Haus und auf der Kolchose. Und beide werden genug zu essen haben. Und für uns und für Wellers wird es auch leichter, wenn einer weniger da ist.«

Miluscha stockte vor Schreck und Entsetzen der Atem bei diesem Vorschlag. Hatte die Mutter vorher doch nicht einmal die geringste Andeutung gemacht, weshalb sie den »Bürgermeister« hatte aufsuchen wollen.

Als sie sich etwas gefangen hatte, brach es aus Miluscha heraus: »Mama, das kannst du nicht machen! Ich gehe nicht weg! Nein, ich gehe nicht weg! Nein, nein, nein!«

Die Stimme der gerade Elfjährigen wurde immer lauter und überschlug sich fast. Und dann fing das Kind an, herzerweichend zu schluchzen.

»Miluscha, mein Kind«, versuchte die Mutter sie zu beruhigen. »Du bist doch sonst so mutig. Du wirst es gut haben bei Gehrkes. Und du musst ja auch nicht alleine gehen.«

»Soll ich etwa auch fort?«, erschrak Hugo, der wohl nicht richtig zugehört hatte.

»Nein, Junge, dich brauche ich hier. Roland wird mit deiner Schwester zur Kolchose gehen.«

»Ich gehe nicht fort, nein, ich gehe nicht fort! Lieber sterbe ich! Aber ich bleibe hier. Lieber esse ich gar nichts mehr, aber ich gehe nicht fort!«, schluchzte Miluscha in einem fort vor sich hin.

»Kind, es geht nicht anders. Du hilfst dir und du hilfst uns damit, wenn du gehst«, wiederholte Elsa, und diesmal klang das schon strenger.

Miluscha spürte sofort, dass jetzt kein Widerspruch mehr angebracht war. Sie stand vom Boden auf, verzog sich in die Schlafecke und sagte gar nichts mehr, schluchzte nur weiter still in sich hinein.

»Mama, soll ich denn nicht besser auf die Kolchose gehen? Vielleicht ...«, versuchte Hugo ein Wort für seine Schwester einzulegen. Aber er wurde sofort unterbrochen.

»Nein, du bleibst hier und Miluscha geht. So ist es am besten, und so wird's gemacht. Und jetzt Schluss damit.«

Am Tonfall der Mutter merkte Hugo, dass es auch für ihn jetzt besser war, nichts mehr zur Sache zu sagen. Wenn Mama sich etwas vorgenommen hatte, dann führte sie es auch aus.

Der Junge verzog sich jetzt auch lieber in die Schlafecke, um aus Mamas Reichweite zu kommen. Er konnte nicht ahnen, welchen Kampf Elsa hinter sich hatte, bis sie sich zu der Entscheidung durchgerungen hatte. Aber sie war überzeugt, dass die robuste Miluscha mit der Situation fertig werden würde. Wenn die erst einmal über der Sache geschlafen hatte ...

Und Elsa war auch überzeugt, dass das Mädchen in Gottes Hand war und blieb und er der Herr über der ganzen Situation war. Er würde doch weiter sorgen.

Am nächsten Morgen stand Miluscha erst als Letzte auf, machte ihre ohnehin nur sehr spärlich mögliche Toilette und zog sich an, gleich bis zum Mantel. »Ich bin fertig«, sagte sie mit trotzigem Blick. »Wir können gehen.«

Elsa traute ihren Ohren nicht. »Du willst gehen? Gut, mein Kind, so ist es gut. Geh hinüber zu Wellers und frag, ob Roland fertig ist. Wir nehmen ihn mit. Sophie kann nicht. Sie braucht Ruhe.«

Schon nach wenigen Minuten kam Miluscha mit dem Jungen zurück. Er trug ein Bündel mit ein paar Sachen über der Schulter. Auch Elsa drückte Miluscha ein Bündel in die Hand. Ein weiteres trug sie selbst. Der Fußmarsch durch die verschneite Steppe konnte losgehen. Hugo würde mit Erhard schon zurechtkommen. Gut, dass die Sonne kam und der Winterwind nicht allzu stark wehte. So war es einigermaßen erträglich draußen.

Bis zum Mittag hatten die Wanderer ihr Ziel erreicht. Trotz der Sonne waren sie kalt geworden bis ins Mark, die Füße wie Eisklumpen.

Die drei wurden bei Gehrkes herzlich willkommen geheißen. Sie durften sich zunächst einmal aufwärmen und wurden dann gleich zum Essen eingeladen. Miluscha und Roland lernten dabei schon einmal die sechsköpfige Familie kennen, bei der sie die nächste Zeit verbringen sollten. Oder wäre es nicht besser zu sagen: verbringen durften? Hier würden sie es tatsächlich besser haben als in ihren elenden Lehmhütten im Weiler.

Bald nach dem Essen und nach langer Zeit wieder einmal richtig satt geworden, nahm Elsa ihre Tochter zum Abschied noch einmal in die Arme. »Verzeih mir, Kind. Aber es geht nicht anders.« Dabei liefen ihr wohl ein paar Tränen über das Gesicht. »Der Vater im Himmel ist bei dir.«

Leicht fiel es der Mutter wahrhaftig nicht, ihre noch so junge Tochter hier als Dienstmädchen und Arbeitskraft allein zurückzulassen. Aber es war einfach besser so für alle Beteiligten.

Das Mädchen biss dagegen die Zähne aufeinander. Sie ließ sich nicht anmerken, was in ihr vorging, welches Gemisch aus Wut, Enttäuschung, Trauer sie erfüllte. Von der Mutter als Arbeitskraft ausgeliehen zu werden an fremde Leute, das war hart für Miluscha. Die gute Absicht vermochte sie nicht so recht zu erkennen. Aber sie würde sich nicht unterkriegen lassen und die Zeit bestehen, bis die Bedingungen für das Zusammenleben in der Familie wieder günstiger waren.

Und dann war ja auch Roland mit im Haus, mit dem sie sich recht gut verstand. Nur sah sie ihn höchstens einmal am Abend, wenn er mit dem Hausherrn von der Kolchose zurückkam und sie beim gemeinsamen Abendessen saßen. Danach ging Roland immer gleich ins Bett. Er war von der Tagesarbeit einfach zu müde, um noch irgendetwas anderes zu tun. Miluscha ging es meistens nicht anders.

Ihr Tagesablauf bei den Gehrkes war sehr abwechslungsreich, aber er kannte kaum eine Pause. Immer war irgendetwas zu tun mit den vier Kindern zwischen drei und acht Jahren; für das Vieh, das in dem kleinen Stall hinter dem Haus stand; mit dem Heizen des Herdes in der Küche; mit dem Kochen für die jetzt achtköpfige Familie. Seit Miluscha da war, ging Frau Gehrke jeden zweiten Tag mit auf die Kolchose, um beim Dreschen und bei der Viehversorgung zu helfen. Das brachte der Familie willkommenen zusätzlichen Lohn.

Als der Winter vorbei war, der Frühling sich ausbreitete mit stärkerem Sonnenlicht und angenehmer Wärme, in der Steppe wieder frische Halme wuchsen und das Land sich mit einem hellen Grün überzog, da musste Miluscha mit den Kindern hinaus und gemeinsam mit ihnen das Vieh hüten. Und bald begannen sie auch schon wieder damit, Heizmaterial für den nächsten Winter zu sammeln.

Die Elfjährige musste ran wie eine Erwachsene. Sie sah allerdings auch schon aus wie eine Erwachsene, denn sie war in ihrer körperlichen Entwicklung früh dran. Aber Miluscha biss sich durch und ließ sich nicht unterkriegen. Und mit ihrer Heiterkeit brachte sie doch so manchen Lichtblick in das Leben ihrer Gastfamilie.

Vier Monate war Miluscha inzwischen von der Mutter und den Brüdern weg. Nichts hatte sie von ihnen gehört. Wie mochte es ihnen gehen? Ob sie gesund waren? Ob sie wieder genug zu essen hatten? Was sie wohl jetzt im Frühling für eine Arbeit tun mussten?

Solche und noch viel mehr Fragen standen immer häufiger vor dem Mädchen. Heimweh begann Miluschas Herz zu füllen und zu quälen. Es dämpfte ihren Frohsinn und lähmte sie bei der Arbeit.

Den Gehrkes fiel das bald auf, und die Hausfrau sprach das Mädchen an. »Emilie.« Frau Gehrke nannte Miluscha immer Emilie, weil sie das auch so gewollt hatte. »Emilie, was ist los mit dir? Du bist so anders. Fehlt dir was? Bist du krank? Geht es dir nicht mehr gut bei uns?«

Miluscha fühlte sich in ihrer Not erkannt. Leise und stockend kam es aus ihr heraus: »Nein. Doch. Es ist alles gut. Ich möchte nur gerne einmal zu meiner Mutter und zu den Brüdern.«

»Du hast Heimweh, stimmt's?«

»Ja, hab ich. Darf ich nicht mal für ein oder zwei Tage meine Mutter besuchen?«

»Aber wie soll das gehen? Dann muss ich von der Arbeit zu Hause bleiben.«

»Bitte, für zwei Tage!«

»Gut, ich werde fragen, ob ich frei bekomme.«

»Und ich?«, mischte sich Roland ein, der während des Gesprächs dazugekommen war. »Kann ich nicht mitgehen? Ich wüsste auch gerne, wie es meiner Mutter und Laura geht. Außerdem kann Emilie doch den Weg nicht alleine machen. Das ist zu gefährlich. Da sollen noch Steppenwölfe in der Gegend sein, haben sie bei der Arbeit erzählt.«

»Ihr beiden habt ja Recht«, räumte Frau Gehrke ein. »Und ich kann euch gut verstehen. Ich werde morgen fragen, ob ich einen Tag aussetzen kann. Einverstanden?«

Wie gerne waren die beiden einverstanden.

Fröhlich machten sie sich am übernächsten Morgen auf den langen Weg. Es war Sonntag. An diesem Tag würden sie ihre Angehörigen sicher antreffen. Und erst in drei Tagen sollten sie wieder zurück sein. Was würden die Mütter und die Geschwister für Augen machen, wenn sie plötzlich auftauchten!

Zügig schritten die beiden aus, um möglichst bald im Weiler anzukommen. Die Zeit vertrieben sie sich mit Frage- und Antwortspielen, mit Erzählen von Geschichten, mit dem Austausch von Erinnerungen an ihre jeweilige Heimat, mit Träumen von einer anderen Kindheit. Manchmal gingen sie auch eine Weile schweigend nebeneinander her, bis eins von ihnen das Gespräch wieder aufnahm.

Hier und da scheuchten sie ein paar Flughühner auf, die laut schimpfend davonstoben, um sich nach kurzem Flatterflug wieder im Gras niederzulassen. So verging die Zeit, und so brachten die beiden einen Kilometer nach dem anderen hinter sich. Unterwegs auf dem schmalen Weg durch die unberührte Steppe begegnete ihnen kein Mensch. Wer hätte ihnen auch begegnen sollen? Fast alle Erwachsenen, die hier in der Region wohnten, waren Deutsche in der Verbannung. Und die mussten alle arbeiten. Wer frei hatte, kam nicht auf die Idee, eine Wanderung zu unternehmen. Kinder, die nicht arbeiten mussten, verliefen sich noch weniger in diese Einsamkeit. Nicht einmal Vieh wurde zu dieser Jahreszeit hier geweidet.

Dafür hatte sich ein anderer in die Einöde der weiten Steppe verlaufen, und ganz unvermittelt stand er vor den beiden: ein riesiger Wolf. Mit funkelnden Augen, den Kopf zum Angriff gesenkt, stand das Tier plötzlich mitten auf dem Weg. Ein schlimmerer Schreck war weder Miluscha noch Roland jemals zuvor in die Glieder gefahren. Das Mädchen geriet blitzartig in Panik und wollte schreien und loslaufen. Roland aber griff sofort zu, hielt Miluscha mit der einen Hand fest und mit der anderen ihren Mund zu. »Ganz ruhig! Kein Mucks! Stehen bleiben!«, raunte er ihr zu.

Miluscha gehorchte.

Wie erstarrt standen die beiden eine ganze Weile auf der Stelle, Auge in Auge mit dem grauen, rauhaarigen Ungeheuer. Was ging jetzt in seinem Schädel vor?

Merkwürdig, Miluscha erinnerte sich gerade jetzt an die biblische Geschichte von Daniel in der Löwengrube. Die Mutter hatte diese Geschichte auf der langen Fahrt im Viehwagen doch wieder einmal erzählt. Hatte Gott da nicht auch einem Ungeheuer das Maul zugehalten, so dass dem Daniel nichts passiert war?

In ihrem Herzen schrie das Mädchen auf: »Vater im Himmel, rette uns! Halt dem Tier das Maul zu. Wir wollen doch zu unseren Müttern. Bitte, Vater!«

Es war, als antwortete Gott sofort auf dieses verzweifelte Stoßgebet. Der Wolf schnaubte einmal durch seine Nase, drehte ab und verschwand fast geräuschlos im hohen Steppengras.

Erst allmählich löste sich die Erstarrung der beiden Kinder. »Er ist weg«, atmeten sie tief durch. Vorsichtig schlichen sie schließlich weiter, immer den Blick auf die Stelle, wo der Wolf im Gras verschwunden war. Als sie gut vorbei waren, drehten sie sich immer wieder um. Hoffentlich kam das Biest nicht zurück!

Dann wurden sie immer schneller in ihrem Lauf, als gälte es ihr

Leben. Erst als sie völlig außer Atem in die Nähe der ersten Gebäude von Konkretow kamen, verlangsamten sie ihr Tempo. Hier in die Nähe der Menschen würde das Ungeheuer nicht kommen. Hier waren sie wieder sicher. Und jetzt war der Weg auch nicht mehr weit.

Bald hatten sie die Hütten ihrer Familien erreicht. Durch lautes Rufen meldeten sie sich schon von ferne an.

Und dann lagen sich Mütter und Kinder in den Armen. Die ganze angestaute Spannung brach aus Miluscha heraus. Zwischen Lachen und Weinen erzählte sie von der Begegnung mit dem Wolf, von dem Schrecken und ihrer Angst und von der Bewahrung durch den Vater im Himmel.

»Mama, ist das schön, dass ich hier bin! Ich hatte solche Sehnsucht nach euch«, löste Miluscha sich endlich aus der Umarmung, um auch die Brüder zu begrüßen. Die wollten gleich die Geschichte von der Begegnung mit dem Untier noch einmal hören. Aber die Schwester kam nicht dazu, sie jetzt zu wiederholen, denn die Mutter wurde plötzlich wieder sehr streng.

»Ja, es ist schön, dass du da bist, mein Kind. Aber du hättest nicht kommen dürfen. Auch Roland nicht. Kinder in eurem Alter gehen nicht allein durch die Wildnis. Ihr habt ja gemerkt, wie gefährlich das ist. Der Wolf hätte euch genauso gut zerreißen können.«

»Hat er aber nicht«, gab Miluscha betroffen und zugleich trotzig zurück. »Ich hatte Heimweh und wollte euch wiedersehen. Das verstehst du wohl nicht!?« Miluscha schrie das Letzte fast heraus und brach in Tränen aus. Das Schimpfen der Mutter tat weh, sehr weh. Das Mädchen lief in die Hütte und warf sich schluchzend auf das Lager. Wie konnte die Mutter nur so hart sein.

Doch bald siegte die Müdigkeit über Miluschas Schmerz über den unerwartet harschen Empfang. Die Anstrengung des weiten Weges und des Ereignisses unterwegs forderte ihren Tribut. Das Mädchen schlief einfach ein.

Und sie schlief einen langen Schlaf der Erschöpfung. Den ganzen Rest des Tages, die ganze Nacht bis zum Morgen. Sie registrierte es nicht einmal, dass die Mutter und die Brüder sich irgendwann zu ihr legten. Wann hatte sie das letzte Mal so lange schlafen können?

Als Elsa Beer sich morgens mit den Jungen auf den Weg zur Arbeit machte, ging Miluscha mit, als wäre gestern nichts gewesen.

Sie wollte in der Nähe ihrer Lieben sein. Dass die Mutter sich bei ihrer Ankunft so unbarmherzig und verständnislos gegeben hatte, hatte sie längst verziehen. Das Mädchen war einfach glücklich darüber, dass sie beieinander waren, auch wenn es kaum Gelegenheit gab, miteinander zu reden, zu erzählen, wie es jedem in der letzten Zeit ergangen war, und zu überlegen, wie es weitergehen sollte.

Daran ließ allerdings die Mutter keinen Zweifel: Miluscha musste pünktlich zurück zu Gehrkes. Roland ebenso. Etwa eine Stunde Wegs ging Elsa mit. Weiter war es für sie wegen der Arbeit nicht möglich. Aber vor dem Abschied gab sie ihrer Tochter deutliche Weisung. »Dass du mir ja nicht wieder allein zurückkommst! Du wartest, bis ich komme und dich hole. Hast du mich verstanden? Für Roland gilt das Gleiche. Seine Mutter hat es so gesagt. Und nun behüt euch Gott.«

»Ja, Mama.« Viel mehr brachte Miluscha nicht heraus in ihrer Empfindung irgendwo zwischen Wehmut, Enttäuschung, Trauer und Trotz. Eine letzte Umarmung, ein letztes »Passt auf euch auf!«, und dann ging jeder in seine Richtung.

Miluscha und Roland wandten sich noch ein paarmal um, aber Elsa sah es nicht mehr. Ihr war es zu schwer ums Herz, als dass sie den Kindern noch hätte nachblicken können. Manchmal verstand sie sich selbst nicht in ihrer Härte. Sie empfand schon, dass sie Miluscha mit ihrer Art wehgetan hatte, und es tat ihr Leid. Aber nie würde sie das dem Kind gegenüber zugeben.

Es war schon Spätsommer, als eines Abends Johannes Gehrke beim Abendessen berichtete, zwischen Deutschland und Polen sei Krieg, und Deutschland habe mit Russland einen Freundschaftsvertrag geschlossen. Aufgrund dieses Abkommens könnten deutsche Frauen und Kinder in ihre Heimat zurückkehren. Allerdings nur auf eigene Kosten. Für Männer, die in Lagern lebten, und solche, die irgendwo in den Produktionsprozess eingebunden waren, gelte die Regelung aber nicht. Sie müssten bleiben. Für sie, also für Familien wie die Gehrkes, käme eine Rückkehr nach Wolhynien demnach nicht in Frage.

Miluscha hörte aufmerksam zu. Zurück in die Heimat?! Das wäre etwas. Zurück nach Nedbarewka! Ob die Mutter von der Sache wusste?

Abends im Bett ging es dem Mädchen durch den Kopf: »Vater im Himmel, lass uns zurück nach Nedbarewka, bitte! Du hast dem Wolf das Maul zugehalten, und du kannst uns auch nach Hause fahren lassen.«

Seit jenem Erlebnis in der Steppe hatte das Mädchen häufig ein inneres Verlangen, mit dem himmlischen Vater zu reden.

Schon am folgenden Sonntag erfuhr Miluscha überraschend die Antwort auf ihr Gebet. Die Mutter war gekommen. »Kind, wir gehen zurück in die Heimat. Am Dienstag fährt unser Zug.«

War das eine Nachricht! Vor Freude fiel Miluscha der Mutter noch einmal um den Hals! Aber dann erschrak sie. »Wir können die Fahrt doch gar nicht bezahlen. Wir haben doch kein Geld.«

»Doch, mein Kind«, beruhigte Elsa das Mädchen. »Wir haben ein bisschen Geld. Dadurch, dass du hier bei Gehrkes warst, habe ich in den letzten Monaten einiges zurücklegen können. Nicht viel, aber für die Fahrt wird es vielleicht reichen.«

»Dann war es doch für etwas gut, dass ich hier durchgehalten habe«, meinte Miluscha.

Ihr Bündel mit den wenigen Besitztümern war schnell geschnürt. Der Abschied von ihrer Gastfamilie war kurz, aber herzlich. Schade, dass Roland nicht da war. Er war auf der Kolchose, und so konnte Miluscha sich von ihm nicht verabschieden.

Elsa hatte mit ihrer Tochter schon das Haus verlassen, als Johannes Gehrke sie noch einmal zurückrief. »Emilie hat sehr gute Arbeit geleistet. Fast wie eine Erwachsene. Dafür sind wir sehr dankbar. Sie wird uns fehlen, besonders den Kindern. Wir werden sie vermissen. Nehmen Sie das. Sie können es für Ihre Reise gebrauchen.« Dabei drückte er ihr ein paar Rubelscheine in die Hand. Einen Dank dafür ließ der »Bürgermeister« nicht zu. Wenn er mit seiner Familie nicht reisen durfte, sollte wenigstens den Beers die Reise etwas erleichtert werden.

Unterwegs erzählte Elsa ihrer Tochter, dass sie inzwischen den meisten Hausrat und auch die Hälfte des Bettzeugs an Leute verkauft hatte, die nicht reisen konnten oder wollten, so dass dadurch die Reisekasse noch ein wenig aufgefüllt worden war. Dadurch hätten sie auch wenig Gepäck mitzunehmen. Ob das Geld bis nach Nedbarewka reichen würde, wusste sie freilich auch nicht zu sagen.

Die Reisevorbereitungen für die vier Beers waren schnell getroffen, die wenigen Formalitäten beim Dorfrussen rasch erledigt, der Abschied von Sophie und Laura Weller und von einigen anderen Mitbewohnern des Weilers herzlich, aber kurz vollzogen, die Wegstrecke zum Bahnhof bald zurückgelegt.

Beinahe pünktlich dampfte der Reisezug aus Alma-Ata kommend von Konkretow weiter nach Norden in Richtung Karaganda. Dort würde es sich ergeben, wie es weiterging.

Und auch das würde wieder gelten: Gott war mit unterwegs, und er würde weiter für sie sorgen.

Zurück in die Heimat

Das gleichförmige Rattatatat – Rattatatat – Rattatatat des Zuges hatte die vier Beers schläfrig gemacht. Da schreckte der barsche Ton des Schaffners sie auf. Er verlangte nach der Fahrkarte. Wie oft Elsa Beer auf der langen Heimreise dieses Papier hatte vorzeigen müssen, wusste sie schon gar nicht mehr. Auf jedem Zielbahnhof hatte sie ein neues kaufen müssen. Dieses hier hatte sie von ihrem letzten Geld in Kiew erstanden, und es sollte die Fahrt bis Schitomir garantieren. So hatte man ihr gesagt.

Der Schaffner besah sich die Fahrkarte sehr genau, drehte sie hin und her, sah mit mürrischem und zugleich fragendem Blick auf Elsa und die Kinder und dann wieder auf das Stück Papier in seiner Hand.

»Ist etwas nicht in Ordnung?«, fragte die Mutter besorgt.

»Nicht in Ordnung«, gab der unfreundlich in schnarrendem Ton zurück. »Nächste Station Reise zu Ende. Aussteigen!«

»Aber das geht doch nicht. Wir müssen bis Schitomir«, versuchte Elsa zu protestieren. »Wir können doch nicht irgendwo auf der Strecke …«

»Nächste Station Saporosch. Alle muss aussteigen. Neu bezahlen; nächste Zug nehmen.« Die Antwort des Schaffners klang sehr bestimmt.

»Aber ich habe doch bis Schitomir bezahlt«, versuchte Elsa noch einmal einzuwenden.

»Nix bezahlt bis Schitomir. Nix mein Problem. Sie in Saporosch aussteigen! Vielleicht zehn Minuten.« Das klang jetzt unerbittlich und duldete offenbar keinen weiteren Widerspruch.

Der Schaffner gab die Fahrkarte nicht zurück, sondern steckte sie in die Tasche und wandte sich anderen Fahrgästen zu, die die Szene schweigend verfolgt hatten.

»Konnte der Mann denn nicht ein Auge zudrücken?«

»Dann haben die in Kiew dich ja betrogen mit der Fahrkarte.«

»Ich will aber nicht irgendwo aussteigen.«

Die Kinder bedrängten ihre Mutter mit allen möglichen Fragen und unfreundlichen Bemerkungen über den ukrainischen Schaffner.

Elsa seufzte laut auf. Ihr Gesicht hatte alle Farbe verloren. »Kinder, der Mann muss wohl so handeln. Offenbar haben die Bahnleute in Kiew uns tatsächlich betrogen.«

»Und was machen wir jetzt?«, fragte Miluscha besorgt.

»Wo sollen wir in Saporosch hin?«, ergänzte Hugo.

»Ich weiß es nicht«, gab Elsa zurück. »Gott weiß es«, fügte sie leise hinzu. Und mit einem Seufzer fuhr sie fort: »Wir werden aussteigen, und dann werden wir weitersehen. Irgendeine Lösung muss es ja geben und wird es sicher auch geben.«

Wenig später stand Elsa mit ihren drei Kindern und ihrem Reisegepäck auf dem Bahnsteig eines unbekannten Ortes. Mit Tränen in den Augen und wohl auch mit ein wenig Groll in den Herzen mussten die vier zusehen, wie der Zug dampfend und stampfend den Bahnhof in Richtung Schitomir verließ, in ihre Heimat. Was nun?

Ein wenig unschlüssig standen sie auf dem Bahnsteig und überlegten, was sie jetzt tun sollten.

»Wir suchen das Rathaus oder die Bürgermeisterei. Die müssen uns helfen«, schlug Hugo vor.

»Vielleicht gibt es ja hier einen Pastor, der etwas weiß«, war Miluschas Vorschlag. Erhard sagte nur: »Ich habe Hunger.«

»Nehmt euer Gepäck, Kinder. Gehen wir.« Elsa ging voran. Man konnte es ihr ansehen, dass die Last, die sie trug, ein Vielfaches von dem Gewicht ausmachte, das sie in den Händen hielt. Und auch den drei Kindern schien ihr Gepäck noch schwerer geworden zu sein.

So traten sie auf den kleinen Bahnhofsvorplatz, immer noch unschlüssig, was jetzt zu tun sei. Der Platz war um diese Zeit fast menschenleer. Da war keiner sichtbar, den die Gestrandeten um Rat hätten fragen können. Bis auf einen älteren Mann, der auf seinen Krückstock gestützt auf der gegenüberliegenden Seite des Platzes die kleine Menschengruppe interessiert zu beobachten schien. Dann kam er plötzlich herüber.

»Entschuldigung«, sagte er. »Ich heiße Weber.« Damit hatte er sich bereits als Deutscher vorgestellt. »Sie stehen hier so suchend herum. Kann ich Ihnen helfen?«

Mit einem Seufzer der Erleichterung sagte Elsa: »Vielleicht

können Sie uns helfen«, und beschrieb ihm ihre Situation. »Was wir brauchen, ist ein Platz zum Wohnen und die Möglichkeit, zu arbeiten und Geld zu verdienen, damit wir unsere Reise fortsetzen können.«

»Wissen Sie, wo wir wohnen können?«, fragte Miluscha.

»Und wo wir Geld verdienen können?«, ergänzte Hugo. »Wir sind stark und gesund und sind das Arbeiten gewohnt.«

»Hm«, überlegte Herr Weber mehr für sich selbst als für die Beers. »Ich könnte mir schon was vorstellen. Aber ich kann das nicht alleine entscheiden. Ich müsste meine Schwägerin fragen. Aber die ist manchmal ein bisschen schwierig.«

»Und was wäre das für eine Möglichkeit?«, fragte Elsa zurück.

»Wissen Sie, ich lebe mit meiner Schwägerin in einem Haus ziemlich am Stadtrand. Meinen jüngeren Bruder haben sie deportiert. Wir wissen nicht, wo er ist. Mich haben sie verschont. Ich war wohl schon zu alt. Aber seit dem Freundschaftsvertrag sind die Zeiten ja auch etwas anders geworden. Also, wir haben an unserem Haus einen kleinen Anbau. Ein besserer Schuppen oder Holzverschlag. Aber da ist ein Ofen drin und ein großes Bett. Bettzeug haben Sie ja, wie ich sehe.«

»Das wäre doch schon was«, beeilte sich Elsa, die Überlegung des Mannes aufzugreifen. »Wir brauchen nicht viel. Wir stellen überhaupt keine Ansprüche. Ein Raum zum Leben genügt uns.«

»Also gehen wir doch«, glaubte Hugo entscheiden zu können und wollte schon sein Gepäck greifen.

»Ja bitte, Herr Weber«, stimmte Miluscha ein. »Gehen wir zu Ihnen. Wir sind mit jeder Hütte zufrieden.«

»Langsam, langsam, ihr Kinder. Ich weiß nicht, ob meine Schwägerin ...«, zögerte Herr Weber den Aufbruch noch hinaus.

»Die wird sicher einverstanden sein, wenn sie uns sieht und unsere Lage kennt«, war Miluscha überzeugt. »Bitte, Herr Weber.«

»Gut, gut, gehen wir«, entschied der alte Herr jetzt. »Meine Schwägerin wird einverstanden sein müssen.«

»Und was ist mit Arbeit für uns?«, wollte Hugo noch wissen.

»Tja, bei uns ist keine Arbeit. Uns haben sie vor ein paar Jahren alles genommen. Wie den meisten Deutschen. Wir haben nur noch unseren Garten. Aber ich zeige euch auf dem Weg ein paar Häuser und Geschäfte. Da wohnen meistens Juden. Die haben mehr Geld als wir. Vielleicht kann wenigstens eure Mutter dort Arbeit finden. Sie muss halt hingehen und fragen.«

»Und ob ich das tue«, griff Elsa den Vorschlag sofort auf. »Gleich morgen früh gehe ich auf Suche.«

»Also, dann auf zu neuen Taten«, ordnete Herr Weber jetzt an und setzte sich in Bewegung.

»Aber ich habe Hunger«, brachte der jüngste Beer sein Bedürfnis in Erinnerung.

»Wir kommen bei einem Bäcker vorbei, mein Junge, da holen wir für euch ein Brot«, tröstete Herr Weber den Siebenjährigen. »Du sollst uns ja nicht verhungern.«

Auf dem Weg zum hoffentlich künftigen Quartier zeigte Herr Weber Elsa verschiedene Häuser und Geschäfte, wo sie nach Arbeit fragen sollte. Bei dem Bäcker, auch einem Juden, kaufte er ein Brot, das er gleich Hugo mit der Bemerkung »meine Schwägerin muss das nicht sehen« unter den Arm klemmte.

Die ukrainische Kleinstadt machte an diesem späten Septembertag einen recht verschlafenen Eindruck. Es waren nur wenige Menschen unterwegs. Ab und an kam ein Fuhrwerk vorbei, Motorfahrzeuge kaum. Nach etwa einer halben Stunde näherten sich die fünf einem Anwesen, das in einem großen Obst- und Gemüsegarten lag und wohl einmal ein ansehnlicher Hof gewesen war. Im Garten machte sich eine Frau zu schaffen.

Kaum hatte sie die Stimmen der Ankömmlinge gehört, unterbrach sie ihre Arbeit, strecke ihren Körper und rief zur Einfahrt herüber: »Wen schleppst du uns da an? Wir brauchen keinen Besuch.«

»Gemach, Cäcilie, gemach. Das sind arme Leute. Die hat man hier einfach aus dem Zug gesetzt. Sie werden vorläufig im Anbau wohnen.«

»Das kommt gar nicht in Frage«, grantelte die Schwägerin zurück. »Wir brauchen keine Mitesser.«

»Sei still jetzt!«, gab der alte Mann barsch zurück. »Die vier kriegen den Anbau. Und basta. Sie werden dir schon dein Brot nicht wegessen.«

Die Frau grummelte noch eine Weile vor sich hin, kümmerte sich aber dann nicht weiter um ihren Schwager und seine Gäste.

Der ging mit den Beers gleich zu dem beschriebenen Anbau und wies die vier in ihr neues Quartier. »Macht euch nicht allzu viel aus dem Gerede meiner Schwägerin. Ich sagte ja, sie ist manchmal ein bisschen schwierig.« Dann ließ er Elsa mit ihren drei Kindern allein, um sich in den Garten zu begeben, wo er wohl seiner Schwägerin die Situation erklären musste. Jedenfalls ging es nicht gerade leise zwischen den beiden zu.

Die vier Beers richteten sich ein, so gut es ging. Viel Platz war nicht in diesem Holzverschlag. Aber es gab den erwähnten Ofen, das große Bett und einen kleinen Tisch. Das musste reichen für die Zeit, bis das Geld für die letzte Strecke der Heimreise verdient war.

Am nächsten Morgen begaben sich die vier in das Städtchen, nachdem sie am Hofbrunnen ihre Morgentoilette erledigt und sich mit Wasser und Brot gestärkt hatten. Die unfreundlichen Worte von Cäcilie Weber, die die Familie vom Haus her beobachtet hatte, hatten sie dabei geflissentlich überhört. Und als Miluscha abfällig meinte, diese Frau sei ja richtig böse, hätte sie sich fast eine Ohrfeige der Mutter eingefangen. Aber die musste ihrer Tochter wohl im Inneren Recht geben.

Im Zentrum von Saporosch suchte Elsa ein Haus nach dem anderen auf, von dem Herr Weber gemeint hatte, dass sie dort Arbeit bekommen könne. Immer wieder erzählte sie ihre Geschichte und beschrieb ihre Not, das Geld für die Heimreise verdienen zu müssen. Und sie hatte Erfolg. In drei Familien bot man ihr Arbeit an. Meist ging es dabei um Hausarbeiten wie Kochen, Putzen, Waschen und Bügeln. Wenn das zeitlich hintereinander zu kriegen war, konnte Elsa alle drei Angebote annehmen. Sie sprach mit den Leuten offen darüber. Die drei jüdischen Geschäftsleute hatten ein Einsehen, und so war das Problem auch einigermaßen gut zu lösen.

Gott sei Dank! Das nährte die Hoffnung auf eine baldige Heimkehr.

Leider fand die Mutter keinerlei Beschäftigung, bei der die Kinder etwas hätten hinzuverdienen können. Vielleicht brauchte man gelegentlich mal ein Kindermädchen oder einen Laufburschen. Das würde sich ergeben. Erhard war natürlich zu klein für irgendeinen Dienst, und alleine bleiben konnte er ohnehin höchstens für ein paar Stunden, aber nicht für einen ganzen Tag.

Elsa war auch mutig genug, um mit ihren neuen Arbeitgebern die Verpflegungsfrage anzusprechen. Schließlich musste sie mit ihren dreien ja auch zu essen und zu trinken haben. Auch hierin zeigten sich die jüdischen Familien sehr entgegenkommend. Es würde schon immer etwas übrig bleiben für die Kinder.

Elsa war am Ende ihrer Arbeitssuche recht beschämt. Hatten sich hier nicht auch wieder die letzten Worte ihres Mannes bewahrheitet? Hatte Gott nicht wieder für sie gesorgt?

Ja, er hatte. Er erwies sich auch hier wieder als der Vater der Witwen und Waisen.

Als Elsa am Abend mit ihren Kindern im großen Bett lag, sprach sie mit ihnen darüber. Hier würde wohl kein feindliches Ohr mithören und sie bei irgendjemandem anschwärzen wegen ihrer Frömmigkeit und ihres Glaubens. Die Mutter dankte Gott inbrünstig, wie sie es lange nicht getan hatte. Und auch die Kinder taten es mit frohen Herzen.

Elsa verließ jetzt meist früh am Morgen den Verschlag und kam erst spät abends zurück. Ab und zu brachte sie die Tagesmahlzeit für die Kinder mit. Das Abendessen wurde dann bei Kerzenschein eingenommen, ehe die vier in ihr gemeinsames Bett krochen. Manchmal kam die Mutter auch mittags mit einer Schüssel Kartoffeln und Gemüse eilig nach Hause gelaufen, mal war ein wenig Fleisch dabei, mal ein Rührei, mal dies, mal jenes. Es gab aber auch einzelne Tage ohne irgendetwas zu essen, so dass die Kindermägen kräftig knurrten und ihre Besitzer gar nicht fröhlich waren.

Wenn Elsa bei ihrer Arbeit war, beschäftigten die Kinder sich auf dem Hofgelände der Webers oder streunten auch zuweilen durch die Stadt. Wenn Cäcilie Weber nicht zu Hause war, durften sie sich auch im Garten aufhalten. Dort gab es schon einmal einen Apfel oder eine Birne von der Obstwiese, Luxusgüter, an deren Geschmack sich die Kinder kaum erinnern konnten. Aber sie mussten halt immer vor Cäcilie auf der Hut sein. Wenn sie kam und eins der Kinder auf dem Hof oder gar im Garten erwischte, dann gab es ein schlimmes Donnerwetter. Warum war die Frau nur so böse?

Der alte Herr Weber war da ganz anders. Aber seine Schwägerin führte das Kommando, und da musste er um des lieben Friedens willen immer wieder klein beigeben.

Ende Oktober brach über dem Land der Winter herein. Es schneite tagelang und es wurde kalt und kälter. Natürlich machte die Kälte auch nicht vor dem Holzverschlag Halt, in dem die Beers wohnten. Die Nächte waren noch einigermaßen erträglich. Da konnten die vier sich gegenseitig in ihrem großen Bett warm halten. Aber tagsüber? Es gab Tage, da kamen die Kinder kaum aus dem Bett heraus. Gemeinsam unter der großen Decke war es immer noch am wärmsten. Außerhalb des Bettes konnten sie es vor Kälte kaum aushalten. Da half auch die zusätzliche Kleidung nicht viel, die Elsa bei ihren Arbeitgebern erbettelt hatte. Es wurde so kalt, dass die drei Holzwände des Verschlages sich mit einer Eisschicht überzogen. Wenn sie doch nur Holz für den Ofen gehabt hätten!

Elsa hatte einmal abends den Versuch gemacht, Cäcilie Weber um Brennstoff zu bitten. Sie hatte eine böse Abfuhr hinnehmen müssen. Eine unbarmherzige Frau war sie, diese Cäcilie Weber.

Eines Mittags klopfte der alte Mann an den Verschlag. »Kinder, kommt raus, ihr dürft euch Holz sammeln. Cäcilie hat es endlich erlaubt.«

Wie der Blitz waren die drei aus dem Bett und in den paar Kleidern, die sie übereinander anzogen.

»Wo dürfen wir Holz sammeln?«, fragten sie fast gleichzeitig.

»Ihr dürft im Obstgarten unter dem Schnee suchen. Ihr erinnert euch, dass wir neulich die Bäume beschnitten haben. Die Äste sind ja alle liegen geblieben. Die dürft ihr euch herauswühlen. Dann müsst ihr sie zerbrechen und klein machen. Das geht leicht bei dem Holz im gefrorenen Zustand. Und dann könnt ihr euch hoffentlich euren Verschlag ein bisschen aufwärmen.«

Mit bloßen Händen begannen Hugo und Miluscha im kniehohen Schnee zu graben.

Sie gruben, bis sie nicht mehr konnten, weil die Kälte ihnen bis ins Mark gekrochen war. Aber sie hatten wenigstens einen kleinen Vorrat an Obstbaumreisig ausbuddeln und in den Verschlag tragen können. Der gute Alte hatte ihnen inzwischen – sicherlich heimlich – einen Packen Papier und Streichhölzer in die »Stube« gelegt.

Nachdem Hugo und Miluscha sich gegenseitig warm gerieben hatten, versuchten sie, den Ofen in Gang zu bekommen. Das war gar nicht so einfach. Das Holz war schließlich nass. Aber dann gelang es ihnen doch, und es war ihnen egal, dass sich der Raum mehr und mehr mit Rauch füllte. Der Rauch war wenigstens warm, auch wenn er in den Augen biss und die Nase kitzelte. Da konnte endlich einmal ein wenig Freude aufkommen. Und wie würde die Mutter sich freuen, wenn sie nachher kam und einen warmen Verschlag vorfand! Lieber gehustet als noch länger gefroren.

Elsa fand einen Verschlag vor, in dem wenigstens keine Minustemperaturen mehr herrschten und in dem sogar das Eis an den Holzwänden zu schmelzen begann. »Das habt ihr gut gemacht, Kinder. Und dem alten Weber müssen wir auch sehr dankbar sein. Der wird mit seiner Schwägerin um die Erlaubnis für das Holz gekämpft haben.«

»Da hat er wohl endlich mal gewonnen«, kommentierte Miluscha die Worte ihrer Mutter, »der arme Kerl. Der muss einem doch Leid tun mit so einem Weib im Haus.«

Am nächsten Tag gruben Hugo und Miluscha wieder eine Stunde lang im Schnee nach Obstbaumreisig. Länger hielten sie es nicht aus. Dann passierte etwas: Der alte Herr Weber holte die Kinder ins Haus. »Cäcilie ist nicht da«, flüsterte er, als befürchtete er, sie könne ihn aus der Entfernung hören. »Sie kommt erst heute Abend zurück. Ich habe uns eine Fleischsuppe gekocht. Die wird euch schmecken und gut tun. Die wärmt euch so richtig von innen wieder auf.«

Das war wie ein kleines Fest für Hugo, Miluscha und Erhard. Wann hatten die drei zuletzt eine Fleischsuppe gegessen? Sie konnten sich gar nicht erinnern.

»Und jetzt zeigt mir einmal eure Füße«, forderte der Alte die Kinder auf. »Die müssen ja schon schier erfroren sein.«

Wie Recht er hatte! Die Kinder hatten bei allen Schmerzen bisher die Zähne aufeinander gebissen. Wohl auch, um der Mutter keine weiteren Sorgen zu machen.

Ihr alter Wohltäter besah sich die Füße seiner jungen Gäste und erschrak. Wie sahen die aus! Blau und rot, Erfrierungen an fast allen Zehen und bis an die Unterschenkel.

»Da müssen wir doch was gegen tun«, murmelte er vor sich hin und schlurfte aus dem Zimmer. Zurück kam er mit einem Salbentopf und mit einer Hand voll Lappen. Vorsichtig, fast zärtlich rieb er die Füße und Beine der Kinder eins nach dem anderen ein und umwickelte sie dann mit den Lappen.

»Das wird Schlimmeres vermeiden helfen«, sagte er. »Dass die Cäcilie auch so hartherzig sein muss.«

War das ein schöner Nachmittag gewesen, mitten in aller Schwierigkeit des Lebens in dem Verschlag, aller Mühe, gegen die Entbehrungen und die Kälte anzukämpfen, aller Last, die die Mutter zu tragen hatte, um das Reisegeld zusammenzubekommen. Ein richtiger Lichtblick, den der alte Weber den Kindern da bereitet hatte.

Aber das Ende war abzusehen. Eines Abends kam Elsa von der Arbeit in den verrauchten Verschlag zurück. »Kinder, noch eine Woche, und dann wird es reichen. Dann können wir fahren.«

Diese Nachricht löste Jubel aus. Nedbarewka! Es konnte nach Hause gehen!

»Schaffst du die Woche denn auch noch?«, fragte Miluscha besorgt. Das Mädchen hatte wohl gemerkt, dass die Mutter allmählich an die Grenzen ihrer Kraft geriet. »Wie gerne würde ich helfen. Warum hatten die Leute für uns keine Arbeit?«

»Macht euch darum mal keine Gedanken«, tröstete Elsa ihre Zwölfjährige. »Einen kleinen Anteil an der Kasse hast du ja auch.«

»Aber nur einen ganz kleinen. Fünfmal Kinder hüten. Das war doch nichts.«

»Und ich nur ein paarmal Laufbursche«, ergänzte Hugo. »Ich hätte auch gerne richtig gearbeitet und Geld verdient.«

»Ja, deine Botengänge haben auch ein paar Kopeken gebracht, Junge. Macht euch mal keine Vorwürfe. Ich hatte es immer warm, und ihr musstet frieren. Meine Füße und Beine sind in Ordnung. Ihr müsst sehen, wie ihr eure Erfrierungen wieder loswerdet. Außerdem habt ihr dafür gesorgt, dass unser Verschlag nicht mehr ganz so kalt ist. Wir haben alle Grund zu danken, dass die Zeit hier zu Ende geht. Jetzt sprechen wir noch das Abendgebet, und dann wird geschlafen.«

»Ja, und von zu Hause geträumt.«

»Von Nedbarewka.«

Die nächsten Tage wollten schier nicht vorbeigehen. Am Ende der Woche aber kam Elsa mit der Fahrkarte von der Arbeit zurück. Das Geld hatte gereicht, sogar bis Nowograd Wolynski. Von dort nach Nedbarewka zu kommen, war dann wohl nicht mehr schwer. Irgendeinen Fuhrmann würden sie schon finden, der den Transport für dieses allerletzte Stück übernahm.

Auf dem Weg zum Bahnhof kam ihnen der alte Herr Weber eilig nach. In der einen Hand hielt er seinen Stock, in der anderen ein kleines Bündel.

Auf seinen Zuruf hin blieben Elsa und die Kinder stehen, bis der gute Mann sie erreicht hatte.

»Ich musste mich doch von euch verabschieden«, meinte er. »Cäcilie ist froh, dass ihr endlich weg seid. Aber mir tut es Leid. Ich hätte euch gerne besser versorgt hier in Saporosch. Und dafür, dass der Winter diesmal so grausam ist, wie manchmal das ganze Leben, dafür können wir alle nichts. Hier, nehmt das mit, damit ihr unterwegs nicht verhungert. Wer weiß, wann ihr wieder etwas zu essen bekommt. Ich hätte euch auch gerne eine Fleischsuppe mitgegeben, was richtig Warmes. Aber das geht ja wohl nicht. Also, lasst euch Brot, Wurst und Eier gut schmecken. Und schmiert euch mit der Salbe immer wieder eure Füße ein. Die müssen wieder ganz in Ordnung kommen. Und nun lebt wohl. Gott sei mit euch!«

Der alte Mann sprach's, drehte sich um und ging seinen Weg zurück, ohne noch einmal zurückzublicken und ohne den Beers eine Chance zu geben, sich zu bedanken und ordentlich von ihrem Wohltäter zu verabschieden.

»Schade«, meinte Miluscha, »dass dieser liebe Mann mit einer so bösen Frau in einem Haus wohnen muss.«

»Der hätte einen guten Großvater für uns abgeben können«, ergänzte Hugo.

»Ja, ein guter Mensch. Gott behüte ihn.«

»Gott sei mit euch«, hatte der Alte gesagt. Elsa hatte es mit innerer Freude registriert. Da lag wohl das Geheimnis der Güte dieses Mannes.

Die Mutter drängte nun zum Weitergehen. Sie durften doch den Zug um keinen Preis versäumen.

Weihnachten in Nedbarewka

Die letzte Nacht vor der Heimkehr nach Nedbarewka verbrachten die Beers im wohlig geheizten Bahnhof von Nowograd Wolynski. Am Morgen trieb Elsa dann einen alten Bauern auf, der bereit war, die Familie mit seinem Pferdeschlitten in ihr Heimatdorf zu fahren. Er hatte sogar eine Lage Stroh auf die Pritsche gelegt, damit die Reisenden sich ein wenig zudecken konnten. Auch in dieser Gegend lag viel Schnee und es herrschte eine grimmige Kälte.

Die letzten Kilometer von Nowograd Wolynski nach Nedbarewka waren wie eine Entschädigung für die großen Entbehrungen der letzten Monate. In herrlicher Winterlandschaft unter strahlender Sonne, die die strenge Kälte ein wenig erträglicher machte, glitt der mit zwei Pferden bespannte Schlitten fast lautlos dahin. Der von den Pferdehufen aufgewirbelte Schneestaub glitzerte im Licht wie tausend kleine Sterne. Nur das Schnauben der Tiere, die als Kälteschutz Decken trugen, und das Klingen der Glöckchen an ihrem Geschirr durchbrach die Stille und ab und an einmal ein Kommando des alten Kutschers, der in einen dicken Mantel gehüllt ansonsten schweigend vorne auf dem Bock saß.

Dagegen war Miluscha, die sich neben ihn gedrückt hatte, vergleichsweise sommerlich gekleidet. Aber das Mädchen fror überhaupt nicht. Zu groß war die Aufregung des Morgens und die Freude auf das Heimatdorf, das nach wenigen Wegbiegungen hinter dem kahlen Wäldchen am Dorfrand bald sichtbar werden musste.

In Elsa dagegen wuchs mit jedem Pferdeschritt die bange Frage, wen sie antreffen würden, wo es denn diesmal bei der Rückkehr eine Wohnung gäbe ...

Aber dann wurde sie auch wieder ruhig in der Gewissheit, dass Gott auch hier schon vorgesorgt haben würde.

Bald befand sich der Schlitten im Wäldchen, und dann durchbrach Miluschas lauter Jubelschrei die winterliche Stille. »Juhu, Nedbarewka, wir kommen!«

Jetzt erhoben sich auch die anderen drei aus ihrem Stroh, um einen besseren Blick zu haben. Dort die Allee hinauf der Schulhügel; dahinten die Mühle, deren Flügel sich sogar langsam drehten. Da oben musste ein leichter Wind gehen, der unten auf der Straße nicht zu spüren war. Wer mochte hier jetzt der Müller sein?, ging es Elsa sofort durch den Kopf. Immer noch Hannes Blum? Wenn es den noch gab, dann war auch für Hilfe gesorgt.

Wieder zu Hause! Wie schön, wie herrlich! Nedbarewka, die Heimat!

Elsa bat den Kutscher, durchs Dorf bis zum Haus von Hannes Blum zu fahren, sie würde ihm sagen, wo er anhalten sollte. Aber der alte Bauer wusste Bescheid. Er kannte den Müller.

Und dann ging es die Dorfstraße entlang, vorbei an den Teichen, die wohl so dick zugefroren waren wie sonst nie. Jetzt wäre es für Erhard sicher völlig ungefährlich, mit seinem Schlitten auf das Eis zu fahren.

Dann ging es vorbei an Loskes Haus und Hof. Wer dort wohl jetzt wohnte? Rechts hinter dem Bach lag das Haus von Mutter Kühn. Ob sie noch lebte? Der Schlitten fuhr an Hirsekerns Haus vorbei. Ob wohl Hans und Lenchen noch hier waren und ob Lenchens Kinderwunsch sich inzwischen erfüllt hatte? Zu sehen war auch hier kein Mensch.

Der Schlitten bog in den alten Bürgermeisterhof ein. Kaum dass das Gefährt still stand, war Miluscha schon abgesprungen. Hugo tat es ihr nach und zusammen liefen sie zum Eingang. Auf ihr Klopfen hin wurde bald geöffnet, und Martha Blum, Hannes' Frau, verschlug es schier den Atem.

»Hugo, Miluscha, wo kommt ihr denn her? Sehe ich richtig? Kinder, ihr wieder hier? Wo ist die Mutter? Wo ist euer Kleiner?«

Elsa war inzwischen auch zum Haus gekommen, und es gab eine herzliche Begrüßung. War das eine Überraschung! Die Beers waren aus der Verbannung zurückgekommen! Dass das möglich war, hatte man auch in Nedbarewka gewusst. Aber dass es tatsächlich Leute gab, die das Abenteuer und die Strapazen auf sich nahmen, damit hatte im Grunde niemand gerechnet.

»Elsa, wie schön, dass ihr da seid!« Die alte Martha freute sich von Herzen. »Da wird der Hannes staunen, wenn er von der Mühle kommt.«

Elsa verabschiedete den alten Kutscher, während die Kinder das Gepäck abluden und in den Hausflur der Blums stellten.

Dann wärmten sich die Beers erst einmal in der Stube auf. Der heiße Tee tat gut. Natürlich mussten die vier Heimkehrer erzählen. Martha wollte möglichst viel erfahren von dem, was sie auf den Reisen nach und von Kasachstan erlebt hatten und wie es ihnen in dem fernen Land ergangen war.

Elsa und die Kinder wollten dafür wissen, was sich in Nedbarewka verändert hatte, wer von den Bekannten noch da war, wen es nicht mehr gab, ob die Schule noch in Betrieb war, und ... und ... und.

Die Zeit verging rasch, und die fünf Leute in der Stube merkten es kaum. Dann hörten sie die Haustüre knarren und wie sich jemand den Schnee von den Stiefeln klopfte. Hannes betrat die Stube, und auch er traute seinen Augen nicht. Elsa Beer und ihre Kinder! Das konnte doch nicht wahr sein! Aber es war wahr. Die vier waren es leibhaftig. Hannes Blum brauchte eine Weile, bis er die Tatsache begriffen hatte. Da hatte der Moloch Russland doch tatsächlich eine Hand voll Menschen wieder ausgespuckt. Wie freute er sich über dieses Ereignis!

Nach einer neuen Zeit des Erzählens auf beiden Seiten wurde Hannes Blum dann doch ein wenig nachdenklich. »Was machen wir jetzt mit euch? Irgendwo müsst ihr bleiben. Ich wüsste da was, aber das geht nur für ein paar Wochen und dann müsstet ihr wieder umziehen.«

»Wo können wir hin?«

»Wo hast du einen Platz für uns?«

So gingen die Fragen durcheinander. »Am liebsten wohnten wir ja wieder im alten Schulhaus«, träumte Miluscha laut. »Das wäre prima.«

»Und das ist auch mein Vorschlag«, bestätigte Hannes Blum den Traum des Mädchens, und er hatte dabei ein verschmitztes Lächeln auf dem Gesicht. »Bis Februar oder März ist euer alter Wohnraum noch frei. Danach wird er allerdings gebraucht.«

Noch in den Satz hinein jubelte Miluscha das lauteste Juhu, das sie je von sich gegeben hatte. Sie schnappte sich Erhard und tanzte mit ihm durch die Blumsche Stube. »Juhu, wir dürfen ins Schulhaus, wir dürfen wieder ins Schulhaus.«

»Nun krieg dich mal wieder ein, Schwesterchen«, mahnte Hugo, der sich natürlich auch über das Wohnungsangebot freute. Genauso wie die Mutter. Nur dass der vor Freude und Bewegung die Tränen übers Gesicht liefen. Wenn Elsa mit vielem gerechnet hatte, aber nicht damit, den alten Wohnraum nach gut fünfzehn Monaten Abwesenheit wieder beziehen zu können. Welche Gnade Gottes!

Auch die beiden Blums waren ganz gerührt angesichts der Freude, die sie den Beers als Begrüßungsgeschenk machen konnten.

»Wann brechen wir auf?«, wollte Miluscha dann wissen.

»Kind, heute noch nicht«, bremste Hannes Blum die Begeisterung des Mädchens. »Der Schulraum muss erst ein wenig vorgeheizt werden. Der ist bei dieser Lausekälte doch völlig ausgekühlt.«

»Das macht doch gar nichts, Onkel Blum. Wir haben bei Minusgraden in einem Verschlag gelebt mit dickem Eis an den Wänden«, versuchte Miluscha den Altbürgermeister – das war er inzwischen nämlich nur noch – davon zu überzeugen, dass ihr die größte Kälte nichts ausmachen würde. »Bitte, lass uns gleich ins Schulhaus ziehen. Bitte, Onkel Blum!«

»Miluscha, bitte!«, mahnte Elsa jetzt mit Nachdruck.

»Ich kann dich ja verstehen, Mädchen«, räumte Hannes Blum ein. »Aber in der Kälte zu leben muss jetzt nicht mehr sein. Heute Nacht bleibt ihr hier bei uns. Viel Platz braucht ihr ja nicht, wenn ihr drei Monate lang zu viert in einem Bett habt schlafen müssen. Und morgen könnt ihr dann euren Wiedereinzug in eure alte Wohnung feiern. Abgemacht?«

»Abgemacht, Onkel Blum«, gab Miluscha nach. »Und wann machst du den Ofen im Schulhaus an?«

Die Frage hätte jetzt nicht kommen dürfen. Hannes Blum wollte nämlich gleich gehen, noch vor Einbruch der Dunkelheit, und den Ofen anfeuern. Und auf die Frage des Mädchens hin musste er das wohl zugeben.

»Dann darf ich aber wenigstens mitgehen«, trotzte Miluscha.

»Miluscha!« Die Stimme der Mutter klang scharf.

»Lass nur, Elsa, ich nehme das Mädchen mit. Sie kann mir helfen, Holz hinaufzutragen. Das müssen wir nämlich von hier mitnehmen.«

»Dann gehe ich auch mit«, bot sich Hugo nachdrücklich an. »Drei Leute tragen mehr als zwei.«

Das war logisch und Elsa gab sich zufrieden.

So packten sich die drei also wieder dick gegen die Kälte ein, luden sich im Schuppen so viel Holz auf, wie jeder tragen konnte, und stapften durch den Schnee hinauf auf den Schulhügel.

Der Mühlenweg war trotz des vielen Schnees gut zu begehen, hatte doch der Müller bei seinen täglichen Gängen hinauf zur Mühle den Weg längst festgetreten.

So erreichten die drei kurz nach Sonnenuntergang das alte Schulhaus. Hannes Blum schloss den großen Schulraum auf und ließ Miluscha als Erste hineingehen.

Dem Mädchen wurde es ganz merkwürdig ums Herz, die alte Wohnung wieder zu betreten, deren Inneres inzwischen wegen der angebrochenen Dämmerung kaum noch zu erkennen war. Aber Miluscha wusste sich noch in dem Raum zu bewegen, als wäre sie nie weg gewesen. Er machte ja auch den Eindruck, als sei er erst gestern verlassen worden. Die Betten standen noch an ihren Plätzen, der Tisch und die Bank waren noch da. Und Papas Lehnstuhl!

Liebevoll strich das Mädchen über das Holz und den dunklen Lederbezug. Papas Lehnstuhl! Welche Erinnerungen hingen an diesem Möbelstück! Miluscha setzte sich mit einer raschen Bewegung hinein, schloss die Augen und begann sogleich von den Zeiten zu träumen, in denen sie hier auf Papas Schoß gesessen oder vor ihm auf dem Schemel gehockt hatte, nur um nahe bei ihm zu sein. Hier hatte sie ihm zugeschaut, wenn er arbeitete, hier hatte sie ihm zugehört, wenn er seine Geige spielte.

Papas Geige, die sie so gerne auf die Zwangsreise mitgenommen hätte! Was war mit Papas Geige?

Miluscha sprang auf und eilte zur großen Kiste, in der die Mutter damals vor der Abreise ein paar Dinge verstaut hatte, die sie nicht hatten mitnehmen können. Tatsächlich, auch die Kiste stand noch an ihrem Platz, und alle Dinge lagen noch darin, auch Papas Geige.

Dem Mädchen erschien das alles wie ein Wunder. Da war doch ein Vater im Himmel, von dem der Vater auf der Erde immer wieder erzählt und von dem er aus seiner Bibel immer wieder vorgelesen hatte. Aber warum hatte dieser Vater im Himmel den geliebten Vater so früh von der Erde genommen? Miluscha spürte plötzlich so etwas wie Heimweh nach dem einen und Ärger über den anderen Vater. Der Widerspruch, der darin lag, war ihr aber sicher nicht bewusst.

Ja, und Papas Bibel. Wo war Papas Bibel? Die musste doch auch in der Kiste sein. Hatte die Mutter sie damals denn nicht auch hineingelegt? Miluscha fühlte noch einmal genau nach. Sehen konnte sie wenig, auch nicht, nachdem Hannes Blum eine Petroleumlampe angezündet hatte. Die leuchtete nicht in die Kiste. Aber da war offenbar auch kein Buch in der Kiste.

Merkwürdig, dachte Miluscha, eigentlich muss die Bibel doch da sein.

Schließlich ließ sich das Mädchen aus seinen Träumen herausreißen. Es hatte gar nicht wahrgenommen, was die beiden Männer – Hugo war natürlich ein noch sehr junger – inzwischen gearbeitet hatten. Sie hatten das Holz im Ofen zum Brennen gebracht, und die Flammen raunten und knisterten vor sich hin und verströmten bereits eine wohlige Wärme in Ofennähe.

»Ich habe den Ofen so eingestellt, dass das Feuer eigentlich die Nacht über nicht ausgehen dürfte. Dann wird es morgen schon angenehm warm sein in eurem alten und neuen Zuhause«, erklärte Hannes Blum den beiden Kindern. »Auf dem Weg zur Mühle schaue ich morgen früh gleich nach dem Feuer. Ihr könnt erst einmal richtig ausschlafen und euch dann mit dem Einzug Zeit lassen. Und jetzt lasst uns zurückgehen.«

»Danke, Onkel Blum, dass ich mitgehen durfte.« Miluscha fiel dem Altbürgermeister um den Hals und drückte ihm einen dankbaren Kuss auf die Wange. »Das war schön. Ich freue mich auf morgen.«

In Blums Haus fiel Miluscha dann ihrer Mutter auch noch einmal um den Hals. »War das schön, im alten Schulhaus zu sein. Danke, Mama, dass ich mitdurfte.«

Die Rückkehr der Beers aus der Verbannung und ihr Wiedereinzug ins alte Schulhaus hatte sich rasch in Nedbarewka herumgesprochen. Und immer wieder kam jemand herauf auf den Schulhügel, um die Heimkehrer zu begrüßen und ihnen Hilfe zu bringen. Der eine brachte Winterkleidung, der andere Haushaltsgerät, der dritte

Lebensmittel. Wie wohltuend war für die Mutter mit ihren drei Kindern diese Herzlichkeit und Anteilnahme!

Auf Hans und Lenchen Hirsekern wartete Elsa zu ihrem großen Schmerz vergeblich. Auch die beiden hatte der Bannstrahl der sowjetischen Behörden getroffen. Niemand wusste, wohin sie verschickt worden waren. In ihrem Haus wohnten jetzt ukrainische Landarbeiter, die auf der Kolchose beschäftigt waren. Und noch eine Nachricht erfüllte Elsa bei aller Freude der Heimkehr mit Trauer: Ihre geliebte Mutter Kühn war im vergangenen Sommer gestorben. Sie würde ihnen allen fehlen, denn auch die Kinder hatten immer wieder gerne bei ihr hereingeschaut.

Wenige Tage nach dem Wiedereinzug der Beers in ihre frühere Wohnung kam nachmittags eine alte Frau aus dem Dorf herauf und brachte einen Laib Brot, eine Kanne Milch, eine Tüte Mehl und ein paar Eier. »Heute ist Heiliger Abend. Kocht euch eine gute Suppe, lasst sie euch schmecken und freut euch an der Geburt des Heilandes.«

Elsa verschlug es schier die Sprache beim Empfang dieser Dinge. Milch, Mehl und Eier. Die junge Frau fasste es kaum. Wann hatte sie zuletzt eine Suppe kochen können? Dazu mit solchen Zutaten! Und jetzt hatte sie sogar die Zutaten für eine Milchsuppe, eine richtige Ribbelchensuppe, wie sie genannt wurde.

Elsa nahm das Mütterchen ein ums andere Mal in die Arme und konnte gar nicht aufhören, sich zu bedanken.

Und dann ging sie ans Werk. Das sollte ein weihnachtswürdiges Festessen werden.

Hugo und Miluscha standen um den Herd und gaben genau acht, was die Mutter machte, wie sie die Milch erhitzte, wie sie Mehl und Eier vermischte und in die heiße Flüssigkeit gab und wie sie das Ganze dann aufkochen ließ. Die beiden konnten es gar nicht erwarten, dass die Suppe fertig wurde. Erhard saß derweil bereits wie auf heißen Kohlen an seinem Platz.

»Deck schon einmal den Tisch, Miluscha. Ich bin gleich fertig«, beauftragte Elsa endlich ihre Tochter. Und dann stand der Topf mit der dampfenden Köstlichkeit zwischen ihnen, und jeder wollte als Erster zur Schöpfkelle greifen.

»Nicht ohne Gebet!«, mahnte die Mutter ihre drei Heißhungrigen, dabei konnte sie ihren Eifer so gut verstehen. Sie dankte inbrünstig für die guten Gaben.

Wie das schmeckte! Milchsuppe – Ribbelchensuppe – und Brot, welch eine Köstlichkeit!

So etwas Herrliches hatten Hugo, Miluscha und Erhard seit mehr als einem Jahr nicht mehr zu essen bekommen. Die drei waren so sehr mit ihrer Suppe beschäftigt, dass sie zuerst überhaupt nicht merkten, dass die Mutter gar nicht mit am Tisch saß. Elsa stand an den Kachelofen gelehnt und Tränen rollten ihr über das Gesicht.

Miluscha bemerkte die fehlende Mutter zuerst. »Mama, was ist mit dir? Warum bist du nicht mit am Tisch? Und warum weinst du? Kannst du dich denn nicht freuen über dieses gute Essen? Du hast es doch selbst gekocht.«

Das Mädchen legte den Löffel aus der Hand, ging zur Mutter hinüber und nahm sie in die Arme. »Mama, komm, setz dich zu uns. Du musst uns sagen, was du hast, und dann musst du auch essen. Wir machen den Topf sonst noch ganz alleine leer.«

Elsa ließ sich tatsächlich von ihrer Tochter an den Tisch ziehen. Aber essen wollte sie nicht. Irgendetwas schnürte ihr die Kehle zu. Sie bekam keinen Bissen hinunter. »Kinder, es ist Weihnachten. Wir sind wieder zu Hause. Aber wir haben keine Geschenke füreinander. Nicht einmal ein Weihnachtslicht können wir anzünden. Uns fehlt der Vater. Uns fehlen Georg, Olga und Waldemar. Uns fehlen die lieben Freunde, die wir früher hier hatten.« Elsa brach ab und trocknete ein paar Tränen.

Die Kinder schwiegen betroffen. Solche Gedanken hatten sie überhaupt nicht im Sinn. Zu wichtig war ihnen heute das Zu-Hause-Sein und das gute Essen.

»Wisst ihr«, fuhr die Mutter fort, »ich denke an unsere Verwandten in Deutschland und in Amerika. Die können heute Weihnachten feiern mit einem richtigen Weihnachtsbaum, mit Kerzen daran und Lametta. Sie können mit Gottesdienst und Liedern feiern. Sie können sich gegenseitig beschenken. Da gibt es Süßigkeiten und Plätzchen. – Weil wir das alles nicht haben und weil ich euch das alles nicht geben kann, darum ist mir so schwer ums Herz.«

»Aber Mama, deswegen muss dir das Herz nicht schwer sein«,

versuchte Miluscha sie zu trösten. »Wir sind doch zufrieden mit dem, was wir haben.«

»Miluscha hat Recht«, mischte Hugo sich jetzt ein. »Wir sind zu Hause, haben ein gutes Essen, sind füreinander da. Das ist doch was. Voriges Jahr haben wir überhaupt nicht an Weihnachten gedacht.«

»Das ist richtig. Im kasachischen Winter ist die Geburt des Heilandes ganz an uns vorbeigegangen. Ihr habt davon nichts gemerkt, aber ich habe schon darunter gelitten.«

»Aber jetzt musst du nicht mehr leiden, wo wir doch wieder hier sind und es wieder gut haben.« Miluscha nahm die Mutter in den Arm. »Bitte, Mama, versuch, dich zu freuen.«

Jetzt musste Elsa sogar ein wenig lächeln über die kindliche Bitte ihrer Tochter.

Dann war es Hugo, der einen ganz neuen Gedanken ins Spiel brachte. »Mama, wo ist eigentlich Papas Bibel, aus der er uns immer vorgelesen hat? In der Kiste ist sie nicht. Miluscha hat sie gesucht und nicht gefunden.«

»Papas Bibel? Wie kommt ihr jetzt darauf?« Elsa war ganz erstaunt über die Frage des Jungen. Sie stand auf und ging zu ihrem Bett. Unter der Matratze zog sie das Buch hervor. »Hier ist sie. Sie war die ganze Zeit mit uns unterwegs. Auf der Reise, in Konkretow, in Saporosch, und jetzt ist sie mit uns wieder hier.«

»Und wo hast du die Bibel immer versteckt, dass wir das nicht gemerkt haben?«, wollte Erhard jetzt wissen.

Dazu gab es nun viel zu erzählen. Mit gespannter Aufmerksamkeit hörten die Kinder Elsa zu und staunten über die Bewahrung, die ihre Mutter und sie alle in den verschiedenen brenzlichen Situationen erfahren hatten.

Beim Erzählen wich die Niedergeschlagenheit zunehmend von Elsa. Auch ihr Gesicht hellte sich auf.

»Darf ich jetzt noch die Weihnachtsgeschichte lesen?«, bot Hugo sich schließlich an.

»Gerne darfst du das tun«, freute sich Elsa und wischte eine letzte Träne von der Wange. »Oder möchtest du auch einen Abschnitt lesen, Miluscha?«

»Wenn ich das noch kann. Wann habe ich denn zum letzten Mal in einem Buch gelesen?«

»Du kannst es ja probieren«, machte Hugo seiner Schwester Mut. »Wenn es nicht geht, lese ich weiter.«

»Ich will auch lesen können«, ließ Erhard sich dazwischen hören.

»Du wirst es hoffentlich bald lernen. Du kannst sicher hier demnächst in die Schule gehen«, vertröstete die Mutter den Kleinsten, schlug dabei das Lukasevangelium auf und reichte die geöffnete Bibel ihrem Ältesten. Der begann zu lesen, nur ein wenig holprig, weil ungeübt:

> »Es begab sich aber zu der Zeit, dass ein Gebot von dem Kaiser Augustus ausging ...«

Richtig feierlich wurde es in der Stube, und ein Hauch von Christfest legte sich über die Szene.

Dann versuchte Miluscha ein paar Verse zu lesen. Es ging, wenn auch sehr mühsam:

> »Und der Engel sprach zu ihnen: Fürchtet euch nicht! Siehe, ich verkündige euch große Freude, die allem Volk widerfahren wird; denn euch ist heute der Heiland geboren, welcher ist Christus, der Herr, in der Stadt Davids.«

»Siehst du, Mama, jetzt ist es doch noch Weihnachten für uns geworden, auch ohne Kerzen und Kuchen«, meinte Miluscha, nachdem Elsa die Schriftlesung mit einem Gebet abgeschlossen hatte.

»Jawohl«, setzte Erhard dazu. »Die Geschichte und die Suppe waren die schönsten Geschenke für uns.«

Kuhstallbrigade

Die Zeit im Schulhaus ging dahin. Immer fand sich jemand, der den Beers mit dem Nötigsten aushalf. Sie lebten zwar nicht im Überfluss, aber sie brauchten auch nicht zu hungern. Sie hatten es warm, und der grimmige Winter konnte ihnen nichts mehr anhaben.

Erhard, der Siebenjährige, durfte zur Schule gehen. Für die beiden anderen gab es diese Möglichkeit leider nicht. Aber sie besorgten sich im Dorf Bücher, aus denen sie selbst lernten und mit denen sie Schreiben, Lesen und Rechnen üben konnten. Das ging ganz gut und machte auch Spaß. Die Mutter, inzwischen sechsunddreißig Jahre alt, fand immer wieder einmal eine Möglichkeit, sich in Häusern des Dorfes nützlich zu machen und sich so für manche Wohltat zu bedanken.

Im Frühjahr 1940 kam dann der endgültige Abschied vom Schulhügel und vom alten Schulhaus. Die Beers mussten den Platz räumen und bekamen ein kleines Häuschen mit zwei Räumen in der Nähe der Kolchose zugewiesen. Mit der Wohnungszuweisung war auch die Arbeitszuweisung verbunden.

Für den fünfzehnjährigen Hugo bedeutete das, sich in die »Brigade Pferdestall« einzufügen. Elsa war für die Versorgung der Schweine, Miluscha für die Versorgung des Kuh- und Rinderbestandes eingeteilt.

Erhard hatte nun einen weiten Schulweg, den er mit anderen täglich zu Fuß zurücklegen musste. Aber ihm machte die Schule Spaß, wenngleich der meiste Unterricht auf Russisch gehalten wurde.

Für die inzwischen zwölfjährige Miluscha begann der Tag genau so früh wie für jede andere Arbeitskraft der Kolchose. Die Leitung machte wegen des Alters der Jungen und Mädchen keine Unterschiede. Ausmisten, Füttern, Melken, das waren die hauptsächlichen Tätigkeiten, an denen das junge Mädchen beteiligt wurde. Und das in einem Stall, in dem weit mehr als fünfzig Milchkühe in ihren Boxen standen. Zusätzlich versorgt werden mussten natürlich auch die jungen Rinder und Kälber. Und die Bullen, vor denen Miluscha die

Angst nie ablegen konnte. Unangenehme, unberechenbare Gesellen waren das.

Ausmisten – es war wahrlich keine leichte Arbeit, den Mist aus den Boxen zu gabeln oder zu schaufeln, auf flache Karren zu laden und die schweren Mistkarren aus dem Stall hinaus auf den großen Dunghaufen zu schieben. Da gab es keine mechanischen Hilfen. Im Gegenteil. Je mehr Mist auf dem Haufen lag, desto höher hinauf mussten die Karren geschoben werden. Und das über schmale Bretter, die meist sehr glitschig waren. Immer wieder kam es vor, dass jemand auf einem der Bretter ausrutschte und dann samt Karre im nassen und stinkenden Dung landete. Miluscha erging es da nicht besser als anderen. Ein Glück, dass die Kolchose wenigstens anständige Gummistiefel zur Verfügung stellte. So konnten die eigenen Schuhe wenigstens geschont werden. Und ein weiteres Glück war, dass die Kolchose über einen einigermaßen komfortablen Waschraum verfügte.

Füttern – auch diese Tätigkeit war nicht gerade leicht. Das Winterheu musste zuerst aus dem Schober geholt werden, wo es im gepressten Zustand gelagert war. Dort musste es mit großen Eisenhaken gerupft und gelockert werden, ehe es auf Schubkarren geladen und in den Stall transportiert werden konnte. Rüben mussten aus großen Mieten ausgegraben werden, in denen sie frostsicher überwintert hatten, ehe sie in der Schnitzelmühle kuhmaulgerecht zerkleinert werden konnten. Diese Rübenmühlen waren grobe Geräte, deren Messerwellen mittels einer großen Kurbel mit den Händen gedreht wurden. Das ging ins Kreuz und in die Arme. Eine Knochenarbeit für jeden Erwachsenen und erst recht für Kinder.

Melken war ein ganz besonderes Vergnügen, besonders dann, wenn es um eine unruhige Kuh ging, die ihre Beine nicht stillhalten konnte und wie verrückt mit dem Schwanz schlug. Anfangs wurde der jungen Melkerin manchmal der Eimer zwischen den Beinen weggetreten, und sie musste sich oft die Augen reiben, weil der Kuhschwanz sie wieder zielgenau getroffen hatte. Aber nachdem Miluscha ein wenig Routine gewonnen hatte, machte ihr das Melken besonderen Spaß. Und die Kunst des Milchgewinns brachte ihr später auf der Weide manchen frischen Trunk ein.

Anfang April, wenige Tage, nachdem der letzte Schnee von der

Frühlingssonne weggeleckt worden war, wurde das Hornvieh auf die Weide getrieben und Miluscha mit der vierzehnjährigen Dorothea zu Kuhhirten ernannt. Nach dem Frühmelken ging es hinaus, vor dem Abendmelken kamen die beiden mit ihren Tieren zurück. Den ganzen Tag über waren sie bei jedem Wetter draußen. Herrliche Stunden, unbeschwerte Zeit. Die Herde machte selten Mühe, und Miluscha musste sich hier keine Gedanken darum machen, wie viele Kuhfladen sie für den Winterbrand zur Feuerung im häuslichen Herd abends eingesammelt hatte.

So konnten die Mädchen den Tagesstunden in Gottes herrlicher Schöpfung viel Gutes abgewinnen. Was sie da alles sahen und beobachteten bei Pflanzen und Tieren, hätte ihnen der beste Naturkundeunterricht nicht beibringen können. Und Musik ergab sich von ganz allein. Beide Mädchen kannten Lieder, die sie draußen ungestört und frei im Wettstreit mit den Vögeln singen konnten. Und wenn ihnen die Texte ausgingen, machten sie selber welche.

Ihre Verpflegung während der Hütestunden war recht abwechslungsreich. Von der Kolchose bekamen sie zwar lediglich ein Stück Brot mit. Das musste reichen. Aber da waren doch die Kühe, die die Milch zum Brot lieferten. Die Mädchen kannten ihre Tiere und wussten, welche Kuh beim Melken besonders ruhig stand, so dass der Milchstrahl den offenen Mund auch traf. Und dann wuchsen draußen ja auch Beeren, Sauerampfer und andere Pflanzen, die als Beilagen zu genießen waren.

Angst bekamen die beiden Mädchen nur, wenn es an schwülen Tagen gewitterte und finster wurde und so richtig blitzte und krachte. Dann gerieten sie fast in Panik. Weglaufen ging nicht, die Herde verlassen war unmöglich. Also aushalten mit Zittern und Zagen, mit Beten und unter Tränen, mussten sie doch am Abend die Herde wieder vollzählig in den Stall treiben.

Wenn es einmal nach einem Gewitter einen Regenbogen am Himmel gab, waren die beiden wieder versöhnt mit den ungeliebten Wetterbedingungen. Wussten sie doch um die Bedeutung dieses Schauspiels am Himmel, das Gott einmal als Zeichen seines Bundes mit seiner Schöpfung gesetzt hatte und mit dem er immer wieder an diesen Bund erinnerte.

Der Brigadeleiter »Kuhstall« war übrigens sehr zufrieden mit seinen beiden jungen Hirtinnen. So zufrieden, dass er ihnen die beiden Kälber schenkte, die Ende April als Zwillinge draußen auf der Weide geboren waren. Die beiden Tiere durften bei ihrer Mutterkuh bleiben und waren so bestens versorgt, hatten ihre Muttermilch und gewöhnten sich mit der Zeit von allein an Wiesenfutter.

Sehr schnell ging der Sommer vorüber und mit ihm die schöne gemeinsame Zeit mit Dorothea. Miluscha und sie waren gute Freundinnen geworden.

Viel zu schnell kam die Zeit, wo die Kühe wieder im Stall bleiben und dort versorgt werden mussten. Schade, jetzt wurde das Leben wieder härter.

Kartoffelernte war angesagt. Ohne Kartoffelroder und ohne Schleudergerät hinter dem Pflug. Es war eine Kartoffelernte sogar ohne Pflug. Die Hacke und der Holzkorb waren die Werkzeuge für viele Tage der Erntezeit. Die Felder waren riesig und die Vorgaben für jede Erntekraft schier nicht zu schaffen. Da musste gewühlt werden, ob der Rücken schmerzte oder nicht, ob die Ackererde an den Schuhen und an der Hacke klebte oder nicht, ob sich die Erdfrüchte bei Sonnenschein aus trockenem Boden leicht auflesen ließen oder ob sie bei Regenwetter aus nassem und fast schlammigem Boden mühsam herausgepult werden mussten, ob der Boden morgens bereits mit Reif bedeckt war oder gar schon leicht gefroren oder nicht. Vorgabe war Vorgabe, und die musste erfüllt werden, sonst wurde ihnen etwas vom Lohn abgezogen.

Auch Miluscha bekam ihren Anteil zugewiesen. Sie war ein kräftig gebautes und gut entwickeltes Mädchen, die gut und gerne für sechzehn gehalten werden konnte, obwohl sie doch erst zwölf war. Dorothea dagegen sah eher aus wie eine Zwölfjährige, und deshalb fiel ihr Tagessoll auch geringer aus. Und sie hatte zunehmend Schwierigkeiten, ihre geforderte Leistung zu bringen. Ihre Mutter musste immer wieder Furchenmeter mit übernehmen, weil es die Tochter einfach nicht schaffte.

Elsa ging es da nicht anders. Ein Pferd konnte nicht mehr arbeiten als diese tapfere und starke Frau. Immer wieder half sie auch Miluscha in ihrem Stück aus.

Aber auch diese harte Phase ging vorüber. Die Kartoffeln waren geerntet, ehe der erste richtige Frost kam und der Schnee sich wieder wie ein Leinentuch über das Land legte. Winterzeit war Dreschzeit und mit den Pflegearbeiten in den Ställen ausgefüllt, die Elsa, Hugo und Miluscha ja inzwischen kannten.

In ihrem Häuschen fühlten sich die vier Beers wohl. Sie hatten ein dichtes Dach über dem Kopf, sie hatten ihren Wohnraum, ihr Auskommen und genug zu essen. Mit Begrenzungen und Einschränkungen zu leben, war für sie nicht mehr schwer.

Auch mit verschiedenem Ungeziefer. Im Herbst war die Läuseplage einmal für einige Wochen so heftig gewesen, dass Miluscha – übrigens genau wie ihre Mutter – ihr prächtiges, volles, dunkles Haar hatte opfern müssen. Anders war die Herrschaft über die lästigen Tierchen und über die Nissen nicht zu gewinnen gewesen. Dagegen halfen auch die bitteren Tränen nicht, die das Mädchen über den Verlust ihrer Haarpracht weinte. Das Kopftuch war ihr nur ein geringer Trost, und die Tatsache, dass Haare wieder wachsen, konnte sie auch nur wenig aufrichten. Hatten es die Brüder mit ihren Kurzhaarfrisuren doch gut! Darin konnten sich die Plagegeister erst gar nicht einnisten.

Besondere Feste waren immer die gelegentlichen Waschtage. Da gab es gar nicht viel zu waschen. Der »Kleiderschrank« war nur sehr spärlich bestückt. Eine Garnitur für die Arbeit und eine andere für die freie Zeit. Auch die Anzahl der Unterwäsche hielt sich in engen Grenzen. Das meiste war auch zugleich Nachtgewand. Wenn es das Wetter zuließ, wurde dann auch einmal auf gewisse Wäschestücke verzichtet. Wer schaute denn schon bei Nacht unter die Bettdecke und bei Tag unter den Rock, ob darunter wohl ein blanker Po steckte, oder in die Hose, ob darin wohl eine zweite getragen wurde!?

So war das nun einmal, und so musste es auch gehen. Und das in gleicher Weise für die Mutter, die Tochter und die Söhne.

Wenn also Waschtag bei den Beers war, dann wurde am Abend in einem Zuber möglichst die fast vollständige Garderobe gewaschen, gespült – Wasser gab's am Brunnen, wie schon immer gehabt – und in der Wohnküche zum Trocknen aufgehängt. Das Feuer im Herd sorgte dafür, dass bis zum Morgen die meisten Wäschestücke wieder trocken waren und frisch angezogen werden konnten.

Im Grunde waren die Beers bei diesen schlichten Lebensmöglichkeiten eine zufriedene und glückliche Familie. Und Miluscha ein glückliches Mädchen, voller Dankbarkeit und mit einer unerschütterlichen Fröhlichkeit gesegnet.

Gesegnet war die Familie vielleicht auch deshalb, weil sie in allen Nöten und Entbehrungen daran festgehalten hatte, dass Gottes Zusage, vom Vater verkündet und vorgelebt und auf seinem Sterbelager als letztes Vermächtnis noch einmal bestätigt, sich immer wieder als Wahrheit erwies: Gott, der Vater im Himmel und der Vater des Heilandes Jesus Christus, war treu. Er war ein guter Versorger der Witwen und Waisen. Er war immer schon da, wo die Familie hingekommen war, und er hatte sie auf allen Wegen gnädig begleitet. Das galt übrigens auch für Georg, Olga und Waldemar in Engels. Nach ihren Berichten ging es ihnen dort gut, und ihre Ausbildung machte Fortschritte.

Wenn doch nur der Christenglaube auch offen gelebt werden könnte und nicht nur heimlich! Wenn sich doch die Frommen wieder versammeln dürften und in Gemeinschaft Gottesdienst feiern mit Lesungen und Liedern und öffentlichen Gebeten. Nur dieses fehlte den Beers zu einer völligen Zufriedenheit.

Aber die Zeiten sollten auch hierin noch einmal anders werden.

»Welch Glück ist's, erlöst zu sein«

Der sowjetische Druck auf die deutsche Bevölkerung ließ sich aushalten, solange die Ordnungen eingehalten wurden. Er war seit dem deutsch-sowjetischen Freundschaftsvertrag geringer geworden. Mit den ukrainischen Nachbarn und Arbeitskollegen auszukommen, war nicht schwierig. Sie waren ja alle in einer vergleichbaren Lage. Auch sie bekamen den Druck Moskaus zu spüren, und auch sie verhielten sich entsprechend, um die Schwierigkeiten so gering wie möglich zu halten. Frauen und Kinder hielten sich ohnehin aus allem heraus, was dem russischen Organisations- und Aufsichtspersonal der Kolchos- und der Ortsverwaltung ärgerlich erscheinen konnte.

Der Krieg, der bereits seit Monaten im mittleren, westlichen und südlichen Europa herrschte, bewegte die Leute in Nedbarewka und Nikolaital wenig. Zwar war längst bekannt, dass die Deutschen schon 1939 in einem Blitzkrieg bis an die polnisch-sowjetische Grenze vorgestoßen waren und das polnische Land jetzt deutsch regiert und verwaltet wurde. Aber der Bug als Grenzfluss lag weit weg, und zudem gab es ja den Freundschaftsvertrag. Also, warum sich hier in den wolhynischen Weiten bekümmern? Welche Rolle Stalin und das sowjetische Reich in dem Ganzen spielten, wusste niemand so recht. Aktuelle Nachrichten gab es kaum. Wer hatte hier auf dem Land auch schon ein Radio und wer las eine Zeitung? Und Reisen, die immer zugleich Nachrichtenübermittlung waren, gab es kaum.

Umso größer war das Erschrecken, als es eines Tages, wohl Mitte Juli 1941, auch auf der Kolchose Nikolaital unruhig wurde, die Leute am helllichten Tag mit Vieh und Gerät von den Wiesen und Feldern geholt wurden und die Anweisung bekamen, Deckungsgräben und Schutzlöcher auszuheben. Das sei jetzt wichtiger, als das Heu einzufahren und die Rüben zu hacken.

Fieberhaft wurde einige Tage lang rund um das Kolchosgelände gegraben. Morgens und abends musste natürlich das Vieh versorgt werden, aber sonstige Arbeiten unterblieben. Dann gab es wieder ein paar Tage Entwarnung. Und dann kam russisches Militär und nistete sich mit allem möglichen Gerät in den kleinen Wäldern der Umgebung ein. Wohl wegen der besseren Deckung. Die Deutschen seien vom Bug her auf dem Vormarsch gegen Russland, war den Meldungen zu entnehmen.

Die gespannte Stille, aufgeladen mit Angst und Entsetzen unter den Deutschen wie unter den Ukrainern, wurde bald überrollt von dem schrecklichen Lärm der Kriegsmaschinerie, die über das Land hereinbrach. Es donnerte und krachte, tobte und toste an allen Orten im Angriff der Deutschen und in der Gegenwehr der Russen. Und das, sobald es das Tageslicht zuließ. Die Nächte waren einigermaßen ruhig.

Sie mussten genutzt werden, um vor allem das Vieh zu versorgen. Die Kühe wollten gefüttert und gemolken werden, und die Schweine gaben auch nicht Ruhe, wenn sie nichts in die Tröge bekamen. Alles geschah unter strengster russischer Aufsicht und unter großer Angst derer, die verpflichtet wurden.

Dass die Menschen dabei sich selbst vernachlässigen mussten und auch kaum Gelegenheit fanden, ihre eigene Versorgung zu organisieren – wen kümmerte das schon. Wer es wagte, aus dem streng bewachten Vorrat der Kolchose für sich und seine Leute auch nur Kleinigkeiten abzuzweigen, begab sich in größte Gefahr. Alles Essbare war den Russen in der Verwaltung und in den Verteidigungsstellungen vorbehalten. Die Erdlöcher zu verlassen, war lebensgefährlich. Wer bei dem Versuch gestellt wurde, wurde auf der Stelle erschossen. Und es waren nicht wenige, meist Männer, die für ihre Leute das Unmögliche riskierten und dafür bezahlten. Einzelne nächtliche Schüsse signalisierten, dass es wieder jemanden getroffen hatte.

Elsa und ihre Kinder waren dem Schrecklichen ausgeliefert wie alle anderen. Und sie waren mit Angst und Entsetzen erfüllt wie alle anderen. Tagsüber hockten sie in ihrem Erdloch, zitternd und bebend und vor allem betend, nachts meist in ihrer Hütte oder im angebauten kleinen Stall. Die Kuh, die darin stand – das seinerzeit Miluscha geschenkte Kalb war inzwischen eine Kuh geworden, die selbst schon gekalbt hatte –, hielt die vier Beers durch ihre Milch einigermaßen bei Kräften. Tagsüber trieb sich das treue Rind mit anderen Tieren ohne Aufsicht irgendwo auf den Wiesen herum, um abends immer wieder in seinen Stall zurückzukehren. Das Tier schien zu wissen, wie wichtig seine nächtliche Anwesenheit im Stall für seine Menschen war. Der Kriegslärm am Tag machte ihm wohl nichts aus. Die Ruhe nachts im heimischen Stall schien ihm zu gefallen. Es soll niemand sagen, Tiere hätten keinen Verstand.

Nach einigen Tagen kamen die Flieger, kleine, wendige Maschinen, die im Tiefflug über das flache Hügelland fegten. Gegen deren Aktionen aus der Luft hatten die russischen Verteidiger keine Chance. Der Kriegslärm, der noch einmal heftig und laut wurde, verebbte nach und nach. Die russischen Stellungen brachen eine nach der anderen zusammen. Wer laufen konnte lief, um der drohenden Gefangenschaft zu entgehen. Die Flüchtenden ließen das meiste Gerät zurück und auch manchen Kameraden, den es getroffen hatte. Es wurde vergleichsweise still über dem Land. Die deutschen Truppen rückten ein, und sie kamen auch nach Nedbarewka und Nikolaital. Sie kamen auch auf das Gelände der Kolchose. Von der russischen Kolchosleitung trafen sie niemanden mehr an. Die hatten sich noch rechtzeitig abgesetzt. Ob sie weit gekommen waren?

Per Megafon rief ein deutscher Offizier die verängstigten Menschen aus ihren Schutzlöchern und beorderte sie zum Appell. Beim Klang der deutschen Sprache kamen sie alle gerne hervor, die wenigen Männer, die Frauen und Kinder, um ihre Befreier zu begrüßen und sich als Befreite begrüßen zu lassen.

Und um Versorgung zu erhalten. Brot gab es. Brot! Und Tee, warmen Tee! Welche Wohltat nach acht Tagen Erdlochdasein. Die deutschen Wehrmachtsleute machten auch keine Unterschiede zwischen Landsleuten und Ukrainern. Auch sie, die sich verständlicherweise zunächst sehr skeptisch und immer noch ängstlich der Situation aussetzten, wurden versorgt und beruhigt, dass sie keinerlei Repressalien zu befürchten hätten.

Wie allen anderen ging es auch Elsa, Hugo, Miluscha und Erhard. Sie waren dankbar und froh, dass das höllische Szenario der letzten Tage ein Ende hatte. Endlich konnten sie wieder frei atmen und sich bewegen. So eine Art Normalität konnte wieder einziehen. Normalität auch in der Arbeit auf der Kolchose.

Ein deutscher Landser bekam den Auftrag, im Einzelnen zu

erfassen, wer alles zur Arbeiterschaft dieses landwirtschaftlichen Großbetriebes gehörte und wo sein Platz gewesen war. Er war wohl von Haus aus ein Landwirt, der sich in solchen Dingen auskannte. Die Arbeit musste weitergehen, und dazu wurde jede Hand gebraucht. Die Menschen der Gegend mussten ja auch künftig weiter versorgt werden.

Nur musste ein Leiter und Organisator her. Irgendjemand schlug Hannes Blum vor, den Altbürgermeister und Müller von Nedbarewka. Der war sicher für diese Aufgabe bestens geeignet. Und er war auch bereit, sie zu übernehmen, wie sich bald herausstellte.

So kehrte tatsächlich bald wieder so etwas wie Ordnung auf der Kolchose ein. Hugo konnte seinen Platz im Pferdestall und Transport wieder einnehmen, Elsa arbeitete wieder im Schweinestall, bekam allerdings den Hühnerhof dazu. Miluscha konnte weiterhin ihre Aufgaben im Kuhstall und auf der Viehweide wahrnehmen, was sie natürlich gerne tat. Für Erhard würde wohl in den nächsten Tagen die Schule weitergehen, wenn mit deutschem Verwaltungspersonal auch deutsche Lehrer in die Gegend kamen. Bis es so weit war, sollte Elsa den Jungen mit zur Arbeit nehmen oder Miluscha ihn als Beihirten einsetzen.

Zunächst aber musste auf dem Kolchosgelände aufgeräumt werden. Die Gebäude hatten doch einige Treffer abbekommen, und ganz ohne menschliche Opfer waren die Kämpfe der letzten Tage auch nicht abgegangen.

Das war das traurigste Geschäft, Gefallene zu beerdigen. Die deutschen Truppen hatten ein paar tote Kameraden auf einem ihrer Wagen mitgebracht. Und es waren einige Gefallene, die in den Feldern und Wäldern der Umgebung gefunden wurden.

Auch Miluscha und Dorothea mussten das Schreckliche erleben, dass sie auf der Weide russische Soldaten fanden, die tödlich getroffen waren, darunter sehr junge. Das war für die beiden ganz schlimm, und sie hatten lange damit zu tun, diese Erlebnisse zu verarbeiten.

Hugo hatte mit einem anderen Jungen die Aufgabe, die Leichen auf einem Pferdekarren von der Fundstelle abzuholen und in eine der Scheunen zu bringen. Alles andere als eine angenehme Arbeit für zwei Sechzehnjährige.

In der Scheune wurden die Gefallenen vorübergehend aufgebahrt, bis sie auf dem Friedhof von Nedbarewka eine würdige Ruhestätte bekamen.

Diese Beerdigung führte ein älterer Soldat aus, der dabei in seiner Grabrede eine gute biblische Botschaft verkündigte, wie die Leute in dieser Gegend sie nicht mehr gehört hatten, seit Pastor Uhler in Hainau umgebracht worden war und Karl Beer Redeverbot bekommen hatte. Ob dieser Mann wohl Pastor war oder ein Laienbruder irgendeiner christlichen Gemeinde in Deutschland?

Zum ersten Mal seit Jahren hörten die Leute wieder eine öffentliche Lesung aus der Bibel und eine Predigt. Zum ersten Mal seit langer Zeit wieder ein öffentlich gebetetes Vaterunser. Und das bei einem solchen Anlass!

Elsa Beer schwankte zwischen Erstaunen und Skepsis. Brachte dieser Krieg die Glaubensfreiheit zurück? Oder mussten die Christen auch weiterhin ihren Glauben im Verborgenen leben?

Elsa war, wie die meisten erwachsenen Kolchosbeschäftigten, zur Teilnahme an der Beerdigung verpflichtet worden. Es sollte ein würdiger Rahmen für die Gefallenen beider Seiten sein. So hatte sie auch die Gelegenheit, wieder einmal an Tabeas Grab zu stehen. Dabei gingen ihr die Worte des Predigers immer wieder durch den Kopf: »Wer an Christus glaubt, der hat Vergebung aller seiner Schuld, die er auf Erden getan hat. Christus hat sie am Kreuz auf sich genommen und ist dafür gestorben. Und er ist auferstanden. Wer an Christus glaubt, der hat durch den Gekreuzigten und Auferstandenen das Leben, auch wenn er stirbt.«

Elsa war sich sicher, im Häuschen würde sie die Bibel aus dem Versteck holen und sie ab heute wieder offen und täglich mit den Kindern lesen. Gottlob, hier hatte der unselige Krieg Gutes mitgebracht.

Als die Mutter sich am Abend mit ihren Kindern an den Tisch setzte, lag die Bibel des Vaters bereits darauf. Und ehe die vier mit dem Essen begannen, las Elsa – sie musste nur den immer hungrigen Erhard leicht ermahnen – die ersten Verse des 103. Psalms und dann noch Jesu gewichtige Worte aus der Geschichte über den auferweckten Lazarus:

»Ich bin die Auferstehung und das Leben. Wer an mich glaubet, der wird leben, ob er gleich stürbe; und wer da lebet und glaubet an mich, der wird nimmermehr sterben. Glaubst du das?«

Dann erzählte sie von der Beerdigung und von der Predigt des Soldaten. Zum Schluss sagte sie: »Die Frage an die Marta müssen wir ganz neu für uns hören. Jetzt dürfen wir sie auch wieder laut hören. Und wir dürfen eine laute Antwort geben.« Mit besonderem Nachdruck fuhr sie fort: »Wir müssen die Antwort geben, wie die Marta sie gegeben hat, damit wir ewiges Leben haben: ›Herr, ja, ich glaube, dass du bist Christus, der Sohn Gottes, der in die Welt gekommen ist.‹«

Aufmerksam und andächtig hörten die Kinder zu. So ernsthaft und doch so froh hatte die Mutter lange nicht geredet.

Vor allem Miluscha war sehr beeindruckt davon. Ihr war es beim Zuhören richtig warm ums Herz geworden. Hatte sie die Antwort der Marta für sich selbst schon gegeben? Wenn nicht – musste sie das nicht dann schnellstens tun? Das Mädchen war sich nicht schlüssig über ihren eigenen Glaubensstand. Sie hatte ja auch noch nie so richtig darüber nachgedacht. Aber das erste laute gemeinsame Vaterunser seit langer Zeit sprach sie mit einer ganz neuen inneren Beteiligung mit. Und von diesem Tag an gingen dem Mädchen diese Gedanken nicht mehr aus dem Kopf.

Die Arbeit auf der Kolchose normalisierte sich rasch. Die deutschen Truppen waren weitergezogen, der Vormarsch ging nach Osten weiter, hinein ins russische Land. In der Region blieben einige Soldaten zur Besetzung der Schlüsselstellen der regionalen Verwaltung zurück. In den folgenden Wochen kamen zivile Kräfte nach, um sich um die kommunalen Angelegenheiten zu kümmern. Auch die Schule in Nedbarewka nahm ihren Betrieb mit deutschen Kräften, meist Lehrerinnen, wieder auf, so dass auch Erhard wieder einen geregelten Tag hatte.

Hannes Blum als neuer Kolchosverwalter organisierte die Arbeit neu, indem er die Arbeitsbereiche straffer gliederte und geregelte Arbeitszeiten einführte. Dadurch bekamen die Beschäftigten mehr freie Zeit, die sie dann für sich selbst und für ihr kleines Stück eigenes Land besser nutzen konnten.

Hannes organisierte auch die Verteilung von Hilfsgütern, die aus Deutschland für die arme Bevölkerung eintrafen, Betten und Bettzeug, Kleidung und Schuhwerk, Haushaltsgerät und Grundnahrungsmittel.

Unter den Soldaten, die die weiterziehenden Truppen zurückgelassen hatten, damit sie sich um die Deutschen der Umgebung kümmerten, war auch jener Mann, der bei der Beerdigung der Gefallenen die Predigt gehalten hatte. Gottfried Schaller, Baptist aus der Gegend von Frankfurt/Oder, wurde in Nikolaital bei einem alten, frommen deutschen Mütterchen einquartiert. Die Frau war als Einzige von einer großen Bauernfamilie noch da. Ihr Hof war seinerzeit wie alle Höfe enteignet worden, ihr Mann unter ungeklärten Umständen umgekommen, die Söhne waren mit ihren Familien rechtzeitig ausgewandert oder später deportiert worden.

Diese alte Frau gab ihrem neuen Mitbewohner die Gelegenheit, auf dem Gelände des Hofes Gottesdienste und Bibelstunden anzubieten. Und die Leute kamen am Sonntag, und sie kamen in der Woche und füllten den Hof der alten Bäuerin. Erstaunlich viele. Gläubige, die es wieder wagten, sich öffentlich zu bekennen; Ungläubige, die Antwort auf ihre Lebensfragen suchten; Getaufte und Ungetaufte; Deutsche, Ukrainer, Russen, denen jemand die Ansprachen übersetzte; Alte und Junge. Sie saugten das Evangelium von der Liebe Gottes auf wie leere Schwämme das Wasser. Gottfried Schaller verstand es aber auch, ihnen die Botschaft der Heiligen Schrift in einfachen Worten verständlich zu machen und ohne Druck zum Glauben an den Sünderheiland einzuladen. Ein mächtiger Gesang erfüllte bei den Zusammenkünften das Hofkarree. Das kam von Herzen und ging zu Herzen.

Eines Sonntags im Herbst 1941 predigte Gottfried Schaller sehr eindrücklich über den Text aus 2. Korinther 5:

> »Denn Gott war in Christo und versöhnte die Welt mit ihm selber und rechnete ihnen ihre Sünden nicht zu und hat unter uns aufgerichtet das Wort von der Versöhnung. So sind wir nun Botschafter an Christi Statt, denn Gott vermahnt durch uns; so bitten wir nun an Christi Statt: Lasst euch versöhnen mit Gott!

> Denn er hat den, der von keiner Sünde wusste, für uns zur Sünde gemacht, auf dass wir würden in ihm die Gerechtigkeit, die vor Gott gilt.«

Nach seiner Predigt sang er mit den vielen Zuhörern das Lied:

»Komm heim, komm heim, o du irrende Seel!
Von dem Vaterhaus fern, glänzt dir nirgends ein Stern.
O verlorenes Kind, komm heim, o komm heim!«

Dann lud er ein, dass diejenigen sich melden oder nach vorne kommen sollten, die sich mit Gott versöhnen lassen wollten, die ihr Leben unter die Herrschaft des Heilandes geben wollten.

Während die Leute ihre Entscheidung kund tun konnten, sang die Gemeinde das Lied:

»Wer Jesum im Glauben am Kreuze erblickt,
wird heil zu derselbigen Stund.
Drum blick nur auf ihn, den der Vater geschickt,
der einst auch für dich ward verwund't.
Sieh, sieh, Sünder sieh!
Wer Jesum am Kreuze im Glauben erblickt,
wird heil zu derselbigen Stund.«

Bei diesen Worten hielt es Miluscha nicht mehr auf ihrem Platz. Sie wollte heil werden, hier und jetzt. Das Mädchen drängte sich durch die Leute nach vorne, um vor allen Gottesdienstbesuchern ein Zeugnis ihrer Entscheidung abzugeben. Sie kniete sich vor dem Prediger auf den Boden, um sich von ihm segnen zu lassen. Zu ihrer großen Freude und zur noch größeren Freude der Mutter kniete Hugo neben ihr, ihr Bruder, der ab heute auch mit Jesus leben und den Segen für seinen neuen Weg empfangen wollte.

Miluscha klang es wie himmlischer Gesang in den Ohren, als die Versammlung nach dem Segen über den Neubekehrten anstimmte:

»Welch Glück ist's, erlöst zu sein,
Herr, durch dein Blut!
Ich tauche mich tief hinein in diese Flut.
Von Sünd und Unreinigkeit bin ich hier frei
und jauchze voll selger Freud: Jesus ist treu.

O preist seiner Liebe Macht!
Preist seiner Liebe Macht!
Preist seiner Liebe Macht, die uns erlöst.«

Nach innen und außen jubelnd sang sie dann mit, und Tränen der Freude liefen ihr dabei über das Gesicht:

»O Jesu, Gekreuzigter, dir jauchz ich zu.
Mein Heiland, mein Gott und Herr, in dir ist Ruh.
Mit dir überwind ich weit des Todes Macht.
O Wort voller Seligkeit: Es ist vollbracht!
O preist seiner Liebe Macht!
Preist seiner Liebe Macht!
Preist seiner Liebe Macht, die uns erlöst.«

War das ein Fest in der Beerschen Hütte, als die Familie dann zu einem späten Mittagessen – der Gottesdienst hatte sicher drei Stunden oder mehr gedauert – am heimischen Tisch saß. Da gab es nur ein Thema: »Welch Glück ist's, erlöst zu sein!«

Zwei Menschen hatten ihr Leben unter die Herrschaft des Heilands und Erlösers Jesus Christus gestellt. »Ist jemand in Christo, so ist er eine neue Kreatur; das Alte ist vergangen, siehe, es ist alles neu geworden.«

Die Freude im Himmel über die beiden neuen Gotteskinder konnte nur wenig größer sein als im Häuschen bei der Kolchose zwischen Nedbarewka und Nikolaital.

Schade, dass der Vater diesen Tag nicht erleben konnte.

Onkel Albert

Es war während der Kartoffelernte. Seit Hannes Blum die Kolchosverwaltung in den Händen hatte, war es für die Erntebrigade doch etwas leichter geworden. Es mussten nicht mehr alle Kartoffeln mit der Hacke aus dem Boden geholt werden. Diese Arbeit übernahm jetzt eine Schleuder, die hinter einem Pflug montiert war. Zwei Pferde zogen das Gerät, und die Frauen und Kinder brauchten sich nur noch zu bücken und die großen und kleinen Erdfrüchte in ihre Körbe aufzulesen und in einen offenen Kastenwagen zu schütten, der dann später auf das Hofgelände gefahren wurde.

An jenem besonderen Tag war es Hugos Aufgabe, die Pferde und das Schleudergerät zu führen. Keine leichte Aufgabe für den Jungen, denn der Pflug musste sehr genau gehalten werden, damit er die Furchen genau traf, die Kartoffeln richtig aushob und dabei möglichst wenig Früchte beschädigte. Weil die Schleuder nur in einer Richtung arbeiten konnte, fuhr Hugo »rund«, so dass es keine Leerfahrt gab.

Miluscha und ihre Mutter hatten mit anderen jede ihren Bereich erhalten, wo sie die Kartoffeln aufzulesen hatten. Die beiden hatten sich angrenzende Stücke zuteilen lassen, so dass sie immer wieder einmal ein paar Worte miteinander reden konnten.

Die Arbeit ging gut voran. Das sollte und musste sie auch, denn es war für die nächsten Tage Regen angekündigt. Wenn die Pferde im schwerer gewordenen Boden laufen müssten, wenn der nasse Ackerboden an den Rädern des Erntegerätes hängen bleiben würde und auch an den Schuhen und wenn die Aufleser die Kartoffeln aus schlammigem Boden aufheben müssten, würde das die Arbeit doch erheblich erschweren.

Die ganze Brigade war daher so in ihre Arbeit vertieft, dass niemand die beiden Männer bemerkte, die schon eine ganze Weile vom Feldrand aus zuschauten. Es war Hannes Blum, der sich angeregt mit einem uniformierten Unbekannten unterhielt.

»Hast du schon gesehen?«, fragte Miluscha ihre Mutter. »Wir werden kontrolliert.«

»Wer kontrolliert uns?«, fragte Elsa zurück und streckte dabei ihren Rücken.

»Dahinten steht Onkel Blum mit einem Mann. Den habe ich hier noch nie gesehen.«

Elsa wandte sich um und schaute hinüber. Sie stutzte. »Nein, das kann nicht sein«, murmelte sie vor sich hin und fuhr sich dabei über die Augen, als müsste sie sich einen klaren Blick verschaffen.

»Kennst du den Mann etwa?«

»Für einen Moment habe ich gedacht, ich müsste ihn kennen«, gab Elsa zurück. »Aber ich muss mich wohl irren. Mach weiter, Kind, Hugo wirft uns gleich die nächste Furche auf, und wir haben die letzte noch nicht fertig.« Damit bückte Elsa sich wieder, um weiter ihren Korb zu füllen.

Miluscha blieb noch einen Moment länger aufrecht stehen und blickte noch immer zu den beiden Männern hinüber. »Mama, jetzt winkt der Bürgermeister zu uns herüber. Und er ruft was. Du, der meint vielleicht dich oder uns beide. Schau, jetzt haben sie Hugo angehalten und sprechen mit ihm. Der fremde Mann da will bestimmt was von uns.«

Elsa streckte wieder ihren Rücken und schaute zum Feldrand hinüber. »Das kann doch nicht sein«, meinte sie wieder zu sich selbst.

»Also kennst du den Mann doch, Mama?«, beharrte Miluscha.

»Ich glaube, ich kenne ihn tatsächlich.« Elsas Stimme zitterte jetzt vor innerer Erregung. »Das ist Albert. Mein Bruder Albert. Kind, das ist dein Onkel Albert.« Elsas Stimme wurde immer lauter und erregter. Die Frau ließ Kartoffeln Kartoffeln sein, ließ den fast gefüllten Korb stehen und eilte so schnell sie ihre Füße trugen, den Männern entgegen, die inzwischen auf das Feld gekommen waren.

»Albert! Du hier?! Albert! Wo kommst du her? Ich fasse es nicht.«

Und dann lagen sich die beiden in den Armen, Elsa und ihr um fast zwanzig Jahre älterer Bruder.

»Elsa, Schwesterchen, dass ich dich gefunden habe.«

Mehr als vierzehn Jahre hatten die Geschwister sich nicht gesehen, nachdem der Bruder von Wolhynien nach Deutschland zurückgekehrt war. Miluscha war damals noch nicht auf der Welt gewesen. Sie kannte den Onkel nur vom Erzählen. Und auch sie hatte ihre Arbeit einfach liegen lassen und inzwischen die Menschengruppe erreicht.

Onkel Albert nahm das Mädchen herzlich in die Arme. »Ich hatte geglaubt, du seist ein kleines Mädchen. Da hat man ja schon richtig was im Arm«, scherzte er und brachte damit die Dreizehnjährige für einen Moment ein wenig in Verlegenheit.

»Schön, dass du kommst und uns beim Kartoffelnlesen helfen willst, Onkel Albert«, gab sie dann ein wenig kess zur Antwort.

»Nein, das braucht dein Onkel nicht, Miluscha«, mischte sich Hannes Blum jetzt ein. »Und ihr könnt für heute eure Arbeit beenden. Ihr müsst euer Wiedersehen feiern.«

»Prima«, freute sich das Mädchen. »Dann hat dein Besuch ja schon mal ein Gutes, Onkel Albert.«

»Miluscha!« Elsa schien der Ton ihrer Tochter nicht zu gefallen.

»Lass gut sein, Schwesterchen«, besänftigte der Bruder. »Wir gehen feiern, und dann haben wir einiges miteinander zu bereden.«

»Hugo kann auch mitgehen«, ordnete Hannes Blum an. »Ich übernehme die Schleuder für die Zeit, die noch bleibt. Wir müssen schon das trockene Wetter nutzen und noch ein wenig weitermachen.«

Der Kolchosverwalter, der Albert Lohreder natürlich von früheren Besuchen im Dorf her noch kannte, verabschiedete sich: »Bis später, Albert. Ich denke, es wird so gehen, wie wir besprochen haben.« Das klang geheimnisvoll.

»Was habt ihr besprochen, Onkel Albert?«, wollte Miluscha wissen, als die vier wenig später auf dem Weg zur Kolchose waren. Auch Hugo hätte gerne gewusst, was der Onkel für eine Uniform trug, woher er kam und was er vorhatte.

»Geduld, Kinder, Geduld«, bremste der. »Erst geht es in den Waschraum, dann wird sich festlich angezogen, und wenn wir nachher am Tisch sitzen, werde ich alle Geheimnisse lüften. Einverstanden?«

»Einverstanden«, gestand Miluscha zu.

Auch die Mutter war sehr gespannt darauf, was ihr Bruder ihnen zu sagen hatte. Aber sie übte sich in Geduld.

Später saßen die vier dann um den Tisch, nein, fünf, denn Erhard war inzwischen aus der Schule nach Hause gekommen und hatte den neuen Onkel auch begrüßt. Elsa hatte gemeinsam mit Miluscha rasch eine Mahlzeit zusammengestellt, und es gab ein fröhliches und interessantes Erzählen und Berichten, zunächst hauptsächlich von der Tante und den Vettern und Kusinen in Fürstenwalde, wo Onkel Alberts große Familie lebte. Natürlich auch vom Krieg und dem Vormarsch der Deutschen durch Polen hindurch ins sowjetische Reich hinein. Und auch von der Rückkehr vieler Deutscher aus dem westlichen Wolhynien heim ins Reich, wie man das nannte.

Natürlich mussten auch Elsa und die Kinder erzählen und berichten, wie es ihnen in den vergangenen Jahren ergangen war. Darüber verging die Zeit wie im Flug.

»Aber jetzt musst du endlich dein Geheimnis lüften, Onkel Albert«, erinnerte Miluscha an das auf dem Heimweg gegebene Versprechen.

»Richtig«, bestätigte Albert. »Ihr müsst ja wissen, was ich mit Hannes besprochen habe. Das geht euch nämlich auch eine Menge an.«

»Da bin ich jetzt aber sehr neugierig«, sagte Elsa.

»Also, ihr vier...« Onkel Albert machte eine Pause, um die Spannung noch zu erhöhen. »Also, ihr werdet umziehen müssen. Eure Zeit auf der Kolchose ist zu Ende.«

»Wieso?«

»Wohin sollen wir gehen?«

»Was sollen wir machen?«

»Was ist mit unserer Kuh?«

»Ich muss doch in die Schule.«

»Nun mal eins nach dem anderen«, bemühte sich der Onkel, wieder Ordnung in das Gespräch zu bekommen. »Ihr werdet zu mir nach Schitomir kommen. Ich bin doch da alleine in meinem Haushalt. Und weil ich schon ein alter Mann bin, brauche ich Hilfe. Jemand muss mir doch meinen Haushalt machen. Die große Wohnung kann ich neben meiner Arbeit in der Zivilverwaltung nicht alleine versorgen. Und da brauche ich euch.«

»Uns alle vier?«, fragte Miluscha ein wenig zweifelnd.

»Ja, euch alle vier. Oder will einer von euch hier alleine zurückbleiben?«

»Nein, natürlich nicht«, beeilte sich jeder zu erwidern. »Natürlich bleiben wir zusammen. Wir kommen gerne nach Schitomir.«

»Gibt es da auch eine Gemeinde?«, fragte Miluscha ganz unvermittelt.

»Wie kommst du darauf?«, wunderte sich Onkel Albert.

»Ich bin doch ein Kind Gottes«, antwortete das Mädchen nicht ohne ein wenig Stolz. »Ich liebe den Heiland. Und Hugo auch. Stimmt's, Hugo? Und wir gehen hier doch auch immer in den Gottesdienst.«

»Das ist ja wunderbar!«, freute sich der Onkel, der in Schitomir in der Gemeinde der Baptisten aktiv war. »Natürlich haben wir in Schitomir eine Gemeinde. Eine recht große sogar. Deutsche und Ukrainer und ein paar russische Leute gehören dazu. Da seid ihr herzlich eingeladen dazuzukommen. Wir freuen uns über jeden, der sich einladen lässt, das Evangelium zu hören. Viele Menschen haben sich in den letzten Wochen bekehrt. Und wir haben immer wieder große Taufgottesdienste, weil die Leute sich in die Gemeinde eingliedern und ihren Glauben öffentlich bezeugen wollen.«

»Das ist schön«, träumte Miluscha laut vor sich hin. »Ich möchte auch getauft werden.«

»Das wird kein Problem sein«, griff Onkel Albert den Gedanken sofort auf. »Wenn du von Herzen glaubst und dein Leben dem Heiland gehört, können wir darüber reden. Aber das hat sicher auch noch ein wenig Zeit. Du bist noch jung und musst wohl auch erst noch eine ganze Menge über den christlichen Glauben lernen.«

»Und was ist mit mir?«, fragte Hugo.

»Ich denke, für dich gilt das Gleiche. Kommt ihr erst einmal nach Schitomir und lebt euch ein. Eine Weile könnt ihr sicher von der Vorfreude leben. Vorfreude ist auch eine schöne Freude.«

Elsa fragte: »Wie hattest du dir unsere Übersiedlung denn gedacht, mein lieber Bruder?«

Jetzt hatte Albert endlich die Gelegenheit zu berichten, was er bereits alles mit Hannes Blum besprochen und geregelt hatte. Da werde es keine Probleme geben. In den nächsten Tagen komme ein Wagen und hole die Mutter mit ihren drei Kindern ab. Und die wenigen Habseligkeiten passten auch auf das Fahrzeug.

»Auch Papas Lehnstuhl?«, platzte Miluscha dazwischen.

Onkel Albert musste lächeln: »Ja, auch der.«

Das Häuschen übernehme dann übrigens jemand anderes, der

dann auch Garten und Kuh versorgen würde. Und die Arbeit auf der Kolchose wäre problemlos auch von anderen Menschen zu leisten.

Es ging noch ein wenig hin und her zu der bevorstehenden Veränderung, bis Onkel Albert schließlich aufbrechen musste.

Aber ehe er sich auf den Rückweg machte, zog er ein kleines Testament aus der Uniformtasche und schlug es auf: »Ich lese ein paar Verse aus dem Wochenpsalm dieser Oktoberwoche. Psalm 108. So betet König David:

›Gott, ich will singen und dichten.
Wohlauf, Psalter und Harfe!
Ich will mit der Frühe auf sein.
Ich will dir danken, Herr, unter den Völkern,
ich will dir lobsingen unter den Leuten.
Denn deine Gnade reicht, so weit der Himmel ist,
und deine Wahrheit, so weit die Wolken gehen.
Erhebe dich, Gott, über den Himmel
und deine Ehre über alle Lande!
Hilf mir mit deiner Rechten und erhöre mich!
Schaffe uns Beistand in der Not;
denn Menschenhilfe ist nichts nütze.
Mit Gott wollen wir Taten tun;
er wird unsre Feinde untertreten.‹«

»Das ist ja wie für uns geschrieben«, meinte Miluscha.

»Du hast Recht«, nickte Onkel Albert. »Und darüber wollen wir jetzt noch mit Gott sprechen und ihm die Ehre geben.«

Onkel Albert war längst auf dem Weg nach Schitomir, da ging es im Häuschen immer noch um die Ereignisse des Tages und um den bevorstehenden baldigen Umzug. Wie hatte der treue Gott und Vater im Himmel doch wieder für sie gesorgt! Und wenn auch der irdische Vater nicht mehr da war, so war mit dem Bruder und Onkel doch wieder ein »Vater« für die Familie da. Das Leben bekam für alle eine neue Perspektive. Wie dankbar waren sie dafür.

Der Abschied von Nedbarewka fiel Elsa und ihren Kindern diesmal nicht so schwer wie die früheren Male, auch wenn dieser Abschied nun doch wohl ein endgültiger sein würde. Aber da waren ja nur noch ganz wenige Freunde aus den vergangenen Jahren, und Tabeas Grab auf dem Friedhof durfte kein Grund für Abschiedstrauer sein. Irgendjemand würde sich vielleicht seiner erbarmen und es ab und an in Ordnung bringen. Den anstrengenden Arbeiten in den Stallungen und Scheunen, auf Feldern und Weiden der Kolchose trauerten sie nicht nach. Und das Häuschen wurde ja gegen ein Haus eingetauscht. Welch eine Verbesserung der Wohn- und Lebensverhältnisse!

In Schitomir zog Elsa mit ihren Kindern wenige Tage später als Hauswirtschafterin des leitenden Mitarbeiters der deutschen Zivilverwaltung in eine schöne möblierte Wohnung ein. Wer hier wohl einmal gewohnt hatte? Sicher jemand, den die Russen vor Jahren deportiert hatten und der keine Chance gehabt hatte, sein Hab und Gut irgendwie zu ordnen. Dieser Gedanke machte sie schon ein wenig beklommen. Aber so waren die Zeiten nun einmal gewesen.

Zum ersten Mal im Leben der Familie mussten Mutter und Kinder nicht im selben Zimmer schlafen. Welch ein Fortschritt! Und die Kücheneinrichtung! Wann hatte Elsa zuletzt vor solch einem Herd gestanden und mit solchem Geschirr gearbeitet?

Und die Kinder – welchen Platz hatten die jetzt! Da gab es zum ersten Mal Bereiche, wohin sich jeder zurückziehen konnte, wenn er das Bedürfnis danach hatte. Für jeden ein eigenes Bett mit eigenem Kissen und eigener Decke. Kleider zum Wechseln. Und Unterwäsche, so dass die einzige Garnitur nicht mehr über Nacht getrocknet werden musste, damit man sie morgens wieder anziehen konnte. Welch ein Luxus!

Welch ein Luxus auch die Heizmöglichkeiten im Winter, der schon wenige Wochen nach dem Umzug mit Schnee und Frost Einzug hielt. Von der wohligen Wärme, die der Kachelofen in alle drumherum liegenden Räume ausstrahlte, hatten die Beers in den vergangenen Wintern nicht einmal träumen können.

Erhard konnte in Schitomir zur Schule gehen. Für Miluscha und Hugo war das leider nicht möglich. Aber hier gab es ganz andere Möglichkeiten, sich selber fortzubilden. Und dann gab es immer wieder Aufgaben, die Onkel Albert für die beiden Kinder irgendwo auftrieb. Die Wochentage wurden nicht langweilig. Und die Sonntage waren es noch weniger. An jedem Sonntag gab es lange

Gottesdienste mit viel Gesang, Gebet und Predigt in deutscher und ukrainischer Sprache, manchmal auch in russischer. Dann waren alle Generationen in der Gemeinde zusammen. Alte mit den Jungen lobten gemeinsam ihren Herrn. Miluscha fiel es überhaupt nicht schwer, Anschluss zu finden. Und auch Hugo hatte wenig Probleme. Wie freuten sie sich schon im Voraus immer auf die Stunden der besonderen Unterweisung, die für die Täuflinge angeboten wurden. Und das waren viele. Beinahe an jedem Sonntag kamen neue Leute dazu, die von der Macht des Wortes Gottes gepackt waren und von der Freude des Evangeliums vom Heiland Jesus Christus.

»Nun, wie ist das mit euch beiden?«, fragte Onkel Albert eines Tages im Frühsommer 1942. »Am 1. August wird Prediger Hornmacher wieder Taufgottesdienst am Teterew halten. Seid ihr dabei?«

»Und ob wir dabei sind«, beeilte sich Miluscha zu sagen. »Was müssen wir dafür noch tun?«

»Eigentlich gar nichts Besonderes mehr. Ihr habt euren jungen Glauben in der Gemeinde schon bewährt und fleißig im Unterricht mitgemacht. Ich denke, die Gemeinde wartet schon auf euer Zeugnis.«

»Das wird wieder ein großes Fest. Wenn das euer Vater erleben könnte.« Elsa seufzte ein wenig auf. Gerade jetzt stand Karl ihr deutlich vor Augen und vor der Seele. Ja, wenn der diese Freude erleben könnte.

»Papa kriegt das im Himmel schon alles mit«, tröstete Miluscha die Mutter. »Der schaut von oben zu und freut sich wie wir hier unten ...« Plötzlich erschrak sie: »Aber ich kann doch gar nicht schwimmen.«

»Hättest du mal früher lernen sollen«, spöttelte Hugo.

»Unsinn«, beruhigte Onkel Albert. »Kein Täufling muss schwimmen können.«

»Aber wir werden doch richtig untergetaucht.«

»Ja, das stimmt. Aber erstens ist das Wasser an der Taufstelle gar nicht tief. Und zweitens sind da ja noch ein paar starke Leute dabei. Die passen schon auf, dass nichts passiert.«

»Die müssen aber auch wirklich stark sein bei Miluschas Figur«, mischte sich Hugo schon wieder ein.

»Warte, du alter Spötter«, zischte das Mädchen ihren Bruder an. »Du bist ja selbst wasserscheu wie sonst keiner!«

»Schluss jetzt, ihr beiden!«, befahl Elsa. »Die Sache ist nicht dazu geeignet, seine Späße darüber zu machen.«

»Hast Recht, Mama«, gab Hugo zu, wobei er seine Schwester anblinzelte.

Und dann kam der große Tag für mehr als sechzig junge und ältere Menschen. Es war warm genug, so dass die Täuflinge in ihren weißen Hemden während des Gottesdienstes nicht zu frieren brauchten.

Eine große Gemeinde hatte sich an beiden Ufern des Flusses eingefunden und gelagert wie weiland das Volk an den Ufern des Sees Genezareth. Prediger Hornmacher legte in einer langen Predigt Verse aus dem dritten Kapitel des Galaterbriefs aus:

> »Denn ihr seid alle Gottes Kinder durch den Glauben
> an Christum Jesum. Denn wie viel euer auf Christum
> getauft sind, die haben Christum angezogen.
> Seid ihr aber Christi, so seid ihr ja Abrahams Same
> und nach der Verheißung Erben.«

Der große Chor der Gemeinde umrahmte das Fest mit wunderschönen Glaubensliedern. Und dann folgte endlich die Taufhandlung.

In langer Reihe stellten sie sich an, Junge und Alte, Männer und Frauen, Deutsche, Ukrainer und Russen. Prediger Hornmacher und zwei Brüder der Gemeinde standen im Wasser des Flusses, um die Taufhandlung vorzunehmen, die Täuflinge zu segnen und ihnen ein Segenswort mit auf den Glaubensweg zu geben.

Immer zwei Taufwillige wurden aufgerufen, ins Wasser zu kommen und sich untertauchen zu lassen, um durch die Taufe in die große Gemeinde des Erlösers Jesus Christus aufgenommen zu werden.

Endlich, die Zeit wollte gar nicht vergehen, wurden Hugo und Miluscha auch aufgerufen. Im weißen Taufhemd und mit weißem Kopftuch bis zur Brust im Wasser stehend, nicht vor Kälte, aber vor Aufregung zitternd, hörte Miluscha die beiden Fragen des Predigers:

»Emilie Beer« – wie fremd ihr dieser Name klang –, »bekennst du, dass der Heiland Jesus Christus dein Herr ist, der auch für deine Sünde und Schuld gestorben ist, der auch dir durch seine Auferstehung von den Toten ewiges Leben geschaffen hat und der dich berufen hat, in dieser Welt ein Zeugnis seiner Liebe zu sein? So antworte mit einem deutlichen Ja.«

Laut scholl Miluschas Antwort über den Teterew: »Ja!«

»Emilie Beer, willst du getauft werden auf den Namen dieses Herrn, auf den Namen Gottes, des Vaters und des Sohnes und des Heiligen Geistes? So antworte mit einem deutlichen ›Ja, ich will‹.«

Und wieder scholl Miluschas Antwort laut und vernehmlich: »Ja, ich will.«

»Emilie Beer, so taufe ich dich denn auf den Namen des Vaters und des Sohnes und des Heiligen Geistes.« Bei diesen Worten tauchte Prediger Hornmacher das Mädchen unter Wasser, das sich dabei mit der einen Hand die Nase zuhielt und mit der anderen am Arm des Predigers festklammerte. So ganz geheuer war es ihr nicht bei der Sache, wenngleich die Strömung hier im flachen Wasser des Flusses kaum spürbar war.

»So höre nun, welches Wort des Herrn wir dir mitgeben auf deinen Weg.«

Miluscha sammelte alle ihre Konzentration, um den biblischen Zuspruch auch ja richtig aufnehmen zu können. Der Prediger legte ihr die Hand auf, und dann hörte sie:

»Jesus spricht in Matthäus 5, Vers 3: ›Selig sind, die da geistlich arm sind; denn das Himmelreich ist ihr.‹ – Der Herr sei mit dir und segne dich auf deinem Weg.«

Miluscha atmete tief durch. Das wäre hinter ihr. Wenn jetzt Hugos Taufe vollzogen war, durfte sie ans Ufer.

Auch der Bruder beantwortete die beiden Fragen des Täufers laut und deutlich. Er bekam ein Wort aus dem zweiten Königebuch: »Elia sprach zu Elisa: Bitte, was ich dir tun soll, ehe ich von dir genommen werde. Elisa sprach: Dass mir werde ein zwiefältig Teil von deinem Geiste.«

Nachdem auch Hugo gesegnet war, wurden die beiden ans Ufer geleitet. Miluscha atmete zum zweiten Mal auf. Endlich wieder auf dem Trockenen!

Wie lange der Gottesdienst gedauert hatte, wusste am Ende kaum jemand zu sagen. Es hatte Stunden gedauert, bis sich die große Gemeinde endlich zum Festessen aus den mitgebrachten Körben lagern konnte.

Überall saßen die Familien und Freunde in Grüppchen meist um einen der Täuflinge herum. Überall wurde gescherzt und gelacht, es herrschte große Freude.

Nur Miluscha saß offenbar ein wenig betrübt auf der Familiendecke.

»Was hast du?«, wollte Onkel Albert wissen. »Reut es dich jetzt, dass du dich hast taufen lassen?«

Das Mädchen zögerte einen Moment, dann meinte sie: »Ich habe gar keinen schönen Taufspruch. Ich bin nicht geistlich arm. Ich kann doch nichts dazu, dass ich nur drei Jahre in die Schule gegangen bin. Und Hugo soll das zweifache Maß vom Geist Elias bekommen. Das finde ich ungerecht.«

»Ich glaube, da verstehst du etwas falsch«, lachte der Onkel. »Geistlich arm zu sein hat nichts mit Schulbildung zu tun. Schau, ich sag es dir in einem einfachen Satz: Geistlich arm sind die, die wissen, dass sie in allen Lebenslagen auf die Hilfe des Heilandes angewiesen sind. Und das willst du doch sein, oder?«

»Wenn das so ist, dann ist das ein gutes Wort«, gab sich Miluscha zufrieden, und ihre Miene hellte sich auf. »Das ist ja mindestens so viel wie das Doppelte vom Geist des Elia, oder?«

»So ist es«, bestätigte Onkel Albert.

Damit konnte die Freude des Taufsonntags endgültig einkehren. Und jetzt blinzelte sogar die Sonne ein wenig durch kleine Wolkenlücken. Welch ein Tag für Miluscha und die ganze Familie!

»Miluscha, Hugo, ich habe Arbeit für euch.« Onkel Albert sprach's beim Hereinkommen, während er sich an den gedeckten Tisch setzte.

»Was ist das für eine Arbeit?«

»Wo hast du was für uns?«

»Also, im Speisesaal des Kasinos brauchen wir für die Mittagszeit eine Bedienung, die das Essen serviert, das Geschirr wieder abräumt, die Tische reinigt usw. Und dann brauchen wir jemanden, der Botendienste für das Kasino und für die Verwaltung macht. Ich denke, das wäre was für euch zwei.«

»Prima, so in weißer Schürze die Leute bedienen«, begeisterte sich Miluscha gleich, fügte jedoch sofort hinzu: »Ob ich das auch wirklich kann?«

»Das kannst du sicher«, bestätigte ihr die Mutter.

»Ab und zu kannst du wirklich freundlich sein, und ungeschickt bist du ja nur ganz selten«, zog Hugo sie auf. Botengänge wollte er gerne übernehmen: »Kein Problem für mich, schnell von hier nach da zu laufen, Grüße zu bestellen und Geheimnisträger zu spielen.«

»Pass auf, Bruder«, entgegnete Miluscha, »dass dir nicht jemand unterwegs ein Bein stellt und du auf deinen großen Mund fällst. Einen Brief, der im Kuhfladen gelegen hat, kannst du nicht mehr abgeben.«

»Nun lasst es wieder gut sein, ihr beiden«, meinte Elsa. Und an ihren Bruder gewandt fragte sie: »Wann sollen die zwei ihre Stelle antreten?«

»Am besten gleich morgen. Ich nehme sie mit, wenn ich ins Büro gehe, und weise sie ein.«

Küche und Verwaltung des Kasinos bekamen einen schnellen Laufburschen, der natürlich auch andere Hilfsleistungen erbringen musste. Und der Speisesaal bekam eine tüchtige Bedienungskraft.

Gut sah Miluscha aus mit ihrem nach hinten gekämmten und zu einem Knoten gebundenen üppigen Haarschopf. Ganz apart wirkte das gut aussehende Mädchen im schicken Kleid mit weißer Schürze. Ihre bescheidene Freundlichkeit machte einen guten Eindruck auf die Militärs und die Leute der Zivilverwaltung, die mittags zum Essen kamen. Sie ließen sich gerne von dem Mädchen bedienen, von dem sie sicher nicht annahmen, dass sie erst vierzehn Jahre alt war.

Vor allem dem SS-Hauptsturmführer Schütz hatte Miluscha es angetan. Der Fünfzigjährige ließ keine Gelegenheit aus, dem Mädchen Komplimente zu machen. Und was für welche! Je länger es ging, desto anzüglicher wurden seine Bemerkungen. Und dann diese Blicke. Miluscha befürchtete zuweilen, er würde ihr mit den Augen den üppigen Busen bloßlegen oder sie gar völlig ausziehen.

Zunächst errötete sie jedes Mal, weil sie sich schämte, dann vor

Ärger und Wut. Aber aus dem Weg gehen konnte sie dem Mann nicht. Er wusste sich immer so zu setzen, dass sie nicht vermeiden konnte, für ihn aufzutragen und abzuräumen.

Miluscha überlegte, ob sie sich dem Onkel oder der Mutter anvertrauen sollte. Aber wenn sie es täte, würden die beiden und mit ihnen die ganze Familie nicht Nachteile dadurch bekommen? Der Schütz war Hauptsturmführer, also ein hohes Tier bei der SS, und der hatte was zu sagen. Also behielt sie ihre Not für sich, hoffte und betete, dass der Mann vielleicht bald irgendwie abgelöst oder aus sonst einem Grund nicht mehr kommen würde.

Eines Mittags verließ Schütz als einer der letzten den Speisesaal. Miluscha konnte es nicht vermeiden, dass sie sich in der Türe begegneten.

»Fräulein Emilie, ich erwarte Sie nach Ihrem Dienstschluss in meinem Büro«, sagte er in sehr bestimmendem Ton im Vorbeigehen. Das Mädchen erschrak bis ins Mark. Ihre freundlichen Züge erstarrten zur Maske, und alle Farbe wich aus ihrem Gesicht.

»Ist Ihnen nicht gut?«, hörte sie wie von weiter Ferne einen anderen Mittagsgast fragen.

»Doch, doch, danke«, beeilte sie sich zu antworten. »Es geht gleich wieder.«

»... nach Ihrem Dienstschluss in meinem Büro ... nach Ihrem Dienstschluss in meinem Büro ...« Der Satz kreiste unaufhörlich in Miluschas Kopf und lähmte sie. Was hatte das zu bedeuten? Sie konnte es sich denken und versuchte deshalb umso heftiger, den Gedanken beiseite zu drängen.

Sie konnte kaum die letzten Tische abräumen. Ihre Hände zitterten. Nicht nur ihre Hände; ihr ganzer Körper war in höchster Erregung. Sollte sie einfach weglaufen? Konnte sie die Aufforderung einfach missachten? Musste sie tatsächlich der Aufforderung nachkommen?

»Herr Jesus, hilf mir da raus!«, schrie es in ihr. Und dann war ihr plötzlich, als würde ihr innerer Hilfeschrei beantwortet. Miluscha hörte innerlich den Satz ihres Onkels: »... die in allen Lebenslagen auf die Hilfe des Heilandes angewiesen sind.« Nie vorher war sie so auf die Hilfe des Heilandes angewiesen wie jetzt. Wie gerne wollte sie jetzt zugeben, dass sie geistlich arm war. Im Augenblick war sie wohl die geistlich Allerärmste. Und der Heiland würde ihr beistehen!

Heute brauchte Miluscha wesentlich länger als sonst, um ihre Arbeit zu tun. Sie war einfach wie gelähmt. Aber dann war sie doch fertig. Und jetzt musste sie hinauf in den zweiten Stock des Kasinogebäudes. Äußerlich ganz ruhig – woher sie nur diese vermeintliche Ruhe hatte? –, innerlich aber zitternd und bebend klopfte sie an die Tür mit dem Schild »Hauptsturmführer Schütz«.

Auf das deutlich bestimmte »Herein« trat das Mädchen in das Zimmer, schloss die Tür hinter sich, blieb aber gleich davor stehen. »Sie hatten mich zu sich gebeten. Was kann ich für Sie tun?«

»Oh, sehr viel«, kam es mit öliger Stimme zurück. »Sehr viel.« Dabei erhob der Mann sich aus seinem Sessel und kam um seinen Schreibtisch herum direkt auf Miluscha zu. Dabei fielen ihm seine gierigen Augen schier aus dem Kopf, und seine Gesichtszüge verformten sich zur Fratze. Ein Tier, schoss es ihr durch den Kopf und sie erstarrte zur Säule, nicht in der Lage, auszuweichen oder irgendetwas zu tun.

Schütz baute sich vor der Hilflosen auf. Mit seinem Gesicht dicht vor dem ihren griff er an ihr vorbei und drehte den Schlüssel im Türschloss herum. Dann griffen seine Hände an die Bluse und an ihre Brüste. »Sehr viel kannst du für mich tun«, geiferte der Mann. »Und du wirst es für mich tun«, gierte er.

»Nein!«, löste Miluscha sich aus ihrer Erstarrung. »Lassen Sie das! Fassen Sie mich nicht an! Ich schreie das ganze Haus zusammen!«

»Das wirst du nicht tun, du kleine Schlampe!«, zischte der Wüstling. Wie von Sinnen legte er seinem Opfer die eine Hand auf den Mund, während die andere die Bluse gänzlich aufriss. Das arme Mädchen versuchte vergeblich, sich zu wehren und sich dem Griff des Lüstlings zu entwinden.

Plötzlich waren vom Flur her Stimmen zu hören, was den Mann für einen Sekundenbruchteil abzulenken schien. Diesen Moment nutzte Miluscha und stieß ihm mit dem Knie unten in den Bauch, so dass er sich vor Schmerz krümmte und von ihr abließ.

»Oh, du kleines Biest«, stöhnte er auf und wollte jetzt vollends über Miluscha herfallen. Die aber hatte sich blitzschnell umgewandt, die Türe aufgeschlossen und war wie von Sinnen hinausgestürzt.

Wer da auf dem Flur war, sah sie nicht. Sie hetzte nur davon und versuchte dabei, die Bluse wieder zuzuknöpfen.

Erst im Dienstzimmer ihres Onkels kam sie wieder zur Besinnung. Dort brach sie völlig aufgelöst und schluchzend auf einem Besucherstuhl zusammen.

»Kind, was ist mit dir?«, entsetzte sich Onkel Albert und kam sofort auf sie zu. »Komm, hier bist du sicher. Was ist passiert?« Da musste ja Entsetzliches vorgefallen sein. Er nahm die Nichte in den Arm. »Du musst Schlimmes erlebt haben, du Armes. Sag mir, was passiert ist.«

Es dauerte eine Weile, bis Miluscha sich einigermaßen beruhigt hatte und sie Worte finden konnte. »Der Schütz ...« Mehr brachte sie nicht heraus, denn die Tränen flossen aufs Neue.

Der Schütz also. Albert Lohreder wusste Bescheid. Dieser Kerl, dieses Schwein, dieser Schürzenjäger. Der sollte was erleben. Endlich gab es einen Fall, der ihm sein schmutziges Handwerk legte.

»Hat dich jemand aus seinem Zimmer kommen sehen?«

Miluscha schüttelte mit dem Kopf, doch dann nickte sie heftig und bestätigte durch ihren Tränenschleier: »Jemand war auf dem Flur, ich weiß aber nicht wer.«

»Du bleibst hier im Zimmer«, ordnete Onkel Albert an. »Ich schließe dich ein, dann bist du sicher. Ich bin bald wieder da.«

Miluscha nickte. »Auf dem Boden muss irgendwo ein Blusenknopf liegen. Den hat er mir abgerissen, als ich ihn getreten habe.«

Der Onkel verließ den Raum, schloss von außen ab und begab sich auf den schweren Weg in die Höhle des Löwen im anderen Teil des Gebäudes.

Er kam bald zurück, immer noch sehr erregt, aber doch irgendwie erleichtert.

»War er noch da?«, fragte Miluscha sofort. »Und hat er seinen Überfall zugegeben?«

»Kind, den brauchst du nicht mehr zu fürchten. Der Knopf hat ihn überführt. Dieser Schürzenjäger wird noch heute die Stadt verlassen. Er kann froh sein, wenn keine Meldung an seine vorgesetzte Dienststelle in Berlin ergeht. Dann wäre er nämlich völlig erledigt.«

»Wirst du eine Anzeige machen?«

»Nein, das werde ich nicht tun. Aber das ist der Preis dafür, dass er geht. Das war ihm lieber so. Er kennt die Konsequenzen, die sein Verhalten haben würde.«

»Gott sei Dank!« Mit einem Seufzer der Erleichterung kam es aus Miluscha. »Hier hat mir der Heiland tatsächlich beigestanden.«

»Ja, du hast es erlebt, mein Kind, wie es im Psalm steht, von dem wir damals gesprochen haben, als wir uns zuerst begegnet sind. Der Herr hat dich errettet. Er hält sein Wort.«

Liebesglück in böser Zeit

Das böse Erlebnis im Kasino beschäftigte Miluscha noch lange. Immer, wenn ihr jemand in einer SS-Uniform begegnete, lief ihr ein kalter Schauer über den Rücken, und fast automatisch versuchte sie, der Person aus dem Weg zu gehen. Erst langsam gewann sie etwas Abstand, und erst allmählich kehrte ihre fröhliche Unbekümmertheit zurück. Ihre Arbeit tat sie weiterhin gerne, wusste sie doch, dass Onkel Albert seit jenem Tag ein schützendes Auge auf sie hatte. Und auch Hugo schaute in den ersten Wochen danach immer wieder im Speisesaal vorbei, um zu sehen, ob alles in Ordnung war.

Die Mutter versorgte weiterhin den Haushalt der Lohreder-Beerschen Familie. Um die politischen und militärischen Ereignisse kümmerte sie sich ebenso wenig wie ihre Kinder. Und ihr Bruder war sehr zurückhaltend, wenn es um Fragen des Hitlerregimes, des Krieges und der politischen Entwicklung ging. Albert Lohreder tat seine Arbeit nicht um der staatlichen Ideologie willen, sondern für die Menschen, die hier lebten und ihrem Tagewerk nachgingen. Freilich wusste er mehr über die militärische Entwicklung in den Weiten Russlands, als er am gemeinsamen Tisch zur Sprache brachte.

Miluscha schnappte die eine oder andere Information auf, wenn sie im Kasino die Leute bediente. Sie konnte sie allerdings selten einordnen, und sie machte sich auch meist keine weiteren Gedanken um die Dinge.

Sie war zufrieden bei ihrer Arbeit und freute sich immer, wenn in der Gemeinde irgendetwas los war. Die jungen Leute waren häufig gemeinsam unterwegs und verbrachten viel Zeit miteinander.

Das hätte auch noch eine Weile so bleiben können. Denn es tat gut für Leib und Seele, Freunde und liebe Weggefährten zu haben.

Aber die Ereignisse im Osten waren dagegen, und im frühen Herbst galt es erneut, die Koffer und Kisten zu packen. Aus den Gebieten jenseits von Donez und Don kamen schlechte Nachrichten. Onkel Alberts Stirn wurde mit jedem Tag sorgenvoller. Und auch Miluscha spürte bei ihrer Arbeit im Kasino, dass irgendetwas im Gange war, was die militärischen und zivilen Verwalter in Schitomir zunehmend beunruhigte.

Ausgerechnet an Erhards Geburtstag brachte sein Onkel die Neuigkeit mit: »Ich habe Nachricht über meine Versetzung bekommen.«

»Wohin?«, wollten gleich alle wissen.

»Wir werden nach Kamenez-Podolsk gehen.«

»Nie gehört«, sagte Miluscha. »Wo liegt das denn?«

»Im Süden an der rumänischen Grenze. Kamenez-Podolsk ist eine Stadt am Smotritsch, einem Nebenfluss des Dnjestr. Ungefähr dreihundert Kilometer von hier. Es soll eine schöne alte Stadt sein.«

»Und was sollst du da?«, wollte Hugo wissen.

»In der Verwaltungszentrale für die südliche Ukraine mitarbeiten«, gab Onkel Albert zur Antwort. »Genaues weiß ich auch noch nicht.«

»Und was ist mit deiner Arbeit hier in Schitomir?«, fragte Miluscha.

»Das weiß ich auch nicht so recht«, musste der Onkel zugeben. »Die werden erst einmal andere übernehmen. Aber aus dem Osten kommen schlechte Nachrichten. Die deutschen Truppen stehen stark unter Druck, und die ersten Verbände sind bereits auf dem Rückzug. Vielleicht ...«, Onkel Albert zögerte weiterzureden, »vielleicht muss Schitomir eines Tages ganz aufgegeben werden.«

»Das hört sich nicht gut an«, meinte Elsa. »Geht unsere Heimat dann für die Deutschen ganz verloren?«

»Darüber spricht niemand. Und es ist auch wohl besser, darüber nicht zu sprechen. Die treuen Anhänger Hitlers wollen davon nichts hören.« Diese Sätze sprach Onkel Albert fast flüsternd, als ob er befürchtete, unbefugte Ohren könnten zuhören.

»Was ist also jetzt mit uns?«, bohrte Miluscha nach.

»Wir ziehen um.«

»Und was ist mit einer Wohnung?«

»Die Frage ist bereits geklärt. Die Adresse habe ich schon.«

»Und die Gemeinde?«

»Kamenez-Podolsk soll eine fromme Stadt sein mit vielen Kirchen und einer uralten Kathedrale. Auch dort wird es Christen geben, und wir werden sicher schnell Anschluss finden.«

»Gibt es da für mich auch eine Schule?«, wollte Erhard wissen.

»Gibt es sicher, mein Junge«, beruhigte der Onkel das Geburtstagskind. »Aus dir soll doch etwas werden. Dazu musst du schon noch eine Weile die Schule besuchen.«

»Aber jetzt sollten wir erst einmal an Erhards Geburtstag denken und uns freuen, dass wir ihn zusammen feiern können«, lenkte die Mutter das Gespräch in eine andere Richtung. »Lasst es euch allen gut schmecken. Erhards Lieblingsessen: Bratkartoffeln mit Speck und Rührei. Dazu Apfelmus und Limonade. Guten Appetit!«

Wenige Tage später waren Koffer und Kisten gepackt. Wieder einmal musste Abschied genommen werden von gewohnten Wegen, vertrauten Orten, lieb gewonnenen Menschen.

Vor allem Miluscha musste Abschied nehmen von ihrem liebsten Möbelstück: Vaters Lehnstuhl konnte nun wirklich nicht mitgenommen werden. Er war einfach zu sperrig.

Kamenez-Podolsk war wirklich eine schöne Stadt mit ehrwürdigen Häusern, stolzen Kirchen, mit breiten Straßen und schmalen Gässchen, mit vielen kleinen Geschäften und Werkstätten und auch mit einigen größeren Fabriken.

Die Wohnung, die die Lohreder-Beersche Familie beziehen konnte, lag in einer ruhigen Seitenstraße und machte einen vornehmen Eindruck. Es schien, als sei sie erst seit ein paar Tagen verlassen. Da fehlte es nahezu an nichts, weder in der Küche noch in den Kammern.

»Weißt du, wer hier gewohnt hat?«, fragte Elsa ihren Bruder.

»Ich weiß es nicht, und ich glaube, ich will es auch gar nicht wissen«, gab der zur Antwort.

Elsa schaute Albert mit großen Augen an: »Was heißt das?«

»Es ist besser, Schwesterchen, wir fragen nicht danach und wissen es nicht. Es würde uns vielleicht belasten, wenn wir es wüssten.«

»Und wenn die Kinder fragen?«

»Dann werden wir ihnen sagen ... Ja, was nur?« Albert dachte angestrengt nach. Die Wahrheit, die er ahnte, aber selbst nicht hundertprozentig wusste, noch nicht wusste, sollten die Kinder nicht unbedingt mitbekommen. Es wäre genug, wenn er und Elsa damit umgehen müssten, dass die Vorbewohner wahrscheinlich wenige hundert Meter weiter in erbärmlichsten Verhältnissen im Judenghetto leben mussten.

»Elsa, auch wenn es wahrscheinlich nicht die Wahrheit ist«, versuchte Albert jetzt eine Antwort zu geben, »wir sagen den Kindern, dass die Vorbewohner zu Verwandten nach Deutschland gezogen sind und die Wohnung der deutschen Verwaltung hier überlassen haben.«

»Aber das ist doch ...«

»Ich weiß, Liebe. Als Christen müssen wir immer die Wahrheit sagen. Aber wir müssen nicht alles sagen, was wahr ist. Gott wird uns die Notlüge um der Kinder willen verzeihen.«

Elsa seufzte tief auf: »Hoffentlich geht das gut.«

Es ging lange gut. Albert Lohreder übernahm seine Arbeit, die darin bestand, die Organisation einer Marmeladenfabrik zu leiten. Auch hier konnte er zunächst nur ahnen, wer seine Arbeit bisher getan hatte.

Dadurch hatte er die Möglichkeit, Miluscha und Hugo Beschäftigung und Verdienst zu verschaffen. Erhard besuchte die ukrainische Schule, in der es auch deutsche Klassen gab. Elsas Tag war mit der Versorgung von Wohnung und Bewohnern voll ausgefüllt.

Auch in Kamenez-Podolsk gab es eine große Baptistengemeinde mit einem lebhaften Gemeindeleben. Onkel Albert beteiligte sich bald an Verkündigungsdienst und Seelsorge.

Hugo und Miluscha fanden schnell Kontakt zur Gemeindejugend, und es waren auch hier immer schöne Stunden, wenn die jungen Leute zusammen waren, miteinander die Bibel studierten, sangen und beteten oder zusammen ganz »weltliche« Dinge unternahmen.

Hier erlebten die beiden Geschwister auch ihre erste Freizeit. Es war eine Musikfreizeit, zu der sich mehr als vierzig Jungen und Mädchen, Frauen und Männer eine Woche lang zusammenfanden. War das ein Singen und Musizieren den ganzen Tag über in dem großen Haus unweit von Tschernowitz am Ostrand der Karpaten!

Miluscha nahm hier zum ersten Mal eine Gitarre in die Hand und ließ sich die einfachen Griffe zeigen und wie man sie im Dreivierteltakt oder auch im Marschrhythmus zupfte. Am Ende der Woche war sie bereits in der Lage, ein paar einfache Lieder zu begleiten. Wie freute sie sich darüber!

Genauso viel Freude machten ihr aber auch die Wanderungen im Vorland des Gebirges. Die brachten für sie nämlich auch noch eine andere Erfahrung.

Kolja, ein bescheidener, stiller Junge mit hübschem Gesicht und beinahe vornehmem Wesen suchte immer mehr die Nähe des Mädchens. Und Miluscha ließ sich das gerne gefallen. So wie sie offenbar Kolja gefiel, so gefiel er ihr. Und bald ergab es sich einfach immer so, dass sie nebeneinander zu sitzen kamen, wenn zu den Mahlzeiten gerufen wurde oder wenn die Gruppe zur Bibelarbeit in der Runde saß. Dann rutschte der eine schon mal wie aus Versehen dicht zum anderen hin, so dass sich die Knie berührten oder die Hände. Und wenn es sich irgendwie ergab, weil gerade niemand in der Nähe war, gab es auch schon einmal eine flüchtige Umarmung.

»Na, der Kolja gefällt dir wohl?«, flüsterte Hugo seiner Schwester einmal beim Essen von der anderen Seite ins Ohr.

Miluscha errötete leicht. Sie hatte nicht gemerkt, dass der Bruder etwas mitbekommen hatte. Aber sie gab ihm sofort zurück: »Du musst ganz still sein, Brüderchen. Ich hab schon gemerkt, dass du ein Auge auf Dina geworfen hast.«

»Eins zu eins, Schwesterchen«, musste Hugo zugestehen. »Verstecken wir uns also nicht voreinander.«

Nach dem Abendessen machten sie zu viert einen fröhlichen, wenn auch kurzen Spaziergang. Dabei beschlossen sie: Irgendwann in den nächsten Wochen würden die vier gemeinsam zum Fotografen gehen und eine Aufnahme von sich machen lassen. Wer weiß, was die nächsten Zeiten bringen würden, und dann hätte doch jeder wenigstens eine Erinnerung an die Freundschaft und an die Musikfreizeit, in der sie sich näher gekommen waren.

Es war ausgesprochenes Pech, dass einige Tage später, wieder zurück in Kamenez-Podolsk, den vier jungen Verliebten ausgerechnet auf dem Weg zum Fototermin Anja und Ludmilla begegnen mussten. Leider ging kein Weg daran vorbei, die beiden mitzunehmen. Sie ließen sich einfach nicht abschütteln. Im Gegenteil, sie waren begeistert von dem Gedanken, sich gemeinsam ablichten zu lassen, um ein Erinnerungsfoto zu haben.

Es wurde ein schönes Bild, das unter viel Gelächter entstand und dann ein paar Tage später in sechsfacher Ausfertigung abgeholt werden konnte.

Die Sache hatte allerdings zur Folge, dass das Geheimnis der stillen Liebe der vier gemeindeöffentlich wurde, weil Anja und Ludmilla die Aktion nicht für sich behalten konnten. Das zwang die vier dazu, künftig vorsichtig zu sein, um keinen Anstoß zu erregen. Schließlich waren sie doch erst fünfzehn, sechzehn und siebzehn Jahre alt. Und in dem jugendlichen Alter … Sie wunderten sich schon ein wenig, dass keiner von den älteren Gemeindeleuten sie auf ihre Romanze ansprach.

Kolja blieb nicht der Einzige, dem Miluscha gefiel. Da war noch der junge Soldat Hans aus Tannhausen bei Augsburg. Er war seit einigen Monaten in Kamenez-Podolsk stationiert. Seine Kaserne lag am Weg von Miluschas Wohnung zur Marmeladenfabrik. Zweimal am Tag musste das Mädchen hier vorbei. Und so ergab es sich, dass die beiden sich zufällig begegneten.

Hans verliebte sich wohl auf den ersten Blick. War das ein Mädchen! An die musste er irgendwie rankommen. An den folgenden Tagen passte er auf, wann die Schöne an der Kaserne vorbeikam. Der Zeitpunkt am Nachmittag war fast immer der Gleiche, kurz nach Arbeitsschluss. Wenn da nur nicht immer dieser Junge dabei wäre. Den müsste man loswerden. Der könnte vielleicht im Weg sein.

»Hallo, schöne Maid, heute alleine? Darf ich Sie ein Stück begleiten?«, sprach Hans ein paar Tage später Miluscha an. Das Mädchen fühlte sich geschmeichelt. Was sollte sie antworten? Gab es einen Grund, die Begleitung abzulehnen? Es gab ihn nicht. Also gab sie zurück, wenngleich ein wenig spröde: »Bitte, wenn Sie meinen, tun Sie, was Sie nicht lassen können.«

Miluscha wurde es schon ein wenig merkwürdig ums Herz, als sie mit dem durchaus hübschen deutschen Soldaten an der Seite durch die Straßen der Stadt ging. Und redegewandt war der und gebildet; nicht übel!

Immer, wenn Hans in den nächsten Tagen dienstfrei hatte, wartete er am späten Nachmittag auf seine umschwärmte schöne Maid –

»Maderl«, sagte er immer –, und eines Nachmittags konnte er sich dann nicht mehr halten.

Als Miluscha sich von ihm verabschieden musste, weil sie um die nächste Straßenecke herum zu Hause war, nahm Hans sie kurzerhand heftig in den Arm und drückte ihr einen dicken Kuss auf die Wange. Miluscha wusste gar nicht, wie ihr geschah, so überrascht war sie. Aber sie gestand sich ein – unlieb und unrecht war ihr das gar nicht gewesen.

Allerdings mit der Konsequenz, die die freundliche Liebesattacke des jungen deutschen Obergefreiten nach sich zog, hatte das Mädchen nun doch nicht gerechnet. Kaum hatte sie nämlich Minuten später die Wohnung betreten, baute sich ihre Mutter vor ihr auf und verpasste ihr eine deftige Ohrfeige.

Miluscha wusste gar nicht, wie ihr geschah. Sich die glühende Wange haltend vermochte sie nur zu stottern: »Was, was habe ich, was habe ich denn getan?«

»Das ist meine Antwort darauf, dass eine Fünfzehnjährige sich einfach von einem dahergelaufenen deutschen Soldaten auf der Straße abküssen lässt«, begründete Elsa der Tochter ihre strenge Reaktion.

»Woher weißt du ...«, setzte Miluscha erschrocken zu einer Begründung oder Verteidigung an. Weiter kam sie aber nicht, denn die Mutter fiel ihr ins Wort. »Ich weiß, dass es so war. Du hast meine Antwort bekommen und wirst dich in Zukunft entsprechend verhalten. Schlag dir den Tannhäuser aus dem Kopf. Und damit basta.«

Grollend und schmollend zog sich die so Gemaßregelte in ihr Zimmer zurück. Nur Hugo konnte sie verpfiffen haben, ging es ihr durch den Kopf, denn der war schon eine Weile vor ihr nach Hause gegangen. Und nur von Hugo konnte der Hinweis auf Tannhausen kommen.

»Miststück!«, raunte Miluscha ihrem großen Bruder zu, als sie später nebeneinander beim Abendbrot saßen. »Ich verpfeife dich auch.«

Nach dem Essen schaute Hugo bei ihr herein. »Tut mir Leid, Schwesterchen. Ich wollte dich nicht verpfeifen.«

»Ach, sei still«, unterbrach sie ihn abweisend.

»Nein, wirklich nicht, Miluscha. Das war nicht meine Absicht.«

Hugo warb ehrlich um die Gunst seiner Schwester. »Ich hatte euch leider beobachtet, völlig ungewollt, und hab das eben so beim Reinkommen erwähnt. Ich konnte doch nicht ahnen, wie Mama darauf reagiert.«

»Gut, ich glaub dir; du kannst es vergessen«, lenkte das Mädchen ein.

»Frieden?« Hugo reichte ihr die Hand.

Miluscha schlug ein: »Frieden!«

Einige Tage später fiel Hugo auf, dass die Wege durch die Altstadt neuerdings gesperrt waren. Die Altstadt war das Viertel, in dem die meisten Juden wohnten. Im übrigen Stadtbild waren die seit einiger Zeit nicht mehr zu sehen. Die gelben Sterne auf Kleidern, Jacken und Mänteln waren aus dem Straßenbild verschwunden. Irgendetwas stimmte da nicht.

Auch Miluscha fragte sich, was da wohl los sei. Die beiden beschlossen, am Abend Onkel Albert auf die Sache anzusprechen. Der musste doch etwas wissen.

Onkel Albert holte tief Luft, als Miluscha und Hugo nach dem Abendbrot ihre Beobachtung zur Sprache brachten. Erhard war schon ins Bett geschickt worden. Er sollte bei dem Gespräch nicht dabei sein.

»Es herrschen böse Zeiten, Kinder, mit denen auch ich große Mühe habe. Schon als Mensch und noch mehr als Christ. Der Führer, wie er genannt werden will, der Führer Adolf Hitler hat auf seine Fahnen geschrieben, alles jüdische Leben auszurotten. Schlimme Nachrichten kommen aus den Ländern, in denen deutsche Soldaten kämpfen, und auch aus Deutschland selbst.«

»Du meinst jetzt aber nicht den Krieg, Onkel Albert?«, fragte Miluscha.

»Nein, ich meine nicht den Krieg«, bestätigte der Onkel. »Jeder Krieg fordert Opfer. Das ist keine Frage. Aber hier werden Menschen vorsätzlich geopfert und zu vielen Tausenden umgebracht. Hitler treibt es mit den Juden schlimmer als Stalin mit den Deutschen.«

»Der hat die Deutschen doch deportiert«, flocht Hugo ein.

»Richtig, und er hat sicher auch eine ganze Menge Leute

brutal umgebracht. Aber Hitler will das ganze Volk der Juden umbringen.«

Albert Lohreder erhob sich von seinem Stuhl und trat ans Fenster, als wollte er sich versichern, dass auch niemand dem Gespräch zuhören konnte. Dann kam er an den Tisch zurück und setzte sich wieder. Leiser als bisher sprach er weiter. »In vielen Städten, in denen Juden leben, hat Hitler angeordnet, diese Menschen in besonderen Wohnvierteln zusammenzuführen und wohnen zu lassen. Er hat überall so genannte Ghettos eingerichtet und außerdem im ganzen Land und in den eroberten Gebieten so genannte Konzentrationslager. Von denen weiß man nur, dass sie existieren. Was dort mit den Menschen geschieht, weiß hier niemand so recht. Es gibt darüber keine Informationen.«

»Aber hier in der Stadt ist doch dann auch ein Ghetto eingerichtet oder wie das heißt«, warf Miluscha dazwischen.

»Du hast leider Recht. Das Ghetto in Kamenez-Podolsk existiert bereits seit längerer Zeit.«

»Aber vor ein paar Wochen ist es geschlossen worden?«, vermutete Hugo.

»Ja. Die ganze Altstadt ist jüdisch, und da kommt niemand mehr rein und niemand mehr raus.«

»Und was soll mit den Juden dort geschehen?«, fragte Elsa.

»Wenn das jemand so recht wüsste. Wir Zivilen hören darüber nichts. Höchstens die von der Wehrmacht, wenn überhaupt. Nur die von der SS scheinen mehr zu wissen, aber sie geben keine Informationen weiter.«

»Und wovon leben die Menschen im Ghetto?«, fragte Miluscha.

»In der Altstadt gab es schon immer Geschäfte. Da gab es auch kleine Handwerksbetriebe. Man sagt, die Menschen dort seien versorgt. Sie sollten halt nur unter sich leben, weil sie die Deutschen, die Ukrainer und die Russen schon durch ihre Anwesenheit verseuchten.«

»Das ist ja alles furchtbar.« Miluscha schüttelte sich. »Wie kann ein Mensch sich so etwas ausdenken. Diese Leute sind doch auch Geschöpfe Gottes.«

»Und sie sind sogar das Volk Gottes«, ergänzte Hugo.

»Ja, und da ist der springende Punkt. Dass Hitlerdeutschland so mit den Juden umgeht, wird Gott nicht ungestraft lassen. So steht es beim Propheten Sacharja: ›Wer euch antastet, der tastet meinen Augapfel an.‹«

»Was denkst du, Onkel Albert, was das für Deutschland für Konsequenzen haben wird?«, fragte Miluscha.

»Ich denke, Deutschland wird den Krieg verlieren, und über das deutsche Volk wird großes Leid hereinbrechen. Das ist nur eine Frage der Zeit.«

»Der Herr erbarme sich unser«, flüsterte Elsa. »Lasst uns jetzt das Gespräch abbrechen. Es ist einfach zu furchtbar.«

»Eins muss ich noch wissen, Onkel Albert.« Miluscha wollte noch eine Frage loswerden.

»Bitte frag.«

»Kann es sein, dass unsere Wohnung hier vorher einer jüdischen Familie gehört hat?«

Onkel Albert seufzte auf: »Das kann nicht nur sein. Das ist auch so. Kinder, verzeiht mir. Ich habe euch nicht die Wahrheit gesagt, als wir hier eingezogen sind. Ich konnte es damals auch noch gar nicht. Ich hatte zunächst nur Vermutungen für mich selbst. Die Wahrheit habe ich erst später erfahren: Die Familie Rosenkranz musste vierzehn Tage vor unserer Ankunft in die Altstadt umziehen und durfte kaum das Nötigste mitnehmen. Darum war die Einrichtung der Wohnung auch nahezu vollständig.«

»Dann will ich auch noch was wissen, Onkel Albert.«

»Was ist das, Hugo?«

»Die Marmeladenfabrik ...«

»... hat der Familie Rosenkranz gehört«, bestätigte der Onkel mit leiser Stimme. »Es ist furchtbar, einfach furchtbar!«

»Bitte, Kinder«, sagte Elsa eindringlich. »Sprecht bitte mit keinem Menschen über diese Dinge. Denen im Ghetto können wir nicht helfen. Keinem jüdischen Menschen können wir helfen. Auch nicht, wenn wir es wollten. Wenn wir aber selbst aus dem allen einigermaßen heil herauskommen wollen, dürfen wir nichts sehen, nichts hören, nichts wissen und schon gar nichts sagen. Bitte versprecht es mir, dass ihr mehr als vorsichtig seid.«

»Versprochen, Mama«, antworteten beide Kinder gleichzeitig auf diesen eindringlichen Appell.

»Der Herr im Himmel erbarme sich unser und der ganzen Situation. Amen.« Damit beendete Onkel Albert das Gespräch und verließ mit schweren Schritten das Zimmer.

Elsa und die Kinder blieben schweigend und beklommen auf ihren Stühlen sitzen. Wohin würde die politische und militärische Entwicklung gehen? Wie lange würden sie in dieser Stadt bleiben können? Wohin würde sie der Weg dann führen?

Viele Fragen, die keine Antworten hatten. Nur eins wussten sie alle drei, und diese Antwort wusste sicher auch Onkel Albert – dass Gott sorgen würde und dass der Heiland Jesus Christus derselbe bleiben würde, der seine Gegenwart und Nähe versprochen hatte. Er würde sein Wort auch in Zukunft halten.

Einige Monate später, das Jahr 1944 war wenige Wochen alt, der Winter hatte Stadt und Land fest im Griff, saß die Familie wie allabendlich um den Tisch. Das Essen war beendet. Onkel Albert hatte gerade die Abendandacht gelesen, als plötzlich ungewöhnliches Motorengeräusch zu hören war. Viele Fahrzeuge mussten da unterwegs sein. Miluscha und Hugo sprangen auf und eilten ans Fenster, um durch einen Gardinenspalt nach draußen zu blicken. Sehen konnten sie wenig. Sie hörten nur etwas deutlicher, dass die nahe Hauptstraße wohl von einer Lastwagenkolonne in Richtung Altstadt befahren wurde.

»Das bedeutet nichts Gutes«, ahnte Onkel Albert. »Das Ziel der LKWs wird das Ghetto sein.«

»Und was passiert dort?«, wollte Miluscha wissen.

»Vermutlich das Schlimmste. Sie werden abgeholt.«

»Und wo werden sie hingebracht?«, fragte Hugo.

»Wer weiß es schon. Wahrscheinlich wird es ihre letzte Reise sein.«

»Ihre letzte Reise«, flüsterte Miluscha vor sich. Tränen liefen über ihr Gesicht, und sie begann, bitterlich zu weinen. Zu schrecklich war ihr die Vorstellung, dass dort Hunderte von Menschen, vielleicht Tausende – wer wusste denn schon, wie viele Menschen im Ghetto lebten – ihrem sicheren Verderben entgegengefahren wurden, Kinder, Erwachsene, alte Menschen.

Elsa schob ihren Stuhl neben den der Tochter. »Beruhige dich, Kind. Was immer den Menschen passiert, sie sind und bleiben in der

Hand ihres Gottes. Er trägt sie durch, auch durch das Sterben. Ich bin da ganz sicher.« Und dann konnte auch die Mutter die Tränen nicht mehr zurückhalten.

»Aber wehe denen, die sich dabei die Hände schmutzig machen«, fügte Onkel Albert leise an. Jeder konnte die ohnmächtige Wut aus seiner Stimme hören. Und wer hingeschaut hätte, hätte seine geballten Fäuste bemerkt, mit denen er wohl am liebsten zugeschlagen hätte.

»Ich muss euch noch etwas anderes sagen«, sprach Onkel Albert nach einer Weile in das Schweigen hinein. »Die deutschen Truppen erleiden im Osten eine Niederlage nach der anderen. Der Rückzug ist im vollen Gange. Die ganze nördliche Front ist schon vor Monaten zusammengebrochen. Die ukrainische Hauptstadt Kiew und das ganze Gebiet der mittleren Ukraine sind längst aufgegeben und geräumt. Das Gebiet am Donez ist verloren. Und es wird nicht mehr lange dauern, dann steht uns der nächste Umzug bevor.«

Entsetzt schauten jetzt alle auf Onkel Albert.

»Woher weißt du das?«

»Wer sagt das?«, gingen die Fragen durcheinander.

»Offiziell ist das alles nicht. Öffentlich darf darüber nicht geredet werden. Das würde die Atmosphäre vergiften. Ich darf von diesen Informationen auch keinen Gebrauch machen. Aber ich habe sie nun mal bekommen als Verwalter der Marmeladenfabrik. Wir werden die Produktion beenden, sobald neue Weisung kommt. Und dann geht es ab nach Deutschland.«

»Wenn uns das dann noch möglich ist«, fügte Elsa an, nicht ohne einen gewissen sarkastischen Anflug in der Stimme.

»Können wir denn nicht schon vorher weg?«, schlug Miluscha mit zitternder Stimme vor.

»Ich weiß nicht, ob das geht«, zweifelte Onkel Albert. »Am liebsten würde ich euch morgen in einen Zug setzen und nach Deutschland schicken und selbst dann später nachkommen. Ich kann nämlich hier noch nicht weg. Der Betrieb muss noch laufen.«

»Wofür denn noch, Onkel, wenn doch sowieso schon alles verloren ist?«, protestierte Hugo.

»Ja, das frag ich mich natürlich auch«, musste der Onkel einräumen. »Ich werde sehen, ob es vielleicht gehen kann und wie.«

Heftige Gewehrsalven brachten das Gespräch jäh zum Schweigen. Woher sie kamen, konnte niemand so recht ausmachen. Aber weit entfernt lag der Ort nicht. Ob das die Begleitgeräusche von Erschießungen waren? Dann musste die Endstation der Judentransporte aus dem Ghetto ganz in der Nähe der Stadt liegen. Furchtbar, einfach entsetzlich!

Tagsüber schien in der Stadt alles seinen Gang zu gehen. Als gäbe es nur sonnige Zeiten, obwohl Winterzeit war.

Aber an mehreren Tagen nach Einbruch der Dunkelheit wiederholte sich die Geräuschkulisse, immer im ähnlichen zeitlichen Rhythmus: Lastwagenkolonnen und später Gewehrsalven, Lastwagenkolonnen und später Gewehrsalven, Lastwagenkolonnen und später...

Und an jedem Abend saß die Familie stumm und wie gelähmt um den Tisch, nicht sicher wissend, aber doch ahnend, ohnmächtig, wütend, verzweifelt...

Zweifelnd auch an der Liebe, Güte und Barmherzigkeit Gottes, der das alles zuließ und dazu zu schweigen schien.

Den Kindern machte diese Frage besonders zu schaffen. Vor allem Miluscha haderte mit dem Vater im Himmel, von dem die Bibel sagte, dass er die Liebe sei. So konnte doch kein Vater, kein Gott der Liebe handeln. Wer sollte dem Mädchen in dieser Bedrängnis helfen? Die Mutter und Onkel Albert hatten ja selbst große Mühe die Situation einzuordnen, geschweige denn sie zu begreifen.

Drei Wochen später hieß es tatsächlich, dass reisewilligen und reisebereiten Deutschen die Möglichkeit zur Heimkehr ins Reich geboten wurde. Die Lohreder-Beersche Familie ergriff eine der ersten Gelegenheiten, die sich ergab. Wieder wurden Koffer und Kisten gepackt; wieder wurde Abschied genommen von lieb gewonnenen Menschen – nicht nur von Kolja und Dina – und von vertrauten Orten; wieder wurde ein Zug bestiegen, der dann endlich durch die verschneiten Berge in Richtung Deutschland abdampfte. Nach Berlin sollte die Reise gehen, viele hundert Kilometer weit, über Ternopol, Lemberg, Lublin, Warschau. Wenn denn diese Route zu befahren war. Die Reise war alles andere als ungefährlich.

Der Zug war merkwürdig zusammengestellt. Hinter der großen Dampflok hingen zunächst einige Kohlenwagen, dann folgten mehrere Geräte- und Gepäckwagen. Die zweite Zughälfte bildeten Personenwagen, von denen die meisten Lazarettwagen waren, die schon eine weite Reise aus dem Süden, von Rumänien her, hinter sich hatten und mit einer großen Zahl verwundeter deutscher Soldaten und Zivilpersonen besetzt waren.

Zum Zugpersonal gehörte auch eine militärische Begleitung. Notfalls musste die Fahrt gegenüber Partisanen gesichert oder auch verteidigt werden. In den letzten Wochen waren nämlich mehr und mehr kleine Kämpfertrupps in die südwestliche Ukraine eingesickert. Sie machten mit plötzlichen Überfällen die Gegend unsicher und der Zivilbevölkerung das Leben schwer.

Der Zug befand sich noch auf ukrainischem Gebiet, als nach zwei Tagen Fahrt mitten in der Nacht in einem Waldgebiet der erste Zwangshalt kam. Die meisten Passagiere lagen im Schlaf, als die schwere Lokomotive auf eine Mine fuhr. Durch die Explosion gab es einen furchtbar lauten, dumpfen Schlag, der angereichert wurde mit einem entsetzlichen Geräusch von dröhnendem Stahl, schepperndem Blech, klirrendem Glas von den aufeinander prallenden und sich ineinander schiebenden Waggons. Zum Glück war der Zug nur mit geringer Geschwindigkeit unterwegs, so dass sich der Schaden insgesamt in Grenzen hielt.

Dem grässlichen Geräusch des Unglücks folgte für einige Sekunden eine gespenstische Stille, die nur vom Zischen der Dampfventile der Lok gestört wurde.

Von der Erschütterung durch den plötzlichen Stopp der Bewegung waren natürlich alle Wagen betroffen. Passagiere und Gepäckstücke flogen durcheinander. Wer mit dem Rücken zur Fahrtrichtung saß, wurde unsanft in die Holzlehnen gepresst. Die jeweiligen Gegenüber landeten in ihrem Schoß.

Plötzlich begannen Verwundete und Verletzte zu schreien. Das war in der Dunkelheit der Nacht nicht weniger gespenstisch als die Stille zuvor.

Das Abteil der Lohreder-Beerschen Familie war genauso betroffen von dem Zwischenfall wie alle anderen Abteile auch. Ihr Waggon hing ein wenig schief, so als ob er mit einer Achse aus den Schienen gesprungen sei. Zu sehen war nichts. Es war ja finster, und der Zug hatte ohnehin ohne Beleuchtung fahren müssen, damit er keine direkte Zielscheibe abgab.

Im Abteil lagen alle und alles durcheinander. Die fünf Menschen mussten sich erst einmal selbst ordnen und wieder einen Platz suchen, wo sie dem anderen nicht auf dem Körper lagen. Wenn da doch nur ein Licht gewesen wäre!

Elsa erholte sich zuerst von dem Schreck und sprach einen nach dem anderen mit Namen an. Und tatsächlich waren alle bei Sinnen und gaben Antwort. »Ist einer von euch verletzt?«, sorgte sie sich.

Erhard stöhnte ein wenig: »Ich bin mit dem Kopf angestoßen. Der tut mir weh.«

Hugo meldete, dass irgendetwas mit seinem Fuß nicht in Ordnung sei.

Miluscha klagte über einen schmerzenden Arm, dazu tat ihr der Rücken weh.

Onkel Albert hatte offenbar gar nichts abbekommen. Zumindest meldete er nichts Entsprechendes.

»Da ist uns Gott ja wieder einmal gnädig gewesen«, schloss Elsa.

»Und was passiert jetzt?«, wollte Miluscha wissen.

»Abwarten«, riet der Onkel, »und Geduld üben. Und unten bleiben. Es wird sicher gleich laut draußen.«

»Wie meinst du das?«, fragte Hugo.

»Nun, ich denke, wir sind in einen Partisanenhinterhalt geraten. Und die werden sich schon noch melden, sobald sie merken, dass die Begleittruppe ihre Abteile verlassen hat.«

Wirklich war jetzt zu hören, dass an einem Wagen Türen geöffnet wurden. Und schon fielen auch die ersten Schüsse.

»Runter mit den Köpfen! Bleibt liegen, wo ihr liegt«, mahnte Onkel Albert. »Die Kugeln können die Zugwände nicht durchschlagen. Aber die Schützen könnten auf die Scheiben halten und trotz Dunkelheit treffen.«

Wohl eine Stunde lang fielen draußen immer wieder einzelne Schüsse, allerdings nur von einer Seite des Zuges. Gelegentlich waren Kommandos zu hören, aber nicht zu verstehen. Dann wurde es ruhig, und zu hören waren wieder nur Geräusche von der immer noch schnaufenden Lok vorne und aus verschiedenen Abteilen, wo es wohl doch Verletzte gegeben hatte.

Den Zug anzuhalten war den Partisanen zumindest gelungen. Welcher Schaden entstanden war und ob er zu beheben war, würde der Morgen zeigen. Jetzt hieß es abwarten, bis es Tag wurde.

Das Licht ließ lange auf sich warten. Es war ja Winter.

Im Lohreder-Beerschen Abteil waren die Insassen dann doch wieder eingeschlafen. Sie wurden durch lautes Türenschlagen und durch Rufen geweckt. Die fünf horchten hinaus. Die Stimmen waren alle deutsch. Demnach war offenbar keine Gefahr.

Onkel Albert öffnete die Tür und kletterte aus dem Wagen. Andere Fahrgäste waren bereits draußen. Ein Militärarzt ging von Abteil zu Abteil, um sich nach möglichen Verletzungen zu erkundigen und um Hilfe zu leisten, wo sie nötig war.

»Hier ist alles in Ordnung«, meldete der Onkel. Und dann sah er sich die Bescherung näher an.

»Dürfen wir auch aussteigen?«, rief Miluscha nach draußen.

»Ihr dürft sicher. Hier sind auch schon andere Zivilisten auf dem Bahndamm«, kam es von draußen zurück.

Gerne kletterten Hugo und Miluscha hinaus. Die Mutter zog es vor, mit Erhard im Abteil zu bleiben.

Die Besichtigung des Schadens ergab, dass er gar nicht so schlimm war, aber eben doch nicht einfach zu beheben. Die Lokomotive stand noch auf den Gleisen, hatte aber einen Schaden am Kessel. Wasser floss aus. Fahrtüchtig war die Maschine damit also nicht mehr. Drei Wagen waren mit einer Achse aus den Schienen gesprungen. Mit einer Zugmaschine wären sie wieder aufzusetzen. Aber das Gerät musste erst herbeigeholt werden.

»Das kann dauern«, seufzte Miluscha.

»Und die Partisanen können wiederkommen«, ergänzte Hugo.

»Mal das Unglück nicht an die Wand«, mahnte Elsa. »Unsere Beschützer werden sicher unterdessen das Gelände durchkämmen und den Bahndamm sichern.«

»Die Leute sind schon ausgeschwärmt«, informierte Onkel Albert, der auch wieder ins Abteil zurückkam. »Habt ihr gesehen, wie vorne die Draisine auf die Schienen gesetzt worden ist?«

Schade, das hatten die Kinder nicht mitbekommen.

»Wo haben die das Ding denn her?«, fragte Hugo.

»Die war zufällig in einem der Gerätewaggons. Die werden damit zum nächsten Bahnhof strampeln und von da aus über Telegraphen Hilfe anfordern. Zwei Mann müssen wie bei einem Fahrrad trampeln.«

Es wurde Nachmittag, bis von beiden Seiten fast gleichzeitig Lokomotiven kamen, mit deren Hilfe die Weiterfahrt ermöglicht werden sollte. Die von vorne kam rückwärts gefahren, so dass sie angekoppelt schon in der richtigen Richtung stand. Die andere kam von hinten und wurde an den letzten Wagen angehängt, um die Waggons zurückziehen zu können. Mit ihrer Hilfe und mit zusätzlichem Kräfteeinsatz vieler Menschen stand der Zug bei Einbruch der Dunkelheit wieder fahrbereit auf den Schienen. Ein Glück, dass die Gleise selbst nicht beschädigt waren. So konnte die Fahrt jetzt unverzüglich fortgesetzt werden. Hoffentlich ohne weitere Zwischenfälle.

Pflichtjahrmädchen

Insgesamt mehr als zwei Wochen waren die Reisenden ins Reich unterwegs, bis sie endlich östlich von Berlin in Fürstenwalde an der Spree ankamen. Es gab zwar immer wieder Aufenthalte, deren Ursachen nicht jedes Mal erkennbar waren, aber weitere Zwischenfälle wie der im Wald an der russisch-polnischen Grenze traten nicht mehr auf.

Letzte Winterstürme, erste Vorfrühlingsahnungen, Sonne, Wolken, Schnee und Regen, alle denkbaren Wettererscheinungen begleiteten die Fahrt. Auf allen Bahnhöfen tummelten sich viele Menschen mit und ohne Uniformen. Sehr viele von ihnen auf dem Weg nach Westen, heim ins Reich, wie es hieß, zurück nach Deutschland.

Immer wieder standen auf Bahnhöfen auch Transporte mit Menschen in fremden Uniformen oder auch ohne, offenbar Kriegsgefangene, die irgendeinem unbekannten Ziel entgegenfuhren.

Hier und da waren Neuigkeiten zu erfahren, die für die nächsten Wochen und Monate für den Osten nichts Gutes ahnen ließen. Rückzug an allen Fronten. Dagegen wurden Parolen laut, durchzuhalten um jeden Preis.

Ein ständiges Wechselbad der Gefühle und Empfindungen und ein dauerndes Hin und Her der Gedanken über die Gegenwart und mehr noch über die Zukunft hielten die Heimkehrer in Atem.

Und dann waren sie endlich zu Hause.

Mariechen Lohreder, Onkel Alberts Frau, wusste, dass ihr Mann mit Schwester, Neffen und Nichte etwa Mitte März in Fürstenwalde ankommen würde. Sie war auf Familienzuwachs eingestellt. Dadurch kamen Elsa und ihre Kinder in vorbereitete Verhältnisse.

Die Hausfrau und Mutter von zehn Kindern war sichtlich erleichtert, ihren Mann wieder daheim zu haben, den sie seit etwa anderthalb Jahren nicht gesehen hatte. Gott sei Dank, die Ungewissheit und Unsicherheit über das Befinden und die Lebensbedingungen des Mannes und Vaters waren endlich zu Ende. Die Herzlichkeit, mit der Mariechen ihre Schwägerin und ihre Familie willkommen hieß, war wohltuend. Elsa hatte ihre Schwägerin seit siebzehn Jahren nicht gesehen und die Kinder noch nie.

Leider währte das neue gemeinsame Leben nicht lange. Wenige Tage nach ihrer Ankunft kam Onkel Albert mit der Nachricht nach Hause, dass er Elsa und die Kinder in Fürstenwalde nicht behördlich anmelden konnte. Die vier waren ihren Papieren nach gar keine Deutschen. Sie mussten erst eingebürgert werden. Und weil sie aus Russland zurückkamen, mussten sie die Einbürgerung in Litzmannstadt vornehmen lassen.

»Litzmannstadt? Nie gehört. Wo liegt das denn?«, wollte Miluscha wissen, während ihre Mutter die Nachricht des Bruders noch gar nicht richtig erfasst hatte.

»Litzmannstadt ist Lodz«, erklärte Onkel Albert. »Das haben die Nazis einfach umbenannt. Es liegt etwa vierhundert Kilometer nach Osten, mitten in Polen.«

»Nein, nicht schon wieder auf die Bahn«, protestierte Miluscha.

»Ich muss schon sagen, mir reicht's eigentlich auch«, bestätigte Hugo trocken. Elsa stöhnte: »Muss das wirklich sein? Gibt es da keinen anderen Weg?«

»Leider nicht«, musste ihr Bruder ihr sagen. »Übermorgen müsst ihr dort sein und euch im Lager melden, wenn ihr nicht staatenlos werden wollt. Ihr geltet als Russen und wollt doch Deutsche werden.«

»Wir und Russen?«, empörte sich Hugo.

»Wann geht ein Zug?«, ergriff Miluscha die Initiative. »Wenn es denn sein muss, dann auf und los.«

»Ich habe mich bereits erkundigt«, sagte Onkel Albert. »Euer Zug geht morgen früh um neun, und wenn ihr gut durchkommt, seid ihr gegen Abend in Litzmannstadt.«

»Und wann können wir wieder zurück sein?«, wollte Elsa wissen.

»Hm, wenn alles gut verläuft und keine Schwierigkeiten auftreten, bekommt ihr nach drei Tagen eure Einbürgerungspapiere und eure deutschen Pässe, und dann seid ihr vielleicht in einer Woche wieder hier.«

»Gut, dann in Gottes Namen.« Elsa hatte die saure Pille geschluckt. »Kinder, schnürt schon mal wieder eure Bündel.«

Über Frankfurt/Oder und Posen erreichten die Beers am Abend des nächsten Tages Lodz und fanden auch ohne Schwierigkeiten den Weg ins Auffang- und Einbürgerungslager für Heimkehrer aus dem Osten. Sie brauchten nur dem Strom der Leute zu folgen, die eben mit einem Zug aus Warschau hier angekommen waren. Hunderte von Menschen, die sich auch wieder ins deutsche Volk einreihen lassen wollten.

Im Auffang- und Eingliederungslager, das auf einem großen Schulgelände eingerichtet war, stellten sich die vier am nächsten Morgen in die Schlange zum Schalter A–E. Endlich konnten auch sie ihre Personalien zu Protokoll geben:

> Elsa Beer, geb. Lohreder, geboren am ... in ...;
> Hugo Beer, geb. am ... in Nedbarewka, Rayon Schitomir;
> Emilie Beer, geb. am ... in ...;
> Erhard Beer, geb. am ... in ...

»Der Vater der Kinder?«, wurde Elsa gefragt.

»Mein Mann war Karl Beer. Er ist 1933 in Wischnewka bei Cherson in der Südukraine gestorben«, gab sie die gewünschte Auskunft.

Dann wurde ihr ein Laufzettel ausgehändigt und ein Bündel Papiere mit der Aufforderung, die Fragebögen auszufüllen und sich mit ihren Kindern in der medizinischen Abteilung zur Untersuchung zu melden.

»Einbürgerungsantrag«, las die Mutter vor, als die vier an einem freien Tisch Platz genommen hatten. »Dann wollen wir das Ding mal gemeinsam ausfüllen. Hugo, schreib du bitte, du kannst das besser. Mir zittern dabei die Hände.«

Elsa schob die Papiere Hugo zu, der gleich zu lesen begann. Miluscha schaute ihm dabei von der Seite zu und las die einzelnen Fragen und Stichwörter mit: Staatsangehörigkeit, Abstammung väterlicherseits und mütterlicherseits, Volkstumsbekenntnis ...

»Was ist das denn?«, wollte Miluscha wissen.

»Nun, da musst du eintragen, ob du dich in der Fremde als Deutscher gefühlt hast oder als Russe oder Ukrainer oder so«, belehrte Hugo die Schwester und trug ein: ›Ich bekenne mich zum deutschen Volkstum.‹

»Für Papa kann ich doch das Gleiche eintragen, Mama, oder?«

»Natürlich kannst du.«

»Was schreibe ich bei Konfession?«

»Trag ein ›baptistisch‹.«

»Hier steht: ›Meine Ehe ist durch die obige Religionsgemeinschaft geschlossen‹.«

»Das musst du verändern«, meinte Elsa, »schreib ›standesamtlich und kirchlich‹.«

Was da sonst noch alles gefragt war: »Schulbesuch der Eltern, Schulbesuch der Kinder, Zugehörigkeit zu deutschen oder fremdvölkischen Parteien, Vereinen, Verbänden, Militärverhältnissen ...«

Bei diesem Stichwort warf Miluscha ein: »Schreib Oberfeldwebel.« Hugo und Erhard mussten bei diesem Vorschlag lachen. Die Mutter spielte die Beleidigte. »Bin ich denn wirklich so schlimm?«

»Lass man gut sein, Mütterchen. Das sollte ein Scherz sein. Verzeih.«

»Hat jemand von uns schon einen Orden bekommen?«, wollte Hugo jetzt wissen.

»Nicht bekommen, aber verdient hätte Mama schon einen«, machte Miluscha ihre Bemerkung von eben wieder gut.

Elsa lächelte.

»Und vorbestraft ist doch auch keiner von uns. Oder du vielleicht, Brüderchen?«

Der antwortete nur: »Ziege, du.«

Elsa musste aufzählen, von wann bis wann sie sich wo aufgehalten hatte. Es war gar nicht so einfach, diese Dinge alle richtig hintereinander zu kriegen. So viele verschiedene Lebensorte hatte Elsa gehabt. Aber sie bekam nach gutem Überlegen doch alle einigermaßen hintereinander.

»Haben wir noch Verwandte im Reich?«

»Sicher, Onkel Albert mit seiner Familie. Und dann ist da noch meine Schwester Elisabeth mit ihrer Familie in der Nähe von Frankfurt/Oder. Ich habe lange nichts von ihr gehört.«

»Fertig!«, verkündete Hugo. »Jetzt brauchst du nur noch zu unterschreiben, Mama.«

»Aber erst noch die eidesstattliche Versicherung lesen«, mahnte Miluscha. Was die Mutter dann auch bedächtig tat.

»So, und jetzt gehen wir zur medizinischen Abteilung.« Elsa

sprach's und setzte sich auch schon in Bewegung. Die drei anderen folgten ihr.

Als sie im entsprechenden Raum endlich aufgerufen wurden, war es Nachmittag. Sie mussten sich ausziehen bis auf die Unterwäsche. Die Frauen wurden von einer Ärztin abgehorcht, abgeklopft und ausgefragt, die Jungen von einem Arzt. Die Untersuchungsergebnisse wurden sehr genau in neue Papiere eingetragen. Das war nach einer halben Stunde alles erledigt. Jeder war wieder angezogen und wartete auf das, was jetzt folgen würde.

»Ihre nächste Station ist der Erbbiologe. Haben Sie Ihre Ariernachweise bei sich?«

»Was bedeutet das denn?«, fragten die Kinder fast gleichzeitig, als sie auf dem Weg zum angegebenen Zimmer waren.

Elsa seufzte kurz auf. »Wisst ihr, der Name Lohreder klingt jüdisch. Und jetzt müssen wir nachweisen, dass wir eine rein deutsche Familie sind, bis zu den Urgroßeltern hin. Onkel Albert hat mir die nötigen Papiere gegeben. Da kann eigentlich nichts schiefgehen.«

Es ging auch alles erstaunlich schnell und glatt, und der Herr König, der in dieser Sache zuständig war, zögerte nicht, seine Unterschrift unter seine Stellungnahme zum Einbürgerungsantrag der Beers zu setzen.

»Sind wir immer noch nicht fertig?«, nörgelte Erhard. »Ich habe Hunger.«

»Du hast auch immer Hunger«, neckte Miluscha ihren kleinen Bruder. »Hab noch ein bisschen Geduld. Wir müssen nur noch zum Volkstumssachverständigen. Der möchte sich auch noch mit uns unterhalten.«

Aber auch dieser freundliche Herr hatte keine Bedenken gegen die Einbürgerung der volksdeutschen Familie, die allen Unterlagen nach zu hundert Prozent deutscher Abstammung war und ihr Volkstum völlig bewahrt hatte, die dazu auch noch fließend deutsch reden konnte. Albert Lohreder hatte gute Papiere besorgt, in denen die jüdische Großmutter nicht mehr vorkam ...

Jetzt fehlte nur noch eine Unterschrift, nämlich die des Leiters der Einwandererzentralstelle, kurz EWZ. In dessen Abteilung durften die vier Beers sich dann am nächsten Morgen in die Warteschlange einreihen. Eigentlich hätte nur Elsa das tun müssen, aber die drei Kinder wollten die Mutter nicht allein dort warten lassen.

Endlich wurde Elsa Beer aufgerufen. Alle vier betraten den Raum. »Na, Geleitschutz mitgebracht?«, scherzte die uniformierte Dame hinter ihrem Schreibtisch.

»Die Kinder wollten mich nicht allein gehen lassen«, beeilte sich Elsa zuzugeben.

»Brave Kinder! Deutsche Kinder!«, kommentierte die Dame.

Sie erhob sich, kam mit einem Papier in der linken Hand um ihren Schreibtisch herum und streckte Elsa die rechte entgegen. Fast feierlich sprach sie: »Ich begrüße Sie als neue Angehörige des Deutschen Reiches und händige Ihnen hiermit Ihre Einbürgerungsurkunde aus. Herzlich willkommen im Reich und herzlichen Glückwunsch.«

Elsa war ein wenig irritiert von dieser Förmlichkeit. »Danke, danke«, konnte sie nur leise stammeln, während sie die Urkunde in die Hand nahm.

»Bitte bestätigen Sie durch Ihre Unterschrift den Empfang der Urkunde und Ihrer Volkstumsausweise. Setzen Sie sich doch bitte dazu.«

Elsa setzte sich auf den Stuhl vor dem Schreibtisch, las: »Meine Einbürgerungsurkunde habe ich heute erhalten, Litzmannstadt, den 5. April 1944«, und unterschrieb das Papier mit leicht zitternder Hand.

Endlich war auch diese Prozedur vorbei.

»Sind wir damit jetzt hier fertig?«, fragte sie.

»Nein, leider noch nicht ganz«, bekam sie zur Antwort, und blitzartig stieg eine böse Ahnung in Elsa auf.

»Was müssen wir noch tun?«, fragte sie.

»Gehen Sie bitte in die Dienststelle für den Arbeitsdienst. Dort wird man Ihnen Weiteres mitteilen.«

Im Vorzimmer des zuständigen Beamten wurden die vier dann erst einmal auf den nächsten Tag vertröstet. »Wir möchten auch gerne einmal Feierabend haben«, wurde ihnen gesagt. Es war tatsächlich ja auch schon nach sechs Uhr am Abend. Also würden sie bis zum nächsten Morgen warten.

Am nächsten Morgen waren die Beers unter den Ersten, die vor dem Dienstzimmer des Reichsarbeitsdienst-Beauftragten auf ihren Einlass warteten. Sie wurden bald hereingerufen und sahen sich einer unfreundlich auftretenden, arrogant wirkenden jungen Frau gegenüber. Den Gruß der Beers erwiderte sie schon einmal nicht. Sie forderte auch nicht zum Hinsetzen auf. Sie fragte lediglich: »Familie Beer?« Dann las sie die vier Namen mit den zugehörigen Geburtsdaten vor, als wollte sie lediglich kontrollieren, ob sie denn auch die richtigen Leute vor sich hatte.

Und dann kam's: »Frau Beer, Sie begeben sich mit Ihrem Sohn Erhard von hier aus direkt nach Posen und melden sich morgen dort in der Dienststelle des Reichsarbeitsdienstes. Dort sagt man Ihnen, wo Sie arbeiten und leben werden.«

Elsa verschlug es die Sprache. Mühsam vermochte sie sich zu beherrschen. »Das geht nicht. Sie können doch nicht ...« Weiter kam sie nicht. Die arrogante Beamtin, oder was auch immer sie war, unterbrach sie: »Wir können. Sie sind jetzt Reichsangehörige und haben dem zu folgen, was das Reich für Sie für gut und richtig hält. Hier Ihre Papiere, die Sie in Posen vorlegen.«

Elsa, bleich wie eine getünchte Wand, vermochte nicht mehr, etwas dazu zu sagen. Auch Erhard, Miluscha und Hugo waren zutiefst erschrocken. Besonders die beiden Großen zitterten vor dem, was jetzt auf sie zukam.

»Sie sind Hugo Beer?«, wandte sich die Frau an ihn.

»Ja, der bin ich«, bestätigte der Junge leise.

»Ist Ihr Geburtsdatum richtig angegeben?«

Auch diese Frage musste Hugo bestätigen.

»Sie melden sich spätestens übermorgen zur Rekrutenausbildung in der Groener-Kaserne in Potsdam bei Berlin. Hier Ihre Identifikationspapiere.«

Auch Hugo hatte keine Chance zum Einspruch oder zu einer Rückfrage.

Die Frau wandte sich jetzt an Miluscha, die mit bangem Herzen und zitternden Knien auf ihren Richterspruch wartete. »Sie sind Emilie Beer und sechzehn Jahre alt. Mädchen in Ihrem Alter leisten im Deutschen Reich ein Pflichtjahr für das Gemeinwohl. Sie melden sich auch spätestens übermorgen in Drossen bei Frankfurt/Oder im

Büro der BDM-Führerin Gerlind Gräbener. Die gibt Ihnen weitere Weisung. Ich wünsche Ihnen allen alles Gute.«

Damit war die Audienz im Büro beendet, wobei die letzte Bemerkung der Frau in den Ohren der armen Beers wie blanker Hohn klang. Stumm nahm Miluscha ihre Papiere in Empfang, und dann verließen die vier grußlos den Raum.

Draußen auf dem Flur mussten sie erst einmal nach Luft schnappen und tief durchatmen. Miluscha fiel ihrer Mutter um den Hals und begann bitterlich zu weinen. Während der ganzen Odyssee ihrer Familie hatten sie alle immer zusammenbleiben können. Und jetzt kam die Trennung. Das war zu viel und zu schwer. Das musste erst einmal geschluckt und verdaut werden.

»Kind, beruhige dich«, versuchte Elsa die Tochter zu trösten. »Du schaffst das. Du bist groß und stark. Du hast das Arbeiten gelernt. Und mit Menschen umzugehen ist für dich auch nicht schwierig.«

»Ja, Mama, aber...«, schluchzte Miluscha.

»Ein Aber hilft dir nicht und uns allen nicht. Glaubst du, mir fiele die Trennung leicht? Ich muss dich und Hugo zum ersten Mal abgeben. Und wir wissen alle nicht, wann wir uns wieder begegnen.«

»Und du vergisst eins, Schwesterchen«, mischte sich jetzt Hugo ein. Er hielt seinen jüngeren Bruder im Arm, dem auch die Tränen flossen, und bemühte sich, stark zu sein. »Wir sind doch überall in Gottes guten Händen, Mama und Erhard in Posen, ich in Potsdam und du in Frankfurt/Oder. Erinnere dich an Papas letzte Worte: ›Sorgt nicht, sorgt nicht, für euch wird gesorgt. Der Vater im Himmel bleibt!‹«

»Danke, Hugo, du hast ja Recht. Ich will mich auch nicht sorgen. Aber das ist so schwer, Abschied zu nehmen und nicht zu wissen, wo die anderen sind.«

»Es gibt doch eine Post, Kind«, versuchte Elsa Miluscha weiter zu beruhigen. »Die funktioniert im Reich sicher besser als in Russland.«

»Und dann schreiben wir uns jede Woche Briefe«, fügte Erhard an, der sich wieder gefangen hatte. »Dann weiß jeder immer, wie es dem anderen geht. Und wenn wir dann Urlaub haben, treffen wir uns bei Onkel Albert.«

Onkel Albert. Was der wohl sagen würde, wenn er erfuhr, wie das

Deutsche Reich die Geschichte der eben erst eingebürgerten Familie Beer verplant und organisiert hatte.

»Kinder, jetzt müssen wir handeln«, bestimmte Elsa, die ihre Fassung zurückgewonnen hatte. »Wir nehmen den nächsten Zug nach Berlin. So können wir bis Posen noch zusammenbleiben. Ihr beide, Hugo und Miluscha, fahrt dann weiter bis nach Fürstenwalde und von dort aus morgen an eure Bestimmungsorte. So erfährt auch Onkel Albert, wo er uns alle erreichen kann.«

»Aber wir haben doch alle keine genauen Adressen, wo wir hinmüssen«, wandte Miluscha ein.

»Das ist nicht schlimm. Über die Büros der Arbeitsdienstbehörden sind wir sicher erreichbar und Hugo auch über die Kaserne.«

»Außerdem«, schlug Hugo vor, »können wir doch gleich an Onkel Albert schreiben, wenn wir unsere Adressen kennen.«

»Bist ein schlauer Junge, Bruder«, bestätigte das Mädchen Hugos Vorschlag. »Und du wirst sicher einen schneidigen Rekruten für das Reich abgeben.«

»Wohl so einen wie den Tannhäuser«, gab der Bruder grinsend zurück.

»Miststück!«, zischte Miluscha. Dabei war es nicht ganz eindeutig, wer mit dem Titel gemeint war. Aber die Aussage war ein Zeichen dafür, dass Miluscha ihre Fassung wiedergewonnen hatte.

Der kurze Halt des Zuges auf dem Bahnhof in Posen erlaubte keine langwierige Abschiedszeremonie. Wenn auch die Tränen bei allen vier Beers flossen, so lösten sie doch ihre letzten Umarmungen in der festen Gewissheit, dass der Segen des Vaters jeden Einzelnen begleiten würde, wohin auch immer ihre Wege gingen.

Die ganze Familie Lohreder war natürlich entsetzt, als sie erfuhr, wie das Reich über die Beers verfügt hatte. So hatte sich das keiner von ihnen vorgestellt. Aber daran war vorerst nichts zu ändern. Onkel Albert hatte zwar bei verschiedenen Behörden Einfluss, weil er freiwillig als Zivilverwalter in den Osten gegangen war. Aber hier konnte er zunächst nichts an den Entscheidungen ändern. Er würde aber auf jeden Fall gleich morgen nach Posen schreiben, um den Einsatzort und die Adresse von Elsa und Erhard zu erfahren, und er würde auch mit Miluscha nach Drossen zu Gerlind Gräbener fahren.

»Kennst du die etwa?«, fragte Miluscha.

»Und ob ich die kenne! Das ist meine Nichte, deine Kusine, Tante Elisabeths Tochter. Dass du ausgerechnet der in die Hände fallen musst.«

Diese Bemerkung klang nicht sehr verheißungsvoll. Aber Onkel Albert würde mitfahren und dabei sein. Das tröstete Miluscha, und sie entwickelte doch so etwas wie eine positive Spannung auf das, was kommen würde.

Auf dem Bahnhof von Fürstenwalde nahmen die beiden Geschwister am nächsten Morgen Abschied voneinander. Hugos Zug fuhr zuerst. Eine letzte Umarmung, ein herzliches »Gott sei mit dir!« und dann nur noch ein kurzes Nachwinken. Der angehende Soldat fuhr westwärts zunächst nach Berlin und von dort weiter nach Potsdam.

Miluscha wartete noch eine Weile mit Onkel Albert auf den Gegenzug nach Frankfurt/Oder.

In Drossen wusste der Onkel Bescheid, und schon bald saßen die beiden im Büro der BDM-Führerin.

Ihren »Heil Hitler«-Gruß überhörten sie. Gerne hätten sie ein paar Worte über die Familien erzählt und sich nach dem gegenseitigen Befinden erkundigt. Aber daran schien die BDM-Funktionärin kein Interesse zu haben. Sie vertiefte sich gleich in die Meldebescheinigung, die Miluscha ihr vorlegte, und blätterte dann in einer Art Katalog, in dem wohl Adressen für Pflichtjahr-Kandidatinnen gesammelt waren.

»Verstehst du dich auf Hauswirtschaft?«, fragte sie knapp.

Miluscha konnte die Frage bejahen.

»Auch auf Landwirtschaft?«

»Ich habe in der Landwirtschaft gearbeitet, seit ich sechs Jahre alt war.« Wenn Miluscha gedacht hatte, der Hinweis würde vielleicht ein wenig Eindruck bei der Kusine machen, hatte sie sich getäuscht. Die fuhr nur mit ihrem feinen Finger an ihrer Liste entlang. An einer bestimmten Stelle machte sie Halt.

»Etwa zwanzig Kilometer von hier liegt das Gut der von Scholtens. Die brauchen noch eine tüchtige Kraft. Ich bestelle einen Wagen, der dich hinbringt.«

»Was muss ich da tun?«, wagte Miluscha zu fragen.

»Das wirst du sehen. Du kennst ja alle Arbeiten in Haus und Hof. Dann wird Frau von Scholten dir schon die richtigen Aufgaben zuweisen. Ich komme gelegentlich vorbei und schaue nach dem Rechten. Ihr könnt draußen auf den Wagen warten. Es wird eine Stunde dauern.«

Damit war für Gerlind Gräbener die Verhandlung des Falles Emilie Beer beendet.

»Mach dir nicht zu viel aus der, Kind. Die ist ein bisschen verblendet. Irgendwann kommt die auch zur Vernunft. Glaub's mir.«

»Und wenn die mir auf diesem Gut Schwierigkeiten macht?«

»Dann gibst du mir Nachricht, und dann lege ich mich mit ihr an.«

»Kennst du das Gut Scholten?«

»Ich kenne den Freiherrn und seine Frau ein bisschen. Er ist sehr verträglich, sie ist eine Grantel. Aber du schaffst das schon. Die haben ein riesiges Gelände. Ein schönes Gesindehaus. Wenn ich mich richtig erinnere, haben die schon seit vielen Jahren Pflichtjahrmädchen und immer gleich ein paar. Du wirst auch jetzt nicht allein dort sein.«

Als endlich der Wagen kam, der Miluscha zum Gut bringen sollte, versprach Albert Lohreder ihr: »Ich komme dich besuchen«, und winkte ihr nach, bis das Fahrzeug um die Straßenecke gebogen war. Seine andere Nichte blickte dem Wagen ebenfalls nach.

»Du hättest gerne ein wenig freundlicher zu dem Mädchen sein können, Gerlind Gräbener, sie ist schließlich deine Kusine, und sie hat in ihrem jungen Leben weit mehr geleistet als du. Lass dir nicht einfallen, ihr übel zu wollen!«

Der Onkel sprach's, drehte sich um und setzte sich in Richtung Bahnhof in Bewegung.

War das ein schönes Gelände derer von Scholten! Eine breite Birkenallee, die mit ihrem vollen Grün und den schwarzweiß gefärbten Stämmen ein herrliches Bild abgab, führte von der Straße ab zum Hof hinüber. In einer zweiten Reihe dahinter verströmten Flieder und Jasmin einen betörenden Duft, der unzählige Insekten aller Art anzog. Eine große Menge Rhododendren waren noch nicht aufgeblüht. In den Bäumen und Sträuchern spielten und sangen Meisen, Finken und auch andere Vögel.

Ein richtiges Paradies, ging es Miluscha durch den Kopf. Hoffentlich entsprachen die Leute diesem guten ersten Eindruck.

Das helle Gutshaus war auf beiden Seiten von den Wirtschaftsgebäuden flankiert und war ein wirklich stattliches, helles Haus mit breitem Treppenaufgang. Dort kam Miluscha die Dame des Hauses entgegen, klein und etwas rundlich. Sie begrüßte das Mädchen freundlich und stellte sie gleich den Mitgliedern des Gesindes vor, die zahlreich auf dem Hof beschäftigt waren, einige Mädchen und viele Fremdarbeiter. Kriegsgefangene? Wer weiß. Miluscha war das im Augenblick egal. Woher sollte solch ein Hof auch deutsche Arbeiter nehmen? Die waren doch alle irgendwo an der Front oder sonstwie mit dem Krieg beschäftigt.

»Wo möchtest du lieber arbeiten, in der Hauswirtschaft oder in der Landwirtschaft?«, fragte Frau von Scholten. Sie schien sehr freundlich zu sein.

»Wenn ich die Wahl habe, dann würde ich lieber in der Hauswirtschaft arbeiten.«

»Das geht. Ich werde dich Doris zuordnen. Sie hat hier die Übersicht und teilt die Arbeit ein.«

So geschah es, und Miluscha hatte bald ihre festen Tätigkeiten, die ihr lagen und an denen sie auch Gefallen hatte.

Mit Doris und den anderen Mädchen auszukommen war ihr kein Problem. Ihre offene und fröhliche Art zu leben war ihr da schon immer eine Hilfe gewesen.

Auch mit den vielen Männern des Hofes kam Miluscha zurecht, wenn sie zu den Mahlzeiten im Gesindehaus waren. Es machte ihr Spaß, den Russen unter ihnen zuzuhören, wenn das auch nicht immer Gutes war, was sie dann mitbekam. Die Männer konnten ja nicht wissen, dass sie ihre Sprache beherrschte.

Erst einige Tage später wurde Miluscha Herrn von Scholten vorgestellt. Der war wohl zuvor unterwegs gewesen.

Ein feiner, vornehmer und immer noch gut aussehender Mann, musste das Mädchen denken. So jemand war ihr noch nicht begegnet. Genau so hatte sie sich einen Mann von Adel vorgestellt.

Die Vorstellung hatte eine interessante und folgenreiche Konsequenz: Von Stund an brauchte Miluscha nur noch im Gutshaus zu arbeiten. Das musste der Freiherr wohl so gewünscht haben. Immer wenn er ihr begegnete, bei den Mahlzeiten, wo sie auf- und abzutragen hatte, oder bei anderen Gelegenheiten, hatte er ein freundliches Wort für sie. Er interessierte sich für ihre Lebensgeschichte, für ihre Interessen, für ihren Glauben, wie sich nie ein Mensch für sie interessiert hatte.

Miluscha tat es gut, dass der Hausherr – ob er wohl schon sechzig war? – so offen und freundlich zu ihr war. Das eine oder andere Mal durfte sie ihn auch begleiten, wenn er in seiner offenen Kalesche durch die Felder fuhr oder irgendwo eine Besorgung zu machen hatte. Miluscha dachte sich nichts dabei, dass der Gutsherr ihr so zugetan war. Sie genoss ganz einfach ihre besonderen Rechte. Und es gab auch nie einen Anlass für negative Gedanken. Das Verhältnis des Mannes zu dem Mädchen war in allen Bereichen sauber.

Das schien allerdings die Gutsherrin nicht so zu sehen. Sie entwickelte mit fortschreitender Zeit und Beobachtung der Szene eine böse Eifersucht – mit üblen Konsequenzen für Miluscha. Mehr und mehr machte sie nichts mehr richtig. An allem und jedem hatte Frau von Scholten etwas auszusetzen. Sie arbeitete zu langsam, zu oberflächlich, nicht sauber genug. Statt Lob und Anerkennung bekam das Mädchen nur noch Kritik und Verachtung zu spüren. Ihrer Vorgesetzten, Doris, und auch den anderen Pflichtjahrmädchen war das egal oder auch gerade recht. Warum musste die, die zuletzt gekommen war, auch die besten Arbeitsbedingungen haben?

Miluscha glaubte zu wissen, warum ihre Herrin ihr Verhalten veränderte. Sie hatte auch den Mut, bei Gelegenheit mit Herrn von Scholten darüber zu sprechen.

»Mach dir nichts draus, mein Kind«, versuchte er Miluscha zu beruhigen. »Meine Frau ist nun mal so. Sie kann es nicht vertragen, wenn sich jemand mit mir verträgt. Vor allem nicht, wenn der jemand ein junges, nettes, apartes Mädchen ist. Dabei hat sie noch nie einen Grund zur Eifersucht gehabt, und ich glaube auch nicht, dass ich ihr einen biete.«

»Und wie soll ich mich verhalten?«, wollte Miluscha wissen.

»Tja, das ist jetzt schwierig. Es ist ja eigentlich meine Schuld, dass sich die Dinge so entwickelt haben und dass du darunter leiden musst. Du musst entweder ein dickes Fell entwickeln gegen die Attacken der Freifrau, oder das Arbeiten wird für dich über kurz oder lang auf unserem Gut unmöglich.«

»Ich bin aber doch gerne hier. Können Sie denn nicht mal mit ihr reden?«

»Ich rede fast täglich mit ihr, und das endet fast immer im Streit. Sie ist da nicht zu belehren, nicht einmal zu beeinflussen. Schade. Du warst so ein richtiger Sonnenschein im Gutshaus. Ich muss wohl befürchten, dass diese Sonne bald schon wieder untergeht.«

Und sie ging tatsächlich nach wenigen Wochen unter, sogar gleich völlig. BDM-Führerin Gräbener erschien auf dem Hof – und hatte den gemeinsamen Onkel Albert dabei. Weder die Gutsbesitzerin noch der Gutsbesitzer waren anwesend. Das schien wohl so gewollt zu sein.

»Freifrau von Scholten hat mich informiert, dass sie dich hier nicht länger als Pflichtjahrmädchen haben möchte. Sie scheint mit deiner Arbeit überhaupt nicht zufrieden zu sein.«

»Das kann aber eigentlich ...«, setzte Miluscha an, sich zu rechtfertigen.

»Du brauchst mir nichts zu erklären, Kusine, ich kenne die Situation. Ich bin mit einem Wechsel deines Arbeitsplatzes einverstanden. Onkel Albert hat dir einen besorgt, den ich akzeptiert habe.«

In ihrem Ton war Gerlind Gräbener förmlich wie gehabt, in der Sache war sie jedoch verständnisvoller als vor Wochen. Ob sie an ihrer Kusine wohl etwas gutmachen wollte?

Miluscha wusste im Augenblick nicht, wie sie reagieren sollte. Sollte sie weinen, weil man ihr Unrecht tat und sie diesen herrlichen Platz schon wieder verlassen musste? Sollte sie sich freuen darüber, dass die Funktionärin sich auf ihre Verwandtschaft besonnen hatte und ihr einen anderen, vielleicht besseren Weg ermöglichte? Sollte sie wegen der offenbaren Fehleinschätzung und Kritik durch Frau von Scholten beleidigt sein ...?

Sie antwortete nur: »Danke, dann bin ich auch einverstanden. Ich gehe und packe meine Sachen. In einer Viertelstunde bin ich fertig.«

Also wieder ein Umzug, wenn auch diesmal für Miluscha alleine.

Und dann wieder neue Bedingungen, neue Menschen, neue Aufgaben. Wohl ums Herz war's der Sechzehnjährigen nicht, und es machte ihr Mühe, beim schnellen Packen die Tränen zurückzuhalten. Wo war die Mutter mit Erhard? Wo befand sich Hugo? Sie würden sich sicher noch weiter aus den Augen verlieren.

Aber merkwürdig, wie bisher bei jedem Abschied und jeder einschneidenden Veränderung kam ihr der Segen des Vaters in den Sinn mit der ihm innewohnenden tröstenden Kraft: »Sorgt nicht, sorgt nicht, für euch wird gesorgt. Der Vater im Himmel bleibt!« Ja, er würde bleiben und auch am neuen Ort da sein.

Schon einen Tag später saß Miluscha mit Onkel Albert im Zug nach Berlin. Lichterfelde war ihr Reiseziel. Und in diesem schönen Stadtteil der Hauptstadt war es die Villa der Druckerei Rudolf Schmidt und Co., Wohn-, Büro- und Druckhaus in einem, umgeben von einem parkähnlichen Gartengelände von der Größe eines halben Fußballfeldes. Ein schöner Ort, dem man es nicht ansehen konnte, dass er in einer Millionenstadt lag. Er gefiel Miluscha gleich. Hier würde es sich sicher auch aushalten lassen.

Rudolf Schmidt, groß, kräftig – seine mehr als sechzig sah man ihm nicht an –, begrüßte Albert Lohreder und seine Nichte mit festem Händedruck ausgesprochen herzlich. »Schön, dass du mir Emilie bringst, Albert. Sie wird es gut bei uns haben, wenn sie denn zur Zufriedenheit der Frau Direktor arbeitet.«

Das Letzte klang ein wenig ironisch und zugleich mahnend für Miluscha. Und so wusste sie auch schon, wie ihre neue Chefin angeredet werden wollte.

»Ich werde mir alle Mühe geben, Herr Direktor«, antwortete Miluscha artig.

»Sag ›Herr Schmidt‹ zu mir, Mädchen. Es reicht, wenn meine Angestellten ›Herr Direktor‹ sagen.«

Das könnte ein väterlicher Freund werden, ging es Miluscha durch den Kopf. Hoffentlich hatte Frau Direktor nicht ein gänzlich anderes Wesen.

Aber leider hatte sie. Sie war gar nicht so vornehm, wie sie zu sein vorgab. Sie konnte sogar richtig biestig sein. Ihre Arbeitsaufträge gab sie immer im Befehlston. Miluscha musste auf der Hut sein, dass sie der Frau Direktor keinen Anlass bot, zu korrigieren und zu kritisieren. Aber wer hatte ihr schon gezeigt, wie man eine Männerhose und ein Hemd mit steifem Kragen richtig bügelt? Und sie hatte auch noch nie alleine für zehn Personen gekocht. So viele Personen groß war der Haushalt einschließlich der Druckereiangestellten. Und Fußböden hatte sie auch noch nie geölt und gebohnert.

Frau Direktor hatte wenig Geduld, ihrem Pflichtjahrmädchen diese Dinge vernünftig zu erklären oder gar zu zeigen. Das kostete manchen Seufzer und immer wieder auch heimliche Tränen.

Wie gut tat es Miluscha dann, wenn Herr Schmidt – in ihrem Herzen sagte sie immer Vater Schmidt, denn er erinnerte sie einfach immer wieder an ihren Vater – in seiner feinen, ruhigen Art mit ihr sprach und ihr erklärte, wie dies oder jenes funktionierte, wie sie bestimmte Dinge am besten bewerkstelligte und wie sie am ehesten mit Frau Direktor klarkam, die irgendwo immer noch eine Staubflocke, einen Kniff im Stoff oder ein stehen gelassenes Unkraut fand. »Arrogantes Weib« war noch ein harmloser Titel, den Miluscha dann zuweilen für die Frau im Kopf hatte.

Dass das Mädchen nicht einmal mit den Angestellten gemeinsam essen durfte, geschweige denn mit den Herrschaften, sondern dass sie allein in der Küche bleiben musste, das nahm sie ihr übel. Frau Direktor war wohl der Ansicht, Dienstmädchen müssten so behandelt werden. Dennoch war das alles zu ertragen. Miluscha hatte es sicher besser als ihre Mutter irgendwo in Posen und Umgebung und sicher auch besser als Hugo, der möglicherweise längst an irgendeinem Kriegsschauplatz Soldat sein musste. Daran zu denken, kostete Schmerz und Tränen, vor allem abends und in den Nächten.

Berlin war nun allerdings nicht das platte Land, wo vom Getöse des Krieges nicht sehr viel unmittelbar zu spüren war. Hier in der Hauptstadt rückten einem die Ereignisse doch sehr dicht auf die Haut. Hier erfuhr man viel mehr über das Geschehen an den Fronten im Westen und im Osten, darüber, wie die deutschen Truppen überall in immer größere Bedrängnis kamen, darüber, wie die Zivilbevölkerung immer mehr zu leiden hatte, nicht nur die, die in immer größeren Scharen aus dem Osten ins Reich kam. Schlimme Nachrichten, die Miluscha, wenn auch nur bruchstückhaft, immer wieder mitbekam. Ihr fiel dabei ein, was Onkel Albert seinerzeit in Kamenez-Podolsk prophezeit hatte: »Ich denke, Deutschland wird den Krieg verlieren, und über das deutsche Volk wird großes Leid hereinbrechen. Das ist nur eine Frage der Zeit.« Das hatte er damals gesagt. Ob sich diese Ahnung jetzt bewahrheitete?

Fliegeralarm hatte Miluscha bisher noch nicht erlebt. Jetzt musste sie erfahren, was es bedeutete, immer eine gepackte Tasche im Zimmer stehen zu haben und bei den ersten Heultönen der Sirenen möglichst schnell den Keller aufzusuchen. Das kam in diesen Wochen zunehmend häufiger vor – manchmal zwei- oder dreimal in einer Nacht – und mehr und mehr auch am Tag. Der Kriegslärm über Berlin wurde immer lauter. Gab es denn niemanden, der diesen schlimmen Zeiten ein Ende machte? Die Verantwortlichen der Hitlerregierung mussten doch völlig von Sinnen sein.

Irgendwann hatte Miluscha diesen Gedanken laut geäußert, als sie wieder einmal mit den anderen Hausbewohnern zitternd und weinend im Keller saß und bei jedem Bombeneinschlag zusammenzuckte, als wäre sie selbst getroffen worden. Sofort hatte Vater Schmidt sie beiseite genommen. »Mädchen, so etwas darfst du nicht wieder aussprechen. Wenn falsche Ohren das hören ... Du solltest das nicht einmal denken.« Und dann hatte er flüsternd noch ergänzt: »Aber du darfst darum beten, dass Gott gnädig ist.«

Und wie das Mädchen das tat! Morgens als Erstes und abends als Letztes und immer wieder zwischendurch, ob im Garten oder in der Küche oder beim Putzen im Treppenhaus. »Großer Gott, erbarme dich! Heiland, erbarme dich!«

In den ersten Wochen des Jahres 1945 wurden die Bombardements der Alliierten auf deutsche Städte in allen Teilen des Landes immer intensiver. Für Berlin sollten sie Anfang Februar ihren Höhepunkt erreichen. Tausende ließen dabei ihr Leben. Die Zerstörungen waren nicht mehr zu ermessen. Die Katastrophe war perfekt, und die Staatsorgane verkündeten weiter Siegesmeldungen und Durchhalteparolen.

Aber diese Ereignisse in der Hauptstadt musste Miluscha schon nicht mehr miterleben. Vater Schmidt hatte für sie wirklich wie ein Vater für das eigene Kind gesorgt. »Berlin ist nicht mehr gut für dich«, hatte er gesagt. »Hier wird es allmählich zu gefährlich. Du bist ein junger Mensch. Du musst leben. Ich habe einen Platz für dich auf dem Land bei Jüterbog in Brandenburg. Auf dem Hof dort bist du sicherer als hier. Du verstehst dich ja auch auf Landwirtschaft. Außerdem hat die Bäuerin fünf kleine Kinder, und ihr Mann ist irgendwo an der Front.«

Miluscha hatte dieser Entscheidung nicht widersprochen, im Gegenteil, sie war Vater Schmidt sehr dankbar dafür, auch wenn das für sie schon wieder Abschiednehmen und Umziehen bedeutete. Aber vielleicht bedeutete das ja wirklich auch Sicherheit und Überleben. Hoffentlich würde dieser gute Mann mit seiner Familie und dem Betrieb auch vor dem Schlimmsten bewahrt.

Kriegsende

»Verzeihen Sie«, hielt Miluscha eine alte Frau auf dem historischen Marktplatz von Jüterbog an. – Bis hierher hatte sie ein LKW mitgenommen, was Vater Schmidt organisiert hatte. – »Verzeihen Sie, können Sie mir sagen, wie ich den Schaffer-Hof finde?«

»Den Schaffer-Hof? Hm. Du willst zur braunen Brunhild?«

»Ich will nicht, ich muss«, korrigierte Miluscha.

Die Alte holte merkwürdig tief Luft und zeigte dann mit der Hand in Richtung Neumarker Tor. »Da musst du durch. Dann gehst du etwa einen Kilometer auf der Landstraße Richtung Luckau. Dann siehst du den Hof links an den Hügeln des östlichen Fläming liegen. Den weiteren Weg findest du selber.«

Damit ging sie weiter, drehte sich aber noch einmal um und sagte: »Nimm dich vor der Brunhild in Acht. Das ist eine ganz Schlimme.«

Miluscha registrierte die Nachbemerkung mit gemischten Gefühlen. Eine ganz Schlimme. Was mochte das bedeuten? Sie würde es schon herausfinden, aber sie war wenigstens gewarnt.

Zügig schritt das Mädchen auf der von kahlen Birken gesäumten Landstraße aus, um möglichst bald ihr Ziel zu erreichen. Dieser Januartag war nicht gerade der angenehmste. Der Himmel war dicht verhangen. Es herrschte leichtes Schneetreiben. Der Wind wehte zuweilen in unangenehm kalten Böen. In sein Pfeifen mischte sich immer wieder das Krächzen einiger Rabenvögel, die mit wirrem Flügelschlag über die Felder flogen. Die schwarzen Tiere wunderten sich wohl über den einsamen Menschen an diesem Wintertag.

Auf dem gefrorenen Boden ließ es sich auch auf der langen Zufahrt gut gehen, so dass Miluscha den Hof bald erreichte. Die beiden zugefrorenen und von Schwarzerlen umstandenen Teiche rechts und links der Einfahrt erinnerten sie an Nedbarewka.

Nedbarewka – rasch verdrängte das Mädchen diesen Gedanken und konzentrierte sich tief durchatmend auf das Neue.

Durch das offene Tor betrat sie das weiträumige Gelände des Schaffer-Hofes. Sofort schlug ein großer Schäferhund an, der an langer

Kette den Platz bewachte. Auch die Männer, die in der offenen Scheune an Landmaschinen beschäftigt waren, hatten sie bemerkt. Einer von ihnen brachte den Hund durch einen Zuruf zum Schweigen und wies ihm seinen Platz in der Hütte. Das Tier gehorchte aufs Wort. Dann kam der Mann zu Miluscha heraus.

»Was du suchen?«, fragte er mit fremd klingendem Akzent.

»Ich möchte zur Bäuerin.«

»Du warten hier. Ich holen.«

Das Mädchen stellte ihren Koffer vor der Haustüre des Wohnhauses ab, während der Fremdarbeiter – um einen solchen handelte es sich sicherlich – um das Haus herumging. Bald kam er zurück und rief: »Noch Moment warten. Chefin kommt.«

Kurz darauf wurde die Haustüre geöffnet und ein etwa siebenjähriges blondes Mädelchen öffnete. »Komm rein, Mama wartet in der Küche.«

Miluscha folgte dem Kind, stellte im Flur ihr Gepäck ab und betrat den Raum. »Frau Schaffer?«, fragte sie ein wenig erstaunt über den Anblick, der sich da ihren Augen bot.

Eine junge Frau, höchstens dreißig, saß am Tisch, einen Säugling stillend und zugleich einen Teig rührend. Auf dem Fußboden spielten zwei Kleinkinder, und eine etwa Sechsjährige saß auf der Eckbank hinter dem Tisch.

»Richtig. Ich bin hier die Bäuerin. Du kommst gerade recht. Du kannst gleich den Teig weiterrühren. Dann kann ich den Jungen fertig machen.«

Miluscha musste für ein paar Sekunden ihre Gedanken ordnen. Brunhild Schaffer, als eine ganz Schlimme angekündigt, stillte hier einen Säugling, rührte dabei einen Kuchen, forderte sie zur Arbeit auf, ohne sie überhaupt recht begrüßt zu haben und ohne zu wissen, wer sie denn überhaupt war...

Miluscha entledigte sich auf dem Flur rasch ihres Mantels und des Hutes und nahm der jungen Mutter in der Küche die Teigschüssel ab. Während sie fleißig den Holzlöffel bewegte, drängten sich die beiden Kleinen um sie und schauten ihr interessiert zu. Keiner sprach ein Wort. Eine merkwürdige Situation.

»Du bist das Pflichtjahrmädchen Emilie Beer?«, fragte die Bäuerin schließlich, nachdem sie den kleinen Werner gewickelt und in die

Wiege gelegt hatte. »Du bist mir von Berlin her angekündigt. Erzähl mir was von dir.«

Miluscha kam dem Auftrag nach und erzählte in groben Zügen ihre Geschichte.

»Das hat deine Mutter gut gemacht, dass sie euch heimgebracht hat ins Reich. Ihr werdet sehen, der Führer wird es euch danken. Was solltet ihr auch länger den Russen und Pollacken ihre Erde bestellen. Hier im Reich werdet ihr nötiger gebraucht.«

Miluscha lief es bei diesen Worten kalt den Rücken herunter.

»Dein Vater wäre doch sicher auch Offizier, wenn er noch lebte«, vermutete die Bäuerin. »Mein Wolfgang ist Hauptsturmführer, ein treuer Diener des Führers. Schau ihn dir an. Dort hängt sein Bild«, ergänzte sie mit hörbarem Stolz.

Ein zweiter kalter Schauer lief dem Mädchen über den Rücken, als sie »Hauptsturmführer« hörte – Schitomir, Hauptsturmführer Schütz, schoss es ihr dabei blitzartig durch den Kopf –, und sie war froh, antworten zu können: »Mein Vater wäre sicher zu alt gewesen. Er wäre heute schon über siebzig.«

Und jetzt erst fiel ihr auf, dass an der einen Wand neben dem Bild von Wolfgang Schaffer ein großes Foto Adolf Hitlers hing. Dazwischen las sie in einem schlichten Rahmen die Worte: »Ein Volk – ein Reich – ein Führer«.

In welch ein nationalsozialistisches Nest war sie da geraten? Ob Vater Schmidt das wohl gewusst hatte?

Miluscha verneinte sich selbst diese Frage. Das konnte nicht sein. Sie hatte doch die Einstellung des Direktors mitbekommen. Irgendjemand hatte ihn über diesen Ort wohl falsch informiert.

»Wie alt bist du?«, fragte die Bäuerin jetzt unvermittelt.

Miluscha zögerte mit ihrer Antwort.

»Weißt du das etwa nicht?«, drängte die Frau.

»Doch, natürlich. Ich werde heute siebzehn.« Hätte die Bäuerin nicht gefragt, Miluscha hätte doch tatsächlich ihren eigenen Geburtstag vergessen. Und es war wie ein kleiner Stich, was sie in diesem Moment in ihrem jungen Herzen empfand. Geburtstag, zum ersten Mal ganz allein, ohne die Mutter, ohne die Brüder, den Onkel, Freunde. In diesem Moment empfand das Geburtstagskind die ganze Traurigkeit dieses Tages.

Die Bäuerin berührte das offenbar nicht. »So jung noch? Schade eigentlich. Du siehst aus, als könntest du dem Führer ein paar stramme Kinderchen zur Welt bringen. Schau dir meine an. In acht Jahren fünf Kinder. Wir haben Wolfgangs Heimaturlaube immer gut genutzt. Leider ist erst das fünfte ein Junge. Aber es können ja auch noch welche kommen. Im Mai bekommt Wolfgang wieder Urlaub. Ich freu mich heut schon drauf.«

Miluscha verschlug es die Sprache. Sie ahnte jetzt, was die alte Frau auf dem Marktplatz von Jüterbog gemeint hatte. »Bitte sagen Sie mir jetzt, welche Aufgaben ich hier habe. Ich habe sowohl im Haushalt wie auch in der Landwirtschaft gearbeitet und denke, dass ich ein bisschen was kann«, versuchte sie das Thema in eine andere Richtung zu lenken.

»Was gerade anfällt. Küche mache ich selbst; die Kinder brauchen die Mutter in ihrer Nähe. Im Haus Waschen und Putzen. Im Stall Melken und Milch verarbeiten und das Federvieh versorgen. Füttern und Misten, Pferde und Maschinen pflegen und solche Sachen brauchst du nicht. Dafür habe ich Adam, den polnischen Vorarbeiter. Der ist schon lange hier. Schon seit vor dem Krieg. Der kennt sich in allem aus. Die sechs Russen sollen was tun für ihr Brot und dafür, dass sie hier leben dürfen. Zu Hause würden die doch im Dreck verrecken.«

Eine noch tiefere Traurigkeit stieg in Miluscha hoch. Hätte sie doch nur in Berlin bleiben können oder bei von Scholtens. Das hier musste schlimm werden. Vor allem, weil die junge Frau so ahnungslos schien. Wusste sie denn wirklich nicht, wie die Dinge um das Reich standen und dass der Krieg für Deutschland und Hitler nicht mehr zu gewinnen war? Oder wollte sie es nur nicht wahrhaben? Was würde das für ein Erwachen geben!

»Sagtest du nicht, dass du heute Geburtstag hast? Der Kuchen steht ja schon im Ofen. Wenn der fertig ist, müssen wir feiern.«

»Darf ich mich vorher ein wenig umschauen?« Miluscha hatte den Eindruck, sie müsse wenigstens für ein paar Minuten andere Luft atmen als die hitlerverseuchte in der Nähe dieser Frau.

»Gut, Dorothea kann dir dein Zimmer zeigen und dann die anderen Räume und den Stall. Der Kuchen braucht noch eine halbe Stunde.«

Die Älteste der Schaffer-Kinder ergriff Miluschas Hand. »Komm, wir gehen.« Damit zog sie sie aus der Küche.

Sie ließ die neue Tante in alle Räume der beiden Etagen des Hauses schauen. Miluschas Zimmer war klein, aber hell und freundlich. Durch das Fenster konnte sie in die Scheune sehen, wo Adam mit den russischen Männern an den Maschinen arbeitete. Der Stall befand sich dem großen Misthaufen nach im anderen Seitenflügel.

»Und wo wohnen die Russen?«, fragte Miluscha.

»Die haben ihre Zimmer natürlich in der Scheune«, antwortete Dorothea, als sei es das Selbstverständlichste von der Welt, dass Russen in der Scheune leben.

»Und wo essen die?«

»Na, auch in der Scheune. Wo denn sonst? Die dürfen gar nicht in unser Haus.«

Armes Kind, dachte Miluscha, auch schon verdorben. »Komm, zeig mir noch die Kühe und die Milchkammer.« Die beiden gingen hinunter und über den Hof hinüber, die Kleine die Große immer an der Hand haltend.

Warmer Stallduft schlug ihnen entgegen, als sie eintraten, dazu leises Muhen und Brummen und das Geräusch mahlender Gebisse, klirrender Halsketten und schlagender Schwänze. In zwei Reihen, mit den Köpfen nach innen, standen etwa dreißig Kühe, schwarzweiß gescheckt. Alle hatten Namensschilder über ihren Köpfen: Lina, Laura, Emma, Else, Anna, ... und das Datum war angegeben, an dem sie gedeckt worden waren.

Im hinteren Teil des Stalles stand eine Reihe junger Rinder, liefen und lagen etliche Kälber in Boxen und stand ein mächtiger Bulle.

»Das ist Oskar, der Mann von allen Kühen«, belehrte Dorothea ihre Begleiterin. »Das ist ein richtiger deutscher Rassebulle. Schau dir nur seine vielen Kinder an.«

»Stall gut?«, fragte plötzlich eine Stimme hinter den beiden. Sie hatten gar nicht bemerkt, dass Adam in den Stall gekommen war. »Schöne Küh, nicht wahr?«

»Wirklich ein schöner Stall und schönes Vieh«, bestätigte Miluscha.

»Du hier arbeiten?«, fragte der Pole.

»Ja, ich soll hier arbeiten, Melken und die Milch versorgen.«

»Komm, ich zeigen Gerät, Eimer, Stuhl, Kessel und so.«

Eine so saubere Milchkammer hatte Miluscha noch nicht gesehen. Da war die auf dem Scholten-Gut gar nichts dagegen.

»Hier alles serr sauber. Mein Arbeit.« Adam sprach es nicht ohne Stolz, wobei er das r ganz interessant rollte. »Ich jetzt zehn Jahre Knecht, Oberknecht. Serr gut Arbeit. Serr gut. Aber junge Frau ...« Adam sprach nicht weiter. Er schien aber wohl andeuten zu wollen, dass die junge Frau von der Arbeit nicht die meiste Ahnung hatte. »Frau aus Stadt, du verstehn«, ergänzte er dann doch noch.

»Schön, Adam. Ich bin Emilie. Auf gute Zusammenarbeit.« Miluscha reichte dem Polen die Hand, in die der Mann kräftig einschlug.

»Du noch sehen Stall von Pferde?«

Miluscha lehnte für diesmal ab. »Morgen ist auch noch ein Tag.«

Sie ging mit Dorothea in die Küche zurück, wo der Tisch bereits gedeckt war, die Kinder bis auf den kleinen Werner drumherum saßen und der Topfkuchen aus der Form genommen auf sie wartete. Kaffee war auch schon fertig.

»Na, sieht doch alles gut aus, oder?«, wollte die Bäuerin von ihrem neuen Dienstmädchen wissen. Die konnte natürlich nicht anders, als diese Einschätzung zu bestätigen, wobei sie den nächsten Satz lieber nicht gehört hätte: »Wenn wir die Russen nicht zur Arbeit brauchten, wär's noch besser. Aber unsere deutschen Jungs sind ja für Führer, Volk und Vaterland an der Front. Und jetzt guten Appetit.«

Miluscha arbeitete sich rasch in die Aufgaben ein, die ihr gestellt waren. Sie machten ihr keine Mühe. Was ihr Mühe machte, war, wie die Bäuerin die russischen Zwangsarbeiter behandelte. Mit Adam ging sie sehr freundlich um. Der durfte sogar ab und an mit in der Küche essen. Den musste sie ja auch bei Laune halten, war er doch der Einzige, der die ganze Arbeit auf dem Hof überschaute und entsprechend organisieren konnte.

Aber diese armen Russen! Sie durften das Haus nicht betreten, also auch nie mit am Küchentisch essen. Sie bekamen ihre Mahlzeiten in der Scheune serviert, an einem groben Tisch, wobei sie auf schlichten Bänken sitzen mussten, ohne ihre geschundenen Rücken anlehnen zu können.

Miluscha zweifelte daran, dass die Männer überhaupt satt wurden von dem, was Adam ihnen bringen durfte. Das Mädchen verstand ja Russisch, und so erfuhr sie mehr über die Gedanken dieser Leute, als ihr lieb war. Da war von Rache die Rede und von Vergeltung, wenn die Zeiten sich einmal ändern würden. Ob sie ahnten, dass sich das Blatt bald wenden konnte und sie dann auf der Seite der Sieger standen? Oh, arme Brunhild Schaffer, wenn das eintrat!

Im Laufe der Wochen entwickelte Miluscha Techniken, wie sie den Männern immer einmal ein Stück Brot oder auch Wurst oder anderes Essbares zustecken konnte. Sie dankten es ihr mit einem Lächeln, wenn sie sich dann bei der Stallarbeit begegneten. Oder auch damit, dass sie ihr beim Melken halfen. Sie musste nur sehr aufpassen, dass sie gegenüber den Männern ihre Sprachkenntnisse nicht verriet und dass die Bäuerin sie nicht bei ihrer Sonderversorgung erwischte.

Dass Brunhild furchtbar wild werden konnte und äußerst hart in ihrer Reaktion, hatte Miluscha einmal erfahren müssen. Vor den Kindern hatte sie sie als Kollaborateurin mit dem Feind fertig gemacht. Das Brot, das sie heimlich in die Scheune gebracht hatte, musste sie selbst eine Woche lang abhungern. Und ab sofort war ihr der Zutritt zur Speisekammer untersagt und auch die gelegentlichen Ausflüge in das wunderschöne Städtchen Jüterbog.

Ein fanatisches Weib!

Miluscha litt sehr unter der Situation, und sie sehnte sich danach, dass sie sich änderte. Und sie sollte sich bald ändern. Allerdings war das dann nur der Weg von der einen Not in die nächste.

Es wurde Frühjahr. Der Schnee war geschmolzen, der Frost aus dem Boden, die Maschinen waren für die Aussaat vorbereitet, ebenso die Pflanzkartoffeln. Die ersten Flächen waren auch bald mit Pferd und Traktor bearbeitet, als sich die Nachrichten überschlugen und auch nicht länger am Schafferschen Hof vorbeigingen. Der Kriegslärm und das Kriegsgeschehen waren selbst hier auf dem Land nicht mehr zu überhören und zu übersehen.

Die sowjetischen Truppen und die amerikanischen Verbände waren sich bei Torgau an der Elbe begegnet. Das Land war verloren, Berlin eingeschlossen, und es war wohl nur noch eine Frist von Tagen, höchstens wenigen Wochen, bis die Hauptstadt fallen würde.

Und dann – armes Deutschland! Und arme Brunhild Schaffer, treue Vasallin ihres Führers!

Der Tag der Vergeltung kam für die von ihr geknechteten und drangsalierten Zwangsarbeiter unaufhaltsam immer näher.

Die Frau schien das inzwischen nicht mehr nur zu ahnen, sie schien es zu wissen. Sie begann in hektischer Betriebsamkeit, Vorbereitungen zur Flucht zu treffen. Heimlich zunächst nur. Dann aber doch so, dass sie Miluscha und Adam einweihen und die beiden auch beteiligen musste. Die sechs Russen durften davon nichts erfahren. Die konnten auf dem Hof ja auf ihre Landsleute warten und in der Zwischenzeit wenigstens das Vieh versorgen. Auch Rex, der Schäferhund, würde zurückbleiben müssen.

Als dann am letzten Apriltag die Meldung über den Volksempfänger kam, dass der Führer Adolf Hitler den Heldentod für Volk und Vaterland gestorben sei und auch der Propagandaminister nicht mehr lebte und dass Berlin gefallen sei, geriet Brunhild Schaffer in Panik.

Fieberhaft wurde über Nacht ein Wagen mit den vorbereiteten Dingen beladen, hinter den Traktor gehängt, die fünf Kinder eingepackt und samt Miluscha irgendwie auf dem Wagen plaziert, und ab ging die Fahrt. Nur weg von hier in Richtung Westen. Nur nicht den Russen in die Hände fallen, die inzwischen das Land von Osten her überschwemmten, lieber noch den Amerikanern. Die waren doch ein zivilisiertes Volk, auch wenn sie zu den Gegnern Hitlers gehörten.

Die Elbe war nicht weit, nur etwa dreißig Kilometer. Das musste doch zu schaffen sein, ehe die Russen kamen.

Adam fuhr den Traktor, Brunhild saß auf dem einen Kotflügelsitz, ihre Älteste auf dem anderen. Und dann ging es über die Dörfer und durch die Wälder Wittenberg zu.

Aber dieses Flüchtlingsfahrzeug war nicht das Einzige, das unterwegs war. Viele, viele andere waren auch unterwegs, um die vermeintlich rettende Elbe zu erreichen. Die Tagesetappen waren kurz. Die Flüchtenden vom Schaffer-Hof mussten sich in einen Treck einreihen, und dessen Höchstgeschwindigkeit war Fußgängertempo und das von Pferdefuhrwerken, wenn es denn überhaupt so rasch vorwärtsging.

Nachts schlug man sich irgendwo in die Büsche oder freute sich über eine leere Scheune oder ein anderes leer stehendes Gebäude. Die Kinder verstanden die Sache nicht. Sie weinten viel und quängelten nach ihrem Zuhause. Die Versorgung war schwierig selbst mit den mitgenommenen Vorräten. Miluscha hatte alle Hände voll zu tun, die vier Mädelchen immer wieder zu beruhigen, zu trösten und zu beschäftigen. Die Mutter selbst kümmerte sich um den Jüngsten. Es war schlimm. Alles war sehr schlimm.

An der Elbe war dann zunächst einmal Ende der Reise. Einen Übergang oder eine Möglichkeit überzusetzen gab es nicht. Also an der Elbe entlang gefahren und andere Möglichkeiten gesucht.

Eines Morgens, die Gruppe hatte mit anderen in der Scheune eines verlassenen Hofes übernachtet, war Adam nicht mehr da. Ihm war die Lage wohl inzwischen zu brenzlig geworden. Er wollte sicher nicht gerne bei Deutschen von den Russen aufgegriffen werden.

Also musste Brunhild Schaffer selbst ans Steuer des Traktors. Aber sie brauchte nicht mehr weit zu fahren.

In der Nähe von Elster an der Elbe war die Flucht zu Ende. Russische Fahrzeuge aller Kategorien blockierten die Straße und lenkten den kleinen Flüchtlingstreck auf das Gelände eines Hofes. Es entstand ein furchtbares Chaos aus Kommandieren, Fluchen, Schimpfen, Schreien, Weinen, Pferdegewieher, Rindergebrüll, Hundegebell und Traktorgeknatter.

Die vielleicht achtzig oder hundert Leute, Frauen, Kinder, alte Männer, mussten von ihren Wagen absteigen und sich aufstellen. Sie wurden zunächst einmal auf Waffen untersucht, was vor allem für die Frauen demütigend war. Denn manch einer der Soldaten nutzte die Gelegenheit zum Grabschen und zum Suchen dort, wo sicher keine Waffen versteckt waren.

Auch Brunhild Schaffer musste sich ein paar unziemliche Griffe von einem hämisch grinsenden Soldaten gefallen lassen, obwohl sie ihren kleinen Werner auf dem Arm trug.

Miluscha blieb interessanterweise verschont. Sie hatte die entsetzlich schreiende zweijährige Hannelore auf dem einen Arm und hielt die vierjährige Isa, die still vor sich hin schluchzte, an der anderen Hand. Am liebsten hätte sie selber losgeheult vor Angst und Elend. Aber sie beherrschte sich. Dabei schrie sie innerlich zu Gott um Bewahrung. Und der erhörte sie. Der Soldat ging an ihr vorbei. Halleluja!

Ein Mann, der sich gegen die Leibesvisitation handgreiflich sträubte und dabei fürchterlich schimpfte, wurde sofort von zwei Russen hinter eines der Hofgebäude abgeführt. Der Knall eines Pistolenschusses machte allen anderen deutlich, dass die Russen keinerlei Spaß verstanden und nicht mit sich fackeln ließen. Danach wagte niemand mehr ein Wort des Widerspruchs, nicht einmal eine Geste.

Miluscha zitterte am ganzen Körper. In ihrem Inneren tobte es. Sie verstand doch jedes Wort, was gesprochen oder gebrüllt wurde. Aber sie durfte sich das nicht anmerken lassen. Was hätte das für Folgen haben können!

Krampfhaft hielt sie Hannelore und Isa fest, wie ihre Herrin den kleinen Werner und die beiden größeren Mädchen. »Herr erbarme dich«, ging es ihr ein ums andere Mal durch den Kopf. »Bewahre uns vor dem, was die da mit den Frauen machen, die sie in die Scheune geführt haben.«

Waren es Miluschas Gebete oder war es die Tatsache, dass sie und Brunhild Schaffer fünf kleine Kinder auf den Armen und an den Händen hielten, die beiden gehörten zu den wenigen jungen Frauen, die wie die älteren unbehelligt blieben.

Endlich postierte sich ein Russe, offenbar der Kommandant dieses Trupps, vor die verängstigten und eingeschüchterten Leute. Mit donnernder Stimme kommandierte er: »Frau und Kind alle nach Hause, von wo gekommen. Mann bleibt hier. Wagen alle bleibt hier. Bagage bleibt hier. Nur Bagage für Hand. Dawai!«

Dieser Befehl klang eindeutig, und er löste neues Entsetzen bei den Flüchtlingen aus. Wieder zurück, woher sie gekommen waren? Auf das bisschen Hab und Gut auf den Fluchtfahrzeugen verzichten? Wovon leben? Wo unterkommen? Was würden die mit den Männern machen?

Aber dann war das nackte Leben doch wichtiger als solche Fragen, und der Hof leerte sich erstaunlich schnell.

Auch für die beiden Frauen mit ihren fünf Kindern war die Anweisung sehr hart, dass sie das Gepäck zurücklassen sollten. »Bagage für Hand« – was konnten sie denn schon tragen mit wenigstens einem Kind auf dem Arm?

Miluscha musste wieder an die Worte von Onkel Albert denken: Auf die Deutschen würde zurückfallen, was sie dem Volk Gottes angetan hatten. Und anderen Völkern hatten sie sicher Ähnliches angetan. Das hier war wohl eine erste Quittung. Sicherlich nur eine kleine Rate.

Brunhild Schaffer erwachte aus der Lethargie, die sie ergriffen hatte. Sie gab den kleinen Werner Miluscha auf den Arm. Die musste die immer noch weinende Hannelore auf den Boden stellen, wodurch deren Gebrüll wieder lauter wurde. Dann suchte die junge Frau aus dem Gepäck heraus, was die beiden vielleicht noch tragen konnten und was Dorothea und Änne, der Zweitältesten, schon zuzumuten war.

Die dabeistehenden Russen hatten offenbar noch eine Spur von Herz. Sie ließen die Mutter gewähren. Und so bekam die junge Frau doch noch ein paar Bündelchen zusammen. Und dann mussten die sieben den Hof verlassen, wie andere schon vor ihnen, und den Weg zurück einschlagen, den sie gekommen waren.

Sie waren noch nicht weit gekommen, da brach die angestaute Spannung aus Brunhild Schaffer heraus. Sie warf sich mit einem Schreikrampf auf die Straße. »Nein, nein! Das ist nicht wahr! Das kann nicht sein! Nein! Nein!«, stieß sie ein ums andere Mal schluchzend und weinend hervor. Wie von Sinnen wirkte die Frau.

Miluscha stand beinahe hilflos dabei. Sie hatte alle Mühe, die Kinder zu beruhigen, die nicht begriffen, was mit ihrer Mutter war.

Endlich kam die Frau wieder zu sich. Sie stand auf, ordnete ihre Kleidung, schaute sich mit irrem Blick um und sagte dann mit immer noch überdrehter Stimme: »Kommt, Kinder, wir müssen weiter. Alles ist kaputt. Alles ist vorbei. Kommt, wir müssen wieder nach Hause. Miluscha, bleib du jetzt bei mir. Versprich mir, bei mir zu bleiben.« Ganz dabei war die Ärmste immer noch nicht.

Das Mädchen versuchte, die Frau zu beruhigen. »Ich bleibe bei Ihnen, Frau Schaffer. Ich lasse Sie doch jetzt nicht allein«, versicherte sie der verstörten Frau. »Wir müssen doch die Kinder heil nach Hause bringen. Und jetzt kommen Sie. Wir müssen weg hier, ehe andere Russen kommen, die uns noch nicht gesehen haben.«

Das weckte die Frau vollends auf. Sie ergriff wieder ihr Bündel, nahm Werner auf den Arm und ging los. Miluscha kam mit den anderen Kindern und den Bündeln kaum nach.

Immer wieder begegneten ihnen russische Fahrzeuge, die diese traurige Karawane aber kaum beachteten. Vielleicht deshalb nicht, weil sie landeinwärts unterwegs war und nicht mehr Richtung Elbe.

Nach einer Weile blieb Brunhild Schaffer wieder stehen, ließ ihr Bündel fallen und setzte Werner auf den Boden. »Ich kann nicht mehr und ich will nicht mehr. Es ist alles so sinnlos.« Und wieder begann die Frau heftig zu schluchzen.

Woher Miluscha den Mut nahm, wusste sie nicht. Aber jetzt wurde sie energisch. »Jetzt reiß dich mal endlich zusammen, Brunhild!«

Miluscha erschrak vor sich selbst. Sie hatte ihre Herrin geduzt. Egal, es war raus und nicht zurückzunehmen. »Du hast uns hierher gebracht. Jetzt bring uns auch wieder zurück. Und lass dein Jammern sein. Das hilft jetzt keinem. Denk an die Kinder. Und denk an deinen Hof. Denk an deinen Mann. Was würde der sagen, wenn er dich so jämmerlich sähe? Zu Hause hast du immer die starke Frau markiert. Jetzt kannst du beweisen, dass du's auch bist. Sei mal dankbar, dass dich die Russen nicht mit in die Scheune genommen oder dir sonst was getan haben und dass du nach Hause gehen darfst.«

Miluscha hatte sich richtig in Fahrt geredet. Aber das half.

»Hast ja Recht, Mädchen. Ich war immer die starke Frau. Und jetzt ist alles kaputt. Und jetzt soll ich immer noch stark sein?«

»Du musst stark sein! Denk an deine Kinder. Willst du die hier auf der Straße umkommen lassen? Ich kann sie doch nicht allein bis Jüterbog bringen. Und wer soll sie dann dort versorgen?«

Durch Brunhild ging ein Ruck. Wortlos nahm sie den Kleinen und ihr Bündel wieder auf und ging weiter.

Miluscha folgte ihr mit den anderen.

»Dort drüben vor dem Wald stehen ein paar Häuser. Das ist abseits von dieser Straße. Lass uns dort hingehen. Wir kommen heute nicht mehr weiter mit den Kindern. Vielleicht können wir dort übernachten«, schlug Miluscha nach einer weiteren Wegstrecke vor.

Brunhild folgte dem Vorschlag wortlos, und nach einer weiteren halben Stunde erreichten sie das Anwesen. Nur eine alte Frau schien dort zu leben, die sich tatsächlich des Fähnleins der sieben Elenden annahm. Ohne viele Worte zu machen, wies sie ihnen einen Raum zu und verzog sich. Eine komische Alte. Aber immerhin, sie hatten Quartier.

Ein wenig zu essen war auch noch in den Beuteln, und sie konnten auch notdürftig Toilette machen. Dann fielen sie in einen tiefen Schlaf der Erschöpfung. Sogar die Kleinen.

Wie dankte Miluscha in ihrem Herzen in der Minute vor dem Einschlafen ihrem Heiland für die Bewahrung an diesem Tag! Nicht auszudenken, wenn sie in die Scheune ... oder wenn sonst Schlimmeres passiert wäre!

Auch für den neuen Tag befahl sie sich Gott an und dazu Brunhild und die Kinder, die Mutter und Erhard, die sicher auch irgendwo auf der Flucht waren, und Hugo, der hoffentlich unversehrt war, und ...

Gegen Morgen, es dämmerte gerade, klopfte die Alte an die Stubentür. »Aufwachen, Russen kommen.« Wie elektrisiert sprangen die beiden Frauen auf. Geistesgegenwärtig flüsterte Miluscha: »Du bleibst hier bei den Kindern, Brunhild. Hier werden die dir nichts tun. Ich verstecke mich irgendwo.« Kaum auf der kleinen Diele, schob die Alte das Mädchen durch eine Tür, die sie sogleich von außen versperrte. Miluscha fand sich auf einem Plumpsklo. Sie setzte sich auf den Deckel und wartete der Dinge, die kommen würden.

Es dauerte nur ein paar Minuten, bis polternd und lärmend ein paar Russen ins Haus kamen und sogleich eine Tür nach der anderen aufrissen. Wonach sie wohl suchten? Nach Reichtümern? Nach Männern? Nach deutschen Soldaten?

Miluscha betete zitternd um Bewahrung. Dabei hatte sie das Empfinden, als stünde die Alte genau vor ihrer Tür. Sie verstand natürlich wieder, was die Russen sich gegenseitig zuriefen. »Eine Frau mit fünf Kindern.« – »Kein Mensch sonst?« – »Die Alte hat doch nichts.« Und dann das erlösende: »Schluss hier. Aufsitzen und weiter!«

Es dauerte noch ein paar Minuten, bis die Alte Miluscha aus ihrem Versteck befreite. Erst jetzt kapierte das Mädchen. Die geöffnete Dielentür hatte die Toilettentüre verdeckt. Und die Alte war vor der geöffneten Dielentür stehen geblieben wie der Cherub vor dem

Paradies und hatte die Russen gewähren lassen. So konnte Gott bewahren.

»Und jetzt packt eure Bündel. Die könnten wiederkommen. Oder andere.« Die gute Alte half schweigend, die Kinder fertig zu machen und die Bündel neu zu ordnen. In eins steckte sie sogar noch ein Brot hinein. »Haltet euch von den Straßen fern. Sucht mehr die Wälder und die Fluren«, gab sie den beiden Frauen und ihren Kindern mit auf den Weg. »Hinter dem Haus geht's in den Wald und dann lange geradeaus. Es sind böse Zeiten. Hoffentlich werden euch andere auch helfen.«

Miluscha nahm die Alte in den Arm: »Danke, Oma, Gott vergelt's dir.« Dann hängte sie sich ihr Bündel um, nahm Hannelorchen auf den Arm und Isa an die Hand und folgte Brunhild auf dem Waldweg in einen ungewissen Tag.

Wie lange Brunhild Schaffer mit ihren fünf Kindern und Miluscha unterwegs gewesen war, wie viele Gefahren sie überstanden hatten, wo sie überall über Nacht geblieben waren, wer ihnen alles geholfen hatte durchzukommen, sie hätten es sicher nicht erzählen können, als sie Mitte Mai völlig erschöpft endlich wieder auf dem Hof bei Jüterbog standen.

Welch ein Bild: zwei Frauen mit Kindern auf den Armen und an den Händen, blass, müde, abgespannt, schwer atmend und mit leeren und zugleich entsetzten Augen auf die Militärfahrzeuge und die wohl zwanzig russischen Männer starrend, die den Hof bevölkerten. Rex war nicht zu sehen oder zu hören.

Einer kam gleich auf die Gruppe zu. In gutem Deutsch und scharfem Ton sprach er sie an: »Was wollen Sie hier? Hier ist eine russische Kommandantur. Für Deutsche verboten.«

Brunhild zuckte zusammen. Die Kinder drängten sich an die Frauen, und die kleineren begannen wieder zu weinen. »Ich bin die Bäuerin«, gab sie leise und mit niedergeschlagenen Augen zurück.

»Ihnen gehörte dieser Hof?«

»Ja, das ist mein Hof.«

»Ihr Hof? Dass ich nicht lache. Warten Sie.«

Der Mann, er war wohl der Dolmetscher der Truppe, wandte sich zum Haus und an einen Offizier, der inzwischen herausgekommen war und umringt war von – richtig: von den sechs Fremdarbeitern, die ihre Herrin natürlich sofort wiedererkannten. Lebhaft redeten die Männer auf ihn ein. Wegen der Entfernung konnte Miluscha nur den ein oder anderen Wortfetzen aufschnappen. Aber was sie verstand, reichte aus, um zu erschrecken und Schlimmes zu befürchten. Der Tag der Rache für die sechs Männer schien gekommen.

Wie angewurzelt standen Brunhild und Miluscha mit den Kindern immer noch im Hof. Dann kam der Kommandant, ein wohl dreißigjähriger Leutnant, mit dem Dolmetscher auf sie zu. Lange blickte er zwischen den beiden Frauen hin und her. Er schien sie mit den Augen durchleuchten zu wollen, um ihr Innerstes zu erforschen und ihre Gedanken offen zu legen. Aber da hätte der Mann keine gefunden. Die Köpfe der beiden Frauen waren einfach leer. Oder auch so voll, dass da keine Einzelgedanken hätten gefunden werden können.

Brunhild und Miluscha standen schwer atmend und mit blassen, angsterfüllten Gesichtern immer noch auf dem gleichen Fleck, blickten zu Boden, schauten wieder auf, um dann die Blicke wieder zu senken. Die Kinder auf ihren Armen und an ihren Händen und Röcken verhielten sich erstaunlich ruhig.

Die Augenblicke dieser schweigenden Konfrontation von Siegern und Besiegten schienen wie eine Ewigkeit, und die Spannung wuchs mit jeder Sekunde. Endlich begann der Leutnant zu reden, und sein Adjutant übersetzte jeweils hin und her.

»Sie waren hier die Bäuerin?« – »Ja.«

»Wo ist der Bauer?« – »Ich weiß es nicht.«

»Sind das Ihre Kinder?« – »Ja, alle fünf.«

»Wer gehört sonst zur Familie?« – »Nur noch Miluscha, mein Kindermädchen.«

»Wo kommen Sie jetzt her?« – »Wir hatten Angst und hatten uns versteckt. Jetzt sind wir wieder zurückgekommen.« Und nach einem Moment Unterbrechung: »Sie brauchen doch jemanden, der Sie hier versorgt.«

Diese Antwort war wohl die Folge einer Eingebung. Und diese Antwort schien dem Leutnant zu gefallen. Er unterhielt sich darüber – Miluscha konnte dem Gespräch ja folgen – mit dem Adjutanten.

Plötzlich fragte er: »Waren Sie in der Partei?« Brunhild schwieg. Ihre Angst vor der Antwort war ihr deutlich anzusehen. »Waren Sie in der Partei?«, wiederholte der Leutnant in verschärftem Ton. Leise, sehr leise kam die Antwort von der zitternden Frau: »Ja.«

Miluscha glaubte jetzt allerdings, auch antworten zu sollen. »Ich war nicht in der Partei.« Ob diese Antwort gut war? Sie hatte zumindest die Folge, dass der Leutnant sie wieder lange ansah, als überlegte er, ob er seine Entscheidung über die Zukunft der Frauen und Kinder von ihr abhängig machen sollte.

Dann sagte er: »Warten Sie hier. Wir werden beraten.«

Die beiden Männer begaben sich zum Haus zurück, wo sich eine lebhafte Diskussion zwischen ihnen, den Soldaten und den ehemaligen Fremdarbeitern abspielte.

Brunhild und Miluscha atmeten erst einmal tief durch. »Was werden die jetzt mit uns machen?«

»Vielleicht gehen die auf dein Angebot ein, hier die Hauswirtschaft für die Männer zu versorgen.«

»Gott kann es geben.«

Miluscha stutzte bei diesem Satz von Brunhild. »Glaubst du auf einmal an Gott?«

»Ich weiß es nicht. Aber du glaubst doch an ihn. Bete, dass das gut ausgeht hier.«

»Was glaubst du, was ich schon immer getan habe? Vielleicht ist Gott uns ja wirklich wieder gnädig.«

»Ja, vielleicht. Hoffentlich.«

In Miluscha hüpfte ein kleiner Freudenjauchzer. Diese Frau schien sich innerlich zu verändern. Wenn es doch nur so wäre.

Der Leutnant kam mit seinem Adjutanten zurück. »Sie können auf dem Hof bleiben. Sie bekommen die beiden Räume in der Scheune, wo Ihre Arbeiter leben mussten. Das muss reichen. Wir erwarten von Ihnen absolute Integrität und unbedingten Gehorsam. Und natürlich tadellose Versorgung. Später werden wir weitersehen.«

Bei den beiden Frauen entlud sich im Augenblick die ungeheure Spannung, unter der sie gestanden hatten. Sie fielen sich in die Arme, die Tränen flossen nur so. Mit erstickter Stimme brachten sie gerade ein »Danke! Danke!« hervor. Miluscha hätte sich beinahe vor Freude vergessen und auf Russisch gedankt. Zum Glück nur beinahe.

So zogen die beiden Frauen mit ihren Kindern dann ein in die

Verhältnisse, unter denen die ehemaligen Fremdarbeiter lange hatten leben müssen. Die beobachteten die Szene mit hämischer Genugtuung.

Die nächsten Wochen waren schwierig, sehr schwierig. Arbeit gab es in Hülle und Fülle. Brunhild musste jetzt auch Dinge tun, die sie vorher als Herrin des Hofes nie hatte tun müssen. Im Stall – das meiste Vieh war noch da, einige Tiere waren allerdings auch verschwunden –, auf den Feldern, jetzt alles ohne Traktor, nur mit den beiden Pferden, die noch im Stall standen. Die Küche war ihr von der Arbeit her kein Problem. Aber da war immer die Angst vor der Rache ihrer Arbeiter, die jede Situation ausnutzten, in der sie ihrer ehemaligen Gebieterin eins auswischen konnten. Wenn nicht Miluscha und die Kinder gewesen wären – Brunhild wäre längst auf und davon gelaufen.

Dem Mädchen gelang es immer wieder, über den Adjutanten die Lebensbedingungen in der Scheune einigermaßen erträglich zu gestalten. Der Leutnant schien ihr gewogen zu sein. Er begegnete ihr immer freundlich und höflich. Brunhild dagegen bekam viel Verachtung zu spüren. Dem Mädchen tat das weh. Aber sie musste diese Dinge alle in ihrem Inneren verarbeiten, denn sie durfte ihre russischen Sprachkenntnisse einfach nicht preisgeben. Immer wieder war sie geneigt, auf Fragen sofort zu antworten, weil sie es ja konnte. Aber welche Konsequenzen hätte das gehabt!

Eines Tages hatte Brunhild mal wieder ein Spießrutenlaufen im Stall, auf dem Hof und in der Küche ertragen müssen. Arbeiter und Soldaten hatten nicht mit kleinen Sabotageakten und mit anzüglichen Bemerkungen gespart, die die Frau freilich selbst gar nicht verstehen konnte. Der Leutnant und sein Adjutant waren unterwegs. Das bedeutete für die Mannschaft: Mühle offen, was die Männer weidlich ausnutzten.

Für Brunhild Schaffer war der Tag wie die Hölle, und am Abend war sie plötzlich verschwunden. Auch die älteren Kinder wussten nicht, wo die Mutter war. Miluscha machte sich große Sorgen. Wo konnte Brunhild nur sein? Nachdem sie die Kinder zum Schlafen gelegt hatte, ging sie auf die Suche.

Schließlich fand sie Brunhild an einem Bewässerungsgraben sitzen und völlig aufgelöst mit einer Pistole hantieren. Sie hielt sich die Waffe immer wieder vor die Brust, dann an den Kopf und in den Mund, dann ließ sie sie wieder sinken. Wo sie das Ding nur herhatte?

»Brunhild.« Vorsichtig sprach Miluscha die offenbar verzweifelte und zum Letzten entschlossene Frau an.

»Bleib, wo du bist!«, herrschte die zurück.

»Brunhild, tu das nicht.«

»Was weißt du schon, du junges Ding.«

»Brunhild!« Fast beschwörend kam es von Miluscha. »Gib mir die Pistole! Das kannst du nicht machen! Man wirft sein Leben nicht einfach weg!«

»Leben, Leben, das ist kein Leben! Das ist doch Wahnsinn, nur noch leerer Wahnsinn!«, schrie es aus der Frau heraus.

»Brunhild, bitte«, versuchte Miluscha jetzt einen anderen Tonfall und näherte sich ihr dabei vorsichtig.

»Lass mich in Ruhe!«, kam es scharf zurück.

»Denkst du gar nicht an deine Kinder? Sollen sie denn auch ohne Mutter aufwachsen, wo der Vater schon fehlt? Brunhild, komm zur Besinnung.«

Mit einem schnellen letzten Schritt war Miluscha jetzt neben ihr. Blitzschnell griff sie die Hand, die die Waffe hielt.

»Lass mich los!!«, drohte die Frau.

Jetzt wurde Miluscha energisch. Mit aller Kraft umschloss sie Brunhilds Handgelenk, so dass sie die Waffe fallen lassen musste.

»Au! Du tust mir weh«, versuchte sie sich noch zu wehren und die Pistole wieder zu ergreifen. Aber Miluscha war stärker und schneller. Sie griff die Waffe und warf sie in weitem Bogen in den Graben.

Tief atmete sie auf, und Brunhild brach in Schluchzen aus. »Ich wollte doch nicht mehr. Ich ertrage das alles nicht länger. Immer diese Demütigungen. Immer diese Erniedrigungen. Und die viele Arbeit. Und keine Gelegenheit zum Luftholen. Das ist mir alles zu schwer. Ich kann nicht mehr!«

Miluscha schwieg, hielt die zitternde und schluchzende Frau nur in ihren Armen, konnte dann aber ihre eigenen Tränen auch nicht mehr zurückhalten. Zu groß war die Anspannung der letzten Minuten gewesen.

Nach einer Weile sagte sie nur: »Komm jetzt, wir müssen nach Hause. Die Kinder warten.«

Brunhild erhob sich schwer. Aber sie ging mit. Gott sei Dank!

Die Wochen auf dem Hof gingen dahin. Sonne und Regen wechselten ab wie die Tage. Brunhild hatte sich wieder gefangen und wohl inzwischen ein dickeres Fell gegen die Gemeinheiten der russischen Arbeiter auf dem Hof entwickelt. Dann braute sich ein ganz anderes Unheil zusammen. Diesmal nicht gegen Brunhild, sondern gegen Miluscha.

Das Mädchen wurde zum Leutnant gerufen. Nicht ahnend, was jetzt kommen würde, betrat sie dessen Büro und stand dann dem Kommandanten und seinem Dolmetscher gegenüber.

Was der ihr als Ansinnen seines Vorgesetzten übersetzte, verschlug dem Mädchen die Sprache. Sie wurde blass und rot und wieder blass. Sie musste sich aufs Äußerste beherrschen, um ihre innere Erregung nicht zu zeigen. Da machte der Leutnant ihr doch tatsächlich einen Antrag. Er bekäme in der nächsten Woche Heimaturlaub und führe nach Russland, nach Leningrad. Er wolle sie mitnehmen und dort in seiner Familie heiraten. Sie solle sich ihre Antwort auf seinen Antrag gut überlegen. Sie hätte dazu zwei Tage Zeit.

Miluscha wusste kaum, wie ihr geschah. Wie betäubt verließ sie das Haus und musste sich im Scheunenzimmer erst einmal setzen. Das war es also, weshalb der Leutnant immer so freundlich zu ihr war und weshalb sie den guten Zugang zu allen möglichen Erleichterungen hatte. Ihre Gunst und Zuneigung hatte er damit erwerben wollen. Miluscha schüttelte sich. Zurück nach Russland mit einem russischen Offizier. Nie und nimmer! Niemals! »O Herr, du hast mir aus vielem herausgeholfen, hilf mir auch da heraus«, flüsterte sie immer wieder vor sich hin.

Nach zwei Tagen wurde Miluscha zu einer neuen Audienz gebeten. Wieder ließ ihr der Leutnant seinen Antrag übersetzen. Und heute wollte er eine Antwort haben.

Miluscha nahm alle ihre Kraft zusammen, die sie als siebzehnjähriges Mädchen aufbringen konnte, und machte deutlich, dass sie den Antrag unmöglich annehmen könnte. Da sei doch ihre Mutter, die irgendwo auf sie wartete. Da seien ihre Brüder, ihre anderen Verwandten. Und da seien doch auch die Kinder der Bäuerin, die sie mit versorgen müsste, und, und, und ...

Miluscha suchte alle möglichen Argumente. Aber der Leutnant ging auf kein einziges ein. Schließlich wurde er ungehalten und gab dem Mädchen eine weitere Frist von zwei Tagen. Dann erwarte er eine eindeutige Antwort.

Miluschas Not wurde groß und größer. Was würde, wenn sie nachgäbe? Was, wenn sie ablehnte? Der Mann saß am längeren Hebel, und er konnte auch Gewalt anwenden.

Miluscha weihte in ihrer Bedrängnis Brunhild ein. Das hätte sie besser nicht getan, wie sie sich bald eingestand. Da meinte die doch, das sei alles kein Problem. Es sei doch nichts dabei, wenn ein junges Blut wie sie sich dem Russen hingäbe. Liebe sei doch etwas Schönes und mache Spaß. Und wenn das dann auch noch Vorteile brächte und eine bessere Zukunft ..., und was der frustrierten Bäuerin sonst noch so alles an Ratschlägen einfiel.

Das Mädchen war entsetzt über die Reaktionen der Frau und Mutter von vier Mädchen. Würde sie ihre eigenen Töchter wohl auch so verkaufen? Das Gespräch mit Brunhild hatte gar nichts gebracht, nur neue Verunsicherung und neue Not.

Aber der Tag der Antwort kam unausweichlich. Da konnte wirklich wieder nur der allmächtige Gott heraushelfen.

Diesmal war der Leutnant allein in seinem Büro. Vor sich ein deutsches Wörterbuch. Mühsam, aber bestimmt machte er dem Mädchen seine Absichten deutlich. Sie müsse mit ihm nach Leningrad, da gebe es keinen Weg daran vorbei.

Mit allen möglichen Argumenten und auch unter Zuhilfenahme des Wörterbuches versuchte Miluscha, dem eigentlich doch gar nicht üblen Menschen klarzumachen, dass sie unter keinen Umständen bereit war, mit nach Russland zu gehen und ihn zu heiraten. Das sei ihr letztes Wort.

Woher sie diese Entschlossenheit und Standhaftigkeit nahm, wusste das Mädchen selbst nicht.

Den Leutnant aber brachte ihre Haltung in Rage und er verlor die Fassung. »Dann mit Gewalt«, schrie er die Hilflose in Russisch an. Er ergriff ein Gewehr, das hinter ihm an der Wand hing und hielt es Miluscha entgegen. »Du sagst jetzt ja, oder ich erschieße dich!«

Die Ärmste, die jetzt auch ohne ihre Russischkenntnisse verstanden hätte, stieß einen spitzen Schrei aus und taumelte gegen die Tür zurück. Alle Farbe war aus ihrem Gesicht gewichen. Ihr ganzer Körper zitterte. Ihre Hände hielt sie wie zum Gebet gefaltet vor der Brust. »Nein, bitte nicht, bitte nicht. Gott hilf mir!«, brachte sie nur hervor, und dann liefen ihr die Tränen über das Gesicht.

Einige Minuten standen sich die beiden so gegenüber.

Dann warf der Leutnant plötzlich das Gewehr auf das an der Seite stehende Bett. Wieder auf Russisch sagte er mehr zu sich selbst: »Nein, nein. Das kann ich nicht. Ein so junges Blut. Nein. Gott verzeih mir.«

Dann kam er auf Miluscha zu, öffnete die Tür, wies mit der Hand nach draußen und befahl ihr: »Dalli! Dawai! Dawai!« Und draußen war sie.

Wie benommen rannte das Mädchen hinaus, über den Hof und in ihr Zimmer, warf sich auf das Bett und weinte und weinte vor Erleichterung, vor Freude, vor Dank, vor...

Am nächsten Morgen beobachtete sie, wie der Leutnant sich vor dem Haus von seinem Adjutanten verabschiedete, und sie hörte ihn noch sagen: »Dass niemand die beiden Frauen antastet!« Dann war er weg. Allein auf dem Weg nach Leningrad in den Heimaturlaub.

»Gott, wie danke ich dir. Mein Heiland, wie bist du so treu und groß«, ging es Miluscha durch den Kopf. Hier hatte sie wieder einmal ein Wunder erlebt. Dabei konnte sie noch nicht ahnen, dass sich das nächste Wunder auch bald ereignen würde.

Westwärts in die Freiheit!

Die nächsten Tage auf dem Hof verliefen für Miluscha vergleichsweise ruhig. Immer wieder gab es zwar Auseinandersetzungen mit Brunhild, die das ablehnende Verhalten des Mädchens gegenüber dem Leutnant nicht verstehen konnte. Dann gab es auch hier und da anzügliche Bemerkungen von den Soldaten, die meistens tatenlos herumsaßen und sich ansonsten immer wieder einmal Mädels aus der Stadt holten, um sich mit ihnen zu vergnügen, und von den russischen Arbeitern, die gerne den Frauen die Arbeit überließen und dann hämisch grinsend zuschauten, wenn die beiden schufteten.

Aber der Druck durch das Begehren des Leutnants war mit seiner Abreise gewichen. Der Adjutant, der jetzt das Kommando hatte, kannte seine Weisung und verhielt sich entsprechend. Bei aller Schwere des Arbeitstages und trotz der Gedanken um die Mutter, die Geschwister und die anderen Verwandten fühlte Miluscha sich leicht und frei und sicher.

Zeit zum Nachdenken oder gar zum Grübeln gab es allerdings sowieso kaum. Dafür Arbeit in Hülle und Fülle. Die fünf Kinder wollten versorgt sein, wenn die Mutter in die Hofarbeit eingespannt war. Im Stall warteten immer wieder die Kühe. Die Milch musste verarbeitet werden. Die Getreideernte war im vollen Gange und auf den Wiesen lag das Grummet. Die, die die Arbeit tun mussten, hatten Sonntag wie Werktag alle Hände voll zu tun und nur wenig Gelegenheit, ihre Rücken zu strecken und sich auszuruhen. Die meiste Arbeit lag nun einmal auf den Schultern der beiden Frauen, und die mussten pausenlos ran.

Dann stand er eines Spätnachmittags im August im Scheunentor und wartete, bis Miluscha mit ihrer Kinderschar im Handwagen und drum herum von der Wiese heimkam.

»Ich glaub, ich spinne. Das kann nicht wahr sein! Onkel Albert, du hier?« Das Mädchen ließ die Deichsel fallen, ließ die Kinder sitzen und stehen, stürzte auf Albert Lohreder zu und fiel ihm in die Arme. »Onkel Albert, wenn du hier bist, wird alles gut.«

Tränen der Freude rannen über Miluschas verschwitztes Gesicht und hinterließen ihre Spuren im aufgelegten Grummetstaub.

Auch der Onkel konnte seine innere Erregung nur mühsam beherrschen. »Mädchen, dass du lebst und dass ich dich gefunden habe! Gott sei es tausendmal gedankt!«

Am späten Abend, nachdem die Kinder in den Betten lagen und die übrige Arbeit getan war – Brunhild war auch schon verschwunden –, hatten die beiden dann endlich Gelegenheit zu erzählen.

Miluscha hatte so viele Fragen, dass Onkel Albert kaum nachkam, sie alle zu beantworten: Wie er sie denn überhaupt gefunden hätte; ob er Nachricht von der Mutter hätte und von den Geschwistern, ob er sie denn wohl mitnehmen könne; ob er etwas wisse von Vater Schmidt und der BDM-Kusine …

Ja, er habe sich bereits im Chaos der ersten Tage nach der Beendigung der Kämpfe und nach dem Zusammenbruch des Reiches auf die Spurensuche gemacht. Er habe auf verschlungenen Kanälen Kontakt zu Elsa bekommen. Sie sei mit Erhard in einem Flüchtlingslager bei Berlin und käme in den nächsten Tagen nach Jesenich, einem kleinen Dorf bei Brandenburg. Von Hugo gebe es noch keine Informationen. Er sei zuletzt irgendwo bei Magdeburg im Einsatz gewesen und möglicherweise in amerikanische Gefangenschaft geraten. Miluschas Adresse hier auf dem Schaffer-Hof habe er von Rudolf Schmidt bekommen, den er allerdings auch erst nach langem Nachforschen und Suchen wiedergefunden habe. Und jetzt sei er hier und würde natürlich am liebsten die Nichte gleich mitnehmen und auch nach Jesenich bringen.

»Aber das ist nicht ganz so einfach, mein Liebes.«

»Wieso, ich bin doch frei zu gehen.«

»Nein, Miluscha, leider nicht.«

»Wieso nicht, wer hindert mich? Die Bäuerin doch nicht. Der bin ich doch nicht mehr verpflichtet.«

»Richtig, der bist du nicht mehr verpflichtet. Die Zeiten des Pflichtjahrdienstes sind vorbei. Aber …«

»Was, aber?«

»Da ist noch der Leutnant, euer Kommandant.«

»Aber der ist doch weit weg. Der ist doch in …«

»Ja, der ist in Berlin im russischen Hauptquartier und kommt

Ende nächster Woche zurück. Und dann wünscht er dich hier anzutreffen.«

»Ich denke, der ist im Heimaturlaub in Leningrad.«

»Davon hat der Dolmetscher nichts gesagt. Vielleicht war da noch nichts mit Heimaturlaub.«

»Das kann aber doch nicht wahr sein«, empörte Miluscha sich. »Dann wird der wohl auch noch keine Ruhe geben?«

»Das weiß ich nun nicht«, versuchte der Onkel seine Nichte zu beruhigen. »Er hat eine sehr gute Meinung von dir und deiner Standhaftigkeit, wie mir sein Adjutant heute Nachmittag versichert hat. Aber ich weiß nicht, wie er reagiert, wenn du einfach abhaust. Er würde dich vielleicht suchen lassen, und er würde dich finden. Die Russen haben jetzt das Kommando im ganzen Land. Nicht nur hier auf dem Hof und in Jüterbog. Und die lassen nicht gerne mit sich spielen.«

»Ich möchte aber mit. Ich möchte weg von hier, Mama sehen und Erhard.«

»Ein bisschen Geduld musst du schon noch haben, Kleines. Ich habe mit dem Adjutanten gesprochen. Er wird sich für dich einsetzen, wenn sein Chef zurück ist. Ist es denn nicht schon einmal gut, dass ich dich gefunden habe und dass du weißt, wo du demnächst deine Mutter finden kannst? Noch ist sie ja auch noch nicht in Jesenich.«

»Das wird mir schwer sein, Onkel Albert, wenn du allein zurückgehst. Aber ich will mich zusammenreißen. Brunhild würde sicher auch einen Aufstand machen, wenn ich so einfach verschwinden wollte. Sie vergeht oft vor Angst, die Russen könnten sich schlimmer rächen, als sie es schon tun, und sie könnten sie sogar umbringen.«

»Darum soll sie sich mal keine Gedanken machen. Sie steht nach dem Befehl des Leutnants wie du unter dem Schutz des Adjutanten. Da soll sich mal einer von den Männern unterstehen. Das riskiert keiner.«

»Tja«, Miluscha atmete tief durch, »die Zeit wird dann wohl auch noch vergehen.«

»Sie wird, mein Liebes, und dann wird alles gut werden.«

Albert Lohreder trat am nächsten Morgen seinen Rückweg an. Als Nächstes galt es, Elsa und Erhard zu finden. Und vielleicht ja auch Hugo, von dem es allerdings kein Lebenszeichen gab. »Wir sehen uns bald in Jesenich. Ich bin ganz sicher. Übrigens, ich lasse dir dieses kleine Büchlein hier. Du solltest jeden Tag hineinschauen.«

»Kleinode göttlicher Verheißungen«, las Miluscha und steckte das Geschenk erst einmal in die Schürzentasche.

Sie winkte dem Onkel noch eine Weile nach, natürlich traurig und mit Tränen in den Augen. Wie gerne wäre sie mit ihm gegangen! Aber sie tröstete sich dann doch zunächst einmal mit dem Bibelwort aus dem Propheten Jesaja, das er heute Morgen noch mit ihr aus diesem Büchlein gelesen hatte: »Der Herr wird mir helfen.«

So schlicht und doch sehr gewichtig stand es da für diesen 8. August. Und wenn das da so stand, dann würde das auch so sein. Miluscha gewann Zuversicht, dass ihre Zeit auf dem Hof bald zu Ende ging.

Und sie ging tatsächlich bald zu Ende. Brunhild versuchte zwar mit allen Regeln der Überredungskunst und auch mit neuen Selbstmorddrohungen, Miluscha davon zu überzeugen, dass sie unbedingt bleiben müsse. Wer solle denn ihre Arbeit übernehmen und wer sich um die Kinder kümmern? Die Bäuerin bettelte, drohte, schimpfte, weinte, schickte die Töchter vor, die das Mädchen innig liebten.

Aber Miluscha ließ sich nicht beeinflussen. Zu sehr war sie innerlich auf das Wiedersehen mit der Mutter und dem Bruder ausgerichtet und auf neue, bessere Zeiten. Sie würde die Entscheidung dem Leutnant überlassen. Und der ließe sie sicherlich gehen. Wenn schon der Adjutant ein Wort für sie einlegen wollte …

Einige Tage später war der Leutnant zurück, früher als angekündigt. Und mit seiner Ankunft kam Bewegung auf den Hof. Die etwa zwanzig einquartierten Soldaten bekamen Marschbefehl. Wohin, blieb den beiden Frauen in der Scheune verborgen.

Noch am selben Tag verließen sie mit ihren Fahrzeugen den Hof. Zurück blieben nur der Kommandant selbst, sein Übersetzer und ein Unteroffizier, Sergej, der bisher als Fahrer der beiden fungiert hatte und diese Aufgabe wohl auch behalten sollte. Denn ein PKW blieb ebenfalls auf dem Hof zurück. Zurück blieben auch ein paar der russischen Knechte. Der Leutnant wusste wohl, dass die Hof- und Versorgungsarbeit von den beiden Frauen allein nicht zu leisten war.

Jetzt war wieder Platz im Wohngebäude und auf dem Gelände.

»Ob die uns ins Haus zurücklassen?«, überlegte Brunhild am Abend. »Traust du dich, den Leutnant zu fragen? Du hast doch einen Stein im Brett bei ihm.«

Miluscha überlegte ein paar Augenblicke. »Ich traue mich. Wenn ich ihm morgen begegne oder wenn er was von mir will, frage ich ihn.«

»Ich wäre dir sehr dankbar. Ich bin es nämlich allmählich leid in dieser staubigen Scheune und immer mit den Kindern in einem Raum. Wenn drüben unsere Zimmer doch auch wieder frei sind.«

»Dann werde ich ihn allerdings auch fragen, wann er mich zu meiner Mutter gehen lässt.«

»Tu, was du nicht lassen kannst.« Jetzt war Brunhild deutlich ärgerlich. »Es scheint dir nichts auszumachen, mich mit dem Jungen und den Gören und mit der Arbeit hier allein zu lassen.«

»Du kommst schon durch, Bäuerin. Da habe ich keine Sorge. Die Kinder werden mich sicher vermissen. Aber ob du mir wirklich nachtrauerst, bezweifle ich dann doch. Du wirst es einfacher haben, meinen Platz in der Gunst des Leutnants einzunehmen. Den hättest du doch schon lange gerne gehabt.«

»Und wenn schon«, erwiderte Brunhild patzig. »Ich würde mich ihm nicht verweigern. So dumm wie du wäre ich nicht.«

»Und was ist mit Wolfgang, deinem Mann?«

»Ph, weiß ich denn, ob der überhaupt noch lebt? Die haben den doch längst kalt gemacht, bei dieser politischen Vergangenheit, die der aufzuweisen hatte.«

»Pfui, Brunhild«, entrüstete sich Miluscha. »Du solltest dich schämen, so überhaupt nur zu denken, geschweige denn zu reden. Und jetzt geh ich. Gute Nacht.« Angewidert von der Denkweise der Älteren beendete die Jüngere das Gespräch und verließ den Raum, um sich schlafen zu legen.

Die Gelegenheit, mit dem Leutnant zu sprechen, ergab sich am übernächsten Tag. Draußen regnete es seit Stunden, so dass auf den Feldern nicht gearbeitet werden konnte. Dadurch hatte Miluscha den Auftrag bekommen, die Ausgeh-Uniformen und die Hemden des Kommandanten und seiner beiden Landsleute aufzubügeln.

Sie war noch mit dem letzen Stück beschäftigt, als der Mann gemeinsam mit seinem Dolmetscher hereinkam, als wollte er seine Sachen selbst abholen. Er lehnte sich lässig der Büglerin gegenüber an die Wand und schaute ihr für einige Momente bei der Arbeit zu. Der Adjutant stellte sich ans Fenster.

Höflich und freundlich erkundigte er sich im Auftrag seines Vorgesetzten nach Miluschas Befinden und Ergehen. Das Mädchen hatte den Eindruck, als wüsste der Leutnant von dem Besuch des Onkels und von ihrem Wunsch, zu ihrer Familie gehen zu dürfen. Er sprach den Fall aber nicht an. Er sagte ihr nur, sie solle sich gerne melden, wenn sie einen Wunsch hätte oder irgendetwas brauchte.

Wollte er Miluscha testen, ob sie wohl von sich aus um Entlassung bitten würde?

»Ich habe eine Bitte, Herr Leutnant«, sagte das Mädchen schließlich, als die beiden den Raum schon wieder verlassen wollten.

Also doch, mochte es ihnen durch den Kopf gehen. »Bitte, sag, was ich für dich tun kann.«

»Ich möchte darum bitten, dass die Bäuerin mit ihren Kindern zurück ins Haus ziehen darf. Es ist doch jetzt wieder Platz hier.«

Der Leutnant stutzte. »Deine Bitte erstaunt mich«, antwortete er sichtlich berührt. »Ich hatte eine andere Frage erwartet.«

»Die wollte ich Ihnen erst später stellen«, gab Miluscha ein wenig verlegen zu.

»Ich werde über deine Bitte nachdenken«, versprach der Mann. »Jetzt möchte ich die andere Frage hören.«

»Für heute habe ich keine weitere Frage«, gab Miluscha zurück.

Dem Leutnant schien die Selbstlosigkeit Miluschas zu imponieren. »Es gibt aber die andere Frage«, ließ er nicht locker.

Miluscha zögerte für einen Moment und sagte dann: »Aber die kennen Sie doch schon.«

»Ich möchte sie trotzdem hören.«

Das Mädchen atmete tief durch. »Gut. Wie Sie wissen, ist meine Mutter mit meinem Bruder in einem Dorf in der Nähe von Brandenburg. Jesenich oder so ähnlich. Ich möchte gerne zu ihnen.«

Hatte sie bisher ein wenig verlegen mit den Augen ihr Wäschestück fixiert, so blickte sie jetzt auf und sah ihr Gegenüber mit festem Blick an.

Was würde er antworten? Sie vertrösten? Ihre Bitte zurückweisen? Ihr Ansinnen ablehnen?

Der Leutnant erwiderte ihren Blick und schien dabei nachzudenken. Als ob er seine Entscheidung nicht längst getroffen hätte.

Nun rede doch schon, ging es dem Mädchen durch den Kopf, spann mich nicht länger auf die Folter. Dabei hielt sie seinem Blick lange stand, bis sie die Augen dann doch wieder senkte.

»Wann möchtest du uns verlassen?«

Wie aus weiter Ferne hörte Miluscha die Rückfrage des Mannes. Er hatte keine Einwände? Er ließ sie so ohne weiteres gehen? Hatte sie richtig verstanden?

»Am liebsten schon morgen«, gab sie dann mutig zurück und ließ ihren Blick erwartungsvoll zwischen den beiden Männern hin- und hergehen.

»Morgen nicht«, kam prompt die Antwort.

Der Leutnant schien die Reaktion des Mädchens testen zu wollen. Aber die schaute ihn nur weiter mit großen Augen an, als wollte sie sagen: Sprich nur, ich höre.

»Übermorgen geht ein Zug von Luckenwalde nach Berlin. Von dort aus kommst du nach Brandenburg. Von dort aus wirst du deine Mutter sicher allein finden.«

Miluscha schloss die Augen, um diese Antwort richtig empfinden zu können. Ich darf gehen, jubelte es durch ihren Kopf. Halleluja!

Sie hätte den Mann am liebsten umarmt. Aber sie hielt sich natürlich zurück. Dass ihr hübsches Gesicht jetzt vor Freude strahlte, musste sie nicht unterdrücken. Und auch aus ihrer Stimme durfte der Kommandant ihre Freude ruhig hören. »Danke! Danke, Herr Leutnant. Ich danke Ihnen. Ich freue mich!«

Die beiden Männer schickten sich an hinauszugehen. In der Tür blieb der Leutnant noch einmal stehen. »Übrigens wird Sergej dich nach Luckenwalde bringen. Ich erwarte, dass du dich vorher verabschiedest.«

Jetzt hatte es der Mann plötzlich eilig zu gehen, als wollte er sich selbst davor bewahren, seine Aussage vielleicht doch zurückzunehmen. Das Mädchen lag ihm eben immer noch am Herzen, und er hätte sie viel lieber in seiner Nähe behalten.

Im Zimmer zurück blieb ein junger Mensch, der nicht wusste, ob er vor Freude lachen und jauchzen oder lieber weinen sollte. Miluscha tat wohl beides zugleich. Noch zwei Tage, dann war sie frei.

Mama, ich komme! Bruder, ich komme! Gelobt sei Gott! Er hat geholfen!

Zur vereinbarten Zeit wartete Sergej mit dem Wagen vor dem Haus, um Miluscha nach Luckenwalde zu bringen. Die beendete gerade ihren Verabschiedungsrundgang von Menschen und Tieren durch die Ställe und über den Hof. Bei Brunhild und ihren Kindern mischten sich dabei viele Tränen in den Regen, der immer noch ununterbrochen vom Himmel fiel. Ehrliche Tränen des Abschieds vermengt mit solchen des Ärgers, der Angst, der mangelnden Zuversicht in eine bessere Zukunft.

Ein letzter Versuch der jungen Bäuerin, Miluscha bei ihren Kindern und auf dem Hof zu behalten, scheiterte an deren unerschütterlichem Willen, zu ihrer Familie zurückzukehren. Auch das Klagen und Weinen von Dorothea und Änne vermochten das große Mädchen nicht zu beeinflussen. Aber die Tränen der beiden Kleinen ließen ihre dann auch wieder fließen.

Dann musste sich Miluscha einfach von den Kindern losreißen.

Der Leutnant wartete auf ihren Abschiedsbesuch. Die Reisefertige wischte sich die letzten Tränen aus dem Gesicht, raffte noch einmal alle Kraft zusammen und stand dann dem Kommandanten gegenüber. Der Adjutant musste natürlich dabei sein. Wer hätte sonst übersetzen sollen, was ja doch eigentlich gar nicht nötig gewesen wäre.

Für einen Moment war Miluscha geneigt, sich russisch von dem freundlichen Mann zu verabschieden und ihm für seine Großmütigkeit zu danken. Sie verkniff es sich. Auch jetzt musste verborgen bleiben, dass sie viel mehr von allen Gesprächen unter den russischen Männern verstanden hatte, als denen vielleicht lieb sein konnte. Also Verabschiedung über den Dolmetscher.

»Ich gebe zu, es fällt mir schwer, dich gegen zu lassen«, begann der Leutnant ein wenig umständlich das Gespräch. »Du weißt, dass ich dich lieber hier behalten würde. Du weißt, dass ich dich mag.«

Miluscha senkte ihre Augen und eine leichte Röte zog über ihr Gesicht. Warum fängt er denn nun noch einmal davon an, ging es ihr durch den Kopf, das müsste doch ausgestanden sein.

»Ich habe hohe Achtung vor dir, dass du meinem Werben und Drängen standgehalten hast. Verzeih mir, dass ich versucht war, Gewalt anzuwenden. Da wird einmal ein anderer sein, den du glücklich machen wirst. Ich war wohl doch der Falsche.«

Das Mädchen hob seinen Blick und schaute dem jungen Offizier offen in die Augen. »Ich bin sehr froh, dass ich nach Hause gehen darf. Danke für alles. Sie waren sehr gut zu mir, und ich werde gerne an Sie denken.« Sie reichte ihm die Hand über den Schreibtisch.

»Einen Moment noch. Ich habe noch drei Dinge für dich. Dieses Tuch soll dich an mich und unsere Begegnung erinnern.« Bei den Worten reichte der Adjutant ihr ein wunderschönes, buntes, wollenes Dreiecktuch. Miluscha nahm es ein wenig zögernd in die Hände. Wie weich und warm es sich anfühlte. Und diese Farben. Ein herrliches Stück. Die Augen der so Beschenkten strahlten. Wie kam dieser Mann nur zu solch einem Verhalten?

Miluscha versuchte einen Dank zu formulieren. Aber ein Kloß im Hals machte es ihr unmöglich, und über ihren Blick legte sich jetzt doch ein leichter Schleier.

»Als Zweites habe ich hier ein Schreiben für dich, aus dem hervorgeht, dass du legal unterwegs bist. Das Papier schützt dich vor möglichen Missverständnissen. Du musst es immer bei dir haben und bei Kontrollen vorzeigen. Und dann brauchst du ja auch noch Geld, um Fahrkarten bezahlen zu können. Das hier im Umschlag müsste reichen.«

Miluscha wusste nicht, wie ihr geschah. Das war zu viel des Guten. Mit tränenerstickter Stimme brachte sie nur hervor: »Sie sind zu gut zu mir. Wie kann ich ...«

Der Leutnant reichte dem Mädchen jetzt die Hand. »Es ist schon gut. Alles ist gut. Und jetzt geh. Sergej wartet. Mein Adjutant bringt dich zum Wagen. Gott behüte dich.«

Er hatte es jetzt offenbar sehr eilig, Miluscha loszuwerden. Die ganze Szene ging ihm anscheinend an die Nieren und er wollte wohl vermeiden, dass seine innere Bewegung sichtbar wurde.

Als Miluscha ins Auto stieg, stand der Leutnant am Fenster. Ein kurzes Winken hinauf und dann eins hinüber zu den Kindern – Brunhild war nicht vor der Scheune –, und dann verließ der Wagen den Schaffer-Hof.

»Gott behüte dich«, hatte der Leutnant gesagt. Ja, Gott hatte sie behütet, und er würde sie weiter behüten. Auch bitte den Leutnant und die Bäuerin mit ihren Kindern und auch den Adjutanten, Sergej, die Arbeiter, Mama, Erhard, Hugo, Onkel Albert, Vater Schmidt und ... und ...

In Miluschas Kopf jagten sich die Gedanken vor Freude über die Wendung in den Ereignissen und in der Vorfreude auf die Begegnung mit ihren Lieben. Sie ließen sich kaum ordnen. Was hatte doch für heute in dem kleinen Verheißungsbuch gestanden?

»Fürchte dich nicht. Derer sind mehr, die bei uns sind, denn derer, die bei ihnen sind.« Gott, wie bist du so groß! Wenn du da bist, ist es genug.

Die Strecke von Luckenwalde bis Brandenburg schien eine halbe Weltreise zu sein. Einige Male musste Miluscha umsteigen, und immer waren die Züge übervoll, so dass die Menschen noch außen auf den Trittbrettern der Waggons standen.

In Berlin musste sie die Nacht auf einem zerbombten Bahnsteig verbringen. Dabei konnte sie vor Angst kein Auge schließen, geschweige denn richtig schlafen. Überall Menschen, Menschen, Menschen. Und zwischen den Zivilisten immer wieder Gruppen russischer Soldaten.

Unzählige Male wurde Miluscha von Uniformierten kontrolliert, aber auf Grund der Bescheinigung ihres Kommandanten jedes Mal unbehelligt gelassen. Schade, dass sie auf die vielfältigen Bemerkungen der Soldaten nie reagieren durfte. Das war ihr einfach zu gefährlich. So musste sie alle ihre guten und bösen Empfindungen jeweils unterdrücken.

Als sie dann endlich in Brandenburg auf dem Bahnsteig stand, atmete sie erst einmal tief durch. Die Enge zwischen den vielen Menschen hatte ihr zuletzt immer mehr Mühe gemacht. Den Weg nach Jesenich, etwa neun bis zehn Kilometer, wie man ihr sagte, würde sie jetzt auch noch schaffen.

Die Weite des ebenen Landes und die Stille der baumgesäumten Landstraße nach Jesenich taten Miluscha gut. Kein Eisenbahn- und Bahnhofsmief, keine üblen menschlichen Gerüche, kein unaufhörliches Stimmengewirr der Menschen, nur Sommer und Sonne und angenehme Kühle unter den Bäumen, nur das Rauschen der Blätter im Nachmittagswind und vereinzelte Vogelrufe. Und ab und zu das Motorengeräusch eines Fahrzeugs, das sie auf der gepflasterten Alleestraße überholte oder ihr entgegenkam.

Wie war doch alles so schön jetzt und so frohmachend. Was tat's, dass sie noch etliche Kilometer unter die Füße zu nehmen hatte.

»Geh aus, mein Herz, und suche Freud
in dieser lieben Sommerzeit
an deines Gottes Gaben;
schau an der schönen Gärten Zier
und siehe, wie sie mir und dir
sich ausgeschmücket haben.«

Dass ihr dieses Paul-Gerhardt-Lied gerade jetzt in den Sinn kam. Wann hatte sie das wohl zum letzten Mal gesungen? Vielleicht in Nedbarewka? In Schitomir oder in Kamenez-Podolsk? Miluscha wusste es nicht. Aber sie versuchte, ein paar weitere Strophen zusammenzukriegen.

»Ich selber kann und mag nicht ruhn,
des großen Gottes großes Tun
erweckt mir alle Sinnen;
ich singe mit, wenn alles singt,
und lasse, was dem Höchsten klingt,
aus meinem Herzen rinnen.«

Und noch eine Strophe fiel ihr ein, und sie erinnerte sich jetzt, dass diese Strophe eine Rolle gespielt hatte damals am Taufsonntag in Schitomir.

»Hilf mir und segne meinen Geist
mit Segen, der vom Himmel fleußt,
dass ich dir stetig blühe;
gib, dass der Sommer deiner Gnad
in meiner Seele früh und spat
viel Glaubensfrüchte ziehe.«

In Miluschas Seele tauchte der Wunsch auf, das tun zu können: Glaubensfrüchte ziehen. Ein Zeugnis der Liebe Gottes zu sein, da, wo er sie einmal hinführen würde.

Aber jetzt ging es ja zunächst einmal Jesenich entgegen.

Trotz der Müdigkeit, die sich inzwischen in ihr gesammelt hatte, schritt Miluscha fröhlich aus. Die Aussicht, noch vor dem Abend bei der Mutter zu sein und den Bruder zu sehen und vielleicht auch Onkel Albert, beflügelte ihre Schritte.

Der Versuchung, sich von irgendwelchen Fahrzeugführern mitnehmen zu lassen, widerstand sie allerdings. Wer konnte denn wissen, auf wen sie sich da einließ.

Endlich wurden am Horizont im Schein der untergehenden Sonne Türme und Dächer sichtbar. Der zurückgelegten Wegstrecke und der Zeit nach mussten das die Dächer von Jesenich sein. Miluscha schritt trotz ihrer inzwischen doch schweren Beine noch ein wenig schneller aus. Mama, ich komme!

Eine halbe Stunde später lagen sie sich in den Armen, Elsa, Miluscha und Erhard, und sie wollten sich schier nicht mehr voneinander lösen. Dann schauten sie sich an durch freudentränenverschleierte Augen, um sich wieder und wieder zu umarmen. Lediglich die Tatsache, dass der gute Onkel Albert doch nicht hier war und dass es von Hugo keinerlei Nachricht gab, vermochte die Freude für ein paar winzige Sekunden zu trüben.

Der Abend wurde sehr lang in der Stube, die Elsa im »Gasthaus zur Havel« in der Dorfmitte von Jesenich auf Vermittlung von Onkel Albert als Quartier zugewiesen worden war. Wieder zu dritt in einem kleinen Zimmer, wieder zu zweit in einem Bett. Aber das hatten sie doch zur Genüge kennen gelernt. Was gab es nicht alles zu erzählen über die Zeiten in Posen, auf dem Gut von Scholtens, von der Flucht über die Oder, von den Bombennächten in Berlin, von der Zeit auf dem Schaffer-Hof und dem gescheiterten Fluchtversuch mit Brunhild Schaffer und ihren Kindern …

Schließlich fielen doch allen drei Beers die Augen zu. Die Kräfte reichten schließlich nicht einmal mehr zu einem Nachtgebet. Aber das würde Gott schon verzeihen.

Die nächsten Monate blieben die drei in dem brandenburgischen Dörfchen zusammen. Sie konnten in der Stube im Gasthaus zur Havel wohnen bleiben. Wie lange, würde sich zeigen.

Mutter, Tochter und Sohn – Erhard war inzwischen dreizehn und schon fast ein richtiger Mann geworden – verdingten sich als Tagelöhner, bei den Bauern des Ortes, bei Kaufleuten, bei diesem und jenem, der ihnen Beschäftigung anbot. Manchmal bekamen sie Mahlzeiten als Entlohnung, manchmal ein paar Lebensmittelkarten, manchmal ein Kleidungsstück. Elsa und ihre Kinder waren sehr anspruchslos. Sie hatten es in ihrem Leben zur Genüge gelernt, mit Wenigem auszukommen und dennoch zufrieden zu sein. Manchmal fuhren sie auch für einen Bauern zum Hamstern mit Ware nach Brandenburg oder gar nach Berlin. Und dann gab es auch Tage, an denen es nichts zu tun gab. Aber das trübte das Glück der drei nicht. Sie waren wieder zusammen und dankbar und zufrieden.

Auch in diesem Dorf gab es ein paar Christen, die es wieder wagten, sich zusammenzutun. Denen schlossen sich die Beers an. Wöchentliche Bibelstunden mit Singen und Beten, wenn auch im kleinen Kreis, waren Balsam für verwundete Seelen. Die Bibel des Vaters kam wieder zu Ehren. Elsa hatte sie mit wenigen Familienfotos durch alle Kontrollen und Schwierigkeiten hindurch bewahren und retten können. Da hatte Gott manchem Menschen die Augen zugehalten, so dass das kostbare Gut unentdeckt geblieben war und jetzt wieder frei und fröhlich gelesen werden konnte.

Es wurde erneut Dezember. Für Elsa und ihre beiden gab es zwei Tage vor dem ersten Nachkriegs-Heiligabend ein besonderes vorweihnachtliches Geschenk. Onkel Albert kam vormittags wieder einmal aus Fürstenwalde. Nein, nicht mit den Zutaten für eine weihnachtliche Ribbelchensuppe, die Elsa sicherlich sehr gerne zum Fest zubereitet hätte. Dafür aber mit zwei Briefen. Beide enthielten gute Nachrichten, auch wenn die Reaktionen darauf sehr unterschiedlich waren.

Der erste Brief löste Jubel und Freude aus. Hugo hatte sich gemeldet. Halleluja, der Junge lebte! Dass er in amerikanischer Gefangenschaft war, erschien seinen Lieben sogar tröstlich und gut. Und es ging ihm offenbar auch gar nicht schlecht.

»Gottlob ist er nicht bei den Russen. Dann wäre er wohl jetzt in Sibirien, in irgendeinem Straflager. Wenn man so mitbekommt, wie die mit vielen deutschen Soldaten umgegangen sind, ist es Glück, dass er den Amis in die Hände gefallen ist. Die lassen ihn sicher irgendwann gehen«, sagte Onkel Albert dazu.

»Hoffentlich entlassen sie ihn dann nicht nach hier, wenn er vielleicht deine Adresse als Heimatanschrift angegeben hat«, sorgte sich Elsa.

»Da wird er doch wohl klug genug sein, das nicht zu tun«, meinte Erhard.

»Gott wird ihm die richtigen Gedanken dazu geben, wenn es soweit ist«, war Miluscha überzeugt. »Aber was ist mit dem anderen Brief?«

»Der ist nicht direkt für euch, der ist für mich, aber er betrifft euch.« Onkel Albert hielt für einen Moment inne. »Eigentlich betrifft er nur Miluscha.«

»Da bin ich aber neugierig.«

»Von wem kommt denn der Brief?«

Albert Lohreder reichte seiner Nichte den Umschlag.

»Rudolf Schmidt, Bad Pyrmont«, las Miluscha die Absenderangabe laut vor. »Der Brief kommt ja von Vater Schmidt«, jauchzte das Mädchen auf. »Was will der denn?«

»Dich«, informierte Onkel Albert kurz und knapp.

»Wer ist Vater Schmidt? Und was will der von Miluscha?« Elsa wurde ganz unruhig.

»Keine Panik, Schwesterchen«, beruhigte der Bruder sie. »Rudolf Schmidt ist Verleger und Direktor einer Druckerei. Das heißt, er ist es wieder. Nur nicht mehr in Berlin. Noch im April ist es ihm gelungen, sich mit seiner Familie und den wichtigsten Unterlagen nach Niedersachsen abzusetzen. In Bad Pyrmont ist er bei Verwandten untergekommen und hat dort mit der Genehmigung der Engländer seine Verlagsarbeit schon wieder beginnen können. Er braucht jemanden für den Haushalt. Und da hat er an Miluscha gedacht und fragt jetzt an ...«

»... ob ich wieder bei ihm arbeiten würde«, setzte das Mädchen den Satz ihres Onkels fort.

»Und, würdest du?«

»Nichts lieber als das, wenn das möglich ist«, begeisterte sich das Mädchen.

Elsa seufzte auf. »Das bedeutet ja schon wieder Trennung.«

»Richtig«, bestätigte der Onkel. »Aber ich glaube, das ist besser so. Die politische Lage verspricht für diese Seite der Elbe keine rosigen Zeiten. Deutschland hat den Krieg verloren. Die Russen gehören zu den Siegern. Und das nutzen sie aus. Sie haben sich in der Konferenz von Jalta im Februar bereits, also noch mitten im Krieg, einen schönen Batzen des deutschen Kuchens gesichert. Wir werden uns noch wundern.«

»Und wie komme ich nach Bad Pyrmont oder wie das heißt?«

»Langsam, Mädchen. Erst den einen Gedanken zu Ende«, bremste der Onkel den spontanen Eifer der Nichte. »Wir werden im Laufe der Zeit alle versuchen, in den Westen zu gelangen. Es ist allemal besser, unter der Herrschaft der Amerikaner, der Engländer oder der Franzosen zu leben als hier im Gebiet der Russen. Und dazu werden wir alle in der nächsten Zeit den Weg über die Elbe suchen. Du, Miluscha, bildest nur die Vorhut. Übrigens nicht alleine.«

Die drei Beers blickten ihn fragend an. »Und wer geht mit? Und wie soll das gehen?«

»Ich habe mich da schon ein bisschen schlau gemacht, wie das gehen könnte.« Albert Lohreder ordnete seine Gedanken und entwickelte dann seinen Plan. »Rudolf Schmidt ist bereit, zwei Mädchen einzustellen. Die eine für das Haus, die andere für das Büro. Unsere Liesbeth wird mitgehen. Ihr beide setzt euch in Brandenburg in den Zug, der über Magdeburg Richtung Braunschweig – Hannover fährt. Noch fahren die Züge durch. Wenn ihr Pech habt, müsst ihr an der Grenze zur englischen Zone raus aus dem Zug. Von da ab müsst ihr zu Fuß gehen, immer der untergehenden Sonne nach.«

»Und wenn die nicht scheint?«, fragte Miluscha erschrocken.

»Du bist vielleicht blöd«, amüsierte sich Erhard. »Onkel Albert meint, immer nach Westen.«

»Und wenn die uns nicht aus dem Zug holen?«

»Dann bleibt ihr sitzen, bis ihr in Hannover seid. Da fragt ihr dann nach einem Anschluss nach Bad Pyrmont.«

Miluscha seufzte auf. »Ich weiß nicht, ob ich das schaffe. Macht Liesbeth denn da mit?«

»Sie wartet schon darauf, dass ihr beide dieses Abenteuer besteht.«

Es wurde für einige Momente still im Raum, bis Elsa fragte: »Was denkst du über Erhard und mich? Und was ist mit dir und deiner Familie?«

»Wenn Miluscha und Liesbeth erst einmal im Westen sind, haben wir eine Anlaufadresse, und dann reisen wir hinterher. Wir müssen halt nur ein wenig länger hier aushalten als die beiden.«

»Und wann machen die beiden sich auf die Reise?«, fragte Elsa, während Miluscha in einem kleinen Büchlein blätterte und las.

»Ist heute nicht der Zweiundzwanzigste?«

»Stimmt, Mädchen, der zweiundzwanzigste Dezember.«

»Hier steht für heute ein gutes Wort aus einem Psalm: ›Gott ist unsre Zuflucht und Stärke, eine sehr gegenwärtige Hilfe in der Not.‹«

»Richtig, Miluscha«, bestätigte der Onkel. »Lies mal noch den letzten Satz, den Spurgeon dazu geschrieben hat.«

Miluscha las: »Wir brauchen keinen Augenblick Sorge zu haben und keine Minute Furcht. ›Der Herr der Heerscharen ist mit uns.‹«

»Sehr ihr, ihr Lieben, so ist das. Gott hat immer den richtigen Zuspruch für die einzelne Situation. Und wir alle dürfen dieses Wort für uns in Anspruch nehmen. Besonders die beiden Mädchen, wenn sie sich in ein paar Tagen auf die Reise begeben. Ich komme mit Liesbeth hierher. Und dann kann es losgehen. Und nun lebt wohl, ihr Lieben. Bis bald. Euch und uns allen ein gesegnetes Christfest!«

Damit machte sich Albert Lohreder auf den Weg, um möglichst vor Mitternacht noch zu Hause zu sein.

5. Januar 1946. Der Tag war noch nicht sehr alt, als im Gasthaus zur Havel drei Beers und zwei Lohreders zusammensaßen, um miteinander beim Schein einer Kerze ein für die bevorstehenden Tage interessantes Wort der Bibel zu lesen. Eigentlich nur drei kurze Wörter, von denen aber eine große Kraft ausging. »Ich stärke dich«, las Miluscha aus ihrem Verheißungsbüchlein für diesen Tag. Und dann aus Spurgeons Gedanken dazu: »... Die Wahrheit ist, dass Gott uns unerwartete Kraft gibt, wenn ungewöhnliche Prüfungen über uns kommen. Wir erheben uns über unser schwaches Ich hinaus. Feiglinge werden Männer, den Törichten wird Weisheit gegeben, und die Schweigsamen empfangen zu derselben Stunde, was sie reden sollen ...«

»Kinder, mit diesen Zusagen macht euch auf die Reise. Gott wird euch ans Ziel bringen. Ich bin überzeugt, ihr werdet euch bald aus Bad Pyrmont melden.«

Onkel Albert faltete die Hände und sprach noch ein Dank-, Fürbitten- und Segensgebet. Nach einem herzlichen, wenn auch wieder tränenreichen Abschiednehmen voneinander verschwand der Onkel mit Miluscha und seiner Tochter in der Nacht, ausgestattet wegen der besseren Beweglichkeit mit nur wenigen Habseligkeiten im Rucksack, dafür mit guten Reise- und Ausweispapieren. Die beiden Mädchen sollten doch rechtzeitig in Brandenburg den Zug nach Magdeburg und Hannover erreichen.

War der Zug voll! Wo wollten die vielen Menschen nur alle hin? Nur mit großer Mühe bekamen Miluscha und Liesbeth noch einen Platz in einem Abteil. Aber sie hatten wenigstens jede einen und mussten nicht draußen auf der Plattform oder auf einem Trittbrett stehen.

Die Fahrt durch den winterlich trüben Morgen verlief ruhig. Es gab mehrere Kontrollen, aber sonst keine nennenswerten Vorkommnisse. Im Abteil sprach kaum jemand ein Wort. Es herrschte eine gespannte Ruhe. Miluscha und Liesbeth hingen ihren Gedanken nach und dösten vor sich hin.

Im Bahnhof von Magdeburg wurden sie erschrocken wach. Sie waren tatsächlich eingeschlafen.

»Magdeburg. Miluscha, wir sind über die Elbe«, begeisterte sich Liesbeth.

»Gemach, Kusinchen. Magdeburg ist schon mal gut. Aber wir sind noch nicht ganz da. Bis an die Grenze zu den Engländern sind es noch vierzig Kilometer.«

Der Zug stand lange im Bahnhof, der auch mit Menschen überfüllt war. Aber eine Aufforderung zum Aussteigen kam nicht. Also sitzen bleiben und weiterfahren.

In Ovelgünne, einem kleinen Ort wenige Kilometer hinter Magdeburg war die Reise dann plötzlich doch erst einmal zu Ende. Per Megaphon wurden alle Reisenden aufgefordert, den Zug zu verlassen. Was blieb ihnen anderes übrig, als der Anweisung nachzukommen. Betroffen und ratlos stiegen die Mädchen aus wie alle Leute, die dann schimpfend, fluchend, weinend, diskutierend oder auch hingegeben schweigend auf dem einzigen Bahnsteig standen und nicht wussten, was jetzt zu tun sei. Es summte wie in einem Bienenhaus.

Russische Doppelstreifen kamen und kontrollierten sehr umständlich die Papiere. Auskunft geben konnten sie nicht. Sie sprachen kein Deutsch.

Dann kamen deutsche Bahnpolizisten und kontrollierten wieder die Papiere. Sie sprachen natürlich mit den Leuten, fragten nach diesem und jenem und nach dem Woher und Wohin.

»Hier geht es vorläufig nicht weiter«, hörten Miluscha und Liesbeth die Männer sagen. »Sie müssen hier warten, bis irgendwann wieder ein Zug geht, oder Sie müssen dahin zurück, wo Sie hergekommen sind.«

Die beiden Mädchen schauten sich an. »Was machen wir jetzt?«

»Abwarten. Hast du nicht gesehen, wie der eine diesen Leuten da irgendetwas zugeflüstert hat? Dabei hat er mit dem Kopf nach da drüben gezeigt.«

»Was könnte der gemeint haben?«

»Wir werden sehen und hören. Gleich sind wir auch dran.«

»Na, meine Damen, wo soll die Reise denn hingehen?« Der ältere der beiden Polizisten war ein freundlicher Mann. Der jüngere schaute wesentlich strenger drein.

Gemütlicher Opa mit Hans Gernegroß, ging es Miluscha durch den Kopf.

»Erst nach Hannover und dann nach Bad Pyrmont.«

»Was wollt ihr denn da? Im Lazarett arbeiten?«

»Ja, arbeiten«, bestätigten die beiden. »Sehen Sie hier dies Schreiben. Wir werden erwartet.«

»Hm, ihr kommt aber hier vorläufig nicht weg. Die Russen lassen im Augenblick keine Personenzüge weiterfahren.«

»Und wann denken Sie, dass wieder ein Zug nach Hannover geht?«

»Vielleicht morgen? Vielleicht übermorgen? Vielleicht aber auch erst in acht Tagen. Wer weiß das schon, was die sich noch einfallen lassen.«

Jetzt räusperte sich der zweite Polizist deutlich, als wolle er seinem Kollegen signalisieren, dass seine letzte Bemerkung nicht ganz passend gewesen sei.

»Also, ihr Mädchen, ich denke, ihr fahrt am besten nach Brandenburg zurück und versucht später noch einmal euer Glück.«

»Gibt es wirklich gar keine Möglichkeit weiterzukommen?«, hakte Miluscha nach.

»Sie haben es doch gehört. Es gibt keine. Dieser Zug geht nachher nach Brandenburg zurück. Steigen Sie wieder ein, wie die anderen auch, und fahren Sie nach Hause.« Bisher hatte nur der freundliche Opa gesprochen. Das aber kam jetzt deutlich und bestimmt von dem Gernegroß, jeden Widerspruch und jede weitere Frage abwehrend.

Damit wandte er sich auch schon anderen Leuten zu, um deren Papiere zu kontrollieren.

Da ließ der Opa plötzlich einen Stift fallen. Zugleich mit Miluscha bückte er sich, um das Ding aufzuheben. »Am Schuppen auf dem ersten Gleis etwas draußen steht ein Güterzug nach Braunschweig«, flüsterte der Mann dem Mädchen zu. »Viel Glück!« Und laut sagte er: »Danke fürs Aufheben.« Dann folgte er seinem Kollegen.

»Komm, Kusinchen, wir gehen.« Miluscha setzte sich in Bewegung und bahnte sich ihren Weg durch die Menge, die immer noch den Bahnsteig bevölkerte, während andere den Zug wieder bestiegen.

Liesbeth folgte ihr. »Wo willst du hin?«

»Er hat mir etwas zugeflüstert, komm nur.«

Die beiden verließen das kleine Bahnhofsgebäude und gingen um das Haus und um die verschiedenen Fahrzeuge der Russen und der Bahnpolizei herum, durch die Grüppchen von Menschen hindurch, die dort redeten und warteten.

»Da drüben steht er«, zeigte Miluscha auf den Güterzug, der nur wenig entfernt unter Dampf stand. »Die Waggons haben Bremserhäuschen. Da müsste man sich drin verstecken können.«

»Ist das nicht zu gefährlich?«

»Glaub ich nicht. Wir riskieren das.«

»Und wie kommen wir unbemerkt über die Gleise?«

»Die Russen sind doch immer noch mit den Leuten auf dem Bahnsteig beschäftigt. Die deutsche Bahnpolizei wird sich nicht für uns interessieren. Wir gehen ein Stück auf dieser Seite der Gleise entlang. Die Schwarzerlen bieten uns Sichtschutz. Dann überqueren wir rasch die Schienen und kommen auf der anderen Seite wieder zurück. Dann warten wir, bis der Zug anfährt, und springen auf. So einfach ist das.«

»Und so gefährlich. Du bist vielleicht mutig. Und wenn uns jemand erwischt?«

»Sei nicht feige, Kusine. ›Feiglinge werden Männer‹ haben wir heute Morgen gehört. Das gilt auch für Frauen.«

Ohne weitere Worte zu machen, begab sich Miluscha auf den Weg, voll Gottvertrauen und nach dem Motto: Wer nicht wagt, der nicht gewinnt.

Einige hundert Meter weiter überquerten die beiden Mädchen den Bahndamm, auf dem die Strecke hier nur noch zweigleisig verlief. Auf der anderen Seite kamen sie zurück. Im Vorbeigehen winkten sie dem Lokführer oder Heizer, der mit seinem verrußten Gesicht gelangweilt aus seinem Führerhaus schaute. Dem konnte egal sein, wen und was er wohin transportierte.

Im Schutz einer Gruppe von dicht stehenden Schwarzerlen neben dem Bahnschuppen hockten die beiden Mädchen sich in den dünnen Schnee und warteten.

Lange tat sich nichts. Es kam auch kein Mensch vorbei. Im Bahnhof wurde inzwischen die Lok umgesetzt, und wenig später dampfte der Personenzug nach einem langen Pfeifsignal zurück in Richtung Magdeburg. Auf dem Bahnsteig waren wenige Menschen zurückgeblieben, die wohl nicht wussten, was sie tun sollten. Von den Russen war nichts mehr zu sehen, auch nicht von der deutschen Bahnpolizei.

»Worauf warten die denn noch?«, wurde Liesbeth allmählich ungeduldig.

»Schau, da kommt die Antwort«, zeigte Miluscha auf die Strecke, auf der die Rauchfahne eines Zuges sichtbar wurde. Stampfend und pfeifend, ratternd und polternd fuhr bald danach ein Zug ohne Halt durch den Bahnhof.

»Pass auf, Liesbeth, gleich kann es losgehen.«

Und richtig, wenig später wurde das Signal für den Güterzug auf Fahrt gestellt. Der Lokführer gab ein lautes Pfeifsignal, und der Zug setzte sich gewaltig Rauch ausstoßend langsam in Bewegung.

»Komm, Kusine, jetzt gilt's!«

Mit wenigen Sprüngen waren die beiden an dem langsam rollenden Zug, zogen sich auf das Trittbrett des Waggons, den sie vorher ausgewählt hatten, kletterten die wenigen Stufen zum Bremserhäuschen hinauf und waren auch schon drin. Eng war es hier, aber der Platz reichte. Von oben konnten sie beobachten, dass sie nicht die Einzigen waren, die diesen Zug zur Weiterfahrt benutzten. Eine ganze Reihe Leute, einige Männer und viele Frauen, waren auf den anfahrenden Zug aufgesprungen.

Die beiden Mädchen hockten sich in ihr enges Versteck, um von außen nicht gesehen zu werden. Ab und an linste eine von ihnen durch die kleinen Scheiben nach draußen. Aber da gab es nur schlafende Winterlandschaft und nichts, was bedrohlich erschien.

Hoffentlich ging jetzt alles gut! Hoffentlich hielten die Russen den Zug nicht doch noch irgendwo an.

Aber leider wurde diese Hoffnung der beiden Mädchen enttäuscht. Das Einfahrtsignal in den Bahnhof Marienborn stand auf Halt. Mit quietschenden Bremsen kam der Zug noch auf freier Strecke zum Stehen. Draußen ertönten Kommandos und Befehle.

Miluscha spähte hinaus und erschrak heftig. »Russen. Alle zehn Meter einer, mit vorgehaltener Waffe. O Gott, hilf!«

»Und jetzt?«, fragte Liesbeth, als wäre ihr wirklich nicht klar, was sie jetzt tun mussten.

»Wenn wir nicht freiwillig hier oben rauskommen, werden sie uns holen. Also raus mit uns und zu den anderen, die da unten schon zusammengetrieben werden.«

Mit Zittern und Zagen und bibbernden Herzen kletterten die beiden aus ihrem Bremserhäuschen und gesellten sich zu den Menschen, die die russischen Soldaten von den Trittbrettern der Waggons und aus den Verstecken schon eingesammelt hatten.

Die beiden Mädchen staunten, wie viele das waren.

»Das war's dann wohl«, glaubte Liesbeth resignieren zu müssen.

»Nun mach mal nicht gleich in die Hose und warte erst einmal ab«, wurde Miluscha ungehalten. »Jetzt müssen wir stark sein.«

Während ein paar Soldaten noch einmal den Zug kontrollierten, wurden die Aufgegriffenen unter lautem Kommandogeschrei zu einer Scheune getrieben, die unweit des Bahndamms in der Nähe des Ortsrandes auf freiem Gelände stand, umgeben von den Fahrzeugen des Trupps. Alle wurden hineingesperrt. Das Tor wurde von außen verriegelt. Der Platz reichte kaum für die etwa fünfzig Menschen, von denen sie offenbar die jüngsten waren. Kaum einer wagte zu sprechen. Einige schimpften leise, andere fluchten, wieder andere weinten.

Miluscha schloss die Augen und betete. Sie ahnte, was in den nächsten Stunden folgen würde. Einen Teil der Prozedur hatte sie ja vor acht Monaten bei Wittenberg schon einmal mitgemacht. Ob sie hier auch so glimpflich davonkommen würden?

An diesem Tag passierte gar nichts mehr. Die Russen ließen die Menschen in der Scheune in Dunkel und Kälte völlig in Ruhe. Gut, dass die winterlichen Temperaturen nicht so niedrig waren, und gut auch, dass die Leute den Raum durch die eigene Körperwärme wenigstens ein bisschen aufheizten. Zum Schlafen hinlegen ging nicht. Umfallen konnte allerdings auch keiner. Das konnte eine Nacht werden!

Am nächsten Morgen wurde in der Dämmerung das Scheunentor geöffnet. Die ersten fünf oder sechs Menschen wurden unsanft und mit pöbelhaften Befehlen herausgeholt und in einen Mannschaftswagen gesteckt. Offenbar wurden sie zum Verhör in den Ort gefahren. Dann wurde das Tor wieder von außen verriegelt. Mindestens zwei Männer standen zur Bewachung davor, wie man den Stimmen unschwer entnehmen konnte.

Nach ein paar Stunden kam der Mannschaftswagen wieder, um eine neue Gruppe zu holen. Zurückgebracht wurde niemand. Was machten die nur mit den Leuten? Und was wollten die überhaupt von ihnen?

Einen Vorteil hatte die Vorgehensweise der Russen allerdings. Es gab mehr und mehr Platz in der Scheune. Die Zurückbleibenden konnten sich setzen oder später sogar hinlegen. Das war dann doch nicht mehr so anstrengend wie das ständige Stehen.

Das Warten und die Ungewissheit über das Kommende ging den Leuten allerdings an die Kräfte. Die Menschen in der Scheune stellten sich das schlimmste Szenario vor mit Misshandlungen, Vergewaltigungen und Erschießungen. Was wirklich während der Verhöre beim Ortskommandanten oder bei wem auch immer ablief, konnte keiner den anderen in der Scheune berichten. Dann hätten diese sich darauf einstellen können. Eine niederträchtige Taktik der Russen!

Die gedrückte und zunehmend von Angst und Aggression geprägte Stimmung drohte auch Liesbeth zu erfassen. Miluscha blieb recht ruhig. »Ich halte mich an das, was heute in dem Büchlein steht. ›Ich helfe dir‹, steht da. Und wenn Gott das sagt, tut er das auch.«

Der zweite Tag in der Scheune ging vorbei. Die Zahl der Festgehaltenen war auf ein Drittel geschrumpft. Miluscha und Liesbeth mussten weiter ausharren, bis sie abgeholt würden. Inzwischen war aber ein wenig zu ahnen, wie die Russen die Leute behandelten. Wer Mittel zur Bestechung hatte, kam offenkundig glimpflicher davon als der, der nichts bieten konnte. Die Soldaten fragten, wenn sie die nächste Gruppe holten, nach Schnaps und Zigaretten und sogar ungeniert nach der Gunst der Frauen.

Miluscha schauderte es bei dem Gedanken, sich wieder einmal gegen das unverschämte Drängen von Männern wehren zu müssen. Liesbeth nahm das etwas lockerer. »Wenn ich dadurch über die Grenze komme, dann lass ich das über mich ergehen.«

Miluscha war entsetzt. »Das kannst du doch nicht machen. Du kannst dich doch nicht einfach wegwerfen. Bete lieber, dass Gott uns davor bewahrt. Er wird uns zeigen, dass er wirklich hilft. Glaub's mir.«

In der nächsten Nacht schliefen die restlichen Leute in der Scheune sehr unruhig. Sie hatten die Spannung des Wartens und Bangens ja am längsten aushalten müssen. Außerdem stellten sich Durst und Hunger ein. Woher etwas nehmen, wenn die eigenen Vorräte aufgebraucht waren und die Russen nicht daran dachten, die Festgehaltenen zu versorgen.

»Liesbeth, wir kommen heute über die Grenze«, machte Miluscha am Morgen ihrer verzagenden Kusine Mut. »Und ich glaube, auch ohne besondere Bezahlung.«

»Woher willst du das wissen?«, fragte die zurück.

»Weil es hier steht.«

»Wo steht was?«

»In meinem Spurgeon steht heute: ›Du wirst noch Größeres denn dies sehen.‹«

»Und, was heißt das?«

»Für mich heißt das: Zwei Tage waren wir hier und nichts ist uns passiert, das uns schaden konnte. Dann passiert uns heute auch nichts mehr, und wir kommen heil über die Grenze.«

»Deinen Glauben möchte ich haben«, beendete Liesbeth zweifelnd das Gespräch.

Gegen Mittag kam der Mannschaftswagen zur Scheune, um die letzte Gruppe zum Verhör in den Ort zu holen.

Miluscha und Liesbeth ergriffen auch ihre Rucksäcke, in der Annahme, dass sie mitfahren könnten.

Da stellte sich doch tatsächlich ein junger Soldat mit breitem, frohlockendem Grinsen vor die beiden, hielt ihnen sein Gewehr entgegen und versperrte ihnen den Ausgang. »Njet, du hier!« Dann schloss er das Tor von außen und ließ die beiden Mädchen alleine in der im Übrigen leeren Scheune zurück. Sie wurden nicht mitgenommen. Das Fahrzeug fuhr ohne sie ab.

Was sollte das denn nun bedeuten? Wurden sie jetzt doch noch Opfer russischer Willkür? Wie sollten sie das Grinsen des Soldaten deuten?

Wie gelähmt standen die beiden Mädchen hinter dem verriegelten Tor und glotzten es an, als könnten sie es dadurch wieder öffnen.

»Da hast du's mit deinem ›Wir kommen heil über die Grenze‹. Vernaschen werden die uns. Quälen, schlagen.« Liesbeth löste sich aus der Verkrampfung und redete sich in höchste Erregung. Dann brach sie in lautes Schluchzen aus.

Auch wenn es in Miluschas Innerem ebenso tobte – äußerlich blieb sie noch ruhig. Sie trat ans Tor und klopfte heftig dagegen.

»Aufmachen! Aufmachen!«, rief sie ein ums andere Mal. »Wir wollen hier raus!« Keine Reaktion von außen. Dass da jemand war, konnte sie hören. Sie schlug wieder und wieder gegen das Tor. »Aufmachen! Wir wollen hier raus!« Und dann tat Miluscha etwas, das wie ein Schlüssel wirkte. Sie rief in russischer Sprache: »Ich will zum Hauptmann! Sofort!«

Nur einen Moment später wurde das Tor geöffnet. Der junge Wächter mit dem unverschämten Grinsen stand davor. Jetzt war er sichtlich erschrocken. Aber er war allein. Kein zweiter Wächter war zu sehen.

»Was willst du?«, fragte er auf Russisch.

Miluscha wiederholte ihre Forderung: »Ich will zum Hauptmann! Sofort!«

Der Soldat schien zu überlegen. Was sollte er tun? Das Mädchen sprach Russisch. Wieso das und wer war sie? Die Situation war ihm unheimlich. Er musste handeln.

Dann schien seine Entscheidung gefallen. Er forderte die beiden auf, ihr Gepäck zu nehmen und ihm zu folgen.

Nichts taten die beiden lieber als das. Endlich dem Gefahrenort Scheune entronnen. Im Dorf war wohl mehr Sicherheit.

Fast im Laufschritt bewegte sich der Soldat in den Ort bis zum Rathaus, als würde er von irgendetwas gejagt. Die beiden Mädchen mit ihren Rucksäcken hatten alle Mühe, ihm zu folgen.

Schwer atmend und trotz der winterlichen Kälte schweißgebadet kamen die drei am Rathaus an. Ein paar russische Fahrzeuge waren dort geparkt, einige Wachtposten standen davor.

Vor einem von ihnen grüßte der Soldat und erklärte die Situation. Dann ging er ins Haus.

Miluscha und Liesbeth warteten draußen auf das, was jetzt käme. Nach einigen Minuten erschien ihr Bewacher wieder in der Tür und forderte sie auf hereinzukommen.

Also auf in die Höhle des Löwen, ging es Miluscha durch den Kopf.

»Hast du keine Angst?«, fragte Liesbeth mit zitternder Stimme.

»Doch, schon auch ein bisschen. Aber Gott wird helfen. Wirst sehen.« Hatte er nicht schon einmal jemandem in einer Grube mit Löwen geholfen?

»Glaub mir«, versuchte sie beim Hineingehen die zitternde Liesbeth noch zu beruhigen. »Wir sind hier bald wieder draußen.«

»Hoffentlich«, seufzte die auf.

Im Flur standen mehrere Soldaten herum, junge Kerle, die die beiden Mädchen mit gierigen Augen musterten und ihre Körper mit Blicken abtasteten. Gut, dass die dicken Wintermäntel nicht viel Figürliches erkennen ließen. Aber das mochte die Phantasie der Männer nur noch mehr anregen. Miluscha verstand ja die meisten ihrer anzüglichen Bemerkungen.

Nach einer Weile des Wartens öffneten sich zwei Türen gleichzeitig. »Du hier! Du hier!« Die beiden Mädchen wurden getrennt in die beiden Amtsstuben beordert. Sie konnten sich gerade noch einen Blick zuwerfen, ehe sich die Türen hinter ihnen schlossen.

Miluscha gegenüber hinter dem Schreibtisch saß ein älterer Leutnant in der gleichen Uniform wie der auf dem Schaffer-Hof. An einem Tisch saß ein jüngerer Soldat, der offenbar Protokoll führen sollte.

»Setzen!«, wurde Miluscha aufgefordert.

»Papiere?« Sie legte auf den Schreibtisch, was sie hatte.

»Name?« – »Woher kommt?« – »Wohin will?« – »Was da machen?« – »Bruder?« – »Leute in Partei?« – »Wer ist andere Mädchen?« – »Wo sind Eltern?« ...

Die vielen Fragen klangen sehr hart, aber doch nicht unfreundlich. Miluscha beantwortete sie ebenso knapp, wie der Leutnant sie stellte.

Dann fragte er plötzlich in seiner Sprache: »Wieso sprichst du Russisch?«

Das Mädchen zuckte leicht zusammen. Was sollte sie antworten? Was war jetzt richtig? »Ich habe auf einem Hof gearbeitet zusammen mit russischen Arbeitern. Da habe ich ein bisschen gelernt. Dort war auch die Kommandantur.«

Miluscha zog den Umschlag mit dem Schreiben aus der Tasche, das ihr der Leutnant auf dem Hof mitgegeben und den sie vorhin zurückgehalten hatte, und reichte das Papier über den Schreibtisch. Ihr Gegenüber las, dabei die Augenbrauen hochziehend, und reichte das Papier kommentarlos dem Kollegen weiter. Der schien ebenso erstaunt und legte es ebenso kommentarlos auf den Schreibtisch zurück. Das Schreiben schien Eindruck zu machen.

Miluscha wollte es gerne wieder einstecken, wurde aber gehindert. »Njet, bleibt hier!«

Während der Offizier noch nachdachte, wie er wohl weiter mit Miluscha verfahren sollte, und sie gespannt auf seinen Bescheid wartete, wurde es im Nebenzimmer laut, so laut, dass jedes Wort durch die Wände drang. Liesbeth schien in großer Not zu sein. Sie schrie immer wieder laut: »Nein, nicht! Lasst mich in Ruhe! Ich will das nicht! Ihr Schweine, nein!« Dazwischen waren russische Stimmen zu hören, die schimpften und fluchten.

Miluscha war blitzartig klar, dass die Kerle im Nebenzimmer versuchten, Liesbeth zu vergewaltigen.

»Was machen die mit meiner Kusine?«, empörte sie sich. »Das können Sie nicht zulassen, Herr Leutnant.«

Der saß ungerührt hinter seinem Schreibtisch, als interessiere ihn das gar nicht, was nebenan geschah.

»Bitte, Herr Leutnant.« Miluscha rang die Hände und flehte den Mann an. »Bitte, so tun Sie doch was!«

Das Geschrei von nebenan wurde noch heftiger. Man konnte den Eindruck haben, als wehrte sich Liesbeth mit aller Kraft gegen den Überfall der Männer. Es mussten ja gleich mehrere sein.

Miluscha nahm all ihren Mut zusammen, trat an den Schreibtisch und schrie dem Leutnant fast ins Gesicht: »Sie können doch nicht zulassen, dass Ihre Männer das Mädchen fertig machen. Das dürfen Sie nicht zulassen! Haben Sie zu Hause eine Tochter?« Und dann brach sie schluchzend auf ihrem Stuhl zusammen. Sie verbarg ihr Gesicht in den Händen und weinte bitterlich. Mit tränenverschleierten Augen blickte sie dann den Offizier wieder an und flehte noch einmal mit fast erstickter Stimme: »Bitte, Herr Leutnant!«

Der schien endlich ein Einsehen zu haben. Ruckartig erhob er sich von seinem Stuhl, verließ das Zimmer und öffnete nebenan wohl nur die Türe. »Schluss hier!«, hörte Miluscha ihn wie aus weiter Ferne kommandieren. »Gebt das Mädchen frei! Lasst sie in Ruhe! Sie kommt mit mir.«

Augenblicklich wurde es nebenan still. Einige Momente später kam der Leutnant zurück und brachte eine völlig aufgelöste und an Frisur und Kleidung zerzauste Liesbeth mit. Miluscha sprang auf und nahm ihre schluchzende Kusine in die Arme, und die beiden weinten eine Weile im Duett. Die Russen ließen es geschehen.

»Du Arme. Beruhige dich. Es ist vorbei«, brachte Miluscha dann mühsam hervor, strich Liesbeth die Haare aus dem Gesicht und wischte mit ihrem Russentuch sich und ihr die Tränen ab.

»Danke, Herr Leutnant, danke!«, wandte sie sich dann an den Offizier, und sie sagte es in seiner Sprache.

Er antwortete nicht darauf. Ob er sich vielleicht doch schämte für das rüde Verhalten seiner Leute? Ob Miluschas Einsatz für die Kusine an sein Herz und seine Verantwortung gerührt hatte?

»Hier warten«, sagte er dann nur und verließ mit seinem Kollegen den Raum.

Liesbeth schluchzte und wimmerte immer noch leise vor sich hin. So einfach war das also doch nicht gewesen mit dem »es über sich ergehen lassen«. Miluscha hielt ihr die Hände und streichelte sie. »Es wird alles gut, Liesbeth. Wirst sehen. Es ist bald vorbei hier.« Die Kusine nickte nur stumm und suchte dann ihre Haare und ihre Kleidung in die richtige Ordnung zu bekommen.

Dann kam der Leutnant zurück mit einem anderen, auch einem älteren Soldaten. »Er euch fährt an Grenze, sofort. Dann ihr allein weiter. Ein, zwei Kilometer Angielskis. Auf Wiedersehen.« Der Leutnant sprach's und setzte sich wieder hinter seinen Schreibtisch. Für ihn war der Fall erledigt. Miluschas Hand zum Dank verweigerte er, sagte aber in seiner Sprache: »Ich habe zu Hause eine Tochter.«

Nach etwa einer Viertelstunde Fahrt hielt der Russe das Auto mitten in der Feldflur an. Wortlos bedeutete er den beiden Mädchen, auszusteigen und den Weg einfach weiterzugehen. Dann wendete er und fuhr davon. Kein Mensch war mehr zu sehen.

Miluscha und Liesbeth standen einige Momente und wussten nicht, ob sie jetzt lachen sollten oder schon wieder weinen oder sonst etwas anstellen. Sie waren frei.

Miluscha ließ einen lauten Jauchzer los. »Wir sind frei, Liesbeth, wir sind frei!« Sie nahm ihre Kusine bei den Händen, tanzte mit ihr auf dem Weg und nahm sie ein ums andere Mal in die Arme. »Freu dich, Kusinchen, wir sind frei!«

Liesbeth ließ den Überschwang einfach mit sich geschehen. Das Ereignis im Rathaus saß ihr noch zu tief in den Gliedern.

»Du hattest Recht«, meinte sie nach einer Weile, als die beiden Hand in Hand unterwegs waren.

»Womit?«

»Wir haben Großes erlebt.«

»Haben wir, Kusinchen. Größeres als irgendwann vorher. Gott hat aus Feiglingen Männer gemacht, ich meine Frauen. Er hat geholfen und bewahrt. Nicht auszudenken, wenn die dich da brutal vernascht hätten. Gott sei's getrommelt und gepfiffen. Wir sind frei, und das haben wir ihm zu danken.«

»Wenn das meine Eltern wüssten. Die würden sich freuen.«

»Und Mama erst mal und Erhard.«

»Übrigens, weißt du, was ich habe?«, fragte Liesbeth.

Miluscha wurde neugierig.

»Ich habe Hunger. Und was für einen.«

»Ich auch, und dazu Durst. Wann haben wir das letzte Mal was getrunken? Die Angielskis werden was für uns haben.«

Mit leichten Schritten strebten die beiden weiter. Irgendwann würden sie auf die Engländer treffen, dort, in der Richtung, wo um diese Zeit der Untergang der Sonne zu sehen sein müsste, wenn der Himmel nicht wolkenverhangen wäre. Oder zeigten sich da nicht doch ein paar Lücken?

»Übrigens«, sagte Miluscha plötzlich und war offenbar über ihre eigene Entdeckung erstaunt. »Ich habe morgen Geburtstag. Ich werde achtzehn. Das muss gefeiert werden. Ein neues Lebensjahr, ein neues Leben, eine neue Zeit. Juhu!« Sie lief ein paar Schritte schneller und drehte sich dabei ein paarmal um sich selbst.

»Und ob das gefeiert wird. Schau, Miluscha, dort hinten. Das muss englisches Militär sein. Du, die warten auf uns«, eilte Liesbeth ihr nach.

»Und immer der untergehenden Sonne nach, hat dein Vater gesagt«, jubelte Miluscha und nahm ihre Kusine wieder bei der Hand.

Die endgültige Freiheit vor Augen blieben die beiden Mädchen für einen Moment stehen und hielten ihre Gesichter – in die Sonne.

Denn tatsächlich hatte die Wolkendecke über dem Elmrücken am Horizont ein Loch, gerade so groß, dass die untergehende Sonne noch ein paar Strahlen hindurchschicken konnte.

Und irgendwo hinter diesen Hügeln lag Bad Pyrmont ...

Lothar von Seltmann

Du bist nicht allein, Miluscha

Endlich eine neue Heimat,

Ja, mit meinem guten
wunderbaren Karl
durch 57 J. Psl. 4.4
In großer
Dankbarkeit!
Milli Gerhardt

Miluscha und ihr Bräutigam

INHALT

II. Teil

Geburtstag in der Freiheit

Wie von grauem Tuch überzogen lagen Wiesen und Felder im fahlen Licht eines ebenso grauen Wintertages. Brachland zwischen den Machtbereichen der Besatzungsmächte, das in diesem Nachkriegssommer und -Herbst weder Mäher noch Pflug gesehen hatte. Hier und da streckten ein paar Bäume ihre kahlen Äste in die kalte Luft, als sehnten sie sich nach Licht und Wärme besserer Zeiten. Eine Schar Krähen zankte sich in unruhigem Flatterflug lautstark um ein Aas oder vertrieb sich auch nur die Langeweile. Ein einsamer Hase kreuzte den Weg und verschwand in den verwachsenen Furchen eines Ackers. Vom Rande eines kleinen Bachs, der sich hier und da eisbedeckt durch die flache Flur zog, erhob sich ein Graureiherpaar, aufgescheucht offenbar von einem Falken.

Oder flohen die großen Vögel vor den beiden Menschen, die in dicker Winterkleidung und rucksackbewehrt auf einem schmalen Feldweg westwärts eilten?

»Da schau«, wies Emilie Beer ihre Kusine Liesbeth Lohreder auf die beiden aufgestiegenen Reiher hin, »da oben müssten wir jetzt sein.«

»Was wolltest du denn da oben?«, fragte die zurück.

»Von dort hätten wir eine gute Übersicht über die Gegend. Dann würden wir sehen, wie weit es noch ist, bis wir auf die Engländer stoßen oder auf irgendwelche anderen Leute.«

»Oder ob die Russen es nicht doch inzwischen bereut haben, dass sie uns haben laufen lassen, und sie kommen und holen uns zurück.«

»Hast du etwa Angst, Kusinchen?«

»Ein bisschen schon. Ich möchte denen nicht noch einmal in die Hände fallen.«

»Wirst du auch nicht, glaub mir's«, beruhigte Miluscha – so wurde Emilie, die jüngere der beiden Kusinen genannt –, »denk dran, wir sind nicht allein. Gott war da und er ist da und er bleibt auch bei uns in allem, was kommt.«

Liesbeth seufzte ein wenig auf. »Deine Zuversicht möchte ich haben. Du kannst das alles so gelassen hinnehmen, was wir so mitmachen. Ich hab meine Not damit.«

»Du wirst es schon noch lernen, Lissi, glaub's mir und hab Geduld.«

Die beiden Mädchen, die eine siebzehn, die andere fast achtzehn, trabten ein kurzes Stück ihres Weges, um schneller vorwärts zu kommen und sich etwas aufzuwärmen. Trotz ihrer dicken Mäntel, der wollenen Kopftücher und gestrickten Strümpfe in festen Schuhen kroch ihnen die winterliche Kälte mehr und mehr bis auf die Haut.

»Warum kann es jetzt nicht Sommer sein?«, meinte Liesbeth, verlangsamte das Tempo wieder und schüttelte sich.

»Dumme Frage, Lissi, mit einfacher Antwort.«

»Versteh ich nicht.«

»Dann hätte ich morgen nicht Geburtstag.«

»Ach ja«, gab die Kusine ein wenig sarkastisch zurück, »du hast morgen Geburtstag. Das wird eine Feier werden! Ob dir da wohl jemand den Kaffee kocht und dazu einen Kuchen backt mit achtzehn Kerzen drauf?«

»Darauf bin ich selbst gespannt, ob mir außer dir überhaupt jemand gratuliert und ob mir jemand einen Kuchen bringt. Ich hab schon jetzt einen Bärenhunger.«

»Nicht nur du. Ich hab auch seit gestern Morgen nichts mehr gegessen. Und trinken könnte ich, saufen wie ein Rind. Aber horch mal.« Liesbeth blieb stehen und hielt Miluscha am Arm. »Hörst du auch was?«

»Ich höre Motorengeräusch. Das kommt von dem Wald da drüben. Dann haben wir es nicht mehr weit. Hurra, die Angielskis kommen!«, jubelte Miluscha und griff Liesbeths Hand. »Komm, Lissi, gleich geht's uns besser.«

»Hoffentlich hast du Recht und sie kommen und fahren nicht gerade in die andere Richtung«, zweifelte die und ließ sich von ihrer Kusine mitziehen. Dann blieb sie plötzlich noch einmal stehen. »Schau dir das an.«

»Was?«

»Na, die Sonne dort in dem winzigen Wolkenloch über dem Bergrücken.«

Tatsächlich schickte die untergehende Sonne zum Abschied des Tages noch ein paar Strahlen zu den beiden Mädchen herüber.

»Meinst du, die guckt für uns da durch?«

»Natürlich, für wen denn sonst? Was hat dein Vater gesagt?«

»Immer der untergehenden Sonne nach.«

»Genau so war's. Also sind wir richtig. Die Sonne guckt durch das Loch, damit wir wissen, dass wir richtig sind. Drum jetzt nicht länger mehr verweilt und zu den Engländern geeilt.«

Liesbeth musste lachen und setzte sich wieder in Bewegung. »Du wirst ja poetisch, mit Reimen.«

»Meinst du? Ist mir halt grade so eingefallen«, gab Miluscha fröhlich zurück.

Doch dann sorgte sich Lissi wieder: »Wenn die nun auch ...«

»Keine Bange, Lissi«, bemühte sich Miluscha, sie zu beruhigen, »die doch nicht. Das sind zivilisierte Menschen und nicht solche Barbaren, wie die meisten von den Russkis.«

»Glaubst du das wirklich?«, zweifelte Liesbeth.

»Da bin ich ganz sicher, Lissi. Die tun uns nichts. Und außerdem, Gott hat uns vor dem Schlimmsten bewahrt, besonders dich. Warum sollte er uns nicht weiter bewahren?«

Die beiden Mädchen waren den Uniformierten wohl bis auf fünfzig Meter nahe gekommen, als Liesbeth plötzlich anhielt und Miluscha ängstlich am Arm nahm. »Da schau, da ist ja ein Schwarzer dabei, ein Rabenschwarzer.«

»Na und«, gab Miluscha zurück, »hast du noch nie etwas von dunkelhäutigen Menschen gehört, von Negern und so?«

»Doch, natürlich, aus Büchern und von Bildern, aber ich habe noch nie einen leibhaftig gesehen.«

»Hast du etwa Angst vor einem Neger?«

»Ich weiß nicht ...«

»Kusinchen!«, Miluschas Antwort klang ein wenig vorwurfsvoll. »Solche Menschen sind auch Geschöpfe Gottes. Der kommt wohl aus irgendeiner englischen Kolonie in Afrika und sieht deshalb so aus. Lass dich mal nicht erschrecken. Und jetzt komm! Gleich werden wir es wissen, wie die da vorn uns empfangen.«

Hand in Hand gingen die beiden nun doch etwas ängstlichen Schrittes die letzten Meter auf die englischen Soldaten zu. Die standen in ihren Kampfanzügen lässig an ihre Fahrzeuge gelehnt und hielten Thermoskannen und Becher in den Händen. Waffen waren nicht zu sehen. Die lagen wohl auf den Sitzen der Autos.

Dann löste sich ausgerechnet der Schwarze aus der kleinen Gruppe und kam den beiden ein paar Schritte entgegen. »Welcome, ladies. Don't be afraid. You are coming just for teatime.«

Miluscha und Liesbeth schlugen etwas zögernd in die schwarze, entgegengereichte Hand ein und schauten dabei fragend in ein freundliches Gesicht, aus dem das Weiße der Augen und der Zähne nur so blitzte.

»Guten Tag«, erwiderte Miluscha den Gruß, und dann fügte sie an: »Entschuldigung. Wir verstehen Sie nicht. Wir können kein Englisch.« Liesbeth blieb stumm. Ihr schien die Szene ein wenig unheimlich zu sein.

Der Schwarze deutete Worte und Verhalten der beiden wohl richtig, denn er wandte sich gleich an einen seiner Leute: »Roger, come on, I need your help once more.« Der Aufgerufene stellte Kanne und Becher auf den Boden, kam herüber, nahm Haltung an und übernahm die Aufgabe des Übersetzers.

»Lieutenant Heal sagt: Willkommen. Ihr sollt nicht sein angstlich. Ihr kommt gerade für Teezeit.« Bei diesen Worten war es für alle zu sehen, wie die Spannung von den beiden Mädchen abfiel. Ihre Gesichter hellten sich auf. Teezeit! Hatten sie einen Durst! Mutig beeilte sich Miluscha zu antworten: »Danke für die freundliche Begrüßung und für die Einladung. Wir haben seit gestern nichts mehr getrunken.« Der Soldat Roger, ein elegant wirkender junger Mann, übersetzte diese Worte seinem Lieutenant, und der lud die beiden nun direkt zum Tee ein.

»Ihr habt auch hungrig?«, fragte Roger.

»Ja, wir sind auch hungrig«, gab Liesbeth sofort zu, »wir haben auch seit gestern nichts mehr gegessen.« Erleichtert und befreit atmete sie auf. Hier waren wohl keine Attacken zu befürchten, ganz sicher nicht.

Die kleine Gruppe der englischen Soldaten nahm die beiden Mädchen auf, als sei es das Selbstverständlichste von der Welt. Wie wohltuend! Sie bekamen Tee und Gebäck und konnten sich mit Rogers Hilfe ein wenig unterhalten, auf Fragen antworten und von dem berichten, was sie zuletzt in den Händen der Russen erlebt hatten. Dabei erfuhren sie auch, dass in den vergangenen Tagen und auch heute auf dem gleichen Weg schon ein paar Frauen und auch einige Männer über die russisch-englische Demarkationslinie herübergekommen waren. Sie waren zunächst in einer Schule im nahe gelegenen Helmstedt untergebracht. Dorthin würde man sie auch bringen, zur Aufnahme der Personalien, zur vorläufigen Unterbringung und zur Klärung, wie es denn weitergehen könne.

Inzwischen wurde es allmählich dunkel. Lieutenant Heal gab

seinen Leuten ein paar Anweisungen, die die beiden Mädchen natürlich nicht verstanden. Sie konnten sich aber denken, worum es ging, denn der Platz wurde geräumt, und die Männer bestiegen ihre Fahrzeuge. Miluscha und Liesbeth durften das Fahrzeug des Lieutenants besteigen, in dem auch Roger Platz nahm. Dann ging die Fahrt los durch den abendlichen Wald weiter westwärts, durch einen kleinen Ort und dann wieder über offenes Gelände hinein in einen größeren Ort, der aber auch weitgehend im Dunkeln lag.

Im Hof eines großen, nur spärlich beleuchteten Gebäudes machte die kleine Kolonne Halt. Das war wohl die besagte Schule und den weiteren Fahrzeugen auf dem Hof nach auch das Quartier der englischen Truppe.

Der schwarze Lieutenant forderte seine deutschen Fahrgäste auf, ihm und seinem Übersetzer zu folgen. Die beiden wurden zunächst in einen Raum geführt, der wohl so etwas wie eine Schreibstube war. Der elegante Roger setzte sich hinter den Schreibtisch, griff nach einigen Papieren und begann, sie auszufüllen, wie die Mädchen seine Fragen beantworteten. Bei Miluschas Geburtsdatum schaute er kurz auf und grinste. Der 8. 1. war doch morgen. Dann wurde dieses nice girl, dieses nette Mädchen, also achtzehn. Hm, mal sehen.

Der grinsende Blick war Miluscha nicht entgangen. Was ging dem da wohl gerade durch den Kopf?, dachte sie. Dabei huschte für einen Augenblick eine gewisse Traurigkeit durch ihren Sinn. Wieder ein Geburtstag ohne die Mutter, ohne die Brüder, ohne andere Verwandte und Freunde. Aber Lissi war ja da, und irgendwie würde der Tag auch ausgefüllt sein und vorbeigehen.

So rasch, wie sie gekommen war, war die Traurigkeit dann auch wieder verflogen. Sie beide, Miluscha und Liesbeth, waren in Freiheit. Und sie mochten nach den Vorstellungen von Onkel Albert, Liesbeths Vater, die Vorhut sein, um ihre Lieben früher oder später aus dem russischen Machtbereich herauszuholen. Wenn sie nur erst einmal in Bad Pyrmont bei »Vater« Rudolf Schmidt und in seinem Haus und Betrieb angekommen waren. Diesen Zielort hatten die beiden Roger für die Papiere angeben müssen.

Da sei durchaus hinzukommen, hatte der nur geantwortet. Es sei aber zurzeit wohl ein wenig umständlich und schwierig.

Nachdem die Formalitäten in der Schreibstube geklärt waren, übergab Roger die beiden Mädchen einer Frau, die in ihrer Uniform richtig lustig aussah, klein und rundlich, wie sie war. Ein uniformiertes Tönnchen, diese Lady Flower. Die beiden Mädchen schauten sich an und mussten unwillkürlich für einen Moment lachen, still lachen, versteht sich. Gut, dass die Frau, die sich weiter um sie kümmern sollte, das hinter ihrem Rücken nicht sehen konnte. Die beiden waren dann auch sofort wieder ernst, wie es sich gehörte.

Was der Soldat mit dem kleinen, uniformierten Tönnchen sprach, konnten sie nicht verstehen. Aber sie folgten der Frau vertrauensvoll dorthin, wohin sie ihnen voranging.

Es war ein Klassenraum mit entsprechender Einrichtung, in den sie gewiesen wurden. Dort fanden sie etwa ein Dutzend Frauen vor, von denen ein paar auf niedrigen Stühlen um spärlich gedeckte Schultische herumsaßen, während andere bereits auf dem Boden auf bereitgelegten Matratzen lagen.

Natürlich wandten sich alle Köpfe zur Tür, als Miluscha und Liesbeth hereingeführt wurden und das Tönnchen ihnen ihre Schlafplätze anwies. Einige der Frauen erkannten die beiden wieder. Sie hatten vor ein paar Tagen mit demselben Zug versucht, in den Westen zu gelangen, und waren auch von den Russen aufgehalten worden. Ein paar von ihnen hatten dabei wohl Schweres mitmachen müssen; die Leiden standen ihnen noch in den Gesichtern geschrieben.

Wie dankbar konnten Miluscha und Liesbeth berichten, von der vielfältigen Bewahrung durch den Vater im Himmel, die sie erlebt hatten! Und wie waren sie wieder und wieder dankbar dafür, dass der russische Offizier zu Hause eine Tochter hatte. Diese Tatsache hatte zumindest Liesbeth vor der Vergewaltigung durch die russischen Soldaten bewahrt.

Die Nacht im Klassenraum verlief unruhig. Manche der Frauen konnten wohl nicht schlafen, weil ihnen die Ereignisse der letzten Tage Not machten oder weil sie andere Dinge plagten. Immer wieder schrie eine auf wie in einer konkreten Gefahr. Andere weinten laut und stöhnten und mussten von wieder anderen beruhigt und getröstet werden.

Miluscha und Liesbeth bekamen davon wenig mit. Die beiden Mädchen wurden mit einem festen, tiefen und offenbar traumlosen Schlaf beschenkt, der erst ein Ende fand, als Lady Flower, das uniformierte Tönnchen, in den Raum kam, um die Frauen zum

Frühstück zu wecken. Ein fröhliches »Good morning! Please, get up!«, rief sie von der offenen Tür her in den dämmrigen Raum. Sofort wurde es unruhig und geräuschvoll. Die Frauen erhoben sich eine nach der anderen, rieben sich die Augen und streckten ihre Glieder. Viel anziehen musste kaum eine. Die meisten hatten in voller Kleidung zum Schlafen unter den Wolldecken gelegen. Anders wäre es wohl zu kalt gewesen.

Auch Miluscha und Liesbeth schlugen die Augen auf und rappelten sich hoch. Sie hatten in ihrer Unterwäsche unter einer Decke geschlafen und sich dabei gegenseitig gewärmt. Nach einer notdürftigen Morgentoilette, zu der die Frauen sich auf dem Flur anstellen mussten – nur zwei konnten jeweils gleichzeitig Toilette und Waschbecken benutzen –, sammelten sich dann alle wieder im Klassenraum, um zu warten.

»Und was passiert jetzt?«, fragte Miluscha in die Runde.

»Es müsste gleich Frühstück geben«, gab eine der Frauen zur Antwort.

»Wenn die Engländer was für uns haben«, ergänzte eine andere.

»Und wenn nicht?«, fragte Liesbeth.

»Dann warten wir bis heute Mittag. Dann gibt es vielleicht wieder Kartoffeln und Kohlgemüse, wie gestern.«

»Hm, lecker«, Miluscha lief das Wasser im Mund zusammen, »wann habe ich zum letzten Mal Kartoffeln gegessen?«

»Das war vor vier Tagen zum Abschiedsessen bei euch in Jesenich, meine Liebe«, erinnerte die Kusine, »ist also noch gar nicht so lange her.«

»Und mir scheint der Abschied von meiner Mutter und Erhard schon eine Ewigkeit her zu sein«, staunte Miluscha.

Dann wurden Schritte und Stimmen auf dem Flur hörbar. Eine der Frauen sprang auf und öffnete die Tür. Auch alle anderen erhoben sich von ihren niedrigen Stühlen.

Aber was war das? Was hatte das denn zu bedeuten? Da kam das uniformierte Tönnchen herein mit einem Tablett, auf dem eine brennende Kerze stand, eine kleine Vase mit einer offenbar selbst gebastelten Papierrose und ein Schüsselchen voller später Weihnachtsplätzchen und Schokoladenstückchen. Hinter Lady Flower traten der Lieutenant und sein Übersetzer herein. Die drei schauten sich um, als suchten sie jemand Bestimmtes. Dann hatten sie Miluscha gefunden.

War das ein Bild: Der schwarze Offizier, das Tönnchen und der vornehme Roger gegenüber dem Mädchen, das mit großen, erstaunten Augen stand und schaute und gar nicht wusste, wie ihr hier geschah. Sie hatte selbst noch gar nicht an ihren heutigen Geburtstag gedacht. »We wish you a merry birthday, we wish you a merry birthday, we wish you a merry birthday and a happy New Year!«, intonierten die drei für das Geburtstagskind des Tages nach einem englischen Weihnachtslied.

Nicht unbedingt schön, aber spürbar und hörbar von Herzen kam der Gesang. Wie gebannt standen die Frauen im Raum. Sie wagten kaum zu atmen. Zwischen den Tönen hätte man eine Stecknadel fallen hören können.

Miluscha raubte der Auftritt der drei schier den Atem. Sie musste schlucken. Angestrengt bemühte sie sich, nicht zu weinen. Und dann waren die Tränen nicht mehr aufzuhalten und liefen nur so über ihr Gesicht. Das hier war nicht zu fassen. Ein Geburtstagsständchen zu ihrem Achtzehnten, fern von allen Lieben vorgetragen von ihren Befreiern, Bewachern, Betreuern oder was immer die eigentlich waren.

Liesbeth, die Miluschas Geburtstag bisher auch noch nicht bedacht hatte, nahm ihre Kusine in die Arme, um sie zu halten, zu trösten und ihr die Tränen zu trocknen. Aber auch ihre eigenen musste sie wischen, und den meisten Frauen ging es ebenso. Der Kontrast der Ereignisse war ja auch kaum zu übertreffen: Vor wenigen Tagen, ja Stunden noch den gierigen Fängen russischer Soldateska und ihrer Willkür ausgeliefert und hier unter den Engländern frei und unbedrängt in einer völlig anderen Atmosphäre! Obwohl die doch eigentlich auch auf die Seite derer gehörten, die Grund gehabt hätten, mit den Deutschen umzugehen wie mit Besiegten und Gefangenen. Aber nein, diese Besatzer verhielten sich wie Freunde und feierten den Geburtstag eines jungen Mädchens, das ihnen unversehens über die Demarkationslinie zugelaufen war. Wer konnte das fassen?

Nachdem das »merry birthday ...« gesungen war, trat der Lieutenant auf Miluscha zu und reichte ihr seine dunkle Hand. »God bless you.«

Roger übersetzte: »Lieutenant Heal wunscht Ihnen den Segen Gottes«, und er ergänzte mit einer angedeuteten Verbeugung: »Ich wunsche dasselbe.«

Das Tönnchen hatte inzwischen das Tablett auf einen der Tische abgestellt, kam zu dem Mädchen und nahm es in die Arme: »You are like my daugther. God bless you!»

»Sie sagt, Sie sind wie ihre Tochter und wunscht auch Gottes Segen«, übersetzte Roger unaufgefordert.

Ob Miluschas erneute Tränen nun solche der Freude waren, des Schmerzes, des Dankes oder einer momentanen Trauer, wusste sie wohl in diesen denkwürdigen Augenblicken selbst nicht zu sagen. Warum war diese kleine, rundliche Frau jetzt nicht die Mutter, warum waren die Männer nicht ihre Brüder oder Onkel Albert? Wo waren die an ihrem Geburtstag, was machten sie, wie ging es ihnen, ob sie überhaupt an dieses Datum dachten ...? Diese und andere Fragen schossen dem Mädchen blitzartig durch den Kopf.

Dann war das Geburtstagskind doch wieder zurück in der Gegenwart, schüttelte weitere Hände, bedankte sich mehrmals bei den drei englischen Gratulanten und den Schicksalsgenossinnen und musste sich dabei immer wieder einmal über die Augen und das Gesicht wischen. Was für ein Tag! Welch ein Erlebnis! Dazu den Wunsch aus Feindesmund, dass Gott sie segne. Ob diese Leute Christen waren? Sie hätte zu gerne gewusst, ob ihre Empfindung hier Recht hatte. Vielleicht würde sich die Antwort ja noch ergeben.

Aber jetzt wurde erst einmal gefeiert bei einem wenn auch nicht sehr üppigen Frühstück, beim Schein der Kerze und dem Stück Weihnachtsgebäck oder Schokolade. Für jede der Frauen war gerade eins im Schüsselchen, wie abgezählt. Wenig und doch so viel.

Später saßen die Frauen auf den Stühlen oder ihren Matratzen, dösten vor sich hin, unterhielten sich oder beschäftigten sich mit irgendetwas. Es gab ja nichts zu tun. Es galt zu warten, bis ihnen die Weiterreise an die unterschiedlichen Ziele ermöglicht wurde. Miluscha und Liesbeth saßen Rücken an Rücken auf ihrem Nachtlager. »Lies mir vor, was in deinem Büchlein steht«, forderte die Kusine das Geburtstagskind auf, »da steht doch sicher für heute was ganz Besonderes.«

Miluscha hatte längst gelesen, was für heute in C. H. Spurgeons »Kleinoden göttlicher Verheißungen» stand, in dem Büchlein, das ihr Onkel Albert vor einiger Zeit geschenkt hatte, nachdem er sie in den ersten Nachkriegswochen gesucht und endlich auch gefunden hatte. Gerne kam sie Liesbeths Wunsch nach und las es ihr vor. »Hier steht: ›Selig sind, die reines Herzens sind, denn sie werden Gott schauen.‹«

»Das ist ein schönes Wort. Was denkst du darüber?«

»Ich denke mehr über einen Satz nach, der hier noch steht.«

»Über welchen?«

»›Wenn wir das Böse lieben, können wir nicht verstehen, was gut ist.‹«

»Und was denkst du über den Satz?«

»Ich denke, dass der englische Lieutenant und Roger und das Tönnchen Christen sind und das Gute lieben. Sonst wären sie heute Morgen hier nicht zum Gratulieren einmarschiert.«

»Da magst du Recht haben. Mir ist schon gestern aufgefallen, wie freundlich die Angielskis hier miteinander umgehen.«

»Und wie sie uns behandeln und mit uns umgehen«, ergänzte Miluscha, wurde aber im selben Moment dadurch abgelenkt, dass sich die Tür öffnete und Roger hereinkam. Er grüßte höflich und militärisch kurz. »Wir brauchen Hilfe in der Kuche für Kartoffeln schalen.«

Der spricht ein gutes Deutsch, der Junge, musste Miluscha wieder denken, nur Umlaute kriegt er nicht hin, und sein R klingt, als hätte er immer eine von diesen Erdknollen im Mund. Sofort sprang sie von ihrem Platz auf, so dass Liesbeth keine Chance hatte, die plötzlich fehlende Rückenstütze auszugleichen. Zur Erheiterung aller fiel sie rücklingss auf die Matratze. Miluscha wandte sich zu ihr um, reichte ihr die Hand und half ihr hoch. »Entschuldige, Kusinchen, komm, wir gehen Kartoffeln schälen.« Liesbeth hatte keine Möglichkeit, sich zu ärgern, sich zu beklagen oder gar den Auftrag abzulehnen. Sie musste mit. Und das tat sie auch gerne. Das war eine gute Abwechslung im langweiligen Fortgang der Zeit.

Roger wartete an der Tür und nahm die beiden Mädchen mit. »Was lesen Sie?«, fragte er beim Gang über den Flur und durchs Treppenhaus Miluscha, die ihr Büchlein immer noch in der Hand hielt. Sie zeigte es ihm. »Hm, das ist Spurgeon. Das ist gut. Ich lese jeden Tag im ›Chequebook of the Bank of Faith‹. Heute sagt Gott ein gutes Wort für Ihren Geburtstag. Ich glaube, Sie sind pure in heart, Entschuldigung, mit reinem Herz. Gott wird Sie segnen.« Ein Schauer der Freude durchflutete Miluscha bei den Worten des bescheidenen und liebenswürdigen Soldaten. Gerne hätte sie diesen

Bruder im Glauben umarmt, wie sie das aus den Gemeinden des Ostens her kannte. Aber sie hielt sich zurück, freute sich einfach nur, hier auf einen Christen gestoßen zu sein.

Dieser trübe Januartag wurde richtig hell für das Geburtstagskind, und auch Liesbeth kam aus dem Staunen nicht heraus, dass es so etwas gab und dass sich Menschen in diesen Positionen so verhielten wie diese englischen Leute. Das machte einen starken Eindruck auf sie, dem sie sich nicht entziehen konnte.

»Danke, Vater«, ging es Miluscha wiederholt durch den Kopf, während sie Kartoffeln schälend immer wieder über das Erlebnis dieses Vormittags nachdachte und staunte.

Am Abend bekamen einige der Frauen Reisepapiere und die Nachricht, dass sie am nächsten Vormittag mit der Eisenbahn nach Hannover fahren konnten und von dort weiter in Richtung Hamburg. Andere mit derselben Fahrtrichtung mussten noch warten. Die Gründe dafür wurden nicht mitgeteilt. Zu denen, die sich gedulden mussten, gehörten auch Miluscha und Liesbeth. Man sei noch dabei herauszufinden, wie sie am günstigsten nach Bad Pyrmont kämen, wurde ihnen gesagt. Aber die Nachrichtenübermittlung sei in diesen wirren Zeiten ein knappes Dreivierteljahr nach Kriegsende noch sehr schwierig. Sie müssten halt weiter warten, und hier seien sie ja gut aufgehoben und versorgt.

Draußen war es inzwischen kälter und feuchter geworden. Der Himmel kündigte Schnee an. Bei solchem Wetter in möglicherweise kalten Zügen zu sitzen, auf zugigen und feuchten Bahnhöfen zu stehen und auf Anschlusszüge zu warten, war keine angenehme Aussicht. Dann lieber noch hier im trockenen und wenigstens einigermaßen warmen Schulraum bei ausreichender Versorgung und in guter Atmosphäre aushalten, bis die Wege geebnet waren und es geordnet weitergehen konnte.

Um sich die Zeit zu vertreiben, wurden einige Frauen recht erfinderisch. Papier gab es im Haus, um Spielfelder aufzuzeichnen, farbige Papierschnitzel wurden zu Spielfiguren, und einen Würfel hatte irgendjemand in seinem Gepäck. So wurde bei spärlichem Licht »Mensch ärgere dich nicht« gespielt, »Mühle« und »Dame«. Miluschas Frohnatur hob noch die Stimmung, und manche Frau vermochte sich doch wieder ein Lächeln abzuringen.

Mitten im Spiel fing plötzlich irgendeine Frau an, ein Lied zu summen, ein Volkslied von Maiensehnsucht mitten im kalten Winter. Anderen fiel zur Melodie der Text ein, und so sangen die Frauen, die es konnten, nach der Melodie von Wolfgang Amadeus Mozart:

»Komm, lieber Mai, und mache
die Bäume wieder grün
und lass uns an dem Bache
die Veilchen wieder blühn ...«

Ja, das war's. Wenn es doch nur bald Mai würde, natürlich im übertragenen Sinn. Mai stand für bessere Zeiten, für Heimat, für Wiedersehen, für Genesung der Seele, für ... Wer weiß, wofür noch?

Nach der einen Liedstrophe, die anderen waren dann doch nicht mehr in den Köpfen, wurde es still im Raum, ganz still. Aller Gedanken waren wohl irgendwo weit weg bei denen, die fehlten, bei dem, das verlassen werden musste, bei dem, das noch nicht erreicht war, bei ...

Wie lange war es wohl so still im Raum? Wer hatte schon das rechte Empfinden für die Zeit? Und wer hätte schon auf eine Uhr schauen können? War es nicht längst Schlafenszeit geworden? Schliefen nicht einige auch schon?

Mitten hinein in die große Stille des Abends in diesem Schulhaus-Notquartier sprach plötzlich die Stimme der Frau, der die Russen nach ihrem eigenen knappen Bericht und nach dem Empfinden aller wohl am übelsten mitgespielt hatten, die Worte des 23. Psalms:

»Der Herr ist mein Hirte, mir wird nichts mangeln.
Er weidet mich auf einer grünen Aue und führet mich
zum frischen Wasser.
Er erquicket meine Seele; er führet mich auf rechter Straße
um seines Namens willen.
Und ob ich schon wanderte im finstern Tal,
fürchte ich kein Unglück;
denn du bist bei mir, dein Stecken und Stab trösten mich.
Du bereitest vor mir einen Tisch im Angesicht meiner Feinde.
Du salbest mein Haupt mit Öl und schenkest mir voll ein.
Gutes und Barmherzigkeit werden mir folgen mein Leben lang,
und ich werde bleiben im Hause des Herrn immerdar.
Amen!»

»Amen!« wiederholten einige der Frauen leise, unter ihnen auch Miluscha und Liesbeth. Dann war wieder Stille, als getraute sich niemand, die entstandene Atmosphäre durch irgendeinen dann wohl höchst irdischen und unpassenden Beitrag zu zerstören. Nur das ein oder andere schwere Atmen oder Naseschniefen oder leise Schluchzen waren zu hören.

Welch ein Abschluss ihres Geburtstages!, musste Miluscha denken. Dann schlief sie über einem Dankgebet an den Vater im Himmel ein.

Der nächste Tag in diesem Helmstedter Schulhaus verging wie der erste und der übernächste nicht wesentlich anders. Nur dass einige Frauen inzwischen weitergereist waren. Andere Leute waren nicht dazugekommen. Von den englischen Soldaten, die auch im Gebäude untergebracht waren, war selten etwas zu hören. Die Truppe schien äußerst diszipliniert zu sein. Tagsüber waren die meisten von ihnen wohl auf irgendwelchen Patrouille-Fahrten oder -Gängen und abends hielten sie Ruhe. Der freundliche Roger und Lady Flower schauten einmal oder zweimal am Tag herein, um nach dem Rechten zu sehen.

Die wartenden Frauen waren sich weitgehend selbst überlassen. Aber niemand wollte den ganzen Tag mit Spielen zubringen. Das Singen war wohl ein einmaliges Ereignis ohne Wiederholung gewesen. Zum Hinausgehen lud das Winterwetter nicht ein. Es hatte zu schneien begonnen und seit Stunden nicht aufgehört. Die wachsende Schneedecke schluckte nahezu alle Geräusche, die sonst von draußen hereingedrungen waren.

Das Warten wurde doch allmählich zur Geduldsprobe, auch für Miluscha und Liesbeth. Wenn es doch nur irgendwie weiterginge. Sie wollten doch nach Bad Pyrmont und nicht in dieser Stadt hängen bleiben. Irgendwie musste doch dort hinzukommen sein! Das mussten die freundlichen Gastgeber doch herausfinden können.

Am Abend kam dann Bewegung in die Sache. Nach dem Essen traten der schwarze Lieutenant und sein Übersetzer herein. Roger hielt einige Papiere in der Hand. Die Frauen erhoben sich von ihren Plätzen und schauten den beiden gespannt entgegen. Wer würde morgen weiterreisen dürfen? Wer musste sich weiter gedulden?

»I come to say good-bye. It's your last night here. You will get your documents to reach your destinations.«

Roger übersetzte: »Der Lieutenant verabschiedet sich von Ihnen. Es kommt Ihre letzte Nacht hier. Sie bekommen die Dokumente, mit denen Sie Ihre Ziele erreichen.«

Sofort kam Bewegung in die Frauen, und sie drängten sich um die beiden Männer. Wie sie sich alle freuten! Der schwarze Offizier gab jeder die Hand. »Have a good time and a good way. God bless you all.«

»Der Lieutenant wunscht Ihnen gute Zeit und guten Weg und Gottes Segen fur alle«, gab Roger in seinem besonderen Deutsch wieder.

Zuletzt bekamen auch Liesbeth und Miluscha noch einmal die schwarze Hand gereicht. »You are nice girls. Keep yourselves decent and abide in the Lord Jesus Christ. In him you'll never be alone.«

Die beiden Mädchen schauten erst den Lieutenant und dann Roger an. Was hatte der Offizier ihnen mit auf den Weg gegeben? Roger wurde ein wenig verlegen, übersetzte dann aber doch, was sein Vorgesetzter gesagt hatte: »Ihr seid nette Mädchen. Haltet euch anständig und bleibt bei dem Herrn Jesus Christus. In ihm seid ihr nie allein.«

Für einen Moment wussten die beiden Mädchen nicht, wie sie auf diese Worte reagieren sollten. Miluscha hatte sich als erste gefasst. Sie reichte dem Lieutenant noch einmal die Hand und machte sich zur Sprecherin für alle anderen. »Danke für Ihre guten Wünsche. Danke für Ihre Freundlichkeit und Ihre Hilfe und für die Freundlichkeit Ihrer Leute. Das hat uns allen sehr gut getan. Gott segne Sie auch dafür.«

Nachdem Roger seinem Vorgesetzten Miluschas Worte übersetzt hatte, verließ der den Raum. Der freundliche Soldat blieb und verteilte die Papiere. »Die englischen Dokumente brauchen Sie für englische Kontrollen«, erläuterte er noch und ging dann auch hinaus. Zu gerne hätte Miluscha den jungen Mann noch gefragt, wo er denn sein ausgezeichnetes Deutsch gelernt hatte. Schade, das musste leider Rogers Geheimnis bleiben.

Wie alle Frauen vertieften sich auch Miluscha und Liesbeth in ihre Papiere. Braunschweig, Hildesheim, Hameln lasen sie da als Städte auf dem Reiseweg, Ortsnamen, die Miluscha nie vorher gehört hatte. Wann und wo hätte sie sie auch hören sollen in ihrer nur dreijährigen Schulzeit im wolhynischen Nedbarewka oder auf ihren anderen Lebensstationen in der Ukraine und in Kasachstan?!

Dass jemand an ihren unterschiedlichen Pflichtjahrorten diese Städte erwähnt hätte, konnte sie sich auch nicht erinnern.

»Weißt du denn, wo die Strecke langgeht, Lissi?«, fragte sie ihre Kusine.

»Nur sehr ungenau«, gab diese zu. »Braunschweig ist eine alte Stadt, die was mit Heinrich dem Löwen zu tun hat.«

»Wer war das denn?«

»Das war irgend so ein Sachsenherzog, der die Stadt vor, vor ich glaube ungefähr 800 Jahren gegründet hat.«

»Und gibt es die Stadt denn nach dem Krieg noch?«

»Muss ja, wenigstens den Bahnhof muss es noch geben, sonst könnten wir da ja nicht umsteigen.«

»Hast Recht, Lissi. Dumme Frage von mir. Weißt du was über das Heim von der Hilde, Hildesheim?«

»Das ist auch so eine alte Stadt, ich glaube, sogar älter als Braunschweig. Die muss im Krieg aber ziemlich zerdeppert worden sein, habe ich mal irgendwo gelesen oder gehört.«

»Aber einen Bahnhof scheinen die da noch zu haben, denn dort müssen wir auch umsteigen.«

»Richtig. Und in Hameln muss der Bahnhof auch funktionieren. Da müssen wir nämlich noch einmal umsteigen.«

»Hat die Stadt nicht irgendwas mit Ratten zu tun?« Miluscha schüttelte sich bei dem Gedanken an dieses Ungeziefer. Wenn sie irgendwelche Tiere nicht leiden konnte, waren es Ratten.

»Du bist wirklich ein kleines Dummerchen, Miluscha. Die Geschichte vom Rattenfänger in Hameln kennt doch jedes Kind.«

»Glaubst du!?«, gab Miluscha ein wenig pikiert zurück. »Ich kenne sie jedenfalls nicht. Noch nicht. Ich werde sie aber kennen lernen, versprech ich dir. Im Bücherschrank bei Vater Schmidt steht sicher ein Buch, in dem ich die Geschichte nachlesen kann.«

»Du wirst noch vieles nachlesen müssen«, schob Liesbeth ein wenig spitz nach.

»Und ob ich das tue, wenn ich die Gelegenheit kriege. Und jetzt spiel dich nicht weiter auf, weil du schlauer bist als ich. Dabei bist du gar nicht viel schlauer. Du weißt nur mehr, weil du ja auch in die Schule gegangen bist, wozu ich nicht die Möglichkeit hatte. Außerdem warst du noch nicht in Moskau und nicht in Karaganda, bist noch nicht mit Rindvieh im gleichen Wagen gefahren und hast auch noch nicht auf einem Trampeltier gesessen.«

»Nun sei doch nicht gleich beleidigt«, versuchte die Kusine zu besänftigen.

»Ach, lass mich jetzt in Ruh, sonst bin ich wirklich beleidigt«, gab Miluscha zurück und warf dabei ihren Wuschelkopf in den Nacken.

»In Ordnung, meine Liebe«, gab Liesbeth nach, »gehen wir schlafen. Morgen geht's auf die Reise, Vater Schmidt entgegen.«

»Das wird sicher wieder ein Abenteuer, bis wir endlich in Bad Pyrmont ankommen.«

Bald danach war im Raum nur noch das gleichmäßige Atmen der Schlafenden zu hören.

Reiseabenteuer

»Wo soll es hingehen, meine Damen?« Der Bahnbeamte musste gegen den Lärm anschreien, den die vielen wartenden Menschen und die fauchenden und zischenden Ventile der Waggons und der großen Lokomotive am Anfang des langen Zuges verursachten. Es schneite, und der Beamte sah lustig aus mit dem Schneehäubchen auf der roten Mütze.

»Nach Bad Pyrmont«, gaben die beiden Mädchen fast gleichzeitig Auskunft.

»Da sind Sie am richtigen Zug. Der geht aber erst einmal nur bis Hildesheim. Da müssen Sie umsteigen. Aber sehen Sie zu, dass Sie bald einen Platz in einem Abteil kriegen. Sonst nehmen wir Sie nicht mit. Das Fahren auf den Trittbrettern ist verboten.«

»Danke, wissen wir. Es wäre uns auch zu kalt und zu nass draußen.« Miluscha fasste ihre Kusine bei der Hand und zog sie durch die wartende Menschenmenge auf dem Bahnsteig hinter sich her am Zug entlang. Die Abteile, in die sie hineinschauen konnten, waren alle dicht besetzt. Wo die Leute nur alle hinwollten? »Wir müssen noch weiter nach vorne«, drängte Miluscha, »da ist vielleicht noch Platz.«

»Nach Braunschweig und Hildesheim einsteigen und die Türen schließen. Vorsicht bei der Abfahrt des Zuges. Zurücktreten, bitte!«, krächzte es aus den Lautsprechern.

»Noch nicht, wir sind noch nicht drin!«, schrie Liesbeth zurück, als ob sie dadurch den Zug aufhalten könnte.

»Aber gleich«, beruhigte Miluscha ihre Kusine. »Da vorne scheint noch Platz. Da stehen noch zwei Türen offen. Schnell rein da!»

Tatsächlich, in der Mitte des ersten Wagens hinter der jetzt pfeifenden Lok gab es noch Platz in einem Großraumabteil. Aber auch nur noch für sie beide, wenn sie sich denn abwechselnd auf den Schoß nahmen oder wenn die Menschen im Abteil noch dichter zusammenrückten. Ob das überhaupt noch ging und ob die dazu bereit waren? Für eine weitere Person war in diesem Raum jetzt sicher kein Platz mehr. Ein Glück, dass die zurückbleibenden Menschen andere Reiseziele hatten.

»Das hätten wir«, atmete Liesbeth erleichtert auf und klopfte sich den Schnee vom Mantel. »Gott sei Dank!«, ergänzte Miluscha ebenso aufatmend, drückte sich auf den letzten freien Platz in die Fensterecke und nahm Liesbeth auf ihren Schoß. »Herr Lokführer und Herr Heizer, Sie können abfahren.«

Als hätten die beiden das gehört, ließen sie die Maschine noch einmal ein lautes, durchdringendes Pfeifsignal von sich geben, dann setzte sich der Zug stampfend und puffend, ächzend und stöhnend langsam in Bewegung. Miluscha schloss die Augen. Im Westen! In der Freiheit! Endlich im Zug und unterwegs nach Bad Pyrmont und bald bei Vater Schmidt und seiner Frau Direktor! Die weitere Zukunft würde sich ergeben.

»Lissi-Kusinchen, weißt du eigentlich, wie gut wir es in diesem Augenblick haben?«, fragte Miluscha nach einer Weile, als die Fahrgeräusche des Zuges in einen gleichmäßigen Rhythmus übergegangen waren und nur durch ein gelegentliches Pfeifsignal der Lok übertönt wurden. Im Abteil hatte jeder der etwa zwanzig Fahrgäste auf den schmalen Holzbänken die ersten Fahrtminuten seinen eigenen Gedanken nachgehangen. Jetzt merkten einige doch auf, was die beiden miteinander reden würden.

»Wie meinst du das?«, wollte Liesbeth wissen.

»Na, denk doch mal nach, Lissi. Jeder Kilometer bringt uns weiter von den Russkis weg. Die holen uns nicht mehr aus dem Zug, und jede Minute vergrößert den Raum unserer Freiheit.«

»Du hast Recht, Miluscha. Aber genau das hatte ich eben im Kopf. Ob da jemand wohl den Zug wieder anhält und uns in eine Scheune sperrt und dann zur Befragung in ein Büro holt?«

»Daran musst du jetzt nicht mehr denken, Liebes. Das ist endgültig vorbei. Die Engländer von der Grenze waren prima Leute. Und unser Zug hat englisches Begleitpersonal. Die passen auf uns auf. Du musst nach vorne sehen.«

»Aber weißt du denn, was auf uns wartet?«

»Natürlich nicht. Aber ich weiß, dass Vater Schmidt auf uns wartet, und Frau Direktor.«

»Du kennst die beiden. Ich kenne sie nicht.«

»Du wirst sie kennen lernen. Wirst sehen. Du wirst es genau so gut bei ihnen haben, wie ich es hatte und sicher wieder habe.«

»Dein Wort in Gottes Ohr.«

»Genau das, Lissi. Auch in Bad Pyrmont gilt, was mein Vater beim Sterben noch gesagt hat: ›Sorgt nicht, sorgt nicht, für euch wird gesorgt. Der Vater im Himmel bleibt!‹ Gott ist schon da, wo wir hinkommen. Glaub mir's.«

»Ich werd's noch lernen, Miluscha. Aber schau mal. Sieht das nicht herrlich aus da drüben?« Liesbeth hatte das beschlagene Fenster abgewischt, und der Blick nach draußen wurde frei. In der Morgensonne sahen sie die Winterlandschaft im Vorland des Elmrückens wunderbar leuchten. Auch die anderen Fahrgäste begannen jetzt Gespräche untereinander, und bald erfüllte eine fast heitere Atmosphäre das Abteil, in dem bald einer dem anderen Episoden seiner Geschichte erzählte. Was gab es doch für Lebensschicksale, und mancher Reisende konnte auch dunklen Wegen noch Freundliches abgewinnen.

Der Zug fuhr zwar langsam, kam aber doch stetig vorwärts. Immer wieder einmal hielt er in einem Bahnhof an, aber nur wenige Leute stiegen aus oder ein.

»Hat dieser Ort etwas mit Martin Luther zu tun?«, fragte Miluscha, als der Zug im Bahnhof von Königslutter stand.

»Glaub ich nicht«, gab Liesbeth zurück, »der schreibt sich doch mit th und der Ort hier mit tt. Der von der Reformation war doch in Wittenberg, aber bestimmt nicht hier.« Miluscha hätte jetzt gerne nach Wittenberg gefragt, aber das konnte sie später immer noch.

In Braunschweig gab es einen längeren Halt, bei dem viele Leute den Zug verließen, aber sicher ebenso viele zustiegen. Was die für Gepäck bei sich hatten! Das war doch kein übliches Reisegepäck. »Die gehen sicher hamstern irgendwo auf dem Land«, erklärte Miluscha.

»Hamstern?«, fragte Liesbeth.

»Wir haben das von Jesenich aus umgekehrt gemacht«, erklärte Miluscha, »wir sind mit Sachen von den Bauern nach Brandenburg oder nach Potsdam oder nach Berlin gefahren und haben sie getauscht gegen Sachen, die die Stadtleute loswerden wollten und die die Bauern gebrauchen konnten.«

»Dann machen die Stadtleute das wahrscheinlich umgekehrt.«

»Ich denke. Wir werden das sehen. Wenn die Leute auf den Dörfern aussteigen, dann hast du Recht.«

Liesbeth hatte Recht. Auf den Bahnhöfen zwischen Braunschweig und Hildesheim stiegen kaum Leute ein, aber viele stiegen mit ihren großen Taschen und Koffern aus. Also wahrscheinlich tatsächlich Hamsterer. An den Stationen vor Hildesheim war es umgekehrt. Hier stiegen mehr Leute ein als aus. Und die hatten ihre Taschen auch prall gefüllt.

Irgendwo hinter Lengede blieb der Zug dann unerwartet auf freier Strecke mit quietschenden Bremsen und einige Male laut pfeifend stehen. In dem Fauchen und Zischen der Maschine waren Stimmen und Türenschlagen zu hören. Liesbeth, die inzwischen ihren eigenen Platz Miluscha gegenüber hatte, erschrak aufs Heftigste. Sie wurde blass, und ihre Hände begannen zu zittern. »Was bedeutet das?«, fragte sie.

»Keine Bange, Lissi«, versuchte die Kusine zu beruhigen. »Das hat nichts zu bedeuten. Der Zug wird nicht in den nächsten Bahnhof können.«

»Und du meinst nicht ...?«

Miluscha ließ die Kusine nicht weiterreden. »Ich meine nicht!«, sagte sie sehr bestimmt. »Hier gibt es keinen, der uns aus dem Zug holt. Du wirst sehen, es geht gleich weiter. Ich schau mal raus.«

»Nein, lass das lieber!«, wollte Liesbeth sie zurückhalten. Aber Miluscha hatte die Abteiltür bereits geöffnet. »Kein Mensch zu sehen außer dem Zugpersonal. Weiter hinten stehen ein paar Männer. Ein Soldat steht am Wagen hinter uns neben dem Zug, und ein Schaffner steht auf dem Trittbrett. Die kommen sicher gleich auch bei uns rein. Und vorne steht ein Signal auf Halt. Kannst ganz beruhigt sein, Lissi.«

Die Ärmste atmete tief durch. »Ich hab die Scheune halt immer wieder vor Augen«, versuchte sie ihren Schrecken zu begründen.

»Ich glaub dir's, Lissi«, nahm Miluscha das Mädchen kurz in den Arm, »aber du brauchst wirklich keine Angst mehr zu haben.«

Richtig ruhig wurde Liesbeth erst, als sich der Zug nach einer schier endlos erscheinenden Wartezeit wieder in Bewegung setzte und die Zugbegleiter ins Abteil kamen, ein kleiner, runder deutscher Schaffner mit lustigem Schnauzbart und ein langer, dürrer englischer Soldat. Sie kamen während der Fahrt über die Trittbretter. Ob das nicht gefährlich war? Aber der Zug war ja nicht schnell. Und die durften das wohl auch.

Die Reisenden mussten ihre Fahrscheine und sonstigen Ausweisdokumente zeigen. Der Engländer schaute nur stumm in die Papiere, der deutsche Schaffner fragte hier und da nach dem Woher und Wohin und vereinzelt auch nach dem Inhalt des Gepäcks.

»Sie wollen nach Bad Pyrmont?«, sprach er die Mädchen an.

»Wollen wir«, meinte Liesbeth, die sich wieder gefangen hatte. »Dann müssen wir doch in Hildesheim umsteigen oder?«

»Nein, Fräulein, Sie brauchen nicht auszusteigen. Wir hängen in Hildesheim zwar ein paar Wagen ab. Aber die vorderen fahren bis Elze. Da erst müssen Sie umsteigen. Wenn's klappt, können Sie am Nachmittag auf der alten preußischen Staatsbahnstrecke Hannover-Altenbeken weiterfahren. Und dann sind Sie noch am Abend in Bad Pyrmont.«

»Ist ja prima«, freute sich Miluscha, »einmal weniger umsteigen heißt, dass wir schneller am Ziel sind.«

»Wenn die Strecken frei sind, wird es so sein.«

»Und sind sie frei?«, wollte sie wissen.

»Das kann man nicht genau sagen«, dämpfte der Schaffner die Vorfreude ein wenig. »Manchmal stehen die Züge länger vor der Weserbrücke hinter Hameln. Da wird gebaut und repariert. Das hält schon mal auf. Auch an anderen Stellen der Strecke wird gebaut. Aber besser später ankommen als überhaupt nicht.«

»Das ist richtig«, mussten die beiden Mädchen lächelnd zugeben. Es kam ja auch nicht unbedingt auf die Stunde an. Vater Schmidt wusste ohnehin nicht, wann sie ankommen würden.

Dann war Hildesheim erreicht. Viele Leute verließen hier den Zug und nur wenige stiegen ein. Miluscha und Liesbeth blieben allein in ihrem Abteil. Sie öffneten auf beiden Seiten die Fenster, um hinauszuschauen und frische Luft hereinzulassen. Es war im vollen Abteil doch recht stickig geworden. Der Wind stand so, dass er die Rauchfahne aus dem Schornstein der Lokomotive vom Wagen fernhielt. Tief atmeten die beiden die frische Winterluft ein.

»Hier hat der Krieg ganz schön zugeschlagen«, stellte Liesbeth fest, die auf der einen Seite aus dem Fenster sah. »Das wird lange dauern, bis das hier wieder aussieht wie eine Stadt.«

»Ja, die Ruinen sehen wirklich schlimm aus«, bestätigte Miluscha auf der anderen Seite, »man könnte weinen.«

»Ob hier auch viele Menschen umgekommen sind?«

»Bestimmt, wenn du siehst, wie kaputt das hier alles ist.«

»Und wozu das Ganze?«

»Das frag ich mich schon lange. Aber es gibt in der Welt wohl immer wieder so größenwahnsinnige Leute, die Kriege anzetteln, weil sie meinen, sie müssten die halbe Welt für sich erobern.«

»Dabei kommt es denen auf ein paar Tausend Menschen nicht an.«

»Ein paar Tausend? Das sind sicher Millionen, die in dem Krieg ihr Leben gelassen haben.«

»Millionen? Glaubst du, so viele?«

»Ich weiß nicht. Irgendwann wird man es in den Büchern lesen, wenn sie denn überhaupt alle gezählt werden können.«

»Glaubst du, man kann sie alle zählen und kennen?«

»Ich glaub's nicht. Aber es muss schlimm sein, wenn Familien nicht wissen, ob ihre Angehörigen tot sind oder ob sie noch irgendwo leben.«

»Wo dein Bruder Hugo wohl ist?«

»Hugo? Dass der lebt, wissen wir ja. Der ist irgendwo bei den Amerikanern in Gefangenschaft. Aber ich wüsste schon auch gerne, ob Georg, Waldemar und Olga noch leben und wo die sind.«

»Die hatten aber doch mit dem Krieg nichts zu tun.«

»Nicht direkt. Aber wer weiß denn schon, was Stalin mit den dreien angestellt hat? Der war doch genauso wie Hitler. Vielleicht sogar schlimmer. Wer weiß das schon? Vielleicht hat er die Jungen ja sogar gegen die Deutschen in den Krieg geschickt?«

»Aber die waren doch selber Deutsche.«

»Ob das den Stalin gestört hat? Den Hitler hätte das sicher nicht gestört. Wen der alles für seinen Krieg missbraucht hat, weiß kaum einer genau.«

»Und dass wir jetzt hier unterwegs sind und unsere Familien in Brandenburg darauf warten müssen, dass sie irgendwann in den Westen nachkommen können, das geht auch auf Hitlers Kappe.«

»Das muss man wohl so sagen. Wie Gott im Letzten Gericht mit dem umgeht, würde mich interessieren.«

»Lass uns von was anderem reden, Miluscha. Das ist alles so entsetzlich schlimm und traurig.«

»Du hast Recht, Lissi«, stimmte die Kusine zu, »schauen wir nach vorne und freuen wir uns auf das, was vor uns liegt. Und beten wir darum, dass unsere Familien bald wieder zusammen sind.«

Nach einer längeren Wartezeit – der Zug war inzwischen geteilt worden – kam der Aufruf zum Einsteigen und Türenschließen. Dann ging es bald weiter um den Hildesheimer Wald herum ins Leinetal. Auf dem kleinen Bahnhof Elze hieß es am frühen Nachmittag Aussteigen und Warten. In etwa einer Stunde sollte ein Zug von Hannover her kommen, der über Hameln nach Altenbeken fuhr. An der Strecke lag Bad Pyrmont. Das Reiseziel der beiden Mädchen war dann nur noch etwa eineinhalb Stunden entfernt. Wunderbar!

Miluscha und Liesbeth suchten auf dem Bahnsteig eine geschützte Stelle, um nicht dem scharfen Wind ausgesetzt zu sein, der über den offenen Bahnsteig fegte. Wie gerne hätten sie jetzt etwas Warmes zu essen oder zu trinken gehabt.

»Da müssen wir uns wohl gedulden, bis Frau Direktor uns zum Tee einlädt«, vertröstete Miluscha ihre Kusine mit ein wenig Spott in der Stimme.

»Notfalls brühen wir uns den Tee selbst, oder?«, meinte Liesbeth.

»Machen wir. Sie muss ja zumindest mir zeigen, wo sie den Tee aufbewahrt. Sie möchte ihn ja dann ab sofort von mir gebrüht haben.«

»Und was werden meine Aufgaben sein?«, wollte Liesbeth wissen.

»Dich hat Vater Schmidt doch für die Arbeit in seinem Verlagsbüro angefordert. Der zeigt dir schon, was du tun musst. Der alte Herr ist ein ganz lieber. Der hat so was Väterliches.«

»Aha, deswegen sagst du immer ›Vater Schmidt‹. Und die Frau Direktor, wie du die immer nennst?«

»Hm, die ist so ein kleiner Feldwebel. Immer Befehlston und immer dalli-dalli. Was du heute kannst besorgen, das verschiebe nicht auf morgen! Wenn ihr etwas nicht passt oder zu langsam geht oder nicht nach ihrer Vorstellung ist, dann kann sie ganz schön biestig werden. Aber das kenne ich ja schon von Lichterfelde her.«

»Das kann ja lustig werden.«

»Ach, das schaffen wir schon, Lissi. Aber schau, dahinten kommt ein Zug. Der meldet sich mit seiner Rauchfahne schon einmal an.«

»Ob das unserer ist?«

»Sicher doch. Was soll es sonst für einer sein?«

Es dauerte noch eine Weile, bis der Zug zischend und fauchend in den Bahnhof gerollt kam. Inzwischen hatte sich der Bahnsteig etwas stärker bevölkert. Mit diesem Zug wollten wohl doch mehr Leute weiterfahren, als das bisher den Anschein gehabt hatte.

Der Zug hielt mit quietschenden Bremsen. Ein blau uniformierter Bahnbeamter mit roter Mütze rief die Station aus: »Elze, hier Elze.« Die beiden Mädchen griffen ihre Rucksäcke. »Wo Leute aussteigen, gibt es Platz. Steigen wir also ein.« Liesbeth erklomm als erste das Abteil. Miluscha folgte ihr. Einige neugierige Augenpaare schauten ihnen entgegen. »Da sind ja auch mal junge Leute unterwegs. Willkommen die Damen«, begrüßte sie ein freundlicher älterer Herr, »wir haben genügend Platz für Sie.«

»Guten Tag und danke für die Einladung«, gab Miluscha den Gruß ebenso freundlich zurück, nahm den Rucksack ab und legte ihn nach oben auf die Gepäckablage. Liesbeth tat es ihr nach. Beide wollten sich gerade die Mäntel ausziehen und es sich gemütlich machen, als sie von draußen hörten: »Am Zug nach Alfeld, Einbeck, Northeim, Göttingen bitte einsteigen und die Türen schließen. Vorsicht bei der Abfahrt.«

Die beiden Mädchen fragten fast gleichzeitig: »Was hat der gerufen? Wo fährt der Zug hin?«

Der alte Herr gab die Antwort: »Nach Göttingen über Alfeld, Einbeck und Northeim.«

»Nicht nach Altenbeken?«, fragte Miluscha aufgeregt zurück.

»Nein, Altenbeken ist eine andere Strecke. Da sind Sie in unserem Zug falsch.«

»Lissi, rasch die Rucksäcke und raus hier!« Miluscha stieß die Tür auf, während der Zug sich bereits langsam in Bewegung setzte. Sie sprang mit einem Satz auf den Bahnsteig zurück und kam auch gut an. »Wirf die Rucksäcke runter und spring! Schnell!«, forderte sie die Kusine auf. Die warf die beiden Gepäckstücke auf den Bahnsteig und sprang auch. Dabei kam sie ein wenig unglücklich auf und fiel der Länge nach auf den Boden. Miluscha half ihr auf die Beine. »Ein Glück, dass Dampfloks nur langsam in Fahrt kommen. Hast du dir wehgetan?«

»Nee, ist gut gegangen.« Das Mädchen strich sich den Staub von Mantel, Rock und Pullover und knöpfte den Mantel wieder zu.

»Das wäre was geworden, wenn wir die Durchsage nicht gehört hätten.«

»Ja, wer weiß, wo wir dann gelandet wären und wann wir schließlich in Bad Pyrmont angekommen wären.«

»Die hätten den Zug aber auch ansagen können, dann hätten wir Bescheid gewusst.« Liesbeth war ein wenig ärgerlich auf den Rotbemützten, der den Vorfall entweder gar nicht bemerkt hatte oder sich nicht weiter darum kümmern wollte. Jedenfalls hatte er sich schon wieder vom Bahnsteig zurückgezogen.

Miluscha beruhigte die Kusine: »Hätten sie tun können. Haben sie aber nicht, meine liebe Lissi. Gott sei Dank sind wir beide heil, und wir haben unser Gepäck. Warten wir halt noch ein bisschen, bis der richtige Zug kommt.«

»Eigentlich auch ein bisschen schade, dass wir nicht ein Stück mit den alten Leutchen fahren konnten. Das wäre sicher interessant geworden«, meinte die dann wieder versöhnlicher.

»Dafür sitzen andere in unserem Zug, der hoffentlich bald kommt. Komm, wir gehen wieder in den Windschatten.«

Endlich kündigte sich der richtige Zug durch ein langes Pfeifsignal an. Vorsichtshalber erkundigten sich die beiden beim Bahnhofsvorsteher, oder was der mit der roten Mütze auch immer war, ob dieser Zug sie denn nun nach Bad Pyrmont bringen würde. Die Bestätigung hörten sie gerne, und einen Platz in einem wenig besetzten Abteil fanden sie auch. Endlich ging es dem Ziel zu.

Aber dann waren sie beide doch tatsächlich eingeschlafen. Von den winterlichen Hügeln und Tälern des Weserberglandes hatten sie nichts mitbekommen. Ganz erschrocken wurden beide schließlich wach, als das auf Dauer doch sehr ermüdende gleichmäßige Tak-Tak, Tak-Tak, Tak-Tak, Tak-Tak der Räder auf den Schienenstößen mal wieder unterbrochen war. Der Zug stand. Draußen war nichts mehr zu erkennen. Es war bereits dunkel geworden. Wo stand der Zug? Vor Bad Pyrmont oder dahinter? Hoffentlich das nicht.

»Wissen Sie, wo wir hier sind?«, fragte Miluscha ein wenig zaghaft die Mitreisenden im Abteil.

»Ich denke, kurz vor Pyrmont«, meinte jemand, »der Zug hat wohl keine Einfahrt in den Bahnhof.«

»Und Hameln ist wirklich vorbei?«

»Schon lange«, hieß die Antwort.

Ein zweiter Schreck durchfuhr die beiden Mädchen. Gerade jetzt ließ der Lokführer ein langes Pfeifsignal ertönen. Der Zug setzte sich wieder in Bewegung.

»Lissi, Mantel an. Gepäck runter. Fertig machen zum Aussteigen. Gott sei Dank, dass wir rechtzeitig wach geworden sind.« Miluscha wurde ganz aufgeregt und ihre Kusine nicht minder. Es waren tatsächlich nur noch wenige Minuten, bis der Zug wieder stand und eine Stimme die Station ausrief: »Bad Pyrmont, Staatsbad Bad Pyrmont.« Eilig stiegen die beiden Mädchen aus, damit sie ja nicht ...

Auf dem Bahnsteig fielen sie sich erst einmal um den Hals: »Hurra, wir sind da! Gott sei's getrommelt und gepfiffen! Hurra, wir sind am Ziel! Vater Schmidt, wir kommen!«

Dann setzten sie ihre Rucksäcke auf, fassten sich an den Händen und strebten fröhlich dem Zentrum des Städtchens zu. Irgendwo in der Nähe des Kurparks war das Wohn- und Bürohaus des Verlages Rudolf Schmidt sicher zu finden, ehe es denn gänzlich Nacht wurde. Und es würden ja wohl auch noch Leute unterwegs sein, die ihnen den Weg zeigen konnten.

Als Hausmädchen in Bad Pyrmont

Die Bahnhofstraße hatte schier kein Ende genommen, und der Weg in die Straße Am Hylligen Born war doch recht lang geworden. Die wenigen Straßenlaternen vermochten ihre Umgebung nur spärlich zu erhellen. Schilder waren kaum zu lesen. Freundliche Passanten hatten Miluscha und Liesbeth weitergeholfen, wenn sie wieder einmal unschlüssig an einer Straßenecke gestanden hatten mit der Frage, ob es denn rechts oder links weiterging. Aber jetzt hatten sie ihr Ziel erreicht.

Ein wenig außer Atem und mit klopfenden Herzen standen die beiden Mädchen vor der Villa mit der Hausnummer 6. Im ersten Stock brannte Licht. Neben dem Eingang konnten sie im fahlen Schein der Straßenlampe ein Schild erkennen mit der Aufschrift: »Rudolf Schmidt und Co. – Literaturverlag«.

»Wir sind richtig, Lissi«, freute sich Miluscha, »gleich lernst du sie kennen, den Vater Schmidt und seine Frau Direktor.«

»Gibt es eine Klingel oder müssen wir klopfen?« Liesbeth suchte die Wand ab, fand aber keine Klingel.

»Da ist ein Klopfer an der Tür. Den darfst du mal betätigen, Lissi.«

Die Kusine klopfte, und schon bald wurde Licht im Treppenhaus gemacht. Die beiden konnten durch die Scheiben der Tür sehen, dass jemand kam, um zu öffnen. »Es ist Vater Schmidt selbst«, flüsterte Miluscha und zupfte an ihrem Mantel und dem Russentuch, das sie sich um den Kopf gebunden hatte. »Bin ich auch ordentlich?«, fragte Liesbeth leise.

»Alles bestens«, bestätigte Miluscha.

Und dann stand Vater Schmidt in der weit geöffneten Tür.

»Emilie!« Der Verleger erkannte seine frühere und neue Mitarbeiterin trotz der winterlichen Vermummung im Dämmerlicht sofort wieder. »Und du musst Liesbeth Lohreder sein! Schön, dass ihr da seid. Welche Überraschung am Abend!« Der alte Herr reichte den beiden die Hände und schüttelte sie voller Herzlichkeit. »Kommt herein. Das trifft sich wunderbar. Wir wollten uns gerade zum Abendessen setzen. Ihr seid sicher hungrig und durstig. Kommt, ich gehe voraus.«

Oben wartete Frau Direktor mit huldvoll freundlichem Lächeln auf die Ankömmlinge. Miluscha ging als Erste auf sie zu und reichte ihr die Hand. »Guten Abend, Frau Direktor«, begrüßte sie ihre alte und neue Chefin brav. »Guten Abend, Emilie. Ich freue mich, dass ihr gut angekommen seid.« Mit einer gewissen Verlegenheit fügte sie an: »Aber nicht ›Frau Direktor‹, ›Frau Schmidt‹ genügt.«

Miluscha registrierte die Aussage mit freudigem Erstaunen. Ob die Frau sich geändert hatte?

Liesbeth schloss sich nun an: »Guten Abend, Frau Schmidt. Danke, dass ich mit Emilie herkommen konnte und bei Ihnen arbeiten darf.«

»Schon recht, aber die Arbeit beginnt, denke ich, doch erst übermorgen. Nicht wahr, Rudolf? Zunächst müssen die beiden sich wohl stärken und eingewöhnen und von den Reisestrapazen ausruhen.«

Rudolf Schmidt war offenbar mit der Großzügigkeit seiner Frau einverstanden. Miluscha wunderte sich erneut.

Wenig später hingen die Mäntel an der Garderobe und die beiden Mädchen konnten endlich eine Toilette benutzen und sich ein wenig frisch machen. Dann saßen sie mit den Schmidts und einigen Mitarbeiterinnen und Mitarbeitern des Verlags an einem Tisch. Das war in Berlin-Lichterfelde nie möglich gewesen, ging es Miluscha durch den Kopf. Schön, die Veränderung im Wesen der Frau Direktor. Da konnte die Zeit in diesem Haus gut werden.

Nach dem ausgedehnten Abendessen, bei dem die beiden Mädchen natürlich von ihren Erlebnissen während der langen Reise erzählen mussten, zeigte Frau Schmidt ihnen ihr Zimmer und wünschte ihnen eine gute Nacht. Sie sollten gerne am nächsten Morgen ausschlafen.

Welchen Luxus fanden die beiden vor! Richtige Betten, eigene Waschgelegenheit im Zimmer, einen Tisch mit kleinen Sesseln, einen Schrank für ihre Sachen und – Bücher in einem Regal.

»Schau, Lissi, hier sind Bücher!«, begeisterte sich Miluscha. »Ich kann lesen und lernen, damit ich bald soviel weiß wie du.«

»Aber nicht mehr heute anfangen, meine Liebe«, wies Lissi ihre Kusine mit gespieltem Ernst zurecht, »jetzt wird geschlafen!«

»Jawohl, Mama, ich gehorche. Ich liege ja auch schon im Bett und ich werde sofort schlafen!«, gab Miluscha mit ebenso gespieltem Gehorsam zurück. »Gott, wie bist du so gut! Herr Jesus, wie bin ich so dankbar!«, ging es ihr dann noch durch den Kopf und schon war sie eingeschlafen und befand sich in der Welt schönster Träume.

Am nächsten Morgen saßen die beiden Mädchen in aufgeräumter Stimmung mit ihren Arbeitgebern beim späten Frühstück und mussten weiter erzählen von den Erlebnissen ihrer Reise. Dann durften sie einen Bummel durch das verschneite Kurstädtchen machen.

Wie staunten sie bei dem, was sie alles vor die Augen bekamen in den Straßen und Parks der Stadt! Wie schön musste es hier erst sein, wenn die vielen Bäume und Sträucher der Alleen und Parks blühten und ihre grünen Kleider trugen. Da konnte man sich ja jetzt schon auf Frühling und Sommer freuen. Und wie verwunderten sie sich über die vielen Zeichen des Roten Kreuzes, die sie immer wieder auf Hausdächern entdeckten. Was das wohl zu bedeuten hatte? Ob es da eine Verbindung gab zu den vielen Menschen, fast ausschließlich Männern jeden Alters, die ihnen in den Straßen begegneten, mit Kopfverbänden, mit Armen in Schlingen und Tragegurten, an einer oder zwei Krücken gehend, Menschen, die der Krieg zu Krüppeln gemacht hatte. »Die ganze Stadt scheint ein riesiges Krankenhaus zu sein«, mutmaßte Liesbeth. »Die Schmidts werden uns das wohl erklären, wenn wir sie danach fragen«, war Miluscha sich sicher.

So erfuhren die beiden später, dass Bad Pyrmont während des Krieges durch einen Sonderstatus als Lazarettstadt von Angriffen und Bombardierungen verschont geblieben war. Dafür waren die Kurhäuser und Kuranlagen entsprechend eingerichtet worden. Deshalb auch die Rote-Kreuz-Zeichen auf den Dächern. Überfliegende Verbände mussten die Stadt doch von oben her erkennen können. Wegen der Sicherheit in Bad Pyrmont hatte Vater Schmidt auch seinen Betrieb nach hier verlegt, nachdem in Berlin Bomben die ersten Schäden an den Betriebsgebäuden angerichtet hatten und sich hier die Möglichkeit geboten hatte unterzukommen. Dafür arbeitete er auch mit seinen Leuten, von denen er einige aus Berlin mitgebracht hatte, für die Engländer, die in der Stadt eine Kommandantur unterhielten.

Die nächsten Wochen und Monate vergingen für die beiden Mädchen wie im Flug. Sie waren so beschäftigt, dass sie kaum noch Zeit hatten, ins Städtchen zu gehen oder im Kurpark zu flanieren und mit den jungen Männern zu scherzen, die mit dem wachsenden Frühling und steigenden Temperaturen immer häufiger und länger in den Parks und Anlagen anzutreffen waren.

Miluscha arbeitete wie seinerzeit in Berlin wieder im Haushalt der Familie, in die im Unterschied zu damals die Mitarbeiter eingeschlossen waren. Alle saßen bei den Mahlzeiten um denselben Tisch. Alle wohnten im selben Haus. Frau Schmidt war offen für die Anliegen aller Mitarbeiter. Hausfrau und Hausmädchen kamen sehr gut miteinander aus. Das war richtig schön und wohltuend für Miluscha.

Liesbeth hatte ihre Aufgaben im Büro als Mädchen für alles. Schreibarbeiten, Botendienste, Verpackung und Versand und die Sauberhaltung der Arbeitsräume wechselten sich ab. Es wurde ihr nie langweilig, es machte sogar Spaß, ihre Aufgaben allein oder mit den anderen Mitarbeitern zu erledigen.

Das Ehepaar Schmidt war sehr zufrieden mit den beiden Mädchen. Und die waren glücklich, hier zu sein in Freiheit, in ordentlichen Wohnverhältnissen, mit schlichten, aber regelmäßigen Mahlzeiten, nach denen ihnen nicht mehr der Magen knurrte.

Miluscha war zusätzlich glücklich darüber, dass sie Bücher hatte und lesen und lernen konnte. Je mehr sie las, desto schlimmer erschien es ihr, was sie alles nicht wusste. Ob das alles noch zu lernen war, was ein Schulkind gelernt hatte, wenn es aus der Volksschule entlassen wurde? Ob sie überhaupt die Gelegenheit haben würde, einen Schulabschluss nachzuholen und danach einen richtigen Beruf zu erlernen? Die Achtzehnjährige wünschte sich nichts sehnlicher als das. Aber nicht sorgen, sagte sie sich dann ein ums andere Mal. Wie Gott es führen würde, so wollte sie es schon annehmen. Und die Zeit hier in Bad Pyrmont nutzen, so gut es ging.

Wenn nur die Mutter und die Brüder auch in der Nähe sein könnten, ging es Miluscha immer häufiger durch den Sinn. Sie freute sich über jeden Brief und jedes andere Lebenszeichen, das aus Jesenich kam, wie sich Liesbeth über Post aus Fürstenwalde bei Brandenburg freute. Eigentlich sollten sie beide doch so eine Art Vorhut sein, um die Familien aus der russischen Zone in den Westen herüberzuholen. Warum tat sich da nichts?

Vater Schmidt war dieser Frage gegenüber zunehmend verschlossen. Er wollte offenbar immer weniger daran erinnert werden, dass das Hiersein der beiden Mädchen auch unter diesem Gesichtspunkt geplant und organisiert worden war. Welche Gedanken beschäftigten den guten Mann? Miluscha hätte es zu gerne gewusst. Irgendwann musste sich die Gelegenheit ergeben, dass sie mit ihm darüber offen sprach.

Die Gelegenheit kam im Sommer 1946. Bis dahin hatte Rudolf Schmidt immer Vertröstungen parat gehabt, wenn eins der Mädchen ihn auf den Nachzug der Familien angesprochen hatte. »Habt Geduld. Es tut sich was, aber das braucht noch ein bisschen«, hatte er immer wieder geantwortet. In den letzten Julitagen sagte der Verleger dann wie beiläufig beim Mittagstisch: »Emilie und Liesbeth, nehmt euch bitte für heute Abend nichts vor. Kommt um sieben in mein Büro. Ich möchte mit euch etwas besprechen.« Na, was würde das wohl sein? Die beiden waren sehr gespannt.

Als die drei dann abends zusammensaßen, hatte der Verleger einen Stapel Unterlagen vor sich auf dem Schreibtisch liegen, darunter auch einige Briefe.

»Ich habe euch beiden im Wesentlichen zwei Nachrichten mitzuteilen, eine gute und eine vielleicht weniger gute. Danach müssen wir darüber sprechen. Welche Nachricht wollt ihr zuerst hören?«

Miluscha und Liesbeth schauten sich an und zuckten mit den Schultern. »Was meinst du, Lissi?«

»Hm, vielleicht die schlechte zuerst. Mit der guten zuletzt kann man besser schlafen.«

»Gut, einverstanden.«

Vater Schmidt machte es spannend. »Also, ich teile euch mit, dass die Firma Rudolf Schmidt und Co. – Literaturverlag demnächst umzieht.«

»Wohin?«, kam es wie aus der Pistole geschossen von beiden Mädchen. »Aber doch nicht weg von hier?«, ergänzte Miluscha die Frage.

»Doch, weg von hier.«

»Nun spann uns doch nicht so auf die Folter, Herr Direktor«, ging es Miluscha durch den Kopf. Und dann kam es heraus: »Die Firma geht wieder zurück an ihren alten Platz nach Berlin-Lichterfelde.«

Die beiden Mädchen erschraken aufs heftigste und sprangen gleichzeitig von ihren Stühlen an den Schreibtisch. »Nein, das kann nicht wahr sein!«, entfuhr es Miluscha. Liesbeth fragte entsetzt: »Und was ist mit uns?« »Und was ist mit unseren Familien?«, wollte Miluscha wissen.

»Langsam, ihr beiden«, versuchte Rudolf Schmidt zu beruhigen. »Ich verstehe eure Aufregung gut. Aber ihr wolltet die schlechte Nachricht zuerst hören.«

»Dann sagen Sie uns jetzt bitte die gute«, drängte Miluscha.

»Ihr beide fahrt in ein paar Tagen nach Lüdenscheid in Südwestfalen.«

»Das soll eine gute Nachricht sein?«, ereiferte sich Liesbeth.

Miluscha war etwas gelassener. »Ich glaube, ich ahne etwas.«

Die Mädchen hatten sich wieder hingesetzt und warteten voller Spannung auf die weiteren Ausführungen ihres Chefs.

»Also, in Lüdenscheid gibt es einen Prediger Hornmacher, den du kennst, Miluscha.«

»Und ob ich den kenne«, rief das Mädchen. »Den gibt's noch? Ich glaub's nicht! Aber Entschuldigung. Ich sollte Sie nicht unterbrechen.«

»Ist schon gut«, fuhr der Verleger fort. »Also, dieser Herr Hornmacher ist mit deinem Vater, Liesbeth, in postalischer Verbindung. Und er hat mir geschrieben, dass ihr beide nach Lüdenscheid kommen sollt. Er kann dort eure Familien zusammenführen. Einer von euch ist auch schon in Lüdenscheid.«

»Wer?«, platzte es aus beiden gleichzeitig heraus.

»Die Amerikaner haben deinen Bruder Hugo, liebe Emilie, nach Lüdenscheid entlassen, warum auch immer gerade in diese Stadt. Dort sind die beiden sich begegnet. Die kannten sich ja wohl auch von Wolhynien her.«

»Prediger Hornmacher ist Hugos und mein Taufprediger«, beeilte Miluscha sich zu erklären.

»Aber wovon sollen wir da leben?«, fragte Liesbeth.

»Also: Ihr beiden geht nach Lüdenscheid. Da hat eine evangelische Gemeinde einen großen Kindergarten, der zwei Helferinnen braucht, wenn die Sommerferien vorbei sind. Für diese beiden Helferinnen gibt es auch Wohnraum. Ähnlich wie hier bei uns, mit Familienanschluss. Bei wem, werdet ihr sehen.«

»Ja, aber ...«, versuchte Miluscha dazwischen zu kommen. Rudolf Schmidt ließ sich aber nicht unterbrechen. »Das passt jetzt alles sehr gut zusammen, als hätte die ganze Sache einen höheren Architekten. Ich habe euch hierher holen können, damit ihr bei mir arbeiten konntet und aus der russischen Zone heraus wart. Wir gehen mit der Firma zurück nach Berlin in den amerikanischen Sektor, und ihr brecht auf zu neuen Ufern in Südwestfalen. Das passt wirklich alles bestens zusammen. Und das war's, was ich euch sagen wollte.«

Für eine Weile wurde es still im Büro. Miluscha und Liesbeth schauten sich gegenseitig an, dann wieder ihren Chef. Sie wussten beide nicht so recht, wie sie mit ihren augenblicklichen Empfindungen umgehen sollten. Durften sie ihrer Freude lauten Ausdruck geben? Wie würde Herr Schmidt das aufnehmen, wenn sie sich über die Neuigkeiten laut freuen würden? War deshalb vornehme Zurückhaltung angebracht? Endlich fragte Miluscha, um die Spannung etwas zu lösen: »Und wann sollen wir reisen?«

»Ich denke, dass ihr Anfang August fahren könnt. Wann genau, das klärt sich. Wir werden bis Mitte August umziehen, und dann wird es gut sein, wenn ihr schon nicht mehr hier seid. Aber freut ihr euch denn gar nicht über die gute Nachricht?«

»Doch, doch«, beeilte Miluscha sich zuzugeben, »aber wir wollen doch nicht unhöflich sein. Wir sind doch gerne hier.«

»Macht euch darüber mal keine Gedanken. Ich denke, das muss alles so sein. Alles Ding hat seine Zeit, steht irgendwo in der Bibel. Auch eure Arbeit bei uns und unsere Firma in dieser Stadt. Also, ihr dürft euch gerne freuen über die Zukunft, die jetzt neu vor euch liegt. Ihr habt schon manches Abenteuer bestanden und werdet das neue auch bestehen. Wir haben euch gerne bei uns gehabt, aber wir lassen euch auch gerne weiterziehen. Wir selbst freuen uns auch alle, dass wir nach Berlin zurück können. Da waren wir und da gehören wir wieder hin. Also, ihr jungen Leute, geniert euch nicht und genießt den Abend mit den Neuigkeiten.«

Rudolf Schmidt erhob sich und kam hinter seinem Schreibtisch vor. Miluscha streckte ihm die Hand entgegen. »Danke, Herr Schmidt.« Ihre Stimme klang belegt. »Danke für alles. Sie waren so gut zu uns, wie ein Vater.«

»Es ist schon in Ordnung, Emilie. Warum, glaubst du, habe ich deinen Onkel damals gebeten, dich und Liesbeth hierher nach Bad Pyrmont zu schicken?«

Miluscha musste sich eine Träne abwischen, während ihre Kusine dem alten Herrn auch die Hand reichte, um sich für alle Freundlichkeit und Hilfe zu bedanken.

»Können wir noch ein paar Schritte durch den Kurpark ...«, fragte Miluscha beim Rausgehen.

»Selbstverständlich könnt ihr noch gehen. Genießt den schönen Sommerabend. Ich brauche euch heute nicht mehr. Und morgen ist ein neuer Tag.«

Wenig später wunderten sich die Menschen, die auch den lauen Sommerabend genießen wollten, über zwei junge Mädchen, die sich singend und tanzend in ansteckender Ausgelassenheit über irgendetwas freuten. Mancher hätte wohl gerne den Grund erfahren, damit er sich hätte mitfreuen können.

»Soll ich dir sagen, was für heute in meinem Spurgeon steht?«, fragte Miluscha ihre Kusine, als die beiden dann endlich in den Betten lagen und das Mädchen noch in ihrem Büchlein las.

»Sag's, ich bin gespannt, ob das wieder passt wie so oft an besonderen Tagen.«

»Und wie das passt! Hör zu. Hier steht aus der Apostelgeschichte: ›Ich will euch die Gnade treulich halten.‹ Und in der Erklärung steht am Ende: ›Gottes Liebe, sein Wort und seine Treue sind gewiss. Viele Dinge sind fraglich, aber von dem Herrn singen wir: Alles Ding währt seine Zeit, Gottes Lieb' in Ewigkeit.‹«

»Haargenau«, musste Liesbeth bestätigen. »Gott macht schon

immer Maßarbeit. Da kann man nur staunen und danken. Ich bin gespannt, wie das demnächst alles weitergeht.«

»Ich bin's auch«, bestätigte Miluscha und machte dabei das Licht aus. »Aber ich bin sicher, dass Gott es so macht, wie es für alle richtig ist. Und jetzt schlaf gut und träum von der Arbeit als Kindertante.«

Ins märkische Jerusalem

Zehn Tage später saßen Miluscha und Liesbeth im Zug nach Altenbeken. Vater Schmidt und seine Frau hatten die beiden persönlich zum Bahnhof gebracht und sich herzlich mit den besten Wünschen von ihnen verabschiedet. Auch den beiden Mädchen war der Abschied schwer gefallen. Es war einfach eine schöne Zeit gewesen mit diesem Ehepaar und seinen Mitarbeitern in dieser ruhigen Kurstadt. Schade, dass die Zeit so kurz gewesen war. Schön aber auch, dass den beiden Mädchen Neues bevorstand. Die nächsten Tage und Wochen würden wieder spannend werden.

»Hier, lies mal.« Miluscha reichte der Kusine ihren kleinen Spurgeon, aufgeschlagen beim heutigen Datum, 6. August. Liesbeth las und geriet wieder ins Staunen über das, was da für heute zu lesen war, als wäre es für sie beide aufgeschrieben: »Siehe da das Land vor dir, das der Herr, dein Gott, dir gegeben hat; zieh hinauf und nimm's ein, wie der Herr, deiner Väter Gott, dir verheißen hat! Fürchte dich nicht und lass dir nicht grauen.«

»Wer hat das zu wem gesagt?«, wollte Liesbeth wissen.

»Weiß ich nicht«, musste Miluscha zugeben, »aber das ist mir auch jetzt egal. Ich nehm's, wie es da steht, einfach für mich selbst, und ich freu mich darüber, dass ich neues Land einnehmen darf und mich dabei nicht zu fürchten brauche. Und was denkst du?«

»Ich mach's genauso. Ich hab zwar ein bisschen Kribbeln im Bauch, weil ich ja außer Hugo niemanden kenne. Aber wenn das so ist, dass Gott immer Maßarbeit macht, dann gilt das auch für heute und für die nächsten Tage.«

»Und immer!«, bekräftigte Miluscha, steckte ihr kleines Buch wieder in die Tasche und betrachtete die langsam vorbeiziehende, sonnenbeschienene Hügel- und Tälerlandschaft des Weserberglandes und des Eggegebirges.

»Ist die Welt nicht schön, Lissi?«, fragte sie ihre Kusine, die ebenfalls sinnend und betrachtend aus dem Abteilfenster schaute.

»Wunderschön! Wenn es nur mehr Menschen gäbe, die miteinander und mit der schönen Welt vernünftiger und liebevoller umgingen.«

»Da liegt in der Tat das Problem«, bestätigte Miluscha. Dann hing jede der beiden ihren eigenen Gedanken nach.

Das Umsteigen in Altenbeken ging problemlos. Der Zug nach Hagen in Westfalen stand schon dampfend und zischend am Bahnsteig und fuhr auch bald ab. Die Landschaft wurde flacher und für die Mädchen langweiliger. Beide hatten keine Vorstellung, wo sie sich denn eigentlich befanden. Ortsnamen wie Paderborn, Salzkotten, Geseke, Lippstadt, Soest, Unna – Liesbeth konnte sich nicht erinnern, die Namen in der Schule gehört zu haben. Miluscha erst recht nicht. Wer hatte sich denn schon im wolhynischen Nedbarewka für Westfalen interessiert? Vielleicht die Kinder in den höheren Schulklassen, aber doch nicht in den ersten drei. Mehr Schuljahre hatte sie ja nicht erlebt, und davon noch eins russisch. Leider nicht!

Schade, bei Schmidts hatte kein Atlas oder ähnliches auf dem Regal gestanden. Vielleicht bekam sie ja in Lüdenscheid ein Erdkundebuch in die Hand, in dem sie auch etwas über Westfalen und die Städte an der Strecke nachlesen konnte.

In Hagen mussten die beiden Mädchen etwas länger auf die Abfahrt des Zuges warten. Aber auch hier ging es irgendwann los. Unweit hinter dem Bahnhof wurde es erst einmal dunkel. Der Zug fuhr durch einen Tunnel. Nicht einmal die Hand vor den Augen konnte man hier sehen. Dafür war es sehr laut, und der Rauch drang durch die Fensterritzen. Wieder im Freien atmeten die beiden Mädchen auf und öffneten erst einmal ein Abteilfenster. Jetzt lohnte es sich auch wieder mehr, nach draußen zu sehen, auch wenn der Himmel hier dunkel verhangen war. Aber hier gab es wieder Berge und Täler, Wälder und Felswände, kleine Dörfer, deren Häuser sich im engen Tal drängten. Dazwischen immer wieder kleine Fabriken, deren ziegelgemauerte Schlote sich weit nach oben streckten. Lange konnte das Fenster nicht geöffnet bleiben. Die Mädchen mussten es bald wieder schließen, denn es begann hereinzuregnen.

»Schade, dass der Himmel weint«, meinte Lissi.

»Der weint hier oft, meine Damen«, meldete sich der einzige weitere Fahrgast im Abteil zu Wort, ein älterer Herr mit Mantel, steifem Hut und Regenschirm am Arm, »in dieser Gegend bekommen die Kinder schon einen Regenschirm in die Wiege gelegt. Ich habe meinen schon seit vielen Jahrzehnten und habe ihn noch nie verloren oder irgendwo vergessen. Das Märkische Sauerland gehört zu den regenreichsten Gegenden im westlichen Deutschland, müssen Sie wissen.«

»Na, das kann ja heiter werden«, meinte Liesbeth mit einem leichten Seufzer.

»Nicht heiter, Lissi, nass!« Miluscha lachte. »Aber wir nehmen es, wie es kommt, mit oder ohne Schirm.«

»Zunächst sicher erst einmal ohne, meine Liebe«, gab Liesbeth zurück, »wir haben so ein Ding nämlich gar nicht.«

»Was nicht ist, kann ja noch werden«, lachte Miluscha wieder, »pass auf und zieh den Kopf ein, es geht wieder in einen Tunnel.«

»Das ist der letzte hier im Volmetal, dann gibt es noch einen Tunnel in der Stadt«, informierte sie der gesprächige Fahrgast in der Dunkelheit, »gleich kommt Brügge, und dann geht's hinauf nach Lüdenscheid.«

»Das bewältigen wir dann auch noch, oder müssen wir schieben?«, bemerkte Miluscha dazu.

»Sie machen vielleicht Scherze«, tat der alte Herr ein wenig beleidigt. »Bisher hat die Dampflok das immer noch ohne Hilfe geschafft.«

»Ob uns jemand abholt?«, fragte Liesbeth, als der Zug den Tunnel wieder verlassen hatte.

»Wenn nicht, finden wir die Börsenstraße auch allein.«

»Die ist auch nicht schwer zu finden«, mischte sich der andere Fahrgast wieder ein, »um diese Zeit gibt es zudem noch genug Leute auf den Straßen, die Ihnen weiterhelfen.«

»Hoffentlich nehmen die uns dann auch unter ihren Schirm«, lachte Miluscha wieder mit Blick auf die Regentropfen, die außen an der Fensterscheibe herunterliefen. Ihr war im Moment einfach zum Lachen, trotz der wachsenden Spannung, was sie gleich in Lüdenscheid wohl erwartete.

Wenige Minuten später durchfuhr der Zug den letzten Tunnel und hielt bald in seinem Endbahnhof an. »Lüdenscheid, Lüdenscheid! Bitte aussteigen, der Zug endet hier!«, tönte es aus den Bahnhofslautsprechern. »Auf, Lissi, nehmen wir das Land ein«, meinte Miluscha fröhlich. Die Kusine ergänzte: »Und das ohne

Furcht und Grauen.« Der Mann mit Mantel und Hut schüttelte den Kopf bei diesen Worten, die er nicht einordnen konnte, und stieg als erster aus.

»Sie haben Ihren Schirm vergessen«, rief Miluscha ihm nach und reichte das gute alte Stück nach draußen.

»Oh, Entschuldigung.« Der alte Herr kam ein paar Schritte zurück. »Einmal ist immer das erste Mal. Vielen Dank! Aber Sie beide junge Damen haben mich einfach irritiert. Entschuldigung! Auf Wiedersehen.« Immer noch kopfschüttelnd ging er rasch davon.

Dann standen die beiden Mädchen mit ihren bewährten Rucksäcken und einem Koffer auf dem Bahnsteig, der bald auch von allen anderen Reisenden verlassen war. Was nun? Erst einmal aus dem Regen und ins Gebäude und dann weitersehen.

In der Bahnhofshalle befanden sich nur wenige Leute, darunter einige in unbekannten Uniformen. Am Ausgang zur Stadt stand ein Mann in Mantel und Hut und mit Schirm am Arm.

»Du, Lissi, das ist Prediger Hornmacher. Der holt uns tatsächlich ab, aber er hat uns wohl noch nicht bemerkt. Komm, wir schleichen uns an.«

Miluscha nahm Liesbeth bei der Hand und zog sie mit. Im Rücken des Mannes blieben sie stehen. Miluscha räusperte sich laut und vernehmlich. Der Mann drehte seinen Kopf dem Geräusch zu, und dann schien ihm für einen Moment der Atem zu stocken. Ein Strahlen überzog sein Gesicht. »Emilie Beer! Miluscha!«, rief er aus. »Miluscha, Mädchen, endlich seid ihr da!« Mit spürbarer Freude und großer Erleichterung nahm er das Mädchen in die Arme. »Wie freue ich mich, dass wir uns hier begegnen. Und das ist deine Kusine Liesbeth, Tochter von Albert Lohreder. Herzlich willkommen im märkischen Jerusalem!« Der Prediger reichte Liesbeth die Hand. »Seit drei Tagen bin ich hier Stammgast unter den Wartenden an den Nachmittagszügen von Hagen her. Den belgischen Soldaten war ich allmählich verdächtig. Die haben mich schon dreimal kontrolliert, und auch gleich beim Rausgehen werden wir uns ausweisen müssen.«

»Belgische Soldaten?«, fragte Liesbeth. »Keine Engländer oder Amerikaner?«

»Nein, und schon gar keine Russen. Die Amerikaner haben in der Stadt eine belgische Einheit stationiert, die die öffentliche Ordnung mit kontrollieren soll. Nehmt schon mal eure Papiere.«

»Und wieso märkisches Jerusalem?«, wollte Miluscha wissen.

»Jerusalem, die Stadt auf dem Berge. Lüdenscheid liegt auf dem Berg; nach allen Seiten geht es hinunter, nach fast allen Seiten. Und der Begriff märkisch kommt von der früheren Grafschaft Mark und hat etwas zu tun mit der Geschichte und den damaligen Herrschern in der Region hier.«

Miluscha war zufrieden. »Danke für die Auskunft. Wenn man hier leben will, muss man das sicher wissen.«

Zwei Soldaten und ein deutscher Polizist stellten sich den dreien in den Weg und baten um die Ausweispapiere. Bei der Durchsicht fragten sie nach dem Woher und Wohin, nach dem Wohnplatz in der Stadt und nach einer Arbeitserlaubnis. »Wir haben Quartier in Dünnebrett außerhalb der Stadt, und die beiden Damen werden im Kindergarten der Freien evangelischen Gemeinde in der Börsenstraße arbeiten«, gab Prediger Hornmacher Auskunft. Die Kontrolleure waren zufrieden.

»Jetzt kommt ihr beiden, wir müssen zum anderen Zug, oder möchtet ihr lieber die nächste Stunde zu Fuß gehen?«

»Nein, bloß nicht«, kam es wie aus einem Mund. »Doch nicht bei solchem Wetter.«

»Also auf zum KAE-Bahnhof.«

Miluscha und Liesbeth schauten sich achselzuckend an und folgten der Aufforderung ihres Abholers. Wieder hinaus aus der Stadt? Der Prediger würde sie schon an den richtigen Ort bringen.

»Ist das ein putziges Bähnchen«, freute sich Miluscha, als die drei nach kurzem Weg durch die Stadt in einem Wagen der »Kreis-Altenaer-Schmalspur-EB-Gesellschaft« Platz genommen hatten.

»Dieses Bähnchen werdet ihr noch oft benutzen, wenn ihr hinauf in die Stadt zur Arbeit müsst und nicht die fünf Kilometer laufen wollt.«

»Wo bringt uns dieses putzige Bimmelbähnchen denn hin?«, fragte Liesbeth.

»Hast du das vorhin nicht mitbekommen? Wir fahren zum dünnen Brett, was auch immer das ist.«

Prediger Hornmacher musste bei diesen Worten Miluschas schmunzeln. »Also, wir fahren jetzt hinunter nach Dünnebrett. Das ist eine Arbeitersiedlung am Rande des Rahmede-Tals. Dort sind wir für eine Nacht alle drei im Quartier bei Konrad und Hannchen

Siepe. Das ist ein Ehepaar in den Dreißigern, das zur Gemeinde gehört. Ich wohne dort schon länger. Du, Miluscha, wirst dort auch für eine Weile wohnen können. Du, Liesbeth, ziehst morgen zurück in die Stadt ...«

»Oh, schade, dass wir uns trennen müssen!«, riefen die Mädchen.

»Es geht aber nicht anders, und ihr werdet euch dran gewöhnen«, gab ihr Begleiter zurück, »außerdem seht ihr euch doch täglich bei der Arbeit.«

»Aber wo ist Ihre Familie, Bruder Hornmacher?«, fragte Miluscha ein wenig erschrocken. »Ist die denn nicht bei Ihnen?«

Der Gefragte seufzte ein wenig auf: »Schön wär's. Die Russen haben meine Frau und die Kinder während meiner Abwesenheit bei Posen im Warthegau, wie das hieß, aufgegriffen und deportiert. Wahrscheinlich in die Gegend von Tomsk. Das liegt in Sibirien. Es ist mein Gebet, dass ich meine Lieben bald von dort herausbekomme.«

Die beiden Mädchen hätten gerne ihre Anteilnahme am Schicksal der hornmacherschen Familie geäußert, aber sie bekamen keine Gelegenheit. Der Prediger sprach sofort weiter, vielleicht, weil ihm diese Sache ohnehin Mühe machte.

»Aber jetzt weiter. Liesbeth zieht also ins Scheffel-Haus gleich neben der Gemeinde und dem Kindergarten. Die Scheffels haben ein Anstreichergeschäft, besser gesagt hatten, und gehören auch zur Gemeinde. Morgen gehe ich mit euch zu den Ämtern, bei denen ihr euch anmelden müsst und bei denen ihr möglichst bald die Anträge auf Zuzugsgenehmigung oder Familienzusammenführung stellen solltet.«

»Familienzusammenführung?«

»Klar, ihr wollt doch, dass eure Familien wieder zusammenkommen, oder nicht?«

In diesem Augenblick fuhr Miluscha in einem heftigen Schrecken zusammen, so dass die beiden anderen gleich fragten: »Was ist dir? Ist dir nicht gut?«

»Doch, doch«, beeilte sich das Mädchen zu antworten. »Wo ist Hugo? Er ist doch auch in Lüdenscheid, hat Vater Schmidt gesagt.«

»Du brauchst dir keine Sorgen zu machen, meine Liebe«, beruhigte Prediger Hornmacher sie, »du wirst Hugo bald sehen. Er ist für ein paar Tage in Wiedenest bei Bergneustadt, nicht sehr weit von hier, um sich dort die Bibelschule anzusehen. Dort möchte er im September seine Ausbildung zum Prediger beginnen.«

»Das ist gut.« Miluscha atmete hörbar auf. Es war ihr peinlich, nicht längst vorher nach ihrem älteren Bruder gefragt zu haben.

Ein paar Minuten später hieß es aussteigen. Zum Glück hatte es aufgehört zu regnen. »Da oben liegt die neue Siedlung Dünnebrett und rechts dort das alte Dorf Rathmecke.«

»Das geht ja steil rauf«, stöhnte Lissi, »da gerät man ja ins Schwitzen.«

»Nicht steiler als in Bad Pyrmont auf den Bomberg. Also stell dich nicht an«, wies Miluscha die Kusine zurecht.

Nach dem doch nicht so mühsamen Aufstieg aus dem Tal in die Siedlung wurden die drei herzlich von den Siepes empfangen und auch gleich zum Abendessen an den Tisch gebeten. »Wir haben zwar nicht das meiste anzubieten. Aber wenn Gott die Gaben segnet, werden wir alle satt werden.«

Die Mädchen mussten dabei wieder vieles aus ihrem Abenteuerleben erzählen. Und sie erfuhren auch einiges von ihren Gastgebern, zum Beispiel, dass Konrad Siepe aus dem Krieg zurückgekehrt war, ohne in Gefangenschaft gewesen zu sein, dass er Schneider war, dass er neben gelegentlichen Flickschneiderarbeiten mit seiner Frau gemeinsam Heimarbeit machte und für eine Fabrik Knöpfe, Schnallen und ähnliche Plastikartikel bearbeitete und dass die beiden in etwa einem Vierteljahr ein Kind erwarteten. Es sei zwar ein bisschen eng im Haus, aber der Platz reiche zurzeit schon aus für ein paar Leute mehr. Wenn dann einmal das Kind da sei, müsse man sehen. Und was der Garten bringe, reiche mit dem, was die einzelnen Personen auf ihre Lebensmittelkarten bekämen, auch aus. In diesen Zeiten müsse sich jeder ein bisschen einschränken, und das sei um Gottes Willen auch gar nicht schwer.

Am nächsten Morgen nahm Prediger Hornmacher die beiden Mädchen wieder mit hinauf in die Stadt. Er begleitete sie zu den verschiedenen Ämtern, damit das mit der Wohnberechtigung und Arbeitserlaubnis auch alles in Ordnung ging. Und damit sie erfuhren, wie sie die Anträge auf Zuzugsgenehmigung für Miluschas Mutter und Bruder sowie für Liesbeths Eltern und Geschwister ausfüllen mussten. Danach zeigte der Prediger den beiden Mädchen die Gemeinderäume in der Börsenstraße und den Kindergarten, in dem nach einer Pause morgen die Arbeit weitergehen sollte.

»Und warum gab es hier eine Pause?«, fragte Miluscha, die sich auf die neue Arbeit riesig freute.

»Das will ich dir erklären, meine Liebe, auch wenn es schon ein wenig merkwürdig ist und ihr das vielleicht nicht recht einordnen könnt.«

Die Mädchen schauten den Mann erwartungsvoll an. »Also, die Leiterin des Kindergartens ist Alice Scheffel, deine Gastgeberin, Liesbeth, unverheiratet, so um die fünfzig, ein warmherziger und verträglicher Mensch. Wir gehen anschließend zu ihr rüber. Alice gehört zur Freien evangelischen Gemeinde und war dennoch Mitglied in der Hitler-Partei, in der NSDAP. Wie das gehen konnte, weiß ich nicht. Aber ich habe das auch nicht zu beurteilen und noch weniger zu verurteilen. Alice muss sich jetzt wie viele Männer und Frauen in Deutschland einem so genannten Entnazifizierungsverfahren unterziehen.«

»Das ist ja ein Wort: Entnazifizierungsverfahren. Und was passiert da?«, unterbrach Miluscha die Rede des Predigers.

»Die Menschen, die der Partei angehört haben, müssen jetzt nachweisen, was sie als Parteimitglieder gemacht haben und wie sie heute über die NSDAP denken, ob sie heute immer noch die Gedanken und Parolen der Nazi-Partei vertreten.«

»Und wie ist das mit Frau Scheffel?«, fragte jetzt Liesbeth.

»Alice ist, so wie ich es von ihr selbst erfahren habe, Parteimitglied geworden, um der Gemeinde den Kindergarten zu erhalten. Wenn die Arbeit mit den Kindern von Parteileuten getan wurde, dann wurde nicht so genau kontrolliert, was denn da so im Einzelnen passierte. Eine echte Nazi ist Alice nie gewesen. Sie war Opportunistin, wie man solche Leute nennt, die sich um des eigenen Vorteils willen an irgendeine Sache anhängen. Nur ist es ihr nicht um ihren persönlichen Vorteil gegangen, sondern um den der Gemeinde und der ihr anvertrauten Kinder.«

»Von solchen Leuten hat es doch sicherlich viele gegeben«, vermutete Miluscha.

»Hat es sicher. Aber viele versuchen bei diesen Verfahren auch, die Tatsachen zu verschleiern. Sie geben nicht zu, wie aktiv sie in Wirklichkeit Hitlers Parolen vertreten haben. Da werden manche ihre Hände in Unschuld waschen, die in Wirklichkeit eine Menge Dreck daran haben. So sind die Menschen nun einmal. Sie schreien ›Hosianna!‹ oder ›Kreuzige ihn!‹, und wenn es darauf ankommt zu bekennen, haben sie weder das eine noch das andere auch nur gedacht. Aber Alice ist nicht von der Sorte, da bin ich mir sicher.«

»Wie lange dauern diese Verfahren zur Entnazifizierung?«

»Bis Alice wieder arbeiten darf, wird es sicher Winter werden. Bis dahin ist euch die Arbeit sicher.«

»Und wenn wir die nicht schaffen? Wir haben das doch gar nicht gelernt, mit Kindern umzugehen und dann gleich mit vielen«, zweifelte Liesbeth.

»Ach, mach dir da mal keine Gedanken. Ihr kriegt das schon hin, da habe ich keine Sorge. Da sind noch zwei andere Mädchen in eurem Alter. Und Alice ist ja auch noch da, wenn sie den Kindergarten auch nicht betreten darf. Sie macht halt so etwas wie eine Vorbereitung und Fernbetreuung über den Hof. Und jetzt lasst uns hinübergehen zu ihr ins Scheffel-Haus, wie die Leute hier in der Stadt sagen.«

Alice Scheffel begrüßte die drei Gäste sehr herzlich und lud sie zu einem Tee und ein wenig Gebäck in die Stube ein. Mehr könne sie nicht anbieten. Kaffee sei zurzeit in der Stadt kaum zu bekommen und die Zutaten für einen Kuchen auch nur begrenzt. Die Gäste waren es gerne zufrieden. Sie waren ja auch wegen des Kennenlernens gekommen und für den Gedankenaustausch über die Arbeit mit den etwa 150 Kindern.

»Hundertfünfzig Kinder?!« Miluscha und Liesbeth fuhr der Schreck in die Glieder und die Farbe aus den Gesichtern.

Alice Scheffel musste lächeln. Sie versuchte sofort, dieser Zahl den Schrecken zu nehmen. »Das hört sich schlimmer an, als es ist. Ihr werdet sehen, die Kinder sind sehr diszipliniert. Die hören aufs Wort und folgen euch in allem, was ihr von ihnen wünscht und verlangt. Die nehmen jedes Angebot gerne an und machen jedes Spiel mit. Es gibt genug Material und Spielzeug. Vorlesen, Geschichten erzählen und singen, das geht mit so vielen. Außerdem sind Hannelore und Bärbel auch noch da. Die kennen die Arbeit schon. Und wenn an jedem Tag ein paar Kinder fehlen, was die Regel ist, bleiben für jeden von euch etwa 35 Kinder, die zu betreuen sind.«

»Frau Scheffel, Ihr Wort in Gottes Ohr.« Liesbeth klang gar nicht fröhlich.

Miluscha aber wusste eine passende Antwort: »Da ist es schon.« Drei Augenpaare blickten das Mädchen erstaunt an. »Ja, Gott hat das Gebet um Hilfe für uns junge und ungeübte Kindergartentanten bereits erhört.«

»Wie sollen wir das verstehen?«, fragte Alice Scheffel.

»Das steht für morgen in den ›Kleinoden göttlicher Ver-heißungen‹ von Spurgeon.«

»Nun mach's mal nicht so spannend«, drängte Liesbeth, »und sag schon, was da steht, dass du meinst, Gott habe das Gebet schon erhört.«

»Da steht aus Jesaja: ›Der Herr wird mir helfen‹.«

»Hast du das Büchlein bei dir? Ich will wissen, was da in der Erklärung steht. Lies es vor, bitte«, verlangte die Kusine, die inzwischen schon häufig erlebt hatte, wie sich die jeweils angegebenen Gottesverheißungen erfüllten. Miluscha schlug den 8. August auf. »Es reicht, wenn ich die letzten paar Sätze lese. Hier steht: ›Sage auch du bei den Arbeiten und Leiden dieses Tages: ›Der Herr wird mir helfen!‹ Gehe kühn voran! Mache dein Angesicht wie einen Kieselstein und nimm dir vor, dass keine Schwäche noch Furcht dir nahekommen soll! Wenn Gott hilft, wer kann es vereiteln! Wenn du allmächtigen Beistands gewiss bist, was kann zu schwer für dich sein! Beginne den Tag freudig und lass keinen Schatten von Zweifel zwischen dich und den ewigen Sonnenschein kommen!‹«

In der Stube war es jetzt für ein paar Augenblicke so still, dass man eine Nadel hätte auf den Boden fallen hören. Jeder war wohl so sehr von diesem Text für den besonderen Tag beeindruckt, dass er kaum zu atmen wagte, geschweige denn etwas zu sagen. Schließlich sprach Prediger Hornmacher ein schlichtes, aber deutliches »Amen!«, und Alice Scheffel fügte an: »Also dann frisch und froh ans Werk, ihr beiden! Mit dieser Zusage Gottes wird es gelingen.«

»Es wird«, war sich Miluscha sicher und stand auf, um sich von Liesbeth und Alice Scheffel zu verabschieden.

Die verhinderte Kindergartenleiterin reichte ihr die Hand: »Auf Wiedersehen, Emilie. Seien Sie bitte morgen um acht Uhr hier zur Vorbesprechung des Tages. Hannelore und Bärbel sind dann auch hier, und Liesbeth bleibt ja sowieso hier im Haus. Die Kinder kommen ab halb neun. Übrigens werden die Kinder morgen längst nicht alle kommen. Viele Elternhäuser wissen noch nicht, dass der Kindergarten morgen wieder öffnet.«

»Das ist auch tröstlich. Aber sagen Sie bitte nicht Sie und Emilie zu mir, Frau Scheffel«, bat Miluscha, »das klingt so, so steif, ich weiß nicht. Ich mag das nicht gerne. Sagen Sie du und Milli oder Miluscha, wie die meisten Leute, die mehr mit mir zu tun haben.«

»Gerne, dann sage ich Milli, das gefällt mir. Das wird ein gutes Miteinander hier in der Börsenstraße.«

Miluscha und Prediger Hornmacher verließen das Haus. Liesbeth winkte ihnen vom Fenster aus nach. Beim Gang über den Hof zurück zur Straße begegneten ihnen ein älteres Ehepaar, das auffallend freundlich grüßte. »Das war unser Gemeindeleiter mit seiner Frau«, informierte der Mann, »die alten Scheffels, du wirst die beiden noch kennen lernen.«

Pünktlich um acht am nächsten Morgen saßen die vier jungen »Kindergartentanten« im Zimmer von Alice Scheffel und ließen sich den Plan für den Tag erläutern. Hannelore und Bärbel sollten den gemeinsamen Beginn gestalten mit Liedern und Kreisspielen, dann sollten sie vier Gruppen bilden für die freie Beschäftigung mit dem Spielzeug. Nach dem Frühstück in den Gruppen sollte es getrenntes Vorlesen und gegen Mittag eine biblische Geschichte wieder für alle Kinder geben. »Die zu erzählen ist Millis Aufgabe. Danach wäre für heute erst einmal Schluss. Morgen ist Freitag, und der hat auch noch ein verkürztes Programm. Erst am Montag werden die meisten Kinder wieder über Mittag hierbleiben können. Und auch erst für Montag kann Prediger Hornmacher die Speisung wieder organisieren.«

»Speisung?«, fragte Miluscha.

»Richtig, das wisst ihr ja noch nicht. Mittags gibt es für die Kinder eine warme Suppe, die das Deutsche Rote Kreuz in Zusammenarbeit mit dem Sozial- und Jugendamt der Stadt und mit der belgischen Kommandantur organisiert. Die Suppe wird in großen Kanistern hier angeliefert. Ihr müsst sie aufwärmen und dann verteilen. Hannelore und Bärbel wissen, wo Teller und Löffel sind und wie das alles geordnet abläuft.« Die beiden Helferinnen nickten zustimmend.

»Und nach dem Essen?«, fragte Liesbeth.

»Dann gibt es noch ein Programm für die Kinder, die dann noch da sind, meist nicht viel mehr als fünfzig.«

»Bis wann bleiben die da?«

»Die letzten Kinder sollten um halb fünf abgeholt sein. Dann machen wir bei mir eine kurze Nachbesprechung, und danach habt ihr Feierabend.«

»Dann werden wir sicher auch restlos alle sein«, stöhnte Liesbeth ein wenig auf.

»Ach, so heftig wird das gar nicht werden«, widersprach Alice Scheffel. »Ihr seid noch jung und könnt noch etwas leisten und ertragen. Ihr werdet sehen, es wird euch Spass machen, und ihr wollt nie wieder etwas anderes tun. Und jetzt rüber mit euch und an die Arbeit. Und denkt dran: Der Herr wird euch helfen!«

Der erste Kindergartentag verlief für Miluscha und Liesbeth gut und ohne Zwischenfälle und in groben Zügen auch nach dem vorgegebenen Plan.

Auch der Freitag, an dem schon wesentlich mehr Kinder von Müttern, einzelnen Vätern, von Großmüttern und Großvätern gebracht wurden, verlief gut. Manche von ihnen kamen auch nur mit, um zu sehen, wer denn die beiden neuen Helferinnen waren, von denen die Kinder zu Hause erzählten.

Die beiden Kusinen arbeiteten sich in den folgenden Wochen mehr und mehr ein. Liesbeth machten der Umgang und die Arbeit mit den Kindern einige Mühe, aber sie biss sich durch. Zum Glück hatte sie so gut wie gar keinen Weg zum Arbeitsplatz, also viel mehr Zeit zum Ausruhen.

Miluscha, ein offenkundiges Naturtalent für diese Arbeit, hatte es da nicht so einfach. Ihr Tag war durch die Bähnchenfahrt morgens herauf aus dem Rahmede-Tal und meist erst am frühen Abend wieder hinunter, um gut zwei Stunden länger. Aber das machte ihr nichts aus. Miluscha war glücklich, eine Aufgabe zu haben. Bei den Siepes war sie gut untergebracht und versorgt, sie hatte die Gelegenheit, die Veranstaltungen der Gemeinde zu besuchen und sogar manchmal hier und da mitzuarbeiten, zum Beispiel bei den Jungscharkindern. Nach wenigen Wochen erfuhr sie zudem, dass der Antrag auf Zuzugsgenehmigung für Mutter und Bruder beim zuständigen Amt befürwortet wurde und wohl auch bald genehmigt würde. Die zahlreichen Bittgänge des Mädchens zu den verschiedenen Behörden hatten sich gelohnt. Was wollte sie mehr!?

»Gott, wie bist du so groß! Herr Jesus, Heiland, wie bist du so gut!« Das waren Miluschas letzte Gedanken am Abend und ihre ersten Gedanken am Morgen. Dass sie Hugo inzwischen gesehen hatte und ihm auch immer wieder einmal begegnete, wenn er von Wiedenest aus am Wochenende nach Lüdenscheid kam, brachte zusätzliche Freude.

Auch die Nachricht, dass Liesbeths Antrag auf Zuzugsgenehmigung für ihre Eltern ebenfalls positiv beurteilt wurde, machte ihnen große Freude. Für die Kusine war es schwerer gewesen, den Wohnraum für die größere Familie zu bekommen. In Lüdenscheid standen jedem Bürger nach einer Verordnung der von den Militärs eingesetzten Verwaltung nur etwa elf Quadratmeter Wohnraum zu. Die Stadt war durch die Zuweisung von ausgebombten Familien aus dem Ruhrgebiet noch während des Krieges und durch den Zuzug von Flüchtlingen und Vertriebenen aus Gebieten im Osten, die einmal zu Deutschland gehört hatten, hoffnungslos überfüllt. Die Versorgungslage in der Stadt war tageweise sehr kritisch. Es war sogar die Rede davon, dass rund 2.500 Personen wieder ausgesiedelt werden und Wohnraum irgendwo im Regierungsbezirk Minden erhalten sollten. Zu begreifen war es kaum, aber umso schöner, dass Mutter Beer mit Erhard und Onkel Albert mit Familie bald kommen durften.

Karlchen Gerhardt

Vorher aber kam ein anderer. Es geschah an einem wunderschönen Septembernachmittag. Die Kinder aller vier Gruppen konnten draußen im Hof zwischen dem Gebäude der Gemeinde und dem Scheffel-Haus toben und spielen. Die vier Helferinnen hatten natürlich die Aufsicht über die quirlige Schar. Dennoch war dabei ein Schwätzchen erlaubt. Miluscha stand mit Hannelore in der warmen Sonne an der Wand des Gemeindehauses dem Nachbarhaus gerade gegenüber. Die beiden unterhielten sich über dies und das. Plötzlich brach Hanne, wie Miluscha die Kollegin nannte, mitten im Satz ab und es entfuhr ihr ein »Ach du dickes Ei!« Das sagte sie immer, wenn ihr etwas Besonderes in die Quere kam.

»Was ist los?«, wurde Miluscha neugierig.

»Schau mal über den Hof. Dieser junge Mensch da drüben hat es auf mich abgesehen.«

Am Scheffel-Haus, etwa zwanzig Meter entfernt, stand ein blonder Jüngling an die Hauswand gelehnt, zwar groß, aber schmal und etwa Anfang zwanzig. Der junge Mann schaute unentwegt zu den beiden herüber.

»Wer ist das?«, interessierte sich Miluscha.

»Das ist Karlchen. So heißt der hier bei allen. Karl Gerhardt heißt er genau.«

»Aber wer ist Karlchen?«

»Karlchen ist Anstreicher und kommt irgendwo aus dem hessischen Hinterland, wie das heißt. Er ist vierundzwanzig und hat vor dem Krieg beim Altmeister Scheffel das Handwerk gelernt, weil er zu Hause keinen Lehrmeister gefunden hat. Deshalb ist er hierhergekommen. Irgendwie ist das über die Gemeinde gelaufen. Als er fertig war, musste er an die Front und kam in französische Gefangenschaft. Nach seiner Entlassung hat er keine Arbeit gefunden, weder zu Hause noch hier, weil die Scheffels ihre Firma aufgegeben haben. Aber die halten den immer noch wie einen Sohn. Und so taucht er immer wieder einmal hier auf und besucht seinen alten Chef.«

»Und macht dir den Hof«, ergänzte Miluscha.

»Und schreibt mir Briefe, und ich mag das gar nicht. Der ist nicht mein Fall. Ich stehe nicht auf schlank und blond.«

»Das kann ich nachfühlen. Meiner wäre das wohl auch nicht. Warum lässt du ihn nicht einfach abblitzen?«, schlug Miluscha vor.

»Das stellst du dir einfach vor. Der ist zäh und hartnäckig wie Pinselborsten vom Schwein.«

»Hast du ihm zurückgeschrieben?«

»Einmal, in der Hoffnung, dass er seine Bemühungen aufgibt.«

»Aber er gibt nicht auf?«

»Er gibt nicht auf. Ich weiß nicht, wie ich ihm die Zwecklosigkeit seiner Bemühungen noch deutlicher machen soll.«

»Antworte ihm doch einfach nicht mehr. Dann schmeißt er den Pinsel schon eines Tages in den Kehricht.«

»Oder die Flinte ins Korn, wenn du das meinst.«

»Das meine ich. Aber der ist doch Anstreicher, deshalb der Pinsel.«

»Gutes Bild. Aber hoffentlich geht Karlchen bald wieder ins Haus.«

»Warum sollte er? Dann hat er doch seine Angebetete nicht mehr direkt vor Augen. Dann muss er durch die Gardinen gucken, damit es nicht so offensichtlich ist. Außerdem ist er hier an der frischen Luft.«

»Die ich ihm im Augenblick überhaupt nicht gönne.«

»Nun sei mal nicht so, Hanne. Lass dem Karlchen seine Freude. Ich mache einen Vorschlag.«

»Der wäre?«

»Wir gehen mit den Kindern rein. Dann sind wir auch vom Hof weg, und er guckt gegen die Wand.«

»Gut, machen wir. Es wäre sowieso bald Zeit zum Reingehen. Also sammeln wir unser Völkchen.«

Gesagt, getan. Karlchen hatte bald nur noch den leeren Hof und die große Wand des Gemeindehauses vor Augen.

Bis halb fünf waren die letzten Kinder abgeholt. Die vier »Tanten« räumten auf, was im großen Saal aufzuräumen war, und standen dann noch zu einem Schwätzchen an der Tür zusammen. Dabei ließen sie sich die restliche Sauermilch schmecken, die mittags nicht verbraucht worden war und die man nicht aufheben konnte. Karlchen wurde wieder zum Gesprächsthema und zum Grund für fröhliches Gelächter. Miluscha hatte gerade einen kräftigen Schluck aus der Milchflasche genommen, als die Tür geöffnet wurde und der schlacksige, blonde Jüngling hereinkam. Wie der aussah mit seinen kurzen Hosen an breiten Trägern und den behaarten weißen Beinen, die wie Stecken unten herausschauten! Miluscha, die der Tür am nächsten stand, war so überrascht, dass sie nicht an sich halten und die Sauermilch auch nicht mehr herunterschlucken konnte. Unvermittelt prustete sie los und traf Karlchen mit der so zerstäubten Flüssigkeit mitten ins Gesicht. Wie peinlich!

»Ach du dickes Ei!«, platzte Hanne heraus und hielt sich die Hände vor den Mund, als wollte sie ein ähnliches Unglück für sich selbst verhindern.

Der junge Mann wusste gar nicht, wie ihm geschah. Mit einer solchen Begrüßung hatte er nicht gerechnet. Aber er bewies Haltung und machte gute Miene zum feuchten Spiel. Miluscha beeilte sich, eine Entschuldigung zu formulieren, was ihr vor lauter Lachen völlig missriet. Hanne griff rasch zu einem Tuch, damit der von ihr Verschmähte sich Gesicht und Hemd abwischen konnte. Bärbel und Liesbeth versuchten krampfhaft, ernst zu bleiben, was ihnen aber auch nicht gelang.

»Ich möchte dich gerne nach Hause bringen, Hannelore«, bot

Karlchen sich nach schneller Grobreinigung endlich seiner Umworbenen an.

»Geht nicht«, beeilte die sich, die Attacke abzuwehren, »wir haben noch Besprechung bei Frau Scheffel.«

»Macht nichts«, blieb der junge Mann ganz gelassen, »ich habe Zeit und kann warten.«

»Aber ich ...«, setzte Hanne noch einen Abwehrversuch an.

»Schon gut, ich warte. Bis gleich, meine Damen«, sprach Karlchen, deutete eine höfliche Verbeugung an und entfernte sich.

»Tja, liebe Hanne«, frotzelten die Mädchen, »er gibt dir die Gelegenheit, die Verhältnisse zu klären. Sag ihm noch einmal deine Meinung, damit er sie endgültig weiß.«

»Und ob ich ihm die sage«, versprach das Mädchen mit einem Anflug von Ärger, »danach lässt er mich hoffentlich endgültig in Ruh.«

Der Anstreichergeselle aus dem hessischen Hinterland brachte Hannelore dann tatsächlich nach Hause. Und Hannelore war sehr zufrieden mit dem Ergebnis des Gesprächs auf dem Weg.

Miluscha war es allerdings nicht. Überhaupt nicht.

»Sag, dass das nicht stimmt. Das spinnst du dir zurecht«, drang Miluscha am nächsten Morgen in Hannelore.

»Nein, Milli, ich spinne das nicht. Karlchen hat endgültig eingesehen, dass das mit uns nichts werden kann. Aber er hat sich sehr intensiv nach dir erkundigt. Du schwarze Kindergartentante gefällst ihm außerordentlich gut.«

»Und was hast du ihm erzählt?«

»Nur das Gröbste von dem Wenigen, was ich weiß. Er soll sich selbst an dich wenden, hab ich ihm gesagt.«

»Hast du ihm wenigstens auch schon gesagt, dass dürre Blondlinge auf behaarten Steckenbeinen gar nicht mein Geschmack sind und er bei mir nicht landen kann?«

»Hab ich. Aber ich bezweifle, dass ihn das beeindruckt hat. Du weißt ja, Karlchen ist hartnäckig.«

»Hat er gesagt, wie lange er noch hier bleibt?«

»Er fährt wohl am Montag wieder nach Hause. Das Wochenende ist er jedenfalls noch hier.«

»Gut, dass ich das weiß. Ich werde eine Begegnung zu vermeiden wissen. Und wenn ich den Gottesdienst schwänzen muss. Ich will den nicht, und ich will überhaupt noch keine Freundschaft.« Bei diesen Worten stampfte Miluscha trotzig mit dem Fuß auf und wandte sich einer Arbeit zu. Gleich würden die ersten Kinder kommen, und die forderten ihre Zuwendung.

Das Wochenende verging tatsächlich ohne eine Begegnung zwischen dem Mädchen und dem hessischen Jüngling. Miluscha hatte einen anderen Gottesdienst in der Stadt besuchen müssen, was in Lüdenscheid allerdings auch kein Problem war. Bei Arbeitsbeginn am Montag war Karlchen dann schon abgereist. Gott sei Dank!

Dafür bahnten sich ganz andere Sachen an, die Miluschas Gedanken und Kräfte in Anspruch nahmen. Die Ereignisse überschlugen sich schier in den nächsten Wochen.

Hugo kam von der Bibelschule wieder einmal zu Besuch. Er brachte seine Freundin Waltraud mit, die er in Wiedenest kennen gelernt hatte. Ein angenehmer Mensch. Miluscha verstand sich gleich mit ihr. Waltraud berichtete, dass sie demnächst als angehende Predigerbraut nach Aidlingen bei Stuttgart gehen werde, um dort in der Schule des Diakonissen-Mutterhauses eine so genannte Bräutezeit zu absolvieren, mit Ausbildung in Bibelkunde und Hauswirtschaft. Sie werde natürlich geschickt, betonte sie, um zunächst einmal aus der Nähe des Liebsten zu sein, damit sie ihm bei seinem Studium nicht hinderlich sei.

»So etwas möchte ich gerne machen«, platzte Miluscha spontan heraus. Sie erschrak wohl selbst vor diesem ausgesprochenen Wunsch, denn sie fügte sofort an: »Aber das kann ja nie gehen. Ich hab kein Geld, ich hab keinen Schulabschluss. Drei Jahre Schule geben nicht einmal eine vernünftige Vorbildung.«

»Soll ich mich bei den Diakonissen mal für dich erkundigen?«, fragte Waltraud.

»Das wird nichts bringen. Lass es. Das wird ein Wunschtraum bleiben, dass ich mal irgendwann noch ein bisschen Schule machen könnte.«

»Ich werd's trotzdem versuchen«, versprach die künftige Schwägerin, »weißt du denn, was Gott noch mit dir vorhat?«

Ein anderes Ereignis nahm dann Miluschas Aufmerksamkeit neben der Kindergartenarbeit und den wachsenden Aufgaben in der Gemeinde in Anspruch. Die Bemühungen um den Zuzug der Verwandten aus Brandenburg hatten endlich den gewünschten Erfolg.

Mutter Elsa und Bruder Erhard kamen, wie auch Onkel Albert mit Familie. Die drei wiedervereinigten Beers zogen im Nachbarhaus von Siepes in Dünnebrett ein. Gustav und Mariechen Vogelsang konnten in ihrem Siedlungshaus zwei Zimmer und eine kleine Küche zur Verfügung stellen. Das musste reichen. Und das reichte. Die Beers hatten mit mehr Personen schon in viel beengteren Verhältnissen leben müssen. Wichtig war ihnen, dass sie wieder zusammen waren und das in der Freiheit der amerikanischen Zone.

Für die Lohreder-Familie gab es Wohnraum drüben im alten Dorf Rathmecke, so dass die Verbindungen der Familien leicht zu halten waren. Onkel Albert war dann trotz seines Alters bald als Laienprediger unterwegs und half in den Gemeinden der Region aus, wo man ihn gebrauchen konnte. Ab und an nahm er seine Schwester, Miluschas Mutter, mit, die in den Versammlungen dann zeugnishaft von den denkwürdigen Führungen Gottes in ihrem Leben und dem der Familie erzählte. Für Elsa Beer eine schöne Aufgabe. Erhard erhielt nach einer Zeit des Wartens und Suchens sogar einen Ausbildungsplatz bei der Post. Das war für den Vierzehnjährigen ein ganz besonderes Erlebnis der Führung Gottes.

Die Freude des Wiedersehens mit Prediger Hornmacher war auf allen Seiten auch sehr groß. Allerdings dauerte sie nicht lange. Der Prediger schickte sich an, nach Kanada auszuwandern. Von dort aus würde es für ihn leichter sein, seine Familie aus Sibirien herauszuholen. Nach Deutschland war das völlig aussichtslos. Schon der Versuch würde seine Familie zusätzlich gefährden. Für ihn erschien der Aufbruch in ein neues Land einfach notwendig. Bei Konrad und Hannchen Siepe war der Platz ohnehin eng geworden. Die waren jetzt mit ihrem Paulchen glücklich zu dritt.

Schwierig war zuweilen die Versorgung der vielen zusätzlichen Menschen. Die bekamen zwar auch ihre Lebensmittelkarten. Aber auf deren kleine Abschnitte konnte man Fett, Brot, Fleisch, Zucker und Käse nicht immer bekommen. Lüdenscheid litt Not wie viele deutsche Städte in jener Zeit. Die Menschen auf dem Land und in den Dörfern waren da etwas besser dran. Auch die in der Umgebung von Lüdenscheid. Sie dachten nämlich gar nicht daran, der amtlichen Weisung zu folgen und zu melden, was das Feld und der Garten an Ernte eingebracht hatten. Die entsprechende Anweisung wurde dann auch bald wegen Erfolglosigkeit wieder zurückgenommen. Wie gut, dass immer wieder einmal Care-Pakete aus den

Vereinigten Staaten herüberkamen, die an die Bevölkerung verteilt wurden und die Köstlichkeiten enthielten, von denen zu der Zeit sonst nur zu träumen war.

Für Beers und Lohreders gab es sogar ab und an eine Zusatzration direkt aus den USA. Die Verwandtschaft dort schickte immer wieder einmal Pakete mit Hilfsgütern. Auch dadurch bewahrheitete sich das Vermächtniswort von Miluschas Vater: »Sorgt nicht, sorgt nicht, für euch wird gesorgt. Der Vater im Himmel bleibt!«

Aber auch in der Frage nach Aidlingen hatte der gute Gott seine Hände deutlich im Spiel. Ende Januar 1947, wie ein verspätetes Geburtstagsgeschenk, hielt Miluscha einen Brief in den Händen, mit dem sie nie gerechnet hätte. Ihren brennenden Wunsch nach Bildung und Ausbildung hatte sie nach dem Gespräch mit ihrer Noch-nicht-Schwägerin rasch wieder zurückgedrängt. Aidlingen war gar nicht mehr in ihrem Bewusstsein. Umso größer der freudige Schreck, als die jetzt Neunzehnjährige den Absender auf dem Umschlag las. Mit zitternden Händen öffnete sie den Brief und glaubte ihren Augen nicht trauen zu können.

> »... laden wir Sie ein, ab dem 1. 4. diesen Jahres unsere Haushaltungsschule zu besuchen. Wegen Ihrer besonderen Situation können Sie bei uns leben und lernen, ohne dass Ihnen Kosten dafür entstehen. Ihre Mitarbeit in unserer Hausgemeinschaft wird uns Entgelt genug sein. Ihre Fächer werden sein: Haushaltskunde, Hauswirtschaft, Kochen, Handarbeit, Gartenbau, Gesundheitslehre, Nahrungsmittellehre, Chemie, Musik und Englisch. Ob Sie alle diese Kurse belegen können, werden wir hier entscheiden. Wir bieten Ihnen auch an, den ein oder anderen Bibelkurs zu belegen. Die Entscheidung darüber werden wir auch erst treffen, wenn Sie hier sind ...«

Miluscha wurde es beim Lesen ganz schwindelig. Die Buchstaben begannen vor ihren Augen zu tanzen. Sie musste sich setzen. Sie durfte eine Schule besuchen! Sie durfte lernen! Ein Traum ging in Erfüllung! Nein, so nicht. Ihre Gebet wurden erhört. »Gott, wie bist du so groß! Guter Gott, wie danke ich dir!«, jubelte es in dem Mädchen.

Die Neuigkeit musste Miluscha am nächsten Morgen gleich Alice Scheffel mitteilen. »Wie ich mich für dich freue, Milli!« Die

Kindergartenleiterin, inzwischen wieder in Amt und Würden, nahm ihre Mitarbeiterin herzlich in die Arme.

»Und meine Arbeit hier?«, sorgte die sich.

»Um die mach dir mal keine Gedanken«, beruhigte die Frau, »dann sind wir eben wieder zu viert. Und wenn es sein muss, werde ich schon jemanden finden, der deinen Platz einnimmt.« Dann schob sie nach: »Solltest du aus irgendeinem dummen Grund vorzeitig zurückkommen müssen, kannst du jederzeit wieder bei mir anfangen.«

»Wunderbar! Ich danke Ihnen, Frau Scheffel, ich hab so gerne hier gearbeitet und will das auch bis Ende März genauso weiter tun. Und dann auf zu neuen Taten!«

Miluscha jubelte, so dass Liesbeth, Hannelore und Bärbel natürlich wissen wollten, was denn der Grund der Freude war. Als sie ihn dann kannten, freuten auch sie sich mit. Und Hannelore bemerkte trocken: »Dadurch entkommst du endgültig Karlchen, dem hessischen Blondling mit den behaarten Steckenbeinen. Wir verraten ihm nämlich nicht, wo du bist.«

»Danke für die Schützenhilfe«, lachte Miluscha, »ich würde euch das auch böse verübeln. Karlchen. Doch nicht der! Keiner! Jetzt geht's erst einmal zur Schule!«

Endlich in der Schule

Am letzten Märztag 1947 brachte Mutter Elsa Beer ihre Tochter an das KAE-Bimmelbähnchen, von den Leuten liebevoll »Schnurre« genannt, das Miluscha zunächst nach Altena brachte. Von dort ging es dann per Reichsbahn nach Hagen und weiter nach Köln. Hier gab es eine ungeplante Unterbrechung, denn eine Weiterfahrt nach Stuttgart war zunächst nicht möglich. Miluscha musste in einem Warteraum des Bahnhofs übernachten. Sie tat es sehr getrost, hatte sie doch wieder eine besondere Verheißung aus den Sprüchen Salomos für diesen Tag in ihrem Büchlein gelesen: »Fürchte dich nicht vor plötzlichem Schrecken, noch vor dem Sturm der Gottlosen, wenn er kommt! Denn der Herr ist deine Zuversicht, der behütet deinen Fuß, dass er nicht gefangen werde.« »Geh vorwärts, der du an Jesus glaubst, und lass den Herrn deine Zuversicht sein!«, hatte Spurgeon noch dazu geschrieben. Besser konnte es nicht sein für diesen Tag und den neuen Lebensabschnitt, der begonnen war.

Auch in Stuttgart musste Miluscha am nächsten Abend ihre Reise unterbrechen. Denn es gab keine Gelegenheit mehr, das Dörfchen Aidlingen am Rande des Schwarzwaldes zu erreichen. Sie müsse warten, bis am nächsten Morgen ein Zug nach Sindelfingen fahre, hatte man ihr gesagt. Von dort könne vielleicht ein Bus ... Sie könne aber auch bis Ehningen fahren und von dort die fünf Kilometer hinüberlaufen. Irgendwie käme sie am nächsten Tag schon dort an.

Und Miluscha kam an. Um die Mittagszeit des 2. April stand sie in Aidlingen klopfenden Herzens vor dem Mutterhaus auf dem Sonnenberg, einem großen Backsteingebäude, ein wenig höher gelegen als die Straße. Niemand war zu sehen. Mit Bedacht nahm die neue Schülerin Stufe um Stufe der hohen Treppe und stand dann vor der Eingangstür. Sie wollte gerade den Klopfer benutzen und sich bemerkbar machen, als die Türe von innen geöffnet wurde. Eine kräftige Mittvierzigerin im grauen Kleid mit weißem Kragen und strahlenden Augen unter der kleinen, weißen Haube streckte ihr die Hand entgegen. »Sei uns herzlich willkommen, Emilie Beer. Du wirst schon von allen im Haus erwartet. Wie schön, dass du jetzt angekommen bist. Ich bin Schwester Berta.«

Miluscha verschlug es etwas die Sprache. Auf einen solchen herzlichen Empfang war sie gar nicht eingestellt. Ihr »Guten Tag, Schwester Berta, danke für die freundliche Begrüßung« klang eher ängstlich als fröhlich. Aber dann trat sie doch mit festem Schritt in ihr neues Zuhause und in den neuen Abschnitt ihres jungen Lebens.

In den folgenden Stunden zeigte Schwester Berta ihr, wo sie ihren Mantel und ihr Gepäck zunächst ablegen konnte, wo sie für eine Übergangszeit ihr Nachtlager hatte, zusammen mit drei anderen Mädchen, wo gegessen wurde und wo der Unterricht stattfand.

»Leider kann ich dich nicht der Oberin vorstellen. Mutter Christa weilt in Stuttgart und kümmert sich um unser Haus in der Danneckerstraße. Der Krieg hat es zerstört, und der Aufbau ist mühsam.«

»Aber Mutter Christa ist doch ...«, wandte Miluscha fragend ein.

»Das ist richtig. Mutter Christa ist seit fast zehn Jahren völlig blind. Aber mit ihren inneren Augen sieht sie mehr als wir Diakonissen alle zusammen. Sie ist eine besonders begnadete Frau.«

»Werde ich sie später kennen lernen?«

»Ganz sicher wird es die Gelegenheit geben. Aber jetzt möchte ich dich deiner Schulschwester vorstellen. Dabei begegnest du auch schon einmal deinen Mitschülerinnen. Der Unterricht müsste gerade zu Ende sein.«

Schwester Berta klopfte an eine Tür und trat mit Miluscha ein. Die Schülerinnen erhoben sich brav von ihren Plätzen. Das gehörte sich wohl so, wenn eine Diakonisse eintrat, wobei Schwester Berta keine einfache Diakonisse war, sondern die Vertreterin von Mutter Christa und bei deren Abwesenheit die Leiterin des Hauses und der Einrichtung.

»Guten Tag, meine Lieben, hier bringe ich euch Emilie Beer. Sie kommt aus Lüdenscheid in Westfalen und ist ab heute eure Mitschülerin. Nehmt sie freundlich in euren Reihen auf und macht ihr den Anfang leicht. Für uns wird sie Milli heißen.«

Die Schulschwester, eine zierliche Person mit gewinnender Offenheit im feinen Gesicht, kam den beiden Frauen entgegen und reichte der Neuen die Hand: »Guten Tag, Milli, ich bin Schwester Elisabeth. Sei herzlich willkommen. Fühl dich wohl in unserer Klasse und in unserem Haus.«

Dann wandte sie sich an die elf Mädchen, die immer noch an ihren Plätzen standen: »Wir machen Schluss. In einer halben Stunde gibt es Mittagessen. Kümmert euch solange um Milli, zeigt ihr und erklärt ihr, was sie wissen muss, aber nicht alles gleich heute. Milli wird von der Reise müde sein. Hab ich Recht?«

»Ein wenig schon«, gab Miluscha zu, »aber das wird schon alles gehen. Vielen Dank, Schwester Berta und Schwester Elisabeth. Ich freue mich, dass ich hier sein darf.«

Jetzt, wo die ersten Minuten überstanden waren, fiel aller Druck von Miluscha ab und sie konnte fröhlich die Begrüßungen der Mitschülerinnen annehmen. Beim Mittagessen musste das Mädchen dann noch einmal viele Hände schütteln, denn im Speisesaal waren alle Diakonissen, alle zivilen Bediensteten und alle Schülerinnen beieinander. Auch ihre Noch-nicht-Schwägerin Waltraud war dabei. Wie groß war die Wiedersehensfreude und Miluschas Dank für die Vermittlung dieses Weges!

Der Neuen im Haus wurde es für einen Moment schwindelig. Die vielen Menschen sollte sie alle mit Namen kennen? Dann tröstete sie sich selbst damit, dass sie doch auch die Namen aller Kinder im Kindergarten und die der meisten Eltern gewusst hatte. Auch die Leute der Gemeinde hatte sie doch im Laufe der Zeit alle mit Namen anreden können. Also würde das hier auch gehen.

Nach dem Essen kamen drei der Mädchen, Anni, Traudel und Waltraud, auf Miluscha zu und stellten sich ihr besonders vor als die, mit denen sie in der nächsten Zeit das Notquartier in einem der Schulräume bewohnen sollte. Die Wohnbaracken auf dem Gelände des Mutterhauses seien nicht so rechtzeitig fertig geworden, wie das hatte sein sollen. In den ersten Jahren nach Kriegsende ginge eben manches nur mit Schwierigkeiten und Verzögerungen. Aber die Zeit des Behelfs sei ja absehbar und deshalb auch im guten Miteinander zu bestehen.

Die drei Mädchen nutzten den Rest der Mittagspause und zeigten Miluscha Haus und Gelände und informierten sie über den Stundenplan und den Unterrichtsstoff. Miluscha kam aus dem Staunen nicht heraus, fragte und schaute und sog das Neue in sich auf, bis sie schließlich nicht mehr konnte.

Das war am Abend, als die vier im provisorischen Schlafraum auf ihren Matratzen lagen. Miluscha wurde von ihren Gefühlen überwältigt, ohne dass sie sich dagegen wehren konnte. Sie versuchte zwar, die drei anderen ihren Seelenzustand nicht merken zu lassen. Aber das Kopfkissen konnte dann doch nicht genügend helfen. Anni, Traudel und Waltraud sprangen fast gleichzeitig von ihren Schlafplätzen, um der schluchzenden Miluscha zu Hilfe zu kommen.

»Was hast du?«, »Warum weinst du?«, »Was bedrückt dich?«, fragten sie fast gleichzeitig. Die von Weinkrämpfen geschüttelte Miluscha setzte sich auf, und Anni nahm sie in die Arme. »Armes, was macht dir solche Mühe?«

Es dauerte eine ganze Weile, bis Miluscha sich so weit in der Gewalt hatte, dass sie reden konnte. »Ich weiß nicht, was ich sagen soll«, antwortete sie mit zitternder Stimme und immer wieder von Schluchzern unterbrochen auf die Fragen der Mitschülerinnen.

»Ich bin tieftraurig, ich bin überglücklich, ich weiß nicht, was ich bin. Drei Schuljahre habe ich nur lernen können, eins davon auf russisch. Danach konnte ich nie wieder in eine Schule gehen. Ich habe keine Schulzeugnisse. Lesen und Schreiben und einfaches Rechnen habe ich mir mühsam selbst wieder beigebracht, nachdem ich in Kasachstan das meiste vergessen hatte. Ich weiß so wenig von den Dingen dieser Welt. Ich habe immer davon geträumt, in die Schule zu gehen und zu lernen, zu lernen und wieder zu lernen. Aber ich musste immer arbeiten, als Kind nur immer arbeiten, als Mädchen nur immer arbeiten. Und jetzt darf ich hier sein! Jetzt darf ich hier in die Schule gehen und lernen! Ich begreife das nicht. Das ist mir alles zu hoch. Und ich habe Angst, dass ich das nicht schaffe, dass mir das alles zu schwer wird und ich nicht mitkomme. Könnt ihr das verstehen? Ich glaube nicht, dass ihr das verstehen könnt. Ihr habt alle eure Schulabschlüsse, und ich habe nichts.«

»Doch, du hast sehr viel«, unterbrach Traudel jetzt den immer wieder durch Schluchzen und Schlucken unterbrochenen Redefluss. »Du hast sehr viel und manches, was wir nicht haben.«

»Wie meinst du das?«, fragte Miluscha und schaute die Mitschülerin mit noch immer tränenverschleierten Augen an.

»Du hast eine reiche Lebenserfahrung, die wir alle nicht haben und die wir wahrscheinlich so auch gar nicht haben wollten. Du hast offenbar einen unbändigen Lernwillen, den wir in dieser Weise auch nicht haben. Du hast einen treuen Vater im Himmel, der dich nie allein gelassen hat und den du erlebt hast, wie wir alle nicht, und der dich jetzt hierher gebracht hat.«

»Und du hast uns«, ergänzte Waltraud, »auf die du rechnen kannst. Wir helfen dir, wo wir nur können und wo du es willst.«

»Das ist es ja, was mich zwischen meinen Gefühlen so hin und her wirft«, löste Miluscha sich aus der Umarmung von Anni, immer noch um Fassung bemüht. »Wer bin ich denn schon? Ein mittelloses Russenkind, dem man den deutschen Ausweis gnädigst zugesprochen hat. Gott ist so gütig mit mir. Das Mutterhaus bietet mir Heimat und Schule. Und ihr nehmt mich auf, als ob ihr mich schon lange gekannt hättet. Das ist alles so groß und so unbegreiflich. Das hat mich einfach überwältigt.« Das Mädchen nahm ihre drei neuen Freundinnen eine nach der anderen in die Arme. »Ich danke euch für eure Liebe und für euer Verständnis und für die Geduld, die ihr mit mir haben müsst.«

»Na, das werden wir noch sehen, ob wir immer mit dir Geduld haben müssen«, frotzelte Anni, lachend und um Miluscha aufzuheitern, »wenn du uns noch öfters den Schlaf raubst, könnte das schwierig werden.«

»Ich werde mir Mühe geben, euch die Nächte nicht mehr zu unterbrechen«, versprach die und wischte sich die letzten Tränen von den Wangen, »dafür schlafe ich selber viel zu gern. Und jetzt habe ich es auch wohl überstanden.« Dann lächelte sie und rief: »Und jetzt in die Betten, Kinder! Lasst euch nicht länger von dieser Heulsuse aufhalten. Die Nacht ist kurz, und morgen ist ein neuer Tag mit Unterricht, Arbeit, Spiel und Spass. Gute Nacht, ihr drei Lieben. Ich danke euch noch mal ganz herzlich.«

Aidlingen – das wurde eine spannende und abwechslungsreiche Zeit. Jeden Tag Neues. Jeden Tag geistliche Zurüstung bei der Morgenandacht in der großen Hausgemeinschaft der vielen Frauen und wenigen Männer. Jeden Tag neue gute Erfahrungen im Zusammenleben der Diakonissen untereinander, im Miteinander der Schülerinnen und der Zusammenarbeit mit anderen Mitarbeitern des Hauses. Welche Wärme und Liebe bestimmten den Umgang! Nie ging es laut zu. Das war einfach großartig. Und wenn es irgendetwas gab zwischen einzelnen Menschen, dann wurde das nie in der Öffentlichkeit ausgetragen. Der Ton untereinander war immer freundlich und zuvorkommend.

Wie erbaulich für Miluscha auch die wöchentlichen Bibelstunden! In vielen Fällen hielt die Oberin, Mutter Christa, sie selbst. Bei einer solchen Gelegenheit wurde Miluscha ihr dann auch einmal vorgestellt. Ein besonders begnadeter Mensch, musste sie denken, umgeben von einer Atmosphäre der Liebe, der Barmherzigkeit, der Güte und Gerechtigkeit. Und das, ohne dass diese Frau die Menschen um sich herum sehen konnte. Bewundernswert!

Miluscha sog diese Atmosphäre in sich auf wie ein ausgetrockneter Schwamm. Die praktischen Arbeiten, zu denen sie im Rahmen der Ausbildung eingeteilt war, machten ihr wenig bis gar keine Mühe. In diesen Dingen brauchte sie kaum Hilfe. Vieles konnte sie doch bereits aus ihren Kindertagen auf den Kolchosen in Kasachstan und Wolhynien und von dem Pflichtjahr auf dem Gutshof im Oderbruch und dem Schaffer-Hof in Jüterbog.

Anderes lernte sie begierig und mit allem Eifer. Das war ja auch der große Unterschied zu den früheren Zeiten: sie war nicht Magd und billige Arbeitskraft, sie musste nicht ran, damit die Familie oder andere Leute versorgt waren. Sie war Schülerin mit der immer wiederkehrenden Gelegenheit, den Lernschwestern auf die Hände zu schauen und dazu Fragen zu stellen, die geduldig beantwortet wurden. Miluscha war einfach glücklich in Küche und Waschküche, in

Garten und Gewächshaus, im Speisesaal und in den häuslichen Nebenräumen.

Nicht ganz so glücklich war sie allerdings im theoretischen Unterricht. Hier wurde es für sie manchmal recht mühsam. Was sie alles in den einzelnen Fächern an neuen Dingen erfuhr, nahm sie mit hoher Konzentration in sich auf. Nur ja nichts überhören und versäumen. Allerdings: Texte schreiben war für sie schrecklich. Von Schwester Elisabeth korrigierte Diktate, Aufsätze und Aufgaben mochte sie meist gar nicht in die Hand nehmen. Jeder rote Strich unter einem Wort und am Rand verursachte in dem Mädchen ein stechendes Entsetzen, und oft, sehr oft gab es hier offene und noch mehr heimliche Tränen. Richtig zu schreiben und gut zu formulieren würde sie wohl nie lernen.

Miluscha musste immer wieder die Geduld und die Nachsicht von Schwester Elisabeth und den anderen Lernschwestern bewundern, die nicht müde wurden, sie freundlich zu korrigieren und sie zu ermutigen, dranzubleiben und zu üben, zu üben und nochmals zu üben. Wie gut auch, dass Anni, Traudel und Waltraud ihr Versprechen wahr machten und beim Schreiben und Formulieren halfen, soweit es ihre eigene Arbeit zuließ.

Welch wunderbarer Ausgleich waren dann die Sonntage, wenn es in Gruppen oder einzeln mit einer der Diakonissen auf die umliegenden Dörfer ging, um dort die Bibelstunden in den Gemeinschaften und Hauskreisen zu halten, durch Glaubenszeugnisse und Lieder mit zu gestalten und damit das praktisch umzusetzen, was im Unterricht als Theorie gelehrt wurde. Schon die Wanderungen nach Döffingen, Ehningen, Gärtringen, Gechingen und die vielen anderen Orte rings um Aidlingen herum hatten ihren Reiz und das bei Sonnenschein und Regen, Nebel und Schnee, frei nach dem Motto: Es gibt kein schlechtes Wetter, sondern nur unpassende Kleidung.

Es tat gut und erfüllte die Herzen, gemeinsam unterwegs zu sein, sich an den Herrlichkeiten in Gottes Schöpfung zu freuen, zu lachen und zu singen, an den einzelnen Orten Gemeinschaft zu haben mit den Christen und mit denen, die offen waren für das Evangelium, und danach eingeladen zu sein in Familien und dort Gastfreundschaft zu erfahren. Es diente auch dem eigenen geistlichen Wachstum und der Lebensorientierung, Zeugnis zu geben von dem, was Gott an Gaben, Fähigkeiten und an Erfahrungen mit seinen Wegweisungen und Führungen geschenkt hatte.

Miluscha freute sich am Sonntagabend schon immer auf die nächste Gelegenheit, wieder mit unterwegs zu sein und mitzuhelfen, das Evangelium zu singen und zu sagen. An einem Sonntag geriet sie allerdings für ein paar Augenblicke in arge Bedrängnis.

Schwester Ruth kam nach dem Frühstück unvermittelt auf das Mädchen zu. »Milli, wir beide sind heute unterwegs, und ich denke, du bist dran.«

»Entschuldigung, Schwester Ruth, aber ich verstehe nicht.«

»Was ist da zu verstehen, mein Kind? Heute ist Sonntag. Du hältst heute die Bibelstunde.«

»Nein, Schwester, das kann ich doch gar nicht«, wehrte Miluscha spontan und erschrocken ab.

»Aber nicht doch, Milli!« Freundlich, aber bestimmt wiederholte die Diakonisse den Auftrag: »Wenn ich sage, dass du die Bibelstunde hältst, dann bin ich überzeugt, dass du das kannst. Sonst würde ich das gar nicht erst sagen.«

»Aber ...«

»Kein aber. Du musst ja nicht eine komplizierte theologische Predigt halten. Du brauchst nur aus deinem Leben zu erzählen, welche Erfahrungen du mit den Führungen Gottes und des Heilandes gemacht hast. Such dir dazu einen biblischen Vers, zu dem du etwas sagen kannst. Gleich nach dem Mittagessen brechen wir auf.«

Schwester Ruth warf Miluscha noch einen aufmunternden Blick zu und ließ sie dann mit ihrem Auftrag allein.

»Ich soll die Bibelstunde halten, ich soll vor der Gemeinde stehen und ein Bibelwort auslegen. Zu welchem Wort und was und wie soll das gehen?« Miluscha versuchte Ordnung in ihre aufgescheuchten Gedanken zu bekommen. Dabei war ihr, als stünde sie im Nebel. Ihr schwindelte von dem, was alles gleichzeitig durch ihren Kopf ging, auch an betenden Gedanken.

Dann schien ganz plötzlich ein Windstoß den Nebel zu vertreiben, und ein Wort Jesu an seine Jünger aus Lukas 22 stand in großer Klarheit und Deutlichkeit in ihren Gedanken: »So oft ich euch ausgesandt habe ohne Beutel, ohne Tasche und ohne Schuhe, habt ihr auch je Mangel gehabt? Sie sprachen: Niemals.« Das war's! Das war doch auch ihre eigene Erfahrung auf den unterschiedlichen Wegstrecken ihres gerade zwanzigjährigen Lebens. Davon würde sie gerne Zeugnis geben. Alle Angst vor der Aufgabe war im Nu verflogen. Miluscha tat einen Jauchzer, klatschte in die Hände und machte einen kleinen Luftsprung. Sie musste, nein sie durfte zum ersten Mal in einer Bibelstunde einen Ausspruch des Heilandes auslegen und das mit Erfahrungen aus ihrem eigenen Leben. Wie wunderbar!

»Hast du Gott schon gedankt, Milli?«, fragte Schwester Ruth ganz unvermittelt, als sich die beiden Frauen wieder auf dem Rückweg zum Mutterhaus befanden.

»Gedankt? Wofür?«

»Das fragst du? Für die Bibelstunde natürlich.«

»Und ob ich das habe, Schwester Ruth. Ich war ja so aufgeregt. Ich hoffe nur, dass die Leute mir jungem Ding mein Zeugnis abgenommen haben.«

»Das haben sie sicher. Dein Wort kam mitten aus einem Leben, das hier kaum jemand in dieser Weise kennen gelernt hat. Viele Zuhörer sind sehr nachdenklich geworden. Und manche haben es mir auch gesagt, dass dein Zeugnis ihnen gut getan hat. Übrigens, von deiner Aufregung war nicht viel zu spüren.«

»Fein. Dann darf ich mich doch auch freuen über die gute Stunde?«

»Natürlich darfst du dich freuen. Nur eins darfst du bei solchen guten Erfahrungen nie vergessen.«

»Und was?«

»Dem Vater im Himmel die Ehre zu geben.«

»Das möchte ich mit meinem ganzen Leben, Schwester Ruth. Und ich bin immer wieder dankbar, dass ich das hier in Aidlingen noch mehr lernen kann.«

Lernen war besonders angesagt, als das erste Ausbildungsjahr sich seinem Ende zuneigte und im März die Abschlussprüfungen auf dem Terminplan standen. Bei den Haushaltsschülerinnen stieg die Nervosität, bis es dann endlich so weit war und die Prüfungsaufgaben zur Bearbeitung auf den Tischen lagen.

Miluscha war sicher eines der fleißigsten Mädchen gewesen. Jede freie Minute hatte sie sich mit den theoretischen Dingen der einzelnen Kurse befasst und sich bemüht, so viel wie möglich davon in ihren Kopf zu bekommen. Manche Stunde hatte sie auch mit Anni, Traudel und Waltraud gemeinsam lernen und üben können, und das gegenseitige Abfragen hatte ihr gezeigt, dass die Anforderungen der einzelnen Teilprüfungen durchaus auch für eine Schülerin wie sie zu bewältigen waren.

Als die schriftlichen Arbeiten erledigt waren, gab es bei allen Mädchen ein erstes Aufatmen. Miluscha hatte lediglich Bedenken wegen der möglichen Fehler, die ihre Texte vielleicht schwerer lesbar machen würden. Aber Schwester Elisabeth ging gnädig mit ihrer besonderen Schülerin um. Die anderen Lernschwestern taten es ihr gleich. Sie werteten die Inhalte und vernachlässigten Rechtschreibung und Ausdruck. Dass Miluscha »nämlich« immer noch mit h schrieb, immer wieder einmal Groß- und Kleinschreibung und in der Grammatik die Fälle verwechselte, Zeichen völlig ohne System setzte, der Stiefelspitze Italiens die falsche Richtung und dem Land selbst eine neue Hauptstadt und völlig neue Nachbarn gab, dass sie »Geschirr« und »Besteck« verwechselte, war für niemanden ein Grund, ihre Leistungen nicht anzuerkennen. In den praktischen Dingen war sie den meisten Mädchen weit voraus. Die Fähigkeiten, ihr Wissen in orthographisch und grammatikalisch richtige schriftliche Form zu bringen, würde sie schon noch verbessern können. Sie hatte ja noch eine Menge Zeit bis zum Abschluss der Ausbildung.

Auf jeden Fall wies Miluscha am Ende des ersten Jahres nach, dass sie fleißig gelernt hatte. Im biblischen Stoff war sie sogar eine der Besten ihrer Klasse.

Die Zwischenprüfung war also bestanden. Niemand war glücklicher als Miluscha, und ihre Mitschülerinnen und Freundinnen freuten sich mit ihr.

Aber wie so oft im Leben lagen auch hier Freude und Trauer eng beieinander.

»Sie haben mich rufen lassen, Schwester Berta.«

»Das habe ich, liebe Milli. Ich habe eine Nachricht für dich, die uns dein Onkel Albert Lohreder schon vor ein paar Tagen geschickt hat. Wir wollten dich aber während der Prüfungen nicht beunruhigen.«

»Was ist passiert?« Miluscha wurde blass und ganz aufgeregt.

»Deine Mutter ist schwer erkrankt. Bisher hat deine Tante sich um sie gekümmert. Aber das geht ab April nicht mehr, da dein Onkel mit seiner Familie schon in den nächsten Wochen nach Süddeutschland umzieht.«

»Das ist ja schrecklich. Und was bedeutet das für mich ...?«

»... dass du morgen nach Hause fahren wirst, damit du deine Mutter versorgen kannst.«

»Und meine Ausbildung ...?«

»... musst du vielleicht unterbrechen. Wenn es deiner Mutter besser geht, kommst du zurück und setzt sie fort.«

Miluscha verkrampfte die Hände ineinander wie zu einem heftigen Gebet, schloss die Augen und seufzte tief auf. Tränen stiegen ihr in die Augen. »Warum muss das jetzt kommen, Schwester Berta? Ich bin doch so gerne hier und möchte doch auch so gerne hier bleiben.«

»Wer versteht schon Gottes Wege, mein Kind«, nahm die Diakonisse das weinende Mädchen in die Arme und versuchte zu trösten, »aber unterbrechen heißt doch nicht abbrechen. Jetzt braucht dich zunächst einmal deine Mutter. Und später werden wir dann weitersehen. Fahr mit Gott, Milli. Er fährt mit. Er macht keine Fehler.«

»Das weiß ich doch, aber es fällt mir schwer, das jetzt zuzugeben.« Miluscha versagte die Stimme.

»Das verstehe ich gut, meine Liebe. Ich hätte sicher auch meine Schwierigkeiten. Aber du wirst erleben, dass Gott auch in der Zukunft einen guten Weg für dich hat. Du darfst darum beten.«

»Das tue ich doch immer und will es auch weiter tun.« Miluscha straffte ihren Körper, als hätte sie sich schon durchgerungen, den Ruf des Onkels nach Hause zur Pflege der Mutter anzunehmen. Dann fügte sie hinzu: »Dann gibt der Herr Gnade und Herrlichkeit.«

»Psalm 84, Vers 12«, ergänzte die bibelfeste Diakonisse, »aber wie kommst du gerade auf diese Verheißung?«

»Sie stand für gestern im Spurgeon.«

»Dann nimm sie für dich ganz persönlich in Anspruch. Und noch was, Milli. Vergiss den Segen deines Vaters nicht und denk an das Lied: Niemals lässt Gott dich allein.«

»Danke für die Erinnerung, Schwester Berta. Der Vater im Himmel bleibt.«

Kleine Blüten im Brief

Miluscha erwischte in Altena gerade noch das letzte Bimmelbähnchen, das sie hinauf ins Rahmede-Tal brachte. Am Haltepunkt Rathmecke stieg sie aus und eilte sogleich hinauf in den Ort, um sich zunächst bei Onkel Albert und Tante Mariechen Lohreder nach dem Befinden der Mutter zu erkundigen. Erst dann wollte sie in die Wohnung und zu Erhard nach Dünnebrett hinübergehen.

Die Verwandten begrüßten die Nichte lieb und freundlich, mussten ihr aber sagen, dass die Mutter seit ein paar Tagen in Lüdenscheid im Krankenhaus liege. Man habe ihr einen Teil des Magens wegnehmen müssen. Aber die kritische Phase sei überstanden.

»Gott sei Dank!«, bemerkte Miluscha. »Und euch auch dafür, dass ihr euch um Mama gekümmert habt und ich erst noch meine Zwischenprüfungen machen konnte.« Nach ein paar Augenblicken des Schweigens fragte sie: »Wann zieht ihr weg?«

Tante Mariechen antwortete ihr: »In der nächsten Woche gehen wir nach Süddeutschland, ins Badische, in die Nähe von Bruchsal. Da ist eine Gemeinde, deren Prediger noch in russischer Gefangenschaft ist, und keiner weiß, wann er freikommt. Die haben Wohnraum für uns, und Albert kann dort aushelfen.«

»Das ist schön für euch«, freute sich Miluscha, »auch wenn wir uns dann wieder trennen müssen. Geht Lissi mit?«

»Ja, Liesbeth geht mit, sie kann in Bruchsal eine Ausbildung machen.«

»Schade für mich und schön für Lissi.«

»So ist das im Leben«, bestätigte Onkel Albert, »Gott hat für jeden seinen Weg, und jeder muss ihn gehen. Zusammensein hat seine Zeit und Trennung hat seine Zeit, frei nach dem Prediger.«

»Kann ich Mama morgen besuchen?«

»Du kannst und solltest sie besuchen. Sie wird auf dich warten. Vielleicht wissen die Ärzte auch schon, wie es weitergehen kann.«

Miluscha verabschiedete sich und machte sich auf den Weg hinüber nach Dünnebrett. Erhard würde sicher auf sie warten.

Elsa Beer ging es den Umständen entsprechend gut. Solange sie im Krankenhaus lag, brauchte Miluscha noch nicht so viel für sie zu tun. Aber als sie nach einigen Wochen nach Hause entlassen war, wurde ihre Schwäche deutlich. Miluscha musste den Haushalt noch eine ganze Weile versorgen, ehe die Mutter das zunehmend wieder in die eigenen Hände nehmen konnte. An eine Rückkehr der Tochter nach Aidlingen war deshalb vorläufig noch nicht zu denken. Miluscha knüpfte also ihre alten Beziehungen zum Kindergarten und ins Scheffel-Haus wieder neu. Alice Scheffel freute sich, ihre ehemalige Mitarbeiterin wieder in der Nähe zu haben, wenngleich sie sie zurzeit nicht in eine Dauerstellung aufnehmen konnte. Aber zur Aushilfe war sie immer willkommen, und auch den alten Scheffels war eine Haushaltshilfe recht. Miluscha fuhr also wieder beinahe täglich hinauf in die Stadt, um in den beiden benachbarten Häusern in der Börsenstraße zu tun, was gerade zu tun war.

Zum Beispiel wurde Miluscha gebeten, einen Brief zu schreiben, einen Brief an einen gewissen Karl Gerhardt in Weidenhausen im Hessenland. So schnell, so direkt und so bestimmt hatte das Mädchen noch nie in ihrem zwanzigjährigen Leben einen Auftrag zurückgewiesen. »Frau Scheffel, den Brief schreibe ich nicht! Nicht an Karlchen. Geben Sie mir alle möglichen anderen Aufgaben. Aber den Brief schreibe ich Ihnen nicht.«

»Aber Milli, was hast du gegen Karlchen? Der ist ein anständiger Junge und in unserem Haus wie ein Sohn.«

»Wohl eher wie ein Enkel«, gab Miluscha patzig zurück. »Ich will dem nicht wieder begegnen! Nein, nein. Bitte verschonen Sie mich, Frau Scheffel.«

»Gut, ich kann und will dich nicht zwingen. Hanne mag den Brief dann schreiben. Die hat da wohl weniger Probleme.«

Miluscha atmete auf, und doch setzte sich ein merkwürdiges Empfinden in ihr fest, das sie sich nicht erklären konnte. Karlchen Gerhardt? Warum musste der ihr denn schon wieder begegnen? Doch nicht Karlchen! Nein, niemals Karlchen!

Hannelore schrieb den Brief, sich wohl erinnernd, welche Gespräche sie über Karlchen schon mit Milli geführt hatte. Und das Schlitzohr schrieb als Absender auf den Umschlag, heimlich, versteht sich: »Emilie Beer, per Adresse Börsenstraße 3, bei Scheffel«.

Karl Gerhardt antwortete sehr bald und genau an die angegebene Adresse. Miluscha wurde ärgerlich, als Alice Scheffel ihr den Brief im Kindergarten aushändigte.

»Was soll dieser Blödsinn?«, empörte sie sich. »Warum schreibt der mir?«

Hannelores hintergründiges Grinsen konnte sie nicht bemerken, so sehr war sie mit dem Brief beschäftigt. Umständlich riss sie den großen Umschlag auf, dabei fand sie drei Briefe in einem vor. Auf dem einen stand: »An Fräulein Hanni«. Neben den Namen war eine gelbe Blüte geklebt. Auf dem zweiten stand neben einer blauen Blüte »An Fräulein Alice Scheffel«. Miluscha gab den beiden Frauen ihre Briefe und zog den letzten aus seiner Umhüllung. Auf dem Umschlag klebte eine rote Blüte neben der Aufschrift: »An die schwarzhaarige Schönheit Milli«.

Miluschas Gesicht verfärbte sich abwechselnd blass und rot. »Ist das ein Blödmann. Was bildet der sich ein? ›Schwarzhaarige Schönheit‹! Und dann eine rote Blüte! Der spinnt doch, dieser Hessenjüngling.« Das Mädchen ereiferte sich, und die beiden Frauen hatten ihren Spaß.

»Nimm's doch nicht so tragisch, Milli«, versuchte Alice Scheffel das Mädchen zu besänftigen. »Der mag dich halt. Und wo die Liebe hinfällt ...«

»Seid mir still von Liebe. Ich will solche Liebe nicht. Ich will zurück nach Aidlingen. Da kann ich solche Liebe nicht gebrauchen.«

»Nur ruhig, Millilein«, versuchte jetzt auch Hannelore die Sache herunterzuspielen. »Schau doch erst mal, was in dem Brief steht. Vielleicht macht er sich einen Scherz mit dir? Und außerdem ist Papier bekanntlich sehr geduldig.«

»Ihr habt alle gut lachen. Er macht sich einen Scherz mit dir! Blöder Scherz! Mir hat er die rote Blüte aufgeklebt, mir die rote, und das ja wohl mit Absicht. Aber damit wird er bei mir nicht landen können. Bei mir nicht! Punkt und Schluss!«

Dennoch riss das Mädchen den Umschlag auf und entfaltete einen dicht beschriebenen Briefbogen, rundum auf dem Rand mit roten Herzchen verziert. Miluscha las schweigend und schüttelte dabei immer wieder den Kopf. Dann faltete sie das Blatt zusammen und steckte es zurück in den Umschlag. Erst jetzt bemerkte sie, dass im Umschlag noch drei kleine, rote Blüten steckten. Sie errötete wieder und schüttelte noch einmal ihre schwarzen Zöpfe. »Nein, nein, nein!«, bemerkte sie noch einmal mit Nachdruck und steckte den Umschlag in die Schürzentasche.

»Wirst du ihm antworten?«, fragte Hannelore immer noch mit einem schelmischen Grinsen auf dem Gesicht.

»Bin ich blöd und antworte dem?« Damit war für sie dieses Thema erledigt.

Aber es war nicht aus der Welt. Ein paar Wochen später gab ihr die Mutter einen Brief von Alice Scheffel. »Den hat ein junger Mann abgegeben.«

»Wie sah der aus?«, platzte Miluscha gleich heraus.

»Einen halben Kopf größer als du, schlank, blond ...«

»Nein, nein, nein!«, unterbrach das Mädchen sofort und stampfte trotzig mit dem Fuß auf.

»Kennst du den denn?«, wollte Elsa wissen.

»Ich weiß, wer das ist, aber ich will ihn nicht kennen«, gab die Tochter barsch zurück.

»Aber der hat doch nur eine Nachricht von Fräulein Scheffel gebracht.«

»Das ist nicht das Schlimme. Das Schlimme ist, dass er überhaupt hier ist und dass ich ihm nicht ausweichen kann.«

»Hat der Junge Absichten auf dich?«

»Hat er, aber ich nicht auf ihn.«

»Dann sag ihm das, und dann ist es gut«, riet die Mutter.

»Wenn das so einfach wäre, Mama. Der gibt so leicht keine Ruhe. Ich werd sehen, wie ich das mache, morgen, wenn ich zur Besprechung für das Kindergartenfest in die Stadt muss.«

Am nächsten Morgen standen die beiden sich gegenüber. Karlchen strahlte über das ganze Gesicht. Seine schwarzhaarige Schönheit zeigte dagegen eine finstere Miene. Die entgegengestreckte Hand konnte sie schlecht abweisen. Sie vermied aber den Augenkontakt.

Im Gespräch ging es dann darum, wer welche Aufgabe bei der Vorbereitung und Gestaltung des Kindergartenfestes übernehmen wollte. Miluscha war zunächst für die Raumdekoration zuständig. Dazu sollte frisches Birkengrün besorgt werden. Der Weg in entsprechendes Gehölz war selbst aus der Stadtmitte nicht sehr weit. Und mit dem Handwagen war da schon einiges herbeizuschaffen.

»Ich gehe natürlich mit«, bot Karlchen sich sofort an.

»Gerne«, bestätigte die Leiterin das Angebot, während Miluscha ein spontanes »Nein, nicht das!« entfuhr.

»Du allein im Wald, Milli, das ist nicht gut in den unsicheren Zeiten. Es ist schon besser, Karlchen geht mit und ihr holt das Grün zusammen. Außerdem sind zwei stärker als einer, den Handwagen zu ziehen.« Hätte das Mädchen bemerkt, dass sich Alice Scheffel und Karl Gerhardt bei diesen Worten anblinzelten, sie hätte sicher den Auftrag verweigert, wie den neulich mit dem Briefschreiben, den Hannelore dann wie bekannt missbraucht hatte.

Nachmittags machten die beiden jungen Leute sich dann mit ihrem Gefährt auf den Weg auf die Höhe, um frisches Birkengrün zu schneiden, Miluscha dabei mit zagendem und bebendem Herzen, Karlchen in offenkundiger Hochstimmung. Das war's, was ihm vorgeschwebt hatte: mit seiner Miluscha – so nannte er sie schon immer bei sich selbst seit jener ersten Begegnung auf dem Hof des Kindergartens – allein unterwegs zu sein. Aber er kam nicht zu Wort. Das Mädchen erzählte und erzählte von diesem und jenem und kam dabei vom Hölzchen aufs Stöckchen, wie man sagt, und das nur, damit er keine Gelegenheit bekam, seine im Brief schon angedeutete Liebeserklärung loszuwerden. Dabei erzählte sie auch von Liebschaften und Jungengeschichten – die es freilich gar nicht oder nur als Andeutung gegeben hatte –, die es in ihrem Leben gar nicht geben dürfe, denn sie sehne sich doch wieder zurück nach Aidlingen, und sie wolle dort in die Schwesternschaft eintreten.

Sehnsucht, das war das Stichwort, bei dem Karlchen dann doch endlich einmal dazwischen kam. Er sei voller Sehnsucht, offenbarte er sich dem Mädchen. Er sei innerlich sehr unglücklich, hin- und hergerissen zwischen Glauben und Unglauben, zwischen Ahnungen und Wirklichkeiten, zwischen Wünschen und Erfüllungen, die aber gar nicht den Wünschen entsprächen.

»Milli, Sie können mir helfen«, meinte Karlchen, als die beiden dann ihr geschnittenes Grünzeug auf den kleinen Wagen luden.

»Das will ich wohl tun, Herr Gerhardt«, gestand Miluscha zu, »ich werde für Sie beten.«

»Das ist gut, aber das ist zu wenig.«

»Was soll ich denn sonst tun?«

»Erst einmal auf den Wagen steigen und die Äste nach unten drücken, damit ich sie ordentlich festmachen kann.«

»Richtig, wir sollten uns ein wenig mehr beeilen. Frau Scheffel wird schon warten.«

Das Mädchen kletterte hinauf und drückte mit ihrem Gewicht die Birkenreiser zusammen, Karlchen legte das Seil darum. Das war schon ein merkwürdiges Bild: das Mädchen auf dem Reisighaufen auf dem Wagen, der Jüngling halb unter dem Wagen; sie schaut herunter, er schaut hinauf. Und dabei passiert es: ihre Blicke treffen sich und haken sich ineinander, wollen sich schier nicht mehr loslassen.

Miluscha wurde es heiß und wieder kalt und wieder heiß. Eine tiefe Röte stieg ihr ins Gesicht. Sie wusste nicht, wie ihr geschah und was plötzlich in ihr und mit ihr vorging. Dieser blonde, hessische Jüngling hatte es geschafft, ihre Gefühle nun völlig durcheinanderzuwirbeln. Mit innerer Gewalt riss das Mädchen sich von Karlchens Blick los. »Wir müssen uns beeilen«, stotterte sie und beherrschte ihre Stimme dabei kaum.

»Immer mit der Ruhe«, beschwichtigte der Junge, »wir kommen schon rechtzeitig.«

»Wir müssen den Saal doch auch noch schmücken.«

»Auch das kriegen wir rechtzeitig hin, mein Fräulein, keine Sorge.«

»Sie haben vielleicht die Ruhe weg, Herr Gerhardt, aber Sie müssen ja auch nicht den Unmut von Frau Scheffel ertragen.«

»Der wird rasch wieder vergehen, wenn sie sieht, dass wir doch rechtzeitig fertig werden mit der Ausschmückung des Saales. Und jetzt frisch an die Deichsel und den Wagen gezogen.«

»Ziehen Sie doch allein, ich schiebe lieber hinten.«

»Nichts da, mein Fräulein, wir ziehen schön gemeinsam.« Karlchen hatte die Absicht des Mädchens durchschaut.

»Dann merken wir aber nicht, wenn wir Reisig verlieren«, machte Miluscha einen letzten Versuch, der Nähe des jungen Mannes zu entgehen.

Der ließ den Einwand nicht gelten. »Das ist so fest gebunden, dass wir nichts verlieren werden. Also, auf geht's.«

Natürlich gab es erst einmal Schelte, als die beiden jungen Leute mit großer Verspätung endlich wieder in der Börsenstraße angekommen waren. Aber Karlchen verstand es, Alice Scheffel zu beruhigen. Mit Überzeugung versprach er: »Fräulein Milli und ich werden schon rechtzeitig fertig.« Die Kindergartenleiterin ließ die beiden gewähren, ohne weiter zur Eile zu mahnen. Wenn Karlchen sagte, er sei rechtzeitig fertig, dann würde das so sein.

Karl Gerhardt hatte seinen Spaß. Miluscha musste nach seinen Weisungen arbeiten und sie tat, was er wollte. Aber sie brauchte immer den zweiten Versuch. Mal war das Bindegarn zu lang, mal zu kurz, dann hielt sie die Reiser falsch und die Girlanden zu ungeschickt. Sie müsse auch schon etwas dichter bei ihm stehen, damit das Anbringen leichter würde.

Es ließ sich nicht vermeiden, dass sich bei der Arbeit immer wieder ihre Augen trafen, und vor allem Karlchen wollte es auch gar nicht vermeiden, dass sich dabei immer wieder ihre Hände berührten und sogar ihre Gesichter sich mehrmals sehr nahe kamen. Es fehlte nicht viel und der junge Mann hätte seiner umworbenen schwarzhaarigen Schönheit einen Kuss auf die Wange gehaucht. Aber das verkniff er sich dann doch noch.

Miluscha wurde es bei dem ganzen Geschehen immer wieder warm und kalt und beides zugleich. Was war nur mit ihr los? Sie fand sich in sich selbst nicht mehr zurecht.

Nachdem der Saal fertig geschmückt war, floh sie regelrecht ins Nachbarhaus und vertraute sich der alten Frau Scheffel an. Die war eine Seele von Mensch und hatte Miluscha schon lange in ihr Herz geschlossen. Bei ihr hatte sie sich schon oft Luft machen und auch ausweinen können, wenn irgendetwas sie bedrängt hatte. Ihr konnte sie sich auch jetzt anvertrauen. Mutter Scheffel würde ihr schon raten und sie würde ihr sicher aus der Situation helfen.

Aber wenn Miluscha erwartet hatte, die gute Frau würde bald mit Karlchen reden, dass er sie in Ruhe lassen solle, damit sie ihn wieder aus ihren Gedanken und Gefühlen streichen konnte und selber wieder Ruhe fände, dann hatte sie sich geirrt. Frau Scheffel war der Ansicht, dass man sich von außen nicht in die Angelegenheiten von Liebenden einmischen dürfe. Wichtiger sei aber noch, diese Sachen Gott in die Hände zu legen. Wenn es in dessen Plan beschlossen sei, dass Karlchen und sie ..., dann würde sich das alles ergeben, und niemand könne es hindern.

Miluscha war es gar nicht leichter um ihr Herz, jetzt nicht und in den nächsten Tagen nicht. Das Kindergartenfest lenkte ab, aber doch nur für ein paar Stunden. Gut, dass es kaum Gelegenheit für Karlchen gab, seine Angebetete irgendwie allein zu erwischen. Und morgen würde er wieder abreisen. Das war auch gut so und unbedingt notwendig, damit das unglückliche Mädchen innerlich wieder zur Ruhe kam.

Pech für sie, dass sie vor dem Heimweg vom Kindergarten noch einmal hinüber ins Scheffel-Haus musste. Als hätte er darauf gewartet, stand der junge Mann schon in Jacke und Mütze, um Miluscha an die »Schnurre« zu bringen. Sie wehrte ab mit allen Argumenten, die ihr nur einfielen. Sie bemühte die Leute, die sie sehen würden, das Wetter, das doch gar nicht gut sei, die Eile, die geboten sei, um das Bähnchen nicht zu verpassen. Sie suchte mit ängstlichen und flehenden Blicken Hilfe bei den Scheffels. Nur hatten die offenbar ihre Freude an der Situation, so dass nichts half. Karlchen ging den für ihn viel zu kurzen Weg zum Bahnhof mit.

»Fräulein Beer, so seien Sie doch nicht so hart und abweisend zu mir. Darf ich Ihnen denn wenigstens schreiben, Fräulein Milli? Sie gefallen mir. Ich bewundere Ihren Glauben, und ich mag Sie mit Ihrer Offenheit und Fröhlichkeit. Ich möchte so gerne Ihre Freundschaft gewinnen. Warum sträuben Sie sich so mit allen Fasern? Wollen Sie denn verantworten, dass ich umkomme vor Seelenschmerz? Sie hatten mir doch zugesagt, mir aus meiner Sehnsucht zu helfen. Ich muss doch morgen nach Hause zurück. Geben Sie mir doch bitte wenigstens ein kleines Zeichen, dass mich hoffen lässt.« So und ähnlich redete der junge Mann auf Miluscha ein, die wie taub neben ihm zum Bahnhof eilte. Welch ein Glück, die »Schnurre« stand abfahrbereit!

»Machen Sie sich keine Hoffnungen, Herr Gerhardt, ich bleibe bei meinem Nein. Mein Wunsch ist ungebrochen, dass ich bald nach Aidlingen zurückgehen werde. Leben Sie wohl. Gott behüte Sie.«

Bei den letzten Worten stand das Mädchen schon auf dem schmalen Trittbrett, um sogleich im Wagen zu verschwinden. Zurück blieb ein junger Mann, der traurig und enttäuscht den Rückweg in die Stadt unter die Füße nahm, die ihm wie von Blei beschwert erschienen.

Miluscha atmete auf. Ob Karlchen verstanden hatte? Dann war sie frei. Aber war sie es wirklich? Während der Fahrt hinunter ins Rahmede-Tal und während des Fußwegs nach Dünnebrett versuchte sie ihre Gedanken zu ordnen. Es gelang ihr nicht. Die Augen, die sie am Reisigwagen getroffen hatten, die Hände, die sie beim Girlandenbinden berührt hatten, das Gesicht, das ihr beim Aufhängen nahe gekommen war, die Stimme, die so eindringlich um ihre Freundschaft geworben hatte ... In Miluschas Herz hatte sich etwas festgesetzt, das wie ein Stachel mit Widerhaken nicht so leicht zu entfernen war.

Zwei Tage später war Miluscha damit beschäftigt, das Vogelsangsche Haus zu putzen, als der Briefträger einen dicken Umschlag abgab, der mit unbekannter Schrift an sie adressiert war, aber den Absender von Alice Scheffel trug. Merkwürdig. Das mögen Unterlagen vom Kindergartenfest sein, dachte das Mädchen. Erst nachdem sie den Putzeimer weggestellt und die Putzmittel weggeräumt hatte, öffnete sie den Brief. Hervor kamen einige Blätter eng beschriebenen Briefpapiers. Miluscha setzte sich auf die Bank vor dem Haus, zählte die Seiten durch, wendete sie hin und her und blieb immer wieder an dem einen Satz hängen, der mehrmals aus dem übrigen engen Schriftbild deutlich hervorstach. Mit rotem Stift war da geschrieben: »Ich liebe Sie!!!«

Miluscha schloss die Augen und behielt den Satz doch davor. Was war das? Irgendetwas schnürte ihr den Hals zu und schaffte ihr doch zugleich eine merkwürdige Atemfreiheit. Hatte sie sich selbst etwas vorgemacht in den vergangenen Tagen? Hatte sie gegen die eigenen Gefühle nur Scheingefechte geführt? Hatte sie das kleine Pflänzchen Liebe im eigenen Herzen unbewusst gepflegt, anstatt es auszureißen, wie sie vorgegeben hatte?

Aber zunächst einmal richtig lesen, sagte sie sich und begann, sich durch Schrift und Inhalt hindurchzukämpfen. Ein bisschen schöner könnte er schon schreiben, ging es ihr dabei durch den Kopf, und sie musste bei diesem Gedanken selbst schmunzeln. Was sie da alles zu lesen bekam. Der Junge schrieb ja in einer Offenheit, zum Beispiel von enttäuschten Liebschaften, die sie nur erstaunen konnte. Er schrieb zugleich mit einem Mut, der schon an Dreistigkeit grenzte. Garnierte der doch tatsächlich seine roten Liebeserklärungen mit Hinweisen zum Heiraten. Miluscha wollte über diese Gedanken von Karl Gerhardt eigentlich lachen, aber sie konnte nicht. Sie fühlte, dass der es ernst meinte, sehr ernst sogar. Sie konnte nicht darüber lachen, ihr kamen vielmehr die Tränen. Wie sollte sie mit dem allen umgehen?

»Gott im Himmel, was willst du von mir?«, betete sie in ihrem Inneren. Dann ging es ihr durch den Kopf, was sie morgens in ihrem Spurgeon gelesen hatte: »Wenn ich mitten in der Angst wandle, so erquickst du mich und streckst deine Hand über den Zorn meiner Feinde, und deine Rechte hilft mir mit.« Wenn dies Wort stimmte, dann würde Gott ihr helfen, dann musste er ihr helfen, Klarheit zu bekommen über den Weg, den er für sie hatte, ob ohne oder mit Karl Gerhardt.

Gut, dass die Mutter und Erhard nicht in der Wohnung waren. Die bekamen zunächst von der Sache also noch nichts mit. Denen würde sie später davon erzählen. Miluscha ging ins Haus und legte den Brief in ein sicheres Versteck. Erst einmal darüber schlafen, dann weiter sehen.

Am nächsten Tag kam wieder ein Brief, diesmal mit eindeutigem Absender: »Karl Gerhardt, Weidenhausen/Hessen, Schieferstraße« und mit demselben Inhalt in neuen Worten. Wieder die rot geschriebene Textzeile: »Ich liebe Sie!!!«

Jetzt musste Miluscha wohl doch reagieren. Sie nahm Briefpapier und schrieb eine lange Antwort, die freilich keinen mit Rot geschriebenen Satz enthielt. Noch keinen. So weit war die »schwarzhaarige Schönheit« noch lange nicht. Aber sie sträubte sich doch nicht mehr grundsätzlich gegen das Werben des jungen Mannes. Dem machte das Hoffnung. Und so wuchs die Liebe der jungen Frau und nährte zugleich die längst vorhandene des jungen Mannes. Der rege Briefwechsel der nächsten Wochen tat da eine hervorragende Aufbauarbeit.

Nach den zahlreichen langen Briefen bekam Miluscha am 25. Juni 1948 nur einen sehr kurzen. Aber der hatte es in sich. Der zweitwichtigste Satz – der wichtigste war natürlich wieder der in roter Schrift mit der Änderung, dass aus dem »Sie« inzwischen ein »Du« geworden war – war: »Ich komme am Samstag, 19. 6., nach Lüdenscheid und nehme Dich am Montag, 21. 6. mit nach Hause, damit ich Dich meiner Familie vorstellen kann. Richte Dich bitte darauf ein.« Im Brief stand natürlich auch die Ankunftszeit des Bähnchens am Haltepunkt Rathmecke und die Bitte, ihn dort abzuholen.

Miluscha erschauerte innerlich und äußerlich. Was würde das werden? Wie würden sie sich begegnen? Wie würde Karl sich verhalten? Würde er sie gar küssen? Würde er ..., ja, was würde er wohl? Das Mädchen bemühte sich um innere Ruhe, die sich aber nicht einstellen wollte. Sie stellte sich erst ein, als Karl ihr in großen Sprüngen entgegen kam, sie herzlich in den Arm nahm und dann eng eingehakt hinauf zur Wohnung führte. Miluschas Mutter war nicht zu Hause, Erhard arbeitete auf der Post. Also wanderten die beiden verliebten jungen Menschen, nachdem der Reisende sich gestärkt hatte, Arm in Arm, Hand in Hand hinauf nach Lüdenscheid, um zunächst einmal die alten Scheffels zu überraschen. Viel hatten sich die beiden unterwegs zu erzählen, so dass ihnen der Aufstieg in die Stadt viel zu kurz vorkam.

Der Empfang im Scheffel-Haus war herzlich. Wie freuten sich die beiden Alten über die Entscheidung der Jungen, ihren Lebensweg gemeinsam zu gehen und ihn dabei aus Gottes Hand zu nehmen. Sie waren sich sicher, dass der gute Vater im Himmel sie so geführt hatte, dass er sie auch zusammen führen wollte.

»Es gibt ein Sprichwort, Karlchen«, bemerkte Mutter Scheffel, als Milli für ein paar Momente den Raum verlassen hatte.

»Und wie heißt das?«, fragte Karlchen.

»Wer einen Hund liebt, muss auch seine Flöhe lieben.«

»Das ist gut«, gestand er. »Aber was heißt das für mich?«

»Ganz einfach, mein Lieber, wer einen Menschen liebt, muss ihn ganz lieben mit seinen Stärken und Schönheiten. Aber noch viel mehr mit seinen Macken und Schwächen, mit seinen Flöhen eben.«

»Da könnt ihr alle ganz beruhigt sein«, sagte Karlchen ernst und fest. »Da habe ich gar keine Probleme. Milli ganz oder gar nicht. Ich bin für ganz.«

»Dann machst du es richtig, Karlchen, dass du Milli mit nach Weidenhausen nimmst«, schaltete sich jetzt Vater Scheffel ein. »Deine Eltern müssen dieses prächtige Mädchen so schnell wie möglich kennen lernen».

Milli kam gerade in die Stube zurück, als Vater Scheffel fragte: »Hast du schon die Fahrkarten?«

Karl wunderte sich über die Frage, die er verneinen musste. Er war auf der Rückfahrkarte gekommen.

»Pass auf, mein Junge, du gehst jetzt sofort zum Bahnhof und kaufst die Fahrkarten für Montag. Natürlich geht ihr beide.«

»Warum das?«

»Das habt ihr mit euren verliebten Köpfen natürlich nicht gemerkt. Ab morgen gibt es neues Geld. Die Währungsreform steht an. Heute könnt ihr noch mit Reichsmark bezahlen, am Montag braucht ihr bereits Deutsche Mark.«

»Sie denken auch an alles, Herr Scheffel«, freute sich Miluscha. Und dann erschrak sie wieder. »Ich kann die Fahrt weder mit altem noch mit neuem Geld bezahlen. Ich hab nicht so viel.«

»O Schreck. Was machen wir denn da? Vater, kannst du nicht ...?« Frau Scheffels Worte klangen etwas gekünstelt.

»Mutter, keine Bange«, gab Vater Scheffel zurück, »das Problem ist bereits gelöst. Unsere beiden jungen Freunde nehmen einfach diesen Umschlag mit zum Bahnhof und tauschen ihn ein gegen eine Fahrkarte Lüdenscheid – Weidenhausen und zurück.« Damit reichte er Karl den besagten Umschlag und legte seinem verdutzten ehemaligen Anstreichergesellen den Arm um die Schulter. Dabei musste sich der kleine Mann erheblich strecken. »Wie freue ich mich, mein Lieber, dass sich deine Lebensführung auf diese Weise klärt. Aber sei mir ja lieb zu Milli. Wenn nicht, gibst du mir dein Lehrgeld und den Gesellenbrief zurück.«

Zugleich nahm Frau Scheffel das Mädchen in die Arme, wobei ihre Schwierigkeiten darin lagen, dass sie gar nicht so recht um die gut gebaute Miluscha herumkam. »Ich bin glücklich, mein Kind, dass du dem Karl dein Ja gegeben hast. Du bekommst einen guten Mann, und du bekommst eine Heimat, die du hoffentlich nicht irgendwann wieder verlassen musst.«

Dann schickten die beiden Alten die beiden Jungen schleunigst zum Bahnhof, ehe der Schalter schloss. Der Vorteil des heutigen Tages musste genutzt werden. »Aber wir möchten die Fahrkarten noch sehen. Kommt also noch einmal zurück. Alice möchte euch sicher auch noch begrüßen, und dann laden wir euch zum Abendessen ein. Nach Dünnebrett kommt ihr noch früh genug.«

»Die Idee, sich heute noch Fahrkarten zu kaufen, hatten viele«, berichteten die beiden jungen Leute, als sie zurückkamen.

»Klug gehandelt von den Leuten«, lobte Vater Scheffel, »das meiste vorhandene Geld in Reichsmark verfällt morgen. Die neue Deutsche Mark brauchen die Menschen für andere Dinge. Und was sind schon 40 Deutsche Mark! Da bekommt man nicht viel für.«

Alice Scheffel war inzwischen nach Hause gekommen. Sie teilte die Freude ihrer Eltern, ging doch auch ihr Wunsch einer Verbindung der beiden jungen Menschen in Erfüllung. Schließlich hatte sie auch ein klein wenig ihre Hände mit im Spiel gehabt. »Schön, dass ihr eure heimliche Verlobung bei uns feiert«, scherzte sie. Die beiden schauten sich an und zwinkerten sich zu. Heimliche Verlobung, kein schlechter Gedanke, ging ihnen wohl gleichzeitig durch den Sinn.

Nach dem gemeinsamen Abendessen mahnten die Gastgeber dann doch zum Aufbruch. Morgen würden sie sich ja alle schon wieder im Gottesdienst sehen. Karl und seine Miluscha, wie er sie jetzt auch nennen durfte, machten sich auf den Weg hinunter ins Tal, wo sicher Miluschas Mutter und Erhard schon lange auf sie warteten. Schön war der laue Juniabend unter dem klaren Sternenhimmel, der dann bald auch vom leicht abnehmenden Mond erleuchtet wurde. So richtig für verliebte Leute eingerichtet. Ein Stück abseits vom Vogelsangschen Haus und der Beerschen Wohnung wurde Frau Luna dann auch Zeugin der ersten Innigkeit der beiden Verliebten. Eng umschlungen standen sie eine Weile, bis ihre Lippen sich fanden und sich schier nicht mehr voneinander lösen wollten. Eine Welle des Glücks überströmte die beiden. Der Weg in den siebten Himmel war beschritten.

Das Dorf im Hinterland

Am Tag nach der Währungsreform von der Reichsmark zur Deutschen Mark, am Tag des Sommeranfangs, am Beginn einer neuen Zeit saßen die beiden Liebenden und Heimlich-Verlobten im Schnellzug Hagen–Frankfurt, der sie zunächst von Altena nach Herborn brachte. Von dort ging es dann weiter mit dem Personenzug durch das Aartal, um das Gladenbacher Bergland herum ins Tal der Salzböde bis nach Weidenhausen. Während der ganzen Fahrt hielt Karl seine Miluscha an den Händen und im Arm, als wollte er verhindern, dass sie ihm doch noch davonliefe oder verlorenginge.

Das Mädchen fühlte sich glücklich dabei. Wie schön war es, die gemächlich vorbeiziehenden, sonnenbestrahlten Landschaften des Sauerlandes und des Siegerlandes mit ihren Dörfern anzusehen, ihre kleinen und großen Fabriken an den Flüssen, ihre Fluren an den Berghängen, auf denen die ersten Heuwiesen gemäht waren, Kartoffelfelder blühten und das erste Getreide bereits eine leichte Gelbfärbung bekam. Karl kannte die Strecke in allen Einzelheiten, wusste jeden Ort zu benennen und beinahe jede größere Fabrik, war er doch hier ungezählte Male gefahren.

Besonders reizvoll waren die Tunnels, waren doch die Zugabteile noch nicht beleuchtet. Küssen und Schmusen kann absolut geräuschlos sein und störte hier niemanden. Im Gegenteil, es hob das Glück der unmittelbar Beteiligten. Der Tunnel durch die Haincher

Höhe hatte es besonders in sich. Hier war der Zug mehr als zwei volle Minuten in der Dunkelheit. Miluscha hätte nie gedacht, wie lange sie ohne zu atmen ... Karl hatte den Tunnel ja schon vorher gekannt, seiner Liebsten aber nicht verraten, was da auf sie zukam. Und dass die anderen Fahrgäste im Abteil hinterher ihre neckenden Bemerkungen machten angesichts der roten Köpfe, bereitete ihm zusätzlichen Spaß. Was dem Mädchen wiederum peinlich war. Aber ihre Empörung war wohl doch nur gespielt.

»Weidenhausen! Weidenhausen im Hinterland!« Zwei glückliche junge Menschen sprangen auf den schmalen Bahnsteig, nahmen sich bei den Händen, überquerten ausgelassen das andere Gleis und strebten mit raschen Schritten dem Dorf zu. Karl ließ seiner Miluscha gar keine Zeit, irgendwelche Nervosität und Furcht aufkommen zu lassen. Er zeigte und erklärte ihr alles, was ihm auf dem Weg zum Elternhaus in seinem Heimatdorf wichtig war.

Dem Mädchen wurde richtig schwindelig bei all dem Neuen, bei den vielen Namen und Bezeichnungen, die sie doch nicht behalten würde und ja auch später mit viel mehr Zeit und Ruhe lernen konnte. Sie hielt freilich die Augen offen und bemerkte sehr bald, wie die Leute stehen blieben oder sich hinter den Fensterscheiben die Nasen platt rieben, um ja deutlich mitzukriegen, welches schwarze Mensch der Sohn vom Gerhardt Paul da an seinem Arm hatte. Karl machte sich sogar einen Jux daraus, die Leute merken zu lassen, dass er sich mit seinem Mädchen beobachtet wusste, indem er immer wieder nach links und rechts grüßte und winkte.

»Ist das bei euch immer so, dass Hinz und Kunz wissen will, wen der andere bei sich hat?«, fragte Miluscha, von diesen Beobachtungen ein wenig irritiert. »Man fühlt sich ja wie in einer Ausstellung, wo jeder kommt und guckt.«

»Du bist hier auf dem Dorf, mein Schatz. Da weiß jeder vom anderen, was er macht und mit wem er umgeht. Und du bist hier die aktuelle Sensation. Was glaubst du, wie schnell sich die Neuigkeit verbreitet: Karlchen Gerhardt ist wieder da und hat eine fremde, dunkelhaarige Schönheit mitgebracht.«

»Ich möchte aber nicht die Sensation des Dorfes sein«, wehrte die »schwarze Schönheit« ab.

»Das bist du auch nur für die nächsten Tage, dann kommt Neues, was die Leute dann wieder zu bestaunen und zu bereden haben.«

»Kommt man als Fremder hier denn überhaupt rein und wird angenommen?«

»Das kommt drauf an, wie man sich als Fremder gibt und in die Dorfgemeinschaft einfügt. Weidenhausen ist ein frommes Dorf. Da sollte das eigentlich nicht schwer sein, wenn die Leute sich daran halten, dass der Fremde besonders geachtet werden soll.«

»Muss ich dann auch diese komischen Kostüme anziehen, wie die Frauen sie hier tragen?«

»Kostüme!« Karl spielte den Empörten. »Das nennt man Hinterländer Tracht. Die meisten Frauen tragen das hier. Manche jeden Tag, manche nur am Sonntag. Mama hat sie früher als Mädchen getragen. Heute trägt sie sie nicht mehr. Aber du in Hessentracht, das säh lustig aus. Geht aber nicht.«

»Warum geht das nicht? Vielleicht säh ich mit diesen Kleidern und dem Krönchen noch besser aus.«

»Ach, Schatz, du siehst ohne viel besser aus. Die Leute würden das auch gar nicht mögen, weil du keine Hessin bist. Also lassen wir das lieber sein.«

»Na, ich bin gespannt, wie das bloß alles wird«, sorgte sich Miluscha, während die beiden bei der Försterei in der Mühlstraße um die Kurve bogen.

»Ich auch, mein Liebes. Schau, dort drüben links ist unser Gemeindehaus, und da vorn auf der Treppe sitzt meine kleine Schwester Ilse. Die ist unser Empfangskomitee.«

Die Elfjährige kam den beiden das letzte Stück Wegs entgegengesprungen. »Da seid ihr ja endlich! Mama und Papa haben gesagt, ihr sollt gleich aufs Feld kommen. Hast du schöne, schwarze Haare, Miluscha.«

Aus dem Mädchen sprudelte es nur so heraus.

»Nix Miluscha, Kleine«, wies der große Bruder sein Schwesterchen zurecht, »Miluscha ist nur für mich Miluscha, für dich ist sie Milli, gelle?«

»Klar, mein großer Bruder, also Milli. Das muss aber dann auch für alle anderen gelten, gelle.«

»Wird es auch, gelle, Miluscha.« Er ist zu Hause, fiel der jungen Frau auf. Das »gelle« als Bestätigung für irgendetwas hatte er in Lüdenscheid nie gebraucht.

»Ich werde das nicht hindern, mein Lieber, wenn du das so willst. Das macht ja auch deutlich, dass ich nur dir gehöre.«

»Genau! Und was hat mein Schwesterchen da in dem kleinen Eimer?«

»Waldbeeren. Die soll ich alle durchlesen. Blättchen raus und so, gelle.«

Das ist die erste Gelegenheit, sich als Fremde wenigstens schon einmal in die Familie einzuführen, ging es Miluscha durch den Kopf. »Hol rasch eine Schüssel, Ilse. Wir machen das zusammen und dann sind wir im Nu fertig.«

»Und ich kann dann mit euch aufs Feld gehen, gelle?«, freute sich die Kleine und drückte der künftigen Schwägerin die Hand. Mit dem Satz »Du bist lieb! Du darfst auch mit in meinem Bett schlafen!« sprang sie die hohe Haustreppe hinauf und kam bald mit der gewünschten Schüssel wieder zurück. Miluscha stellte erfreut fest, dass sie hier bereits ein Herz für sich gewonnen hatte.

Wenig später eilten die drei den Hang hinauf, um die Eltern auf dem Feld zu begrüßen. Der Vater hatte die Ankömmlinge wohl als Erster gesehen. Er streckte seinen Rücken, stützte sich mit der einen Hand auf seine Hacke und winkte ihnen mit der anderen entgegen. Dann winkte auch die Mutter. Es schien, als gäbe das eine völlig unkomplizierte erste Begegnung. Die Gerhardt-Eltern legten ihre Hacken aus den Händen und kamen den Kindern an den Rand des Rübenfeldes entgegen.

»Herzlich willkommen, ihr Kinder«, rief Vater Paul ihnen schon zu, »schön, euch zu sehen.« Miluscha fiel gleich auf, wie mühsam der Mann Luft holte. Hatte er Asthma? Ob solche Arbeit für ihn überhaupt gut war?

Mutter Maria musterte für ein paar Momente die junge Frau und künftige Schwiegertochter. Für den ersten Augenblick machte das »Flüchtlingsmensch« keinen schlechten Eindruck. Hübsch war sie, und gesund sah sie aus. Und wenn die alten Scheffels die Verbindung gutgeheißen hatten, dann mochte es ja wohl auch gutgehen. Endlich reichte sie dem Mädchen die Hand: »Du bist also Miluscha.«

»Milli! Mama«, beeilte Ilse sich zu korrigieren, »Miluscha heißt sie nur für Karlchen, hat er gesagt. Gelle, Bruder?«

Karl bestätigte lachend die Worte der kleinen Schwester.

»Aha, gut, dass wir's wissen«, lachte auch die Mutter. »Also, Milli, sei herzlich begrüßt in der Familie der Gerhardts. Wir hoffen, du fühlst dich wohl bei uns.«

»Und lebst dich gut auf dem Land ein«, ergänzte der Vater. »Wir hacken die Reihen noch zu Ende. Ihr könnt warten und euch Weidenhausen und seine Umgebung von oben anschauen oder auch schon heimgehen. Wir kommen dann gleich nach.«

Hier bot sich die zweite Gelegenheit, sich gut einzuführen, dachte Miluscha und fragte, ob denn nicht sie und Karl die Hacken bedienen dürften, dann könnten doch die Eltern ...

»So weit kommt es noch«, wehrte Vater Paul ab, »nach langer und anstrengender Reise auf fremdem Feld gleich Hand anlegen. Später, Mädchen, später haben wir sicher nichts dagegen. Außerdem habt ihr die falschen Schuhe an, gelle.«

Welch ein lieber Mann, freute sich Miluscha, der wird mir Vater sein können. Ob sie ihn wohl bald so nennen durfte? Mutter, Mama hatte sie immer sagen können, aber Vater, Papa? Das hatte ihr gefehlt in den fünfzehn Jahren seit Papas Tod in Wischnewka. Ob sich hier auch wieder sein Segen bewahrheitete: »Für euch wird gesorgt. Der Vater im Himmel bleibt«? Ob die Mutter auch so eine liebe Frau war, oder ob sie eher der eigenen Mutter glich? Sie hatte so etwas Strenges im Gesicht. Abwarten, sagte sich die junge Frau und hängte sich bei Karl ein. »Zeig mir, was ich von hier oben sehe.«

Nichts lieber als das. Und so zeigte der junge Mann seiner Liebsten zunächst von hier oben das Haus in der Schieferstraße.

»Schieferstraße«, beschwerte sich Miluscha, »ein besserer Feldweg, aber doch keine Straße.«

»Spotte nicht. In ein paar Jahren ist das eine Prachtstraße. Du wirst es erleben«, entgegnete Karl.

»Du meinst wohl, wenn ich einmal in die Straße eingezogen bin und da wohne«, scherzte Miluscha dagegen.

»Nun bilde dir mal nichts ein, mein lieber Schatz. Ich kann dich ja auch im Sauerland versauern lassen, wenn dir das lieber ist, gelle«, spielte Karl den Unentschlossenen.

»Nein, nur das nicht«, wehrte das Mädchen ab, »ich komme schon gerne nach hier und zu dir und nehme auch mit einem Feldweg vorlieb. Jetzt sag mir endlich, was ich sehe.«

Karl zeigte ihr die Orte im Tal, soweit sie an der Salzböde entlang und über den Hügeln zu sehen waren, Erdhausen, Mornshausen und am Horizont Lohra. »Hinter den Bergen dort siehst du ein Stück von Gladenbach, dem Hauptort unseres Ländchens, und hinter unserem Rücken liegt Endbach, wo wir durchgekommen sind, und noch ein paar andere kleine Kuhdörfer. Da drüben in der Justushütte arbeitet mein Vater als Emaillierer, und das Dampfbähnchen da unten fährt nach Herborn, wo wir umsteigen mussten.«

»Schön ist es hier in deiner Heimat«, schwärmte Miluscha. Worauf Karl ergänzte: »... die auch bald deine Heimat ist, gelle.«

»Ich freu mich ja so«, drückte sie sich an ihren Liebsten, »und jetzt lass uns schon vorgehen, wie dein Vater gesagt hat.«

»Milli, du weinst ja«, stellte Vater Paul beim Abendessen erstaunt fest, bei dem auch Karls jüngere Brüder Paul und Arthur mit am Tisch saßen.

Tatsächlich rollte der jungen Frau eine Träne über die Wange. Miluscha erschrak ein wenig über diese Entdeckung. Ertappt, dachte sie bei sich. »Das liegt an dieser Suppe«, sagte sie laut.

»Ist damit etwas nicht in Ordnung«, fragte Mutter Maria wieder mit dem strengen Zug im Gesicht.

»Nein, nein, es ist alles in Ordnung«, beeilte Miluscha sich zu antworten. »Es liegt trotzdem an der Ribbelchensuppe.«

Aller Augen waren auf sie gerichtet. Das wollten sie jetzt wissen, was es mit der Ribbelchensuppe auf sich hatte. Dann begann Miluscha zu erzählen von jenem denkwürdigen Weihnachtsabend 1939, als die vaterlose Familie aus der kasachischen Verbannung wieder nach Nedbarewka zurückgekehrt war; als sie die Wohnung im alten Schulhaus wieder beziehen durften; als das alte Mütterchen aus dem Dorf gekommen war und Brot, Mehl, Milch und Eier gebracht hatte, weil es doch Heiliger Abend war. Von diesen Zutaten hatte die Mutter eine Ribbelchensuppe gekocht, wie sie die Kinder seit langen Zeiten nicht hatten essen können. »Beim ersten Löffel dieser guten Suppe hatte ich sofort den Geschmack von damals in meinem Mund und die Situation vor Augen, wie meine Mama an den Kachelofen gelehnt stand und weinte und gar nichts von der Suppe essen wollte«, schloss Miluscha ihre Erzählung und wischte sich mit dem Handrücken ein paar weitere Tränen aus dem Gesicht.

»Gell, Milli, das war schwer für dich«, nahm Ilse Anteil. »Wie alt warst du da?«

»So alt wie du jetzt, elf Jahre.«

»Erzählst du uns noch mehr aus deinem Leben?«

»Das kann Milli später machen«, wies Mutter Maria die Tochter zurecht.

»Ich werde dir noch vieles erzählen, Ilse«, versuchte Miluscha der Zurechtweisung ein wenig die Härte zu nehmen. »Später, Ilse, ich versprech's dir.«

»Und wie machen wir das jetzt mit der Anrede für eure künftige Schwiegertochter?«, schnitt Karl ein neues Thema an.

Miluscha wurde verlegen. Dass der aber auch jetzt schon fragen musste! Dabei war sie ihrem Liebsten aber doch sehr dankbar für die Frage.

»Wenn Milli einverstanden ist, darf sie gerne deine Anrede übernehmen, Karlchen«, schlug Vater Paul vor. »Also sag gerne ›Papa‹ zu mir, Milli. Wir gewinnen doch eine Tochter mit dir.«

»Und was für eine«, bestätigte Karl stolz und streichelte seiner Liebsten die Hand.

»Und ich bin dann die Mama oder Mutter, wie du möchtest, Milli«, gestand Mutter Maria zu.

Miluscha erschien das so, als wäre sie nicht so frei für die Sache wie ihr Mann. Ob die Frau es doch noch nicht ganz verwunden hatte, dass ihr Sohn ein »Flüchtlingsmensch« nach Hause brachte? Ach was, beruhigte sie sich selbst. Die Zustimmung und der Segen der Scheffels hatten hier sicher eine besänftigende Wirkung. Was sollte es also, Miluscha freute sich, besonders darüber, dass sie jemanden hatte, den sie »Papa« nennen durfte. Und der war offenbar ein lieber Papa.

»Und für euch ist sie die Milli, ihr lieben Brüderchen und Schwesterchen«, schloss Karl das Thema ab.

»Jawohl, großer Bruder, Miluscha ist nur für dich Miluscha, wir haben es deutlich gehört und werden uns selbstverständlich danach richten, gelle, Miluscha, äh, Verzeihung, Milli«, musste Ilse zum Thema noch einmal bemerken.

»Warte, du kleines Biest«, kniff Karl seine Schwester lachend in den Po, »lass dich erwischen.«

Die wenigen gemeinsamen Tage in Weidenhausen vergingen für Miluscha und Karl wie im Flug. Aber es half nicht, noch waren sie nicht verheiratet, um zusammenbleiben zu können. Noch musste am kleinen Bahnhof von Weidenhausen Abschied genommen werden. Aber das würde sich nach nicht allzu langer Dauer ändern.

Zumindest Karl war sich da ganz sicher, als die beiden Arm in Arm auf den Zug nach Herborn warteten. Er hatte keine Lust, noch Monate oder gar länger auf seine Frau zu warten.

»Dann brauche ich doch noch die Genehmigung meiner Mama«, versuchte die Umworbene ihr Zögern zu begründen.

»Papperlapapp, meine Liebe, die wird sie dir schon geben. Die ist doch froh, wenn du Platz in der Wohnung machst. Und dein Bruder ist auch froh, wenn er dich endlich los wird, gelle. Dazu hast du den Segen von Scheffels Eltern und Tochter. Und Papa und Mama und die Geschwister haben dich auch schon angenommen. Was willst du also noch?«

»Noch ein bisschen Zeit haben, mein Lieber, ich bin doch noch so jung.«

»Gerade deshalb will ich dich doch so bald wie möglich bei mir haben. Ich will doch nicht warten, bist du zu Dörrgemüse verwelkt bist.«

»Du bist ein Räuber, Karlchen, und wirst es wohl bleiben. Raubst mir mein Herz und willst mir auch schon meine Freiheit rauben«, lachte Miluscha, »jetzt haben wir erst einmal den Verlobungstermin. Und dann sehen wir weiter.«

»Und vorher bin ich noch ein paar Mal in Lüdenscheid. Ich halt's doch nicht lange aus ohne dich, gelle, mein Schatz.« Damit schloss er ihr den Mund durch einen Kuss, der der jungen Frau wieder fast den Atem nahm.

»Bis in vier Wochen, mein Lieber«, sagte sie, als sie wieder Luft bekam und dann auch schnellstens einsteigen musste.

»Leider erst dann. Leb wohl, mein Schatz, und vergiss mich nicht! Gott behüte dich!« Karl lief noch ein paar Meter neben dem anfahrenden Zug her, blieb dann stehen, um seiner Miluscha nachzuwinken, bis der Zug verschwunden war.

Miluscha setzte sich auf eine Holzbank im Abteil, lehnte den Kopf an die Rückwand und schloss glücklich die Augen. Sie war unterwegs ins alte Zuhause, das nun endgültig ein vorläufiges war. Und die neue Heimat und ein paar ihrer Menschen hatte sie bereits lieb gewonnen. Ende Juli würde Karl doch wieder für ein Wochenende nach Dünnebrett kommen. Wenn die Wochen nur schon vorbei wären. –

Die Verlobung der beiden jungen Leute war auf den 21. August festgelegt. Für diesen Samstag hatten sich Nachbarn und Verwandte bereit erklärt, die Ziegen, Schafe, Schweine und Hühner im Haus in Weidenhausen zu versorgen.

So konnten Karls Eltern, Geschwister und Schwager Rudi sich auf die Reise ins Märkische Sauerland machen, um bei der Feier in Dünnebrett dabei zu sein.

Karls Schwester Elisabeth mit ihrem Kind verzichtete. Für zwei Tage war ihr der Aufwand zu hoch. Zu hoch war der Aufwand auch für Waltraud. Für ein Wochenende aus dem schwäbischen Aidlingen ins Sauerland zu kommen, war nicht zumutbar. Und auch für Lohreders aus dem Badischen war der Weg zu weit.

Hugo kam natürlich aus Wiedenest dazu. Aus Lüdenscheid fanden sich alle Scheffels und die Mitarbeiterinnen aus dem Kindergarten im Haus ein, um das Ereignis mit zu feiern.

Gustav und Mariechen Vogelsang hatten ihr Wohnzimmer zur Verfügung gestellt, gemeinsam mit Miluschas Mutter ein bescheidenes Abendessen vorbereitet und dafür gesorgt, dass es auch nachher noch das eine und andere zu nippen und zu naschen gab. Das war sehr schwierig gewesen, auch wenn die Versorgungslage sich allgemein ein wenig gebessert hatte. Aber wen störte es, dass er nicht aus dem Vollen schöpfen konnte? Das fröhliche Zusammensein war ihnen wichtig, und alle freuten sich mit den jungen Leuten und stimmten gemeinsam in das Lob Gottes über diesen Tag ein.

Es störte auch niemanden, dass diese Verlobung ohne sichtbares Zeichen in Gestalt zweier Ringe stattfand. Die zu bekommen und zu bezahlen, war im dritten Jahr Nachkriegsdeutschland immer noch ein besonderes Problem. Es reichte doch auch, wenn diese äußeren Zeichen der ehelichen Verbundenheit für die Hochzeit besorgt werden konnten.

Für Miluscha war es noch eine besondere Freude, auch wenn es ihr einen leisen Schmerz verursachte, dass Schwester Berta ihr geschrieben und ihr und ihrem Bräutigam für den nun doch ganz anderen Weg von Herzen Gottes Segen gewünscht hatte. Ein Gruß von Schwester Elisabeth und von der Klassengemeinschaft lag auch dabei. Schön, dass die Aidlinger Freunde so auf ihre Abmeldung von der Haushaltungsschule reagiert hatten.

Jung gefreit hat selten gereut

»Miluschaschatz, was steht für den 20. November in deinem kleinen Spurgeon?«, fragte Karl, als die beiden nun offiziell Verlobten für ein paar Minuten allein in Miluschas Zimmer waren.

»Warum willst du das denn wissen?«

»Sag ich dir dann, wenn du gelesen hast.«

»Also«, Miluscha griff nach dem kleinen Büchlein und blätterte darin. »Hier steht: ›Von diesem Tag an will ich Segen geben.‹ O nein, das steht für den 19.«

»Aber das wäre sehr gut für den 20. Von diesem Tag an Segen. Wunderbar!«

»Was hast du mit dem 20.?«

»Lesen, meine Liebe, und zwar beim richtigen Datum!«

»Also jetzt richtig: ›Denn er sättigt die sehnende Seele und füllt die hungrige Seele mit Gutem, Psalm 107, Vers 9.‹«

»Das ist ja genauso wunderbar«, war Karl begeistert, »das passt ja wie die Faust aufs Auge!«

Miluscha verstand immer noch nicht. Der junge Mann nahm seine Verlobte in die Arme: »Mein Liebes, der 20. November ist unser Hochzeitstag. Da wird meine sehnende Seele gesättigt und meine hungrige Seele mit Gutem gefüllt. Verstehst du, mein Schatz? Dann gehörst du mir, mir ganz allein und ganz und gar.«

Miluscha wollte protestieren, was ihr aber nicht gelang, weil Karl ihr einen Kuss auf die Lippen drückte. Dann befreite sie sich doch aus der Umklammerung. »Jetzt sei mal wieder ernst, Karl Gerhardt, und lass den Blödsinn.«

»Ich mache keinen Blödsinn, mein Schatz. Am Samstag, dem 20. November 1948, werden wir beide in deiner neuen Heimat im hessischen Hinterland heiraten.«

»Aber ...«, die junge Frau versuchte, Widerspruch einzulegen.

»Nichts aber. Der Termin steht fest und unerschütterlich wie eine Sauerländer Eiche oder eine hessische Buche.«

Miluscha seufzte auf. »Das muss ich erst verdauen. Und wie soll das gehen? Wie stellst du dir das vor? Was sagt meine Mutter dazu? Die muss doch die Unterschrift geben.«

»Weiß ich, meine Liebe. Und sie wird sie mir geben, mein Schatz, Entschuldigung, dir. Das ist schon geregelt. Ich musste diesen Termin festlegen.«

Miluscha schaute ihren Liebsten fragend an.

»Unser Bürgermeister Scheld muss bis dahin eine Wohnung gefunden haben für Lieschen und ihre drei Kinder. Und dazu braucht der Zeit, aber auch den Druck eines Termins.«

»Dann muss die arme Frau ja wegen uns ausziehen.«

»Das wird sie schon überleben. Die kann sich dabei doch nur verbessern, von zwei Stübchen auf vielleicht drei.«

»Hm, hoffentlich klappt das.«

»Und außerdem gibt es noch einen Grund«, fügte Karl verschmitzt und geheimnisvoll hinzu.

»Und der wäre?«

»Demnächst beginnt die kalte Jahreszeit, und ich möchte im nächsten Winter in meinem Bett nicht mehr frieren.«

Das war für die junge Braut zu viel. »Du Räuber, du, was redest du da, und was machst du für Sachen, ohne mich zu fragen? Und was hast du für Gedanken? Komm, lass uns schnell wieder zu den anderen gehen. Sonst fange ich noch an zu heulen.«

»Vor Enttäuschung und Elend?«, sorgte sich der junge Mann.

»Natürlich nicht, du Dummer, vor Freude.«

Wie lang sich die Zeit doch zog. Es wollte und wollte nicht Oktober werden. Dann nämlich sollte Miluscha wieder nach Weidenhausen kommen und bei gewissen Hochzeitsvorbereitungen mithelfen. Vor allem bei einigen sehr wichtigen.

Zum Beispiel musste sie persönlich anwesend sein bei der Bestellung des Aufgebots im Bürgermeisteramt. Das war in einer Pause zu erledigen, die Malermeister Pitz seinem Gesellen Karl Gerhardt während der Arbeitszeit gewährte. Die Sache hätte zwar bis Anfang November Zeit gehabt, aber was erledigt war, war erledigt. Bei der Gelegenheit lernte die Braut auch schon einmal Bürger-meister Scheld kennen, der die standesamtliche Trauung vornehmen würde. Dem freundlichen Herrn konnte man die Freude über den hübschen personellen Zugewinn in seinem Dorf gerne abnehmen.

Bei derselben Gelegenheit konnten die Ehewilligen nun gemeinsam den Bürgermeister davon überzeugen, dass sie den vermieteten Wohnraum im Elternhaus für ihren eigenen Bedarf benötigten, und er möge sich bitte bemühen, für die Kriegerwitwe mit ihren drei Kindern eine andere Wohnung zu finden. Ein kleines Zimmer für junge Eheleute und das im Haus der Eltern sei doch ein bisschen knapp.

Bürgermeister Scheld äußerte sein Verständnis, bestätigte, dass er sich bereits bemüht habe, und wiederholte sein Versprechen, sich weiter zu kümmern. Aber Wohnraum sei nun mal leider knapp, auch hier auf dem Land, besonders seit dem Zuzug der vielen Flüchtlinge und Heimatvertriebenen, die auch ins Hinterland gekommen seien. Für die müsse und wolle er auch ein Herz haben. Aber, wie gesagt, er werde sein Möglichstes tun.

Dann musste Miluscha mit Flechtkörben in den Buchenwald jenseits der Salzböde gehen und Bucheckern sammeln. Vormittags tat sie das alleine, nachmittags nach der Schule gingen Ilse und Artur noch für ein, zwei Stunden mit. Wenn die Bucheckern doch nur ein wenig größer wären, vielleicht wie Kastanien oder Walnüsse, stöhnten die Sammler immer wieder. Um eine brauchbare Menge Öl aus den Früchten zu gewinnen, mussten schon ein paar Säcke voll gesammelt werden. Nur gut, dass diese kleinen, braunen, dreieckigen Dinger zu Tausenden herumlagen. So kam die notwendige Menge endlich auch zusammen. Die Aktion Kräppelchenbacken für die Hochzeit konnte weiter vorbereitet werden. Das Mehl dazu würde Karls Patenonkel Albert, Müller in Wommelshausen, zur Verfügung stellen, und die Menge würde sicher reichen, auch noch mehrere große Bleche verschiedener Obst- und Streuselkuchen herzustellen. Gebacken würden die im dörflichen Backhaus. Den Backtermin galt es für den besonderen Fall rechtzeitig anzumelden.

Dann wurde zusätzliches Reisig benötigt, mit dem der öffentliche Backofen geheizt wurde. Und das musste bis zum Hochzeitstermin trocken sein. Also gab es eine Sammelaktion, zu der die beiden Ehewilligen mit dem Handwagen in den Wald geschickt wurden.

Ach ja, war da nicht schon einmal etwas gewesen mit Reisig-aus-dem-Wald-Holen und Sich-dabei-folgenschwer-tief-in-die-Augen-Blicken? Miluscha und Karl hatten ihren Spaß. »Weißt du noch ...?«

Und dann sollten bei dem freundlichen Herbstwetter auch noch die Kartoffeln aus der Erde. Miluscha durfte hierbei gerne die Hacke schwingen. Das ging ihr flott von der Hand. Das hatte sie ja auch gründlich gelernt damals vor sieben Jahren auf der Kolchose Nikolaital bei Nedbarewka, als Onkel Albert so plötzlich aufgetaucht war und die Familie unter die deutsche Verwaltung nach Schitomir geholt hatte. Ob Onkel Albert wohl die Trauung vornehmen würde? Miluscha rief diesen Wunsch zu Karl hinüber.

»Du verdirbst aber auch alles, mein Schatz«, spielte Karl den Beleidigten, »das sollte doch eine Überraschung werden.«

»Was?«

»Na, dass dein Onkel Albert am 20. November hier ist.«

»Oh, mein Lieber«, jubelte die junge Frau, »schon wieder eine von deinen Gaunereien.« Sie ließ die Hacke fallen, sprang über ein paar Furchen zu Karl hinüber und fiel ihm so heftig um den Hals, dass beide sich zwischen den Kartoffelsträuchern auf dem Ackerboden wiederfanden. Die Mahnung der Mutter: »Na, na, na, ihr treibt es doch nicht zu schlimm?!«, quittierten sie mit herzlichem Lachen und mit Karls Kommentar: »Wir werden es noch viel schlimmer treiben, Mama, lass uns erst einmal verheiratet sein, gelle, mein Schatz?« Das Mädchen griff schnell wieder zur Hacke, damit niemand die Verlegenheit in ihrem Gesicht sah.

Schließlich musste Miluscha in den paar Tagen in Weidenhausen auch das Brautkleid anprobieren, das eine Nachbarin für die Hauptperson der Feierlichkeit zurecht machen wollte. Das Kleid war vor zwei Jahren für Karls Schwester Elisabeth genäht worden. Die aber war wesentlich schlanker als Miluscha.

»Du gehst aber nicht mit rüber!«, verfügte die künftige Braut.

»Müsste ich aber eigentlich, denn du brauchst einen Dolmetscher. Die sprechen drüben doch nur Mundart. Aber keine Bange, mein Liebes«, gab der Bräutigam nach, »ich halte mich an die Ordnung: Kein Bräutigam darf die Braut vor dem Hochzeitstag im Brautkleid in die Arme nehmen. Und der Gefahr würde ich mit Sicherheit erliegen. Aber ich werde mich anschleichen und durchs Schlüsselloch linsen, und du wirst es nicht merken, gelle.«

»Untersteh dich, du Schlingel, ich reise sofort ab, wenn ich das merke, und komme im November nicht wieder«, drohte Miluscha mit gespielter Empörung.

»Das wäre in der Tat furchtbar«, spielte Karl jetzt den Einsichtigen und Ängstlichen und strich sich das Kinn, »das Risiko möchte ich dann doch nicht eingehen. Also, Braut, hau ab und komm bald wieder! Wir haben nur noch heute Abend.«

Mitte November kam Karl nach Lüdenscheid, um seine Braut für immer ins hessische Hinterland zu holen. Ihr weniges Hab und Gut passte in einen geflochtenen Schließkorb mittlerer Größe, den die beiden als Reisegepäck mitnehmen würden. Kostbarster und zugleich zerbrechlichster Inhalt war ein Kaffeeservice, das die beiden von Scheffels zur Verlobung bekommen hatten. Jedes Teil wurde einzeln in ein Handtuch oder ein Wäschestück eingewickelt und sorgfältig verstaut. Die Abdeckung bildete das Bettzeug, das Miluscha mitnehmen konnte. Karl wollte liebend gerne mit seiner Frau unter gerade diese Decke kriechen.

Die Zeit reichte noch für eine Fahrt mit der »Schnurre« hinauf in die Stadt. Von einigen Leuten wollten sie sich doch gerne verabschieden. Andere würden sie am Samstag in Weidenhausen als Gäste begrüßen.

Am nächsten Morgen ging es dann ein letztes Mal mit dem Bähnchen nach Altena und von dort weiter Richtung Herborn und Marburg. Es klappte auch, den Schließkorb immer mit ins jeweilige Abteil zu bekommen. Den Weg vom Bahnhof bis in die Schieferstraße würden die beiden dann auch noch bewältigen. Am Bahnhof Weidenhausen aber wartete Bruder Paul, der Dreizehnjährige, mit dem Handwagen, so dass der Weg durchs Dorf für die Leute wieder zum besonderen Erlebnis wurde: »Karlchen Gerhardt führt sein schwarzes Mensch heim.«

Der Samstag, an dem sich gerade das ereignen sollte, begann völlig anders als hochzeitlich. Es war trübe und wollte gar nicht so recht hell werden. Ein unangenehmer Wind jagte dicke Wolken über den Himmel. Wenn es nur trocken blieb während der Fußwege durch das Dorf vormittags zum Standesamt und nachmittags zum Gemeindehaus! Beide Wege waren nicht sehr weit, aber in dieser Jahreszeit genügte es manchmal schon, nur vor die Tür zu gehen, um durchnässt zu werden. Und den Nachmittagsweg musste Miluscha im Brautkleid zurücklegen. Ihr konnte ganz schön kalt dabei werden.

Die letzten Vorbereitungen für den Festtag waren rechtzeitig abgeschlossen. Die Garderobe lag bereit, die Kuchen waren gebacken, das Festessen war vorbereitet – dafür war vor ein paar Tagen eigens eins der beiden Schweine geschlachtet worden –, Schnaps Marke Papa Paul war gebrannt, heimlich natürlich, und Eierlikör vom Bräutigam selbst angesetzt. Die Kräppelchen würde es frisch aus dem Bucheckernöl geben. Den Kaffee hatte Miluschas Mutter aus Lüdenscheid mitgebracht, gekauft auf dem schwarzen Markt noch in den letzten Tagen der alten Währung. Für die Freunde des Tabaks hatte Karl ebenso noch für Reichsmark eine Kiste guter Zigarren erstanden. Auch dafür war also gesorgt.

Da es im Haus noch kein Wohnzimmer gab, musste das Elternschlafzimmer aus- und umgeräumt werden, damit die Hochzeitsgesellschaft von knapp dreißig Leuten auch Platz hatte zum Kaffeetrinken, Abendessen und zum anschließenden gemütlichen Zusammensitzen.

Das Zimmerchen der Eheleute war mit Bett, Schrank, Tisch und zwei Stühlen bescheiden, aber hinreichend eingerichtet. Nur hatte sich nicht einmal ein kleiner Ofen in dem Stübchen aufstellen lassen. Es gab keine Möglichkeit, ihn an einen Schornstein anzuschließen. Keine warmen Aussichten für den bevorstehenden Winter. Dennoch, das Ehepaar Emilie und Karl Gerhardt konnte am Abend einziehen. Die Bettdecke war aufgelegt, unter die die beiden am Ende des Tages gerne gemeinsam kriechen wollten. Und unter der Decke würde es ihnen sicher von alleine warm werden.

Die auswärtigen Gäste aus Bruchsal, Lüdenscheid und Wiedenest waren auch rechtzeitig gekommen und hatten in der Nachbarschaft und bei Leuten der Freien evangelischen Gemeinde Quartier gefunden. Freilich hatte Onkel Albert es dann doch abgelehnt, die Trauung zu halten. Das sei schon die Sache des Gemeindehirten, zu dessen Herde die jungen Leute gehören würden. Er würde dafür gerne am Sonntag einen der Gottesdienste halten. Miluscha war zunächst ein wenig enttäuscht von dieser Nachricht, konnte die Begründung aber dann doch einsehen.

Die Spannung näherte sich dem Höhepunkt. Besonders bei den Leuten des Dorfes, die das »schwarze Mensch« bisher immer nur im Vorbeigehen oder von weitem gesehen hatten. Ob die überhaupt auf Dauer ins Dorf passte? Die sollte doch sogar ein Russenmädchen sein. Am Ende konnte die nicht einmal richtiges Deutsch. Aber arbeiten konnte die, und fromm sollte sie auch sein. Na, man würde sehen. Diese Trauung wollte kaum jemand versäumen. Der Platz im Gemeindehaus in der Mühlstraße würde eng werden.

Vorher aber gab es den Gang zum Gemeindebüro. Brautvater Paul, Onkel Albert Lohreder, Karl Gerhardt und seine Miluscha kämpften gegen den unangenehmen Wind, durch Mantel und Hut geschützt. Ungezählte Augenpaare begleiteten die vier Leute auf dem Weg in die Dorfmitte. Die konnten's nicht sehen, da sie nicht nach rechts und links blickten. Sie mussten immer wieder ihre Hüte festhalten.

Vor dem Bürgermeisteramt verharrten sie für einen Moment. Onkel Albert sprach ein kurzes Gebet. Vater Paul mahnte den Sohn, die richtige Eingangstüre zu nehmen, die rechte führe in das ehemalige Gefängnis. Da genüge es ohnehin, die linke zu nehmen, erwiderte Karl schmunzelnd, worauf seine Miluscha ihn in die Seite knuffte.

Wenige Augenblicke später saßen die vier Menschen dem Bürgermeister und Standesbeamten Scheld gegenüber. Der hatte von seinem Schreibtisch alle Arbeitspapiere weggeräumt und ihn mit einer Grünpflanze verziert. Nur die zur Trauung gehörigen Unterlagen und ein schwarzer Füllfederhalter lagen auf der Platte.

Herr Scheld fand gute und Mut machende Worte für die beiden und ihren gemeinsamen Lebensweg, wobei er den Bräutigam mit seinem Vornamen und mit Du ansprach, während Miluscha zunächst noch Fräulein Beer und dann Frau Gerhardt war.

Nachdem die Formalitäten erledigt waren und jedes sein vor der Welt notwendiges und gültiges Ja gesprochen hatte, reichte Herr Scheld den beiden ihre Ringe, schlichte Aluminiumringe. Zu mehr hatte es für sie nicht gereicht. Aber auf das Gold kam es doch nicht an, wenn die Herzen gesprochen hatten und weiter sprechen würden. Dann reichte er ihnen den Füllfederhalter, denn es musste ja noch unterschrieben werden. Miluscha, jetzt Emilie Gerhardt, zitterten die Hände dabei. Karl gab genau Acht. »Jetzt ein h«, flüsterte er ihr ins Ohr, »und am Ende dt.«

»Du Räuber, du lieber«, dachte die Ehefrau, stieß ihren Mann unter dem Tisch mit dem Knie und brachte ihre neue Unterschrift zu Ende. Jetzt war es endgültig und amtlich und vor den beiden Trauzeugen besiegelt: Miluscha war Karlchens Frau und trug seinen Namen.

Draußen vor dem Bürgermeisteramt wurden die Eheleute und ihre Trauzeugen von den ersten Gratulanten erwartet. Und, o Wunder, der Wind hatte sich gelegt. Es schien wärmer geworden zu sein während der halbstündigen Zeremonie. Da machte das Händeschütteln nach links und rechts sogar Freude. Der Hut blieb ja sitzen, zumindest bei Miluscha. Karl musste seinen schon in die Hand nehmen, das erforderte die Höflichkeit.

Der Weg zurück durch die Weidenhauser Straße und die Mühlstraße war begleitet von fröhlichem Winken und Grüßen zu den Fenstern hinauf und zu denen, die jetzt auf der Straße waren. Das Dorf nahm Anteil, und das offenbar doch nicht nur aus Neugierde.

Zu Hause mussten die beiden jungen Leute ihre Alu-Ringe dann zunächst noch einmal abgeben. Onkel Albert bestand darauf, dass der Prediger sie ihnen nachher endgültig anstecken müsse. Warum auch nicht? Dann galt es, die Garderobe zu wechseln. Karl zog den dunklen Anzug seines Vetters an, der genauso schmal und groß war wie er. Kusine Liesbeth – wie schön, dass sich die beiden jetzt wiedersahen – half Miluscha in ihr Brautkleid und steckte ihr den langen Schleier auf, der später von zwei Mädchen aus der Nachbarschaft getragen wurde. Den hatte übrigens auch Schwägerin Elisabeth schon getragen.

Im Flur des Hauses durfte Karl seine Miluscha dann in Empfang nehmen. Die Verwandten und Gäste räumten dazu respektvoll das Feld.

»Wie bist du schön, mein Liebes!«, schwärmte Karl. »Und wie bin ich so glücklich. Lass dich umarmen.«

»Aber vorsichtig und nicht so stürmisch, du Wilder, verreiß mir den Schleier nicht!«

»Weißt du noch, was für heute im Spurgeon steht?«

»Ich habe es noch einmal gelesen, mein Lieber. Heute wird deine sehnende Seele gesättigt ...«

»... und meine hungrige Seele mit Gutem gefüllt, mein Schatz, mit dir.« Ganz leise flüsterte er ihr ins Ohr: »Ich freu mich auf heut Nacht, gelle.«

»Oh, du Schlimmer, woran du schon wieder denkst«, flüsterte die junge Ehefrau zurück und knuffte ihren Mann in den Bauch, »geh ja zärtlich mit mir um.«

»Und ob ich das tue, mein Liebes, versprochen! Und hier hab ich noch was für dich.« Hinter der Treppe hervor holte er einen Strauß mit etwas Grün und drei Chrysanthemen.

»Oh, mein Schatz, wo hast du die denn her?«, begeisterte sich die Braut, »ein Brautstrauß mit richtigen Blumen! Ich hatte mich schon damit abgefunden, keine zu haben.«

»War nicht leicht dranzukommen, Miluschalein. Ich musste sie mir aus Gladenbach mitbringen lassen. Aber ich freu mich für dich, dass du wenigstens drei frische Blumen in der Hand halten darfst.«

Karl ließ sich den innigen Kuss seiner Miluscha zum Dank gerne gefallen. Dann rief er laut ins Haus: »Jetzt dürft ihr kommen, ihr Hochzeitsgäste. Auf, lasst uns gehen, den Segen Gottes für unseren Bund abholen.«

Der Hochzeitszug hatte sich bald formiert und bewegte sich auf feuchtem, holprigem Weg zum Haus der Freien evangelischen Gemeinde. Miluschas mit Kreide weiß gefärbte Schuhe hielten die Farbe nicht lange, und ihr wohlproportionierter Körper war unter dem Hochzeitskleid bald mit einer Gänsehaut überzogen. Wie gerne hätte Karl sein Frauchen nicht am Arm gehalten, sondern in die Arme genommen und gewärmt. Aber er musste es sich verkneifen und Haltung bewahren. Im Gemeindehaus würde es warm sein. Da war sicher gut geheizt.

Als die beiden nach nur etwa einhundertfünfzig Metern an der Spitze des Zuges in die Mühlstraße einbogen, trauten sie ihren Augen nicht. Was wollten die vielen Menschen da vor dem Gemeindehaus? Bestimmt die Hälfte der Dorfbevölkerung stand da versammelt, um das Brautpaar zu empfangen und im Gottesdienst dabei zu sein. Zur Gemeinde gehörten die lange nicht alle. Ob die überhaupt alle in den Raum passten? Die würden sich ja drängen müssen wie die Heringe im Fass.

»Ich glaube, die lassen uns gar nicht rein«, befürchtete Karl und nahm seine Miluscha noch fester an den Arm.

»Das müssen die aber, ich friere nämlich entsetzlich«, drückte sie sich an ihn. »Lass uns ein bisschen schneller gehen.«

Dann hatten sie endlich das Spalier der vielen durchschritten und saßen auf ihren Stühlen vor dem Abendmahlstisch. Die große Gemeinde drängte herein und fand längst nicht Platz in den Bänken.

Prediger Lück eröffnete den Traugottesdienst. Dann konnte es losgehen mit Liedern des Chores und der Gemeinde, mit Lesungen, einem Gedicht und mit der Predigt zum Versprechen des Josua: »Ich aber und mein Haus wollen dem Herrn dienen.« Mit feinen Worten wurde die Bedeutung dieses mutigen Bekenntnisses bewusst gemacht und welche Konsequenzen es haben würde, wenn man es im Leben umsetzte. Der Prediger verknüpfte es eindrücklich mit dem Wort Jesu aus der Bergpredigt: »Trachtet am ersten nach dem Reich Gottes und nach seiner Gerechtigkeit, so wird euch solches alles zufallen.«

Karl und Miluscha hörten gespannt zu, um auch keinen

Gedanken zu versäumen. Die Predigt wurde lang. Beinahe wie seinerzeit Predigten in der Ukraine, musste Miluscha zwischendurch denken. Da hatten Traugottesdienste oft mehrere Stunden gedauert. Ein paarmal stieß sie ihren Karl deshalb vorsichtig mit dem Knie an. Dem sollten bei der Länge der Zeit doch nicht die Augen zufallen.

Endlich kam das Amen, und die Brautleute durften sich von ihren Stühlen erheben. Endlich kamen auch die entscheidenden Fragen vor dem Angesicht des Herrn, dem die beiden jungen Menschen doch dienen wollten, und vor den Ohren der großen Gemeinde.

»Willst du, Karl Gerhardt, die hier anwesende Emilie Beer« – Prediger Lück gebrauchte noch einmal den Geburtsnamen – »aus Gottes Hand zu deiner Ehefrau nehmen, sie achten und lieben in guten wie in schlechten Tagen und willst du ihr die Treue halten, bis dass der Tod euch scheidet? So antworte laut und vernehmlich: Ja, mit Gottes Hilfe.«

Karls Antwort kam laut und deutlich und war nicht zu überhören.

»Emilie Beer, willst du den hier anwesenden Karl Gerhardt aus Gottes Hand zu deinem Ehemann nehmen, ihn achten und lieben in guten wie in schlechten Tagen und willst du ihm die Treue halten, bis dass der Tod euch scheidet? So antworte laut und vernehmlich: Ja, mit Gottes Hilfe.«

Miluschas Antwort scholl wie ein Jubelruf durch den gefüllten Gemeindesaal: »Ja, mit Gottes Hilfe.«

»So nehmt als äußeres Zeichen eures Ehebundes die Ringe, steckt sie euch gegenseitig an und reicht einander die rechte Hand.«

Beider Hände zitterten ein wenig, als sie ihre Aluminiumringe vom kleinen Tablett nahmen und sich gegenseitig ansteckten. Sie hätten dabei besser auf ihre Hände geschaut als sich in die Augen, dann hätten sie wohl auf Anhieb gleich den jeweils richtigen Finger erwischt.

Prediger Lück nahm dann die Hände der Eheleute in die seinen: »So erkläre ich denn vor Gott und der versammelten Gemeinde euch beide, Karl und Emilie Gerhardt, zum Ehepaar. Was nun Gott zusammengeführt hat, das soll der Mensch nicht scheiden.«

Er nahm wieder seine Bibel in die Hände. »So höret noch, was die Heilige Schrift über den Stand der Ehe sagt ...« Dann las er erst den langen Abschnitt aus dem ersten Petrusbrief über die Pflichten christlicher Ehegatten, dann auch noch den des Paulus aus dem Epheserbrief über die christliche Haustafel.

Karl und Miluscha wurden innerlich unruhig. Musste das jetzt noch so lang sein? Vor allem der jungen Frau begannen die Knie zu zittern. Karl durfte sie auch nicht stützen, er hielt ihr doch immer noch die Hand. Mit dem letzten Vers des Textes »Ein jeglicher habe lieb sein Weib als sich selbst; das Weib aber fürchte den Mann« legte der Prediger das Buch wieder aus den Händen. Die legte er den beiden auf den Kopf: »Und so segne euch Gott, euch, ihr Eheleute Karl und Emilie Gerhardt, und euch, liebe Gemeinde. So segne euch alle der allmächtige Gott, der Vater, der Sohn und der Heilige Geist. Amen!«

»Amen!«, wiederholten die beiden jungen Leute mit der ganzen Versammlung und – fielen sich erst einmal um den Hals. Der Prediger räusperte sich missbilligend, denn noch war der Gottesdienst nicht zu Ende. Karl und Miluscha rissen sich also noch einmal zusammen und setzten sich brav wieder auf ihre Stühle. Der Gemeindechor war noch einmal dran. Er sang das schöne Gebetslied: »Jesu, geh voran auf der Lebensbahn, und wir wollen nicht verweilen, dir getreulich nachzueilen. Führ uns an der Hand bis ins Vaterland.«

Jetzt endlich konnten die beiden jungen Leute sich in die Arme nehmen und den Hochzeitskuss geben. Dann ließen sie sich gerne von den vielen jungen und alten, bekannten und unbekannten Gratulanten die Hände schütteln und umarmen.

Später im Haus an der Schieferstraße wurde dann im dicht gefüllten Wohnzimmer fröhlich Kaffee getrunken und Blechkuchen gegessen und natürlich eine Menge guter, frischer Kräppelchen, die eine junge Frau aus dem Dorf in der Küche zubereitete. Dabei wurde gelacht und gescherzt. Es kamen auch immer wieder Gratulanten auf einen Schluck und ein oder zwei Kräppelchen vorbei.

Das Abendessen, der Zeit und ihren Verhältnissen entsprechend bescheiden und doch liebevoll zubereitet, hatte seinen Platz im fröhlichen Tagesablauf und schmeckte vorzüglich. Hinterher ging es weiter mit Singen, Lachen, Scherze machen. Bis weit in die Nacht blieben vor allem die jüngeren Leute zusammen. Das junge Ehepaar verschwand allerdings immer wieder einmal für ein paar Minuten in seinen eigenen vier Wänden. Wer wollte es den beiden verdenken, dass sie sich zwischendurch in die Arme nehmen mussten, bis sie endlich gegen Morgen die Stubentür hinter sich verriegeln konnten ...

Wie hart aber waren die Sitten in jener Zeit, und wie streng konnten Mütter und Schwiegermütter sein. Um halb neun Uhr am Morgen klopfte Karls Mutter so lang an der Stubentür, bis von innen Antwort kam. »Aufstehen! Um halb zehn ist Gottesdienst! Die Gemeinde erwartet euch.« Was blieb den beiden anderes übrig, als unter der Decke hervorzukriechen, unter der sie so gerne noch ein wenig geblieben und gekuschelt hätten. Es war Sonntag und Gottesdienst, und Onkel Albert würde die Predigt halten. Also raus aus den Federn und rein in die Kleider, Blitztoilette gemacht am Waschbecken auf dem Flur, dann hinunter zum Frühstück und ab ins Gemeindehaus.

Dort erlebten die beiden jungen Leute noch eine besondere Freude. Vater Scheffel hatte Onkel Albert gebeten, ihm für ein paar Minuten das Wort zu überlassen. Der alte Herr stellte sich also vor die Gemeinde und verwandte sich in bewegenden Worten für die jungen Leute, die gestern in den Stand der Ehe getreten waren. »Wie der Apostel Paulus die Christen in Rom auffordert: ›Darum nehmet euch untereinander auf, gleich wie euch Christus hat aufgenommen zu Gottes Lobe‹, so seid ihr hier in eurem Dorf und in eurer Gemeinde aufgefordert, die beiden jungen Leute aufzunehmen, weil Christus euch aufgenommen hat. Wenn ihr das tut, dann lobt ihr Gott. Gebt den jungen Leuten Platz in euren Reihen und in euren Gruppen. Sie brauchen die Gemeinde, um Gott recht loben zu können. Wo sie ihm dienen können. Auch das dient dem Lob Gottes. Ihr müsst ihnen diesen Ort bieten, denn Alte mit den Jungen, die sollen loben den Herrn!, wie der Psalmist schon singt. Gott, der Herr, segne euch alle!«

Am Ende des Gottesdienstes war es Karl und Miluscha, als fielen einige Händedrucke schon etwas wärmer und herzlicher aus als gestern. Na, sie würden sehen, wie sich Vater Scheffels Wunsch auswirken würde. An ihnen beiden sollte es nicht scheitern.

Etwas anderes beschäftigte besonders Miluscha an diesem Wochenende mehr als sonst. »Hast du inzwischen eigentlich einmal Antwort bekommen auf deine Post an das Deutsche Rote Kreuz wegen Georg, Waldemar und Olga?«, fragte sie Onkel Albert, als sie mit ihm für einen Moment allein war.

»Warum fragst du gerade heute?«

»Na, Onkel Albert, denkst du nicht, dass ich meine Geschwister bei der Hochzeit gerne dabei gehabt hätte? Es beschäftigt mich immer wieder, wo die drei wohl geblieben sind. Und bei diesem Fest natürlich mehr als sonst.«

»Das verstehe ich gut, Milli. Ich habe Antwort bekommen ...«

»Wo sind sie? Was ist mit ihnen?«, rief Miluscha.

»Langsam, mein Kind, das weiß eben niemand.«

»Das verstehe ich nicht.«

»Deine Geschwister waren zuletzt in Saratow. Ich weiß nur so viel, dass Stalin die meisten Deutschen aus dieser Gegend nach Sibirien in die Gruben geschickt hat. Unsere drei werden wohl auch dabei gewesen sein. Vielleicht hat Stalin deine Brüder aber auch auf russischer Seite an die Front geschickt. Das weiß man leider nicht so genau.«

»Ob die Jungen dann überhaupt noch leben?«, seufzte Miluscha auf. »Ob wir das je erfahren werden? Und was wäre dann aus Olga geworden?«

»Das weiß ich alles nicht, aber ich frage immer wieder einmal nach. Es gibt ja auch immer wieder einmal Informationen, seit sich das deutsch-russische Verhältnis ein wenig gebessert hat. Vielleicht gibt es ja doch bald eine Antwort. Ich möchte sie selbst noch erleben.«

»Das hoffe ich sehr. Und danke, Onkel Albert, dass du dich weiter kümmerst.«

»Keine Ursache, mein Kind. Solange ich das kann, tue ich das gerne. Und sobald ich irgendetwas erfahre, bekommst du das zu wissen. Aber jetzt sollen uns die traurigen Fragen den Tag nicht betrüben. Lass uns zu den anderen gehen und die Zeit genießen, die wir noch zusammen sind.«

Eine neue Familie

Der Sonntag wurde noch ein Tag fröhlicher Gemeinschaft mit den auswärtigen Gästen, die dann montags an ihre verschiedenen Wohnorte zurückkehrten. Da Anstreichermeister Pitz für Karl in den Wintermonaten keine Arbeit hatte, war der zu Hause. Hier gab es im Winter aber auch nicht viel zu tun. Und so hatten die beiden viel Zeit, die sie trotz Kälte gerne miteinander im Stübchen verbrachten oder bei gutem Wetter auch draußen in der Flur des Dorfes.

In den ersten Tagen nach der Hochzeit galt es, immer wieder die Geschenke anzuschauen und in die Hände zu nehmen. Wie hatten sich ihre Lieben ins Zeug gelegt und in der armen Zeit doch so wertvolle Dinge geschenkt! Die Eltern Gerhardt und Mutter Elsa waren mit der Ausrichtung der Hochzeit freilich völlig ausgelastet gewesen. Dennoch stand im Keller ein wunderschöner emaillierter Herd mit einem Backofen, mit herausnehmbaren Ringen in der Platte und einem so genannten Schiffchen an der Seite zur Bereitung von heißem Wasser. Vater Gerhardt hatte ihn bei seiner Firma zu einem Sonderpreis erhalten. Schade, dass es im Stübchen keinen Platz für das gute Stück gab.

Manches andere schöne Geschenk stand auf dem Tisch und brauchte Platz auf einem Wandbord und im Schrank: Besteck, Geschirr, Töpfe, Spülschüssel, alles aus Aluminium, ein Fleischwolf von Meister Pitz, ein kostbares Goldrand-Essservice von Scheffels, Blumenvasen und manch anderer brauchbarer und hübscher Gegenstand. Auch ein Nudelholz war dabei als Erziehungsmittel gegen aufsässige Ehemänner, wie Elisabeth grinsend bei der Übergabe bemerkt hatte.

Besondere Freude hatte ihnen ein Paket gebracht, das gerade rechtzeitig vor der Hochzeit von Miluschas Onkel Emil aus Amerika angekommen war. Da waren die Brautstrümpfe drin gewesen, einige Handtücher und ein wunderschöner seidener Überwurf, der tagsüber das Bett abdeckte und den einzigen Wohnraum der jungen Leute verschönerte. Über besonderen Wandschmuck freuten sie sich auch immer wieder. Ein Lüdenscheider Freund hatte ihnen ihren Trauspruch, das Josua-Bekenntnis, geschenkt, in Holz gebrannt, und Alice Scheffel hatte den Matthäus-Vers aus der Predigt auf Schweinsleder schreiben und in Holz rahmen lassen. Beide Sprüche zierten die Wand über dem Bett.

Zum Kochen mussten die beiden leider zunächst immer in den Keller, wenn sie sich selbst versorgen wollten. Dort stand der Herd, dort brachte Karl ein Regal an für die Töpfe und anderes Kochgeschirr. Das fertige Essen wurde dann nach oben ins Stübchen getragen. Gespült wurde in einer Aluschüssel im Zimmer oder im

Waschbecken auf dem Flur. Hier war gelegentlich die Absprache mit der Mieterin und ihren Kindern nötig. Aber das gab selten Probleme. Dennoch: Hoffentlich fand der Bürgermeister für die Familie bald anderen Wohnraum.

Das samstägliche Bad für Alte und Junge wurde zum Kellervergnügen. Dorthin stellten sie die große Wanne, die den Luxus eines Sitzbades ermöglichte. Das heiße Wasser musste in Eimern aus dem Waschkessel hergetragen werden, der so lange befeuert wurde, bis alle Familienangehörigen gereinigt waren.

Die Toilette für alle Hausbewohner befand sich übrigens zwar im Kellergeschoss, war aber nur von außen erreichbar, zwölf Stufen hinunter. Im Winter wurde der Toilettengang damit zum kalten Vergnügen und in der Nacht zusätzlich zu einem dunklen. Es sei denn, jemand benutzte den Nachttopf oder den Eimer, der dann morgens geleert werden musste. Aber für Miluscha waren diese Dinge ja alle nicht fremd. Im Gegenteil, sie hatte darin eine viel bessere Übung als ihr Mann.

Immer wieder einmal waren die beiden jungen Leute bei Mutter Maria zum Essen eingeladen. Miluscha genoss es vor allem, wenn sie in der Nähe von Papa Paul sein konnte. Sie hatte diesen stillen Mann einfach in ihr Herz geschlossen. Er war zwar von seiner viel kleineren und etwas gedrungenen Gestalt und seinem bartlosen, ein wenig kantigen Gesicht her überhaupt nicht mit ihrem Vater zu vergleichen, aber sein Wesen war ähnlich. Das zog sie an. Und sie liebte es, wenn der gütige Mann nach Feierabend seine Zither auspackte und darauf musizierte. Oft sangen sie dann dazu. Vor Miluschas innerem Auge tauchten dann immer frühe Erinnerungen an Nedbarewka auf: Papa Beer und seine Geige und das fröhliche Singen in der großen Stube oder unter dem Apfelbaum ...

Die Mutter konnte Miluscha zunächst nicht so richtig einschätzen. Sie wusste nie so recht, wie sie sich verhalten sollte, was der Mutter nun gefiel und was nicht. Ihr Ton schien immer bestimmend und ungern Widerspruch zulassend. Sie war wohl der eigentliche Herr im Haus. Auf ihr lag freilich auch die meiste Last. Papa ging ja trotz seines Asthmas als Emaillierer arbeiten. Nach Feierabend am Nachmittag war er meistens mit den Kräften ziemlich am Ende. Zwangsläufig lag die meiste Arbeit im Haus und in der kleinen Landwirtschaft auf den Schultern der Frau. Vielleicht hatte sie das ein wenig hart werden lassen. Vielleicht war sie auch gar nicht so hart, wie sie schien? Die Zeit würde es lehren.

Um ihrer Schwiegermutter näher zu kommen, half Miluscha ihr immer wieder unten beim Kochen, auch um zu lernen, wie im Hinterland gekocht und zubereitet wurde, zum Beispiel warmer Kartoffelsalat und gebrannte Grießsuppe, die ihr Karl besonders liebte. An kalten Tagen mussten sich die jungen Eheleute sogar zwangsläufig in der Küche aufhalten, denn dann war es im Stübchen oben nicht zu ertragen. Im Winter wurden die Scheiben oft nicht frei von Eisblumen. Und sich immer unter die Decke zu verkriechen, ging ja auch nicht. Da hätte die Mutter den jungen Leuten sicher auch etwas anderes erzählt. Sie mischte sich gerne schon einmal ein in Karls und Miluschas Angelegenheiten, was nicht immer spannungsfrei abging. Denn die jungen Leute waren doch so unerfahren in allen Dingen, und denen musste sie dann schon mal auf die Sprünge helfen.

So gefiel es der Mutter auch nicht immer, dass Miluscha oft in der Ecke saß und einfach las. Alles, was sie an Schriftlichem in die Hände bekam, verschlang sie schier. Gut, dass Karls kleine Schwester und ihre beiden Brüder Schulbücher hatten und über die Schulbücherei an manches gute Buch herankamen. Es gab immer wieder Augenblicke, in denen die junge Ehefrau der abgebrochenen Ausbildung in Aidlingen nachtrauerte. Wenn ihr Liebster dann aber wieder im Haus war, verflogen solche Gedanken sofort, und der genoss es, wenn seine Frau ihm aus irgendwelchen Büchern vorlas. Später verstand auch Mutter Maria, dass ihre Schwiegertochter hier den Mangel der fehlenden Schulbildung ausgleichen musste, der sie einfach immer wieder beschäftigte. Schließlich fand sie sogar Gefallen daran, wenn Miluscha dies und jenes für die anderen vorlas.

Karl half selbstverständlich bei den Dingen, die es in Haus, Hof und Stall zu tun gab. Er arbeitete gerne mit seinem Vater zusammen, dem manche Tätigkeit wegen seines Asthmas Mühe machte, vor allem an trüben Tagen. Zum Beispiel Holz zu machen. Häufig musste Karl deshalb in den Wald, denn die Öfen des Hauses verbrauchten neben der Kohle und den Briketts viel Holz. Im Winter und vielleicht sogar bei Schnee Stubben ausgraben oder Bruchholz verarbeiten, war sehr beschwerlich. Aber es sollte ja im Haus niemand frieren. –

Gut, dass die Tage dann auch wieder länger wurden und es neue Außenarbeiten für Anstreicher gab. Karl konnte wieder Geld verdienen und war tagsüber auf seinen Baustellen. Miluscha ging dann noch mehr ihrer Schwiegermutter zur Hand. Zum Beispiel begleitete sie sie ins Dorf zum Einkaufen. Auf solchen Wegen ließ sie sich gerne erklären, was es mit den Hausnamen auf sich hatte, die häufig völlig anders waren als die Familiennamen der Menschen, die dort wohnten.

Pedersch, die Nachbarn, hießen in Wirklichkeit Wagner, Jürge Oma war eigentlich Oma Pitz, Sattlersch Vater war zwar Sattler von Beruf, hieß aber Wagner, und Briemersch Heinrich, der Metzger und Hausschlachter des Dorfes, war Heinrich Müller. Wer hätte es der neuen Dorfbewohnerin übel nehmen wollen, wenn sie in der anderen Metzgerei die Frau hinter der Ladentheke freundlich mit »Frau Muth« begrüßte, wo die doch in Muths wohnte, aber Frau Schmidt war?

Miluschas sonniges Gemüt und ihre Fröhlichkeit öffneten mehr und mehr die Herzen der Dörfler, die solche Verwechslungen mit Humor nahmen. Die Leute nahmen es der jungen Frau Gerhardt auch nicht übel, wenn sie in Gesprächen immer wieder zurückfragen musste, weil sie nicht verstand, was denn gesagt wurde. Warum mussten die hier auch alle Hinterländer Platt reden, das man lernen musste wie eine Fremdsprache, wenn man es verstehen wollte? Aber mit der Zeit wurden solche Hürden der Verständigung niedriger. Und das »gelle« der Gegend schlich sich auch in Miluschas Sprache ein.

Die junge Frau half ihrer Schwiegermutter auch beim Brotbacken. Den Teig vorbereiten, kneten und formen geschah in der häuslichen Küche. Zehn bis zwölf etwa drei Pfund schwere Roggenbrote lagen schließlich auf dem großen Blech und wurden auf dem Kopf zu ausgelosten Zeiten ins dörflichen Backhaus getragen. Die Frauen des Dorfes leisteten da schon Erstaunliches, und Miluscha bekam neuen Respekt vor ihrer Schwiegermama.

Von der Feldbestellung verstand die junge Frau eine ganze Menge, und sie beteiligte sich gerne daran. Verschiedene Getreidearten, Kartoffeln und Rüben wechselten auf den gerhardtschen Feldern ab, die als ziemlich kleine Parzellen weit auseinander in der dörflichen Flur lagen und deshalb aufwendige Wege erforderlich machten. Was bei der Arbeit mit Handgerät zu bewerkstelligen war, wurde auch in Handarbeit geleistet. Größere Arbeiten wurden auch schon einmal in Lohnfuhr von einem der Vollerwerbsbauern des Dorfes erledigt. Das Gras auf der einzigen Wiese benötigte die Familie fürs Heu. Die Ziegen und Schafe sollten allerdings auch Grünfutter haben. Also wurden mit der Sichel Feldraine und Waldränder gemäht oder das Gras mit der Hand gerupft, in ein großes Tuch gepackt und auf dem Kopf nach Hause getragen, wenn nicht Paul oder Artur mit dem Handwagen kamen, um die Last abzuholen. Alles recht mühsam und umständlich.

In solchen Zeiten stand Miluscha häufiger am Küchenherd, denn die Schwiegermutter zog die Arbeit draußen der im Haus vor. So war das Essen gekocht, wenn Karls jüngere Geschwister mittags aus der Schule kamen oder wenn die Mama von der Feldarbeit zurückkam und Papa Paul das Essen zur Fabrik brachte. Auch hierbei konnten sich die beiden Frauen dann auch gelegentlich abwechseln. Für Miluscha war dieser Gang sogar immer Freude, konnte sie doch ganz allein ein kleines Schwätzchen mit Papa Paul halten.

Eines mochten Karl und Miluscha nicht gerne ertragen. Mutter Maria konnte laut werden. Wenn irgendetwas im Haus nicht nach ihren Wünschen und Anweisungen ging, dann schimpfte sie zuweilen in sehr heftiger Weise. Und wenn sie laut wurde, wurden die anderen auch laut. Da flogen dann schon einmal die Fetzen. Gut, dass es noch nicht viele Nachbarn gab. Die Leute hätten sich sonst in mehr Häusern die Ohren zuhalten müssen.

Nach einem solchen Auftritt fasste sich die junge Frau dann einmal ein Herz. »Mama, muss das hier immer so laut zugehen, wenn dir etwas nicht passt? Ich mag lautes Lachen. Das ist schön. Aber lautes Schimpfen tut weh. Und es ist auch nicht gut, wenn deine Kinder dann auch laut werden. Bitte, versuch doch, dich besser zu beherrschen und manche Dinge sachlicher zu sehen. Wir möchten doch Frieden im Haus haben.«

Die Mama wollte bei dieser Kritik der jungen Schwiegertochter schon aufbrausen, ließ es sich dann aber doch sagen. Im Laufe der Zeit lernte sie es sogar, sich im Unmut mehr und mehr in der Gewalt zu haben. Die jungen Leute sahen die Veränderung mit Freude.

Papa Paul wurde nie laut, schon wegen seiner Atembeschwerden. Der Hausvater zog sich eher in Keller oder Stall zurück, wenn Ärger drohte. Aber das brauchte er künftig immer weniger zu tun. –

Die Sonntage waren für die jungen Leute bald gut ausgefüllt. In der Gemeinde gab es jeweils einen Gottesdienst am Vormittag und einen am Nachmittag. Einen von beiden besuchten Karl und Miluscha immer, meistens den, in dem der Chor sang, der am Sonntagabend noch seine Übungsstunde hatte. Das musste am Sonntag sein, weil in der Woche die meisten der Sängerinnen und Sänger wegen der häuslichen Pflichten und der Landwirtschaft gar keine Zeit gehabt hätten, zur Probe zu kommen. Chorgesang gefiel den beiden. Und da sie selber gerne sangen, schlossen sie sich bald dem Chor an und verstärkten Alt und Bass.

Miluscha bot sich auch an, als Helferin in der großen Sonntagsschule mitzuarbeiten. Ihr Angebot wurde gerne angenommen. Dass sie mit Kindern umgehen konnte, musste die junge Frau nicht lange nachweisen. Das hatten die anderen Mitarbeiter bald festgestellt, und so waren sie dankbar für die Verstärkung.

Und in noch eine Aufgabe ließ Miluscha sich holen. Ihre kleine Schwägerin und die beiden Schwager bewegten sie dazu, eine Jungschararbeit zu beginnen. Warum denn nur am Sonntag zusammen sein? Worum nicht auch noch einmal in der Woche? Sie ließ sich also nicht lange bitten und begann den Kreis mit Paul, Ilse und Artur. Die vier blieben aber nicht lange allein. Andere Kinder aus der Nachbarschaft, aus der Gemeinde und dem Dorf gesellten sich bald zu den vieren, und die Arbeit musste aus der häuslichen Küche ins Gemeindehaus verlegt werden. Das wurden fröhliche Treffen mit Singen und Spielen und Hören auf biblische Geschichten, die Miluscha meisterhaft zu erzählen verstand. Bei schlechtem Wetter hielt sich die Gruppe im Gemeindesaal auf, bei gutem Wetter ging die ganze Meute ins Freie und strolchte fröhlich und ausgelassen bei Spiel und Spaß durch Wald und Flur.

Einmal nur ging es irgendeinem Gemeindeglied, das mehr oder weniger zufällig vorbeikam, wohl zu lebhaft zu. Der Gemeindeleiter erhielt eine Beschwerde. Er bestellte Miluscha umgehend zu sich und wies die junge Frau freundlich, aber bestimmt darauf hin, im Haus des Herrn habe es gesittet zuzugehen und es dürfe nicht über Tische und Bänke getobt werden. Und solche Spiele wie »Um zwölf Uhr stehn die Toten auf« seien schon mal überhaupt nicht angebracht, und Lieder wie »Fuchs, du hast die Gans gestohlen« könnten die Kinder zu Hause singen, aber nicht an diesem frommen Ort. »Also bitte, Frau Gerhardt, ich zweifle, ob dem Herrn

Jesus solche Dinge gefallen. Nehmen Sie sich da doch etwas zurück und achten Sie mehr auf die Ordnung und die Würde des Hauses.« Miluscha versprach's und machte mit ihren Jungen und Mädchen freudig weiter.

Insgesamt verlief das Leben der jungen Leute recht fröhlich und friedlich. Karl und Miluscha hatten sich immer lieber, und es gab kaum etwas, was ihr junges Glück stören konnte. Freilich hätten sie schon gerne etwas mehr Geld gehabt, um nicht in so vielen Dingen auf Keller und Speisekammer der Eltern angewiesen zu sein. Sie hätten auch gerne für sich mehr Platz gehabt als ihr kleines Zimmer, auch damit sie sich mehr in ihr Eigenes zurückziehen konnten. Zu oft mit Mutter und Vater und den Geschwistern zusammen zu sein, war nicht gut für die junge Ehe.

In regelmäßigem Abstand standen Karl und Miluscha deshalb auch vor Bürgermeister Scheld, damit der seine Wohnungssuche für Lieschen und ihre drei Kinder mit mehr Nachdruck betrieb.

»Wenn ihr ein Kind hättet, hätte ich vielleicht mehr Möglichkeiten, die Wohnung für euch freizubekommen. Aber so ist das kaum möglich«, gab er Miluscha zur Antwort, als die im August 1949 mal wieder im Bürgermeisteramt vorstellig wurde.

»Das hört sich gut an«, meinte die junge Frau im Stillen, »mal sehen, was wird.« Sie hatte da so eine Ahnung.

Miluscha wartete noch ein paar Tage ab, dann glaubte sie, für sich selbst Gewissheit zu haben.

»Du, mein Karlchen«, flüsterte sie am Abend ihrem Mann ins Ohr, als die beiden sich unter ihre Decke verkrochen hatten, »soll ich dir ein Geheimnis verraten?«

»Was für ein Geheimnis, mein Liebes?«, wurde er neugierig.

»Ein großes.«

»Wie groß?«

»Vielleicht wie ein Kirschkern oder eine Erdnuss oder so?«

»Versteh ich nicht.«

»Du bist doch ein kleiner Dummer. Jetzt ist es noch klein. Und es wird größer und größer und Ende April oder Anfang Mai ...«

Karl fuhr im Bett hoch. »Sag nur, du bist schwanger? Kriegen wir ein Kind?«

»Endlich hast du's begriffen, mein Lieber. Ja, wir kriegen ein Kind.«

»Miluschalein, mein Liebes, wir kriegen ein Kind!« Karl sprang vor Begeisterung aus dem Bett und wieder hinein und nahm sein Frauchen in die Arme, so dass dem beinahe die Luft wegblieb.

»Vorsichtig, mein Lieber, du bringst ja gleich zwei um, wenn du mich umbringst. Und nicht so laut! Die Wände könnten Ohren haben.«

»Oh, verzeih, natürlich, du hast ja Recht. Aber ich freu mich doch so, mein Schatz. Und du denkst, Ende April, Anfang Mai?«

»Wenn ich richtig rechne, müsste das die Zeit sein, wo unser Kind geboren wird.«

»Wann sagen wir's den Eltern?«

»Noch nicht, junger Vater. Das hat noch Zeit. Erst sagen wir's dem Bürgermeister. Der darf jetzt nicht mehr ausweichen. Jetzt muss er sich wirklich bemühen. Gehst du hin oder ich?«

»Geh du mal. Du hast sicher einen besseren Einfluss als ich, gelle. Der Scheld mag dich schwarzes Mensch.«

»Gut, ich gehe gleich am Montag zu ihm. Der wird sich freuen, und wundern. Und jetzt nimm mich wieder in die Arme, Karlchen, aber vorsichtig.«

»Willst du etwa schon schlafen?«

»Was sonst?«

»Wir müssen doch Gott erst noch danken und ihm das erdnussgroße Kind ans Herz legen, gelle.«

»Ich hab das zwar schon lange gemacht, mein Schatz, aber du hast Recht, wir sollten es noch einmal gemeinsam tun.«

Die beiden jungen Menschen gingen vor ihrem Bett zum zweiten Mal für diesen Abend auf die Knie, um mit ihrem Gott zu reden, und sie waren sich ganz sicher, dass es sich wieder bewahrheiten würde, was über diesem Tag als schlichter Satz und gewichtige Verheißung aufgeschrieben stand: »Der Herr ist mit euch.«

»Übrigens, mein Lieber, einen Beitrag zu meiner Schwangerschaft musst du auch leisten«, forderte Miluscha von ihrem Mann, als sie wieder in seinem Arm lag.

»Da bin ich aber neugierig. Ich denk, ich hab meinen Anteil geleistet.«

»Hast du. Trotzdem, sei bitte so lieb und rauch nicht mehr hier in unserem Stübchen. Ich muss ja immer mitrauchen. Und das ist für das Kind nicht gut, gelle.«

»Da hast du Recht, mein Liebes. Versprochen!«, gestand Karl zu.

»Ich verpeste nur noch im Keller oder draußen die Luft mit meinem Pfeifchen. Zufrieden?«

»Zufrieden, und jetzt schlaf gut und träum was Gutes.«

»Natürlich von meinem Kind. Und von seiner wunderbaren Mutter.«

Drei Tage später saß Miluscha Bürgermeister Scheld gegenüber und überbrachte ihm die Neuigkeit mit der dringenden Bitte, jetzt möglichst bald zu helfen. »In unser Zimmer geht kein Kinderbett rein, Herr Bürgermeister. Wir können unser Kind doch nicht auf dem Flur schlafen lassen. Der kleine Mensch würde das ganze Haus unterhalten.«

»Das sehe ich ein, Frau Gerhardt.« – Warum der Mann sie immer noch mit dem Familiennamen anredete, wo er doch alle anderen jungen Leute im Dorf duzte? Hatte er etwa so große Ehrfurcht vor ihr? »Ich glaube auch, dass ich da schon was habe für Lieschen und ihre Kinder.«

»Und wo, wenn ich das wissen darf?«

»Tja«, der Bürgermeister strich sich mit der Hand über die Haare, »vorne in der Mühlstraße wäre Platz in einem der alten Fachwerkhäuser. Nur müsste die Wohnung neu gemacht werden.«

»Da könnte doch mein Karl ...«, überlegte die junge Frau laut.

»Ihr Karl, das ist eine gute Idee. Sagen Sie ihm, er soll bei mir vorbeikommen, damit ich das mit ihm besprechen kann.«

Miluscha wäre dem Mann am liebsten um den Hals gefallen, sie beschränkte sich aber auf einen herzlichen Händedruck. Warum nur geht das erst jetzt, ging es ihr dabei durch den Kopf, und sie streichelte ihren Bauch, dem man die Schwangerschaft natürlich noch nicht ansehen konnte. Das haben wir dir zu verdanken, du kleiner Mensch, freute sie sich.

Schon wenige Wochen später war Karl bei der Arbeit, um die Wohnung für die vierköpfige Familie zu tapezieren und zu streichen.

Noch im Oktober konnte Lieschen mit ihren Kindern in die Mühlstraße umziehen. Dass sich Miluscha und ihr Karl darüber am meisten freuten, versteht sich. Dass die alten Gerhardts den Auszug zugleich mit einem weinenden Auge betrachteten, war auch verständlich, fehlte doch jetzt die Miete in der Haushaltskasse. Die wollten sie nämlich ihren eigenen Kindern nicht abverlangen.

Dafür bekam Karl neue Arbeit im elterlichen Haus, denn er sollte mit seiner Miluscha in die beiden geräumten Zimmer umziehen und das bisher benutzte für seine Brüder freimachen. Also mussten diese Räume neu gemacht werden, wie das hier hieß. Zeit genug bekam der werdende Vater schon dadurch, dass der Winter mit Arbeitslosigkeit wieder vor der Tür stand.

Die werdende Mutter lernte bei der Aktion auch einiges Neue. Sie half Türen und Fenster schmirgeln und streichen und Tapete kleben. Warum auch nicht. Die beiden hatten viel Freude bei der gemeinsamen Arbeit für die eigene, größere Wohnung. Und noch mehr Freude hatten sie beim Umzug über den Flur und aus dem Keller nach oben. Endlich den eigenen Herd, endlich die Möglichkeit, selbst zu kochen und zugleich die Wohnung zu heizen. Bei dieser Gelegenheit fand dann auch schon einmal das für fünf Deutsche Mark erstandene Kinderbett seinen Platz. Bis es gebraucht wurde, dauerte es freilich noch ein Weilchen.

Mutterglück

Miluscha ging es gut in ihrer Schwangerschaft. Sie brauchte keinerlei Beeinträchtigungen in ihrem Befinden oder ihrer Arbeit in Haus und Gemeinde hinnehmen, wofür nicht nur sie sehr dankbar war. An eine regelmäßige ärztliche Überwachung der Schwangerschaft dachte damals ohnehin noch niemand.

In diesem Herbst lernte Miluscha wieder neue Dinge kennen, die den Familien halfen, besser über den Winter zu kommen. Zum Beispiel saßen die Frauen aus der Nachbarschaft in der Zwetschgenzeit für einige Tage in Gerhardts Küche, um die blauschwarz glänzenden Früchte zu entsteinen. Die wurden dann im großen Kupferkessel zu Mus verkocht.

Im selben Kessel wurde danach tagelang Sirup gerührt. Die Zuckerrüben dazu waren zuvor in den häuslichen Gärten geerntet und mit einer Leihpresse für den Sud vorbereitet worden. Abwechselnd stand nun immer jemand mit dem großen hölzernen Rührlöffel am Kessel, unter dem das Feuer nicht ausgehen durfte. Sich darum zu kümmern, war Männerarbeit. Auch Karl hatte seinen Arbeitsanteil. Die nachbarschaftliche Gemeinschaftsarbeit war eine gute Sache. Sie förderte in hohem Maße das Miteinander und das gegenseitige Verstehen.

Für einige Tage war dann der Krauthobel im Haus, der immer im Herbst von Haus zu Haus weitergereicht wurde. Die weißen und roten Krautköpfe, die mit dem Gerät geschnitten wurden, waren nicht zu zählen. Aber mit der Arbeit war die Vorfreude auf die leckeren Krautmahlzeiten im Winter und Frühjahr verbunden.

Der Winter nahm seinen Lauf ähnlich wie der vorige. In diesem Jahr lernte Miluscha, mit Wolle umzugehen. Papa Paul und Karl hatten die Schafe geschoren. Mutter Maria verarbeitete die Rohwolle selbst weiter bis zu den fertigen Strümpfen, Leibchen oder Pullover. Es war ja auch wichtig, für den nächsten Winter vorzusorgen, wenn dann ein kleiner Mensch warm angezogen sein sollte. Das gemeinsame Spinnen, Stricken und Häkeln oder auch die Arbeit an der Nähmaschine, für die Miluscha sich eher begeistern konnte, brachte die beiden Frauen einander wieder ein Stück näher. Die anfänglichen Vorurteile gegen »das Flüchtlingsmensch« verlor Mutter Maria immer mehr. Sie lernte die junge Schwiegertochter in ihrer Gelehrigkeit und in ihrer beständigen Fröhlichkeit zu schätzen und zu lieben.

Miluscha gefiel es, wenn der Schwiegervater sich nach getaner Arbeit zu den Frauen setzte, seine Zeitung las oder irgendetwas erzählte oder wieder einmal die Saiten der Zither unter die Finger nahm. Schön war es auch, wenn Karls jüngere Geschwister mit irgendeiner Beschäftigung dazukamen oder ein Buch brachten und die Schwägerin baten vorzulesen. Das war heimelig und erinnerte Miluscha an Zeiten, als es noch die vollständige Familie Beer gab, damals vor dem Krieg in Nedbarewka ...

Im Frühjahr musste Miluscha ihre Mitarbeit auf den Feldern natürlich einstellen. Karl ließ es auch nicht mehr zu, dass sie sich am Kartoffeln-Setzen und Rüben-Legen der Frühjahrsbestellung beteiligte. Die werdende Mutter sollte sich schonen, auch wenn der das gar nicht recht war. Sie selbst schonte sich kaum. Warum denn auch, es ging ihr doch gut.

Der 14. April 1950 war ein wunderschöner Frühlingsfreitag. Warum also nicht mit den Kindern der Jungschar hinausgehen und auf der Wiese Spiele machen? Miluscha natürlich mittendrin. Was störte sie ihr dicker Bauch. Vormittags hatte sie noch ihre Säuglingshemdchen und -jäckchen und einen Stapel Windeln gewaschen, die Teile allerdings nicht mehr aufgehängt. Abends gab es dann bei der Schwiegermutter selbstgemachtes Sauerkraut. Das hatte die angehende Mutter schon immer gerne gegessen. Warum sollte sie nicht auch heute kräftig zulangen?

In der Nacht wurde sie wach von merkwürdigem Ziehen im Bauch, das bis in den Unterleib ausstrahlte. Dieses Empfinden kam und ging wieder. Miluscha gab dem Sauerkraut die Schuld, wenngleich ihr nicht ganz geheuer war bei der Sache. Sie weckte dann doch ihren Karl, der aber auch keine andere Erklärung wusste, als dass das Sauerkraut im Bauch rumorte. Als dieses Ziehen sich gegen Morgen dann häufte und auch stärker wurde, meinte er doch, dass er es seiner Mutter sagen sollte.

Die wusste natürlich sofort, was sich hier anbahnte. »Junge, das Kind will kommen. Da ist nichts mit Nachwirkungen des Sauerkrauts. Mach dich auf den Weg und hol die Hebamme und sag dem Doktor schon mal Bescheid. Ich bereite hier alles vor. Die Jäckchen und Hemdchen sind leider nicht trocken, die Windeln auch nicht. Was musste das Mensch auch gestern noch Jungschar machen.« Mutter Maria wurde direkt ungehalten über den Ablauf der Dinge und darüber, wie unbekümmert und unwissend ihre Schwiegertochter doch war. Das war ja schon fast sträflich leichtsinnig.

Karl eilte wieder nach oben, wo seine Miluscha auf dem Stuhl saß und sich immer wieder krümmte vor Wehenschmerzen. Er gab ihr einen flüchtigen Kuss. »Halt durch, kleines Mütterchen, ich eile und hole das Köfferchen mit Tante Anna.« Rasch zog er sich an und war schon unterwegs zur »Storchentante« Anna Franz, wie sie im Dorf genannt wurde. Die kam auch bald, konnte aber noch nichts ausrichten. Geduld war angesagt.

Gegen Mittag beklagte sich Miluscha, sie sei nach der schlaflosen Nacht und der bisherigen Anstrengung jetzt aber doch sehr müde. »Dann schlaf, mein Kind«, meinte Tante Anna und lächelte ihr aufmunternd zu, »wenn das Kind kommt, wecken wir dich, damit du das Ereignis nicht versäumst.«

Über diese Bemerkung musste die angehende Mutter trotz einer heftigen Presswehe herzlich lachen. Das hatte wohl geholfen. Einen Moment später war das Kind da. Ulrike lag auf dem Laken, ein prächtiges Menschlein von mehr als sieben Pfund mit allem Drum und Dran. Die junge Mutter wusste gar nicht, wie ihr da so plötzlich geschehen war. Keine Schmerzen mehr, kein Druck mehr, keine Müdigkeit mehr, zumindest nicht für den Augenblick. Nur noch Glück und Freude und Dankbarkeit. Sie hob ihren Oberkörper, um zu sehen, was da gerade ihren schützenden Leib verlassen hatte. Und sie strahlte über ihr ganzes rosiges Gesicht angesichts dieses Wunders.

»Gratuliere, junge Mutter, das hast du gut hingekriegt!«, freute sich die Hebamme. »Dass eine Frau mit Lachen ein Kind zur Welt bringt, habe ich in meiner langen Praxis noch nicht erlebt. Wunderbar.«

Der junge Vater brauchte auch erst ein paar Augenblicke, um das Geschehene aufzunehmen. Da lag doch zwischen den Beinen der Mutter ein kleines, strampelndes Mädelchen und füllte das Schlafzimmer auch schon mit seinem Geschrei. Karl stützte seiner Miluscha den Rücken. »Schau, Liebes, ein Mädchen. Gott schenkt uns unsere Ulrike. Ist das nicht schön?!«

»Ja, das ist sehr schön«, atmete sie auf, legte sich nun doch erschöpft zurück und schloss die Augen. »Ein Wunder! Ulrike! Ein großes Wunder!«

»Und er schenkt sie uns rechtzeitig, gelle.«

»Wie meinst du das?«, fragte Miluscha müde zurück.

»Na, Dummerchen, sie sollte doch erst Anfang Mai kommen. Aber da muss ich zur Arbeit nach Lüdenscheid. Ich kann doch bei Vater Scheffels Bruder arbeiten. Dann wäre ich bei der Geburt vielleicht gar nicht hier gewesen.«

»Richtig, daran hatte ich jetzt gar nicht gedacht«, flüsterte Miluscha. »Du kannst ja auch bei Mama und Erhard in Dünnebrett wohnen. Werden die sich freuen, wenn sie die Nachricht bekommen.«

»Siehst du, mein Schatz, so lenkt Gott die Zeit.«

»Schön, dass er das so gemacht hat. Und jetzt möchte ich nur noch schlafen.«

»Schlaf du, Liebes, die Arbeit hier können die andern machen, gelle. Du hast erst einmal genug gearbeitet.«

Mit sicheren Griffen tat derweil die Hebamme ihre Arbeit mit Abnabeln und Säubern und Wickeln und ließ sich dabei von Mutter Maria helfen, wo es nötig war. Der Rest der Familie hatte sich inzwischen in der vorderen Stube eingefunden. Der Opa und die Jugend wollten doch wissen, ob denn nun ein Junge oder ein

Mädchen geboren sei. Sie erfuhren zwar, dass Ulrike da sei, aber bis sie sich den kleinen, neuen Erdenbürger anschauen durften, vergingen schon noch einige Minuten. Das Staunen und die Freude waren rundum groß. Und die Dankbarkeit gegen Gott, den Schöpfer aller Dinge, war es ebenso.

Später kam Doktor Förster aus dem etwas entfernten Hartenrodt noch vorbei. Tante Anna hatte ihn geschickt, weil der Arzt im Dorf frei hatte und auch nicht erreichbar war. Doktor Förster war sehr zufrieden mit der Mutter und der Arbeit der bewährten »Storchentante«. Er hätte sich eigentlich den Weg sparen können, meinte er. Und doch war er froh, dass er wieder einmal jungen Eltern zu einem Kind gratulieren und sich mitfreuen konnte.

Die junge Mutter erholte sich rasch von den Strapazen der Geburt. Dennoch, aufstehen durfte sie in den ersten Tagen jeweils nur kurz. Zweimal am Tag kam die Hebamme zur Nachsorge, für die Zwischenzeiten waren die Oma da und Ilschen, die gerne in Miluschas Nähe war.

Und Karl war ja auch noch da. Der junge Vater ließ es sich natürlich nicht nehmen zu tun, was er als Mann tun konnte. Eigentlich schade, dass er am 1. Mai nach Lüdenscheid fahren musste. Aber besser dort arbeiten als gar nicht. Besser dort Geld verdienen und die Familie nur am Wochenende sehen, als auf Gelegenheitsarbeiten zu warten. Die würden zu wenig Geld bringen, um Frau und Kind zu versorgen. Aber die beiden würden ihn und natürlich Oma Elsa und Onkel Erhard besuchen, sobald Miluscha mit Ulrike die Bahnreise wagen konnte. Das waren doch gute Aussichten.

Wie das im Dorf üblich war, kamen in den nächsten Tagen Frauen und Mütter, um sich den neuen Erdenbürger anzusehen, den Eltern zur Geburt zu gratulieren und dem kleinen Menschen mit Geschenken einen guten Lebensweg zu wünschen. Wenn der Segen Gottes gewünscht wurde, freuten sich Miluscha und Karl immer besonders. Die größte Freude aber machten ihnen die Jungscharkinder, die Ulrike mit ein paar fröhlichen Liedern auf dieser Welt begrüßten.

Miluscha hatte genug Milch. Sie hatte sogar so viel, dass sie einem armen Würmchen aus dem Dorf, dem die Mutter im Wochenbett gestorben war, zu trinken geben konnte.

Ob es daran lag oder andere Ursachen hatte, wer wusste es genau? Miluschas rechte Brust entzündete sich dermaßen, dass Doktor Scheufler, der gute Arzt des Dorfes, die Behandlung nicht länger in seiner Verantwortung behalten wollte. Er schrieb die Überweisung in die Frauen- und Geburtsklinik Gießen. Miluscha musste mit ihrem Kind für drei Wochen dort behandelt werden, bis die Sache wieder in Ordnung war. Der arme Karl. Zum ersten Mal ohne sein Frauchen und gleich auch ohne das Kind, wenn er am Wochenende nach Weidenhausen kam. Das war ihm schlimm. Aber mit der Hilfe und dem Trost von Mama, Papa und den drei Geschwistern im Haus und mit den Sonntagsbesuchen in der Klinik überstand er die Zeit der Trennung. Wie glücklich war er und wie dankte er Gott auch vom Sauerland aus, als Miluscha und Klein-Ulrike dann wieder die heimelige Wohnung bevölkerten.

Die nächsten Wochen wurden eine glückliche Zeit. Mutter und Kind ging es gut. Der Vater hatte Arbeit. Die kleine Familie war versorgt, auch wenn sie wegen der Abzahlungen für die auf Pump gekauften Möbel keine großen Sprünge machen konnte. Im Winter zahlten sie wegen des geringen Arbeitslosengeldes kaum etwas zurück, deshalb drückten die Raten im Sommer doppelt. Kleidung für Ulrike war noch von den Neffen und Nichten in den Schränken oder kam von anderen Müttern aus dem Dorf, deren Kinder aus Kleidchen, Jäckchen und Höschen herausgewachsen waren. Der Kinderwagen, ein hochrädriges Gefährt, musste auch auf Pump gekauft werden. Aber er sollte ja lange halten und noch weiteren Kindern als Transportmittel dienen. Die Ausgabe schien daher gerechtfertigt.

In den Chor und in die Jungschar gingen die jungen Eltern, so weit das möglich war. Miluscha arbeitete hier und da auch mit auf Feld und Wiese. Ulrikchen lag dann am Rain auf einer Decke oder im Kinderwagen auf dem Weg. Sonst tat die junge Mutter im Haus, was für die anderen Familienmitglieder zu tun war.

Im August wagte sie sogar die Reise ins Sauerland, um für einige Tage näher bei ihrem Karl zu sein und natürlich bei der Mutter und dem »kleinen« Bruder.

Schlimme Nachrichten

Herbst und Winter 1951/52 – Karl war wieder zu Hause und ohne feste Arbeit – verliefen ähnlich wie im vergangenen Jahr, mit dem Unterschied, dass ein kleiner Mensch im Haus dabei war und immer lebhafter wurde. Irgendwann im folgenden Frühjahr stand Ulrike in ihrem kombinierten Laufstall-Bett zum ersten Mal auf eigenen Beinen und lernte bald, dieselben zur eigenen Fortbewegung einzusetzen. Da hieß es in einem Haus mit drei hohen Treppen aufpassen, damit Ulrike sich nicht überschätzte. Dann sprach sie die ersten Wörter, kleine Inseln in dem unverständlichen Kleinkindgebrabbel.

Anfang April 1951 überraschte Miluscha ihren Mann dann mit der Nachricht, dass sich ein Geschwisterchen für Ulrike angemeldet habe.

»Freust du dich nicht darüber?«, fragte Karl. Ihm war aufgefallen, dass sein Frauchen in den vergangenen Tagen gar nicht so fröhlich war wie sonst immer. Und bei einer solchen Nachricht hätte sie doch noch fröhlicher sein sollen.

»Doch, mein Lieber, ich freue mich sehr«, gab Miluscha zurück. »Wir wollten doch, dass Ulrike bald ein Geschwisterchen bekommt.«

»Aber?«

»Mir ist in den letzten Tagen gar nicht wohl.«

»Armer Schatz«, versuchte Karl zu trösten. »Das hängt sicher mit der Schwangerschaft zusammen und vergeht bald wieder.«

»Ich hoffe das auch. Manchen Frauen geht es in den ersten drei Monaten nicht gut, und nachher wird's wieder besser.«

»Siehst du, Schätzchen, deshalb nicht verzagen, sondern es dem Heiland sagen.«

»Hab ich getan. Tu ich immer wieder. Und wir müssen das auch gemeinsam tun.«

»Werden wir tun, und du wirst sehen, es geht dir bald besser. Ob du aber nicht doch Doktor Scheufler aufsuchst?«

»Mal noch nicht«, wehrte Miluscha ab. »Nur, wenn es nicht besser wird.«

»Pass auf dich auf, mein Liebes. Wir brauchen dich, unser Mädelchen und ich. Mach uns keine Geschichten. Du darfst doch nicht krank werden, wenn ich in Lüdenscheid bin, gelle.«

»Möchte ich auch nicht. Es wäre mir schlimm, wenn du nicht bei mir wärst.«

Es ging der jungen Frau nicht besser. Im Gegenteil, ihre Beschwerden nahmen zu. Sie fühlte sich zunehmend schlapp, hatte keinen rechten Appetit mehr, hatte häufig erhöhte Temperatur und leichtes Fieber. Dann stellten sich Gelenkschmerzen an den Händen ein. Zusätzlich zeigte sich ein unangenehmer Hautausschlag. Jetzt musste sie wohl doch den Arzt aufsuchen.

»Das sind rheumatische Erscheinungen, wie du sie beschreibst, Milli, und wie ich sie sehe. Damit dürfen wir nicht spaßen.«

»Hat das Auswirkungen auf die Schwangerschaft?«, sorgte sich die Patientin.

»Das kann, aber das muss nicht sein«, bemühte sich der Arzt, die junge Frau zu beruhigen. »Ich schreib dir was zum Einnehmen und zum Einschmieren auf. Das Mittel musst du regelmäßig nehmen, und das Einschmieren darfst du nicht vergessen. Nächste Woche kommst du wieder.«

Miluscha kam wieder. Aber ihr Zustand hatte sich nur geringfügig gebessert. Sie fühlte sich weiterhin sehr elend und litt unter den Schmerzen vor allem in den Händen. Zusätzlich aber inzwischen auch immer wieder in den Füßen. Also eine weitere Woche mit denselben Mitteln behandeln und dann weitersehen.

Es wurde etwas besser. Und so kam Hoffnung auf.

Im Juli bekam Miluscha plötzlich hohes Fieber. Ihr selbst und ihren Lieben wurde angst und bange. Und Karl war nicht zu Hause. Der geriet in Lüdenscheid in Aufregung, nachdem er telefonisch Nachricht von seinem Chef erhalten hatte.

Diesmal musste Doktor Scheufler in die Schieferstraße kommen, und er schüttelte bedenklich den Kopf. So wie er Miluscha vorfand, gefiel sie ihm ganz und gar nicht. Thermometer bei 40, Gesicht entstellt, Hände und Füße erschreckend geschwollen und deformiert. »Wenn das mal nicht Polyarthritis ist. Dafür bin ich zu klein«, murmelte er mehr für sich selbst als für die anderen. Die Kranke bekam davon nichts mit. Sie lag völlig apathisch auf ihrem Bett und registrierte den Arzt kaum. Aber die Schwiegermutter hatte gehört und schaute den Doktor mit großen Augen an.

»Jetzt müssen wir handeln, Maria«, sprach der Arzt sie an. »Du musst jetzt Ulrike zu dir nach unten nehmen. Vielleicht kann

Ilschen sich ein bisschen mit kümmern. Bei euch beiden ist das Kind gut aufgehoben. Vielleicht kann Millis Mutter wieder einmal für ein paar Tage kommen. Milli muss möglichst rasch in die rheumatologische Klinik nach Gießen. Bereite ein paar Sachen vor. Ich werde von mir aus alles in die Wege leiten. Hier muss möglichst schnell ein Krankenwagen her. Ich werd sehen, woher ich ihn kriege.«

Das schlug bei den beiden Menschen im Haus an der Schieferstraße ein wie eine kleine Bombe. Was sollte das werden? Und jetzt Papa Paul noch auf der Arbeit, Karl auch nicht da, die beiden Jungen auf der Wiese, nur sie beide, die Mutter und Ilse, im Haus. Miluscha dämmerte vor sich hin und bekam von der Aufregung gar nichts mit.

Aber Mutter und Tochter waren der Situation dann doch gewachsen, wenngleich ein paar Tränen flossen, als der Krankenwagen mit Milli darin um die Kurve verschwand. Die Ärmste auf dem Weg ins Krankenhaus und Karl in Lüdenscheid.

»Herr, erbarme dich! Christe, erbarme dich! Herr, erbarme dich!«, sagte Mutter Maria, als sie von draußen wieder hereintrat. Ilse kam mit Ulrike auf dem Arm gerade von oben und ergänzte dieses Stoßgebet mit einem kräftigen »Amen«.

»Muss Milli jetzt sterben, Mama?«, ängstigte sich das Mädchen.

»Davor bewahre sie Gott, Kind. Das wäre das Schlimmste, was passieren kann, gelle. Wir müssen ein paar Leuten aus der Gemeinde Bescheid sagen. Sie sollen beten, dass die in Gießen Milli helfen können.«

»Und dass auch dem Baby nichts passiert«, ergänzte Ilse. »Wenn ich darf, mache ich schnell eine Runde durch die Häuser von den Jungscharkindern. Dann wissen schon viele von der Sache, gelle.«

»Tu das, Kind, gib mir Ulrikchen und lauf los. Aber halt dich nirgends auf. Du sollst mir dann auch einen Brief an Elsa schreiben. Du machst das besser als ich, gelle. Karl kriegt Nachricht über seinen Chef. Den ruft der Doktor an.«

Karl war wie vor den Kopf geschlagen, als er abends die schlimme Nachricht bei seinem Chef vorfand. Mit der ersten »Schnurre« machte er sich am nächsten Morgen Richtung Altena auf den Weg nach Weidenhausen. Am liebsten wäre er gleich bis Gießen durchgefahren, um in der Klinik bei seiner Frau zu sein.

Aber er musste doch wohl zunächst ins Elternhaus und sich erkundigen, was denn nun eigentlich los war. Die Ankunft im Bahnhof Weidenhausen wartete er gar nicht erst ab. In Höhe der Waldmühle musste der Zug das Tempo wegen der engen Kurve und wegen eines Übergangs immer stark verringern. Karl nutzte die Gelegenheit und sprang einfach ab. So war er eine Viertelstunde eher zu Hause.

Der sonst immer fröhliche junge Mann, bisher durch nichts wirklich zu erschüttern, geriet schier in Panik, als er dort die Tatsachen erfuhr. Wie ein aufgescheuchtes Wild lief er im Haus hin und her, nahm sich sein Ulrikchen auf den Arm, küsste es ab und setzte das Kind wieder auf den Boden, begann hier etwas zu tun und dort etwas anderes. Weder den Eltern noch den Geschwistern gelang es, ihn zu beruhigen. Es dauerte, bis er seine Gedanken wieder klar und seine Gefühle geordnet hatte. Wenn es doch schon morgen wäre! Seine arme Miluscha, sein Liebstes in schwerster Not. »Herr, lass sie nicht allein und hilf da raus!«

Es beruhigte Karl ein wenig, als er erfuhr, dass Prediger Lück Bescheid wusste und einige andere Leute aus der Gemeinde. Die würden sicher ganz fest für Miluscha beten. Und dann würde Gott alles wieder gut machen. Das Wort für den heutigen Tag half auch ein wenig mit, den aufgescheuchten Ehemann und Vater zur Ruhe zu bringen. »Ich will sie in eine Wüste führen ...«, stand da. Dieser Teil des Wortes gefiel ihm freilich gar nicht gut. Warum musste Gott Menschen in Wüsten führen und ausgerechnet seine geliebte Frau? Aber da stand ja auch noch »... und freundlich mit ihr reden.« Ja, wenn das stimmte, dann würde alles gut werden. »Also sorg dich nicht unnötig, Karl«, sagte er zu sich selbst. »Und sorg dich nicht, Miluscha.«

Nach schlechter Nacht fuhr Karl am nächsten Morgen früh nach Gießen. Ehe er die Klinik aufsuchte, fragte der Anstreichergeselle in verschiedenen Betrieben nach Arbeit. Er wollte in der nächsten Zeit unbedingt in der Nähe sein und nicht wieder nach Lüdenscheid zurückgehen. Er fand auch tatsächlich einen Malermeister, der Arbeit für einen zusätzlichen Gesellen hatte. Karl nahm die Stelle sofort an, auch wenn die Entfernung von zu Hause nach hier weit war und Hin- und Rückfahrt mit der Bahn sehr zeitaufwendig. Beim Meister Scheffel würde er heute noch telefonisch kündigen. Der hätte sicher Verständnis für seine Lage.

Für die jetzige Situation war der neue Arbeitsplatz jedenfalls gut. So konnte Karl zwischen Arbeitsschluss und Heimfahrt noch schnell einen Besuch in der Klinik machen, für ein paar Augenblicke seiner Liebsten die Hand halten, Grüße ausrichten und Trost zusprechen.

Nur, wie Karl sich das vorgestellt hatte, ließ es sich nicht verwirklichen. Man ließ ihn am ersten Tag gar nicht zu der Patientin. Die sei zu schwach und ihr Zustand sei zu instabil. Am zweiten Tag dasselbe. Man bat ihn aber, auf den Stationsarzt zu warten. Der müsse mit ihm reden.

Nach einer Weile nervösen Wartens kam der Arzt und stellte Karl eine furchtbare Frage: »Herr Gerhardt, Ihre Frau gefällt uns gar nicht, ihr Zustand ist sehr kritisch. Sie ist sehr krank, und sie ist schwanger. Wir überlegen, ob wir zu ihrem Schutz das Kind ...«

Weiter kam der Arzt nicht, weil Karl ihn sofort unterbrach. »Sie wollen das Kind holen? Nein, damit bin ich nicht einverstanden.«

»Wollen Sie es riskieren, dass Ihre Frau ...«

»Meiner Frau wird nichts passieren, Herr Doktor«, äußerte Karl seine feste Überzeugung. »Und dem Kind auch nicht. Haben Sie mit ihr darüber gesprochen?«

»Wir haben ihr dieselbe Frage gestellt.«

»So wie ich sie kenne, hat sie Ihre Frage genauso beantwortet wie ich.«

Der Arzt seufzte auf: »Sie hat abgelehnt.«

»Und ich lehne auch ab, Herr Doktor. Meine Frau ist mit dem Kind in Gottes Hand, und Gott macht es richtig mit den beiden.«

»So ähnlich hat Ihre Frau auch gesprochen«, gab der Arzt zu und er fügte an: »Ihren Glauben möchte ich haben, junger Mann. Kommen Sie morgen wieder herein. Vielleicht können Sie Ihre Frau dann für ein paar Augenblicke sehen und sprechen. Ich werde sie von Ihnen grüßen.«

»Bitte, Herr Doktor, tun Sie das. Ich komme morgen wieder.«

Sehr nachdenklich und innerlich aufgewühlt, aber zugleich doch merkwürdig ruhig fuhr Karl nach Hause. In seinem Herzen dankte er Gott, dass er die Frage des Arztes genauso beantwortet hatte wie Miluscha, ohne dass sie beide sich hatten abstimmen können. Das war von Gott so gelenkt. Darin war Karl sich sicher. Und es würde auch alles gut werden. Auch darin war er sich sicherer als vorher. –

Es wurde alles gut. Zwar nicht so, wie die Gerhardt-Familie es sich vorgestellt hatte, Karl am allerwenigsten. Aber Miluscha hatte das Kind behalten und konnte auch nach etwa vier Wochen nach Hause entlassen werden. Das Fieber war weg, die Schwellungen an Händen und Füßen hatten sich zurückgebildet, waren aber nicht ganz verschwunden, und die Schmerzen waren erträglich.

Die ärztliche Versorgung übernahm wieder Doktor Scheufler, der jeden zweiten Tag ins Haus kam, um nach seiner Patientin zu sehen. Die weitere häusliche Pflege musste Mutter Maria leisten, mit der Hilfe ihres Mannes und der Kinder. Und sie konnte es mit der Hilfe von Elsa Beer, die zur Entlastung gekommen war. Wie freute sich Miluscha, ihre Mutter wieder einmal für ein paar Tage in ihrer Nähe zu haben! Die Mutter um sich zu haben, war doch anders, als nur auf die Schwiegermutter angewiesen zu sein. In diesen Tagen konnte auch Ulrike häufiger in der Wohnung oben sein, weil sich Elsa gerne mit dem Kind beschäftigte. Schade, dass der Besuch nur ein paar Tage dauern konnte.

Immer wieder kamen auch Frauen aus der Nachbarschaft, dem Dorf und der Gemeinde, um zu helfen, wo es gerade nötig war. Miluschas Anteil an der Versorgung von Mann und Kind und den Dingen des Hauses war leider auf wenige Handgriffe beschränkt.

Karl musste es ertragen, dass er selbst wegen der Arbeit das Wenigste für seine geliebte Frau tun konnte. Das machte ihm schon Mühe. Aber er war abends in ihrer Nähe. Und am Sonntag wich er kaum eine Minute von ihrer Seite.

Dann traf es ihn selbst in Form einer schweren Hirnhautentzündung, die allerdings ihre eigene Vorgeschichte hatte. Anfang September geriet im Nachbarort Römershausen ein Bauernhof in Brand. Die freiwilligen Feuerwehren der umliegenden Dörfer wurden alarmiert und rückten mit ihrem Gerät an. Karl war an diesem Tag zu Hause. Warum sollte er nicht helfen, wo jede Hand gebraucht wurde? Er fuhr also mit hinüber und half, den Brand zu bekämpfen. Dabei wurde er vom Löschwasser genauso nass wie die Brandstelle. Schutzkleidung war noch unbekannt. Später ging es dann auf der offenen Ladefläche eines Lastwagens wieder zurück nach Hause. Dort schnellstens raus aus den nassen Sachen und hinein in die trockenen. Allerdings war eine heftige fiebrige Erkältung in den nächsten Tagen die Folge. Wen wollte es verwundern? Der

Hausarzt versorgte Karl mit Medikamenten aus der Apotheke, Miluscha und die Schwiegermutter ergänzten durch alle möglichen Hausmittel. Nach einer Woche war die Sache weitgehend überstanden, und Karl konnte wieder seiner Arbeit nachgehen.

Einige Wochen später beklagte er sich über Kopfschmerzen. Ihm brummte der Schädel, wie er das noch nie erlebt hatte. Doktor Scheufler gab ihm ein Mittel dagegen. Das schlug nicht an. Die Kopfschmerzen wurden sogar stärker. Karl hatte das Empfinden, die Schädeldecke müsse ihm abspringen. Der Lärm der Straßenbaumaschinen in der Schieferstraße, die endlich befestigt werden sollte, wurde ihm unerträglich. Karl befürchtete, wahnsinnig zu werden. Zusätzlich stellte sich an mehreren Körperpartien ein rötlicher Hautausschlag ein.

»Karl, was ist das? Das sieht mir beinahe nach Syphilis aus. Bist du bei einer anderen Frau gewesen?« Der Landarzt nahm bei seinen Patienten selten ein Blatt vor den Mund.

Karl sprang vom Stuhl auf, augenblicklich aufs Äußerste erregt: »Herr Doktor, was denken Sie von mir?! Ich bei einer anderen Frau? Nie, niemals! Wo ich doch die liebste aller Frauen habe.«

»Beruhige dich, Karl. Ich glaub's dir ja. Verzeih meine direkte Frage. Aber was ist es dann?« Das Krankheitsbild war dem Landarzt ein Rätsel. Er verschrieb eine Salbe gegen den Ausschlag und wusste dabei selbst nicht, ob er es richtig machte.

Als dann zu den Beschwerden auch noch Fieber hinzu kam und der Patient sich zusätzlich über Nackensteife beklagte, wurde es dem guten Hausarzt endgültig Angst und Bange. Er besorgte den umgehenden Transport nach Gießen in eine Spezialklinik für Seuchenkranke. Wenn sein Verdacht sich bestätigte und Karl an einer Meningitis litt, dann konnte das immerhin die ansteckende Form sein. Da durfte kein weiteres Risiko eingegangen werden. Dann musste auch vorsichtshalber die Wohnung mit ihrer Einrichtung desinfiziert werden.

Das ganze gerhardtsche Haus stank bald nach Sagrotan. Karls zuletzt getragene Kleidung kam sofort in die Wäsche und auch die, die Miluscha und Ulrike in seinem Beisein zuletzt getragen hatten, dazu alle Stuhlkissen, Tischdecken, Bettwäsche und was sonst an Stoffen in den Räumen war. Wieder brauchten sie Hilfe von außen. Gut, dass Elisabeth immer wieder mit dem Bus von Gladenbach herüberkam und ihre Mutter entlastete. –

In den nächsten Tagen lebten alle an dieser Geschichte direkt und indirekt Beteiligten zwischen Hoffen und Bangen. Auch die auswärtigen Verwandten und Freunde. Wieder wurde das Gebet im Haus zur Hauptbeschäftigung neben den notwendigsten häuslichen Arbeiten. Wieder wurde die Gemeinde zur Gebetshilfe aufgefordert.

Dass Miluscha am meisten litt, versteht sich. Sie selbst nicht gesund, ein Mädchen von anderthalb an der Hand und die Geburt des zweiten Kindes in Reichweite, und dann den geliebten Mann auf Leben und Tod dort, wo sie ihn nicht so leicht besuchen konnte. Nie vorher war der jungen Frau die Vaterunser-Bitte so schwer gefallen wie jetzt: »Dein Wille geschehe«, und nie vorher war ihr das Gebet Jesu im Garten Gethsemane so unmöglich vorgekommen wie in dieser Situation. Aber musste sie nicht auch dazu bereit sein zu beten: »Herr, doch nicht wie ich will, sondern wie du willst«?

Miluscha hielt es zu Hause nicht aus. Sie musste nach Gießen, Karl sehen und mit den Ärzten sprechen. Mutter Maria hatte entschiedene Bedenken, sie in ihrem Zustand könne diese Fahrt nicht mehr machen, das sei zu gefährlich und nicht zu verantworten.

»Mama, überlass das bitte mir. Ich weiß, was ich tue. Auch wenn du's nicht willst, ich muss zu Karl. Es wird schon gut gehen, mit Gottes Hilfe.«

»Dann tu, was du nicht lassen kannst, aber nimm dir wenigstens Ilse mit, dann bist du nicht allein, gelle«, gab die Schwiegermutter grantelnd klein bei.

»Daran soll's nicht scheitern, wenn Ilschen mitfährt.«

Für die war das gar keine Frage. Gerne fuhr die Vierzehnjährige mit zum Schutz für ihre Schwägerin, wie sie meinte.

Die Auskunft, die Miluscha bekam, war niederschmetternd und raubte ihr für einen Moment den Atem. Eine mitfühlende Krankenschwester hatte sie vor ein Fenster geführt, durch das sie ihren Karl zwischen einer Menge Geräten auf der Isolierstation in seinem Bett liegen sah. Er schien zu schlafen. »O Gott, der Ärmste, mein lieber Karl«, entfuhr es ihr. Ihr kamen die Tränen, und für einen Moment packte sie ein Schwindel. Gut, dass die Schwester sie hielt. Dann kam der Arzt.

»Darf ich offen zu Ihnen reden?«, reichte er ihr freundlich die Hand, besorgt, ob diese junge Frau in ihrem offenkundig hochschwangeren Zustand so belastbar sei.

»Reden Sie, Herr Professor, ich bin auf alles gefasst.«

»Also gut. Ich mache den Leuten auch sehr ungern etwas vor. Sie sehen, Ihr Mann ist in keiner guten Verfassung. Wir tun für ihn, was uns möglich ist. Wie weit wir letztlich helfen können, wissen wir selbst nicht.«

»Muss er sterben?«, fragte Miluscha mit belegter und fast erstickter Stimme.

»Er muss nicht, gute Frau, auch wenn wir Ärzte das nie genau sagen können. Wir haben das Leben nicht in der Hand und können es auch nicht festhalten. Aber wir glauben, dass er über den Berg ist.«

»Das wäre schön«, vermochte sie nur zu sagen, dann konnte sie die Tränen nicht länger zurückhalten. Sie griff zu einem Taschentuch. »Verzeihen Sie meine Tränen.«

»Schon gut, Frau Gerhardt, weinen Sie ruhig, das entlastet«, fuhr der Arzt fort. »Aber Sie wollten die Wahrheit wissen. Wenn Ihr Mann diese schwere Krankheit überlebt, könnte es allerdings sein, dass er bleibende Schäden zurückbehält.«

Miluscha erschrak nun aber doch heftig, und die Schwester musste noch einmal fest zupacken. »Was könnte das sein?«, fragte sie, nachdem sie ein paar Mal geschluckt hatte.

Der Arzt atmete tief durch. »Es können Lähmungen auftreten, er kann blind werden oder taub oder auf Dauer desorientiert. Wir können nicht absehen, welche Funktionsbereiche des Gehirns in Mitleidenschaft gezogen sind. So weit können wir in seinen Kopf nicht hineinsehen. Aber Sie sollten es wissen, dass Sie Ihren Mann vielleicht als Pflegefall nach Hause bekommen. Wie gesagt, nur vielleicht.«

»Wenn Gott es schenkt, dass ich ihn behalten kann, dann möchte ich ihn gerne pflegen«, versicherte Miluscha und schaute den Arzt mit tränenverschleiertem Blick an.

Der gab ihr ein aufmunterndes Lächeln zurück: »Sie haben Recht, Frau Gerhardt, wenn Gott es schenkt. Fahren Sie jetzt nach Hause, überlassen Sie Ihren Mann uns und freuen Sie sich auf Ihr Kind. Ich denke, das will bald kommen.«

»Und mein Mann wird es sehen?«

Der Arzt zögerte eine Sekunde mit seiner Antwort. Dann sagte er, indem er Miluscha fest die Hand drückte: »Ich denke, er wird es sehen. Wir halten Sie über Doktor Scheufler auf dem Laufenden.«

Miluscha warf einen letzten Blick durch die Scheibe auf ihren geliebten Karl. Wenn der doch wenigstens den Blick erwidern würde. Aber er schlief und wusste gar nichts von dem Besuch seiner Frau.

Dann führte die Schwester Miluscha in eine Sitzecke, um sich noch ein paar Minuten um sie zu kümmern. »Das Leben Ihres Mannes ist in Gottes Hand, Frau Gerhardt. Sorgen Sie sich nicht. Gott macht es recht.«

»Danke, Schwester. Sie waren sehr lieb zu mir. Das hat mir gut getan«, sagte Miluscha ihr zum Abschied und verließ dann mit Ilse die Klinik, um nach Hause zurückzufahren.

Unterwegs ging der geplagten jungen Frau immer wieder ein Liedvers durch den Kopf, den der Chor damals im Traugottesdienst gesungen hatte, und sie sagte ihn sich selbst innerlich unaufhörlich auf: »Soll's uns hart ergehn, lass uns feste stehn und auch in den schwersten Tagen niemals über Lasten klagen; denn durch Trübsal hier geht der Weg zu dir.«

Je näher der Heimatort kam, desto ruhiger wurde Miluscha. Der Vater im Himmel kannte diese schweren Tage mit ihrem Leid und ihrer Last. Und er würde auch hier für sie sorgen, wie er immer wieder gesorgt hatte. Diese Gewissheit erleichterte sie ungemein und brachte auch wieder ein Lächeln auf Miluschas Gesicht zurück. Die junge Schwägerin sah es mit Erleichterung.

Die nächsten beiden Wochen verliefen voller Anspannung. Wie würde es mit Karl weitergehen und wie kündigte sich die Geburt des Kindes an? Doktor Scheufler stand mit der Klinik in täglichem Kontakt. Was er mitteilen konnte, klang hoffnungsvoll und Mut machend.

Karl hatte zwei Wochen auf der Isolierstation gelegen, als der Hausarzt persönlich bei den Gerhardts vorbeikam, wobei Mutter Maria ihm gleich eine Tasse Kaffee anbot. »Ich hoffe, Sie bringen gute Nachrichten, Herr Doktor«, schaute Miluscha den beliebten Arzt erwartungsvoll an.

Der nahm sich die kleine Ulrike auf den Schoß. »Ich denke schon«, gab er freudig zurück und strich dem Kind dabei über die Haare. »Es sieht gut aus, ihr Lieben. Diese Hirnhautentzündung, diese Meningitis ist offenbar eine Folge der schweren Erkältung neulich nach dem Feuer in Römershausen. Die Sache ist also nicht ansteckend und sie wird nach heutiger Einschätzung der Ärzte keine bleibenden Schäden hinterlassen.«

»Oh, ist das schön!«, atmete Miluscha hörbar auf. »Gott sei Dank! Und wann kommt Karl nach Hause?«

»Nun, so schnell schießen die Preußen dann doch nicht. Ein paar Tage wird er schon noch bleiben müssen. Die Krankheit hat ihn eine Menge Kraft gekostet und auch ein paar Pfunde. Sie müssen Karl in Gießen erst noch ein bisschen aufpäppeln, ehe sie ihn gehen lassen.«

Miluscha strich sich über ihren Bauch. »Gelle, mein Kind, dann wartest du auch noch ein paar Tage. Wenn dann dein Papa zu Hause ist, darfst du gerne kommen.«

Doktor Scheufler musste lachen. »Ich bin mir nicht sicher, ob das Kind sich danach richtet. Schön wär's natürlich. Sagt mir dann Bescheid, damit ich mit Tante Anna rechtzeitig hier bin.«

Der Arzt stellte Ulrike auf den Boden, verabschiedete sich und verließ das Haus. Die beiden Frauen fielen sich um den Hals. Wie war der Vater im Himmel doch wieder so gnädig gewesen! Das war Grund genug, abends im Familienkreis ein bisschen den Dank und die Freude zu feiern.

Nach Miluscha war Papa Paul wohl der, der am tiefsten aufatmete, machte ihm doch sein Asthma mehr und mehr zu schaffen, und irgendwann würde Karl wohl Haus und Hof übernehmen müssen. Nicht auszudenken, wenn diese tückische Geschichte einen anderen Verlauf genommen hätte.

Eine schwierige Geburt

Es kamen die letzten Oktobertage und mit ihnen die ersten Anzeichen von Wehen. Zunächst noch vereinzelt und schwach. Diesmal aber wusste Miluscha, was mit ihr vorging. Sie wusste allerdings auch, dass sie diesmal nicht dieselbe Kraft hatte, dem Kind auf die Welt zu helfen. Zu sehr war sie von der zurückliegenden Krankheit noch geschwächt. Elisabeth würde ihr Karl ersetzen und Beistand leisten, was die auch gerne zugesagt hatte.

Am 1. November musste der kleine Schwager Artur auf dem

Weg zur Schule bei Doktor Scheufler Bescheid geben, dass sich die Geburt des nächsten Gerhardt-Kindes ankündigte. Er möge doch bitte gegen Mittag nach der Sprechstunde vorbeikommen und auch schon einmal Tante Anna, die Hebamme, benachrichtigen. Die kam schon am späten Vormittag, um zu schauen, wie es um die Wehen der Gebärenden stand, ob der Muttermund sich bereits geöffnet hatte und wie weit.

»Lange wird's nicht mehr dauern«, stellte sie fest. »Ich befürchte nur, du wirst nicht viel helfen können. Das Kind ist groß und deine Kraft ist klein.«

»Ich fühle mich auch gar nicht stark«, gab Miluscha zwischen zwei Wehen zu, mit deutlicher Sorge in der Stimme. »Kommt das Kind denn auch, wenn ich nicht helfen kann?«

»Da sei ganz unbesorgt, junge Mutter«, beruhigte die Hebamme, »dann werden wir helfen, Doktor Scheufler und ich. Wir sind ein eingespieltes Paar. Er wird sicher bald kommen. Elisabeth kümmert sich um dich und wir uns um das Kind.«

Es wurde dann auch Zeit, dass der zweite Geburtshelfer kam, denn die Wehen wurden heftiger und traten in immer kürzeren Abständen auf. Wenig später versuchten Arzt und Hebamme mit vereinten Kräften, dem Kind auf die Welt zu helfen. Miluschas Wehen waren zwar stark, aber sie selbst konnte den Geburtsvorgang kaum unterstützen. Ihr liefen die Tränen vor innerem und äußerem Weh, und ihre Schmerzensschreie gellten den Helfern in den Ohren.

Dann konnte Tante Anna das Köpfchen greifen und ziehen, Doktor Scheufler musste auf den Bauch der Mutter von oben nachdrücken. Das war ein mühsames Unterfangen und verursachte für die Mutter zusätzliche Schmerzen. Ihre Schreie waren bis in die Nachbarschaft zu hören.

Aber die Mühe hatte Erfolg. Das erfahrene Geburtshelferpaar zog und drückte im Rhythmus der Presswehen den kleinen Menschen hervor. Ein zwar zerknautschtes, aber dennoch kräftiges Wesen lag dann endlich auf dem Laken. Zunächst noch mit der Mutter verbunden, bald aber abgenabelt und versorgt begrüßte das kräftige Mädchen mit ein paar Schreiern seine neue Welt und die Menschen, die es als Erste zu sehen bekamen.

Doktor Scheufler spritzte der geschwächten Mutter ein Stärkungsmittel, ehe er sie mit ein paar Stichen nähte. Das musste leider auch noch sein. Das Baby hatte mit seinen neun Pfund zu viel Platz beansprucht und einen Dammriss verursacht. Das würde rasch heilen, tröstete der Arzt die erschöpfte Miluscha, die kaum in der Lage war, ihr zweites Kind im Arm zu halten. Dennoch überzog für ein paar Momente ein glückliches Lächeln ihr Gesicht.

»Welchen Namen darf ich mir aufschreiben?«, wollte der Arzt gerne wissen, als das Kindchen in seinem Körbchen lag und schlief und die Beteiligten in der Stube nebenan um den Tisch saßen, um sich zu stärken.

»Angelika«, gab Miluscha von der Schlafstube her an.

»Doch nicht Angellika, klingt ja wie gelle«, widersprachen Elisabeth und Mutter Maria beinahe gleichzeitig.

»Dann heißt sie Gudrun, gelle.«

»Kuhdrun Gerhardt, das klingt nach Stall, gelle. Warum nicht Sabine?«

»Warum nicht? Viele Mädchen heißen jetzt Sabine.«

»Angelika!«, beharrte Miluscha mit schwacher Stimme von drüben, und dabei flossen ihr wieder die Tränen. Aus Schwäche wohl und aus Ärger über die Namens-Diskussion im Nebenzimmer und wohl auch ein wenig aus Enttäuschung, dass ihr Karl hier kein väterliches Machtwort sprechen konnte.

»Warum denn nicht Angelika, wenn Milli das doch sagt?«, ergriff Ilse Partei für ihre Schwägerin und fing sich strafende Blicke von Mutter und Schwester ein.

Doktor Scheufler ärgerte sich wohl auch etwas über die Vorschläge der beiden Frauen, die er als Einmischung in die Angelegenheiten der jungen Leute empfand. »Ihr solltet euch da nicht einmischen, Maria und Elisabeth. Ilse hat Recht. Den Namen müssen die Eltern geben, nicht jemand anderes. Ich gebe dem Bürgermeister schon mal einen Hinweis und lasse den Namen einfach offen. Vielleicht kommt Karl ja in den nächsten Tagen nach Hause. Dann können die beiden den Namen festlegen und auch mir sagen, was ich bei mir eintrage.«

Mutter Maria und ihren Töchtern schien diese vorläufige Lösung nicht so recht zu gefallen, aber sie gaben sich nach ein paar murrenden Worten zufrieden.

Miluscha im Nebenzimmer atmete auf und schickte zugleich ein Stoßgebet zum Himmel: »Lieber Gott, lass Karl nach Hause kommen! Ich brauche ihn so sehr.« –

Es war, als hätte Gott dieses Gebet umgehend erhört. Am Mittag des nächsten Tages kam Karl nach Hause. Er hatte die Nachricht von der Geburt seiner zweiten Tochter natürlich bekommen. Doktor Scheufler hatte dafür gesorgt. Der Patient hatte umgehend um seine Entlassung gebeten und auch keinen Widerspruch der Ärzte akzeptiert. Er wollte nach Hause und er musste nach Hause. Die Ärzte gaben seinem Drängen nach und ließen ihn gehen. Aber er solle unbedingt am nächsten Tag den Hausarzt aufsuchen. Ein Bruder aus der Gemeinde holte Karl mit seinem Auto nach Hause.

Dort angekommen war Karls erster Weg an der elterlichen Küche vorbei – dort war auch niemand – in den Keller, wo er sich am ganzen Körper mit Sagrotan reinigte, damit er ja keine Krankheitskeime aus der Klinik an sich hatte. Dann wusch er sich noch einmal gründlich, damit er den Geruch dieses Mittels wieder los wurde. Nur mit einem Handtuch bekleidet begab er sich nach oben.

Miluscha hörte ihn die Treppe heraufkommen. Sie kannte seinen Schritt. Und doch stockte ihr der Atem, als ihr geliebter Karl halbnackt in der Kammertüre stand. »O Karl, mein Lieber, wie schön, dass du da bist. Jetzt wird alles gut.« Dann nahm er sie in die Arme. Beiden rannen die Tränen vor Glück und Seligkeit über das Gesicht.

Nach einer Weile löste sich Karl von seiner Frau und meinte, er solle sich doch wohl jetzt endlich sein Töchterchen ansehen, das friedlich schlafend im Körbchen lag. Vorsichtig strich der Vater seinem Kind nur mit einem Finger über die ein wenig knautschigen Wangen, immer noch nur mit dem Handtuch bekleidet. »Wie fein, dass wir dich haben und dass deine Mama die Strapazen überstanden hat und dass dein Papa wieder da ist.«

War das schön! Der hagere Blondling, durch die Krankheit noch schmaler geworden, mit der einen Hand das Handtuch um seine Hüften haltend und mit der anderen den Säugling liebkosend.

Miluscha musste trotz der Tränen, die noch liefen, lachen. »Du solltest dich doch jetzt lieber anziehen, mein Schatz. Mama ist mit Ulrike wohl im Dorf und kommt bald zurück. Die beiden könnten hereinkommen. Die müssen dich so nicht sehen.«

»Hast Recht, mein liebes Mütterchen«, musste Karl jetzt auch lachen. »Ich werde meinen athletischen Körper sofort verhüllen.«

Ulrike freute sich offensichtlich, dass ihr Papa wieder im Haus war. Die Oma freute sich auch, wenngleich es ihr gar nicht recht war, dass Karl schon heute die Klinik verlassen hatte.

»Das geht schon in Ordnung, Mama«, beschwichtigte der Sohn. »Doktor Scheufler kann mich weiter behandeln. Außerdem musste ich ja wohl kommen, um den Namensstreit zu beenden.«

»Das Kind soll aber doch nicht Angelika heißen?«

»Angelika? Ich denke nicht. Für Miluscha und mich war das lange klar. Unser Mädchen heißt Isolde. Ich versteh nicht, wieso ihr euch hier in unsere Sachen einmischen wollt?«

Mutter Maria zog beleidigt ab. Das musste sie sich von ihrem Sohn nicht anhören. Isolde Gerhardt, das gefiel ihr einfach nicht. Aber sie konnte da wohl wirklich nichts weiter sagen und würde sich daran gewöhnen müssen.

Miluscha erschrak bei dem Namensvorschlag. Doch nicht Isolde! Sie hatte sich doch schon neulich gegen diesen Namen ausgesprochen. Warum hatten sie auch nicht vorher noch einmal darüber sprechen können? »Karlchen, bitte, mein Lieber«, versuchte Miluscha ihren Mann zu bewegen und auf Angelika umzustimmen.

Karl streichelte seiner Frau über die Stirn. »Wenn ihr Weibsleute euch um den Namen der Kleinen streitet, muss der Mann halt handeln und sich durchsetzen. Du hast Isolde so mühsam zur Welt gebracht, da wirst du dich auch an Isolde gewöhnen.«

Karl gab seiner Frau noch einen Kuss auf die Stirn und nahm dann sein Ulrikchen auf den Arm. Er hockte sich mit ihr neben den Babykorb. »Schau, meine Große, das ist dein Schwesterchen. Sei immer hübsch brav zu Isoldchen. Und wenn ihr beide dann größer seid, könnt ihr zusammen spielen.«

Miluscha zuckte bei dem Namen zwar wieder zusammen, lächelte aber dann doch über dieses neue Bild mit Vater und zwei Töchtern. Wenn ihr geliebter Karl es doch so wünschte, dann schickte sie sich eben drein. Sie schloss die Augen und schlief glücklich ein.

Karl ging leise nach vorne in die Stube, setzte sich mit seiner Großen auf die Dielen und spielte mit ihr. Dabei glaubte er zu fühlen, dass wieder eine Portion Kraft in seinen geschwächten Körper zurückgekehrt war. Seine Miluscha, Ulrike und Isolde hatten sicher ihren Anteil daran. Und die Gebete der vielen, die in den letzten Wochen für ihn und seine Frau zum Himmel aufgestiegen waren.

Als Karl am nächsten Morgen bei Doktor Scheufler in der Sprechstunde saß, fragte der natürlich sofort nach dem Ausgang des

Streites um den Namen. »Wir lassen Isolde eintragen, Herr Doktor.«

»Hm, auch nicht schlecht«, kommentierte der. »Dann wird sicherlich irgendwann der Tristan hinterherkommen.«

»Das ist schon möglich. Ein Junge sollte schon noch kommen. Auch der Opa wünscht sich sehnlichst einen Enkel. Für die Männer wird es sonst auf Dauer zu schwierig bei so vielen Frauen im Haus.«

»Oder sie sind ständig Hahn im Korb, mein Lieber, und das ist auch nicht zu verachten«, lachte der Arzt und bescheinigte als Resultat seiner Untersuchung einen doch wieder recht guten Zustand seines Patienten. »Du kannst Gott danken, Karl, dass diese Geschichte so glimpflich abgelaufen ist. Aber du musst dich noch schonen. Nicht gleich wieder voll ran. Das ist nicht gut.«

»Ich hab doch sowieso wieder keine Arbeit mehr, Doktor Scheufler, der Meister in Gießen arbeitet im Winterhalbjahr alleine.«

»Das ist einerseits schade, andrerseits gut. So brauche ich dich nicht krank zu schreiben, und du kriegst dein Arbeitslosengeld.«

»Danke, Herr Doktor, wenn wir Sie im Dorf nicht hätten.«

»Ach, Junge, dann hättet ihr sicher einen anderen.«

»Aber der wäre nicht so gut wie Sie.«

»Danke für das Kompliment, Karl. Grüß mir deine Frau. Ich komme in den nächsten Tagen vorbei. Milli macht mir noch ein wenig Sorgen, und da muss ich nach ihr sehen.«

Die Sorgen des Arztes erwiesen sich bald als berechtigt. Miluscha erholte sich von den Anstrengungen der Geburt kaum. Sie konnte nie lange auf den Beinen sein, kaum dass sie nach der Wochenbettzeit ihren Säugling richtig versorgen konnte. Zu trinken hatte sie mehr als genug. Sie gab von ihrer Milch auch diesmal wieder ab, an eine Frau im Dorf, die nicht stillen konnte. Das machte die junge Mutter auf der einen Seite glücklich, auf der anderen Seite litt sie in den Phasen erhöhter Temperatur und durch die Schmerzen, die sich in Händen und Füßen immer wieder bemerkbar machten.

Miluscha empfand es als besonderen Segen, dass Isolde ein Schläferchen war. Zu manchen Mahlzeiten musste sie geweckt werden, und nach dem Trinken und dem notwendigen Bäuerchen war sie oft schon wieder eingeschlafen, kaum dass sie neu gewickelt war. Ulrikchen machte ihren Eltern auch viel Freude. Sie war ein liebes Kind, das mit wenigem zufrieden war. Sie war häufig bei Oma und

Opa unten, oder sie lief ihrem Papa um die Füße, wenn der irgendwo im Haus zu tun hatte, oder die Tante und die beiden Onkel spielten mit ihr und nahmen sie mit, wenn sie irgendwohin gingen.

Du bist nicht allein, Miluscha

Es hätte alles so schön sein können, wenn nicht diese Schübe der Polyarthritis immer häufiger und heftiger aufgetreten wären. Im Sommer 1952 konnte Miluscha sich kaum noch auf den Beinen halten. Der Körper versteifte sich zunehmend, und die Schmerzen wurden immer heftiger. Die Kranke hatte inzwischen viele Pfunde an Gewicht verloren, richtig abgemagert sah sie aus. Mutter Maria musste die Versorgung der Familie bald vollständig übernehmen. Doktor Scheufler überwies Miluscha ins Krankenhaus nach Marburg, wo die geplagte Frau schon einmal wegen derselben Krankheit untersucht worden war. Die Ärzte dort standen aber ebenso wie der Landarzt vor einem Rätsel. Helfen konnten sie ihrer jungen Patientin kaum. Sie konnten ihr gerade einmal ihren Zustand etwas erträglicher machen.

Nach langen Wochen wurde Miluscha wieder nach Hause entlassen. Von ihren früheren Rundungen war nicht mehr viel übrig. Ihr vorher so hübsches, volles Gesicht war eingefallen, tief lagen die dunklen Augen in ihren Höhlen, kantig standen die Wangenknochen hervor. Ihre Hände waren entstellt und die Finger kaum zu bewegen. Überhaupt war Miluschas Körper nahezu völlig versteift, so dass sie sich nicht mehr bewegen konnte. Sie musste schließlich von einem Ort zum anderen getragen werden.

»Du wolltest mich doch schon immer auf Händen tragen«, meinte sie einmal zu ihrem Karl und versuchte, ein Lächeln auf ihr schmales Gesicht zu legen, »jetzt hast du reichlich Gelegenheit dazu.«

»Wenn ich es nur immer tun könnte, mein Liebes, aber ich muss doch zur Arbeit«, bedauerte Karl.

»Das musst du auch. Wir müssen doch versorgt sein. Wir können doch nicht in allen Dingen auf die Eltern angewiesen sein. Es ist mir schon schlimm, dass Papa und Mama unseren Mädelchen fast mehr Eltern sein müssen, als wir es selbst können.«

Miluscha mit Ulrike (rechts) und Isolde etwa 1953

»Sorg dich mal deswegen nicht, Miluscha. Irgendwann wird es wieder besser mit dir, und dann können wir den Eltern vergelten, was sie uns jetzt tun müssen.«

Das war freilich leichter gesagt als verarbeitet für Miluscha, die sich jede Handreichung gefallen lassen musste. Ihre dreijährige Ulrike lernte es, die Mama zu füttern und ihr zu trinken zu geben. Schwager Paul, inzwischen siebzehn und ein bärenstarker Kerl, wurde zum Lastenträger, Schwägerin Ilse versorgte weitgehend selbständig die obere Wohnung und immer wieder auch die kleine Isolde. Elisabeth kam oft für Stunden aus Gladenbach herüber. Elsa Beer kam auch in größeren Abständen immer wieder einmal für ein paar Tage.

Nachbarn und Nachbarinnen übernahmen Hilfs- und Pflegedienste zur Entlastung der Gerhardts. Die Arbeit auf den Feldern, auf der Wiese und im Gärtchen musste doch auch getan werden. Und was geerntet werden konnte, musste auch immer wieder verarbeitet werden. Ziegen, Schafe, Schweine und Federvieh verlangten ihr Recht. Sie konnten doch nicht wegen Miluschas Krankheit vernachlässigt oder gar abgeschafft werden.

Und Vater Gerhardt war durch sein Asthma selbst ein leidender Mann. Aber er konnte bei Miluscha sitzen, ihr auf der Zither spielen, sich mit ihr unterhalten und ihr vorlesen, wenn ihr selbst zum Lesen die Kraft fehlte. Das tat der jungen Frau besonders gut, erinnerte Papa Paul sie doch immer wieder an den geliebten Vater und seine Nähe in Nedbarewka.

Die Jahreswende 1952/53 verbrachte Miluscha im Krankenhaus. Dort feierte sie auch ihren fünfundzwanzigsten Geburtstag. Durfte man das eine Feier nennen? Zu Hause den Mann und zwei Kinder, denen sie nicht Frau und Mutter sein konnte und die auf die Fürsorge der Eltern und Großeltern angewiesen waren. Miluscha hier in allen Dingen völlig von der Hilfe der Schwestern und der Freundlichkeit der Mitpatientinnen abhängig. Ihr Körper war nahezu unbeweglich und voller Schmerzen, die zuweilen nicht zu ertragen waren. Es war schier zum Verzweifeln.

Und doch vermochte dieser jämmerliche und bedauernswerte Zustand Miluscha nicht aus der Bahn zu werfen, auch wenn immer wieder die Tränen flossen, wenn immer wieder das Heimweh nach dem Mann und den Kindern am Herzen nagte, wenn sich auch immer wieder die Frage nach der Zukunft auftürmte wie ein unüberwindliches Gebirge.

Die Frauen und Mädchen im Krankensaal – bei voller Belegung waren es siebzehn – und die Schwestern und Ärzte wunderten sich, wie ein Mensch eine solche Situation ertragen konnte, ohne darunter zu zerbrechen.

Gerade in diesen Tagen war Miluscha besonders getröstet von

den Worten, die ihr Oberschwester Franziska nach der Morgentoilette aus Spurgeons »Kleinoden göttlicher Verheißungen« vorlas: »Ich stärke dich.« »Ich helfe dir.« »Du wirst noch Größeres denn dies sehen.«

Dieses letzte Wort aus dem Johannesevangelium hatte vor sieben Jahren schon einmal Bedeutung bekommen, als Miluscha mit Kusine Liesbeth von den Russen über die Demarkationslinie zu den Engländern entlassen wurde. Welche Bewahrung und Fürsorge Gottes hatten die beiden damals erlebt! Sollte Gott sich mit der Zeit geändert haben? Sicher nicht! Warum also sollte dieses Wort nicht wieder Bedeutung bekommen? »Also sorg dich nicht, Miluscha«, sagte sich die junge Frau immer wieder selbst. »Der Vater im Himmel ist derselbe, der sorgt.«

Wie wohltuend war es, dass die Schwestern sich in selbstloser Weise so viel Zeit nahmen, dass sie für jede Patientin ein gutes, Mut machendes Wort hatten. Wie schön war es, wenn Oberschwester Franziska sich abends für einige Minuten mit ihrer Gitarre an eines der Betten setzte und ein Abendlied sang oder ein paar Psalmverse las oder ein Gebet. »Atmosphäre hilft zur Heilung ebenso wie das Bemühen der Ärzte und Schwestern und der eigene Wille, gesund zu werden«, sagte sie immer wieder.

Der Wille, gesund zu werden, war bei Miluscha ungebrochen, das Bemühen der Ärzte war ohne Tadel, und die Atmosphäre auf der Station stimmte auch. Also waren die Voraussetzungen doch gut dafür, dass der Krankheit irgendwann einmal Einhalt geboten werden konnte und Besserung eintrat.

Am 8. Januar kamen Mutter Maria und Papa Paul mit Karl und den beiden Kindern zum Geburtstagsbesuch. Wie schön, dass sie alle gratulierten und Gottes Segen wünschten. Gottes Segen? Worin bestand denn in dieser Situation Gottes Segen? Vielleicht schon darin, dass die Kranke es sich gefallen lassen konnte, sich von ihrem Mann und von Ulrikchen abwechselnd den Geburtstagskuchen in den Mund stecken zu lassen. Vielleicht auch darin, dass die ganze Station samt Besuchern dem Geburtstagskind ein Ständchen brachte: »Jesu, geh voran auf der Lebensbahn …« Vielleicht darin, dass die Kranke dabei fest bleiben und mit ihren Lieben sogar lachen konnte. Vielleicht auch darin, dass der Oberarzt bei seiner Gratulation meinte: »Frau Gerhardt, Ihre Krankheit ist schlimm. Aber sie wäre viel schlimmer, wenn Sie bei allem nicht eine so glückliche Frau wären. Alle Hochachtung auch Ihrem Mann für seine Liebe. Die ist eine ausgezeichnete Medizin.«

Der Abschied des lieben Besuchs fiel heute besonders schwer. Karls Kuss auf die Stirn brannte wie ein besonderes Feuer. »Karl, mein Liebster, wie gerne wäre ich bei dir und den Kindern.«

»Du wirst wieder zu Hause sein, mein Schatz«, flüsterte Karl seiner Frau ins Ohr. »Hab Geduld und sorg dich nicht. Du bist nicht allein, Miluscha. Ich liebe dich!« Ulrike nahm die Hand der Mutter: »Du musst mitgehen, Mama! Ich mag dich zu Hause haben.« Dabei musste die Mutter den Schmerz in den Gelenken ihrer Hand gewaltsam unterdrücken. Ihre Große sollte doch nicht meinen, sie hätte ihrer Mami wehgetan. Die kleine Isolde konnte mit der blassen und hageren Frau im Bett gar nichts anfangen. Das verursachte Schmerzen ganz anderer Art. Den Schwiegereltern zum wievielten Male für ihre aufopfernde Fürsorge zu danken, tat heute auch besonders weh.

»Vater im Himmel. Lass es doch besser werden mit mir!«

Es wurden schwierige Jahre, die zu bewältigen waren, für alle Menschen im Haus an der Schieferstraße, für die Großen ebenso wie für die Kleinen.

Miluschas Krankheit veränderte sich in einem ständigen Auf und Ab. Mal war Hoffnung, weil sich der Zustand der Patientin besserte, dann folgte wieder die Enttäuschung, weil die vermeintliche Besserung ein Trugschluss war. Der treue Doktor Scheufler war zuweilen selbst der Verzweiflung nahe, weil er in besonders kritischen Phasen wieder einmal keinen anderen Rat zu geben wusste, als die Kranke zum x-ten Mal ins Krankenhaus zu schicken, damit man ihr dort helfe. Bis zum Herbst des Jahres 1955 zählten sie und ihre Lieben 22 Klinikaufenthalte von längerer oder kürzerer Dauer in verschiedenen Städten, meistens in Marburg. Keine dieser besonderen Behandlungszeiten brachte eine nennenswerte Änderung des Zustandes.

Miluscha musste in diesen Jahren in vielen Dingen das Verzichten lernen, wie kaum ein Mensch im Dorf. Sie war zwar die Frau eines Mannes, aber Ehe zu praktizieren war unmöglich. Karl, der Mann, ertrug es mit unendlicher Geduld und einer Liebe, die vorbildhaft und ohne Beispiel war und die mit der fortschreitenden Dauer der Krankheit sogar noch zu wachsen schien.

Mancher Ältere zog vor dem jungen Mann und seiner Einstellung den Hut.

Miluscha war zwar die Mutter zweier Kinder, aber sich um die beiden Mädchen zu kümmern, war ihr in deren wichtigen ersten Lebensjahren kaum vergönnt. Schlimme Momente waren es für die kranke Mutter, wenn sie zunehmend erleben musste, dass ihre Jüngste mit der Frau nichts anfangen konnte, die immer nur auf dem Stuhl saß oder im Bett lag, die gefüttert werden musste und gewaschen und angezogen, die mit ihren merkwürdig verbogenen Händen nicht mal ein Bilderbuch halten konnte, um daraus vorzulesen.

Wie es im Dorf aussah, konnte Miluscha lange nicht durch eigene Anschauung erleben. Sie kam aus dem Haus nur hinaus, wenn es draußen trocken und warm war, und dann auch nur in den Hof. Hier konnte sie in der wärmenden Sonne sitzen, ihren Kindern beim Spielen zusehen, auf den Gesang und das Gezwitscher der Vögel hören und das Spiel des Windes mit den Wolken und mit den Zweigen von Bäumen und Sträuchern beobachten.

Genauso musste sie auf die Gemeinde und ihre Gruppen verzichten, was ihr schwerer war als der Verzicht auf dörfliches Miteinander. Hätte sie doch nur noch einmal Sonntagsschule und Jungschar halten können! Und könnte sie doch wieder einmal im Chor die schönen Glaubenslieder singen. Ob das alles jemals noch einmal möglich war? Gott wusste es, und er würde es richten.

Viele von den Menschen im Dorf, zu denen die junge Frau nicht mehr hinkonnte, kamen dafür zu ihr. Immer wieder setzte sich die eine oder andere jüngere oder ältere Frau zu der Kranken, erzählte ihr, was so passierte, sprach ihr gut zu und machte ihr mit irgendeiner Kleinigkeit Freude. Immer wieder kam eine, die sich um die Wäsche kümmerte oder um sonstige Hausarbeit. War schönes, warmes Wetter, kam jemand, der für eine Stunde mit Miluscha in der Sonne saß, war es dazu zu ungemütlich, saß der Besucher mit ihr in der Wohnung.

Immer wieder einmal kamen auch Männer des Dorfes, die dem geplagten Ehemann und Vater Mut zusprachen und ihm das Vermögen wünschten durchzuhalten. Wurde in einem Haus des Dorfes geschlachtet, kam jemand vorbei und brachte eine Kanne guter Wurstsuppe. Wurde irgendwo irgendein Fest gefeiert, gab es Kuchen für die Kranke und ihre Familie.

Am meisten freute sich Miluscha, wenn sie jemand besuchte, der ihr ein biblisches Wort sagte und mit ihr betete. Das gab ihr Kraft und stärkte die Zuversicht, dass Gott sie nicht verlassen hatte, sie auch in ihrem Leiden mit seiner Liebe umgab und das auferlegte Kreuz mit trug.

Solcher Zuspruch half auch Karl, der die Krankheit seiner geliebten Frau anders wohl kaum mit dieser Geduld und unerschütterlichen Zuneigung ertragen hätte. Schön war es für beide, wenn der Chor am Übungsabend ab und zu den kurzen Weg aus der Mühlstraße heraufkam, um unter dem Fenster ein paar froh machende Lieder zu singen. Jede Liedstrophe ein wohlklingendes Zeichen für Anteilnahme und Verbundenheit.

Wie auch immer, Miluscha lernte in den Jahren ihrer Krankheit, alle Dinge zu ihrem Besten anzunehmen. Sie lernte das als eine gläubige junge Frau, die die Liebe zum Vater im Himmel nicht über Bord geworfen, sondern eher verstärkt hatte.

Miluscha konnte auch nicht an der Hochzeit ihres Bruders Erhard mit seiner Margitta in Waldbröl im Bergischen Land teilnehmen. Dort kam seine Frau her. Nicht einmal einen Brief als Glückwunsch konnte sie mehr schreiben. Karl musste die Glückwünsche aufs Papier bringen und auch manche andere Post erledigen. Aber er hatte ja in seinen Brautwerbertagen das Briefeschreiben ausführlich geübt.

Schön war es dann, dass die beiden jungen Leute die Reise ins Hinterland machten, um sich Miluschas und Karls Glückwünsche nachträglich bei ihnen persönlich abzuholen und ihrer Schwester und Schwägerin einen bescheidenen Lichtblick in die traurigen Tage zu bringen.

Auch Hugo und seine Waltraud kamen mehrmals zu Besuch und brachten natürlich jedesmal die Mutter mit, die jetzt bei ihnen in der Gegend von Braunschweig wohnte.

Alle diese Erlebnisse und Erfahrungen, Entbehrungen und Verzichtsleistungen mussten von Miluscha verarbeitet und verkraftet werden. Es gelang der Kranken mühsam und unter viel Seufzen und ungezählten Tränen.

Wie gut, dass sie ihren Karl hatte, der sie ihr immer wieder mit Küssen und mit Taschentüchern aus dem klein gewordenen Gesicht wischte. Das machte auch Ulrike oft, während Isolde zurückhaltend und auf Abstand blieb. –

Im Herbst 1955 wurde Miluscha dann zum zweiten Mal zur Kur ins hessische Bad Salzschlirf geschickt. Eine erste Kur im Vorjahr hatte keine Veränderung des Befindens gebracht. Die katholischen Schwestern, denen sie auch diesmal anvertraut war, und das medizinische Personal im Kurmittelhaus und im Sanatorium hatten sich damals schon alle erdenkliche Mühe gegeben. Ohne nennenswerten Erfolg. Die Leute waren selbst enttäuschter, als ihre Patientin es zu sein schien.

Die erneute Kur war wider Erwarten möglich geworden, weil der gute Doktor Scheufler Druck gemacht hatte und weil die Christen des Dorfes sich an den Kosten beteiligten. Welches Zeichen der Liebe!

Diesmal aber liefen die Dinge anders. Schon nach wenigen Tagen der Behandlung im warmen Moor-Vollbad und mit Lehmpackungen auf Schultern, Armen und Beinen deutete sich eine Veränderung des Zustandes an. Miluscha, die gelernt hatte, sich selbst sehr genau zu beobachten, stellte fest, dass ihre Fußgelenke irgendwie weicher und lockerer wurden. Es gelang ihr, sie mit weniger Anstrengung und geringeren Schmerzen zu bewegen. Dieselbe Beobachtung machte sie bald an ihren verbogenen Händen. Die Handgelenke und die Finger schienen nicht mehr so steif wie noch vor einer Woche.

Als die betreuende Schwester morgens ins Zimmer kam, um ihre besondere Pflegebefohlene aus dem Bett zu heben, zu waschen und anzuziehen, machte Miluscha sie darauf aufmerksam. »Schauen Sie, Schwester Daniela, schauen Sie doch, meine Füße. Ist das nicht wunderbar? Sie bewegen sich. Ich kann sie bewegen!« Wie ein vorsichtiger Jubel klangen die letzten Worte.

»Ja wirklich, Milli, das ist ja wunderbar. Wenn das nicht sogar ein Wunder ist, das Gott hier an Ihnen tut.« Vorsichtig nahm die Schwester Miluschas Füße in ihre Hände, tastete sie ab und bewegte sie leicht hin und her, erst den einen, dann den anderen. Dann tat sie das gleiche mit den Händen. Über ihr feines Gesicht ging ein Strahlen der Freude. »Das erscheint alles viel lockerer als gestern noch«, staunte sie. »Ich glaube, jetzt wird alles gut für Sie, Milli. Ich weiß zwar nicht wieso, aber ich bin überzeugt, jetzt wird alles gut.«

»Glauben Sie wirklich, Schwester Daniela, dass ich wieder laufen werde? Glauben Sie das wirklich?«

»Es wird noch eine Weile dauern, bis es so weit ist, aber ich bin überzeugt davon.«

Miluschas dunkle Augen strahlten, und ein paar Glückstränen rollten ihr über die eingefallenen Wangen. Sie würde wieder laufen können, wieder greifen, ihren Karl in die Arme nehmen und die Kinder an die Hand. Sie würde nicht mehr darauf angewiesen sein, von einem Platz zum anderen getragen, gewaschen und angezogen zu werden. Sie würde wieder selber tragen, sich waschen und anziehen können. Sie würde wieder spazieren gehen können und ins Dorf zum Einkaufen. Und sie würde in der Gemeinde wieder Gottesdienst erleben und die Gemeinschaft der Gläubigen.

»O Gott, lass das so werden. Heiland, zeig dich als der Arzt und heile meinen kranken Körper und meine verwundete Seele.« So intensiv wie heute hatte Miluscha dieses Gebet lange nicht im Sinn gehabt.

»Lesen Sie mir erst wieder aus meinem Büchlein, Schwester Daniela?«, bat die Kranke, als sie gewaschen, angezogen und frisiert in ihrem Rollstuhl saß, mit dem sie immer zum Frühstück und dann zur Behandlung gefahren wurde.

»Gerne, Milli, mir gefallen diese Gedanken auch sehr gut. Ich glaube, ich werde mir diese göttlichen Kleinodien noch kaufen.« Die Schwester zog sich einen Stuhl herbei und setzte sich neben ihre Patientin. »Also, für heute steht hier ein Psalmvers: ›Der Gerechte wird grünen wie ein Palmbaum; er wird wachsen wie eine Zeder auf dem Libanon‹.«

Dann las sie die Auslegung dazu und hielt am Ende mit gefalteten Händen inne.

»Lesen Sie doch bitte den letzten Abschnitt noch einmal, Schwester Daniela«, bat Miluscha.

»Die Zeder trotzt allen Stürmen und wächst in der Nähe des ewigen Schnees, der Herr selbst füllt sie mit einem Saft, der ihr Herz warm und ihre Zweige stark erhält. Herr, ich bitte dich, lass es auch mit mir so sein! Amen.«

»Amen!«, wiederholte Miluscha. »Ist das die Bestätigung auf unsere Beobachtung, Schwester?«

»Das könnte durchaus so sein, Milli. Nehmen Sie es doch einfach so, als wären diese Gedanken für Sie persönlich geschrieben. Trotz allen Stürmen und vielem Schnee füllt Gott mit neuem Saft. Das ist doch gut.«

»Das ist sehr gut, Schwester. Mein Karl wird sich freuen, wenn er morgen kommt und mich besucht.« –

Und wie der sich freute, als er am nächsten Tag seine geliebte Milu-scha im Kurort an der Lauter besuchen kam. So schön und beschwingt wie der Sonntag, so beschwingt waren die Herzen der beiden Eheleute, die so vieles hatten entbehren und ertragen müssen in den Jahren der Krankheit, die sich hoffentlich, hoffentlich wirklich auf ihr Ende zubewegten. Die beiden hatten einen ganz neuen Blick für die Schönheiten des ausgehenden Sommers im Kurpark.

Sie freuten sich an Bäumen und Sträuchern und den leuchtenden Blumenrabatten, lauschten dann wieder still dem vielfältigen Gesang der Vögel, beobachteten Spatzen, Finken und Eichhörnchen, die sich um herumliegende Krümel zankten, und amüsierten sich über den Lockenkopf, der nackt auf seinem Sockel stehend mit ständigem Strahl ins Brunnenbecken unter ihm pinkelte.

»So ein Kerlchen sollten wir noch haben«, äußerte Karl mit einem Anflug von Melancholie, während er den Rollstuhl eine Sonderrunde um den Brunnen herumschob.

»Na, na, mein Lieber«, musste Miluscha lachen, »erst lässt du mich mal richtig gesund werden. Dann darfst du vielleicht noch mal an so was denken.«

Für einen Moment wurden beide ernst, hatten sie doch hier einen Punkt getroffen, der ihnen beiden Mühe gemacht hatte. Ihr, weil sie ihm nicht hatte Frau sein können; er, weil ein jahrelanger Verzicht einen Mann nicht gleichgültig lässt. Aber so rasch wie gekommen, war dieser Ernst auch wieder verflogen. Fast ausgelassen waren die beiden im Park unterwegs, bis es für Karl Zeit wurde, seine Miluscha ins Sanatorium zurückzuschieben. Sein Zug Richtung Heimat würde nicht warten. Aber das Gepäck, das Karl diesmal mit nach Hause nahm, war wesentlich leichter als sonst. Die eingetretene Besserung nährte die Hoffnung auf Heilung und Gesundung.

Die Hoffnung war berechtigt. Miluschas Körper füllte sich zunehmend mit neuem »Saft, der ihr Herz warm und ihre Zweige stark« werden ließ.

Als Karl Anfang Oktober ins Kurstädtchen kam, fand er seine Miluscha nicht im, sondern neben dem Rollstuhl. Nicht liegend, nein, auf den eigenen Füßen stehend. Und sie streckte ihm mit strahlendem Gesicht eine Hand entgegen. Hier hatte der allmächtige Gott offenbar ein Wunder gewirkt, denn die behandelnden Ärzte wussten keine plausible Erklärung für den überraschend eingetretenen und sich rasch entwickelnden Genesungsprozess.

Karl hätte seine Frau am liebsten in die Arme genommen und kräftig herumgewirbelt. Aber das musste er sich natürlich noch verkneifen. Später, wenn die Genesung noch weiter fortgeschritten war, dann ... Vielleicht schon in zwei Wochen, wenn er Miluscha abholen konnte.

»Weißt du, worauf ich mich freue, Liebes?«, fragte Karl, als er sich zum Gehen anschickte.

»Sag's mir, mein Schatz.«

»Ich freu mich darauf, dass ich bald sieben Jahre mit dir verheiratet bin und wir unseren Hochzeitstag in diesem Jahr wieder ein bisschen feiern können.«

»Darauf freue ich mich auch. Wir zwei ganz allein und nur mit unseren beiden Mädelchen.«

»Nur wir vier? Der Tag ist ein Sonntag«, betonte Karl.

»Oh, wäre das schön, wenn ich gerade an unserem Hochzeitstag endlich wieder einmal in der Gemeinde sein könnte. Also nicht nur wir vier. Und jetzt geh, sonst kannst du dem Zug noch nachlaufen.«

Karl hauchte seiner Liebsten rasch noch einen Kuss auf die Wange und sprang dann wie ein ausgelassener Bub mit einem Herzen voller Dank Richtung Bahnhof.

Zwei Wochen später stellte sich ein Nachbar mit seinem Auto zur Verfügung, und Karl konnte seine Miluscha heimholen. Vorsichtig, ganz vorsichtig stieg sie mit Karls Hilfe in der Schieferstraße aus dem Auto und stand auf den eigenen Beinen auf dem Bürgersteig. War das ein Empfang! Die ganze Gerhardt-Familie vor dem Haus, dazu eine Schar alter und junger Leute aus der Nachbarschaft, die die Heimkehrerin mit herzlichem Beifall begrüßten. Es hatte sich schnell im Dorf verbreitet, welche Wendung Miluschas Krankheit genommen hatte.

Die junge Frau wusste gar nicht, wie ihr geschah bei diesem Empfang. Am meisten aber freute sie sich, dass ihre Fünfjährige gleich freudig auf sie zukam und die knapp vierjährige Isolde an der Hand mitbrachte.

Die Arbeit draußen macht Spaß

Die Kleine begegnete ihrer Mutter, die sie doch kaum als solche erlebt hatte, natürlich mit verständlicher Zurückhaltung, und Miluscha hätte sie gerne auf den Arm genommen. Sie konnte ihr aber nur über den Kopf streichen. Dass Isolde sich das gefallen ließ, war ein Lichtblick für die neue Beziehung, die in der nächsten Zeit aufgebaut werden musste.

Nach diesem herzlichen Empfang stieg die junge Frau seit mehr als zwei Jahren zum ersten Mal wieder – zwar rechts und links gehalten – auf eigenen Beinen die Haustreppe hoch und auch noch die Stiege nach oben in die Wohnung. Dort sank sie erschöpft und doch glücklich auf einen Stuhl. Welch ein Fortschritt! Welche Güte Gottes war hier zu erleben und zu loben! Das taten sie auch an diesem Tag noch und in den kommenden Tagen immer wieder ausführlich und gründlich.

Die nächsten Wochen vergingen voller Spannung. Der tägliche Fortgang der Genesung war einfach wunderbar. Jeden Tag ein paar Schritte und ein paar Handgriffe mehr, jeden Tag mehr Möglichkeit, die Liebe zu Mann und Kindern zu zeigen und das eigene Reich wenigstens ein Stück weit zurückzuerobern.

Mutter Maria und Karls Geschwister waren eifrig bemüht, es Miluscha so leicht zu machen wie möglich, auch darin, die beiden Enkelinnen von sich zu lösen und an Miluscha abzugeben. Bei Ulrike war das leicht. Sie hatte die Mutter ja als Mutter erlebt. Bei Isolde war das schon schwieriger. Aber auch die fühlte sich mehr und mehr der Mutter zugehörig.

Karl passte auf wie ein Luchs, dass seine Frau sich nicht übernahm und dass sie es langsam angehen ließ. Aber die spürte schon ihre Grenzen und war selbst darauf bedacht, sie nicht zu überschreiten. Sie aber immer wieder ein Stückchen weiter zu stecken, daran arbeitete Miluscha hart und zäh.

Bald gelang es ihr, einen Löffel in ihre verformte Hand zu nehmen und die Suppe wieder selbst zu löffeln, oder eine Kartoffel selbst mit der Gabel anzustechen. Bis ihre rechte Hand wieder ein Messer führen konnte, dauerte es noch einige Zeit. Hilfreich waren da Besteckteile mit dicken Griffen, die die steifen Finger umschließen konnten.

Allmählich ging es auch mit dem Waschen und dem Anziehen wieder besser. Ihre Haare selbst zu machen, gelang allerdings für lange Zeit noch nicht. Die Arme wollten sich einfach nicht so hoch heben lassen, dass ihre Hände am Hinterkopf den Knoten befestigen konnten. Hierin blieb Miluscha auch künftig noch viele Jahre auf die Hilfe der Schwiegermutter angewiesen. Aber das brachte die beiden Frauen nur näher zueinander.

»Über dir Flügel gebreitet«

»Karlchen, weißt du, was übermorgen für ein Tag ist?«, fragte Miluscha etwa vier Wochen später.

»Ich weiß es, mein Schatz. Und ich habe auch bereits daran gedacht. Hast du Mut?«

»Ich möchte gerne. Mir geht es doch auch wieder gut. Ich glaube, ich bin wieder so stark, dass ich den Weg schaffe, wenn du mich an den Arm nimmst. Und das Sitzen wird auch für die anderthalb Stunden gehen. Ich möchte doch auch der Gemeinde für die Geldhilfe für die Kur danken.«

»Das ist gut, Liebes. Dann klemme ich dich unter und führe dich wie vor sieben Jahren, und du darfst unseren Hochzeitstag mit mir in der Gemeinde feiern.«

»Ob die Brüder uns nebeneinander sitzen lassen?«

»Das glaube ich allerdings nicht. Da sind die nicht flexibel. Männer links, Frauen rechts. Das ist nun mal so. Da machen wir beide keine Ausnahme.«

»Und wie soll ich ohne dich sitzen?«

»Das kriegen wir schon hin. Mama und Ilse können dich zwischen sich nehmen und von den Seiten stützen, gelle.«

»Die Bänke sind aber doch so hart.«

»Auch kein Problem. Du wirst sitzen wie in Abrahams Schoß.«

»Da möchte ich aber eigentlich noch gar nicht sitzen«, widersprach Miluscha energisch.

»Hast ja Recht«, gestand Karl ihr zu, »von dem Weg dorthin hast du ja auch dankenswerter Weise noch einmal umkehren dürfen. Deshalb wird die restliche Familie zu Kissen- und Deckenträgern ernannt.«

»Du verstehst es gut, die Leute anzustellen.«

»Warum auch nicht, mein Schatz? Wir haben zusammen gelitten, jetzt wollen wir uns zusammen freuen. Also, auf geht's, gelle, Liebes?«

»Die werden Augen machen, wenn ich da plötzlich wieder sitze«, freute sich die junge Frau.

»Und nachmittags gibt es ein großes Kräppelchenessen zur Feier des Tages. Hab ich mit Mama schon besprochen.«

»Du bist so lieb zu mir, Karl Gerhardt. Hoffentlich kann ich dir das irgendwann einmal alles wieder gutmachen.«

»Mach dir darüber mal keine Gedanken, Schätzchen. ›In guten wie in schweren Tagen‹ haben wir vor sieben Jahren versprochen, gelle.«

»Haben wir, und jetzt könnte Gott uns eigentlich ein paar gute Tage schenken, nachdem wir von den anderen so viele hatten.«

»Bitte ihn drum, mein Liebes, vielleicht schenkt er sie uns. Ich meine das ernst, wenn ich das sage. Und jetzt habe ich anderes zu tun.« Noch ein Kuss, und Karl verschwand nach unten. Miluscha wusste nicht, was er vorhatte.

Sie erfuhr es, kurz bevor die Familie sich auf den kurzen Weg in die Mühlstraße aufmachte. Karl sprang noch einmal schnell hinunter in den Keller und kam sofort wieder herauf, in der Hand einen Strauß Chrysanthemen, sieben an der Zahl.

»Oh, mein lieber Karl, du schlimmer Räuber, wie schön! Du verstehst es, mich zu überraschen. Wo hast du die nur her am Sonntagmorgen?«, begeisterte sich die überraschte Ehefrau. Dann fragte sie etwas erschrocken: »Und wovon hast du die bezahlt? Die waren doch sicher teuer?«

»Für dich ist mir nichts zu teuer, du Unbezahlbare«, gab Karl zurück und schloss seiner Liebsten mit einem Kuss die Lippen. »Und jetzt müssen wir gehen. Die anderen warten schon unten.«

»Aber die Blumen müssen noch rasch in die Vase. Das dauert nur einen Moment.«

Der Gottesdienst an diesem 20. November 1955 wurde zu einer frohen Lob- und Dankstunde, in der die großen Taten Gottes an seinen Menschenkindern im Mittelpunkt standen, heute natürlich besonders die an Milli Gerhardt und ihrer Familie. Mächtig brauste der alte Choral von Joachim Neander durch das gefüllte Haus, den Miluscha sich gewünscht hatte: »Lobe den Herren, den mächtigen König der Ehren ...«

Bei der dritten Strophe konnte die junge Frau ihre Gefühle nicht länger beherrschen. Die Worte »In wie viel Not hat nicht der gnädige Gott über dir Flügel gebreitet!«, gingen für sie unter in einem heftigen Weinkrampf, verursacht durch ein unbändiges Glücksgefühl. Sie saß mitten in der Gemeinde! Sie war zu Hause, sie konnte wieder gehen und sich bewegen, sie konnte wieder greifen und ihre Hände benutzen, sie konnte wieder Mutter sein, und sie würde auch ihrem Mann wieder Frau sein können!

Blöde Ordnung, Frauen und Männer getrennt zu setzen, ging es ihr durch den Kopf, als Schwägerin Ilse sie tröstend in den Arm nahm und Mutter Maria von der anderen Seite ein Taschentuch reichte. Dann war die heftige Gefühlsregung auch schon wieder vorbei.

»Lob ihn in Ewigkeit! Amen.«

Das Familienleben der jungen Gerhardts normalisierte sich von Woche zu Woche. Karl konnte wegen seiner jahreszeitlich bedingten Arbeitslosigkeit seine Miluscha in vielen Dingen entlasten. Vor allem nahm er ihr die Versorgung der Kinder ab, denn Miluscha durfte immer noch nichts Schweres heben und tragen. Dass sie sich weiter schonen konnte, diente ihrer zunehmenden Genesung und Kräftigung.

Auf der anderen Seite ergab sich leider auch wieder eine größere wirtschaftliche Abhängigkeit von den Eltern. Das Arbeitslosengeld reichte nicht, die Kosten der Familie in allen Dingen zu decken. Gelegentliche Aushilfsarbeiten auf den Höfen und in den kleinen Handwerksbetrieben des Dorfes halfen mit, über die Runden zu kommen. Karl wünschte sich sehnlichst einen Arbeitsplatz, der von den Jahreszeiten unabhängig war, so dass er einen regelmäßigen Verdienst hatte.

Im Dezember bekamen die jungen Leute dann quasi über Nacht zwei Esser mehr an den Tisch in ihrem Stübchen. Aus Lüdenscheid wurde ihnen ein Geschwisterpaar, Bernhard und Gudrun, ins Haus gebracht und auf die Seele gebunden; sie möchten sich doch eine Weile um die armen Kinder kümmern, bis dort eine andere Lösung gefunden sei. Die Mutter habe den Vater verlassen, sei zur Versorgung der beiden Kleinen nicht in der Lage und zur Erziehung überhaupt unfähig. Der Vater könne sich seiner Arbeit wegen nicht um Sohn und Töchterchen kümmern.

Miluscha und Karl sahen trotz ihrer eigenen immer noch gespannten Situation keine Chance, diese Aufgabe abzulehnen. Der Sechsjährige und die Dreijährige waren einfach da. Dennoch meldete Karl Bedenken an. »Wie soll das gehen bei deiner schwachen Gesundheit und bei unseren Möglichkeiten mit Platz und Geld und ...?«

In Miluscha hatte sich längst das Herz der Mutter gemeldet:

»Mein Lieber, wir können die beiden nicht wieder nach Hause schicken. Nein, das können wir nicht. Wir müssen sie lieb haben. Wer weiß, was die bisher mitgemacht haben? Ich jedenfalls kann sie nicht zurückschicken, Karl. Ich fühle mich auch stark genug dafür. Schau, Gott hat uns so wunderbar aus der Not geführt. Vielleicht können wir es ihm auf diese Weise danken.«

»Hm«, Karl überlegte. »Vielleicht sollen wir das sogar tun? Vielleicht stellt uns tatsächlich Gott diese Aufgabe. Also tun wir sie, gelle. Vielleicht kriegen wir ja auch ein paar Mark von irgendeinem Amt als Hilfe.«

»Nach den Worten des Vaters der beiden können wir einen Antrag beim Jugend- und Sozialamt in Gladenbach stellen. Dann können wir wohl fünfundsiebzig Mark für jedes Kind im Monat kriegen.«

»Das ist doch was, mein Schatz. Dann werden wir den Antrag auch stellen. Du machst das schon, Pflegemütterchen, gelle?«

Damit war die Sache beschlossen und zugleich auch gegen die Bedenken von Mutter Maria durchgesetzt. Papa Paul und Karls Geschwister hatten ohnehin keine Einwände. Für die jungen Leute war das ein besonderes Abenteuer. Sie wollten sich auch mit um die beiden Kinder kümmern.

Ulrike und Isolde hatten jetzt also zwei Pflegegeschwister, die altersmäßig zu ihnen passten und mit denen sie sich auch verstanden. Zugegeben, der Platz am Tisch und im Schlafzimmer wurde eng, und auch auf dem Fußboden musste man sich manchmal seinen Weg bahnen, wenn Spielzeug herumlag, mit dem die Kinder dort beschäftigt waren. Andererseits konnten die beiden Großen Miluscha auch schon die ein oder andere Handreichung in der Küche und im Keller abnehmen wie Schuhe blank reiben, die Herdplatte putzen, Abfall hinuntertragen, den Nachteimer ausleeren, Holz und Briketts heraufholen. Sie wetteiferten sogar darum, wer es am schnellsten und am besten machte.

Trotz der neuen Enge in der Stube passte zu Weihnachten noch ein kleiner Baum hinein, dessen Lichter die vier Paar Kinderaugen strahlen ließen, woran die Großen alle ihre Freude hatten. Und kleine Geschenke für die verdoppelte Kinderschar waren auch noch zu erstehen gewesen. Einige waren auch vom Vater in Lüdenscheid gekommen. –

Es war schon merkwürdig. Obwohl die Arbeit für Miluscha mehr geworden war und Karl immer wieder besorgt fragte, ob sie das denn auch alles schaffe, ging es gesundheitlich weiter aufwärts. Die Gelenk- und Gliederschmerzen waren nahezu verschwunden, wenn auch die Beweglichkeit der Füße und mehr noch der Hände weiter eingeschränkt war.

Miluscha nahm auch weiter zu. Sie hatte zwar noch lange nicht ihr früheres Gewicht und ihre alte, gute Figur zurück, aber sie war doch längst nicht mehr so mager und dürr wie vor einem Jahr.

Auch ihre körperlichen Gefühle kehrten zurück. Miluscha konnte wieder Frau ihres Mannes sein, gerade an ihrem achtundzwanzigsten Geburtstag. Welches Glück und welch selige Empfindung nach solch langer Zeit der Enthaltsamkeit. Und, o Wunder, dieses Geschenk zeigte prompt Folgen. Im Februar flüsterte die geliebte Frau ihrem verdutzten Mann ins Ohr: »Du, mein Lieber, ich glaube, Tristan hat sich angemeldet.«

Karl verschlug es für einen Moment die Sprache. Er erschrak sogar. »Was habe ich jetzt gemacht? Du bist immer noch nicht ganz wieder bei Kräften und musst dich jetzt damit ...«

»Mach dir darüber mal keine Sorgen, mein Schatz. Wenn ich dieses Kind nicht haben sollte, dann hätte Gott es nicht zugelassen.«

»Ist das dein Ernst?«

»Das ist mein Ernst. Aber ob das Kind später Ernst heißt, werden wir sehen. Es heißt aber auf keinen Fall Tristan!«

»Das mit dem Tristan war doch nur ein dummer Spruch von Doktor Scheufler. Tristan und Isolde, die zwei Operngestalten. Wenn es ein Junge wird, soll er Hugo heißen.«

»Und warum gerade Hugo?«

»Zu Ehren von Vater Scheffel in Lüdenscheid. Hugo Scheffel hat mir so viel Gutes getan, dass ich meinem Sohn seinen Namen geben möchte. Einverstanden?«

»Den Gedanken finde ich sogar gut, und diesmal habe ich keine Probleme mit deinem Vorschlag. Außerdem heißt mein großer Bruder ja auch Hugo. Der freut sich dann genauso über den gleichnamigen Neffen. Nur, wenn der Hugo wieder ein Mädchen wird?«

»Der wird kein Mädchen,» gab sich Karl sehr überzeugt. »Seit wann ist ein Hugo ein Mädchen, mein kleines Dummerchen?«

Über Miluschas wieder viel volleres Gesicht ging ein Lächeln:

»Du bist und bleibst mein lieber Räuber, Karlchen Gerhardt. Ich wünsche dir, dass du Recht behältst.«

»Aber jetzt habe ich für dich auch noch eine Überraschung«, revanchierte sich Karl für die Neuigkeit von der Schwangerschaft mit Hugo.

»Da bin ich aber gespannt. Bist du etwa auch schwanger?«

»Richtig, aber nur mit einer guten Nachricht.«

»Dann sag schon und spann mich nicht länger auf die Folter.«

»Die Arbeitslosigkeit ist vorbei, mein Liebes.«

»Nein! Und wo kannst du anfangen und wann?«

»Am 1. März auf der Justushütte.«

»Das ist ja wunderbar. Du darfst Geld verdienen! Herrlich! Gott sei's getrommelt und gepfiffen! Und was musst du da machen?«

»Die brauchten jemanden, der Gussteile spritzt.«

»Gussteile spritzt? Ich denke, die werden gegossen oder so.«

»Angestrichen mit der Spritzpistole, mein Dummerchen.«

»Aha. Und wann musst du dann morgens aus dem Haus?«

»Um sechs fange ich an, komme kurz nach zwölf zum Essen nach Hause – koch mir ja immer was Ordentliches! – und mache danach noch bis um drei oder vier. Dann ist Feierabend, wenn ich nicht Überstunden machen muss. Und jeden zweiten Samstag muss ich sechs Stunden arbeiten.«

»Das ist ja herrlich. Da hast du ja noch Zeit, Papa zu entlasten und Mama auf dem Feld oder der Wiese zu helfen. Und kannst ab und zu mit den Kindern spielen. Herrlich! Und wie viel verdienst du da?«

»Das ist im Anfang nicht sehr viel. 2,20 DM die Stunde, bei 48 Stunden pro Woche macht das 105,60 DM. Davon gehen dann die Steuern ab und so, gelle.«

»Bleiben ungefähr 75 oder 80 DM pro Woche. Mit dem Pflegegeld für Bernhard und Gudrun ungefähr 100 DM. Das ist doch schon was, mein Lieber. »

»Jedenfalls mehr als Arbeitslosengeld. Und ich habe meine geregelten Zeiten.«

»Und du bist immer im Trockenen und kletterst nicht mehr auf Hausgerüsten herum, dass ich immer Angst haben muss, du könntest runterfallen.«

»Fein, dass du so besorgt bist um mich, mein Schatz.«

»Das beruht doch wohl auf Gegenseitigkeit, oder?« –

Die Schwangerschaft machte Miluscha nahezu keine Mühe. Im Gegenteil, sie schien sich sehr positiv auf die weitere Genesung und Stärkung ihres Körpers und ihrer Kräfte auszuwirken. Für den verehrten Hausarzt, den Miluscha regelmäßig zur Kontrolle aufsuchen musste, war das ein weiteres Phänomen, für das er keine Erklärung hatte. Aber warum eine suchen, wenn es auch reichte, weitere Besserung und eine insgesamt gute Konstitution zu bescheinigen und sich darüber einfach mit den Betroffenen zu freuen!

Das neu gewonnene Glück der jungen Gerhardts wurde während des Jahres lediglich dadurch getrübt, dass sie Bernhard schon bald wieder abgeben mussten. In Lüdenscheid hatte sich eine Pflegefamilie in der Nähe seines Vaters gefunden, die den Jungen aufnehmen wollte, und dann sollte er nach Ostern dort auch eingeschult werden.

Der Abschied von dem Bub fiel allen im Haus schwer, denn alle hatten ihn lieb gewonnen, auch Mutter Maria, bei der der Junge sich oft in der Küche aufgehalten und dadurch ihr Herz gewonnen hatte. Papa Paul, der sich so sehnlich einen Enkelsohn ins Haus wünschte, war beinahe am traurigsten über den Weggang des Jungen. Ihm war der kleine Kerl besonders ans Herz gewachsen.

Bernhards kleine Schwester Gudrun sollte noch mehr als ein Jahr länger in Weidenhausen bleiben, ehe auch sie von der Pflegefamilie ihres Bruders aufgenommen wurde. Das kostete später wieder eine Portion Herzblut für Klein und Groß, Jung und Alt im Haus an der Schieferstraße. Hat man sich erst einmal an einen solchen kleinen Menschen gewöhnt, ist es schwer, ihn wieder abzugeben.

Pünktlich in der Nacht zum 9. Oktober, genau fristgemäß kündigte sich die Geburt des dritten gerhardtschen Kindes an. Miluscha hatte tatsächlich bis zuletzt keine Schwierigkeiten mit der Schwangerschaft gehabt. Die Achtundzwanzigjährige war in den letzten Monaten wieder so weit beieinander, dass die Geburt eigentlich normal verlaufen sollte. So wenigstens erwarteten die »Storchentante« Anna und Doktor Scheufler das Ereignis.

Um Mitternacht räumte Karl das Schlafzimmer und brachte Ulrike, Isolde und Gudrun in Ilses Zimmer unter. Um vier etwa knatterte er mit seinem Motorrad, das er seit ein paar Wochen besaß, zum Arzthaus an der Weidenhauser Straße und dann zur Wohnung von Tante Anna und holte die beiden aus den Betten. Als die nach kurzer Zeit ankamen, war das Fruchtwasser schon abgegangen. Die Mama hatte sich schon gekümmert, die Gummiunterlage getrocknet und wieder saubere Laken aufgelegt. Miluscha stöhnte derweil in regelmäßigen Abständen unter den Wehenschmerzen. Zwei Stunden hatte sie zu kämpfen, aber im Gegensatz zur vorigen Geburt hatte sie jetzt viel mehr Kraft dazu. Karl half ihr, indem er ihr den Kopf hielt und die Hände und ein Kissen, in das sie im Schmerz hineinbeißen konnte.

Hugo schien aber doch Schwierigkeiten zu haben, seine Behausung zu verlassen. Er musste ein Riesenbaby sein, vermutete die Hebamme. Bei der eigentlichen Geburt gerieten die vier Leute im Schlafzimmer dann ganz schön ins Schwitzen. Und die Oma in der Küche auch, obwohl sie doch nur indirekt beteiligt war.

Und dann war er doch da, am ganzen Körper blau, als wäre er aus der Tinte gezogen, ein hässlicher Junge. Luft bekam er auch nicht, denn er hatte sich bei seinen letzten Drehungen im Mutterleib die Nabelschnur um den Hals gewickelt. Jetzt musste alles sehr schnell gehen. Tante Anna nahm das kleine Wesen, das gar nicht so klein war, mit der einen Hand an den Beinen mit dem Köpfchen nach unten, während sie mit der anderen die Nabelschnur abrollte und dann dem Kerlchen ein paar kräftige Klapse auf den Popo verpasste.

Miluscha bekam davon wenig mit. Sie lag mit geschlossenen Augen im Arm ihres Mannes, so erschöpft war sie von den letzten zwei Stunden. War sie überhaupt noch da? Karl geriet innerlich in starke Unruhe. »Was ist mit meiner Frau, Doktor? Die ist ja ganz weg! Was ist mit dem Kind, Tante Anna?«

Wenn das nicht gut ging! Wenn der Junge nicht zu atmen anfing! Wenn Miluscha nicht wieder wach würde, wenn ... Der Mann mochte gar nicht weiterdenken. Dafür schickte er ein paar verzweifelte Stoßgebete zum himmlischen Vater, der doch auch der Schöpfer dieses Menschleins war. Gott, der Junge musste doch leben! Und seine Miluscha musste doch wieder wach werden! Doktor Scheufler hatte die Spritze für die Mutter schon bereit. »Ganz ruhig, Karl. Sie kommt gleich zurück. Das war ein bisschen viel für deine Milli.«

Endlich, nach langen und bangen Momenten, gab Hugo ein winziges Tönchen, ein Geräuschlein von sich, wie ein kleiner Rülpser. Dann aber legte er los, als wollte er dem ganzen Haus, nein der ganzen Nachbarschaft mitteilen, dass er befreit sei aus der Enge des Mutterleibs und frei von diesem lästigen Ding, das ihn da in Atemnot gebracht hatte. Jetzt war er frei für seine neue Lebenswelt, und das brüllte er minutenlang aus sich heraus. Und das weckte dann auch wohl die Mutter. Alle im Geburtszimmer und in der Nachbarstube atmeten auf, Karl am tiefsten. »Gott sei Dank. Beide holen sie Luft! Sie leben.«

»Ja, Gott sei Dank!« Doktor Scheufler und die Hebamme konnten sich entspannen. Sie waren sichtlich erleichtert. Das hätte auch schiefgehen können, aber es war geschafft.

Die Hebamme kümmerte sich jetzt um Miluscha, entfernte die Nachgeburt und wusch die vor sich hin dämmernde Frau.

Der Arzt untersuchte derweil das Neugeborene und legte es dann auf die Waage. »Da habt ihr euren Tristan, Karl. Schau hin, es ist alles dran, was an einem Tristan dran sein muss.«

»Ich hab's schon gesehen. Danke, Doktor Scheufler, und danke, Tante Anna. War das eine Arbeit! Ich hatte schon das Schlimmste vor Augen.«

Der Neugeborene war inzwischen still geworden. Dafür meldete sich mit dünner Stimme die geschaffte Mutter: »Ist es ein Junge? Ist es Hugo?«

»Hugo?«, fragte der Arzt. »Kein Tristan zu eurer Isolde?«

Jetzt überzog endlich auch Miluschas Gesicht ein freudiges Lächeln. »Vielleicht ist er ja ein Tristan. Aber er heißt Hugo.«

»Gut, notiere ich nachher Hugo Gerhardt. Klingt auch nicht schlecht. Herzlichen Glückwunsch, ihr beiden. Wer hätte das vor einem Jahr gedacht, dass ihr so was hinkriegen würdet.«

»Doktor, nicht wir ...«

»Ich weiß, ihr beiden. Ihr müsst bei Gott in besonderem Ansehen stehen, dass er euch diesen Tag erleben lässt.«

»Das ist nicht wahr!«, rief die Hebamme erstaunt aus. »5030 Gramm! Milli, alle Achtung! Das bringen nicht viele Frauen fertig. Und das erklärt auch die Mühe.«

»Und das nach einer solchen Krankheitszeit!«, ergänzte Doktor Scheufler. »Das kann man nur als Wunder Gottes erklären.«

»Darf ich noch was fragen?« Karl stand jetzt bei der Waage, auf der immer noch das Kind lag und Ärmchen und Beinchen zappelnd und rudernd nach oben streckte.

»Frag, junger Vater. Was man nicht erfragt, erfährt man nicht.«

»Bleibt Hugo so blau?«

Die Geburtshelfer mussten lachen. »Nein, mein Lieber, der bleibt nicht so blau«, beruhigte Tante Anna. »Es wird ein bisschen dauern, dann bekommt er die rosige Farbe, die Neugeborene normal haben. Die dunkle Farbe kommt von der kurzen Atemnot, die der kleine Kerl schon erleiden musste. Habt ein bisschen Geduld.«

»Selber schuld«, schmunzelte der Arzt ergänzend. »Was brauchte sich euer Hugo vor dem Austritt ins Leben noch ein paarmal zu drehen? Nur deshalb ist das passiert, dass er sich beinahe selbst stranguliert hätte. Übrigens, die vielen Runzeln verliert er dann auch. Ihr werdet sehen, das wird noch ein richtig schöner Kerl, nach dem sich die Mädchen umdrehen.«

»Sie denken aber schon sehr weit, Herr Doktor«, lachte Miluscha, die ihren Hugo, inzwischen in seine ersten Windeln eingepackt, im Arm hielt. Sie streichelte ihrem Sohn die faltigen blauen Wangen mit ihrem etwas schief stehenden Zeigefinger, den sie wohl immer behalten würde. »Mein Hugo, gut, dass du da bist, auch wenn es schwer war, es war schön. Und du bist auch so schon ein schöner Kerl. Und jetzt sollen sie dich ins Körbchen legen, deine Mami möchte schlafen.«

»Erst noch ein paar Stiche, junge Mutter, ohne die geht's leider nicht. Tut auch noch mal ein bisschen weh. Dein kleiner Tristan Hugo Zehnpfünder hat dich leider ein bisschen sehr verletzt.« An Karl gewandt fragte er verschmitzt: »Soll ich zunähen?«

»Doktor! Nein! Doch nicht zunähen!« Das klang wie ein Aufschrei des nun dreifachen Vaters.

»Schon gut, Junge, schon gut. Ich lass es. War doch nur einer meiner besonderen Scherze.« Ein paar Momente später war er wieder ernst: »So, Mama Milli, erledigt. Ich wünsche gute Heilung. Und jetzt gehen wir Männer schon mal raus. Tante Anna macht dich noch fertig, und dann haben wir uns alle das Freudenmahl verdient. Die Oma hat es sicher schon auf dem Tisch.«

Inzwischen war Papa Paul nach oben gekommen. »Ehe wir feiern, muss ich mir den Jungen erst ansehen und den Kindern gratulieren.« Er kam mit Mutter Maria herein und beugte sich über das Körbchen. Zunächst sagte er gar nichts. Er staunte seinen Enkelsohn nur an, dann wischte sich der gerührte Mann eine Träne von der Wange. »Schön, dass du da bist, Hugo«, sagte er nur und reichte dann seiner Schwiegertochter die Hand. »Gratuliere, mein Kind.

Das hast du gut gemacht. Gott segne den Jungen und euch alle.« Dann nahm der Vater seinen Sohn in die Arme. »Ich freue mich mit dir, Karl. Jetzt können wir feiern.«

Mutter Maria tat sich schwerer als ihr Mann, ihre Freude zu zeigen. Freute sie sich überhaupt über dieses Enkelkind? Aber positive Empfindungen hatte sie noch nie leicht äußern können. Wie dem auch sei, Hugos Begrüßungsfeier hatte sie schon vorbereitet. Der Tisch war gedeckt für ein gutes Frühstück. Der Großvater würde gleich zur Arbeit müssen. Pünktlich war er ohnehin nicht mehr. Aber er hatte ja einen guten, sogar einen sehr guten Grund für sein verspätetes Erscheinen am Arbeitsplatz. Sein Sohn durfte zur Feier des Tages zu Hause bleiben, auch um den neuen Enkel des Hauses auf dem Bürgermeisteramt anzumelden und für seine Frau und die mit Gudrun drei Mädchen da zu sein.

Die waren längst durch die Unruhe im Haus geweckt worden. Alle wollten sie Hugo sehen und Miluscha und Karl beglückwünschen. Sie mussten sich aber auf später vertrösten lassen. Erst mussten der Kleine und seine Mutter sich ausruhen und schlafen. So sammelten sich alle in der unteren Wohnung um den Tisch, der schier zu klein war für die fröhliche Schar. Und sie alle lobten den großen Gott und Vater im Himmel über dem Verlauf der letzten Stunden und für seine bewahrende Hand.

Das bewegte besonders den Hausarzt, der sich nicht zu den Frommen des Dorfes zählte, wenngleich er irgendwann einmal ein paar Semester Theologie studiert hatte. Aber es imponierte ihm immer, wenn Leute das lebten, was sie glaubten.

Aber Gott kann

Die Geburt des Stammhalters in der jungen Familie Gerhardt blieb nicht das letzte Großereignis des Jahres in der Schieferstraße 12. Paul junior nutzte die Geburt seines Neffen als Gelegenheit, der Familie mitzuteilen, dass demnächst eine Hochzeit anstünde. Allzu weit solle der Termin nicht hinausgeschoben werden. Er wolle und könne mit seiner Magdalene nicht länger warten. Zu Weihnachten würden sie schon gerne in der eigenen Wohnung sein.

Die Nachricht von der bevorstehenden Geburt erfreute zwar

nicht die Herzen der Eltern und sonstigen Hausbewohner, aber da musste erneut zusammengestanden werden, wie bei Gerhardts immer zusammengestanden wurde. Ein paar kritische Bemerkungen mussten sich die angehenden Eltern freilich anhören. Sie mussten es auch hinnehmen, dass die Trauung nur als Haustrauung durchzuführen war.

In der Gemeinde ginge das unter diesen Umständen wohl nicht. Das begrenzte natürlich die Zahl der Gäste und den notwendigen Aufwand. Gut, dass der nächste Schlachttag ohnehin vor der Tür lag. Und zu Weihnachten wurde üblicherweise sowieso mehr gebacken als zu normalen Zeiten.

Wie gerne hätte Miluscha sich an den Vorbereitungen beteiligt. Aber so beweglich waren ihre Hände nun doch noch nicht, dass sie sie für alle Dinge hätte gebrauchen können. Sie war jeden Tag neu dankbar, dass sie mehr und mehr ihren eigenen, jetzt fünfköpfigen Haushalt versorgen konnte einschließlich Wickeln ihres kleinen, kräftigen Hugos. Der war ein friedlicher und immer fröhlicher Kerl. Die Strapazen seiner Geburt hatte dieser stramme Bub offenbar längst vergessen. Zur besonderen Freude von Opa Paul, der täglich wenigstens einmal nach oben kam, um seinen Enkel lachen zu sehen und zu hören. Ahnte er wohl, dass diese Freude nicht von langer Dauer sein würde?

Für die Mutter war es auch bei diesem Kind wie ein Geschenk, dass sie es viele Monate lang stillen konnte, ohne mit einem Brei aus Muttermilch und irgendeinem Pulver zufüttern zu müssen.

Einmal kam Paul junior dazu, als Miluscha ihren Wonneproppen angelegt hatte. »So einen guten Saft, wie Hugo den kriegt, möchte ich auch mal haben«, frotzelte der Schwager.

Da stach Miluscha der Hafer. »Warum nicht? Kannst du kriegen. Nimm mir den Kleinen mal eben ab.«

Nichts ahnend tat Paul wie geheißen und nahm Hugo auf den Arm. Miluscha ging in die Speisekammer und kam mit einem Becher voll abgepumpter Muttermilch zurück. »Hier, trink! Die brauch ich jetzt nicht.«

»Igitt«, entsetzte sich der junge Mann erschrocken und reichte den Säugling zurück. »Doch nicht Muttermilch.«

»Warum nicht, du hast doch nach dem guten Saft verlangt. Und da dachte ich, du wolltest auch wirklich bedient werden.«

»Man merkt, dass es dir wieder gut geht, Schwägerin«, musste

Paul jetzt auch lachen. »Wenn du solche Scherze machen kannst, muss es dir wieder gut gehen.«

»Ich will mich auch gar nicht mehr beklagen, mein Lieber. Mir geht es wieder gut. Und ein paar Macken werde ich wohl behalten, vor allem die an den Händen. Aber ich wünsche dir, dass du mit deiner Magdalene so glücklich wirst, wie ich es mit Karl bin.« Nach einem Moment Pause fügte die junge Frau an: »Und ich wünsche dir und euch, dass ihr nie eine solche Wegstrecke in eurer Ehe gehen müsst, wie wir sie gehen mussten.«

»Danke für deinen Wunsch, Milli.« Paul trat ans Fenster und schaute für ein paar Augenblicke hinaus. Dann meinte er, und seine Stimme klang ein wenig traurig: »Ob wir so glücklich werden, wie ihr es seid? Karl und du, ihr seid irgendwie besondere Leute. Und du bist eine besondere Frau.«

Miluscha, ihren Hugo wieder an der Brust, wehrte diese für sie stark übertriebene Einschätzung ab.

»Doch, doch, Milli, es gibt viele Männer im Dorf, die Karl um dich beneiden und die euch beide beneiden.«

»Jetzt hör aber auf, Paul!«

»Nein, Milli, es ist wirklich so. Um die Zeiten der Krankheiten beneidet euch sicher niemand, aber darum, wie ihr diese Prüfungen bestanden habt mit Glauben, Hoffnung und Liebe, oder wie ich das sagen soll, gelle.«

»Nicht wir haben bestanden, Schwagerchen, Gott hat in uns bestanden. Du weißt, wie ich das meine.«

»Ich weiß. Und dennoch ist das alles sehr außergewöhnlich. Ich weiß keinen, der solche Kräfte aufbringen könnte und aufbringen würde wie Karl und du. Ich hoffe, ihr seid uns ein Vorbild, wenn es bei uns einmal nicht glatt läuft. Und jetzt weiß ich gar nicht mehr, warum ich eigentlich raufgekommen bin.«

Miluscha musste wieder lachen: »Ich weiß es natürlich noch weniger. Komm wieder, wenn es dir eingefallen ist. Oder wenn es dich noch mal nach dem besonderen Saft gelüstet.«

Es gelüstete Paul nicht mehr. Dennoch kam er in den letzten Wochen vor seiner eigenen Heirat immer wieder nach oben, als wollte er die Atmosphäre der besonderen Ehe seines Bruders mit seiner besonderen Frau in sich aufnehmen, damit er sie später zur Verfügung hätte. Aber ließ sich so etwas überhaupt einfangen und in andere Bedingungen übertragen? Paul war dankbar für die

Erfahrung, die er im Elternhaus mit dem Geschick seines Bruders und der Schwägerin gemacht hatte. Zugleich war er froh, bald ausziehen zu können, um dieses gute Vorbild nicht ständig vor Augen zu haben. Er war nicht Karl und seine Magdalene schon gar nicht Milli, und die Eingangsbedingungen ihrer Muss-Ehe waren so ganz anders.

Das war auch am Tage der Hochzeit offenkundig. Die Trauung bei Bürgermeister Scheld am Vormittag, die geistliche Stunde mit dem Segenszuspruch durch den Prediger anschließend im Haus, danach ein gutes Mittagessen und später noch ein gemeinsames Kaffeetrinken – das lief lange nicht so fröhlich und ausgelassen ab wie damals am 20. November 1948. Aber ab sofort hatte das dritte Kind von Maria und Paul Gerhardt seinen eigenen Hausstand im wenige Kilometer entfernten Schlierbach.

Im Eckhaus in der Schieferstraße gab es wieder etwas mehr Platz. Dadurch, dass Ilse in Waldbröl eine Ausbildung begonnen hatte und nur noch der siebzehnjährige Artur im Haus war, stand Karl und seiner Familie jetzt die ganze obere Etage zur Verfügung. Dafür musste der älteste Sohn des Hauses künftig aber auch weitere Mitarbeit leisten im Stall, im Schuppen, im Garten und auf den Feldern. Das Asthma des Vaters verschlimmerte sich, und zusätzliche Arbeit nach Feierabend wurde ihm immer schwerer.

Dafür wagte es Miluscha im folgenden Frühjahr und Sommer, leichtere Arbeit draußen zu versuchen. Wie freute sie sich, wenn sie Mutter Maria helfen konnte, das Heu zu wenden, die Kartoffeln vom Unkraut zu befreien oder ähnliches zu tun. Dass sich in dieser Zeit schon wieder Leben unter ihrem Herzen regte, machte ihr zunächst ein wenig Mühe. Warum musste das nun schon wieder sein? Aber wem sollte sie einen Vorwurf machen? Ihrem Karl, dem liebsten aller Männer, weil der ...? Sich selbst? Hätte sie sich ihm verweigern sollen? Hätte sie ...?

Unsinn, verbannte die Neunundzwanzigjährige diese Gedanken aus ihrem Kopf. Warum sollte sie bei diesem Kind anders denken als bei Hugo vor einem guten Jahr? Gott hatte auch diese Schwangerschaft zugelassen, also würde er auch durch die Monate führen und durch die für den November ausgerechnete Geburt. Gesundheitlich ging es ihr ja nun wirklich wieder sehr gut. Mit der Gelenkversteifung an den Händen hatte sie sich abgefunden und sich darauf eingerichtet, in Küche und Haus mit Geräten und Werkzeugen zu hantieren, die nicht unbedingt schön und elegant waren, für sie aber praktisch und nützlich.

Ulrike, inzwischen ein Schulmädchen in der ersten Klasse, konnte der Mutter manchen Handgriff abnehmen, auch in der Versorgung von Hugo, und Isolde ließ sich willig anstellen für Dinge, die sie schon erledigen konnte. Manches blieb dennoch immer noch der Schwiegermutter, wenn es tags erledigt werden musste, oder es musste bis zum Abend warten, bis Karl es übernehmen konnte.

Der Sommer ging ohne besondere Ereignisse ins Land. Die Werktage waren ausgefüllt mit der vielfältigen Arbeit eines kleinen landwirtschaftlichen Nebenerwerbsbetriebes, in die jeder in seiner Weise eingebunden war. Dafür wurden die Sonntage mit schönem Wetter immer wieder kleine Festtage mit Gottesdienstbesuch am Vormittag und Spaziergängen der Familie am Nachmittag hinüber auf die Hardt, hinauf auf die Zollbuche oder auf die Hüttenseite. Dann lag Hugo irgendwo im Wagen oder auf der Decke. Seine Mutter spielte mit ihm, und Karl tobte mit den Mädchen unter und auf den Bäumen, die so herrlich zum Klettern einluden.

Bei schlechtem Wetter fanden die Spielstunden im Haus statt, mal oben im kleineren Kreis, mal unten im größeren. Hier und da kam Besuch, oder es wurde im Dorf oder der Nachbarschaft ein Besuch gemacht. Bei solchen Gelegenheiten konnten Miluscha und ihr Karl immer wieder Zeugnis geben von der gnädigen Führung Gottes und von der Wahrheit seiner Zusage, er werde für sie sorgen.

Dann kam der Herbst und mit ihm ein dramatisches Ereignis, das alle großen und kleinen Gerhardts wieder einmal an die Grenzen der Belastbarkeit brachte, sie aber auch ein denkwürdiges Wunder erleben ließ.

Elisabeths Sohn Gerhard, so alt wie Ulrike, war bei einem Verkehrsunfall verletzt worden und lag in Marburg in der Unfallklinik. Um ihren Neffen dort zu besuchen, musste Miluscha mit dem Bus fahren. Mutter Maria war an diesem Tag auf dem Kartoffelacker, Papa Paul und Karl arbeiteten auf der Justushütte, der kleine Hugo lag in seinem Wagen bei einer Nachbarin auf dem Hof. Die beiden Mädchen blieben allein im Haus. Die Oma würde bald vom Feld zurückkommen.

»Mami, dürfen wir mitgehen zur Bushaltestelle?«, fragte Ulrike.

»O ja, Mami, das wär fein, gelle«, rief auch Isolde.

»Na gut, ihr beiden«, ließ sich die Mutter bewegen, »dann bringt mich zum Bus, und hinterher geht ihr schnellstens wieder nach Hause zurück, wenn ich abgefahren bin.«

Eine Viertelstunde später stand Miluscha mit ihren beiden Mädchen drüben bei der Hardtmühle an der Haltestelle. Der Bus kam und Miluscha stieg ein. In der Tür wandte sie sich noch einmal um: »Geht bitte erst über die Straße, wenn der Bus abgefahren ist. Und achtet darauf, ob auch kein Auto kommt.«

»Machen wir, Mami«, gaben beide Kinder zurück und winkten der Mutter noch einmal zu. Die zahlte und ging ein paar Plätze im Bus nach hinten, während das Fahrzeug sich langsam in Bewegung setzte. Miluscha stand noch im Gang, als von draußen ein furchtbares Geräusch von Krachen und Quietschen und Poltern und der entsetzliche Aufschrei einer Kinderstimme den Motorenlärm übertönend in das Fahrzeug drangen. Miluscha beugte sich ans Fenster, um hinauszuschauen. Jetzt kam der Aufschrei von ihr. »O Gott, mein Kind. Anhalten! Sofort anhalten! Mein Kind! Mein Kind!« Der Busfahrer steuerte sein Fahrzeug sofort an den Straßenrand, bremste abrupt und öffnete die Türen.

Miluscha hastete hinaus und mit ihr ein paar andere Fahrgäste. Ulrike lag leblos und in verkrümmter Haltung auf ihrer rechten Körperseite am Straßenrand. Neben ihr stand Isolde und zitterte am ganzen Leib. Etliche Meter weiter lag ein Motorrad auf dem Asphalt, und ein Mensch in Lederkleidung rappelte sich hoch, offenbar selbst wenig zu Schaden gekommen.

Panikartig lief Miluscha auf ihre Kinder zu, nahm die Kleine in den Arm und beugte sich mit ihr über die Große, die leise vor sich hin wimmerte und aus einem blutenden Gesicht mit großen, hohlen Augen ins Nichts stierte. »Ulrikchen, mein Kind, was ist mit dir?«, sprach sie das Mädchen an.

»Lassen Sie das Kind so liegen, wie es liegt. Nicht rumdrehen«, bremste jemand die Mutter in ihrem Eifer, das Kind auf den Rücken drehen oder gar aufheben zu wollen.

»Der Mann da war das. Der hat Rickchen umgefahren, Mama«, zeigte Isolde auf den Motorradfahrer, der dabei war, seine Maschine aufzuheben und von der Fahrbahn zu schieben. Um das Kind kümmerten sich schon andere, mochte er denken.

Inzwischen hatten andere Fahrgäste die kleine Gruppe erreicht.

Miluscha war merkwürdig besonnen. Die Herumstehenden schienen aufgeregter als sie. Sie schickte einen jungen Mann hinüber zur Justushütte, um Karl zu informieren. »Jemand muss Polizei und Krankenwagen herbeiholen. Und jemand muss sich um dies Kind kümmern.« Damit meinte Miluscha Isolde, die jetzt still vor sich hin weinte. Dann konnte auch die Mutter die Tränen nicht länger zurückhalten. »Gott im Himmel, lass das Kind nicht sterben. Schick die Hilfe, bitte, schnell!«, betete sie unter Schluchzen und Beben ihres ganzen Körpers. Eine Frau legte den Arm um ihre Schulter. »Seien Sie ganz ruhig, gute Frau, die Hilfe wird sicher bald kommen.«

Ein Auto, das von Erdhausen her anhalten musste, machte kehrt und fuhr mit hoher Geschwindigkeit zurück. Ob der Fahrer Hilfe holen wollte? Jemand anderes zog seine Jacke aus und deckte das immer noch wimmernde, ansonsten leblos scheinende Kind damit zu.

Es schien wie eine Ewigkeit, bis endlich Karl mit einem Arbeitskollegen quer durch die Wiesen an die Unfallstelle gesprungen kam. »Miluscha, mein Liebes, was ist passiert? Lebt das Kind?«

»Ich weiß es nicht, Karl. O Gott, erbarm dich!«, barg sich die Frau jetzt in den Armen ihres Mannes.

»Sie lebt, das hören Sie doch, aber sie ist weit weg«, versuchte eine Frau zu beruhigen. Miluscha registrierte das alles kaum. Sie war einfach dankbar, dass Karl jetzt bei ihr war. Dessen Arbeitskollege nahm Isolde an die Hand: »Ich bringe die Kleine heim und sag der Oma Bescheid.« Damit verließ er den Platz. Wenn doch nur bald Hilfe käme! Die Zeit schien stehen geblieben. Ulrike lag weiter regungslos mit weit geöffneten Augen, aber ununterbrochen wimmernd. Ihre Eltern kauerten neben ihr, Miluscha still weinend und Karl offenbar betend, denn seine Lippen bewegten sich. Eine gespenstisch anmutende Szene. Der Motorradfahrer hockte ein paar Meter abseits neben seiner Maschine. Niemand hatte ihn bisher beachtet, bis jetzt doch ein Mann zu ihm ging, um sich um ihn zu kümmern.

Bald wurden dann die ersten Fahrgäste doch unruhig. Sie wollten weiter. Aber der Busfahrer weigerte sich zu fahren. Er wollte keinen Fehler machen, denn er vermochte nicht zu sagen, wie ihm das ausgelegt werden konnte. Möglicherweise wurde er als Zeuge gebraucht, obwohl er nur wenig zur Sache sagen konnte. Den Motorradfahrer hatte er beim Anfahren nur kurz bemerkt. Wie schnell der gewesen war oder ob sonst irgendetwas auffällig gewesen war, konnte er nicht beschreiben.

Aus dem Dorf kamen nun auch Leute, die von weitem gesehen hatten, dass an der Hardtmühle ein Unfall passiert war. Vielleicht hatte aber auch Karls Arbeitskollege die Unfallnachricht weitergegeben.

Endlich kam Doktor Scheufler, um zu sehen, ob er helfen konnte. Viel tun konnte er nicht. Er konnte nur bestätigen, dass Ulrike lebte und wohl im Koma lag. Das war schon einmal beruhigend. Dann reinigte der Arzt notdürftig die äußeren Wunden auf der linken Gesichtshälfte, am Ohr und an der linken Hand. Ob mit dem Kopf irgendetwas war, vielleicht ein Schädelbruch oder ein Kieferbruch oder anderes, konnte er nicht feststellen. Das musste im Unfallkrankenhaus untersucht werden. Miluscha, von der er wusste, dass sie wieder schwanger war, bot er eine Beruhigungsspritze an, die sie aber ablehnte. Sie sei schon in Ordnung. Dann kümmerte er sich um den Motorradfahrer, der offenbar unter Schock immer noch neben seiner Maschine kauerte. Schließlich wartete der Arzt mit zunehmender Ungeduld auf die notwendige Hilfe, wie alle anderen auch. Warum brauchte die Ambulanz nur so lange? Hatte denen niemand gemeldet, wie dringend sie hier benötigt wurde?

Endlich, etwa zwanzig Minuten waren inzwischen vergangen, war von Gladenbach her ein Signalhorn zu hören. Das Ambulanzfahrzeug näherte sich rasch, wendete vor der Unfallstelle und kam rückwärts heran. Die Sanitäter sprangen heraus und erledigten ihr schweres Handwerk mit sicheren Griffen. Doktor Scheufler gab noch ein paar Hinweise, während die Männer Ulrike vorsichtig auf die Trage legten und in den Wagen schoben.

Karl nahm neben dem Fahrer Platz, in seiner farbverschmierten Arbeitskleidung und schmutzig, wie er war. Wen kümmerte das in dieser Situation? Miluscha durfte bei dem Kind sitzen.

So hatte sie sich die Fahrt ins Krankenhaus nicht vorgestellt. Sie hatte doch nur einen Besuch machen und einem kleinen Menschen eine Freude bringen wollen. »Guter Gott, warum das? Warum unser Kind? Konntest du nicht besser auf die Kleine aufpassen?«

Bei diesem Gedanken erschrak die Mutter vor sich selbst. Durfte sie so denken? Hatte sie nicht selbst ihren beiden Mädchen erlaubt, mit zur Bushaltestelle zu gehen? Hätte sie sich nicht auf der Dorfseite der Straße von den Kindern verabschieden müssen, so dass sie die Straße gar nicht hätten überqueren müssen? War also nicht sie selbst die eigentlich Schuldige an dieser Tragödie?

In Miluschas Kopf rasten die Gedanken nur so hin und her. Das Signalhorn, das immer wieder einmal ein- und ausgeschaltet wurde, registrierte sie kaum. Das Polizeifahrzeug, das mit lärmendem Signalhorn entgegenkam, um die Unfallstelle schnell zu erreichen, registrierte sie auch nicht.

Vor dem Wimmern des Kindes hielt sie sich immer wieder für ein paar Augenblicke die Ohren zu. Das ständig zu hören war schrecklich. Hätte sie doch jetzt ihren Karl neben sich, der ihr den Arm um die Schultern legen und ein beruhigendes und tröstendes Wort sagen konnte oder die freie Hand halten. Mit der anderen hielt sie immer wieder das anscheinend unversehrte Händchen der Tochter.

Wurde diese kleine Hand nicht immer steifer und kälter? »O Gott, halt mich fest, damit ich nicht abstürze«, schrie es in ihr. »Lass das Kind am Leben. Die Last kann ich nicht tragen, wenn das Kind stirbt. Ich hätte die Kinder nie mit über die Fahrbahn nehmen dürfen. Es ist meine Schuld. Gott, straf doch das Kind nicht für meine Dummheit.«

Einige dieser Worte hatte Miluscha wohl laut gesprochen, sodass der Sanitäter sie verstanden hatte. »Beruhigen Sie sich doch, Frau Gerhardt. Es hilft Ihnen nicht und dem Kind auch nicht, wenn Sie sich Vorwürfe machen. Ihr Kind lebt, und die Ärzte werden es schon aus dem Koma zurückholen. Sie dürfen sich nicht solche Schreckensbilder vor die Augen malen. Und Sie dürfen sich auch nicht eine Verantwortung einreden, die Sie gar nicht zu tragen haben.«

Die Mutter erschrak nun doch ein wenig, dass der junge Mann neben ihr ihre wirren Gedanken mitbekommen hatte.

»Entschuldigen Sie. Aber können Sie verstehen, was eine Mutter hier empfindet?«

»Ich weiß nicht, ob ich's kann«, gestand der Sanitäter. »Aber ich bitte Sie einfach, Vertrauen zu haben. Ihr Kind ist in Gottes Hand, wie wir alle. Hier passiert nichts, was er nicht zulässt.«

Miluscha schaute den jungen Mann an. Richtig sehen konnte sie ihn durch den Tränenschleier vor ihren Augen nicht, aber sie hatte ihn richtig verstanden. »Sie haben ja Recht. Und ich sollte mich ein wenig zusammenreißen.«

»Versuchen Sie's, zu Ihrem eigenen Schutz. Sie brauchen Ihre Kräfte noch. Aber jetzt sind wir gleich da. Wir bringen Ihr Kind direkt in den OP. Sie müssen mit Ihrem Mann den Haupteingang benutzen und können sich dann sicher im Warteraum vor dem OP-Bereich aufhalten, bis Sie Näheres erfahren.«

»Danke«, hauchte die Frau, drückte ihrem Kind noch einmal das kalte Händchen und wischte sich beim Aussteigen die Tränen vom Gesicht. Neben dem Fahrzeug nahm Karl seine Frau in die Arme. Stumm warteten die beiden, bis die Sanitäter mit Ulrike auf der Trage im Aufzug nach oben verschwunden waren.

»Hast du sehr gelitten, mein Liebes?«

»Du etwa nicht?«

»Doch, ich auch. Aber mir ist, als hätte Gott mir gesagt, dass er alles gut ausgehen lässt.«

»Bist du dir da sicher?«

»Ich denke schon. Darum sag ich dir's ja. Sorg dich nicht, Miluscha.«

»Ich werd's versuchen, mein Lieber. Aber es ist schwer. Ich mache mir selbst solche Vorwürfe. Wenn doch nur die nächsten Stunden schon rum wären.«

»Wir brauchen jetzt viel Geduld, Schatz, und einen langen Atem. Und das Vertrauen in unseren Gott und in die Mediziner. Die werden tun, was sie können.«

»Das werden sie wohl. Gott möge ihnen helfen. Und jetzt lass uns raufgehen.«

Die nächsten Stunden wurden zu einer einzigen Qual für die Eltern, die vor dem OP-Bereich saßen und umhergingen und sich wieder hinsetzten, dabei bangten, hofften, beteten, zweifelten, haderten und um Glauben und Zuversicht rangen. Besonders die Mutter war in einer entsetzlichen Unruhe. Sie glaubte immer, das Wimmern von Ulrike zu hören, und sie malte sich schlimme Bilder einer Kopfoperation vor Augen. So verzweifelt und mit sich selbst hadernd hatte ihr Mann sie noch nicht erlebt.

Karl hatte größte Mühe, seine Miluscha zu beruhigen und ihr die Selbstvorwürfe auszureden, in die sie sich wieder hineinsteigerte. Schließlich wurde er sogar ein wenig ungehalten. »Nun reiß dich endlich zusammen, mein Liebes. Denk doch auch mal an das Kind, das du in dir trägst. Das braucht auch eine starke Mutter. Und dann hab doch einfach Vertrauen, dass das gilt, was Gott mir im Krankenwagen gesagt hat: Ulrike wird leben! Ich weiß es!«

»Ich will ja auch vertrauen, Karl, und stark sein. Aber das ist so schwer.«

Endlich, endlich kam die Nachricht, dass der Dienst habende Arzt die Eltern bald über das informieren würde, was er hatte tun können und wie es jetzt weitergehen würde. Noch einmal Minuten der Qual, die wie Stunden erschienen. Dann kam der Arzt und berichtete. Er hatte die Zunge nähen müssen und das linke Ohrläppchen, dazu eine große Wunde auf der Wange. Die Hand habe nur eine Prellung und Schürfungen erlitten, die wohl am schnellsten abheilen würden. Es seien auch keinerlei Brüche festzustellen, nur wohl auch Prellungen am Kopf und ein paar weitere Schürfungen.

Der Mann verheimlicht uns doch etwas, ging es Miluscha durch den Kopf. Der redet doch nicht offen, schwänzelt wie die Katze um den heißen Brei. Sie hakte nach, damit der Arzt endlich auf den Punkt käme: »Ist das Kind bei Bewusstsein?«

»Das ist nun unser Problem, Herr und Frau Gerhardt«, seufzte der Mann im weißen Kittel auf. »Ihr Kind befindet sich in einer Art Wach-Koma.«

»Was bedeutet das?«, fragte Karl.

»Das bedeutet, dass sie da ist und doch nicht hier, sondern sehr weit weg. Ihre Ulrike wird sich verhalten wie ein wacher Mensch, und sie wird davon selbst nichts wissen. Sie wird auch Dinge tun, die der gesunde Mensch nicht tut. Wir müssen sie unter ständiger Kontrolle haben, damit sie sich keinen weiteren Schaden tut.«

»Das ist ja schrecklich«, entsetzte sich die Mutter. »Und wie lange hält so ein Zustand an?«

»Wenn wir das wüssten, gute Frau, dann wäre uns auch leichter.«

»Und Sie können da gar nichts machen?«

»Mit Medikamenten nicht. Wir können nur hoffen, dass die Blockade sich löst und sie aufwacht.«

»Doch, wir können beten«, ergänzte Karl bestimmt, und es klang wie eine Korrektur dessen, was der Arzt gesagt hatte.

»Tun Sie das, wenn Sie das können. Nicht alle Menschen können damit etwas anfangen. Und versuchen Sie es einzurichten, dass an jedem Tag ein Mensch aus der Umgebung Ihres Kindes wenigstens für ein paar Stunden hier ist und sich mit Ulrike befasst. Wir versprechen uns sehr viel von persönlicher Zuwendung.«

»Danke, Herr Doktor, wir werden es einrichten. Wir werden beides tun, beten und herkommen. Danke für Ihre Mühe.«

Miluscha barg sich in Karls Armen, als der Arzt gegangen war. Das war hart, was der ihnen da verkündet hatte, sehr hart. »O Gott, erbarme dich«, seufzte die Frau, und die Tränen liefen ihr über das Gesicht.

Die nächsten beiden Wochen wurden eine schlimme Zeit. Im Haus die viele Arbeit mit den alten und jungen Menschen und draußen die Kartoffelernte. Die musste jetzt fast ganz der Oma überlassen werden, denn Opa Paul konnte nach seiner Arbeit auf der Justushütte die Hacke nicht mehr bedienen, und auch das ständige Auf und Ab beim Auflesen der Früchte war zu viel für ihn. Da musste Artur nach seinem Lehrlingsfeierabend mit ran. Karl konnte nur jeden zweiten Tag früher von der Arbeit nach Hause kommen, um sich mit Miluscha bei den Besuchen ihres kranken Mädelchens abzuwechseln. An den anderen Tagen musste er sich um den Haushalt kümmern.

Die Nachbarn und Freunde aus der Gemeinde mussten wieder um Hilfe gebeten werden. Aber hier gab es auch in dieser Situation keinerlei Probleme. Wenn im Haus Gerhardt Not war, waren immer hilfreiche Hände da. Und in der Gemeinde gab es auch wieder viel Anteilnahme und betendes Mithelfen und Mittragen.

Die Besuche bei Ulrike waren für Miluscha jedes Mal große Anfechtungen. Ihr Kind kannte sie nicht, reagierte nicht, sprang im Zimmer hin und her und machte dies und das. Dann zog sie sich aus und wieder an, stieg auf die Fensterbank und sprang wieder herunter. Sie festzuhalten gelang nur für wenige Momente, sie zu beschäftigen gar nicht. Die Lage war schier zum Verzweifeln. Wenn Karl in der Klinik war, war das nicht anders. Aber der Vater kam besser damit zurecht als die Mutter.

Nach ein paar Tagen musste Ulrike in ein Einzelzimmer gelegt werden, weil die Mitpatienten das Kind und seine Aktivitäten nicht länger ertragen konnten. Wer sollte dafür kein Verständnis haben? Und dennoch vergrößerte die Maßnahme den Schmerz der Eltern.

Nachdem das über zwei Wochen so gegangen war, war Miluscha mit ihren Kräften am Ende. Sie saß abends, als Isolde und Hugo in ihren Betten lagen, am Küchentisch und hielt ihr Gesicht in den verformten Händen. »Ich kann nicht mehr hinfahren, Karl, ich schaffe das nicht mehr«, seufzte sie. »Wir müssen das Kind abgeben.«

»Was heißt das?«, fragte Karl erstaunt und zugleich ein wenig verärgert zurück.

»Karl, wenn Gott uns das Kind nur in diesem Zustand überlassen will, dann soll er es lieber aus der Welt nehmen. Ich ertrage das nicht. Dazu bin ich nicht stark genug.« Wie mit letzter Kraft schien dieser Satz gesprochen.

Karl schwieg zunächst. Aber es kämpfte in ihm. Hatte Gott ihm denn nicht nach dem Unfall im Krankenwagen deutlich gesagt ...? Hatte er sich da doch verhört? War nur sein Wunsch der Vater dieser vermeintlichen Gottesantwort?

Nach ein paar Minuten straffte sich der Mann, griff die Hände seiner Frau und brach das lähmende Schweigen. »Vielleicht hast du Recht, Liebes. Vielleicht will Gott uns prüfen, ob wir zum Abgeben bereit sind wie damals Abraham. Wir müssen ihm unsere Ulrike ganz überlassen und ihn bitten, dass er es gnädig mit ihr macht, so, wie es für das Kind am besten ist.« Hierbei versagte auch ihm die Stimme, und die beiden Eltern weinten ihren Schmerz gemeinsam vor Gott aus.

Nach einer Zeit der gemeinsamen Trauer griff Karl ins Regal über dem Tisch und angelte den kleinen Spurgeon herunter, der inzwischen schon einigermaßen zerfleddert aussah. Er schlug den 11. Oktober auf und las laut vor, was da stand: »Ich will sie stärken in dem Herrn, dass sie sollen wandeln auf und ab in seinem Namen, spricht der Herr.« Die Auslegung dazu las er still weiter, bis Miluscha ihn aufforderte, doch laut vorzulesen. Karl las von der Stelle, wo er ohnehin gerade war: »Komm, mein Herz, sei nicht mehr krank und traurig! Jesus heißt dich stark zu sein und mit Gott in seliger Gemeinschaft zu wandeln. Folge seinem Liebeswort!«

»Warum steht das gerade für heute da?«, fragte Miluscha mit immer noch zitternder Stimme.

»Damit du nicht mehr krank und traurig bist und schwach und verzagt, mein Herz, sondern mit Gottes Kraft rechnest.«

»Das will ich neu versuchen, Karl. Gott soll es so machen, wie es für alle richtig ist und besonders für das Kind. Und er soll damit nicht mehr zu lange warten.« Miluscha erhob sich und begann, sich für die Nacht auszuziehen. »Danke, mein Lieber, dass du mir das noch gelesen hast. Was ist das Herz doch oft für ein verzagtes Ding.«

»Ja, Recht hast du, Liebes. Glaub nur nicht, meins sei weniger verzagt als deins. Aber morgen ist ein neuer Tag mit neuer Kraft.«

»Aber du nimmst mir trotzdem die Fahrt nach Marburg ab?«

»Ich muss ja morgen nicht zur Arbeit, Schatz. Ich nehme dir die Fahrt ab. Was ich hier tun wollte, kann liegen bleiben. Und ich fahre dann auch am Sonntag. Vielleicht ist ja bis Montag schon alles ganz anders, gelle.«

Als Karl am nächsten Mittag in die Klinik kam, fand er eine Situation vor, die selbst ihn fast umwarf. Der Raum war jetzt zusätzlich verdunkelt. Sein Ulrikchen lag sehr unruhig auf ihrem Bett und war – angeschnallt. Das konnte doch wohl nicht wahr sein. Das arme Kind! Der Mann eilte zum Stationszimmer. Die Schwester kam ihm schon entgegen. »Wir konnten nicht anders, Herr Gerhardt. Zu Ulrikes Schutz mussten wir sie anschnallen. Sie wäre uns heute Morgen beinahe aus dem Fenster gefallen. Das arme Kind ist unberechenbar geworden. Gehen Sie zu ihr. Schnallen Sie sie los. Sprechen Sie mit ihr, lesen Sie ihr vor, singen Sie mit ihr. Das mag sie vielleicht beruhigen.«

Karl schluckte herunter, was er hatte sagen wollen, und eilte wortlos zurück ins Krankenzimmer. Dort ließ er als Erstes die Sonne herein, die durch ihren schon tiefen Stand breit in das Zimmer flutete. Dann öffnete er das Fenster, damit frische Luft hereinkäme. Dabei sprach er das Mädchen an und erzählte ihr von zu Hause. Dann schnallte er es los und nahm es auf seine Arme. Ulrike schlang für einen Moment ihre Arme um den Nacken des Vaters. Aber das war wohl mehr Reflex als bewusste Handlung.

»Ulrikchen, mein Mädchen, warum nur bist du so unruhig? Komm doch zurück ins Leben. Hier ist es doch viel schöner als dort, wo du jetzt bist und wo du niemanden kennst.« Karl stellte Ulrike auf ihre Füße, nahm von ihrem Spielzeug aus der Tasche und versuchte, sie zum Greifen und Spielen zu bewegen. Aber sie war nicht zu bewegen, vielmehr bewegte sie sich ständig im Raum hin und her in einer fast unheimlich anmutenden Unruhe. So hatte er das Kind bisher nicht erlebt. Karl war erschüttert. Gut, dass er seiner MilusCha diesen Besuch heute abgenommen hatte. Die würde das hier nicht verkraften.

Gut eine Stunde hatte der Vater dieses Spiel mitgemacht, als er etwas tat, von dem er später nicht mehr wusste, warum und wie das genau abgelaufen war. In seinem Kopf ging ihm schon eine ganze Weile die Geschichte von dem Knecht des Hauptmanns herum, den Jesus durch sein machtvolles Wort geheilt hatte, wenngleich dieser Mann ein Heide war. Warum sollte dieser mächtige Heiland mit seinem Kind nicht genauso verfahren? Der Mann hatte geglaubt, und er, Karl, glaubte doch auch.

Karl griff sich sein Kind und zwang es auf seinen Schoß. Mit der einen Hand umfasste er fest seine Arme und den kleinen Leib, die andere legte er Ulrike auf den blonden Kopf. Dann schloss er die Augen und betete: »Vater im Himmel, allmächtiger Gott, dein Wort ist wahrhaftig, und was du zusagst, hältst du gewiss. Wenn du etwas sprichst, so geschieht es, wenn du etwas gebietest, so steht es da. Weil ich das von Herzen glaube, bitte ich dich, gebiete dem Koma, dass es aufhöre und das Kind zurückkommt ins Leben. Gib Ulrike ihrer Familie gesund zurück, oder nimm das Kind zu dir in dein Reich. Darum bitte ich dich im Namen des Heilandes Jesus Christus. Amen.«

Während er noch betete, war ihm, als ließe der Widerstand nach, den Ulrike auf seinem Schoß gegen seinen Griff geleistet hatte. Karl setzte sie auf den Boden. Sie blieb sitzen. Er reichte ihr ein Bilderbuch, sie griff danach und hielt es fest. Er sprach sie an. Sie reagierte mit einem Blick, der gar nicht mehr so hohl und leer wirkte wie noch vor ein paar Minuten.

Karl klingelte nach der Schwester. Die kam wenig später herein, und Ulrike wandte sich ihr sofort zu. »Schauen Sie, Schwester, das Kind hat sich verändert.«

»Ich habe es schon bemerkt. Sie hat bis heute Morgen nie reagiert, wenn jemand hereinkam. Was haben Sie mit ihr gemacht?«

»Nichts Besonderes. Ich habe vergeblich versucht, auf sie einzugehen, mit ihr zu spielen, ihr vorzulesen, wie immer, gelle. Und dann habe ich gebetet.«

Die Schwester warf dem Mann einen ungläubigen Blick zu und reichte Ulrike auch ein Spielzeug. Das Kind nahm's und hielt es fest. Die Schwester nahm es an die Hand und ging mit ihr zum Fenster. Ulrike ließ es sich ohne Sträuben gefallen.

»Gebetet, merkwürdig«, murmelte die Frau vor sich hin. Sie wurde durch die Klingel gerufen. »Bleiben Sie noch ein bisschen?«

Karl schaute auf die Uhr. »In einer Viertelsunde müsste ich ...«

»Gut, danach kümmern wir uns wieder. Es scheint ja für uns leichter zu werden.«

Zu Hause erzählte Karl seiner Miluscha natürlich sofort von dem Erlebnis des Nachmittags. »Das wäre schön, wenn du Recht hättest«, sagte sie nachdenklich. »Aber Gott kann. Ich will nicht wieder daran zweifeln«, fügte sie bestimmt hinzu.

»Morgen werden wir es sehen, ob die Veränderung weitergegangen ist, mein Liebes. Aber nicht enttäuscht sein, wenn es nicht so ist. Wir haben keinen Anspruch darauf.«

»Nein, nicht. Wir haben das Kind ganz an Gott abgegeben. Wenn er es uns wieder gibt, ist es herrlich. Und wenn er es nimmt, wird es hart sein.«

»Ich glaube nicht mehr an diese Möglichkeit, Liebes. Ich bin fester denn je davon überzeugt, dass die Stimme Gottes, wie ich sie schon im Krankenwagen zu hören geglaubt habe, wirklich gesprochen hat. Wir bekommen unser Kind gesund zurück.«

Miluscha antwortete darauf nicht mehr. Sie nahm sich eine Näharbeit, um ihre neue Technik zu trainieren, die Nadel mit Daumen und kleinem Finger zu halten. »Schau, mein Lieber, wie das schon geht. Ich stopfe dir bald deine Strümpfe wieder selbst.« Dabei lief ihr doch wieder eine dicke Träne über das Gesicht.

»Auch das ist ein Grund für neue Dankbarkeit. In diesen Tagen kommt einiges zusammen. Wir werden wohl bald wieder ein Fest feiern müssen.«

Am nächsten Nachmittag steuerte Karl in der Klinik gleich auf Ulrikes Einzelzimmer zu. »Ihr Kind liegt auf Zimmer 12, Herr Gerhardt«, bremste eine Schwester seinen Schritt. »Gehen Sie hinein. Sie werden sich wundern.« Gespannt, worüber er sich wundern würde, klopfte der Vater an die Tür und öffnete dann vorsichtig. Hatte da nicht eine Kinderstimme »herein« gerufen? Er hatte die Tür gerade mal einen Spalt breit geöffnet, als ihm seine Tochter schon entgegengesprungen kam. »Papa, Papa, schön, dass du kommst. Wo ist Mama, und wo ist Isolde?«

Karl Gerhardt glaubte zu träumen. War das hier Wirklichkeit oder Illusion? Er ließ die Tasche fallen, die er in der Hand hielt, und nahm sein Mädelchen in die Arme. »Ulrike, mein Kind!« Mehr brachte er nicht heraus.

»Aber du weinst ja, Papa«, stellte das Mädchen fest. »Gib mir ein Taschentuch, ich putz dir die Tränen.«

Da hätte Ulrike jetzt viel zu tun gehabt. Allen sechs Frauen in diesem Zimmer rannen die Tränen, so freuten sie sich mit dem Vater über die Änderung im Befinden seiner Tochter. Sie hatten das Kind in den vergangenen Tagen zwar nicht zu Gesicht bekommen. Aber Ulrike war das Gesprächsthema auf der Station gewesen. Gestern Abend war die Kleine dann als siebte ins Zimmer geschoben worden, und seit heute Morgen unterhielt sie ihre Mitpatientinnen.

Karl gab seiner Tochter das geforderte Taschentuch und ließ es sich gerne gefallen, dass sie die Tränen auf dem Gesicht verteilte. Er selbst brachte nur ein »Gott sei Dank! Du bist wieder da!« hervor, dem man die Erleichterung und die Freude anhören konnte.

Drei Tage später sollten die Eltern ihr Kind nach Hause holen dürfen. Ein paar Tage der Beobachtung mussten schon noch sein. Die Ärzte wollten sicher gehen, dass nicht doch noch irgendetwas ... Aber da war nichts mehr zu finden, was einen längeren Aufenthalt in der Klinik begründet hätte. Eine vage medizinische Erklärung hatten die Ärzte natürlich auch. Blutergüsse unter der Schädeldecke, die man auf den Röntgenbildern nicht hätte sehen können, hätten bestimmte Hirnbereiche beeinträchtigt. Die Blutergüsse seien jetzt abgebaut und deshalb ... Ein Wunder zuzugeben, fiel den Medizinern offenkundig schwer.

Sucht ihr eure wissenschaftlichen medizinischen Erklärungen, ging es Karl und Miluscha durch den Kopf. Für uns ist und bleibt diese plötzliche Wende ein Wunder Gottes. Das machten die beiden auch deutlich, als sie sich für die Sorge und das Bemühen um ihr Kind bedankten und einen großen Blumenstrauß ins Stationszimmer stellten.

War das ein Aufatmen im Haus Schieferstraße 12, in der Nachbarschaft, in der Gemeinde, im Dorf. Gerhardts Ulrike durch ein Wunder Gottes geheilt! Das war für ein paar Tage das Thema für alle. Und es war das Thema für manches Dankgebet, das nicht nur bei den jungen und alten Gerhardts gesprochen und gesungen wurde.

Ein Abschied

In den gerhardtschen Alltag trat bald wieder Normalität ein, wenn die Familie auch immer wieder von Ulrikes Unfall und wunderbaren Heilung sprach. Miluschas Schwangerschaft verlief zum Glück trotz des Unfalls ohne Probleme und wurde bald das wichtigste Gesprächsthema im Haus. So war es auch sicher richtig. Dass gegen den Motorradfahrer ein Verfahren eingeleitet war wegen unerlaubten Führens eines Kraftrades und grob fahrlässiger Körperverletzung – der Mann hatte vom Krieg her nur einen gesunden Arm und hätte das Motorrad gar nicht fahren dürfen –, wurde kaum besprochen. Als Nebenkläger aufzutreten hatten Karl und Miluscha abgelehnt. Sie bedauerten lediglich, dass der Unfallverursacher sich gar nicht einmal bei ihnen gemeldet hatte. Aber das war dann auch sein eigenes Problem.

Der Samstag vor dem Totensonntag 1957 war ein ganz normaler Samstag, der wie die meisten Samstage mit der großen Badeaktion in der Kellerwanne ausklang. Eins nur hatte sich dort verändert: Das heiße Wasser musste nicht mehr im Eimer vom Kessel zur Wanne hinübertransportiert werden. Der findige Karl hatte einen Durchbruch durch die Wand gemacht. Das Wasser wurde jetzt in einen Trichter geschüttet und lief auf der anderen Seite der Wand in die Wanne. Wie froh war Miluscha, dass die Gefahr, sich unterwegs an überschwappendem Wasser zu verbrühen, dadurch gebannt war. Nach dem Baden brauchte das Wasser auch nicht mehr zurückgetragen zu werden, denn es gab jetzt einen direkten Ablauf in die Klärgrube.

An diesem Abend also badete Miluscha ihre zwei Großen und übergab sie dann Karl, damit er sich noch ein bisschen mit ihnen beschäftigte. Sie selbst nahm auch noch ein kurzes Bad.

Ob nun die Anstrengung durch das Kinderbad oder das eigene heiße Bad die Wehen auslöste? Jedenfalls musste Karl eiligst ins Dorf fahren, um das Köfferchen zu holen, wie die Leute das hier nannten, während Miluscha die Mädchen noch rasch selbst in die Betten steckte.

Das eingespielte Entbindungsduo Tante Anna – Doktor Scheufler war wenig später zur Stelle. Aber Mechthild machte es ihnen und ihrer Mutter leicht. Nur eine knappe Stunde später begrüßte sie das Leben mit lautem Geschrei. Wieder ein Grund, Gott für seine Güte und Barmherzigkeit zu danken. Wer hätte vor ein paar Jahren daran gedacht, dass diese so schwer kranke Frau noch einmal so ins Leben zurückkehren würde, dass sie sogar zwei Kinder im Abstand von dreizehn Monaten zur Welt bringen konnte! Nicht nur für Miluscha und Karl war das ein Wunder.

Nun war also wieder ein Esser mehr im Haus. Der kostete zwar, was das Essen anging, zunächst noch kein Geld. Miluscha hatte wieder Milch genug. Dafür waren aber andere Dinge nötig, die ohne Geld nicht zu kriegen waren. Hugo war gerade etwas über ein Jahr alt. Da er aber schon lief, brauchte er Schuhe, Windeln wie Mechthild, dazu kamen Wintersachen für den Säugling und das Kleinkind. Die beiden Großen waren aus manchen Sachen herausgewachsen. Die Eltern konnten auch nicht Sonntag wie Werktag, bei der Arbeit und in der Freizeit immer dieselben Röcke, Kleider, Hosen und Jacken anziehen. Und irgendwann ließen sich auch genagelte Schuhe einfach nicht mehr neu besohlen.

Manches konnten sie selbst machen. Die geschenkte Nähmaschine bedeutete eine gute Hilfe, zumal Miluscha mit ihrer rechten Hand immer noch nur schwer eine Nadel greifen und halten konnte. Das besserte sich nur langsam. Aber sie brauchte auch Stoffe und Kleidungsstücke, aus denen sie Neues herstellen konnte. Mutter Maria lag das Nähen nicht. Sie befasste sich lieber mit der Wolle, die es ja aus Eigenproduktion immer wieder gab. Alle Strümpfe, Leibchen, Hemdchen, Pullover, Jäckchen auf einen Stapel gelegt ergaben schon eine ansehnliche Höhe. Karl verdiente zwar regelmäßig, aber doch nicht so viel, dass es für die Deckung aller Kosten gereicht hätte. Seit dem Sommer fehlte ja auch wieder das Pflegegeld für Gudrun, das vorübergehend eine gute Hilfe gewesen war. Zu hungern brauchte allerdings niemand. Da reichte es doch meistens. Und es kam auch immer wieder vor, dass aus irgendeinem Haus des Dorfes ein Hilfspäckchen hereingereicht wurde, über dessen Inhalt die Empfänger nur staunen und danken konnten.

In den ersten Wochen des Jahres 1958 verschlimmerte sich Paul Gerhardts Asthma. Der gute Mann musste mehr und mehr um Atemluft ringen. Das Arbeiten hatte er schon seit einiger Zeit reduzieren müssen, jetzt wurde es ihm gänzlich unmöglich. Jede kleine

Anstrengung kostete unendlich viel Kraft. So saß der Opa nachts meistens im Bett und kam nicht zu rechtem Schlaf und tags saß er nur noch in seinem Lehnstuhl. Das neblige Winterwetter tat sein Übriges. Der Opa holte sich eine schwere Lungenentzündung. Doktor Scheufler war nun für ihn täglicher Gast im Haus, bis er es nicht mehr verantworten konnte, seinen Patienten noch länger zu Hause zu behandeln. Er überwies den Siebenundfünfzigjährigen trotz beginnenden Wochenendes ins Krankenhaus nach Marburg. Dabei hatte er selbst schon Zweifel, ob ihm dort noch geholfen werden konnte.

Das medizinische Personal in der Klinik tat sein Bestes. Dennoch deutete es sich montags an, dass der Kampf gegen den Tod nicht zu gewinnen war. Mutter Maria wurde gerufen. Freunde mit PKW fuhren sie hin, damit sie noch einmal bei ihrem Mann sein konnte. Miluscha wäre liebend gerne auch mitgefahren, um sich von dem geliebten Papa Paul zu verabschieden. Es ging nicht wegen der Kinder. Und Karl war auf der Hütte.

Maria Gerhardt kam noch rechtzeitig auf die Station, wo man den sterbenden Mann in einen leer stehenden Raum geschoben hatte. Die Schwestern ließen sie mit ihm allein. Die Frau bedankte sich für diese Geste. So konnte sie ihm ungestört die feuchten Hände halten und den kalten Schweiß von der Stirn wischen. Sie konnte ihm noch die Grüße seiner Kinder und Enkel sagen und auch ein Gotteswort, das ihr wohl für diesen Augenblick in den Sinn gegeben wurde, den 121. Psalm:

»Ich hebe meine Augen auf zu den Bergen,
von welchen mir Hilfe kommt.
Meine Hilfe kommt von dem Herrn,
der Himmel und Erde gemacht hat.
Er wird deinen Fuß nicht gleiten lassen;
und der dich behütet, schläft nicht.
Siehe, der Hüter Israels schläft noch schlummert nicht.
Der Herr behütet dich; der Herr ist dein Schatten
über deiner rechten Hand.
Der Herr behüte dich vor allem Übel, er behüte deine Seele;
der Herr behüte deinen Ausgang und Eingang
von nun an bis in Ewigkeit.
Amen.«

Der Frau war zwar, als hätte sie einen Vers vergessen. Aber das war sicher unwichtig. Ob ihr Mann die Worte noch verstanden hatte? Er schien ihr etwas sagen zu wollen. Sie hielt ihm noch einmal die Teetasse an die aufgesprungenen Lippen. Vielleicht hatte er nach einem Schluck Tee verlangt. Während sie ihn mit dem linken Arm hielt und mit der rechten Hand die Tasse führte, schaute Paul Gerhardt seine Frau noch einmal mit großen Augen an und tat dann einen deutlichen Seufzer. Es war sein letzter. Die Witwe legte den Toten vorsichtig zurück, hauchte ihm noch einen Kuss auf die Stirn und gab dann der Schwester Bescheid, damit sie das jetzt Notwendige täte.

Wie dankbar war Maria Gerhardt, dass man sie noch rechtzeitig gerufen hatte und sie sich auf diese Weise von ihrem Mann hatte verabschieden können. Dennoch fuhr sie mit schwerem Herzen heim. Nach vierunddreißig Jahren gemeinsamen Weges mit vielem Auf und Ab riss Pauls Tod doch ein gewaltiges Loch in ihr Leben. Und wie würde es weitergehen? Fürs Altenteil war sie noch zu jung. Also ihren Haushalt mit Stall und Feld allein weiterführen? Sie hatte ihn ja sowieso zuletzt weitgehend ohne Paul bewältigen müssen. Ihn mit dem der jungen Leute zusammenlegen? Durfte sie das überhaupt? Konnte sie das sogar verlangen? Ob die das mitmachen würden? Aber noch war Artur mit in ihrem Haushalt, und Ilse kam immer einmal übers Wochenende.

Was machte sie sich denn da für Gedanken, schalt sich die Witwe selbst. Die Zeit würde es lehren. In den nächsten Tagen war doch erst einmal die Beerdigung vorzubereiten. Sie würde sicher nicht vor Freitag sein. Mutter Maria hatte den Ärzten zugestanden, den Leichnam zu öffnen. Man wollte gerne wissen, was es mit dieser Art Asthma auf sich hatte, das von dem Tritt eines Pferdes auf den Brustkorb des Mannes herrührte. In den letzten Tagen des Ersten Weltkrieges war das passiert, als ihr Paul gerade eben eingezogen worden war. Also, der Leichnam würde wohl erst am Mittwoch gebracht. Zeit genug für Verwandte, Freunde, Nachbarn und sonstige Leute, von dem Toten Abschied zu nehmen. Der Flur war wohl zu eng für den Sarg. Der musste wohl in der Stube der Kinder aufgestellt werden. Karl und Artur wüssten sicher, was da am besten war.

Miluscha nahm ihre Schwiegermutter in Empfang, als die müde und mit schweren Schritten die hohe Treppe heraufgestiegen war.

Dann lagen sich die beiden Frauen in den Armen. »Es tut mir so Leid um Papa.«

»Ihm ist wohl, Milli. Er ist daheim.«

»War es noch schwer für ihn?«

»Ich glaube nicht. Er war ganz ruhig. Hat einfach aufgehört zu atmen, gelle. Und dann war er nicht mehr.«

Die Witwe löste sich aus der Umarmung und strich den beiden großen Enkelinnen, die ein wenig verschüchtert von oben heruntergekommen waren, über die Köpfe. »Sind Karl und Artur schon da? Sie müssen die kleine Stube nachher ausräumen. Der Papa muss da aufgebahrt werden, wenn sie ihn bringen.«

Miluscha wunderte sich, wie gelassen die Schwiegermutter den Tod ihres Mannes nahm und wie sachlich sie damit umging. Aber Mutter Maria war noch nie eine Frau mit großen Gefühlsausbrüchen gewesen. Sie machte die Dinge eher innerlich und für sich allein ab.

»Kommt Opa jetzt nie mehr wieder?«, wollte Isolde von ihrer Mami wissen.

»Doch, Kind, Opa kommt noch einmal wieder. Aber dann liegt er in einer großen, braunen Kiste.«

»Das ist ein Sarg, stimmt's, Mami?« wusste Ulrike.

»Das ist ein Sarg, ihr beiden. Aber den können wir nicht mehr aufmachen. Wir behalten Opa Paul so in unserem Gedächtnis, wie wir ihn am Samstag verabschiedet haben.«

»Schade«, bedauerte Ulrike, »ich säh aber mal gern, wie jemand in einem Sarg liegt. Da ist es doch bestimmt sehr eng drin.«

»Ich auch, Mami, ich will auch sehen, wie der liebe Opa da drin liegt«, bekräftigte Isolde.

Miluscha musste bei dem kindlichen Wunsch lächeln, wurde aber sofort wieder ernst. »Ich glaube euch das, meine Kinder. Aber das geht wirklich nicht.«

»Und was passiert dann mit dem Opa in der Kiste?«, fragte Isolde weiter.

»Geht schon mal wieder rauf, ihr beiden«, verschaffte sich Miluscha eine Denkpause, »ich komme nach und erkläre euch das alles. Ich schau nur eben nach der Oma.«

»Dürfen wir nicht auch zur Oma? Wir sind doch sonst so oft unten.«

»Später wieder, Kinder. Die Oma ist sehr traurig, weil sie den

Miluscha mit Isolde 1968 nach Papa Pauls Tod

Opa nicht mehr hat, und sie möchte jetzt ein bisschen allein sein. Also nach oben mit euch.«

Wieder oben bei den Kindern hatte Miluscha ihnen einiges zu erzählen und manche Frage zu beantworten. Einen Todesfall in unmittelbarer Nähe und eine Beerdigung hatten die Kleinen noch nicht erlebt. Es war sicher gut, sie ein bisschen vorzubereiten auf das, was sich in den nächsten Tagen hier abspielen würde mit der Aufbahrung des Toten im Zimmer, mit den Kondolenzbesuchen aus der Verwandtschaft, der Nachbarschaft und dem Dorf. Das würde ein ständiges Rein und Raus geben bis zur Trauerfeier am Freitag.

»Dürfen wir den Opa nicht doch noch einmal sehen, wenn der Sarg gebracht wird?«, bettelten die beiden Mädchen und wiederholten damit ihre Frage von vorhin.

»Das wird nicht gehen, ihr beiden. Ich hatte euch das schon gesagt. Und dabei bleibt es, gelle.«

Dabei blieb es auch, wenngleich Miluscha ihre Entscheidung nur unter Protestgeschrei und Tränen ihrer beiden Großen durchsetzen konnte.

Später kamen Karl und Artur nach Hause, und obwohl sie den Lauf der Dinge hätten ahnen können, erschraken sie doch heftig vor der Tatsache, dass sie den Vater nicht mehr lebend sehen würden. Ihnen blieb dann die traurige Aufgabe, Arturs Zimmer auszuräumen, so dass der Sarg darin Platz hatte und auch ein paar Leute stehen konnten. Ob der Sarg überhaupt über den Flur durch die Tür passte? Die beiden jungen Männer hatten ihre Bedenken, sagten der Mutter allerdings nichts davon, um sie nicht zu beunruhigen. Sie würden sorgen müssen, dass sie nicht gerade daneben stand, wenn Papa Pauls letztes Gehäuse dort hineinbewegt werden musste.

Abends, als die Kinder schliefen, hielten Karl und Miluscha in ihrer Wohnküche eine persönliche Trauerstunde. Vor allem Miluscha machte es Mühe, den Tod des Schwiegervaters anzunehmen. Sie hatte ihn geliebt und verehrt. Er war ihr Ersatz für den eigenen Vater geworden, den sie vor fünfundzwanzig Jahren schon hatte abgeben müssen. Und er war eigentlich zum Sterben doch noch zu jung gewesen.

»Spielt das Alter bei Gott eine Rolle, Liebes?«, fragte Karl.

»Ich glaube es nicht. Bei Gott ist sicher wichtig, ob jemand sein Leben erfüllt hat.«

»Das war bei Papa dann wohl so.«

»Du magst ja Recht haben, Karl. Und trotzdem hätte ich ihn gerne noch behalten. Er war immer so lieb und friedsam. Und er freute sich doch so über Hugo. Jetzt kann er gar nicht erleben, wie der Junge aufwächst und sich entwickelt.« Miluscha wischte sich ein paar Tränen ab und tupfte auch ihrem Karl eine von der Wange. »Und von Mechthild hat er fast gar nichts mehr mitbekommen.«

»Dafür hatte er die Freude des Wunders bei Ulrikes Unfall. Wie war er begeistert, als das Kind gesund nach Hause kam.«

»Und wie wird es hier im Haus ohne Papa dann weitergehen?«, deutete Miluscha eine Sorge an, die sich schon in den letzten Tagen in ihr gemeldet hatte.

»Es wird sich zeigen, mein Liebes, ob Mama unten ihren eigenen Kram allein weitermacht. Das Haus wird künftig wohl unsere Aufgabe sein. Ich bin der Älteste, und Mama wird Haus und Hof früher oder später auf mich überschreiben. So war das schon geregelt.«

»Aber dann wirst du deine Geschwister auszahlen müssen?«

»Das werde ich sicherlich. Das ist nun mal so und gehört dazu.«

»Und von welchem Geld?«, sorgte sich Miluscha wohl eingedenk ihrer eigenen schmalen Haushaltskasse.

»Du machst dir vielleicht schon Gedanken, mein Schatz. Das liegt doch alles noch weit weg«, versuchte Karl zu beruhigen.

»Na, so weit bestimmt nicht mehr, mein Lieber. Deine Geschwister werden sich sicher bald melden.«

»Dann wird sich auch ein Weg zeigen, wie das gehen kann. Ich kann übrigens demnächst auf der Justushütte in die Gießerei umsteigen. Da verdiene ich eine Menge mehr als jetzt.«

»Wäre ja nicht schlecht. Und wenn Mama erwartet, dass wir die Haushalte zusammenlegen?«

»Dann weiß ich nicht, ob wir uns dagegen sträuben können. Aber sorg dich mal noch nicht um diese ganzen Sachen, Miluscha, lass doch erst einmal die nächsten Tage und den Trubel der Beerdigung vorbeigehen, gelle.«

»Hast ja Recht, Schatz. Tut mir Leid, dass ich das alles jetzt so gesagt habe. Aber es bewegt mich halt, und ich sage dir immer, was mich bewegt, das weißt du.«

»Das ist ja auch gut so, mein Liebes. Das gehört mit zu dem, was ich schon immer an dir geliebt habe, gelle. Hör, Mechthild hat Hunger.«

Der Sarg wurde am Mittwoch gebracht, und es war tatsächlich nur unter großen Mühen möglich, ihn in Arturs Stube zu bugsieren. Gut, dass Mutter Maria sich bewegen ließ, in der Küche zu bleiben, bis im Zimmer alles bereitet war, wie das bei ländlichen Hausaufbahrungen sein musste.

Der Tote war so zurechtgemacht, dass man die Spuren der Obduktion nicht sehen konnte, und auch das schwierige Aufstellen des Sarges war ohne sichtbare Folgen geblieben. So konnten die Angehörigen einer nach dem anderen am doch noch offenen Sarg stillen Abschied nehmen vom Ehemann, dem Vater und Schwiegervater, dem Nachbarn, dem Arbeitskollegen, dem Bruder und Freund

und wie auch immer die Beziehungen zu beschreiben waren. Nur die Enkel sahen ihren Opa nicht mehr, wie er dort lag. Wie es auf dem Dorf üblich war, brachte jeder, der kam, um sein Beileid zu bekunden, ein Päckchen Mehl mit oder Zucker, ein paar Eier oder Rosinen oder ähnliche Zutaten, die für das spätere Beerdigungs-Kaffeetrinken benötigt wurden.

Am Beerdigungstag war das Wetter günstig, so dass die Trauerfeier am Haus nicht durch Regen oder Schnee beeinträchtigt wurde. Der Sarg war unter denselben großen Mühen aus der Stube in den Hof transportiert und dort zwischen einem Paar Lebensbäumen aufgestellt worden. Eine große Trauergemeinde aus der Nachbarschaft und dem westlichen Teil des Dorfes hatte sich eingefunden. Pastor Flick fand zum Psalm 23 gute Worte über Leben und Tod, Sterben und Auferstehen, über Getragen-Werden und Ans-Ziel-Kommen, die der Witwe und ihren Kindern und allen, die sonst trauerten, Trost und Kraft vermitteln konnten. Aber er wies die Lebenden auch darauf hin, rechtzeitig das eigene Haus zu bestellen.

Unter dem kräftigen Gesang des alten Liedes »Lasst mich gehn, lasst mich gehn, dass ich Jesum möge sehn! Meine Seel ist voll Verlangen, Ihn auf ewig zu umfangen und vor seinem Thron zu stehn« wurde der Sarg in den Leichenwagen geschoben. Schustersch Pferde zogen das Gefährt dann an der Spitze des Trauerzuges zum Friedhof. Beinahe aus jedem Haus des Dorfes, an dem der Zug vorbei musste, schloss sich wenigstens eine Person an, um dem Toten das letzte Geleit zu geben. Am Grab sang dann noch einmal der Chor, las der Pastor die biblischen Begleitworte einer Beerdigung, betete die Trauergemeinde gemeinsam das Vaterunser und wurde dann mit dem Segen entlassen.

Erst nachdem Mutter Maria ungezählte Beileidsbekundungen entgegengenommen hatte, konnte sie selbst noch einmal ans Grab treten und endgültigen Abschied von ihrem Mann nehmen.

Die zum Nachkaffee geladen waren, bekamen beim Verlassen des Friedhofs den Hinweis, in welchem Haus sie sich einfinden möchten. Im Trauerhaus war gerade mal Platz für die Verwandtschaft und engste Freunde. Die anderen fanden sich in verschiedenen Nachbarhäusern zusammen. Der jeweils übrig gebliebene Kuchen wurde im gerhardtschen Haus gesammelt und von dort aus an Alte und Kranke ins Dorf verteilt.

Die Familie 1960
(ohne Jutta)
Ulrike, Miluscha mit Mechthild,
Karl mit Hugo, Isolde
(von links nach rechts)

Hugo

Erst als das alles erledigt war, konnte wieder Normalität im Haus einziehen. Mutter Maria war während der letzten Tage sehr stark gewesen. Ihren Schmerz um den Verlust des Mannes und ihre Trauer hatte sie sich kaum anmerken lassen. Jetzt wollte sie für ein paar Tage nur Ruhe haben und niemanden um sich. Karl und Miluscha gewährten ihr diese Stille gerne. Vor allem Miluscha bemühte sich, die Kinder in der oberen Wohnung einigermaßen ruhig zu halten.

»Mein lieber Karl, Mama möchte heute Abend mit uns sprechen«, begrüßte Miluscha ihren Mann einige Tage nach Frühlingsanfang.

»Hat sie gesagt, was sie will?«

»Nein, hat sie nicht, aber ich kann es mir denken. Es wird sein, wie ich angenommen und befürchtet habe.«

»Und was glaubst du?«

»Na, überleg doch mal, mein Lieber. Es ist Frühling. Demnächst geht es im Garten und auf den Feldern los. Hier im Haus ist einiges zu richten ...«

Karl ahnte, was Miluscha befürchtete. »Und, wie stellen wir uns ein?«

»Ich weiß nicht, Schatz, ob meine Meinung hier zählt. Ich bin nur die Schwiegertochter. Du bist der Sohn.«

»Quatsch, was soll das heißen, Milli Gerhardt, ›ich bin nur die Schwiegertochter‹?« Karls Stimme klang ungehalten. »Du bist meine Frau. Die beste, die ich je kriegen konnte.«

»Dann sag nein, Karl Gerhardt«, forderte Miluscha.

Der Erbe des Hauses stützte sein Gesicht in die Hände und seufzte ein wenig auf. »Kann ich das? Können wir das? Können wir das wirklich? Was hat Mama uns nicht alles getan, als ich krank war, als du krank warst und jahrelang für die Familie ausgefallen bist, als Ulrikchen verunglückt war. Und heute muss sie dir noch immer deine schönen Haare kämmen. Miluschalein, können wir da nein sagen?«

»Aber Mama ist doch noch eine junge Frau mit ihren gut fünfzig Jahren. Und sie ist gesund und kräftig. Sie kann doch noch einen eigenen Haushalt haben, und alles andere kann bleiben, wie es war und ist.«

»Ich weiß nicht, Liebes. Was erfordert die Sohnespflicht?«

»Aber denk doch mal, Karl. Wir beide sind eine immer noch

junge Ehe, wenn ich die Krankheitsjahre abziehe. Wir sind eine junge Familie. Wenn wir die Küchen zusammenlegen, haben wir außer unserem Schlafzimmer keinen Ort mehr, wo wir allein sein können.«

»Diesen Ort muss sie schaffen.«

»Und wie soll sie das machen?«

»Sie muss ihr eigenes Zimmer so gestalten, dass es zugleich Wohnzimmer für sie ist.«

»Zumindest müssen wir dann ein Wohnzimmer haben. Mama wird doch eh nur in der Küche sitzen, wie bisher auch.«

»Bisher ging's ja auch nicht anders. Und was ist mit meinem Bruder?«

»Der geht in ein paar Tagen zur Bundeswehr. Dann ist das Zimmer frei. Bis der wiederkommt, ist der verheiratet.«

»Das weiß ich nicht. Aber wir müssen offen mit Mama über diese Dinge reden, gelle.«

»Und kriegen wir das hin?«

»Das wird meine Bedingung sein, die ich stelle. Wenn das nicht geht, dann bleibt vorläufig alles, wie es ist. Einverstanden?«

»Muss ich ja schon sein, Schatz. Aber für dich und für den Frieden im Haus bring ich dann doch gerne wieder Opfer.«

Isolde, Mechthild, Hugo mit Jutta und Ulrike 1961
(von links nach rechts)

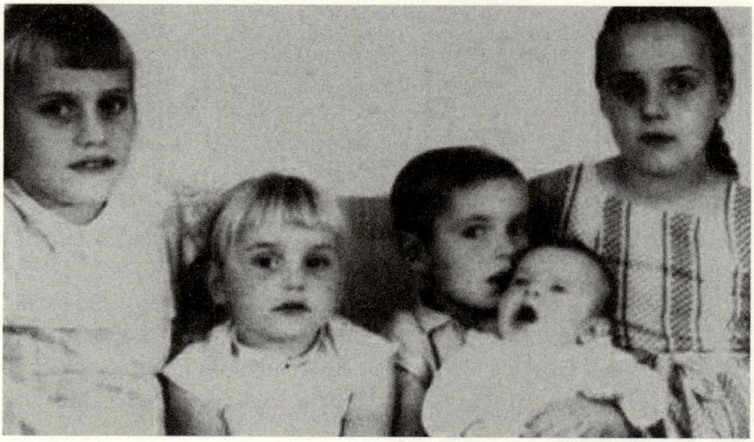

Karl atmete erleichtert auf. »Ich liebe dich, Miluscha. Lass es uns auf dieser Basis versuchen.«

Das Abendgespräch mit Mutter Maria wurde nicht ganz einfach. Die Mutter und Schwiegermutter konnte nicht so recht einsehen, weshalb die jungen Leute auf dem Freiraum bestanden, den sie beanspruchen wollten. Sie hatte doch mit ihrem Paul auch nie ein Wohnzimmer gehabt.

»Aber ihr hattet die Küche immer wieder für euch allein, Mama, wenn die Kinder abends in den Betten lagen. Wir möchten nicht sagen müssen: ›Mama, leg dich ins Bett. Wir haben noch was zu bereden.‹ Das musst du verstehen. Alles andere soll doch so bleiben, wie es war, gelle.«

Diesem Argument Miluschas konnte ihre Schwiegermutter nichts Überzeugendes entgegensetzen. Sie war schließlich einverstanden mit der Lösung, die Küche gemeinsam zu führen, Arturs Zimmer zu ihrem Wohn- und Schlafzimmer zu machen und das bisherige Elternschlafzimmer zum Familienwohnzimmer zu machen. Irgendwann würde Karl einen Teil von der Küche abtrennen, der zu einem Badezimmer ausgebaut werden sollte. Die Restküche wäre dann immer noch groß genug, dass sieben Personen um den Tisch Platz hätten. Die drei Räume oben blieben Elternschlafzimmer und Kinderzimmer für Ulrike und Isolde und für Hugo und Mechthild.

Noch weiter nach vorne brauchte heute noch niemand zu schauen. Wer wusste denn, was noch alles kommen würde an Kindern, an Pflegekindern, an Besuchen, an ...

Jutta kam noch. Im Juli 1960 machte sie ihrer Mutter und dem immer noch gemeinsam aktiven Entbindungspaar Tante Anna – Doktor Scheufler sehr viel Mühe. Nach der Geburt dieses Sonntagskindes, das gerne ein Junge hatte werden sollen, aber auch als Mädchen von allen Menschen drum herum heiß geliebt wurde, konnte Miluscha keine Kinder mehr bekommen.

Tumore machten es unmöglich und erzwangen eine Totaloperation. Auch das war zunächst wieder mit viel Not in dem nun neunköpfigen Haushalt verbunden. Aber auch das nahmen die Frau und ihr geliebter Karl wie alles andere Gute und Schlechte aus Gottes Händen.

Miluscha und ihr Karl blieben auch in den folgenden Jahren, die einen vergleichsweise ruhigen Verlauf nahmen, bei dem, was sie bei ihrer Hochzeit vor zwölf Jahren gelobt hatten, mit ihrem ganzen Haus dem Herrn zu dienen. Und immer wieder machten sie die Erfahrung, dass Gott dem, der im Bemühen bleibt, als Erstes nach seinem Reich und seiner Gerechtigkeit zu trachten, alles Lebensnotwendige zufallen lässt.

Miluscha heute

Nachwort

Miluscha ist im Erscheinungsjahr dieses Buches dreiundsiebzig Jahre alt. Sie lebt immer noch im selben Haus, das ihr geliebter Karl im Laufe der Jahre mehrfach umgebaut, erweitert und modernisiert hat. Zum Beispiel war er der Erste in Weidenhausen, der in seinem alten Haus eine moderne Zentralheizung installierte. Für solche Arbeiten und auch für häufige Umbauten und Erweiterungsbauten des Hauses hatte dieser Mann ein goldenes Händchen.

Insgesamt lebten die »jungen Gerhardts« nach Papa Pauls Tod dreiundvierzig Jahre mit Mutter Maria in einem Haushalt. Miluscha hatte viel Gelegenheit, ihrer Schwiegermutter ihre Hilfsbereitschaft in den frühen Jahren der Kinder und in den Zeiten der Krankheit zu vergelten. Die alte Frau starb 1991 in ihrem neunundachtzigsten Lebensjahr. Zuletzt war sie nahezu erblindet und in allen Dingen auf Hilfe angewiesen.

Deshalb wohnt auch seit 1989 Tochter Isolde mit ihrer Familie in der oberen, wesentlich erweiterten Wohnung. Die anderen Kinder wohnen mit ihren Familien alle auswärts, sind aber immer wieder einzeln und gemeinsam im Elternhaus anzutreffen. Nur Mechthilds Besuche sind zwangsläufig selten. Sie arbeitet als Missionarin in Brasilien.

Miluschas eigene Mutter lebte bis zu ihrem Tod in der Familie ihres Sohnes Hugo. Sie starb im Alter von achtundsiebzig Jahren. Auch Hugo ist inzwischen verstorben. Bruder Erhard lebt seit seiner Heirat mit seiner Familie im Bergischen.

Die Bemühungen, die Halbgeschwister Georg, Waldemar und Olga in Russland ausfindig zu machen, blieben lange ohne Erfolg. Olga hatte inzwischen geheiratet. Dadurch trug sie einen anderen Namen und war für das Rote Kreuz nicht zu finden. Sie meldete sich selbst von Kasachstan aus, nachdem sie »zufällig« Menschen getroffen hatte, die die Familie Beer kannten und eine Adresse hinterlassen konnten. Von Olga erfuhr Miluscha, dass Georg und Waldemar auch für sie zuletzt nicht mehr auffindbar gewesen waren. Von einem der beiden hatte sie eine Todesnachricht erhalten. Der andere ist wahrscheinlich ebenso in einem sibirischen Lager umgekommen.